Die Einheit der Natur

Studien von

Carl Friedrich von Weizsäcker

Carl Hanser Verlag
München

ISBN 3 446 11386 x Ln
ISBN 3 446 11479 3 Pb
5. Auflage 1979

Gesetzt aus der Sabon-Antiqua
Gesamtherstellung: May & Co, Darmstadt
Printed in Germany

Inhalt

Vorwort

Dieser Band umfaßt Aufsätze und Vorträge, die mit einer Ausnahme in den Jahren 1959 bis 1970 geschrieben sind. Die meisten von ihnen sind an verschiedenen Stellen schon veröffentlicht, einige mir wichtig scheinende waren bisher nicht gedruckt. Der Band kann seiner äußeren Struktur nach als eine Fortsetzung der Sammlung »Zum Weltbild der Physik« gelten, die 1957 abgeschlossen wurde.

Inhaltlich empfinde ich die hier gesammelten Aufsätze als Glieder einer Einheit, die in der Einleitung sachlich erläutert wird. Um diese Einheit deutlicher zu machen, habe ich die vier Teile des Buches und die einzelnen Aufsätze mit Vorbemerkungen versehen und an vielen Stellen im Text Fußnoten eingeschaltet, welche Querverbindungen bezeichnen. Zu diesem Zweck ist eine quasidezimale Bezeichnungsweise gewählt, die in dem ausführlichen Inhaltsverzeichnis vorgeführt wird.

Die Anforderungen, die diese Aufsätze an die Vorbildung des Lesers stellen, sind je nach ihrer Entstehung verschieden. Ich habe sie so angeordnet, daß die leichter zugänglichen jeweils an den Anfang gerückt sind. So setzt der ganze Teil I – vielleicht mit der Ausnahme von I, 5 – keine wissenschaftlichen Spezialkenntnisse voraus. Teil II ist der inhaltlich für den Nichtphysiker schwierigste. II, 1 mag etwas wie eine Einführung bieten; vielleicht darf ich den Leser, der eine Vorbereitung seiner Kenntnisse wünscht, auf das Bändchen »Physik der Gegenwart« von J. Juilfs und mir verweisen. Teil III ist wohl zugänglicher; III, 1 und III, 2 sind locker formulierte Reden zur Einführung in die Probleme. Eine ähnliche Rolle spielt IV, 1 für den Teil IV, der im übrigen philosophiehistorische Kenntnisse voraussetzt.

Einleitung

Die nachfolgenden Aufsätze dienen der Darstellung *eines* philosophischen Gedankens, des Gedankens der Einheit der Natur. Man könnte verlangen, die Darstellung eines solchen Gedankens solle selbst die Gestalt der Einheit haben. Die Tradition der Philosophie bietet als eine Gestalt der Einheit die Gestalt des Systems an. Es ist mir jedoch nicht gelungen, den Gedanken der Einheit der Natur in systematischer Form vorzutragen. Es sei erlaubt, zu Beginn dieser Einleitung die Form, welche die Darstellung dieses Gedankens bisher faktisch angenommen hat, mit dem Inhalt des Gedankens zu verknüpfen.

Es handelt sich um Aufsätze und Vorträge, die in etwa zwölf Jahren des Lebens eines am politischen Geschehen nicht unbeteiligten Professors der Philosophie, der als Physiker ausgebildet ist, teils in Erfüllung von Aufforderungen der Umwelt, teils in Zeitspannen, die von diesen Forderungen freigehalten wurden, jedenfalls aber in äußerlich zerstreuter Weise abgefaßt worden sind. Daneben entstand eine etwa ebenso große Zahl politischer Aufsätze und Vorträge, die aus dem vorliegenden Band ausgeschlossen sind. Größere, systematische Darstellungen wurden gleichzeitig in Angriff genommen, blieben aber in diesem Zeitraum unvollendet.

Den diesen Aufsätzen gemeinsamen Gedanken empfand ich subjektiv wie ein unterseeisches Gebirge, das sich langsam über die Oberfläche des Meeres zu heben beginnt. Einzelne Spitzen tauchen als Inseln auf. Nach und nach bildet sich ein Archipel, dessen Linienzüge und Umriß die Struktur des Ganzen ahnen lassen. Eben diese geahnte Struktur aber macht deutlich, warum ein einzelner Mensch nicht imstande sein kann, das Ganze systematisch darzustellen.

Die Kenntnis von der Natur, welche das moderne Bewußtsein anerkennt, nennen wir Naturwissenschaft. Ein Verständnis der Einheit der Natur müßte die wissenschaftliche Form einer verstandenen Einheit der Naturwissenschaft annehmen. Wissenschaft im neuzeitlichen Sinn ist eine kollektive Leistung einer sozialen Gruppe. Die Erkenntnis der Einheit der Natur kann, wenn sie überhaupt wissenschaftlich möglich ist, nur ein Ergebnis dieser kollektiven Leistung sein. Die Darstellung des Gedankens der Einheit der Natur kann daher im Felde der unvollendeten Wissenschaft nur die Form eines durch Beispiele erläuterten Programms haben. Die Philosophie spielt in diesem Konzept nicht die Rolle einer Grundwissenschaft, die vor den Einzelwissenschaften, a priori in einem historischen Sinne, die Prinzipien dieser Wissenschaften festzulegen hätte. Sie ist gleichwohl unentbehrlich, aber nicht als Gesetzgebung, sondern als Weiterfragen. Jede Einzelwissenschaft ermöglicht sich selbst dadurch, daß sie nach der Rechtfertigung ihrer eigenen Prinzipien nicht mehr fragt. Die Einzelwissenschaften zementieren durch dieses Verfahren ihren Pluralismus. Die legitime Rückfrage nach dem Sinn und dem Recht dieser Prinzipien nimmt dann die Gestalt einer anderen Denkweise, der Philosophie, an. Aber es geht dabei um dieselbe Wahrheit, und wo die philosophische Rückfrage hinreichend hantierbare Antworten zutage fördert, bringt sie eine begriffliche Fusion von Einzelwissenschaften, also eine umfassendere Wissenschaft hervor.

Diesen zunächst formalen Gedanken versuchen die nachfolgenden Aufsätze mit Inhalt zu erfüllen. Ich habe das Buch in vier Teile gegliedert, über deren thematische Kennzeichnung das Inhaltsverzeichnis Auskunft gibt. Diese Themen ergeben sich zunächst in naheliegender Weise aus der Umwelt eines heutigen Naturphilosophen. Unter dem Thema »Wissenschaft, Sprache und Methode« gehe ich in lockerer Auswahl auf die heutigen methodologischen Diskussionen ein; es handelt sich also um einige Probleme zeitgenössischer Wissenschaftsphilosophie. Die beiden großen Gruppen der heutigen Naturwissenschaften, nämlich die Wissenschaften von der anorganischen und der organischen Natur, sind in den folgenden beiden Teilen behandelt, unter den mir zentral erscheinenden Aspekten der Einheit der Physik. Schließlich hat sich dieses ganze Unternehmen mit der klassischen Philosophie auseinanderzusetzen, was im vierten Teil geschieht.

Hinter dieser Aneinanderreihung steht aber auch eine aufsteigende philosophische Reflexion auf den Begriff der Einheit.

Die meisten zeitgenössischen Wissenschaftsphilosophen nehmen die Wissenschaften als die Vielheit, als die sie sich faktisch darstellen, und suchen die Einheit nicht im Gegenstand, sondern *nur* in der Methode. Dies führt meiner Überzeugung nach nicht einmal zu einer glaubwürdigen Einheit der Methode. Die Aufsätze des *ersten Teils* suchen durch das Gestrüpp inkonklusiver Betrachtungen in diesem Bereich ein paar Schneisen zu schlagen. Fast in jedem dieser Aufsätze wird bemerkt, es handle sich hier nur um Überlegungen im Vorhof der Philosophie.

Der *zweite Teil* sucht ernstzumachen mit der Einheit des Gegenstandes; er ist insofern die sachliche Mitte des Buches. Den Gegenstand, um den es hier geht, nennen wir die Natur, was eine Übersetzung des griechischen Worts Physis ist. Die Wissenschaft, die diese Einheit der Natur zum Ausdruck bringen müßte, heißt auch heute noch Physik. Erkannte Einheit der Natur wäre insofern Einheit der Physik. Die geschichtliche Entwicklung der Physik kann in der Tat als ein Weg zur Einheit aufgefaßt werden. Hier stellt sich aber alsbald die Frage, wie unser kritisch gewordenes methodisches Bewußtsein eine Einheit der Physik überhaupt soll denken können; wir wollen ja die inkonklusive methodologische Wissenschaftstheorie nicht durch eine petitio principii überspringen. Die Frage: »wie ist Einheit der Physik möglich?« führt uns dann zurück auf die Frage: »wie ist Physik möglich?« Methodisch gesehen ist Physik eine Erfahrungswissenschaft. Einheit der Erfahrung muß als ein metaphysisches Postulat erscheinen, solange wir nicht zu der Frage vordringen: »wie ist Erfahrung möglich?« Erfahrung ist ein zeitlicher Vorgang (z. B.: jetzt aus der Vergangenheit für die Zukunft lernen). Die reiche Struktur der Zeit ist also eine der Bedingungen der Möglichkeit der Erfahrung. Die Aufsätze des zweiten Teils entwickeln die These, die allgemeinen und insofern einheitstiftenden Gesetze der Physik formulierten lediglich Bedingungen der Möglichkeit von Erfahrung überhaupt. Physik wäre demnach überhaupt nur möglich, weil Einheit der Physik möglich ist. Damit läßt sich nun aber der Gegenstand von der Methode so wenig abtrennen wie zuvor die Methode vom Gegenstand. Die Einheit der Natur ist, wenn sie in der Einheit der Physik verstanden wird, die Einheit der Erfahrung.

Dieser Begriff der Einheit der vom Menschen erfahrenen Natur setzt den Dualismus von Subjekt und Objekt, von Mensch und Natur voraus. Man könnte nach einer höheren Einheit fragen, der Einheit des Menschen mit der Natur. Als eine Vorstudie zur Frage nach dieser Einheit habe ich früher, unter dem Aspekt der Geschichtlichkeit des Menschen und der Natur, ihre gegenseitige Abhängigkeit studiert. Die Natur ist älter als der Mensch[1], und der Mensch ist älter als die Naturwissenschaft.[2] So müssen wir die Naturwissenschaft mit all ihren Begriffen von der Natur als Werk des Menschen, den Menschen aber mit all seinem Erkenntnisvermögen als Kind der Natur begreifen. Diese Forderungen schließen sich im Kreis, und bildlich gesagt wäre der Mittelpunkt dieses Kreises, also das was den Kreis überhaupt erst ermöglicht, die gesuchte Einheit von Mensch und Natur. Ehe wir soweit dringen können, müssen wir modernen Wissenschaftler aber die beiden Halbkreise, aus denen sich der Kreis zusammensetzt, durchlaufen. Das versuchen die *beiden mittleren Teile* dieses Buchs. So studiert der zweite Teil die Einheit der Naturwissenschaft als Funktion einer menschlichen Leistung, der Erfahrung, die freilich nur möglich ist, insofern die Natur erfahren werden kann, also auf dem noch unanalysierten Grund der wesentlichen Zusammengehörigkeit des erfahrenden Menschen mit der erfahrenen Natur, eben der hier gesuchten Einheit.

Hinter dem *dritten Teil* hingegen steht die Frage, wie der Mensch, als Kind der Natur verstanden, Erkenntnis, also Wahrheit gewinnen kann. Hierzu sind nun mehrere Schritte notwendig. Erstens muß die Einheit der Natur so verstanden werden, daß sie auch die organische Natur umfaßt. Das ist die vordergründige Thematik dieses Teils. Der Physikalismus in der Biologie wird in diesen Aufsätzen, natürlich als Hypothese, voll bejaht. Wenn die Einheit der Physik auf der Möglichkeit objektivierender Erfahrung beruht, so muß die Biologie, soweit sie zu objektivierender Erkenntnis fähig ist, ein Anwendungsgebiet der Physik sein. Die Irritation durch den »Reduktionismus« ist, so vermute ich, nur eine Folge des ungeklärten Begriffs von Physik, der bei der Reduktion der Biologie auf Physik meist vorausgesetzt wird. Der zweite Schritt ist die genetische Einfügung des Menschen in die organische Natur durch die Abstammungslehre. Auch diese wird hier hypothetisch schlicht bejaht. Der dritte und wichtigste Schritt ist die Durchführung dieser Einordnung des Menschen in die

[1] *Weizsäcker,* C. F. v.: »Die Geschichte der Natur«. Zürich 1948.

[2] *Weizsäcker,* C. F. v.: »Die Tragweite der Wissenschaft«, Bd. I, 2. Aufl., Stuttgart 1964.

Natur durch eine physikalische Theorie menschlicher Leistungen. Diese zu liefern, ist eine der Hoffnungen der Kybernetik, und darum ist die Kybernetik das eigentliche Thema des dritten Teils. Auch hier stelle ich, wiederum hypothetisch, die Berechtigung des Programms der Kybernetik überhaupt nicht in Frage, sondern studiere, was herauskommen könnte, wenn es verwirklicht würde. Die Leistung des Menschen, auf die es in unserem Zusammenhang am meisten ankommt, ist die Fähigkeit zu wahrer Erkenntnis. Daher ist das wichtigste Thema, zu dem ich freilich nur eine erste Vorstudie zu geben vermocht habe, die Kybernetik der Wahrheit. Der dritte Teil endet mit einem Aufsatz, der gleichsam den einmal voll durchlaufenen Kreis ein zweites Mal zu durchlaufen beginnt, indem er die Konsequenzen der kybernetischen Denkweise in eine Diskussion der Grundbegriffe der Physik einbringt. Dies ist eine ganz skizzenhafte Philosophie der Begriffe Form und Information.

Eine weitere Reflexionsstufe ist notwendig und ist schon in den bisherigen Teilen rudimentär ständig vorgekommen. Man kann sie die Frage nach der Einheit des Einen nennen, oder die Frage: »Was meinen wir eigentlich, wenn wir von Einheit sprechen?« Dies ist nun die Denkfigur der klassischen europäischen Philosophie. In der Tat haben wir uns ständig im Felde der Fragen dieser Philosophie bewegt. Die Leitfrage des zweiten Teils nach den Bedingungen der Möglichkeit der Erfahrung ist die Ausgangsfrage Kants. Der durch die Kybernetik erzwungene Rückgang auf den Begriff der Form konfrontiert uns mit den Ausgangsfragen von Platon und Aristoteles. Die Einheit des Einen ist, mindestens in Platons Interpretation, die Ausgangsthese des Parmenides. Der *vierte Teil* thematisiert, wiederum nur in Andeutungen und Beispielen, diesen Zusammenhang. In den Fragen der Klassiker begegnen uns unsere eigenen Fragen wieder, freilich auf einem Reflexionsniveau, von dessen Möglichkeit wir Wissenschaftler meist nicht einmal eine Ahnung haben, und andererseits in historischen Denkformen, die uns fremd geworden sind, und in einen Stand des positiven Wissens eingebettet, den wir längst hinter uns gelassen haben. Wir können von ihnen nur lernen, wenn wir sie an ihrem geschichtlichen Ort und, soweit wir das eben vermögen, auf ihrem Niveau zu interpretieren suchen. Mehr als ein Jahrzehnt dies zur Berufspflicht gehabt zu haben, ist das Geschenk, das mir der Übergang aus dem Fach der Physik ins Fach der Philosophie gebracht hat. Daß ich in diesem Fach ein Dilettant, d. h. ein Liebhaber, geblieben bin, werden die philosophischen Kollegen erkennen und vielleicht entschuldigen. Sachlich bleibt dieser Teil des Buches der Unvollständigste. Zwar führt er die Interpretation der Klassiker stets, in einer nur vielleicht erlaubten Weise, als Gespräch über die ihnen und uns gemeinsamen Fragen, aber die Aufsätze sind sowohl für die Interpretation der Philosophen wie für die eigene philosophische Frage nur Vorarbeiten. Dies sei an der zentralen Frage angedeutet.

Das Eine ist der Begriff der klassischen Philosophie für Gott. Die Einheit der Natur ist für diese Philosophie die Weise, wie die Natur Gott sehen läßt. Davon ist die Rede, wenn in den Aufsätzen des dritten Teils das Wort »Geist« auftritt. Als erste Bedingung der Möglichkeit der Erfahrung und damit der Einheit der Natur haben wir nun die Zeit gefunden. Die geschichtliche Zeit ist auch der Ort des Kreises der gegenseitigen Abhängigkeit von Mensch und Natur. Die Einheit von Mensch und Natur, von Subjekt und Objekt scheint ihren Grund in der Einheit der Zeit zu haben. Wie verhält sich die Einheit der Zeit zur Einheit des Einen? Diese Frage ist in diesem Buch nicht mehr behandelt.

Teil I

Wissenschaft, Sprache und Methode

Vorbemerkung

Wie in der Einleitung erläutert, hat dieser Teil eine vorbereitende Funktion. Er nimmt die Wissenschaften zunächst so, wie sie sich selbst präsentieren und erörtert einige Probleme ihrer Deutung und Rechtfertigung, hoffend, daß dadurch die Notwendigkeit einer besseren Grundlegung einsichtig werde.

I, 1 stellt zunächst die Gesamtheit der heutigen Wissenschaften in einem lockeren Überblick vor und deutet einige vor ihnen stehende Probleme an.

Die drei folgenden Aufsätze I, 2 bis I, 4 sind dem Problem »Sprache und Wissenschaft« gewidmet. Sie gehen aus von der Spannung zwischen der Forderung einer eindeutigen Sprache für die Wissenschaft und der Vielgestalt und Vieldeutigkeit der Umgangssprachen. Zwei einander polar gegenüberstehende Versuche werden behandelt, das Problem auf rein sprachlicher Ebene zu erledigen. Der eine ist die Schaffung einer formalisierten Wissenschaftssprache; er wird in I, 2 für die Logik, in I, 3 für die Physik besprochen. Der andere, das Thema von I, 4, ist der Sprachrelativismus, der den Sinn der Erkenntnis, auch der wissenschaftlichen, als grundsätzlich von der Sprache des jeweiligen Kulturkreises abhängig ansieht. Ich versuche zu zeigen, daß beide Versuche das, was sie loszuwerden suchen, nicht loswerden: die formalisierten Sprachen machen die sinngebende Umgangssprache nicht entbehrlich, der Sprachrelativismus entgeht den sprachüberbrückenden Sachfragen nicht. Um das Verhältnis von Sprache und Wissenschaft überhaupt zu verstehen, ist es notwendig, sich mit Hilfe der Sprache auf die inhaltlichen Fragen der Wissenschaft einzulassen.

Die beiden letzten Aufsätze wenden sich nun einigen mehr inhaltlich bestimmten, aber noch immer methodischen Fragen gewisser Wissenschaften zu und nehmen dabei die Themen der vorangegangenen zwei Aufsätze I, 2 und I, 3 auf; I, 5 behandelt noch einmal die Logik, I, 6 noch einmal die Physik. In der Logik wird an Hand ihrer operativen Begründung durch Lorenzen der Zusammenhang zwischen Allgemeinheit und Gewißheit studiert. Die These wird aufgestellt, daß wir Allgemeinheit als solche wahrnehmen, ohne daß diese Wahrnehmung Gewißheit mit sich führte. Hiermit ist die platonische Ideenlehre unter dem Titel Gestaltwahrnehmung thematisiert; dieses Thema wird in den Teilen III und IV wieder aufgenommen (speziell III, 4 und IV, 5). Der Aufsatz über die Physik (I, 6), eine Vorlesungsnachschrift, gibt eine lockere Beschreibung methodischer Probleme der Physik, darunter eine Auseinandersetzung mit einigen Thesen der empiristischen Wissenschaftstheorie. Auch Kritiker des Positivismus (z. B. in jüngerer Zeit J. Habermas) geben dem Positivismus in ihrer Schilderung der Naturwissenschaft zuviel zu. Hier versuche ich u. a. zu zeigen, daß der wirkliche Hergang in der Physik von den Prämissen dieser Methodologien aus unverständlich bleibt. Auch hier glaube ich unter dem Titel »wissenschaftliche Wahrnehmung« (I, 6.4 c) die Wahrnehmung des Allgemeinen ohne Gewißheit als Grundphänomen aufzuspüren. Doch ist diese Betrachtung nur deskriptiv. Strenge Unmöglichkeitsbeweise sind m. E. in der Realwissenschaft kaum zu führen, auch nicht Beweise der prinzipiellen Unmöglichkeit einer bestimmten Wissenschaftstheorie. Überzeugung kann nur ein fruchtbarer positiver Ansatz mit sich bringen. Diese Bemerkung leitet zu dem Versuch eines solchen Ansatzes in Teil II über.

I, 1. Wie wird und soll die Rolle der Wissenschaft in den siebziger Jahren aussehen?

Erschienen 1969 in »Das 198. Jahrzehnt. Marion Gräfin Dönhoff zu Ehren«. Von den hier aufgezählten Problemen der Wissenschaften nimmt dieses Buch im wesentlichen die der Strukturwissenschaften in Teil I (I, 2; I, 5), die der Wissenschaft vom Anorganischen durchgehend, die der Biologie, Medizin, Psychologie und Anthropologie in Teil III, die der Philosophie in Teil IV auf. Die praktischen (ethischen und politischen) Fragen der Wissenschaft, die ich in anderen Schriften ausführlich behandelt habe, klingen in diesem Buch nur in III, 1; III, 2 und IV, 1 wieder an.

Wie wird und soll die Rolle der Wissenschaft in den siebziger Jahren aussehen? Die Frage ist unbeantwortbar und drängt sich uns doch auf. Das heutige Interesse an Futurologie stammt nicht daher, daß die Wissenschaft in ihrem ständigen Fortschritt heute auch die Zukunft zu einem Feld sicheren Wissens gemacht hätte, sondern daher, daß die Zukunft heute ungewisser ist als in irgendeinem früheren Zeitalter und wir darum aus praktischer Notwendigkeit die äußerste Anstrengung machen, doch einen Blick in die mutmaßlichen Entwicklungen zu tun. Die Zukunft ist ungewisser als je zuvor, weil die Welt sich noch nie so schnell verändert hat wie heute. Früher enthielt die Prognose, die Welt werde so bleiben, wie sie ist, stets ein großes Stück Wahrheit; heute ist sie manifest falsch, aber *wie* die Welt werden wird, ist schwer zu wissen. Der rasche Wandel ist vor allem eine Folge der Wissenschaft. Wer nach der Rolle der Wissenschaft in den nächsten 10 Jahren fragt, fragt also nach dem Hauptfaktor im Wandel der Welt. Darum ist es berechtigt, nicht nur zu fragen, wie diese Rolle aussehen *wird,* sondern wie sie aussehen *soll.*

Die Frage wird dadurch kompliziert, daß das ursprüngliche Ziel der Wissenschaft gar nicht ist, die Welt zu verändern. Gewiß werden heute die meisten für Wissenschaft ausgegebenen Mittel gegeben, weil man äußere Wirkungen von ihr erhofft. Aber die wichtigste Motivation der Menschen, die in die Wissenschaft gehen, war ursprünglich und ist wohl auch heute noch die Suche nach der Wahrheit, bescheidener gesagt eine theoretische Neugier. Wissenschaft ist – im wesentlichen wenigstens – auch nur wirksam, soweit es ihr glückt, Wahrheit zu finden. (Dies gilt übrigens, obwohl die Wissenschaft den Wahrheitsbegriff naiv benutzt und nicht darüber Rechenschaft geben kann, was wissenschaftliche Wahrheit eigentlich ist.) Das innere Wachstum der Wissenschaft, gewiß eine der wichtigsten Voraussetzungen ihrer äußeren Wirkung, kann daher nur im Blick auf ihre Wahrheit, also den Gegenstand, mit dem ihre Aussagen übereinstimmen sollen, beurteilt werden. Das Wachstum der Wissenschaft in den siebziger Jahren, das sind vor allem die Wahrheiten, die sie dann finden wird. Diese lassen sich heute kaum prognostizieren; sonst besäßen wir sie ja heute schon.

Was ich trotzdem über die demnächst kommende Wissenschaft zu mutmaßen wage, möchte ich deshalb gemäß der inneren Gliederung ihrer Gegenstandsgebiete aufteilen.

1. Strukturwissenschaften

Die beliebte Frage, ob Mathematik eine Natur- oder Geisteswissenschaft sei, geht von einer unvollständigen Einteilung aus. Sie ist eine Strukturwissenschaft. Sie studiert Strukturen *in abstracto,* unabhängig davon, welche Dinge diese Strukturen haben, ja ob es überhaupt solche Dinge gibt.

Es ist heute sinnvoll, eine Erörterung über die Rolle der Wissenschaft mit den Strukturwissenschaften zu beginnen. Das wissenschaftliche Verfahren der Abstraktion vom Einzelfall, der Suche nach allgemeinen Gesetzen, ist hier am weitesten getrieben. Ein Physiker, ein Populationsbiologe, ein Ökonom können dieselbe Mathematik benutzen. Die Mathematisierung der Wissenschaften ist eines der Merkmale der heutigen wissenschaftlichen Entwicklung. In den Strukturwissenschaften ist der wissenschaftliche Fortschritt heute vielleicht am schnellsten und radikalsten. Dieser Fortschritt wird nach menschlichem Ermessen in den siebziger Jahren eher beschleunigt weitergehen.

Als Strukturwissenschaften wird man nicht nur die reine und angewandte Mathematik bezeichnen, sondern auch das in seiner

Gliederung noch nicht voll durchschaute Gebiet der Wissenschaften, die man mit Namen wie Systemanalyse, Informationstheorie, Kybernetik, Spieltheorie bezeichnet. Sie sind gleichsam die Mathematik zeitlicher Vorgänge, die durch menschliche Entscheidung, durch Planung, durch Strukturen, die sich darstellen lassen, als seien sie geplant, oder schließlich durch Zufall gesteuert werden. Sie sind also Strukturtheorien zeitlicher Veränderung. Ihr wichtigstes praktisches Hilfsmittel ist der Computer, dessen Theorie selbst eine der Strukturwissenschaften ist.

Wer in einem Lande den Fortschritt der Wissenschaft fördern will, muß diese Wissenschaften vordringlich fördern, denn sie bezeichnen gleichsam eine neue Bewußtseinsstufe.

Aber der wissenschaftliche Fortschritt ist ambivalent. Er bringt gefährliche Wirkungen mit sich. Das gilt ohne Zweifel auch und gerade von den Strukturwissenschaften. Der Bewußtseinswandel, den sie mit sich bringen, gibt uns die Macht der Planbarkeit. Er enthält ebenso die Gefahren der Planbarkeit. Der wissenschaftlichen Wahrheit ist eine ihr anhaftende Unwahrheit zugeordnet. Die Strukturwissenschaften führen die Versuchung mit sich, alle Wirklichkeit mit machbarer, planbarer Struktur zu verwechseln. Die Inhumanität der Technokratie ist eine Folge des Siegs des strukturellen Denkens im Sinne dieser Wissenschaften. Trotz des Protests der heutigen intellektuellen Jugend, eines Protests um der Menschlichkeit willen, werden die siebziger Jahre vermutlich ein technokratisches Zeitalter par excellence sein. Das Durchdenken und Planen der unser Leben durchziehenden Strukturen ist heute lebensnotwendig. Aber eine der wichtigsten Anstrengungen in der Bewußtseinsbildung muß es sein, dem Blick für Strukturen den Blick für Wirklichkeit komplementär gegenüberzustellen.

2. Die Wissenschaft vom Anorganischen

Die zentrale Disziplin dieses Bereichs ist die Physik, die mit der Chemie in der Atomphysik zu einer prinzipiellen Einheit zusammengewachsen ist. Die zahlreichen Regionaldisziplinen, aus denen altehrwürdig und heute aufs neue faszinierend die Astronomie herausragt, die aber überwiegend praktisch wichtige Gebiete behandeln (Geologie und Petrographie, Meteorologie und Ozeanographie usw.), können prinzipiell als Anwendungen der Grundgesetze der Physik gelten.

Diese Wissenschaften beziehen heute mit gutem Grund das meiste Geld. Die Neuzeit hat die erstaunliche Entdeckung gemacht, daß es ein Gebiet gibt, in dem einfache Gesetze wirklich gelten, daß es also wirklich einfache Strukturen gibt. Diese Gesetze sind die Grundgesetze der Physik. Ihre Gleichungen lassen sich in großer Genauigkeit empirisch prüfen und in vielen Fällen mathematisch lösen. Hier gibt es exakte Prognosen (Sonnenfinsternisse auf Jahrtausende hinaus, auf die Minute, ja Sekunde genau). Die Macht der wissenschaftlichen Technik beruht auf der Zuverlässigkeit der Prognosen.

Ich halte für möglich, daß die Physik als Grundlagenwissenschaft vollendbar ist und daß diese Vollendung eine Aufgabe sein wird, an der die siebziger Jahre wesentlich mitarbeiten werden. Sie wird dann vollendbar sein, wenn sie sich als die Strukturwissenschaft von den einfachsten möglichen Systembausteinen (»einfachen empirisch entscheidbaren Alternativen«) erweist. Ihr Geltungsbereich wäre dann so umfassend wie die Reduzierbarkeit der Fragen an die Wirklichkeit auf entscheidbare Alternativen, oder die »Objektivierbarkeit des Geschehens«. Dieser hochabstrakte Grund ihrer Geltung ließe Raum für eine Deutung der Wirklichkeit selbst als Leben, als Geist. Hier führt Physik zur Philosophie.

Die Erforschung spezieller physischer Objekte – feste Körper, chemische Verbindungen, strömende Flüssigkeiten, Gase und Plasmen usw. – und erst recht die praktische Anwendung all dieses Wissens würden nicht auf eine Grenze stoßen, auch wenn sich die nach Grundgesetzen suchende Physik als vollendbar erwiese, denn eben diese Grundgleichungen lassen eine praktisch unbegrenzte Vielzahl von Lösungen zu. Der Einfluß und Nutzen und damit auch der Geldbedarf der Wissenschaften vom Anorganischen wird noch wachsen.

In diesen Bereichen erweist sich präzise Planung des Fortschritts als notwendig. Die großen Entdeckungen sind wohl unvorhersehbar, aber Fortschritt, der in der systematischen Untersuchung einer Vielzahl vorher entworfener Fragestellungen besteht, ist allerdings planbar. Das planende Denken der Wissenschaft wendet sich auf die Wissenschaft selbst als eines ihrer Objekte. Wissenschaftsplanung bedarf selbst einer Systemtheorie, also einer Strukturwissenschaft. Man darf vorhersagen, daß die siebziger Jahre eine Zeit planmäßiger Wissenschaftspolitik sein werden. Dabei wird man die Pläne nach den Zielen der Forschung orientieren: Wissenschaft, die dem Überleben dient (Häfele), hat andere Gesetzmäßigkeiten als Grundlagenforschung.

Das Stichwort Überleben bringt uns von neuem die Ambivalenz der Wissenschaft vor Augen. Überleben wollen wir zunächst im Konkurrenzkampf der Nationen und Wirtschaftssysteme, der in der heutigen Form durch die Wissenschaft selbst ermöglicht ist. Aber die siebziger Jahre werden ohne Zweifel auch eine unablässige wissenschaftliche Weiterführung der Waffentechnik sehen. Die moderne Strategie, zum Teil von Mathematikern und Naturwissenschaftlern entworfen, ist wiederum eine systemtheoretisch arbeitende, durch Naturwissenschaft ermöglichte Wissenschaft über die Verwendung von Waffensystemen. Eine sehr wichtige Rolle spielt die Strategie der Abschreckung. Diese ist vor rund 10 Jahren vor allem von amerikanischen Militärtheoretikern so erfolgreich ausgearbeitet worden, daß sich die Welt inzwischen daran gewöhnt hat, unter dem Schirm der beiderseitigen *»second strike capabilities«* ohne Sorge vor einem Weltkrieg ruhig zu schlafen. Aber dieser Schlaf könnte ein Schlaf zum Tode sein. Der Sinn der Abschreckungsstrategie war, die Errichtung einer politisch gesicherten Friedensordnung vorzubereiten. Ihr großer Erfolg läßt sie als Selbstzweck erscheinen, während die wissenschaftliche Weiterentwicklung der Waffen, die jedes Abschreckungssystem eines Tages obsolet macht, nicht ruht. Niemand weiß, ob die siebziger Jahre nicht das letzte Jahrzehnt der vom europäisch-amerikanischen Kulturkreis dominierten Industriegesellschaft sein werden.

Den führenden Wissenschaftlern der Generation, die die Atombombe hervorgebracht hat, kann man nicht vorwerfen, sie hätten dieses Problem der Gefährdung der Welt durch Wissenschaft nicht gesehen. Sie haben in vielen Formen einen Einsatz geleistet, um ihre Mitmenschen auf die politischen und moralischen Veränderungen hinzuweisen, die nötig sind, um in einer wissenschaftlich bestimmten Welt zu überleben. Daß aber die Wissenschaftler als sozialer Stand sich ihrer Verantwortung bewußt geworden seien, kann man nicht behaupten. Dies *sollte* eine Rolle der Wissenschaft im kommenden Jahrzehnt sein: ihre eigenen Träger zum

Bewußtsein ihrer Verantwortung aufzurufen. Nicht der Verzicht auf wissenschaftliche Entdeckungen oder auf ihre Veröffentlichung (Dürrenmatts »Physiker«) ist die Lösung, sondern die Veränderung der politischen Weltordnung, die, so wie sie heute ist, einen Mißbrauch wissenschaftlicher Erkenntnisse nahezu erzwingt.

3. Biologie

Vielleicht ist die Biologie von allen Realwissenschaften diejenige, die zur Zeit die größten Fortschritte macht und auch für die nächsten Jahrzehnte die größten Fortschritte verspricht. Die Fortschritte beruhen auf der Anwendung naturwissenschaftlicher (physikalischer, chemischer, kybernetischer) Denkweise. Mechanismen wie der der Vererbung erweisen sich strenger Analyse nach dem Muster und mit den Begriffen der Physik als zugänglich. Sie haben eben denjenigen Komplikationsgrad, der sich den wissenschaftlichen Methoden der gegenwärtigen Jahrzehnte erschließt. Dieser Erfolg der Physik impliziert keinen »Materialismus« im primitiven Sinn früherer Zeiten, wenn wir Physik selbst als eine abstrakte Strukturwissenschaft verstehen lernen.

Spricht man von Wissenschaftsplanung, so würde ich daher der Biologie eine der höchsten Prioritäten geben. Die »biologische Technik« zeigt zum Beispiel mit neuen Getreidezüchtungen, mit Antibiotika und vielen anderen Erfolgen, wessen sie fähig ist; sie ist aber erst in den Anfängen. Sie steht freilich nicht weniger unter dem Gesetz der Ambivalenz als die Wissenschaft vom Anorganischen. Die Biologen haben heute noch die Möglichkeit, anders als vor einer Generation die Physiker, sich nicht von den Auswirkungen ihrer Erkenntnisse überraschen zu lassen, sondern diese rechtzeitig zu bedenken und über das öffentliche Bewußtsein auf ihre Kontrolle hinzuwirken. Man muß fordern, daß die siebziger Jahre internationale Vereinbarungen über Vermeidung biologischer Kriege, über den Schutz der Privatsphäre gegen biologisch-medizinische Einwirkungen und verwandte Themen bringen.

4. Medizin – Psychologie – Anthropologie

In der Medizin wird der Mensch Gegenstand einer vorwiegend naturwissenschaftlichen Disziplin. Die Fortschritte der technisierten Medizin sind vor aller Augen. Man darf aber nicht vergessen, daß der Mensch, rein naturwissenschaftlich betrachtet, ein so kompliziertes System ist, daß eine strenge Erkenntnis des Wirkungszusammenhangs in diesem Körper nach dem Muster der Atomphysik oder der Molekulargenetik für alle uns heute vorstellbare Naturwissenschaft ausgeschlossen ist. Die siebziger Jahre könnten – so mag man optimistisch meinen – die Vollendung der Physik und die Enthüllung vieler biologischer Strukturen bringen; den Menschen, auch soweit er mit Recht naturwissenschaftlich analysiert wird, werden sie nicht enträtseln. Hier ist der Weg noch weit.

Auch die Medizin trägt ihr Teil an der Ambivalenz der Wirkungen der Wissenschaft. In dem langwierigen Prozeß der Modernisierung der Entwicklungsländer war ihr Erfolg der fragloseste, mit der Folge der Bevölkerungsexplosion. Die Durchsetzung der Familienplanung auf der ganzen Welt ist ein dringendes Postulat für die kommenden 10 Jahre. Es setzt einen ärztlichen Dienst voraus, ist also eine sinnvolle Fortführung der medizinischen Anstrengung auf einem neuen Gebiet.

Die Ambivalenz der Wissenschaft zeigt in der Medizin aber auch noch ein neues Gesicht. Neben die ambivalenten Wirkungen fragloser Erkenntnis treten, wenn wir den Menschen zum Gegenstand der Wissenschaft machen, immer mehr die problematischen Wirkungen der irrigen Vereinfachungen, der Überschätzung wissenschaftlicher Teilerfolge. Es gibt in der Medizin neben der naturwissenschaftlichen Kausalanalyse stets die Forderung, den Patienten als Mitmenschen zu verstehen. Das Verstehen gibt reale Aufschlüsse, die der Kausalanalyse, nicht prinzipiell, aber wegen der Kompliziertheit der Vorgänge, versagt bleiben, denn das Verstehen bezieht sich direkt auf den großen, biographischen Zusammenhang, den »Sinn« der zahllosen Regelkreise des Organismus. Ich zweifle freilich, ob die psychosomatische Denkweise in der Medizin in den siebziger Jahren die Rolle spielen wird, die sie meines Erachtens spielen sollte. Die berechtigte Faszination der Kausalanalyse wird wohl noch eine Weile in unberechtigter Weise andere Erkenntniswege blockieren.

Dies führt uns zur vielleicht zerstrittensten unter den Wissenschaften, der Psychologie. Auf verschiedenen Straßen ziehen die Heerhaufen zu diesem Schlachtfeld. Die publikumswirksamsten und doch wohl auch sachlich bedeutsamsten rücken durch die Erfragung des Unbewußten, durch die Erforschung tierischen Verhaltens und durch die kybernetisch-maschinelle Simulation des Denkens vor. Überall hier liegt ein von den ersten Entdeckern genial aufgespürter reeller Erfahrungsbereich zugrunde, der zugleich schon die Meister und noch mehr die Gefolgsleute zu dogmatischen Verallgemeinerungen verführt. In einer Welt, die durch die rapide Änderung der Lebensformen auch in der breiten Masse das überlieferte Bild vom Menschen, das diese Formen trug, fortschreitend auflöst, ist die Durchsäuerung des Alltagsdenkens mit aus der wissenschaftlichen Psychologie stammenden Begriffen kaum vermeidlich und wohl letzten Endes eine Orientierungshilfe – trotz der manifesten Gefahren der in intellektuellen Zirkeln seit langem bekannten psychologischen Halbbildung. Der Kern des Problems ist wohl, daß unsere Zeit, deren zentrales moralisches Anliegen mit Recht unter dem Namen der Menschlichkeit formuliert wird, keine Antwort auf die Frage bietet: »Was ist der Mensch?« Wissenschaftlich gesagt, besitzen wir keinen integrierenden anthropologischen Ansatz. Vermutlich ist diese Lücke im Kern eine notwendige Folge der objektivierenden Methode der Wissenschaft. Positive Wissenschaft im neuzeitlichen Sinn beruht methodisch darauf, die im Konsens der Wissenschaftler entscheidbaren Fragen zu stellen, die so nicht entscheidbaren Fragen ausdrücklich abzuweisen (und dann oft ganz zu vergessen). So formuliert John Locke das Prinzip empirischer Forschung: »Ich will mit meinem Senkblei nicht die Tiefen des Ozeans ausmessen, sondern nur die Einfahrt meines Hafens, um sicher mit meinem Schiff aus- und einfahren zu können.« Die Gründe des Konsenses der Wissenschaftler aber sind meist der Untersuchung im Konsens entzogen. Das macht heute die gesellschaftliche Ideologiekritik des Neomarxismus von neuem klar. Doch ist dort noch die Hoffnung des Ideologiekritikers verbreitet, er selbst könne ideologiefrei denken. Objektivierendes Denken ist eine menschliche Leistung, nicht die einzige, eine unentbehrliche, aber nicht die wichtigste; es ist fraglich, ob ihr der Grund aller menschlichen Leistungen, zugleich ihr eigener Grund, durchsichtig werden kann. Wenn sich das Bewußtsein hiervon in den siebziger Jahren weiter verbreiten könnte, so würden sie keine glückliche, aber eine fruchtbare Zeit.

Eine sehr wichtige anthropologische Einsicht wird durch die Breite der empirischen Forschung erhärtet. Drücken wir es gleich mit einer kleinen philosophischen Pointe aus: Der Mensch ist dasjenige Lebewesen, dessen Natur es ist, Geschichte zu haben. Zwar sind auch die pflanzlichen und tierischen Spezies in der Geschichte der Natur entstanden, aber das Individuum ist in seinem Verhalten überwiegend durch das seit vielen Generationen im wesentlichen festliegende Erbgut der Spezies bestimmt. Der Mensch hingegen ist biologisch darauf angelegt, in eine Tradition einzutreten, deren Inhalte ihrerseits durch die biologische Natur des Menschen nicht fixiert sind. Der Mensch ist biologisch darauf angelegt, eine Sprache zu lernen; welche Sprache er aber lernt, hängt davon ab, von wem er sprechen lernt. Darum ist der Streit zwischen Tradition und Fortschritt, wenn man ihn dogmatisch versteift, ähnlich dem Streit, ob man auf dem rechten oder dem linken Fuß gehen soll; faktisch, in Zug und Gegenzug ausgefochten, ist er aber das Gehen selbst. Aller Fortschritt ist Weiterschreiten auf der Basis einer Tradition, alle Tradition ist bewahrter Fortschritt der Vergangenheit. Der Weg aber ist nicht eindeutig vorgezeichnet, er enthält in jedem kleinen Schritt Versuch und Irrtum, und die Wachheit ist oft die Folge vorausgeworfener Schatten von Katastrophen.

Wissenschaftlich gesehen führt uns dies in die Wissenschaften von der gegenwärtigen Gestalt menschlichen Zusammenlebens und von deren geschichtlichen Wurzeln.

5. Gesellschaftswissenschaften

Im öffentlichen Bewußtsein sind diese Wissenschaften heute eine Großmacht; in der Gelehrtenrepublik haben sie sich ihre Anerkennung zum Teil noch zu verdienen.

Die älteste unter ihnen ist wohl die Wissenschaft der Politik, deren Begriffe (der heute gängigste ist wohl der der Demokratie) aus der griechischen Staats- und Gesellschaftstheorie stammen und dort einen klaren Sinn haben. Dieser Wissenschaft ist meines

Erachtens für die siebziger Jahre eine zentrale Aufgabe klar vorgeschrieben. Neben das Studium der inneren Verfassung der Staaten (»government«) und ihrer außenpolitischen Beziehungen (»foreign relations«) muß der große theoretische Entwurf der Möglichkeit des politisch gesicherten Weltfriedens (»Weltinnenpolitik«) treten. Über die politische Notwendigkeit dieses Ziels kann kein Streit sein, und nur von diesem Ziel her kann der »Stellenwert« anderer politischer Ordnungen bestimmt werden. Es ist charakteristisch für unsere geschichtliche Situation, daß wir genötigt sind, in dieser lebenswichtigen Frage den ordnenden Gesichtspunkt nicht in der Zeitlosigkeit unveränderlicher Gesetze, nicht in einer verklärten Vergangenheit und nicht in der Erfahrung der Gegenwart, sondern in erkannten Notwendigkeiten der Zukunft zu finden.

Ebenfalls antiken Ursprungs und heute wie von jeher von eminenter praktischer Bedeutung ist die normative Gesellschaftswissenschaft der Jurisprudenz. Doch war ihre Bedeutung dem öffentlichen Bewußtsein im 19. Jahrhundert, in der Zeit, die den liberalen Rechtsstaat schuf, unzweifelhafter als heute. Die Kompliziertheit und Wandelbarkeit des Lebens führt zu einer Funktionalisierung des Zivilrechts, welche die Konturen verwischt und den Verdacht beliebiger Machbarkeit aufkommen läßt. Der Liebling des Publikums, das Strafrecht, leidet an den Ungelöstheiten der Anthropologie; die Reaktion unseres Landes auf diese Ungewißheiten war bisher eine ungewöhnliche Reformunwilligkeit, die hoffentlich den Übergang zu den siebziger Jahren nicht überdauern wird. Die rebellierende Jugend greift wieder einmal den Formalismus des Rechts grundsätzlich an und fordert an seiner Stelle materiale Gerechtigkeit. Wie immer wieder in der Geschichte stellt sie damit (in teilweise neuen, phantasievoll schokkierenden Formen) die tölpelhafte moralische Trägheit der Herrschenden bloß, die sich mit der Fassade des formalen Rechts schützt. Sie verkennt aber den großen moralischen Wert des Prinzips des Rechtsformalismus, den Schutz der schwächeren Person und der umstrittenen Sache nicht nur vor dem Egoismus der Interessen, sondern auch vor dem Fanatismus der Überzeugungen. Möchte sie, bis sie in die Verantwortung eintritt, diese Lektion noch lernen; sonst wird die kommende Zeit ein Zurückgleiten in die Barbarei der Gesinnungskämpfe nicht vermeiden.

Die Wirtschaftswissenschaft, deren Grunddaten meßbare Bedürfnisse sind, bietet sich der Mathematisierung am leichtesten an und feiert in der Vermeidung der großen zyklischen Krisen und in »maßgeschneiderter« Konjunkturpolitik Triumphe, die an die Triumphe der Naturwissenschaft erinnern. Doch bleibt ihr Gegenstand, mit dem Auge eines Naturwissenschaftlers betrachtet, fast hoffnungslos komplex. In der Tat finden sich in ihr heute prinzipielle Fragen von großer Sprengkraft. Der geniale Gedanke der klassischen Nationalökonomie, daß das Zusammenspiel der konsequent verfolgten Einzelinteressen das Gesamtinteresse automatisch fördere – er wurde für Hegel zum Modell seiner »List der Idee«, zum Beweis, daß das Gemeinwesen nicht des platonischen Philosophenkönigs bedürfe, der als Individuum das Wohl des Ganzen adäquat denkt; er wurde ebenso zum Modell der Darwinschen Selektionslehre –, dieser Gedanke erweist sich in seiner Gültigkeit von gesellschaftlichen Voraussetzungen abhängig, die wir heute wieder kritischer betrachten als in der Blüte des Wirtschaftswunders der kapitalistischen Welt nach dem letzten Weltkrieg. Das klassische Ideal vieler kleiner Unternehmer, deren keiner den Markt durch seine individuellen Entscheidungen fühlbar beeinflussen kann, weicht der technologisch bedingten, auf der Überlegenheit geballten strukturellen Denkens und Planens beruhenden, wohl unausweichlichen Konzentration. Konzentration im Weltmaßstab ist der weiter wachsende wirtschaftliche Abstand der Industrienationen von den Entwicklungsländern. Marxistische Analysen dieser Vorgänge werden wieder ernster genommen als zuvor, während zugleich die Länder, deren offizielle Doktrin der Marxismus ist, um Liberalisierung der Wirtschaft ringen. Der Wunsch nach Mitbestimmung wird in unseren Ländern eine politische Realität, einerlei ob die Hoffnungen, der Entfremdung des Menschen in der technokratisch verwalteten Welt dadurch zu begegnen, im Tauziehen von Unternehmern und Gewerkschaften erfüllt werden können. Jedenfalls weicht das Zutrauen zu selbstregulierenden Automatismen immer weiter zurück; die Wirtschaft wird durch alle diese Vorgänge nur mehr als zuvor ein Feld, dessen Praxis der wissenschaftlichen Analyse bedarf.

Die Soziologie, als jüngste dieser Wissenschaften aufs Feld getreten, läßt im raschen Wechsel ihrer Doktrinen vielleicht am wenigsten eine Prognose zu. Die Wichtigkeit ihrer Themen ist außer jedem Zweifel. Doch sei dem gelernten Naturwissenschaftler, der schon vor der Kompliziertheit der quantifizierbaren Ökonomie erschrickt, die skeptische Frage erlaubt, woher das Zutrauen stammt, in diesem Gebiet objektive Wissenschaft zu treiben. Kein Zweifel über die Fruchtbarkeit des Feldes, das die empirische Soziologie beackert. Charakteristisch für den soziologischen Methodenstreit ist aber die Figur der ideologiekritischen Reflexion: »Du studierst diese Fragen mit diesen Methoden, weil du diese Interessen vertrittst.« Diese Figur stammt aus der Philosophie, und manche Optimisten der Soziologie haben ihr Fach schon als die zeitgemäße Form der Philosophie empfunden. Diese Figur ist zugleich immer ein Politikum. Wir verdanken ihr, daß wir die Untrennbarkeit von Theorie und Praxis wieder ins Bewußtsein bringen. Ich möchte, ohne den Zeigefinger zu heben, die Entwicklung dieser Wissenschaft ihrer inneren Dynamik überlassen. Ideologiekritik wird dort überzeugend, wo sie sich der Selbstkritik fähig erweist.

Man kann an dieser Stelle die Pädagogik einordnen. Auch sie teilt die manifeste Dringlichkeit der Aufgaben mit dem Leiden an der Ungeklärtheit der anthropologischen Voraussetzungen. Doch ist ihre Aufgabe dort verhältnismäßig eindeutig, wo es sich darum handelt, ganzen Bevölkerungen diejenige Ausbildung zu vermitteln, ohne die sie sich in der wissenschaftlich-technischen Welt nicht zurechtfinden können. So ist die Pädagogik für die Entwicklungsländer eine vordringliche Aufgabe. Funktional komplizierter und nicht weniger wichtig ist das entsprechende Problem für die Industrienationen, wo das Ausbildungssystem nicht so sehr geschaffen wie den Notwendigkeiten der Zeit angepaßt werden muß. Um nur einen Punkt herauszugreifen: Bei dem sehr raschen Fortschritt des Wissens und Wandel der Berufsbilder veraltet das auf der Fach- oder Hochschule Gelernte schneller als je zuvor. Fortbildung mitten im Berufsleben wird ebenso dringlich wie die anfängliche Ausbildung. Dies bringt tiefgreifende Änderungen unseres Erziehungswesens mit sich, die durch Herumprobieren zu schaffen uns die Zeit nicht bleibt. Hier entstehen große Aufgaben theoretischen Durchdenkens der notwendigen Planungen.

6. Historische Wissenschaften

Unter diesem Titel möchte ich hier ebensowohl politische Geschichte wie die Philologien und Kunstwissenschaften, kurz die klassischen sogenannten Geisteswissenschaften zusammenfassen. Obwohl auch in diesen Wissenschaften wahrscheinlich noch nie so viele Menschen ausgebildet worden sind und für sie noch nie so viel Geld ausgegeben worden ist wie heute, stehen sie doch in den Tendenzen der Gegenwart in der Defensive. Ihr pragmatischer Nutzen ist schwer nachzuweisen, ihre Rolle als Bewahrer der Tradition ist den Erfolgssuchern uninteressant und den Ideologen des Fortschritts suspekt.

In diesem Mißtrauen steckt eine begreifliche, aber gefährliche Blindheit. Es ist wahr, daß wir unsere Gegenwarts- und Zukunftsaufgaben nicht meistern können, wenn wir von vergangenen Verhaltensnormen und Ansichten beherrscht sind. Aber schon die Psychoanalyse weiß, daß man von der eigenen Vergangenheit gerade dann unbewußt beherrscht wird, wenn man sie nicht kennt, wenn man sie verdrängt. Überwindung der Vergangenheit setzt ihre bewußte Präsenz voraus, und ihre Präsenz hält man nur aus, wenn man sie als die eigene Vergangenheit akzeptiert. Akzeptieren heißt nicht gutheißen. Die Vergangenheit ist ebenso gefährlich, wenn sie kritiklos aufgenommen wird. Aber ich kann eigenes Versagen nur überwinden, wenn ich es nicht nur abstrakt als Versagen erkenne, sondern auch bewußt als mein eigenes Versagen anerkenne. Schuld wird nicht getilgt, wenn man sich nicht zu ihr als der eigenen Schuld bekennt. Irrtum wird nicht dadurch überwunden, daß man ihn vergißt, denn damit bleibt man anfällig für seine Wiederholung. Da ich als Mensch aber Träger einer Tradition bin, ist auch das Versagen, die Schuld, der Irrtum meiner Vorfahren, das heißt derer, deren Tradition mich geprägt hat, der seelischen Wirkung nach mein eigenes Versagen, meine eigene Schuld, mein eigener Irrtum; ich überwinde all dies nicht, wenn ich handle, als gehe es mich nichts an, denn auf tausend verborgenen Wegen der Tradition bestimmt es mich doch. Schließlich kann aber das Verhalten zur Vergangenheit auch nicht richtig sein, wenn es nur kritisch ist. Ich kann mein Versagen, meine Schuld, meinen Irrtum gerade in dem Augenblick als mein akzeptieren, in dem mir gegeben wird, mich darum nicht hassen zu müssen. So ist der Einklang mit der Vergangenheit als der eigenen eine Bedingung ihrer Kritik.

In der wissenschaftlichen Ebene ist das Wachhalten dieses Kontakts mit der Vergangenheit eine der Aufgaben der historischen Wissenschaften. Dazu kommt als zweites das große Geschenk der positiven Geisteswissenschaften an unser Bewußtsein, das Vermögen des geschichtlichen Denkens. Damit meine ich nun vor allem die Schulung darin, eine Person, eine Gesellschaft, eine Epoche aus ihren eigenen Voraussetzungen heraus zu verstehen. Kaum eine intellektuelle Schulung trägt so sehr dazu bei, uns von unseren Vorurteilen freizumachen, wie das ruhige Verständnis der Vorurteile anderer Leute. Vielgestaltigkeit gehört zum Menschsein, gerade weil Traditionen nicht naturbedingt, weil sie Schöpfungen der Freiheit sind. Wir werden die Welt weder human noch in Ordnung halten können, wenn wir alles über einen Kamm scheren, den Kamm, der unsere eigene Frisur bestimmt.

Man kann freilich den Geisteswissenschaften den Vorwurf nicht ersparen, daß sie ihre wichtige Rolle für unser Bewußtsein nicht immer gut spielen. Meines Erachtens hat hier ihre Überwältigung durch das Wissenschaftsideal der Naturwissenschaft, die auch durch die Reflexion der Dilthey-Zeit nicht gründlich genug kritisiert worden ist, eine unglückliche Wirkung. In der Naturwissenschaft sind die Erfahrungen relativ leicht als wiedererkennbare Ja-Nein-Entscheidungen zu stilisieren und darum leicht durch Personen sehr verschiedenen Naturells und Lebensschicksals zu überprüfen. Die Erfahrung, die man in der Geisteswissenschaft braucht, um einen Text oder eine historische Aktion zu verstehen, ist die innere Erfahrung von eben derjenigen Art menschlichen Erlebens und Handelns, aus der dieser Text oder diese Aktion hervorging. Keine Aktenkunde bewahrt den Historiker vor Fehlurteilen, der nicht aus eigener Erfahrung und instinktiver Anlage weiß, »wie man Politik macht«; der Moralist, der meint, historische Dokumente sprächen die aufrichtige Ansicht ihrer Verfasser aus, und der Kriminalist, der überall böse Absichten wittert, sind gleichermaßen zum Historiker verdorben. Die ursprüngliche Aufgabe der Philologie ist schlicht die Überlieferung der großen Denkmäler, die die Menschheit sich in der Literatur gesetzt hat, an denen jede Gegenwart sich von neuem zu messen hat. Deutung braucht die Philologie nur, um überliefern zu können, denn jede

Gegenwart sinkt von neuem, auf eine nur ihr eigene Weise, zurück in eine Unfähigkeit, das Überlieferte zu verstehen. Forschung schließlich braucht sie nur, um deuten zu können, denn erst in der eigenen Wahrheitssuche wachsen dem Gelehrten die Fragestellungen zu, ohne die er nicht deuten kann. Unter dem Einfluß der Naturwissenschaft hat die Forschung in Trivialbereichen, die dort unentbehrlich für den Fortschritt ist, für die Geisteswissenschaft, die nicht denselben Begriff von Fortschritt haben kann, ein ungebührliches Gewicht bekommen. Die Folge ist, daß die junge Generation einer forschungsgläubigen Zeit diese Forschungsresultate so belangreich nicht finden kann und daß sie das Kind der Geisteswissenschaft mit dem Bade ihrer Forschungsergebnisse ausschüttet.

Eine Heilung dieser Leiden verspreche ich mir von den siebziger Jahren nicht.

7. Theologie

Nur eine Minderheit unserer intellektuellen Zeitgenossen wird Theologie überhaupt als eine Wissenschaft anerkennen. Dabei hat diese (wenn wir uns zunächst auf christliche Theologie als das für uns geschichtlich vorgegebene Modell beschränken) nicht weniger strenge methodische Prinzipien als andere Wissenschaften. Sie ist Überlieferung und Auslegung der bindenden Tradition ihrer Gemeinschaft, der Kirche, ausgehend von deren ältester schriftlicher Fassung. Wo sie dazu systematisches Denken brauchte, hat sie sich an dessen Strenge (die philosophische) gebunden erachtet; wo sie Text- und Traditionskritik brauchte, hat sie sich seit zwei Jahrhunderten der geisteswissenschaftlichen Methoden, oft in vorbildlicher Nüchternheit, bedient.

Doch hat der antitheologische Affekt der neuzeitlichen Wissenschaft einen präzisen Grund. Diese Wissenschaft will Forschung in freier, wiederholbarer Erfahrung ohne inhaltliche Vorentscheidung sein; sie verwirft aus Prinzip die Bindung der zu findenden Wahrheit an eine Autorität. Und doch waltet hier, historisch begreiflich, vielleicht eine methodische Kurzsichtigkeit. Auch die empirische Wissenschaft akzeptiert vergangene Erfahrung, die nicht in ihrer Fülle wiederholt werden kann, als Autorität, auch in der Religion gilt, daß die Erfahrung grundsätzlich allen zugänglich ist (»wenn ihr meine Gebote befolgt, werdet ihr erkennen, daß sie wahr sind«). Die der Naturwissenschaft so wichtige Trennung von Tatsachen- und Werturteil läßt sich im menschlichen Bereich dort nicht aufrechterhalten, wo man einen Inhalt (einen »Wert«) wollen muß, um seine Erfahrung zu machen; das entdeckt heute die marxistische Wissenschaftskritik von neuem. Wertneutralität der Wissenschaft ist zwar selbst ein Wert, nämlich eine Disziplin der Distanzierung von den eigenen Vorurteilen, aber sie ist keine letzte (»metaphysische«) Wahrheit. Einem umfassenderen Blick, als wir ihn haben, würde sich wohl auch die Theologie, gerade in ihrer Bindung an geschichtliche Autoritäten, als eine empirische Wissenschaft erweisen, in einem Feld, in dem der Wandel der Erfahrungen nicht Jahre und Jahrzehnte, sondern Jahrtausende dauert.

Im raschen Wandel der existentiellen Erfahrungen unserer Jahrzehnte gerät diese langfristige Wissenschaft natürlich in eine tiefe Krise. Hier ist nun viel Versäumtes nachzuholen. Meiner Überzeugung nach hat nur die Religion eine Anthropologie besessen, die tief genug fundiert war, indem sie den Menschen weder auf sich selbst noch auf die Natur gegründet sah, sondern auf eine größere geistige Wirklichkeit, die Gott oder göttlich genannt wurde. Das Wissen von diesem Besitz und die Verantwortung vor ihm hat die Theologie jahrhundertelang nahezu genötigt, geschichtlich neue Erfahrungen zwar zu registrieren, aber als letzten Endes irrelevant einzuordnen. Damit war sie bedroht vom Verlust des Kontakts mit der Wirklichkeit, sogar der von ihr selbst zu verwaltenden, denn auch diese wandelt sich in der Geschichte. Gott wurde das feste Leuchtfeuer, an dem jedoch das Schiff der Geschichte vorbeitrieb. In unserer Generation bricht diese Haltung zusammen; darum erregt der Satz »Gott ist tot« die Theologen so sehr. Nur Theologen, die diesen Zusammenbruch erfahren haben, können zu modernen Menschen überzeugend reden, weil nur sie von der Stimme der modernen Menschen eigentlich erreicht werden.

Eine der historischen Blindheiten der christlichen Theologie war ihre Verwerfung der außerchristlichen Religionen. Die Intoleranz des Elia gegen die Baalspriester war der Kampf für die Erkenntnis des Unterschieds von Gut und Böse, eines geschichtlich nötigen Schritts über jene Vegetationsgottheiten hinaus. Die Anwendung der Intoleranz auf Islam, Buddhismus, Hinduismus ist eine Simplifizierung eines sehr viel subtileren, noch völlig unerkannten Verhältnisses. Die religiös suchenden westlichen Intellektuellen sind hier in aller Ratlosigkeit weiter vorgedrungen, als es die Kirche noch vor kurzem war. Ihnen sind Chassidismus, Zen, Yoga lebendige Begriffe geworden, auch wenn sie daraus keine gültige Lebensform gewonnen haben. In dieser Durchdringung bisher getrennter Wirklichkeiten steht ein Bewußtseinswandel vor der Tür, der freilich nicht nach Jahrzehnten zu bemessen ist.

8. Philosophie

Die Philosophie als Hochschuldisziplin ist heute keine Macht; im kontinentalen Europa bewahrt sie vorwiegend nach der Art solider Philologien einen geschichtlichen Wissensschatz. Dieses Wissen verwandelt sich selten in aktives Bewußtsein, vor allem wohl weil die Aufgabe der Philosophie so schwer ist.

Philosophie kann definiert werden als Weiterfragen. So hat Sokrates sie vorbildlich praktiziert. Wenn positive Wissenschaft darauf beruht, die im Konsens entscheidbaren Fragen zu entscheiden und die anderen nicht zu stellen, so ist Philosophie keine positive Wissenschaft, sondern deren Korrektur. Nun ist die Trennung nie scharf. Die großen Fortschritte in der Wissenschaft beruhen oft, vielleicht stets, darauf, daß man eine zuvor nicht gestellte Frage doch, und zwar mit Erfolg, stellt; so sind die großen wissenschaftlichen Fortschritte die Kinder einer Ehe von positiver Wissenschaft und Philosophie. Philosophie ihrerseits hat einen Schatz eigener Fragen, eine eigene Weise der Erfahrung (die Erfahrung des Schwimmens gegen den Strom des naiven Denkens, die Erfahrung der Rückfrage: »Was mache ich da eigentlich?«), und unter den so Erfahrenen hat sie einen eigenen Konsens.

Die gegenwärtige Szene ist verworren. Der Existentialismus ist verklungen. Das Bild eigenen Weiterfragens wird beherrscht von einer Philosophie der Wissenschaft, die selbst Wissenschaft sein möchte, und einer Philosophie der Gesellschaft, die sich als gesellschaftliche Praxis darzuleben wünscht. Beides ist wichtig. Wichtiger scheint mir noch das stets erneute Erwachen eines Bewußtseins für das Niveau, auf dem eigentliche Philosophie erst beginnt. Das ist nicht anders zu lernen als im Gespräch mit den großen Philosophen der Vergangenheit. Bei ihnen hat das Weiterfragen zu dem Versuch geführt, das Ganze als Ganzes zu denken. Wie schwer (und nötig) das ist, weiß heute (und wußte wohl auch damals) fast niemand. Ich habe im akademischen Philosophieunterricht immer wieder die Erfahrung gemacht, daß die hoffnungsvollen hochbegabten jungen Leute rasch sahen, wo Platon oder Kant nicht mehr zeitgemäß sind – wenn sie aber dann nicht jahrelang die Erfahrung machten und aushielten, daß sie an jeder einzelnen Stelle, an der sie einen dieser Philosophen kritisierten, sachlich nicht verstanden hatten, wovon er sprach, so waren sie zu eigener produktiver philosophischer Arbeit nicht fähig.

Es wäre vermessen, hier etwas vom Inhalt solcher Philosophie darstellen zu wollen. Vielleicht kann eine Studie über die Wissenschaft der kommenden zehn Jahre zugleich, als Nebeneffekt, ein Stückchen philosophischer Propädeutik sein.

I, 2. Sprache als Information

Vortrag, gehalten in der Vortragsreihe »Die Sprache« der Bayerischen Akademie der Schönen Künste in München und Berlin 1959. Gedruckt in »Die Sprache. Jahrbuch Gestalt und Gedanke, Band V« München 1959. Um die Frage, ob sich die Sprache im Dienst der Wissenschaft eindeutig machen lasse (vgl. Vorbemerkung zum Teil I), behandeln zu können, wird ein vorläufiger Begriff der Information eingeführt. Er bezeichnet dasjenige, dessen Quantum durch die »Information« im Sinne der Informationstheorie gemessen wird. Der philosophische Status dieses Begriffs bleibt ungeklärt, doch zeigt sich sein Zusammenhang mit dem platonisch-aristotelischen Begriff der Form. Diese Frage wird in III, 5 wieder aufgenommen.

Erlauben Sie mir, einen Vortrag, der durch sein Thema genötigt ist, schwierig zu werden, mit einer Bemerkung einzuleiten, die noch nicht die volle Ernsthaftigkeit hat. Der alte Goethe läßt in einem seiner Sprüche einen anderen Menschen an ihn die Frage richten:

»Wie hast Du's denn soweit gebracht?
Sie sagen, Du hättest es gut vollbracht.«

Er antwortet darauf:

»Mein Kind, ich habe es klug gemacht,
ich habe nie über das Denken gedacht.«

Das ist nun zunächst sicher eine Bosheit gegen Hegel. Es ist zugleich ein Ausdruck der großartigen Bindung Goethes an die Welt. Kann das Organ des Denkens, das uns gegeben ist, um mit der Wirklichkeit umzugehen, ohne Schaden ertragen, daß wir es auf sich selbst anwenden? Kann man sich selbst kennen? Der Tausendfuß, befragt, in welcher Reihenfolge er seine Füße setze, fing an darüber nachzudenken und verlernte das Gehen.

In welcher Lage befinden wir uns in dieser Tagung? Ich konnte bisher die Goethesche Antwort so variieren:

»Mein Freund, Du hast den Braten gerochen,
ich habe nie über die Sprache gesprochen.«

Dieses Privileg verscherze ich mit dem heutigen Abend. Allerdings werde ich nur in einem eingeschränkten Sinn über die Sprache sprechen. Ich spreche über einen bestimmten Aspekt, über Sprache als Information. Der Gegenstand, über den ich spreche, ist also nicht die ganze Sprache, nicht die Sprache schlechthin. Vielleicht gilt sogar etwas Entsprechendes für unsere ganze Tagung. Vielleicht ist das, worüber man sprechen kann, das, was Gegenstand eines Vortrags werden kann, nie die ganze Sprache, nie die Sprache schlechthin. Sprache kann sich zu Gehör bringen, indem man spricht. Dabei wird man auch über etwas sprechen, und das, worüber man spricht, kann etwas Sprachliches sein. Aber indem man darüber spricht, ist es nicht die ganze Sprache; die Sprache selbst steht noch hinter dem Sprechenden.

Damit habe ich schon die Struktur dessen angedeutet, was ich überhaupt heute sagen will. Was soll ein Vortrag über Information in einer Tagung über Sprache? Ich habe soeben ein wenig mit dem Begriff »über« gespielt, dem Begriff des Sprechens über einen Gegenstand. Vielleicht die schärfste Fassung des Sprechens über einen bestimmten, deutlich angegebenen Gegenstand ist die exakte Wissenschaft.

Information ist ein Begriff, der zur exakten Wissenschaft in naher Beziehung steht. Das Thema »Sprache als Information« stellt die Frage nach den Wesenszügen der Sprache, die sie zum Träger exakter Wissenschaft werden lassen. Ich knüpfe damit an den Vortrag von Friedrich Georg Jünger über Sprache und Kalkül an, den er auf der Tagung über die Künste im technischen Zeitalter vor fünf Jahren hier gehalten hat; einen Vortrag, der ja wohl zu der jetzigen Tagung einen entscheidenden Anstoß gegeben hat. Zunächst werde ich die Sprache als Information einfach beschreiben, danach werde ich fragen, was Information eigentlich ist. Dies wird ausmünden in die Frage, ob alles, was wir klar denken und klar sagen können, in eine sprachliche Gestalt gebracht werden kann, die durch den Informationsbegriff beschrieben werden darf. Mit anderen Worten: Läßt sich Sprache ganz in Information verwandeln? Diese Frage will ich nicht durch den zu billigen Hinweis auf Formen der Sprache, die nicht unter den Informationsbegriff fallen, abtun. Ich will vielmehr versuchen zu zeigen, daß der Begriff der Information selbst eine Art der Sprache voraussetzt, die nicht in Information verwandelt ist. Damit hoffe ich zum Thema unserer Tagung einen Beitrag zu leisten. Ich hoffe damit zu zeigen, wie beim präzisesten Sprechen über etwas die Sprache selbst noch hinter dem Sprechenden steht.

Will ich aber etwas derartiges zeigen, so darf ich in den späteren Teilen des Vortrags eine gewisse Abstraktheit der Erörterung nicht scheuen. Der Vortrag wird also schwierig, und er wird lang. Ich erbitte dafür Ihre Nachsicht und Ihre Geduld. Vielleicht kann eine kurze vorausgeschickte Inhaltsangabe Ihnen das Folgen erleichtern.

Der Vortrag wird auf immer neuen Stufen die Frage wiederholen: Was ist Information? Man kann ihn in fünf Teile einteilen:

1. Beispiele für Information
2. Messung von Information
3. Der Kalkül
4. Information als Form
5. Kann man Sprache auf Information reduzieren?

All dies ist nur ein Bericht, noch keine Philosophie; denn was Sprache selbst ist, lasse ich offen. Es ist vielleicht das, was in einer philosophischen Propädeutik über Sprache als Information gesagt werden könnte.

1. Beispiele für Information

Ich stelle also zum erstenmal die Frage: Was ist Information?

Information ist nach heutigem Sprachgebrauch Mitteilung von Tatbeständen. Information ist, was ein Informationsbüro ausgibt, was in statistischen Dokumentationen, diplomatischen Berichten, in den Meldungen der Geheimdienste enthalten ist. Ohne gute Informationen bringt man es in Politik und Wirtschaft nicht weit. Die Information dient aber nicht nur den Egoismen der einzelnen oder der Machtgruppen, sie dient dem Leben der Gemeinschaft. Nehmen Sie ein banales Beispiel: Wo bliebe die Ordnung im Eisenbahnverkehr ohne die Information, die die Zahlenkolonnen des Kursbuches enthalten? Weniger sichtbar: Wenn der überseeische Produzent und der einheimische Importeur über Bedarf und Erzeugung nicht Information austauschten, so würde uns leicht das tägliche Brot fehlen. Als die Atomenergie begann, ins menschliche Leben einzugreifen, fragten wir Physiker uns, was wir nun unseren Mitmenschen schuldig seien. In Amerika war 1945 die Antwort dieselbe wie zehn Jahre später bei uns in Deutschland: das erste und mindeste, was wir ihnen schulden, ist volle Information. Wie können sie ihre Schicksalsfragen entscheiden, solange sie die Tatsachen nicht kennen?

Träger der Information ist die Sprache. Wichtige Tatsachen wurden und werden von Mund zu Mund weitergesprochen. Einst war der Bote, der Reisende so wichtig, der, wie das alte Wort heißt, »neue Zeitung« brachte. Die gedruckte Zeitung hat den Namen von der gesprochenen übernommen. Aber auch heute ist das gesprochene und gehörte Wort, im Telefon für die kleinen Kreise, die das Geschehen steuern, und im Radio für jedermann, die rascheste Informationsquelle.

Trotzdem hat, wenn Sprache als Information dienen soll, das niedergeschriebene Wort einen Vorzug vor dem klingenden. Der Klang vergeht, das Schriftbild bleibt. Die Schrift objektiviert gleichsam die Information. Sie entlastet das Gedächtnis, schafft Überblick und gestattet die jederzeitige Nachprüfung.

Die Schrift selbst hat eine eigentümliche Geschichte. Die älteste Schrift ist wohl aus dem Bild entwickelt. Die Hieroglyphen, die sumerische Schrift, die chinesische Schrift bis in unsere Tage bestehen zwar aus Zeichen, deren Bedeutung aus der bildlichen Gestalt meist nicht mehr unmittelbar hervorgeht; sie sind schon das Ergebnis eines Abstraktionsprozesses. Aber in ihnen bezeichnet das Schriftzeichen noch dasjenige, was das Wort bedeutet. Ein großer neuer Schritt der Abstraktion bereitete sich vor, als die Akkader die sumerischen Schriftzeichen nicht in ihrer Bedeutung, sondern ihrem Klangwert nach benutzten: nun beginnt die Silben- und dann die Buchstabenschrift, die nicht die Bedeutung der Worte, sondern den Klang der Worte durch die Schriftzeichen andeutet.

Man könnte fragen, warum ich hier von fortschreitender Abstraktion spreche. Ist nicht der Klang eines Worts etwas Sinnlicheres als seine Bedeutung? Ja, aber die Reflexion darauf, daß das Wort nicht einfach das Bedeutete ist, sondern daß es ganz losgelöst von seiner Bedeutung selbst einen Leib, eine Klanggestalt hat, daß es noch etwas anderes ist als was es bedeutet, diese Reflexion darf man abstrahierend, ihr Ergebnis abstrakt nennen.

In unserer Zeit gibt es eine Wissenschaft von der Information, die eben auf dieser Abstraktion beruht, die sogenannte Informationstheorie. Sie hat ihren Ursprung in der Nachrichtentechnik. Telegraphieren ist teuer. Einer jener chassidischen Rabbis, von denen Martin Buber berichtet, sagte, man könne aus allen modernen Erfindungen etwas lernen, so aus dem Telegraphen, daß jedes Wort gezählt wird, das du sprichst. Die Informationstheorie gibt sich weniger mit dem tiefen Sinn dieses Ausspruchs ab, aber sie befolgt ihn in einer sehr interessanten abstrakten Weise. Wie kann man Information möglichst sparsam übermitteln, also eine gegebene Information mit möglichst wenig Zeichen, oder umgekehrt mit einer gegebenen Länge des Textes möglichst viel Information mitteilen? Möglichst viel Information – d. h., man muß die Menge der Information in einem Text messen lernen. Was ist das Maß der Information?

2. Messung der Information

Indem wir nach dem Maß der Information fragen, stellen wir die Frage: »Was ist Information?« zum zweitenmal, verschärft durch den quantitativen Hinblick.

Lassen Sie mich mit einem einfachen Beispiel beginnen: Wenn ich telegraphiere: »Ich freue mich, daß ich am Montag, den 19. Januar, nachmittags fünf Uhr in München eintreffen kann«, so habe ich Worte vergeudet. Der Ausdruck der Freude ist Höflichkeit, vielleicht wahr, aber nicht notwendige Information. Das »ich« ist überflüssig, da die Verbalform »treffe ein« oder, wie man sparsamerweise sagt, »eintreffe«, selbst schon ausdrückt, daß der Reisende selbst der Eintreffende ist. Gebraucht man gleichzeitig zwei Mittel, um dieselbe Information auszudrücken, wie hier das Pronomen »ich« und die Verbalendung »e«, so nennt man das Redundanz. Deutsch könnte man vielleicht dafür sagen »Überfluß«. Der Begriff der Redundanz hängt eng mit unserer Suche nach dem Maß der Information zusammen. Redundante Ausdrucksweise spricht dieselbe Information mehrmals aus. Also wird man einen Ausdruck bekommen, dessen Länge ein Maß der Information ist, sofern man alle Redundanz streicht, also jede Information nur genau einmal ausdrückt. Der Überfluß ist unter diesem Aspekt das Überflüssige.

Das Telegramm strebt diesem Ziel nach; es vermeidet womöglich redundante Ausdrucksweisen. Das ist aber nur zweckmäßig, wenn sauber telegraphiert wird; bei verstümmelten Texten ist man oft für Redundanz dankbar, weil nur sie noch eine Hoffnung gibt, das Zerstörte richtig zu ergänzen. Die natürliche Sprache ist voller Redundanz: für sie ist Mangel an Überfluß Armut. Oft enthält sie die Redundanz nur in der sehr subtilen Form eines übergreifenden Sinnzusammenhangs oder eines Appells an schon Bekanntes. So wird es, wenn ich nach München an jemanden, der mich dort erwartet, telegraphiere, faktisch keine neue Information sein, wenn im Telgramm steht, daß ich gerade in *München* eintreffe; sage ich nur »eintreffe 5 Uhr nachmittags«, so weiß er schon, wo. Das Telegramm mit der Angabe des Ankunftsorts ist dann zwar an sich reicher an Information als das Telegramm ohne sie; aber die Gesamtinformation, die ich meinem Münchener Bekannten gebe, von der das Telegramm nur ein Ausschnitt ist, wird dadurch nicht vermehrt. Wie wertvoll die Redundanz der Sprache für das Verstehen sein kann, zeigt die Erfahrung am Telephon oder in einer Fremdsprache; in beiden Fällen kann man der Rede meist noch folgen, wenn man nur etwa jedes zweite oder gar dritte Wort versteht.

Nun aber suchen wir den knappsten Text. Wir fahren im Abkürzen fort. Statt »5 Uhr nachmittags« sagt man heute »17 Uhr«. Wochentag und Datum sind nicht beide nötig. Das Datum reicht aus; wenn man telegraphiert, ist aber unter »Montag« ohnehin der nächste Montag verstanden, und so ist wieder ein Wort gespart. Schließlich lautet das Telegramm »Eintreffe Montag 17 Uhr«.

Was ich soeben beschrieben habe, kann man auch mit einem literarhistorischen Ausdruck bezeichnen. Es ist die Entstehung eines sprachlichen Stils, des Telegrammstils. Er entstammt der Reflexion auf etwas der Sprache scheinbar rein Äußerliches, die Wortzahl. Aber es gibt im menschlichen Leben nichts rein Äußerliches. Ein Wesenszug der Sprache bringt sich in diesem Stil zum Ausdruck. Etwas vom Wesen alles dessen, worüber man überhaupt sprechen kann, zeigt sich deutlicher als in irgendeiner früheren Weise des Redens heute in einer Sprache, die auf ihren Gehalt an Information hin erzogen ist; und der reine Telegrammstil ist ja nur gleichsam der Parademarsch dieses Drills. Leben heute noch viele Menschen, die verstehen, was für ein überflüssiges und barockes Kunstwerk der Parademarsch war? Ist die Elimination alles Überflüssigen im Telegrammstil etwa gar eine barocke Lust, ein Überfluß? Das ist nun nicht ganz im Ernst gesagt. Die Einseitigkeit dieses Stils spürt jeder von uns; sie wird oft so gefährlich empfunden, daß manche ihn geradezu mit Sprachzerstörung gleichsetzen. Aber inwiefern zerstört er die Sprache? Es ist doch nicht der zu gedrängte Inhalt, sondern die Inhaltlosigkeit, die wir vielfach der Sprache unseres Zeitalters vorwerfen; es ist nicht die zu knappe Form, sondern die Formlosigkeit oder ein Wuchern leerer Formen. Ist die knappe Sprache der Wissenschaft und des Tatsachenberichts nicht das eindrucksvollste Sprachphänomen unserer Zeit? Aber vielleicht bringt eben das Absolutsetzen eines einseitigen Aspekts das in der Sprache, was nicht Information ist, zum Welken.

Es ist heute abend nicht meine Aufgabe, das in der Sprache zu beschreiben, was nicht Information ist. Vielmehr soll ich möglichst deutlich machen, inwiefern sie Information sein kann; von der klar gesehenen Sprache als Information wird sich dann die Sprache, die mehr als Information ist, klar abheben lassen.

Ich verfolge zunächst die Verschärfung des Informationsbegriffs in der Informationstheorie ein Stück weiter. Wir haben gefragt: Wie kann man eine Informationsmenge messen? Genügt es, alle Redundanz auszuschalten und die dann verbleibenden Worte zu zählen? »Eintreffe« und »Treffe ein« geben, ohne Redundanz, genau dieselbe Information einmal in einem Wort, einmal in zweien. Das Wort ist also keine zuverlässige Informationseinheit. Auch der Buchstabe ist es nicht. Das lange Wort »Automobil« teilt mir nicht mehr mit als das deutsche »Auto«, das dänische »bil« oder, de facto, das englische »car«.

Aber am Telegraphieren der Buchstaben können wir etwas lernen. Als der Telegraph erfunden war, gab es nur ein Signal: man konnte die Taste drücken und der Strom lief; man konnte sie loslassen, und der Strom war unterbrochen. Wie kann man mit dieser einfachen Alternative 25 Buchstaben des Alphabets bezeichnen? Morse benutzte genau zwei positive Zeichen: einen kurzen und einen langen Stromstoß. Jedem Buchstaben wurde eine Folge von Punkten und Strichen zugeordnet. Wenn das einzelne Zeichen, so wie beim Morsen, nur eine von zwei Gestalten haben kann, spricht man von einer Ja-Nein-Entscheidung. Eine einzelne Ja-Nein-Entscheidung nennen die Angelsachsen heute ein »bit of information«. »Bit« soll eine Abkürzung für »binary digit« sein. Aber das Wort für »Bissen« hat man gern für diese Abkürzung gewählt. Man kann die Menge von Information messen, wenn man weiß, wie viele einzelne Bissen man wenigstens schlucken muß, wenn man sie sich einverleiben will.

Durch eine Ja-Nein-Entscheidung kann man zwei Fälle unterscheiden; mit isolierten Morsezeichen, die jeweils nur genau einen Strich oder einen Punkt enthalten, könnte man also nur eine Sprache telegraphieren, die genau zwei Buchstaben hätte. Zwei hintereinandergesetzte Ja-Nein-Entscheidungen können vier verschiedene Fälle darstellen; mit den vier »binären« Morsezeichen: »Strich-Strich«, »Strich-Punkt«, »Punkt-Strich«, »Punkt-Punkt« kann man vier verschiedene Buchstaben telegraphieren. Drei Ja-Nein-Entscheidungen gestatten die Unterscheidung von acht Fällen, vier die von 16 Fällen, fünf die von 32. Ein Alphabet von 25 Buchstaben verlangt also Morsezeichen aus höchstens fünf Elementen. (Man kommt mit vier aus, wenn man Morsezeichen verschiedener Länge zuläßt; man hat dann 16 à 4, 8 à 3, 4 à 2, 2 à 1, zusammen 30 verschiedene Zeichen.)

Die Reduktion aller Information auf Ja-Nein-Entscheidungen ist das Prinzip, nach dem die modernen Rechenautomaten (»Elektronengehirne«) arbeiten. Diese stellen die Zahlen, ähnlich wie ich es eben für die Buchstaben angedeutet habe, durch Folgen von Stromstößen und Strompausen dar. 1 ist z. B. durch einen einzelnen Stromstoß von einer hunderttausendstel Sekunde Dauer bezeichnet. 2 ist ein Stoß und eine Pause von gleicher Länge. 3 ist Stoß-Stoß. 4 ist Stoß-Pause-Pause, 5 ist Stoß-Pause-Stoß-, 6 ist Stoß-Stoß-Pause, 7 ist Stoß-Stoß-Stoß, 8 ist Stoß-Pause-Pause-Pause usw. Will man nun z. B. zwei Zahlen addieren, so läßt man gleichzeitig in zwei verschiedenen Stromkreisen zwei solche Folgen von Stößen und Pausen laufen, die man durch eine geeignete Schaltung von Radioröhren so miteinander wechselwirken läßt, daß eine dritte Folge von Stößen und Pausen entsteht, die gerade der Summe beider Zahlen entspricht. Ist der Apparat richtig gebaut, so geschieht dies selbsttätig. Dies ist die moderne Fassung des schon von Pascal und Leibniz in den ersten mechanischen Rechenmaschinen realisierten Programms, die Rechenoperationen, die nach einem festen Schema verlaufen, statt vom menschlichen Geist von einer Maschine ausführen zu lassen. Man wird heute sagen können: jeder Denkprozeß, der in die Gestalt von Operationen nach einem fest vorher angegebenen Schema an Folgen von Ja-Nein-Entscheidungen gebracht werden kann, kann auch einer Maschine übertragen werden, die ihn dann meist schneller, umfassender und sicherer als der Mensch ausführt. Wieviel Information eine solche Maschine in der Sekunde verarbeiten kann, das läßt sich in exakten Zahlen angeben.

Es gibt, soviel mir bekannt ist, gute physiologische Gründe für die Annahme, daß auch die Nervenbahnen im menschlichen Gehirn in weitem Umfang mit Folgen von Ja-Nein-Entscheidungen (Ansprechen oder Nichtansprechen der Nervenfaser) arbeiten. Die Aspekte, die dieser Gedanke eröffnet, gehören aber nicht in mein heutiges Thema. Ich kehre zum Thema der Sprache zurück durch die folgende Überlegung.

3. Der Kalkül

Wenn wir alle Denkoperationen, die nach einem festen, vorweg von uns angegebenen Schema ablaufen, der Maschine übertragen, so haben wir ihr damit keineswegs alle Denkoperationen überhaupt übertragen, nicht einmal alle diejenigen, die wir als »exakt« anzusprechen geneigt wären. Z. B. kann man nach einem Schema nur handeln, wenn jemand dieses Schema zuvor entworfen hat. Das Entwerfen eines Schemas ist ein Denkakt, der dem Schema vorausgeht. Wir werden zu der Annahme neigen, daß das, was bei dem Handeln nach dem Schema geschieht, nicht exakter sein könne, als es der Gedanke war, durch den das Schema selbst entworfen wurde. Wie es auch hiermit stehen möge, jedenfalls ist das Entwerfen eines Schemas ein Denkakt, der nicht nach diesem Schema verläuft.

Aber kann man vielleicht ein Schema erfinden, das angibt, wie Operationsschemata zu entwerfen sind? Im Extremfall also eine Maschine, die die Programme für die Maschinen herstellt, vielleicht gar eine Maschine, die alles exakt Denkbare mechanisch ausführt?

Dieser Gedanke ist noch unscharf; wir können ihn verschärfen, indem wir die Schwierigkeiten ins Auge fassen, die seiner Verwirklichung entgegenstehen.

Die Maschine kann nur solche Information verarbeiten, die ihr eindeutig gegeben ist. Zahlen sind dafür das beste Beispiel; nur deshalb sind die faktisch gebauten Maschinen für die mechanische Ausführung denk-analoger Prozesse meist Rechenmaschinen. Das Schema, nach dem eine Maschine arbeitet, kann aber, zum mindesten zu Anfang, nicht selbst durch Hinschreiben einer Zahlenfolge mitgeteilt werden. Wir müssen dafür vielmehr in Worten sagen, was mit den Zahlen geschehen soll. Dieses informationstheoretisch so undurchsichtige Gebilde, die sogenannte »natürliche Sprache«, die Sprache, in der sich normale Menschen verständigen, ist zum mindesten als Ausgangspunkt unentbehrlich. Es würde auch nichts nützen, ihre Buchstaben durch Morse-Zeichen in Ja-Nein-Entscheidungen zu verwandeln. Jetzt handelt es sich ja nicht darum, sie jemandem, der sie verstehen wird, telegraphisch mitzuteilen. Es handelt sich nicht mehr darum, ihren Wortlaut, sondern ihren Sinn in eine Gestalt zu bringen, in der mit ihm schematisch operiert werden kann. Ist das, vielleicht nach gewissen Vorarbeiten, möglich? Diese Frage hat wohl in voller Klarheit zuerst Leibniz gestellt. Kann man, nicht dem sprachlichen Namen, sondern dem klar verstandenen Sinn jedes Begriffs, den wir im Denken brauchen, genau ein Zeichen entsprechen lassen und jeder zulässigen Denkoperation genau eine Operation mit diesen Zeichen, derart, daß alles richtige Denken in diesen Operationen gespiegelt und kontrolliert würde wie das Denken über Zahlen in den Operationen der Algebra? Eine bescheidene Ausführung eines kleinen Teils seines Programms ist der moderne Logikkalkül. Er ist die am weitesten getriebene Reduktion der Sprache auf ihren eindeutig hantierbaren Informationsgehalt. Er kehrt von der Lautschrift auf einer neuen Abstraktionsstufe zur Bedeutungsschrift zurück.

Als Beispiel gebe ich Ihnen ein paar Formeln aus dem einfachsten Teil des Logikkalküls, dem Aussagenkalkül. Der Aussagenkalkül behandelt die Beziehungen zwischen ganzen Sätzen, sogenannten »Aussagen«, ohne Rücksicht auf ihre innere Struktur. Ich schreibe z. B. den Buchstaben a hin und verabrede mit Ihnen, ihn als eine abgekürzte Mitteilung des Satzes »die Sonne scheint« aufzufassen. Ebenso bedeute b: »es regnet«. Für einige Wörter der

Sprache, die immer wiederkehrende logische Zusammenhänge ausdrücken, hat man feste Zeichen eingeführt (freilich leider je nach Schule verschiedene). Ich schreibe z. B. »$\wedge$« für »und« und schreibe »$\vee$« für »oder«. »$a \wedge b$« heißt nun: »die Sonne scheint und es regnet«, »$a \vee b$« heißt: »die Sonne scheint oder es regnet«. Der Pfeil »$\rightarrow$« soll heißen: »wenn – so«, z. B. »$a \rightarrow b$«: »wenn a, so b«, im Beispiel: »Wenn die Sonne scheint, regnet es«. Das ist nun ein inhaltlich meist falscher Satz. Wir führen die Negation ein, die wir durch Überstreichen kennzeichnen: »$\bar{a}$« heißt »nicht a« oder »es ist nicht wahr, daß a«, also im Beispiel: »es ist nicht wahr, daß die Sonne scheint« oder kurz: »die Sonne scheint nicht«. Ob die zwei Deutungen von $\bar{a}$, nämlich »nicht a« und »es ist nicht wahr, daß a« so äquivalent sind, wie sie hier behandelt werden, ist eine tiefliegende Frage, auf die ich hier nicht eingehe.

Nun sage ich: »$a \rightarrow \bar{b}$«, in Worten: »wenn die Sonne scheint, regnet es nicht«. Das ist inhaltlich auch nicht immer wahr. Immer wahr ist aber: »$\overline{a \wedge b} \rightarrow \bar{a} \vee \bar{b}$«, in Worten: »wenn es nicht wahr ist, daß die Sonne scheint und es regnet, dann scheint die Sonne nicht oder es regnet nicht«. Das ist immer wahr, weil es nicht einen meteorologischen, sondern einen logischen Grund hat. Nach einem allgemeinen logischen Gesetz, das schon die hochentwikkelte logische Wissenschaft der Spätscholastik ausdrücklich formuliert hat, gilt $\overline{x \wedge y} \rightarrow \bar{x} \vee \bar{y}$, ganz einerlei, welche Aussage man für x und y einsetzt, allgemein gesagt: »wenn x und y nicht zugleich wahr sind, ist x oder y falsch, einerlei was für Aussagen x und y sind«. Daraus folgt, daß man in einer »Rechnung« des Logikkalküls für eine Formel der Form $\overline{x \wedge y}$ auch eine Formel der Form $\bar{x} \vee \bar{y}$ setzen darf. Das allgemeine logische Gesetz erscheint im Kalkül wieder als allgemein gültige Rechenregel.

Der Logikkalkül soll uns im heutigen Vortrag weder als technisches Hilfsmittel noch als Untersuchungsobjekt, sondern nur als Beispiel dienen. Ich frage: Kann man erwarten, daß sich alles, was wir denken können, einmal so mitteilen lassen wird? Können wir, um unser Thema aufzugreifen, alles, was die Sprache sagen kann, in dieser Weise in Information verwandeln? Ich wähle nicht den Ausweg, der hier zu billig wäre, auf die Dichtung oder andere, der Wissenschaft scheinbar ferne Weisen des Sagens als Gegenbeispiel zu verweisen. Es wäre schon sehr viel getan, wenn wir Wittgensteins mehr herausfordernd als klar formulierten Sätzen einen informationstheoretischen Sinn geben könnten; den Sätzen: »Was sich überhaupt sagen läßt, läßt sich klar sagen; und wovon man nicht reden kann, darüber muß man schweigen.« Der Wunsch, klar zu denken, ist der Philosophie und den Wissenschaften gemeinsam, und der Dichtung ist er wenigstens heilsam. Könnte man vermuten, klar denken lasse sich nur, was sich klar sagen lasse; klar sagen lasse sich nur, was eindeutig als Information ausgesprochen werden könne; und eindeutig als Information aussprechen könne man nur, was man in einem Kalkül niederschreiben kann? Dürfen wir, als Ergebnis dieses dritten Abschnitts, Klarheit durch Information und Information durch den Kalkülbegriff deuten?

4. Information als Form

Ich kann die Wahrheit solcher Vermutungen nur prüfen, wenn ich weiß, ob ich ihren Sinn verstanden habe. Wissen wir jetzt klar genug, was wir unter Information verstehen? Ich habe den Informationsbegriff durch viele Beispiele eingeführt. Ich habe gesagt, »das Telegramm ist oder enthält Information«, »der Logikkalkül ist oder enthält Information«. Ich habe gesagt, wie man die Menge von Information mißt, nämlich durch Zählung der Ja-Nein-Entscheidungen. Ich habe die Vermutung ausgesprochen, als Information ansprechen könne man nur, was man in einem Kalkül niederschreiben kann. Aber was Information eigentlich ist, habe ich nicht gesagt. Sokrates wäre nicht mit mir zufrieden.

Wir werden die Frage nach dem Wesen der Information nicht erschöpfend beantworten, aber wir können sie ein Stück weit fördern. Und wir wissen von Sokrates, wie uns die Frage nach dem, was eine Sache eigentlich ist, weiterbringen kann, auch wenn wir sie zuletzt ungelöst zurücklassen müssen. Dies verstanden zu haben, kennzeichnet ja den, der sich nicht Sophos, Weiser, sondern nur Philosophos, Liebhaber der Weisheit, zu nennen wagt.

Ich sagte soeben: »das Telegramm ist oder enthält Information«. Warum das »oder«? Ich wußte offenbar nicht, ob das Telegramm die Information selber ist oder nur enthält. Wir Menschen eines von den Begriffen Descartes' dominierten Zeitalters werden etwa fragen: »Was bezeichnet das Wort Information? Ein materielles Ding, etwa die Druckerschwärze auf dem Telegrammzettel, oder einen Bewußtseinsinhalt, also das, was ich denke, wenn ich das Telegramm lese?« Diese Frage hat die Informationstheoretiker unserer Tage beunruhigt, und sie sind zu dem sie vielleicht noch mehr beunruhigenden Ergebnis gekommen: Keins von beiden. Information ist weder ein materielles Ding noch ein Bewußtseinsinhalt. Beide Deutungen scheitern an dem, worum willen der Informationsbegriff überhaupt eingeführt worden ist, an dem objektiven Charakter der Information.

Nehmen wir an, die Druckerschwärze auf dem Zettel sei die Information. Dann ist das, was ich in Hamburg niedergeschrieben habe, als ich das Telegramm aufgab, und das was der Empfänger hier in München in die Hand bekommen hat, nicht dieselbe Information, denn es sind verschiedene Zettel; Information ist gerade das, was beiden Zetteln gemeinsam ist.

Nehmen wir an, der Denkvorgang in der Seele des Menschen, der den Inhalt des Telegramms denkt, sei die Information. Dann ist das, was ich gedacht habe, als ich das Telegramm aufgab, andere Information als das, was der Empfänger gedacht hat, als er das Telegramm empfing. Nicht unser jeweiliger Bewußtseinsakt, sondern das, was dieser Bewußtseinsakt weiß, ein beiden, sonst so verschiedenen bewußten Personen Gemeinsames, ist die Information.

Man beginnt sich daher heute daran zu gewöhnen, daß Information als eine dritte, von Materie und Bewußtsein verschiedene Sache aufgefaßt werden muß. Was man aber damit entdeckt hat, ist an neuem Ort eine alte Wahrheit. Es ist das platonische Eidos, die aristotelische Form, so eingekleidet, daß auch ein Mensch des 20. Jahrhunderts etwas von ihnen ahnen lernt.

Sogar die Herkunft des Wortes »Information« gibt uns diesen Wink. Schlägt man in einem lateinischen Wörterbuch unter dem Verbum informare nach, so findet man als eigentliche Bedeutung »formen«, »gestalten«, als übertragene »im Geist gestalten«, »sich vorstellen«, und von da aus informatio als »Abbild«, »Vorstellung«, »Begriff«. Mittelalterlich ist dann der Gebrauch als »Unterweisung«, von dem unser Sprachgebrauch sich herleitet. Informatio ist also wohl so etwas wie das Bringen der Form in die Materie oder der Materie in die Form. Wie sich die Autoren dies auch jeweils gedacht haben mögen: Informatio kann nur im Begriffspaar Form-Materie verstanden werden und ist dem Begriffspaar Bewußtsein-Materie ursprünglich fremd. Wollte man den Ort der Information im Bewußtsein suchen, so müßte man nicht vom empirischen, sondern vom transzendentalen Bewußtsein reden. Aber der Mehrzahl der heutigen denkenden Menschen würde dieser Rekurs auf die Transzendentalphilosophie als die Erklärung einer dunklen Sache durch eine noch dunklere erscheinen. Ich werde mich daher seiner weiterhin nicht bedienen. Ich werde vielmehr ohne nähere Erklärung der dabei vorausgesetzten Begriffe Information als eine Form oder Gestalt oder Struktur auffassen. Diese Form kann die Form verschiedener sinnlich wahrnehmbarer, vom Menschen herstellbarer Gegenstände oder Vorgänge sein: von Druckerschwärze oder Tinte auf Papier, von Kreide auf der Tafel, von Schallwellen in der Luft, von Stromstößen in Drähten usw. Sie ist nicht identisch mit der geometrischen Form, denn das gedruckte Telegramm und die akustische Durchsage der Telephonistin enthalten dieselbe Information. Sie gehört einer höheren formalen Abstraktionsstufe an; wiederum definiere ich nicht, was »formale Abstraktionsstufe« heißt. Sie kann von Menschen wahrgenommen, verstanden, gedacht werden. Aber sie ist nicht der seelische Akt des Denkens, sondern das, was dieses Denken denkt, der Gedanke, in dem Sinne, in dem ich sagen kann, daß zwei Menschen dasselbe denken.

Keineswegs jede Form oder Struktur, sei es auch auf einer bestimmten hohen Abstraktionsstufe, ist Information. Wenigstens zweierlei wird noch nötig sein: sprachlicher Charakter und Eindeutigkeit.

Was meine ich, wenn ich sage, Information habe sprachlichen Charakter? Was Sprache ist, habe ich erst recht nicht definiert. Das ist eben das Thema unserer ganzen Tagung. So wie ich in diesem Vortrag spreche, schreibe ich auch der abstrakten Form der Schrift oder den Stromfolgen in Rechenmaschinen sprachlichen Charakter zu; ich schreibe ihn aber nicht zu den Formen der Sterne oder der Pflanzen, auch nicht solchem Menschenwerk wie den Formen unseres Essens, etwa dem Umriß eines Bratens oder Kuchens, so subtil die Kochkunst sein mag, oder den Formen technischer Geräte. Ich vermag die Grenze nicht scharf zu ziehen, ich kann aber ohne die Unterscheidung der sprachlichen und der nichtsprachlichen Form nicht auskommen.

Dem, der strenge Begriffsbestimmungen sucht, mag diese Feststellung sehr unbefriedigend scheinen. Versuchten wir nicht gerade, dem sehr unbestimmten Begriff der Sprache durch Rückgriff auf den Begriff der Information mehr Klarheit zu geben, sei es auch um den Preis einer einseitigen Deutung? Wenn wir aber Information nun umgekehrt durch Rückgriff auf den Begriff der Sprache definieren, so geraten wir in einen Zirkel. Es wird der Schluß meines Vortrags sein, daß ich versuche, zu zeigen, inwiefern dieser Zirkel sinnvoll und unvermeidlich ist. Dieser Zirkel ist, so scheint mir, die Bedingung der Exaktheit im Denken. Vorher muß ich aber noch ein paar Worte zur Verdeutlichung sagen.

Man könnte versuchen, das, was ich gerade den sprachlichen Charakter der Information nannte, durch einen anderen Begriff zu erläutern, der die Vokabel »Sprache« nicht enthält. Z. B. bietet sich der Begriff der Mitteilung an. Man könnte etwa definieren: »Information ist eine Form, die der Mitteilung dient.« Das »Dienen« ist dann potentiell zu verstehen; ein Buch, das niemand liest, die in der Rechenmaschine umlaufenden Stromfolgen, die niemand direkt wahrnimmt, werden zwar nicht aktuell als Mitteilung von jemandem aufgefaßt, sind aber von der Art solcher Strukturen, die als Mitteilung aufgefaßt werden können. Im Begriff der Mitteilung klingt an, daß Sprache nicht nur eine Beziehung auf ein isoliertes Bewußtsein, auf eine cartesische res cogitans hat, sondern daß sie wesentlich Gespräch, Kommunikation zwischen Personen ist. Diese Bemerkung verfolge ich hier nicht; sie ist nur eine Öse, durch welche die zu den anderen Vorträgen leitenden Fäden gezogen werden können.

Hingegen muß ich einen möglichen Einwand besprechen. Die modernen Biologen sprechen, z. B. in der Genetik, völlig legitim von Information. Ein Chromosomensatz enthält in seinen Genen die Information, die den Phänotyp des Individuums, soweit er erblich bestimmt ist, determiniert. Man hat sogar jetzt die »Buchstaben« gefunden, in denen diese Schrift geschrieben ist. Nur vier verschiedene chemische Substanzen, in langen Schraubenwindungen aneinandergereiht, legen durch die Art ihrer Reihenfolge den gesamten Erbtyp fest. Man hat den Informationsbestand eines einzigen menschlichen Zellkerns als vergleichbar dem einer tausendbändigen Bibliothek geschätzt. Daß, wenn irgendwo, dann hier die Begriffe der Informationstheorie am Platze sind, ist evident. Hier ist aber niemand, der spricht, niemand, der etwas mitteilt oder das Mitgeteilte versteht.

Ich weiß hierauf keine bündige Antwort und vermute, daß ich wenigstens heute abend auch keine wissen soll. Man kann gewiß den Knoten durchhauen und versuchen, Information ohne jeden Bezug auf Sprache oder Mitteilung zu definieren. Dann gibt es Information, d. h. meßbare Strukturmengen, in der Natur objektiv, und wir sprechen nur das Vorgefundene nach. Man kann aber auch umgehend vermuten, daß es eben die Beschaffenheit unseres sprachlich sich artikulierenden Denkens ist, die uns aus der unendlichen Vielfalt der Natur gerade diese Aspekte herausheben läßt; wir treten an die Natur mit der Frage nach informationsartigen Strukturen heran, und dann finden wir sie. Wie schwer diese beiden Standpunkte überhaupt voneinander zu unterscheiden sind, zeigt jeder Versuch, Information nicht-sprachlich zu definieren. Nennt man z. B. Information jede Form, die durch eine Aufzählung einer endlichen Anzahl von Ja-Nein-Entscheidungen beschrieben werden kann, so rekurriert diese für den Anschein objektive Definition ja auf unsere Beschreibungsmittel (»Aufzählung«, »Entscheidung«). Ich vermute, daß eine genaue Analyse jeder anderen Definition ähnliche Ergebnisse zeitigen wird. Andererseits ist es nicht a priori selbstverständlich, daß wir in der Natur so saubere Ja-Nein-Entscheidungen, ja einen offensichtlich auf solche Entscheidungen angelegten Apparat wie den der Chromosomen vorfinden. Wir finden hier nicht nur die Ostereier wieder, die wir selbst versteckt haben; auf *diese* Ostereier waren wir nicht gefaßt. Gibt es eine prästabilierte Harmonie von Natur und Sprache?

Vielleicht ist hier die naivste Ausdrucksweise auch wirklich die sachgemäßeste: diejenige, die sprachliche Kategorien auch dort anwendet, wo kein sprechendes und kein hörendes Bewußtsein ist. Chromosom und heranwachsendes Individuum stehen in einer solchen Beziehung zueinander, *als ob* das Chromosom spräche und das Individuum hörte; Metaphern, die sich jedem Naturforscher aufdrängen, legen davon Zeugnis ab, z. B. die Redeweise, daß das Chromosom die Art des Wachstums vor*schreibt* oder daß das Wachstum dieser Vorschrift ge*horcht*. Ich benütze aber überall sonst im heutigen Vortrag einen Begriff von Sprache, der menschliche Personen als Sprechende voraussetzt; daher meine

Vermutung, daß ich mit den begrifflichen Hilfsmitteln, auf die ich mich um der vorläufigen Klarheit willen heute beschränke, gar nicht imstande sein soll, dieses Problem zu lösen. Ich wende mich deshalb von der Information jenseits der menschlichen Sprache zurück zur Sprache als Information.

Nicht jede sprachliche Form ist Information. Zur Information gehört Eindeutigkeit. Heraklits Satz, aller Dinge Vater sei der Krieg, kann eben darum eine tiefe Wahrheit sein, weil er keine Information ist, und er kann keine Information sein, weil die Worte »Vater« und »Krieg« in ihm nicht eindeutig sind. Bezeichneten sie in ihm das, was sie gewöhnlich bezeichnen, so wäre der Satz sogar Unsinn. Sie sind aber auch nicht einfach umdefiniert, so daß sie nun als eindeutige spekulative Begriffe der Philosophie Heraklits gelten dürften. Viel eher wird man vermuten dürfen, daß es zum Wesen des richtig gebrauchten spekulativen Begriffs gehört, nicht eindeutig zu sein. Jedenfalls zwingt in unserem Beispiel der Sinn des Satzes, wenn er uns, wie man sagt, nach und nach aufgeht, die Worte in die Vieldeutigkeit hinein, und gerade dadurch deutet er eine wirkliche Beziehung zwischen den verschiedenen Bedeutungen desselben Wortes an, die zu spüren mit zum Verständnis des Satzes gehört.

Solche Künste zu vermeiden, ist jedoch gerade das Ziel der Auffassung der Sprache, die zum Informationsbegriff führt. Niemand kann die Ja-Nein-Entscheidungen aufzählen, welche die Fülle dessen, was in Heraklits Satz anklingt, präzise wiedergeben würden. Eine im Logikkalkül geschriebene Formel hingegen soll Information sein. Für jedes ihrer Zeichen soll eindeutig definiert sein, was es bedeutet, und ihre Zusammenstellung in dieser Gestalt soll ein deutig eine bestimmte Aussage bedeuten.

5. Kann man Sprache auf Information reduzieren?

Ich komme nun, zum Schluß, auf die Frage zurück: Ist es prinzipiell möglich, Sprache auf so verstandene Information zu reduzieren? Nicht, daß alles Sagbare unter diesen Begriff der Sprache zu fallen brauchte; aber ist dieser Begriff wenigstens in sich klar genug, um mit seiner Hilfe zu definieren, was Wittgenstein »klar sagen« nennt? Ich neige dazu, hierauf mit »nein« oder wenigstens mit »non liquet« zu antworten. Der Grund dafür ist, daß jeder Versuch, einen Teil der Sprache eindeutig zu machen, schon den Gebrauch der natürlichen Sprache voraussetzt, auch soweit sie nicht eindeutig ist.

Wir müssen zunächst zusehen, wieweit der Begriff der Eindeutigkeit selbst eindeutig ist. Wir können z. B. einen Kalkül dadurch definieren, daß wir angeben, welche Zeichen in ihm vorkommen und welche Formeln aus diesen Zeichen gebildet werden dürfen. Machen wir dies sorgfältig, so wird man nicht bezweifeln, daß eindeutig feststeht, welche Figuren als Formeln dieses Kalküls gelten dürfen und welche nicht. Keineswegs steht eben damit fest, was diese Formeln bedeuten. Dies muß erst durch Definitionen festgelegt werden. Dafür habe ich Ihnen die Anfänge des Logikkalküls als Beispiel gegeben. Ich habe gesagt: »∧« soll »und« heißen, »∨« soll »oder« heißen usw. Sofern diese Definitionen eindeutig sind, d. h. genau einen Gegenstand oder Begriff bezeichnen, wird man auch den Kalkül, als sog. »gedeuteten Kalkül«, eindeutig nennen dürfen. Wie vergewissere ich mich aber, daß eine Definition eindeutig ist? Vermutlich haben die meisten von Ihnen mir unbedenklich abgenommen, »∨« solle »oder« heißen. Nun frage ich Sie: ist dies dasselbe wie das ausschließende »entweder-oder«? Habe ich, als ich »a ∨ b« las: »die Sonne scheint oder es regnet«, damit dasselbe gemeint wie »entweder scheint die Sonne oder es regnet, aber nicht beides«? Der Gedanke liegt nahe, ich hätte eben dies gemeint. Er ist aber falsch. Sie haben mir zugegeben, daß $\overline{a \wedge b} \rightarrow \bar{a} \vee \bar{b}$ sicher wahr ist, d. h.: »wenn es nicht wahr ist, daß zugleich die Sonne scheint und es regnet, dann scheint die Sonne nicht oder es regnet nicht«. Hieße dieses »oder« dasselbe wie »entweder-oder«, so involvierte der Folgesatz, daß es nicht vorkommen kann, daß die Sonne nicht scheint und es zugleich auch nicht regnet. Das kann aber sehr wohl vorkommen. »a ∨ b« heißt also, »entweder a oder b oder beides«; sonst ist die angegebene Formel falsch.

Diese Aufklärung ist uns leicht geglückt, weil das Problem den Logikern seit langem bekannt ist. Aber sind wir sicher, daß unsere Deutungen nicht Mehrdeutigkeiten enthalten, die uns selbst verborgen bleiben? Die Definitionen bedienen sich der natürlichen Sprache; sie benützen also Begriffe, deren Eindeutigkeit nicht selbst schon überprüft ist. Man kann diese Begriffe vielleicht durch weitere Definitionen eindeutig machen. Aber werden wir einmal erste Begriffe finden, die von selbst eindeutig sind? Das Problem ist genau analog dem Problem des Beweisens in einer deduktiven Wissenschaft. Lehrsätze beweist man aus Axiomen. Gibt es Axiome, die von selbst gewiß sind? Die traditionelle Auffassung ist, es gebe Begriffe, die von selbst eindeutig sind, und Axiome, die von selbst gewiß sind. In der Mathematik hat sich diese Annahme von Euklid bis Gauß recht gut bewährt. Die Philosophie geriet in Mißkredit, weil es ihr nicht ebenso gelang; weil das, was ein Philosoph als fundamentum inconcussum postulierte, vom Nachfolger schon in Zweifel gezogen wurde. Das methodische Bewußtsein der Mathematiker aber wurde geschärft durch die Entdeckung der nichteuklidischen Geometrie und die seitdem immer wiederholten Tieferlegungen der Fundamente der Mathematik. Betrachtet man Euklids Lehrbuch mit diesem geschärften Methodenbewußtsein, so sieht man, daß er keineswegs die schlechthin einleuchtenden Sätze zu Axiomen gewählt hat, sondern diejenigen, die er nicht aus anderen Sätzen beweisen konnte. Höchst einleuchtende Sätze treten bei ihm als bewiesene Lehrsätze auf, weil er sie noch aus anderen Sätzen beweisen kann; ein so undurchsichtiger Satz wie das Parallelenaxiom tritt als Axiom auf, weil Euklid richtig gesehen hat, daß er ihn aus den anderen Axiomen nicht beweisen konnte. Im 19. Jahrhundert versuchten die Mathematiker unter Cantors Einfluß die absolute Gewißheit im Mengenbegriff zu begründen; dies scheiterte seit 1900 an den Paradoxien dieses Begriffs. Unter Hilberts Einfluß suchte man Gewißheit im Kalkülbegriff; dies scheiterte, in der ursprünglichen Fassung wenigstens, an Gödels Beweis der formalen Unentscheidbarkeit gewisser inhaltlich wahrer Sätze. Die mir einleuchtendste heutige Darstellung, die von Lorenzen, verwirft das Ausgehen von Axiomen und appelliert an unser intuitives Verständnis dessen, was beim schematischen Operieren geschieht. Vielleicht am deutlichsten wird all dies in der 1933 von Tarski publizierten Arbeit über den Wahrheitsbegriff in den formalisierten Sprachen. Wir sprechen immer von wahren und falschen Aussagen. Wissen wir eigentlich, was wir hier mit »wahr« meinen? Ist dieser Begriff eindeutig?

Es gibt die klassische Definition, Wahrheit sei adaequatio rei et intellectus, Angleichung der Sache und des Verstands. Wir würden, angewandt auf formalisierte Sätze, vielleicht sagen: Ein solcher Satz ist wahr, wenn der Sachverhalt, den er behauptet, wirklich besteht. Nenne ich einen beliebigen Satz »p«, so läuft diese Definition etwa darauf hinaus, zu sagen: »Der Satz ›p‹ ist wahr dann und nur dann, wenn p«. In einem von Heinrich Scholz gern gebrauchten Beispiel: »der Satz, ›es gibt Marsbewohner‹ ist wahr dann und nur dann, wenn es Marsbewohner gibt«. Man wird auf den ersten Blick geneigt sein, zu sagen, eine solche Definition sei zwar möglich, aber trivial. De facto ist sie zwar nicht trivial, aber unmöglich. Sie ist nicht trivial. In ihr kommt p, also im Beispiel der Satz, es gebe Marsbewohner, zweimal in verschiedener Bedeutung vor. Zuerst erscheint p in Anführungsstrichen. »p« ist ein Name des Satzes p; man weist damit auf ihn hin.[1] Man kann es bei bestimmten wohlbekannten Sätzen auch anders tun. Man sagt z. B. »der Satz vom Widerspruch«, »der erste Satz der Bibel« usw. Aber man kann nicht allen Sätzen eigene Namen geben. Daher ist es bequem, auf jeden beliebigen Satz p hinzuweisen, indem man ihn in Anführungsstriche setzt. Der Satz in Anführungsstrichen wird genannt, aber nicht behauptet. Das zweitemal tritt das p ohne Anführungsstriche auf. Hier wird p konditional behauptet. Man sagt: »wenn p, dann gilt etwas Bestimmtes«. Das Bestimmte ist, daß der Satz »p« wahr ist. Die zweite Verwendung des p macht also Gebrauch davon, daß es sich um einen Satz handelt, den man schon versteht. Die ganze Definition rekurriert also auf die vorweg bekannte Verständlichkeit der Sprache. In der Tat können wir in einem gesprochenen Satz einen Satz »p« und den ihm entsprechenden Sachverhalt p nur miteinander vergleichen, wenn wir auch den Sachverhalt aussprechen können. Nur wer dies verstanden hat, versteht die Definition; deshalb nannte ich sie nichttrivial.

Sie ist aber unmöglich. Sie führt nämlich auf einen Widerspruch. Sei »p« der Satz: »der Satz, von dem ich soeben spreche, ist falsch«. Dann lautet unsere Definition, mit dieser Einsetzung, wie folgt: »der Satz: ›der Satz, von dem ich soeben spreche, ist falsch‹, ist wahr dann und nur dann, wenn der Satz, von dem ich soeben spreche, falsch ist.« Der Satz, von dem ich soeben spreche,

[1] Strenggenommen (s. das Folgende), hätte ich schreiben müssen: »›p‹« ist ein Name des Satzes ›p‹.

ist ja »p«. Also habe ich, abgekürzt, soeben gesagt: »›p‹ ist wahr dann und nur dann, wenn ›p‹ falsch ist.«

Dies ist nun auch ein alter Scherz; es ist die schon der Antike bekannte Paradoxie des lügenden Kreters. Aber, so verwendet, beweist sie, daß man in der gegebenen Wahrheitsdefinition für »p« nicht jeden beliebigen Satz einsetzen darf. Also kann diese Definition zum mindesten nicht allgemein gültig sein. Können wir dann überhaupt behaupten, wir wüßten, was ein wahrer Satz ist?

Tarski hat all dies sorgfältiger untersucht als ich es Ihnen hier schildern kann. Den Ausweg, den er gewählt hat, kann ich nur andeuten.

Für die natürliche Sprache sieht er eine eindeutige Wahrheitsdefinition überhaupt als unmöglich an. Für eine »formalisierte Sprache«, d. h. einen Kalkül, kann man obige Definition verwenden, wenn sie nicht selbst Teil des Kalküls ist, sondern in der Sprache ausgesprochen wird, in der man über den Kalkül spricht. Diese Sprache nennt er die Metasprache. Für das erste »p« kann man dann irgendeinen Satz des Kalküls einsetzen (bzw. einen metasprachlichen Namen, der diesen Satz bezeichnet); für das zweite p aber muß man denjenigen Satz der Metasprache einsetzen, der denselben Sachverhalt bezeichnet. An unserem Beispiel des Aussagenkalküls: »Der Satz ›a v b‹ ist wahr dann und nur dann, wenn die Sonne scheint und es regnet«. Damit ist die Menge der Sätze, deren Wahrheit definiert ist, auf die Menge der Sätze des Kalküls beschränkt; und den Kalkül kann man so vernünftig aufbauen, daß selbstverneinende Sätze wie der vorhin benutzte in ihm nicht vorkommen.

Nun kann man auch die Metasprache kalkülisieren und damit auch für ihre Sätze einen Wahrheitsbegriff definieren. Dazu aber braucht man eine Meta-Metasprache. Soweit man dies auch treiben mag, man gewinnt stets nur einen Wahrheitsbegriff für Kalküle, nie aber für die natürliche Sprache selbst; man kann aber die Kalküle nur erklären, indem man die natürliche Sprache benützt und dabei ständig voraussetzt, daß man in ihr wahre Sätze von falschen in irgendeinem, praktisch hinreichenden, Umfang unterscheiden kann.

Dies ist der unvermeidliche Zirkel, von dem ich weiter oben gesprochen habe. Er ist, soviel ich sehe, charakteristisch für alles exakte Denken. Ich habe ihn an der Logik erläutert; in einem ebensolangen Vortrag könnte ich ihn an der Physik erläutern. Die ganz in Information verwandelte Sprache ist die gehärtete Spitze einer nicht gehärteten Masse. Daß es Sprache als Information gibt, darf niemand vergessen, der über Sprache redet. Daß Sprache als Information uns nur möglich ist auf dem Hintergrund einer Sprache, die nicht in eindeutige Information verwandelt ist, darf niemand vergessen, der über Information redet. Was Sprache ist, ist damit nicht ausgesprochen, sondern von einer bestimmten Seite her als Frage aufgeworfen.

I, 3. Die Sprache der Physik

Vortrag, gehalten auf der Tagung über Sprache der Jungius-Gesellschaft in Hamburg 1959. Gedruckt in »Sprache und Wissenschaft«. Vandenhoeck & Ruprecht, Göttingen 1960. Der Vortrag ist frei gehalten und nach der Tonbandnachschrift redigiert. Neben der Kritik der These von der Exaktheit der Sprache der Physiker exponiert der Vortrag einige methodische und sachliche Grundprobleme der Physik, die in I, 6 und im Teil II wieder aufgenommen werden.

In meinem Vortrag über die Sprache der Physik möchte ich im wesentlichen nur auf ein einziges Problem eingehen, nämlich auf das Problem, was es eigentlich mit der Exaktheit der Sprache der Physik auf sich hat. Eine solche Fragestellung liegt, so könnte man sagen, im Vorfeld der Philosophie, nämlich sowohl im Vorfeld einer wirklichen Sprachphilosophie, als auch im Vorfeld einer – nennen wir sie – Naturphilosophie. An sich ließen sich über die Sprache der Physik viele Beobachtungen zusammenstellen, die wahrscheinlich für jemanden, der rein sprachwissenschaftlich oder sprachgeschichtlich interessiert ist, sehr aufschlußreich wären. Aber das muß ich beiseite lassen; denn das eine Thema, das ich behandeln will, ist schon umfassend genug.

Einleitend versuche ich, Ihnen das Problem, um das es hier geht, anzudeuten. Zur weiteren Erläuterung werde ich dann einige Äußerungen von Physikern an Hand wörtlicher Zitate diskutieren. Auch halte ich es für unerläßlich, eine Formel als Beispiel anzuführen, da ja die Formel in der Physik eine große Rolle spielt. Ich darf Sie von vornherein um Entschuldigung bitten, daß ich manchmal nicht umhin kann, in meinen Ausführungen *über* die Sprache der Physik *in* der Sprache der Physik selbst zu sprechen. Jedoch soll dies nach Möglichkeit in einer milden Weise geschehen.

Zunächst: Was heißt »die Sprache der Physik«? Wer ist denn die Physik? Sollte man nicht lieber sagen: Die »Sprache der Physiker«? Die Physiker sind lebendige Menschen, die sprechen können. Die »Sprache der Physiker«, das ist dann eben die Sprache, die die Physiker sprechen, wie z. B. deutsch; oder die heutige Koine, d. h. englisch; oder russisch. Wenn ich dies so sage, dann stellt sich sofort die Frage: Wie machen es die Physiker, die verschiedene Sprachen sprechen, sich miteinander zu verständigen? Nun, als erstes läßt sich antworten: Sie sprechen, wenn sie miteinander reden, eine gemeinsame Sprache, z. B. auf den Kongressen heute meistens englisch. Das ist aber noch nicht das Problem, mit dem wir es eigentlich zu tun haben. Wir wissen genau, daß es möglich ist, sich über vielerlei Gegenstände auf englisch zu unterhalten und dabei nur ein geringes Maß an Übereinstimmung zu erreichen. Demgegenüber konnte man bei Physikerkongressen, die auch in den letzten Jahren von Zeit zu Zeit immer wieder einmal stattfanden, gerade die verblüffende Feststellung machen, daß Physiker aus verschiedenen Ländern mit verschiedener Muttersprache sich trotz ihrer unterschiedlichen Weltanschauungen und trotz der meist festliegenden politischen Ansichten über ihre Physik sofort vollkommen verstanden. Auch Kongreßteilnehmer, die einander vorher nie gesehen hatten, die zum Teil gewisse Arbeiten geheim ausgeführt hatten, ohne sich gegenseitig die Resultate mitteilen zu können, verständigten sich über ihre Ergebnisse sofort. Es gibt also etwas, das Kommunikation im Felde der Physik ermöglicht, und das über diejenige Kommunikation hinausgeht, die für uns alle heute selbstverständlich ist, nämlich über die Kommunikation, die wir haben, sofern wir gemeinsam dieselbe Sprache sprechen.

Natürlich ist das Gesagte nicht nur auf die Physik beschränkt. Es ist in weiten Bereichen der sog. exakten Wissenschaften so, und es ist auch in Bereichen so, die man nicht unter den Begriff »exakte Wissenschaft« faßt. Jedoch kommt man bei den letzteren schließlich in Bezirke, in denen es immer schwieriger wird, sich zu verständigen. Die Exaktheit scheint also eine Erleichterung der Verständigung mit sich zu bringen. Um nur das Extrem zu nennen: Als in der ersten Genfer Atomenergie-Konferenz vor vier Jahren sich russische und amerikanische Physiker unterhielten und dabei bisher geheimgehaltene Resultate über gewisse Konstanten des Atomkerns austauschten, stellte sich heraus, daß sich bis auf die letzte Dezimale hinter dem Komma, die gemessen war, derselbe Meßwert ergeben hatte. So unabhängig von der Willkür, den persönlichen Meinungen, der Erziehung und der kulturellen Tradition des einzelnen ist das, worüber man sich hier mit dem anderen verständigen kann.

Nun ist die Frage: Hat das, was ich soeben schilderte, diese Möglichkeit der Verständigung, überhaupt etwas mit der Sprache zu tun? Man könnte ja sagen, das habe mit der Sprache gerade gar nichts zu tun. Denn diese Meßwerte, die man austauscht, die man da miteinander vergleicht, sind sog. objektive Eigenschaften der Atomkerne, objektiv feststellbare Naturkonstanten. Und nicht daran, daß diese Leute eine bestimmte Sprache sprechen, liegt es, daß sie sich über diese Sachen verständigen können; sondern daran, daß die Sachen so beschaffen sind, daß man sich über sie verständigen kann, liegt es, daß es ihnen glückt, eine gemeinsame Sprache zu sprechen. Selbst aber wenn wir es so ausdrücken, wird es interessant sein, zuzusehen, was denn eigentlich nun die Merkmale derjenigen Sprache sind, in der Physiker imstande sind, jenen ihnen gemeinsam – d. h. getrennt, aber in gleicher Weise – bekannt gewordenen Sachverhalt so zu formulieren, daß sie sich über ihn einigen können. Es muß doch auch in der Sprache irgendetwas sein, woran man dieses ablesen kann. Die Sprache ist ja für uns ein vollkommen unvermeidliches Medium der Verständigung und der Erkenntnis, auch der Erkenntnis von Sachverhalten. Wie also drückt sich das, was ich soeben an Hand der Sachverhalte beschrieben habe, in der Sprache aus?

Da liegt es jetzt sehr nahe zu sagen: Dies drückt sich eben darin aus, daß die Physik eine exakte Wissenschaft ist, und ihre Exaktheit bringt es dann mit sich, daß wir uns über sie so gut verständigen können. Gerade so habe ich auch selbst schon gesprochen. Aber es fragt sich, was unter der Behauptung, die Physik sei eine exakte Wissenschaft, eigentlich zu verstehen ist. Heißt es zum Beispiel, daß sie eine Wissenschaft mit einer vollkommen exakten Sprache ist? Lassen wir zunächst offen, ob wir schon wissen, was exakt heißen soll. Ich appelliere an unser gemeinsames ungefähres Verständnis dieses Wortes und frage: Kann man in dem Sinne dieses ungefähren Verständnisses sagen, daß die Physiker besonders exakt reden? Wenn man Vorlesungen und Vorträge einerseits von Geisteswissenschaftlern, andererseits von Naturwissenschaftlern des öfteren gehört hat und an Seminaren der verschiedenen Fakultäten teilgenommen hat, so wird man gegenüber der Behauptung, daß die Physiker und allgemeiner die Vertreter derjenigen Art von Wissenschaften, für die ich die Physik jetzt nur als Repräsentanten nehme, besonders exakt sprächen, eine gewisse Skepsis haben.

Der typische Vortrag eines Geisteswissenschaftlers besteht darin, daß ein sorgfältig ausgearbeitetes Manuskript vor dem Vortragenden liegt, aus dem er im wesentlichen nur mit der Freiheit, die die Modulation der Stimme ihm läßt, wohlerwogene, in ihrer Formulierung nach allen Seiten abgetastete und gesicherte Sätze spricht. Der typische Vortrag des Naturwissenschaftlers besteht darin, daß sich seine Ausführungen unmittelbar auf ein Experiment oder irgendetwas, was an der Tafel steht, beziehen. Er redet dann so in einem oft ein wenig lässigen Jargon, weist ab und zu einmal hinter sich auf die Tafel, sagt »dieses da« und »diese Formel da« oder »dann kommt das und das heraus«, und wenn man alles auf Band aufnimmt und wieder abhört, so versteht man überhaupt nichts.

Ich habe natürlich in beiden Fällen stilisiert. Es gibt Gegenbeispiele sowohl für das eine, wie für das andere. Aber ich würde sagen, im wesentlichen ist die Sprechtechnik der Naturwissenschaftler durch eine gewisse Saloppheit und durch das Einfließen nicht sprachlich fundierter Momente gekennzeichnet. Die Behauptung, man könnte von der Sprache der Physik sagen, sie stelle sich uns empirisch als besonders exakt dar, wäre daher nun wohl doch eine Übertreibung. Selbstverständlich ist das Phänomen, das ich soeben geschildert habe, leicht dahingehend näher zu analysieren, daß man betont, die Sprache der Physiker könne genau deshalb oft unexakt sein, weil die Physik selbst so exakt ist. In ihrem Gebiet, in dem nicht jede Nuance wegen leicht möglicher Mißverständnisse wichtig ist, haben es die Physiker gar nicht nötig, ganz genau das zu sagen, was sie wollen. Sie können es vielmehr ziemlich schlampig ausdrücken, da ja doch jeder, der sie überhaupt versteht, den schlampigen Ausdruck an Hand des gemeinsamen Verständnisses der Sache zurechtstellen kann. Gerade das also, was ich mit einem immer noch nicht sehr aufgeklärten Begriff »die Exaktheit des Gegenstandes« nenne, gestattet die Unexaktheit der Sprache. Über diese sog. »Exaktheit des Gegenstandes« werde ich gleich mehr sagen müssen. Es sei jedoch schon festgestellt, daß sie immerhin dem Vortragenden, sobald man ihn auf das, was er gesagt hat, festlegt und ihn darüber näher befragt, nunmehr in der Mehrzahl aller Fälle gestattet, genau zu sagen, was er gemeint hat. Die exakte Sprache ist in der Physik und in Wissenschaften dieser Art verfügbar. Sie wird aber nicht immer angewandt, und es kommt hier also auf ihre virtuelle Existenz an, auf ihre Verfügbarkeit, und nicht darauf, daß sie aktuell immer gebraucht wird. Ich werde daher jetzt nur noch von der Verfügbarkeit einer exakten Sprache für den Physiker sprechen.

Dann entsteht jedoch die weitere Frage: Ist diese dem Physiker verfügbare Sprache durch das Wort exakt klar charakterisiert? Offenbar ist es notwendig, dem Wort »exakt« noch etwas nachzuspüren. Wenn ich soeben gesagt habe, die Physik sei eine exakte Wissenschaft, so weiß ich genau, daß die Mathematiker unter Ihnen finden werden, die Physik sei gar nicht exakt. Dasselbe Vorurteil haben die Physiker wiederum anderen – ebenfalls relativ nah benachbarten – Wissenschaften gegenüber. Es gibt da eine Stufung, und man kann höchstens sagen, die Physik ist immerhin exakter als einige andere Wissenschaften. Wenn ich aber den Komparativ gebrauche, so drücke ich damit im allgemeinen eine schwächere Behauptung aus, als wenn ich die ungesteigerte Form des Adjektivs benutze. Exakt – das könnte so klingen, als gäbe es nur exakt oder unexakt. Exakter – das läßt immer noch weitere Steigerungen zu und zeigt, daß man das Optimum wahrscheinlich noch nicht erreicht hat.

Was kann aber »exakter« denn bedeuten? Ich möchte behaupten, daß das, was mit dem Komparativ des Wortes »exakt« ausgedrückt ist, gerade das ist, was man verstehen muß, wenn man überhaupt verstehen will, was die Sprache einer Wissenschaft wie der Physik sein kann und was sie nicht sein kann. Und ich würde das nun in Gestalt einer These formulieren, die etwa so ausgesprochen werden könnte: Die sog. exakte Wissenschaft kann niemals und unter keinen Umständen die Anknüpfung an das, was man die natürliche Sprache oder die Umgangssprache nennt, entbehren. Es handelt sich stets nur um einen Prozeß der vielleicht sehr weit getriebenen Umgestaltung derjenigen Sprache, die wir immer schon sprechen und verstehen. Und eben deshalb ist die Vorstellung einer vollkommen exakten Sprache zumindest für solche Wissenschaften, die sich, wie man sich ausdrückt, mit realen Dingen beschäftigen, eine reine Fiktion. Über die Mathematik will ich im Moment nichts sagen. Es genügt mir festzustellen: Es gibt nicht so etwas wie »exakte Realwissenschaft«. Es gibt nur eine vielleicht immer weiter getriebene Verschärfung, von der ich nicht einmal wagen würde zu sagen, daß sie die Annäherung an eine ideal gedachte absolute Exaktheit wäre. Vermutlich ist genau jener Grenzwert gar nicht definiert.

Dieses ist nun eine These, die wie jede kurzgefaßte These im Grunde noch ungenau ist. Und wenn das, was ich gerade über Exaktheit ausgeführt habe, zutrifft, dann wird es ja auch auf die These selbst zutreffen. Infolgedessen kommt es mir weniger darauf an, diese These zu verteidigen, als das, was ich mit ihr meine, zu erläutern, indem ich einige Beispiele einer solchen Sprache der Physik durchnehme. Und eigentlich wird mit der Behandlung dieser Beispiele auch schon das zuende sein, was ich hier überhaupt sagen kann. Denn dieses liegt, wie ich einleitend betonte, nur im Vorfeld der Philosophie. Was dann kommen müßte, ist eine wirkliche philosophische Verarbeitung der von mir vorgelegten Fakten.

Zunächst führe ich eine Partie aus Heisenbergs Buch »Die physikalischen Prinzipien der Quantentheorie« an, das zuerst 1930 erschienen ist. Ich zitiere einige Sätze, nicht um sie in bezug auf ihre sprachliche Struktur zu analysieren, sondern um Ihnen an ihrem Inhalt die These, die ich gerade aufgestellt habe, noch einmal aus dem Munde eines der großen Physiker unserer Zeit vorzuführen. Es handelt sich dabei um eine für ihn wichtige Stelle. Heisenberg hat dieses Buch als noch sehr junger Mann mit der Absicht geschrieben, die damals neuen Ergebnisse der physikalischen Deutung der Quantenmechanik darzustellen. In den einleitenden Abschnitten versucht er gleichsam den Horizont zu zeigen, innerhalb dessen sich das Buch von nun an bewegen wird. Der erste Abschnitt der Einleitung, aus dem ich jetzt die erste Seite vorlese, steht unter der Überschrift: »Theorie und Experiment«. Heisenberg schreibt hier:

»Die Experimente der Physik und ihre Ergebnisse können beschrieben werden wie die Dinge des täglichen Lebens: mit den Begriffen der Raum-Zeitwelt, die uns anschaulich umgibt, und mit der gewöhnlichen Sprache, die zu dieser Raum-Zeitwelt paßt. Wenn sich die Physik damit begnügen könnte, etwa als Ergebnis der Experimente die Lage von Linien auf photographischen Platten oder ähnliche Dinge zu beschreiben und auf alle »Theorie« zu verzichten, so wäre jede erkenntnistheoretische Diskussion in der Physik überflüssig. Wir fassen aber verschiedene Erfahrungen in Gruppen zusammen, verbinden Ereignisse als »Ursache« und »Wirkung« und stellen, je nach dem Grade der Systematik, mehr oder weniger entwickelte Theorien auf. Dieses Vorgehen wird nicht nur in der Physik geübt, sondern ebenso schon bei den primitivsten Erfahrungen des täglichen Lebens und ist die Grundlage aller Begriffsbildung.

Bei diesem Prozeß der Begriffsbildung wird dann oft genug der Boden des erfahrungsmäßig Gegebenen verlassen, es wird häufig unbewußt verallgemeinert ohne Argumente, bis sich schließlich Widersprüche einstellen. Man müßte, so scheint es, um eine absolut sichere Grundlage für physikalische Theorien zu schaffen, die Forderung stellen, daß nur durchaus erfahrungsmäßig fundierte Begriffe zur Beschreibung der Erscheinungen angewendet werden dürfen. Diese Forderung wäre aber ganz und gar undurchführbar, denn dann bedürften wohl die alltäglichsten Begriffe einer Revision, und es ist schwer abzusehen, wieviel von unserer Sprache danach überhaupt noch übrig bliebe. Eine solche allgemeine Revision scheint daher mit unüberwindlichen gedanklichen Schwierigkeiten verknüpft. Bei dieser Sachlage scheint es geratener, zunächst einen großen Reichtum von Begriffen in eine physikalische Theorie einzuführen, ohne Rücksicht auf die strenge Rechtfertigung durch die Erfahrung, und der Natur im Einzelfall jeder Theorie die Entscheidung darüber zu überlassen, ob und an welchen Punkten eine Revision der Grundbegriffe erforderlich sei.«

In diesen Sätzen ist – sehr treffsicher formuliert – ein großes Stück Methodologie oder Erkenntnistheorie der Physik enthalten. Freilich sieht man an einer Reihe von Formulierungen, daß eine weitere philosophische Reflektion vielleicht die Weise des Ausdrucks noch ein bißchen geändert haben würde. Aber hier ist zunächst einmal gesprochen aus der Erfahrung des Forschers selbst, der schildert, was er erlebt hat. Ich will diese Erkenntnistheorie nicht im ganzen besprechen, sondern nur darauf hinweisen, daß in dem Text von Heisenberg mehrfach das Wort Sprache gefallen ist, und zwar in folgendem Sinn: Sprache ist dasjenige, was wir einerseits bereits im Vorwege haben, was nicht vollständig durch Erfahrung, wie Heisenberg es nennt, gesichert ist, sondern die Erfahrung immer schon überschreitet. Sprache ist andererseits aber auch etwas, ohne das Physik in unserem Sinne überhaupt nicht möglich wäre. Ich glaube persönlich, daß die Fiktion einer ohne Theorie auskommenden Physik, die nur schildert, was für Striche auf photographischen Platten sind, noch unmöglicher ist, als Heisenberg sie in dem zitierten Abschnitt erscheinen läßt, weil die Begriffe »photographische Platte« und »Striche auf ihr« im Grunde schon Theorie enthalten. Aber auf diese Fragen brauche ich jetzt nicht einzugehen.

Lassen Sie mich nun versuchen, darzulegen, in welcher Weise dieses Element der vorweg schon gegebenen und für immer neue Korrektur offenen wissenschaftlichen Sprache in der Physik tatsächlich vorkommt. Ich tue das vielleicht am besten, indem ich mir einen künstlichen Gegner schaffe, der mir nicht glaubt und der sagt: »Das ist doch alles falsch, was du da behauptest. Die Sprache der Physik hat gar nicht diese Eigenschaft, sie ist völlig exakt. Die Sprache der Physik ist doch die Formel. Und was in der Formel wäre denn unexakt?« Mit diesem Gegner kann ich mich nur dadurch unterhalten, daß ich eine konkrete Formel herausnehme und diskutiere, in welchem Sinne diese Formel exakt ist und in welchem Sinne nicht.

Ich erlaube mir, eine Formel anzuschreiben: $\Delta\varphi = 0$. Bitte sagen Sie mir, was sie bedeutet. Nun, ich werde einmal selber antworten. Ich sage z. B.: φ soll ein Zeichen sein, für das man Zahlen einsetzen kann, der Reihe nach verschiedene Zahlen wie etwa die folgenden: 0, 16, 24, 24, 16, 0. Jetzt bilde ich die Differenzen zwischen zwei aufeinanderfolgenden Zahlen. Von 0 bis 16 hat man um 16 vermehrt, von 16 bis 24 um 8 und von 24 bis 24 um 0. Von 24 bis 16 hat man um 8 vermindert oder um minus 8 vermehrt, von 16 bis 0 um minus 16. Man sieht: Die Zahlen, die ich hingeschrieben habe, befolgen eine Regel, denn die Differenzen, die ich soeben angegeben habe, unterscheiden sich jeweils um 8. Ich nenne eine solche Differenz $\Delta\varphi$. Δ ist ein in der Mathematik übliches Symbol für eine Differenz. Und dann sage ich: Es gibt eine bestimmte Stelle, an der $\Delta\varphi = 0$ ist, nämlich zwischen 24 und 24. Genau hier gilt also die oben angeschriebene Gleichung. Dies ist eine zweifellos einwandfreie Interpretation dieser Formel.

Nun kommt jemand und sagt: Das ist doch gar nicht gemeint. Δ ist der Laplace-Operator, und diese Formel ist nur eine Abkürzung für die etwas komplizierter geschriebene Formel: $\varphi_{xx} + \varphi_{yy} + \varphi_{zz} = 0$. Das ist eine partielle Differentialgleichung und φ ist jetzt aufzufassen als eine Funktion der drei Koordinaten x, y, z. Diese Differentialgleichung fordert, daß die Funktion nicht eine völlig beliebige Funktion sein soll, sondern eben eine solche, die die in dieser Differentialgleichung angedeutete mathematische Struktur hat, daß ihre zweiten Ableitungen nach drei zueinander senkrechten Koordinatenrichtungen zueinander addiert verschwinden. Auch diese Interpretation ist einwandfrei. Daß der Physiker üblicherweise nur sie im Auge hat und also in $\Delta\varphi = 0$ mit dem Symbol Δ den Laplace-Operator meint, liegt jedoch in der Formel allein keineswegs begründet.

Der Laplace-Operator Δ trägt den Namen eines berühmten Mannes. Sie finden hier eine Eigentümlichkeit der Sprache der exakten Wissenschaften, daß nämlich oft ein Symbol mit einem sprachlichen Namen belegt wird, dem man nur auf dem Umweg über die Geschichte ansehen kann, warum er gewählt wurde. Statt des Namens eines berühmten Mannes könnte man natürlich sehr wohl durch eine Definition etwas anderes einführen. Man müßte dann aber andere, schon definierte Begriffe benutzen und faktisch ist die Anzahl von Begriffen, die man einführen muß, so groß, daß es lästig ist, diese Begriffe systematisch zu bezeichnen. Die Systematik ändert sich überdies unablässig mit dem Fortschritt der Wissenschaften, und so wählt man lieber die Bezeichnung durch den Namen eines Mannes, obwohl diese Bezeichnung im Grunde nichtssagend ist, weil der betreffende Mann meistens nicht einmal das erfunden hat, wovon jeweils die Rede ist.

Die Gleichung $\Delta\varphi = 0$ kann man lösen. Aber damit ist sie immer noch keine Gleichung der Physik. Eine Gleichung der Physik ist sie erst dann, wenn ich angebe, daß z. B. mit x, y und z Koordinaten im »Raum« gemeint sind und mit φ eine bestimmte physikalische Größe. »Raum« (Singularetantum) heißt hier: der wirkliche Raum und keineswegs irgendeiner der vielen abstrakten Räume, die die Mathematiker betrachten. φ könnte das Gravitationspotential oder das elektrostatische Potential sein, aber auch ein linearer Operator im Hilbert-Raum, also etwas, was man überhaupt nicht mehr durch Zahlen darstellen kann. Kurz: Die Bedeutung der Gleichung $\Delta\varphi = 0$ ist gar nicht eindeutig ohne zusätzliche Festlegungen. Und was heißt überhaupt »Gravitationspotential«? Nun, das ist die potentielle Energie der Gravitation. »Potentielle Energie« ist jedoch – man gestatte mir ab und zu sprachliche Nebenbemerkungen – für jeden, der die Herkunft der Begriffe bedenkt, ein sehr eigentümliches Wort. »Potentiell« ist eine lateinische Übersetzung von dem, was griechisch δυνάμει heißen würde, also der δύναμις, der Möglichkeit nach. Diese Bildung ist aristotelisch, und Energie ist direkt das griechische Wort, das Aristoteles erfunden hat – ἐνέργεια. In der aristotelischen Philosophie sind δύναμις und ἐνέργεια Gegensätze: Die Möglichkeit und die – nennen wir es kurz – Wirklichkeit. Die potentielle Energie ist also die mögliche Wirklichkeit, wenn man es wörtlich übersetzt. Das gibt aber keinen Sinn. In Wirklichkeit hat auf einem Wege, den ich jetzt nicht verfolgen will, ein ständiger Wandel der Bedeutungen stattgefunden, so daß sich seit Mitte des 19. Jahrhunderts durchgesetzt hat, eine Größe, die man früher manchmal Kraft nannte, nunmehr Energie zu nennen. Diejenige Gestalt dieser Energie, in der sie nicht aktuell auftritt, wird dabei in einem somit etwas sinnvolleren Gebrauch des aristotelischen Terminus als »potentiell« bezeichnet.

Der Wandel der Bedeutung der Termini ließe sich an jedem einzelnen solchen Beispiel durch die Geschichte hindurch verfolgen. Es würde sich dabei zeigen, wie sehr die Bedeutung eines Terminus von dem jeweiligen historischen Ort abhängt, an dem man steht, wobei wiederum charakteristisch für den Naturwissenschaftler ist, daß er – hingegeben an seine Sache – diesen historischen Zusammenhang meistens überhaupt nicht kennt.

Es ist selbstverständlich bedeutungsvoll, daß man für das elektrostatische Potential und für noch andere Fälle immer wieder dieselbe Formel findet. Das bedeutet, daß zwischen ihrer Definition nach sehr verschiedenen Vorgängen in der Natur eine formale Analogie besteht – eine Analogie der Struktur. Diese Struktur ist es, die durch die Formel angedeutet wird. Man könnte die Formel eine Stenographie dieser Struktur nennen. Man kann vielleicht auch sagen: Sie ist eine Veranschaulichung der Struktur. Das, was die Formel in der Mathematik vor allem leistet, ist wohl, daß sie etwas, was wir abstrakt kaum mehr zu denken vermöchten, optisch herausstellt und in der Gestalt des Sichtbaren nun so durchschaubar macht, daß wir damit wieder umgehen können. Die Formel ist, würde ich sagen, das Resultat der Unentbehrlichkeit von optischer Anschauung. Diese Auffassung unterscheidet sich wohl etwas von der üblichen, mit der man vielfach von außen her die Formel betrachtet. Aber ich glaube, die Praxis der mathematischen Wissenschaften zeigt gerade diesen Grund der Unentbehrlichkeit der Formel. Vieles, das sich sonst nicht mehr bewältigen ließe, können wir bei anschaulicher Vergegenwärtigung durch die – wie man sagt – »Formelsprache« noch behandeln.

Wann drückt eine Formel wie $\Delta\varphi = 0$ für uns etwas Verständliches aus? Durch die Definitionen, die ich gerade angedeutet habe, ist ihr Sinn nicht vollständig festgelegt. Man kann, wie wir sahen, einmal so und einmal so definieren. Wo also liegt die Entscheidung über diese verschiedenen Definitionen? Erst der in der Sprache verankerte Zusammenhang, der oft unausdrücklich gegeben ist, insofern man schon versteht, wovon die Rede ist, verleiht der Formel ihren Sinn. Die Formel ist gleichsam eingebettet in die Sprache, nämlich in die Sprache, die der Physiker spricht und von der er voraussetzen kann, daß sein Mitmensch, sein Mitphysiker sie versteht. Wenn man von Formelsprache spricht, so ist dieses Wort nur dann richtig, wenn man die Formel Teil der Sprache sein läßt, das heißt, so verwendet, wie sie im Umgang immerzu verwendet wird. Wenn ich aber abstrakt nur die Formel hinschreibe, dann weiß ich gar nicht mehr, was sie heißt. Das ist hoffentlich durch die Beispiele deutlich geworden. Also muß ich doch auf die Sprache reflektieren, die der Physiker spricht; ich komme darum nicht herum.

Nun will ich ein zweites Beispiel wählen. Ich greife wieder einen Satz heraus, den ein Physiker wirklich geschrieben hat, und versuche, an diesem Satz ein bißchen zu erläutern, welcher Art die typischen Elemente dieser Sprache sind, die die Physiker sprechen. Natürlich kann man im Grunde jeden Satz wählen. Man schlage ein wissenschaftliches Lehrbuch auf und nehme einen beliebigen Satz. Man wird immer die Struktur, die ich jetzt zeigen will, daran nachweisen können. Aber ich habe für diesen Zweck einen Satz herausgegriffen, der einen gewissen historischen Rang hat, nämlich einen der Fälle, in denen ein einziger Satz die Mitteilung einer neuen wissenschaftlichen Entdeckung oder, sagen wir, eines neuen historisch außerordentlich folgenreichen wissenschaftlichen Gedankens enthält. Es handelt sich um einen Satz von Helmholtz aus seiner Faraday-Gedenkrede, die er 1881 in London gehalten hat, in der er den Gedanken der Existenz elektrischer Elementarteilchen zum ersten Mal ausgesprochen hat.

Ich werde Ihnen zuerst den Satz vorlesen. Dann will ich kurz die physikalische oder physikalisch-chemische Situation charakterisieren, auf die er sich bezieht, werde daraufhin den Satz noch einmal vorlesen, um schließlich zu versuchen, einzelne Züge an ihm zu erläutern, damit wir sozusagen an diesem Beispiel in die lebendige Sprache der Physik einen auf sie reflektierenden Einblick erhalten.

Der Satz – isoliert betrachtet – lautet: »Wenn wir Atome der chemischen Elemente annehmen, so können wir nicht umhin, weiter zu schließen, daß auch die Elektrizität, positive sowohl wie negative, in bestimmte elementare Quanta geteilt ist, die sich wie Atome der Elektrizität verhalten.«

»Atome der Elektrizität« – dafür sagen wir heute: Elektronen. Ich schildere kurz die wissenschaftliche Situation, in die dieser Satz hineingehört. Er ist bezogen auf die Analyse der Vorgänge bei der sog. Elektrolyse. Die Elektrolyse ist entdeckt worden im Anschluß an die Untersuchungen, die durch Beobachtungen von Galvani an Froschschenkeln ausgelöst wurden. Galvani hatte in Italien in den siebziger Jahren des 18. Jahrhunderts Froschschenkel mit Kupferhaken an einem Eisengitter aufgehängt. Wenn diese Froschschenkel dann im Wind wehten und das Eisengitter etwa mit dem Fuß berührten, dann zuckten sie. Galvani war der Meinung, er habe hier ein spezifisches Lebensphänomen, ein Phänomen der Lebenskraft gefunden. Volta stellte fest, daß es sich um etwas handelte, was auch in unbelebten Apparaturen reproduziert werden kann, nämlich um die Erzeugung elektrischen Stromes durch Metalle, die mit einer elektrisch leitfähigen Flüssigkeit in Verbindung stehen.

Die Theorie dieses Vorganges wurde wesentlich gefördert durch die Experimente von Faraday, über die zu sprechen Helmholtzens Aufgabe in der Rede war, aus der ich vorgelesen habe. Es hatte sich ergeben, daß in leitenden Flüssigkeiten, also in unserem Fall in der Flüssigkeit, die den Froschschenkel erfüllte, die elektrische Leitfähigkeit damit zusammenhängt, daß gewisse chemische Stoffe in dieser Flüssigkeit wandern und dabei als Träger der Elektrizität fungieren. Diese wandernden Stoffe nannte Faraday Ionen, d. h. griechisch: Wandernde. Faraday dachte in den Begriffen der Atomlehre, die bei den Chemikern des 19. Jahrhunderts herrschend geworden war, und war der Meinung, die wir heute auch noch teilen, daß diese Ionen Atome oder Atomverbindungen (Moleküle) sind, die elektrische Ladung tragen. Faraday konnte eine strenge Entsprechung feststellen zwischen der Menge einer chemischen Substanz, die durch den Elektrolyten wandert, und der Menge elektrischer Ladung, die sie transportiert. Auf nähere Einzelheiten brauche ich hier nicht einzugehen. Helmholtz zieht nun an dieser Stelle den Schluß: Wenn immer gleich viel Menge einer bestimmten Substanz mit gleich viel Ladung, die sie transportiert, verbunden ist, und wenn diese Substanz in Atomen vorliegt, die wir uns isoliert voneinander eins neben dem anderen vorzustellen haben, dann muß auch die Elektrizität in lauter gleich große elementare Quanten eingeteilt werden. Denn nur dann kann man annehmen, daß jedes Ion der wandernden chemischen Substanz mit einer festen Zahl elementarer Quanten, die auf ihm sitzen (im einfachsten Fall mit einem einzigen elementaren Quantum) verbunden ist. – Ein Schluß, der in der Tat vielleicht gar nicht sehr fern liegt und den Helmholtz hier ausdrücklich gezogen hat. Das ist also die wissenschaftliche Situation, in die dieser Satz hineingehört.

Jetzt lese ich den Satz noch einmal und achte nun auf das, was in ihm sprachlich gegeben ist: »Wenn wir Atome der chemischen Elemente annehmen, so können wir nicht umhin, weiter zu schließen, daß auch die Elektrizität, positive sowohl wie negative, in bestimmte elementare Quanta geteilt ist, die sich wie Atome der Elektrizität verhalten.« – Ein Satz, der gewiß verdient, ein Satz exakter Wissenschaft zu heißen.

Warum? Gehen wir den Satz schrittweise durch: »Wenn wir Atome der chemischen Elemente annehmen ...« Das erste Wort heißt »wenn«. Helmholtz beginnt nicht mit einer dogmatischen Versicherung, daß es so oder so sei, sondern er beginnt mit einer hypothetischen Annahme. Der Satz ist konditional formuliert. Eine Voraussetzung wird nicht gefordert, aber es wird gesagt: wenn wir sie einführen, dann folgt auch etwas. Die Voraussetzung, die hier nicht gefordert wird, obwohl Helmholtz zu ihr steht, ist die Atomlehre. Helmholtz hat das volle Bewußtsein für den hypothetischen Charakter der Naturwissenschaft. Es handelt sich nicht darum, eine absolute Wahrheit zu behaupten. Also muß das, was man recht gut, aber nicht mit absoluter Gewißheit begründen kann, sprachlich genauso ausgedrückt werden, daß diese gute, aber nicht absolute Begründung zum Vorschein kommt. Helmholtz wählt daher diese Einleitung: »Wenn wir Atome der chemischen Elemente annehmen ...«

Nun ist die Frage, ob wir wissen, was wir da annehmen, was »Atome der chemischen Elemente« sind. Ich brauche nur kurz auf die Begriffsgeschichte, auf die Geschichte der Bedeutung von Atom und von Element einzugehen, um zu zeigen, daß nicht selbstverständlich ist, was man damit meint.

Element – ein antikes Wort – bezeichnet ursprünglich vor allem die sog. vier Elemente: Feuer, Luft, Wasser, Erde. Das ist es nicht, wovon die Rede ist. Aber das Wort ist übernommen. Die Entwicklung der Chemie gegen Ende des 18. Jahrhunderts – Lavoisier wäre hier zu nennen – hat dazu geführt, daß das Wort Element nunmehr in einem neuen Sinne gebraucht wurde. Dasjenige nennt man ein Element, was chemisch nicht mehr in andere Bestandteile aufgelöst werden kann. Das entspricht vielleicht auch der Vorstellung, die wir mit Element verbinden – das Unauflösliche. Und man wußte damals schon, daß es in diesem Sinne recht viele Elemente gibt. Von diesen Elementen spricht Helmholtz. Es wäre aber wiederum ganz verfehlt, anzunehmen, daß diese Elemente notwendigerweise in einem absoluten Sinne unauflösbar seien. Die heutige Physik wandelt Elemente in Elemente um und nimmt ihnen damit gerade den Charakter von etwas, das man ursprünglich wohl allein Element genannt hätte. Sie erinnert freilich auch hiermit an Spekulationen antiker Naturphilosophie. Schon bei Aristoteles und Platon können sich die Elemente ineinander verwandeln. Es ist aber für Helmholtz nicht nötig, darüber zu entscheiden. Hinsichtlich dessen, was er hier sagen will, ist für seine Hörer und ihn hinreichend deutlich, was mit dem Wort Element gemeint ist. Man meint damit z. B. Wasserstoff, Stickstoff, Sauerstoff, Schwefel, Silber, Gold usw., und was das jeweils ist, das weiß man aus der Erfahrung hinreichend genau. Man versteht sich, indem man genau soweit geht, wie man gehen kann. Weiter aber nicht!

Und nun zur nächsten Frage: Was heißt Atom? Damit verhält es sich genauso. Das Atom ist das, was keine Teile hat. So erscheint es in der antiken Atomphilosophie – bei Demokrit. Die Chemiker des frühen 19. Jahrhunderts haben in den Spuren der in der Neuzeit neu belebten Atomlehre den Begriff des Atoms auf die Chemie angewandt. Sie haben dort mit diesem Begriff große Erfolge errungen, indem sie z. B. annahmen, daß sich Atome zu Molekülen vereinigen können, womit sie unter anderem das Gesetz der konstanten und multiplen Proportionen erklären konnten. Ich brauche wieder auf Einzelheiten nicht einzugehen. Das Atom, von dem Helmholtz spricht, ist nicht jenes absolute philosophische Erklärungsprinzip der atomistischen Philosophie der Antike, sondern es ist jener einigermaßen bekannte Gegenstand der Chemie, von dem man aber nicht sicher weiß, ob es ihn wirklich gibt. »Wenn wir Atome...«, sagt er. Daß die Atome von der heutigen Physik zerlegt werden in Kern und Hülle, und daß der Kern aus Protonen und Neutronen, die Hülle jedoch aus eben jenen Elektronen besteht, die Helmholtz hier zum ersten Mal postuliert hat, braucht er nicht zu wissen.

»Wenn wir Atome der chemischen Elemente annehmen, so können wir nicht umhin, weiter zu schließen...« – ich finde das wunderbar formuliert. Er sagt nicht: Es folgt. So kann vielleicht ein Mathematiker reden. Er sagt: »Wir können nicht umhin.« Er hat hinreichend viel wissenschaftlichen Instinkt und wissenschaftliche Erfahrung, um zu sagen: Um diesen Schluß werdet Ihr nicht herumkommen.

»So können wir nicht umhin, weiter zu schließen, daß auch die Elektrizität, positive sowohl wie negative, in bestimmte elementare Quanta geteilt ist.« Ich könnte jetzt wieder das Wort »Elektrizität« erläutern, könnte sagen, wie sich dieser Begriff von der griechischen Bezeichnung Elektron für Bernstein herleitet, und wie sich auch hier die Bedeutung gewandelt hat. Aber ich brauche das nicht an jedem Begriff von neuem durchzuführen.

Gehen wir also weiter: »In bestimmte elementare Quanta geteilt ist, die sich wie Atome der Elektrizität verhalten« lautet der Schluß des Satzes. »Bestimmt« ist ein Wort, das in der Sprache fast immer dort auftritt, wo etwas unbestimmt ist. Es handelt sich um Quanta, die wir noch nicht so genau kennen, die aber doch wohl eine ganz bestimmte Beschaffenheit haben müssen. Ein »Quantum«, das ist etwas, was man messen kann, was irgendwie quantitativ faßbar ist. Auch das ist ein ganz schwebender Begriff, genauso gesetzt, daß der Satz auch heute noch richtig ist. Hätte

Helmholtz etwas mehr gesagt als das, so wäre der Satz heute wahrscheinlich nicht mehr richtig. – »In bestimmte elementare Quanta«. Mit dem »elementar« verhält es sich ähnlich. Es soll zwar etwas heißen, legt aber auch nicht sehr viel fest. Die Elektrizität findet sich immer schon vor in solchen Quanten, Elektronen sagen wir, die eine weitere Teilung offenbar nicht zulassen, die man daher wohl als elementar bezeichnen muß. – »Geteilt ist«. Hier wird mit dem Passiv gearbeitet, denn es soll ja nur gesagt werden, daß die Elektrizität in Teilen vorliegt, und nicht, daß jemand sie geteilt hat. Es ist oft schwer, sich in solchen Dingen angemessen auszudrücken, und leicht entstehen dann Mißverständnisse aus einem zu wörtlichen Gebrauch derartiger grammatischer Formen. – »Wie Atome der Elektrizität«. Die Elektrizität, die es ja gibt, die man nachweisen kann an ihren Wirkungen, ist nun also auch aus Atomen aufgebaut. So wie Atome der Elektrizität verhalten sie sich. »Sich verhalten« ist wieder eine Formulierung, die die substantielle Festlegung vermeidet. Sie benehmen sich so wie ... Hier wird also die Analogie, der Vergleich als Mittel herangezogen. Das ist exakte Wissenschaft.

Man könnte sagen: Das ist schön und gut; doch alles, von dem hier die Rede war, bewegt sich ja an der Front der empirischen Forschung. Dabei wird man allerdings noch sehr tastend vorgehen müssen, aber zum Schluß wird es dann doch ganz exakt. »Exakt« – ich habe diesen Ausdruck bis jetzt nicht genau definiert – sei in dem Sinne gebraucht, daß jedes Wort einen eindeutig festgelegten Sinn und der aus diesen Worten gebaute Satz damit eine eindeutige Bedeutung hat, die zu verstehen für den Eingeweihten möglich ist, und an der gar nicht mehr gedeutelt werden kann. Betrachten wir daher als letztes Beispiel einen Satz vom Range eines Grundgesetzes der Natur und sehen zu, wieweit er »ganz exakt« ist. Ich wähle das sog. Trägheitsgesetz in der lateinischen Formulierung, die Newton ihm gegeben hat. Es lautet:

»Corpus omne perseverare in statu suo quiescendi vel movendi uniformiter in directum, nisi quatenus a viribus impressis cogitur statum illum mutare.«

Auf deutsch: »Jeder Körper hält aus in seinem Zustand der Ruhe oder der gleichförmigen geradlinigen Bewegung, außer, wenn er von Kräften, die ihm eingedrückt (oder eingeprägt) sind, gezwungen wird, jenen Zustand zu ändern.« Das ist die Aussage des Trägheitsgesetzes. Lassen Sie mich ein paar Worte von denen, die hier vorkommen, herausnehmen und zusehen, wieweit man behaupten kann, daß sich mit ihnen ein eindeutig fester Sinn verbindet.

Corpus = Körper. Es ist die Rede von Körpern, und man war natürlich fest davon überzeugt, daß die Physik und die Naturwissenschaft überhaupt eine Lehre von Körpern ist. Körper ist ein Name für sehr viele verschiedene Objekte der Wissenschaft. Ein Stein, ein lebendiges Wesen, ein Stern, die Sonne, ein Atom – all dies erscheint unter dem Namen Körper. Nun habe ich jetzt, indem ich so über Körper gesprochen habe, nur Beispiele aufgezählt, und man kann wohl nicht annehmen, daß die Eindeutigkeit eines Begriffes dadurch gesichert ist, daß man Beispiele aufzählt, die unter ihn fallen. Man wird daher fragen: Darf man behaupten, der Begriff des Körpers sei durch sich selbst klar und bedürfe keiner Erläuterung, – oder aber läßt sich scharf definieren, was man mit diesem Begriff meint?

Ich gehe jetzt nicht auf die Antike ein, aus der auch dieser Begriff schon übernommen ist, sondern vielmehr gleich auf das 17. Jahrhundert, in dem Newton diesen Satz geschrieben hat. Zu dieser Zeit hat beispielsweise Descartes versucht, den Körper dadurch eindeutig zu erklären, daß er ihm die Eigenschaft der Ausgedehntheit zuschrieb und keine andere. Wenn ich unmittelbar verstehe, was Extensio – Ausdehnung – ist, dann kann ich sagen, der Körper ist das Ausgedehnte, und sonst nichts. Und damit hätte ich vielleicht gut erklärt, was ein Körper ist.

Wieweit Newton mit dieser Erklärung zufrieden gewesen wäre, können wir offenlassen. Sicher ist, daß die Weiterentwicklung der Wissenschaft von dieser Erklärung abgeführt hat. Schon im 18. Jahrhundert hat Boscovich und im 19. Jahrhundert haben viele andere, darunter Helmholtz, den Begriff des Massenpunktes eingeführt. Dort ist ein Körper ein Ding, das den Gesetzen der Mechanik genügt, das aber nicht ausgedehnt, sondern punktuell ist, so daß die Definition von Descartes hinfällig wird. Trotzdem wird – einerlei, ob man nun glaubt, daß es Massenpunkte gibt oder nicht – niemand leugnen, daß für den Physiker kein Anlaß besteht, daran zu zweifeln, daß auch Massenpunkte – wenn es sie gibt – dem Trägheitsgesetz genügen.

Gehen wir in die Physik unserer Tage, so zeigt sich, daß sogar die anschauliche Charakterisierung der oben im Zusammenhang mit Helmholtz erwähnten Elektronen als kleine Körper oder als Massenpunkte nur eine Annäherung an etwas ist, was wir anschaulich nicht mehr adäquat beschreiben können. Wir nennen sie zwar in Anlehnung an den Körperbegriff Korpuskeln (Körperchen). Wir sagen aber, daß die Korpuskeln zugleich auch immer die Eigenschaft von Wellen oder Feldern haben. Sprachlich haben wir es hier wieder mit etwas zu tun, das aus dem täglichen Leben entlehnt ist. »Feld« kann ein Getreidefeld und »Welle« eine Welle auf dem Wasser sein. Und doch sind beide Namen eingeführt, um etwas sehr Abstraktes zu bezeichnen, das mit den anschaulich gegebenen Wellen oder Feldern nur gemein hat, im Raum ausgedehnt und gewisser Schwingungen fähig zu sein.

Sowohl im Korpuskel-Bild wie im Wellen-Bild wird immer noch ein intuitives Verständnis für so etwas wie Raum vorausgesetzt. Aber auch das ist wahrscheinlich nur ein Stadium, über das die Physik hinausgeht. So ist z. B. schon in der allgemeinen Relativitätstheorie von einem Raum die Rede, für den wir wohl kaum ein intuitives Verständnis haben.

Zusammenfassend läßt sich sagen: Auch hinsichtlich des Körperbegriffes im Newtonschen Trägheitsgesetz zeigt sich dieselbe Struktur, die ich vorhin bei Helmholtz erläutert habe. Wir haben es mit einem Begriff zu tun, der gegen Ende des 17. Jahrhunderts, als Newton seinen Satz formulierte, einen für ihn hinreichend klaren Sinn hatte, der aber im Laufe der Weiterentwicklung Modifikationen unterlag, von denen niemand von uns weiß, wo sie enden werden.

»Corpus *omne*« *jeder* Körper –, das ist diese kühne Art von Behauptungen, die wir eben Naturgesetze nennen. Kein Mensch hat jeden Körper gesehen. Dieses Gesetz soll auf Erfahrung gegründet sein, und doch ist es ausgeschlossen, daß irgend jemand Erfahrung über jeden Körper hat. Wie kann man wissen, daß ein solches Gesetz in jedem Falle für jeden Körper gültig ist? Das führt hinein in eine Frage, die nun eine eigentlich philosophische wäre, und die ich in diesem Vortrag beiseite stellen muß, denn sie würde mich viel zu weit führen. Ich möchte jetzt nur darauf hinweisen, daß jede sprachliche Formulierung, die wir gebrauchen, wenn wir ein Naturgesetz aussprechen, immer schon diesen Allgemeinheitsgrad hat, der jegliche empirische Rechtfertigung, die man geben kann, überschreitet. Und darauf hat ja Heisenberg auch in dem Text hingewiesen, den ich Ihnen einleitend vorgelesen habe. Die Sprache transzendiert das unmittelbar Gegebene immer schon. Aber wenn Sie fragen: Was ist denn eigentlich unmittelbar gegeben, so wäre die These sehr vertretbar, daß das einzige, was uns unmittelbar gegeben ist, eben die Sprache ist.

Was ist nun in dem zitierten Newtonschen Gesetz inhaltlich behauptet? »Corpus omne perseverare in statu suo quiescendi vel movendi uniformiter in directum, nisi quatenus a viribus impressis cogitur statum illum mutare«. Jeder Körper bleibe in seinem Zustand. Das erfüllt unsere Kausalerwartung, so muß es wohl sein. Er bleibt in seinem Zustand, wenn er nicht von Kräften, die von außen kommen, aus diesem Zustand herausgezwungen wird. Das klingt sehr plausibel. Allerdings muß man dazu sagen, daß diese Plausibilität schwindet, wenn man genau hinsieht, wie der Zustand definiert ist. Er wird – kurz gesprochen – definiert durch das Ruhen oder Sich-Bewegen – geradlinig, gleichförmig. Denken wir an das – nennen wir es einmal – naive Weltverständnis, so wird man sagen: Gewiß, ein Körper befindet sich jeweils in einem Zustand. Wenn dies Glas *hier* ist, dann kann ich das einen Zustand des Glases nennen. Wenn es aber *dort* ist und auch auf dem Kopf steht, dann ist das ein anderer Zustand. Wenn man so will, kann man den Ort, an dem sich ein Körper befindet, als Charakteristikum seines Zustandes ansehen. Es wäre dann sehr naheliegend, anzunehmen: Wenn ein Körper seinen Ort ändert, so muß das durch eine Kraft veranlaßt sein. Und wenn keine Kraft da ist, dann bleibt er in dem Zustand, in dem er ist, z. B. an dem Ort, an dem er ist. Ungefähr in dieser Richtung liegt das aristotelisch-scholastische Verständnis von Bewegung im Sinne der Ortsänderung als eines Spezialfalles der κίνησις, für die wir vielleicht eher Veränderung als Bewegung sagen würden.

Von einer solchen Bewegung als Ortsänderung, die ohne das Wirken von Kräften aufhört, spricht Newton nicht. Er folgt hier Galilei. Galilei lehrte, daß ein Körper entgegen der üblichen Erwartung genau dann in einem Zustand geradlinig-gleichförmiger Bewegung beharrt, wenn keine Kraft da ist, die ihn daran hindert. Das heißt: Die Bewegung wird zum Charakteristikum des Zustandes gemacht. Das ist a priori nicht einsichtig, und ich möchte betonen: Man kann es auch a priori gar nicht einsichtig machen.[1] Erst nachdem Galilei es erkannt hatte, hat man solche Formulierungen wie auch die Newtonsche gewählt, welche die Bewegung selbst als einen Zustand bezeichnet. Damit wird unser Bedürfnis nach Kausalität, das für Zustandsänderungen eine verursachende Kraft verlangt, sprachlich wieder befriedigt. Hier dient die Sprache dazu, einen Sachverhalt, der noch 50 Jahre vor der Newtonschen Formulierung für völlig paradox gehalten wurde, der sich aber bei den Physikern, die die Sache verstanden, inzwischen durchgesetzt hatte, nun auch so zu fassen, daß der Anstoß verschwindet, den er zunächst zu erregen scheint. Auch das kann die Sprache leisten.

Man kann sagen: Gewiß, aber *so* ist dies immerhin jetzt definiert. Man hat es jetzt erkannt, die Erfahrung hat es gelehrt. Ich will wieder nicht eingehen auf die sehr interessante Frage, ob denn die Erfahrung das lehrte. Ich möchte nur darauf hinweisen, daß ja noch nie ein Mensch eine Trägheitsbewegung gesehen hat, denn alle Körper, die wir wirklich sehen, kommen einmal zur Ruhe oder werden abgelenkt durch Kräfte, und die völlig ungehinderte geradlinig-gleichförmige Bewegung ist im Grunde eine Fiktion. Das heißt: Das Trägheitsgesetz spricht gar nicht etwas aus, was man wirklich gesehen hat, es spricht nur eine – sagen wir einmal – ideale Forderung aus, die sich dann als Ausgangspunkt der weiteren Analyse als sehr fruchtbar erwiesen hat. Sie ist ohne Frage sogar die hier fruchtbarste Forderung. Denn durch die Galilei-Newtonsche Auffassung war es möglich, die obengenannten eingeprägten oder eingedrückten Kräfte mathematisch scharf durch die Beschleunigung, die sie hervorrufen, zu definieren, und erst das Resultat einer Analyse von nicht geradlinig-gleichförmigen Bewegungen mit Hilfe des so erklärten Begriffes der Kraft ist hinterher die Rechtfertigung dafür, daß man definieren konnte: Das, was unter keiner Kraft steht, bewegt sich geradlinig-gleichförmig. Eine nähere Analyse von der Art, in der Galilei etwa das Fallgesetz hergeleitet hat, würde dies sehr genau zeigen können. Das übergehe ich hier.

Man wird vielleicht einräumen: Nun gut, es werden Behauptungen aufgestellt, die sich erst hinterher durch den Erfolg rechtfertigen. Nach meiner Auffassung zeigt sich jedoch noch mehr: Es

[1] Was dazu nötig wäre, wird in II, 5.5, besprochen.

werden Begriffe gebraucht, die erst durch den Erfolg einen Sinn bekommen, d. h. einen so eindeutigen Sinn, als der jeweilige Erfolg es gestattet. Fragen wir z. B.: Was heißt denn geradlinig sich bewegen? Geradlinig, verglichen womit? Man könnte antworten: Geradlinig im Universum. Wenn man aristotelisch-ptolemäisch denkt, hat man die Erde als Bezugssystem. Die Erde steht ruhend in der Mitte der Welt. Um sie dreht sich das Himmelsgewölbe. Was hier geradlinig im Vergleich zur Erde heißt, ist jedem verständlich. Seit Kopernikus weiß man nun, daß das ptolemäische Weltbild falsch ist. Kopernikus lehrte, die Sonne stehe praktisch im Mittelpunkt. Auch hier verstehen wir, was geradlinig heißt. Es heißt geradlinig relativ zur Sonne. Doch bald darauf wurden, wie man sich gern ausdrückt, die Sphären zerschlagen, und die Vermutung eines unendlichen Weltalls fand Glauben. Was heißt nun im unendlichen Weltall geradlinig? Verglichen womit? Gibt es da einen Mittelpunkt? Es gibt keinen.

Newton mußte, um dieses Problem zu lösen, eine vollkommen neue Erfindung machen – die Erfindung des absoluten Raumes. Relativ zum absoluten Raum soll jetzt die Bewegung geradlinig sein. Vom absoluten Raum hat vor Newton im Grunde niemand gewußt. Niemand brauchte davon zu wissen, denn es gab ja das Weltall als natürliches Bezugssystem. Der absolute Raum, durch Newton eingeführt, ist eigentlich zu nichts anderem da, als zu definieren, was geradlinig im Trägheitsgesetz heißt. Gegen Ende des 19. Jahrhunderts wurde dieser Begriff durch Mach kritisiert. Mach wies mit Recht darauf hin, daß Newtons Argumentation für die Existenz des absoluten Raumes Lücken aufwies. Er war nunmehr der Meinung, man müsse die geradlinige Bewegung definieren relativ zu den sehr fernen Massen des Weltalls, die wir gar nicht sehen. Diese Vermutung wurde von Einstein übernommen. Die Relativitätstheorie ist allerdings keine volle Erfüllung des Mach'schen Programms. Ich gehe wieder nicht näher darauf ein, wie in ihr diese Frage behandelt ist. Für den methodischen Gesichtspunkt, den ich aufzeigen will, genügt es zu sagen, daß jedenfalls in dem Newtonschen Trägheitsgesetz ein Begriff verwendet ist – »movendi uniformiter in directum« –, dessen exakte Definition alle die Schwierigkeiten bietet, die ich durch meine kurze Betrachtung über den Begriff des Raumes angedeutet habe. Das schadet freilich nichts, denn das Gesetz wird im allgemeinen nur in Fällen angewandt, in denen man gut genug weiß, was geradlinig heißt.

Ich habe an vielerlei Beispielen immer wieder versucht, zu zeigen, daß die Sprache der Physik ihre Eindeutigkeit, soweit sie sie hat, nicht in einer für immer garantierten und absoluten Weise hat, sondern bezogen auf eine jeweilige Situation. Die jeweilige Situation spricht der Physiker schlicht und, wie ich sagen würde, richtig aus, wenn er betont: Die Worte haben soweit einen eindeutigen Sinn, als die Tatsachen diesen Sinn rechtfertigen; als es eben so ist, wie man es mit diesen Worten ausspricht. Der Physiker wird immer in solchen Fällen behaupten: Ich werde hier von nichts anderem geleitet als von der Wahrheit. Aber der Physiker, der methodisches Bewußtsein hat, weiß auch, daß die Wahrheit gerade das ist, was er nicht ohne weiteres besitzt. Er weiß ja, daß er die Wahrheit erforschen will und deshalb Hypothesen macht. Die hypothetische Struktur des Satzes von Helmholtz ist wohl deutlich genug.

Wie verhält sich beides zueinander? Ich möchte die Vermutung wagen, daß hier folgende Ausdrucksweise angebracht wäre: Es gibt einen immer schon erschlossenen Bereich, in dem man sich gut genug verständigen kann, um – auf das dort herrschende Verständnis aufbauend – neue Bereiche zu erschließen. Der schon erschlossene Bereich, in dem wir uns verständigen können, ist uns erschlossen nicht *nur*, aber *weitgehend* durch die Sprache, die wir immer schon sprechen. Daher ist die »natürliche« Sprache, d. h. die Sprache, die wir jeweils haben und die die Logiker heute manchmal Umgangssprache nennen, die Voraussetzung der weiteren Erkenntnis und damit auch der weiteren Verschärfung der Begriffe. Verschärfung der Begriffe heißt aber: Korrektur der Umgangssprache. Und so ist diese Sprache ein Mittel, das uns immer von neuem Wirklichkeit erschließt und uns an Hand der erkannten Wirklichkeit gestattet, jenes Mittel selbst zu korrigieren. Dieser, wenn man so will, zirkelhafte Vorgang scheint mir derjenige zu sein, der, von der sprachlichen Seite her gesehen, in einer Wissenschaft wie der Physik unablässig geschieht.

In dem Augenblick, in dem wir die Sprache, die wir immer schon sprechen, nur als bloße Sprachgestalt betrachten oder sagen: Ja, wir können uns eben so ausdrücken, – geht verloren, daß in dieser Sprache schon Wirkliches gefaßt ist. Die Sprache, die man spricht, bewegt sich gleichsam immer schon im Medium der Wahrheit. Wäre das nicht so, so wäre keinerlei Wissenschaft möglich. Sie bewegt sich aber nicht so im Medium der Wahrheit, daß sie uns eine garantierte oder sogenannte absolute Wahrheit gewährte, sondern sie bewegt sich so im Medium der Wahrheit, daß sie uns ermöglicht, tiefer in die Wahrheit einzudringen als zuvor.

Das also wäre etwa, was ich als eine kleine Studie im Vorfeld der Philosophie, der Sprachphilosophie wie der Naturphilosophie, Ihnen heute vorlegen wollte.

I, 4. Über Sprachrelativismus

Geschrieben 1970. Soll in der Festschrift zum 70. Geburtstag von Richard Walzer, Oxford, erscheinen. Die am Schluß des Aufsatzes genannten Sachfragen der Logik sind in diesem Buch nicht in extenso behandelt; am nächsten kommt ihnen Aufsatz I, 5 und die Abschnitte II, 1. 4d und II, 5.3.

Die islamische Kultur war der europäischen in langen Jahrhunderten des Mittelalters philosophisch, naturwissenschaftlich, medizinisch überlegen. Warum ist die moderne Wissenschaft in Europa entstanden und nicht z. B. in der arabischen Welt? Die Tradition der griechischen Philosophie und Wissenschaft war ebenso wie die Tradition des biblischen Schöpfungsglaubens beiden Kulturen gemeinsam. Woher der Unterschied?

Über diese Frage hat es zwischen dem Empfänger und dem Verfasser dieses Aufsatzes manche Gespräche gegeben, freilich ohne definitives Ergebnis. Der vorliegende Aufsatz behandelt nur eine Vorfrage für die Behandlung solcher Probleme, freilich eine philosophisch schwierige: die Sprachbezogenheit der Denksysteme der großen Kulturen. Auch diese löst er nicht; er sucht gleichsam durch sie hindurchzudringen, um sie von ihrem Sachhintergrund her erst richtig stellen zu lernen. Er will nicht mehr sein als ein Präludium zu einer philosophischen Frage, ein transienter Aphorismus.

Es gibt eine Denkrichtung, der die Sprachabhängigkeit unseres Denkens als schmerzhafte Schwäche erscheint. In einer heroischen Anstrengung, deren große Produkte die formale Logik und die mathematische Formelsprache der exakten Wissenschaften sind, sucht sie diese Schwäche zu überwinden. Dieses Programm stößt jedoch auf eine Grenze, die darin liegt, daß jede formalisierte »Sprache«, um überhaupt etwas zu bedeuten, einer Deutung bedarf, bei der wir unser Vermögen, uns zu verständigen, das wir abgekürzt als die »Umgangssprache« bezeichnen mögen, schon benützen müssen. Wir entgehen also der Problematik der Umgangssprache nicht. Eher muß es uns in Erstaunen setzen, daß es möglich ist, unter Benutzung der Umgangssprache die Umgangssprache zu präzisieren.

Dieser Rückverweis auf die Umgangssprache legt uns nun einen anderen heute vieldiskutierten Gedanken nahe, der hier kurz als »Sprachrelativismus« bezeichnet sei; er ist das Thema dieses Aufsatzes. Der Sprachforscher B. L. Whorf ist ein bekannter Vertreter dieser Ansicht. Die Sprachwissenschaft hat uns in wachsendem Maß die Vielgestaltigkeit der Sprachen kennen gelehrt. Weder die Wortschätze noch die grammatischen Strukturen der verschiedenen Sprachen sind eindeutig aufeinander abbildbar. Als Beispiele, die auch ins Bewußtsein sprachwissenschaftlicher Laien gedrungen sind, seien das Fehlen der Tempora des Verbums im Hebräischen und der Flexion im Chinesischen erwähnt. In »primitiven« Sprachen finden gewisse abstrakte Generalisationen nicht statt; der laufende Hase und der sitzende Hase werden durch ganz verschiedene Worte bezeichnet, so wie unter uns noch bei den Jägern die Ohren des Hasen und die Ohren des Rehs. Dafür haben diese anderen Sprachen Reichtümer des Ausdrucks, von denen wir uns ohne Schulung keine Vorstellung machen können, z. B. das Hebräische in den Aktionsformen des Verbs, das Chinesische in den Feinheiten der gegenseitigen Beleuchtung der Worte, die Primitiven und unsere Jäger in der genauen Naturbeobachtung, welche Löffel und Lauscher unterscheidet. Ferner wird beobachtet, daß die Philosophien der großen Kulturen eng mit den grammatischen Strukturen ihrer Sprachen zusammenhängen. Das Subjekt-Prädikat-Schema der aristotelischen Logik entspricht der grammatischen Struktur des griechischen (wohl allgemein des indogermanischen) Aussagesatzes. Die Hypostasierung der Abstrakta (d. h. das primitive Verständnis der platonischen Ideenlehre) ist durch die Existenz des bestimmten Artikels im Griechischen nahegelegt, die uns gestattet, von »dem Schönen«, »dem Hund« und nicht nur von dieser schönen Vase und dem Hund, der jetzt gerade bellt, mühelos zu reden.

Diese Beobachtungen erwecken ein begreifliches Mißtrauen gegen die Dogmatik der jeweiligen Philosophien. Wir werden mit Recht skeptisch gegen unsere eigenen überlieferten Grundüberzeugungen, die so schwer ausrottbar sind, weil sie sich in der bloßen Form jedes Satzes, den wir sprechen, von neuem einschleichen. Wir entdecken die sprachliche Verführung in der Überzeugungskraft philosophischer Thesen. In einer Zeit, deren Popularphilosophie ohnehin die uralte Skepsis gegen alle Philosophie wieder einmal zu einem ihrer Dogmen gemacht hat, entsteht dann sehr leicht die faszinierende Ansicht, eine Philosophie sei überhaupt nichts anderes als eine Artikulation der sprachlichen Grundformen der Kultur, in der sie entstanden ist. Das skeptische Bewußtsein des modernen Intellektuellen gewinnt mit dieser Ansicht das Doppelte, einerseits den Wahrheitsanspruch der Philosophie völlig loszuwerden, und andererseits doch der Philosophie einen wichtigen kulturellen Rang an der Seite anderer großer geistiger Schöpfungen zugestehen zu können. In der Tat möchte ich nicht bestreiten, daß dieser Gedanke, klug angewandt, eine Art kulturhistorischer Wünschelrute, ein Indiz für kulturell bestimmte Denkformen sein kann.

Wirklich »aufregend« wird der Gedanke aber erst, wenn er philosophisch so ernst genommen wird, wie er von seinen Urhebern wohl auch gemeint war. Zur Philosophie gehört wesentlich die kritische Reflexion, d. h. die Anwendung der eigenen kritischen Prinzipien auf die eigenen Voraussetzungen. Die Notwendigkeit dieser Reflexion wird bei unserem Problem nirgends so deutlich wie in der – meines Erachtens zutreffenden – Beobachtung der strukturellen Zusammengehörigkeit der im Abendland zur Herrschaft gelangten griechischen Logik mit der Form des griechischen Aussagesatzes. Die Logik ist nach abendländischem Verständnis Vorbedingung jeder Wissenschaft, also doch wohl auch der Sprachwissenschaft. Ist nun auch die Logik Ausdruck unserer kulturellen Voraussetzungen? Verliert sie dadurch den Wahrheitsanspruch? Wenn ja, fällt unsere ganze Überlegung damit nicht in die Bodenlosigkeit hinab, daß wir auch sie selbst nur als einen Ausdruck unserer Kultur, vielleicht sogar nur als einen Ausdruck unserer Zeit, nehmen dürfen? Wenn nein, was bleibt von der Stringenz des relativistischen Arguments übrig, wenn wir ihm auch nur einmal – nämlich an der entscheidenden Stelle – die Gefolgschaft versagen?

Es wäre interessant, über dieses Problem eine »Gigantomachie« (vgl. Platon, Sophistes) zu verfassen, die hier nur skizziert sei.

Der götterstürzende sprachrelativistische Gigant wird die soeben angestellte Reflexion als einen leeren formalistischen Einwand zurückweisen: »Dies ist der alte Fehlschluß gegen den Skeptiker. Ihr Ideenfreunde sagt dem Skeptiker, wenn er zu wissen behaupte, daß er nichts weiß, so widerspreche er sich selbst, da er ja wenigstens dieses Eine meine zu wissen. Was ihr ihm unterstellt, hat er aber gar nicht behauptet. Nur nach eurem dogmatischen Wahrheitsbegriff ist das Wissen des Nichtwissens eine absolute Ja-Nein-Entscheidung. Der Skeptiker aber meint, daß er weder dies noch etwas anderes mit Gewißheit entscheiden kann, und – um eurem Reflexionstrick offen zu begegnen – daß er auch nicht mit Gewißheit entscheiden kann, ob er dies oder etwas anderes mit Gewißheit entscheiden kann usf. Nach eurer eigenen absolutistischen Anschauung liegt nunmehr die Beweislast bei euch dafür, daß überhaupt etwas mit Gewißheit entschieden werden kann. Ihr mißversteht den Sinn des Sprechens. Das Sprechen geht nie und nirgends auf absolute Wahrheit – euren Wahntraum –, sondern es ist eine Lebensäußerung von Menschen in einer Gesellschaft, in einer Kultur. Wir Giganten sind ja so westlich wie ihr, wir gebrauchen ja mit euch die Logik. Nur behaupten wir nicht, damit der absoluten Wahrheit näher zu sein als der einfache Hindu, dem es keine Mühe macht, einen Widerspruch in der Lebenspraxis stehen zu lassen, oder der Zen-Buddhist, der im Zerbrechen der Logik die Erleuchtung erfährt.«

Lassen wir den Ideenfreund antworten: »Niels Bohr pflegte zu sagen: ›Wir sind ja viel mehr einig als ihr denkt‹. Opfern wir von vorneherein das cartesische Scheinbild der absoluten Gewißheit. Laßt in eurer Rede überall das Wort ›absolut‹ weg, das die Debatte in eine fruchtlose Richtung lenkt, und seht zu, ob eure Argumente dann noch verfangen. Das Absolute gehört ja übrigens auch in den geschichtlichen Eckpfeilern unserer Philosophie, bei Platon und Hegel, nicht als Prädikat zu Einzelaussagen, sondern als letztes Subjekt zu allem Wissen, nicht anders als im Vedanta. Aber lassen wir die metaphysische Spekulation für diesmal beiseite. Wir meinen mit Wahrheit zunächst einmal das simple Phänomen, daß man überhaupt etwas meint, wenn man redet. Der Einwand gegen den Skeptiker ist nur im Munde eines Dogmatikers falsch. Eigentlich ist dieser Einwand nur die Frage an den Skeptiker, ob er, wenn er uns von seiner Ansicht überzeugen will, nicht in der Tat etwas meint, und zwar daß er dies eher meint als das Gegenteil. Gibt er das zu, so gibt er zu, daß er »Wahrheit intendiert«. Diese gemeinsame Intention auf Wahrheit ist die Grundlage jedes Gesprächs, in dem einer den andern überzeugen will. Indem ihr mit uns redet, gebt ihr uns durch die Tat zu, was ihr mit Worten bestreitet.«

Der Gigant: »Im Gegenteil. Euer leichtherziger Verzicht auf absolute Wahrheiten gibt alles zu, was wir behauptet haben. Daß wir mit euch reden, ist eine gesellschaftliche, kulturelle Aktivität, die unter Umständen sogar glückt. Mehr haben wir nie behauptet.«

Der Ideenfreund: »Doch, ihr habt mehr behauptet und behauptet, ohne es zu bemerken, ständig mehr. Dies in doppelter Hinsicht. Einmal: was heißt, diese Aktivität des Gesprächs ›glückt‹? Im Unterschied von ›glücken‹ und ›mißglücken‹ liegt der Unterschied des Wahren und Falschen verborgen, um den es uns geht. Zweitens ...«

Der Gigant: »Bleiben wir beim Ersten. Meint ihr, jedes Gespräch, das zur Einigung führt, habe zur Wahrheit geführt? Bestätigen sich Menschen nicht gegenseitig so gern in ihren Irrtümern? Euresgleichen einigt sich leicht untereinander; eine Krähe hackt der andern kein Auge aus. Sollen eure internen Einigungen uns überzeugen, oder die unseren euch?«

Der Ideenfreund: »Bitte verzeiht die Repetition des angeblich nur formalen Einwands. Indem ihr argumentiert, man könne sich auch auf Irrtümer einigen, habt ihr den Unterschied von Wahrheit und Irrtum zugegeben.«

Der Gigant: »Nein, wir haben nur euer Argument ad absurdum geführt. Gerade ihr dürft euch nicht auf eine Einigung im Gespräch als Beweis für Wahrheit berufen. Wir unterscheiden das Glücken und Mißglücken der Einigung, und was ihr Irrtum nennt, nennen wir dann vielleicht eine Einigung, die sich nicht durch die ganze Gesellschaft verallgemeinern läßt, eine Privat-Einigung.«

Der Ideenfreund: »Nicht den Besitz der Wahrheit, sondern die Intention auf Wahrheit sollte die Berufung auf Gesprächseinigungen phänomenal vor Augen führen. Wollt ihr leugnen, daß ein einzelner gegen die Majorität recht haben kann, z. B. vielleicht gar ein Gigant in einer von Ideenfreunden indoktrinierten Gesellschaft?«

Der Gigant: »Wartet ab, bis die Gesellschaft aufgeklärt ist. Wir werden unterscheiden, ob eine Einigung nur unter speziellen Bedingungen glückt oder in einer ganzen Gesellschaft glücken kann.«

Der Ideenfreund: »Hier liegt euer Zugeständnis im ›kann‹. Wahr für unsere menschliche Verfaßtheit ist das, worauf vernünftigen Menschen die Einigung permanent glücken *kann.*«

Der Gigant: »Ihr seid mir schöne Ideenfreunde! Wodurch unterscheidet sich das vom Pragmatismus?«

Der Ideenfreund: »Warum soll es sich unterscheiden? Im ›kann‹ liegt die Gesetzmäßigkeit. Die Idee ist das Gesetz dessen, was in glückender Empirie gefunden werden *kann.*«

Der Gigant: »Und wer entscheidet, was glücken kann? Was ist euer Kriterium dafür, daß die, die sich einigen, ›vernünftige Menschen‹ sind?«

Der Ideenfreund: »Diese Frage kann ich euch zurückgeben. Ihr scheint unterscheiden zu können, ob eine Einigung in der ganzen Gesellschaft glücken kann. Wie macht ihr denn das?«

Der Gigant: »Auch darüber muß man eben versuchen, sich zu einigen. Mißglückt es, so mißglückt es.«

Der Ideenfreund: »Wir sind auf der nächsten Reflexionsstufe an derselben Stelle wie zuvor. Der bloße Versuch, sich darüber zu einigen, worüber man sich einigen kann, enthält das, was wir die Intention auf Wahrheit nennen. Leugnet ihr, daß dieser Versuch oft glückt? Die Gesetzmäßigkeit dieses Glückens studieren wir.«

Der Gigant: »Wir scheinen dieselben Phänomene mit verschiedenen Worten zu beschreiben. Unser Streit wird steril, weil wir die konkrete Realität aus dem Auge verloren haben, die Vielheit der Sprachen und der jeweils in ihnen möglichen Einigungen.«

Der Ideenfreund: »Genau davon wollte ich vorhin mit dem Wort ›zweitens‹ ansetzen zu reden. Ihr bringt Beispiele des in verschiedenen Sprachformen wurzelnden verschiedenen Wirklichkeitsverständnisses, des Hebräers, des Hindus, des Hopi-Indianers. Haltet ihr diese Beispiele für relevant?«

Der Gigant: »In der Tat.«

Der Ideenfreund: »Glaubt ihr, daß ihr eure eigenen Beispiele versteht?«

Der Gigant: »Das möchten wir hoffen.«

Der Ideenfreund: »Ihr solltet es aber nicht hoffen, wenn ihr an eure eigenen Thesen glaubtet. Wie könnt ihr Europäer eine fremde Kultur eurer Meinung nach verstehen? Wie könnt ihr in einer indogermanischen Sprache sagen, was die Sprachformen anderer Sprachen bedeuten?«

Der Gigant: »Wir können die fremde Kultur nicht ganz und gar und von innen verstehen, die fremde Sprache nicht adäquat in der unseren wiedergeben. Aber wir können genug davon verstehen und wiedergeben, um den Unterschied gegen unsere Kultur und Sprache deutlich zu machen.«

Der Ideenfreund: »Dieses Zugeständnis genügt uns voll und ganz. Also kann man in einer Kultur etwas von einer anderen Kultur verstehen. Also kann man in einer Sprache sinnvoll über Sprache sprechen, und zwar nicht nur über eben diese Sprache, sondern auch über andere Sprachen. Daß das schwer ist, schadet nichts. Alle Erkenntnis ist schwer. Aber könnt ihr diesem Erkenntnisfortschritt Schranken setzen? Eure These konnte überhaupt nur aufkommen, als man die Verschiedenheit der Sprachen und Kulturen zum erstenmal ernst nahm und über der Größe des Problems an der Lösung verzweifelte.«

Der Gigant: »Ihr vertröstet uns auf die Zukunft. Gebt ihr zu, daß die bisherige abendländische Logik kulturbedingt ist?«

Der Ideenfreund: »Kulturbedingt, aber wahr.«

Der Gigant: »Rund, aber viereckig.«

Der Ideenfreund: »Nein. Kulturbedingt in dem Sinne, daß sie in dieser Kultur und Sprache leichter gefunden werden konnte als in anderen. Zugegeben, daß ihre geschichtliche Präsentation und die Richtung ihres Wachstums damit die Spuren ihres Entstehungsmilieus trägt.«

Der Gigant: »Ihr wollt im Ernst behaupten, daß die griechische Sprache besser befähigt, Wahrheiten zu erkennen als andere Sprachen?«

Der Ideenfreund: »Für diese spezielle Wahrheit wollen wir das im Ernst behaupten.«

Der Gigant: »Wie wollt ihr das beweisen?«

Der Ideenfreund: »Nun, laßt uns über die Wahrheit der Logik diskutieren. Glaubt ihr sie nicht?«

Der Gigant: »Wir sind auch Europäer. Unser Glaube beweist nichts. Unsere Skepsis ist durch den Sprachrelativismus prinzipiell ausgedrückt, auch wenn wir selbst unsere Sprachschranken nicht zu durchbrechen vermögen.«

Der Ideenfreund: »Sind euch also das Alte Testament, Vedanta und Zen, oder die Mentalität des Hindu-Bauern und des Hopi-Indianers doch völlig unverständlich?«

Der Gigant: »Ich habe schon gesagt, daß wir etwas von ihnen zu verstehen meinen. Aber das sind andere Beispiele als die Logik.«

Der Ideenfreund: »Nach der Lehre eurer Meister ist gerade die Logik, gerade die westliche Wissenschaft durch den Sprachrelativismus und den Verweis auf die östlichen Philosophien als sprachgebunden enthüllt.«

Der Gigant: »So laßt uns den Spieß umdrehen. Ihr haltet doch die Logik für evidentermaßen wahr. Dann ist das Angebot, über ihre Wahrheit zu diskutieren, Spiegelfechterei. Die Wahrheit der Logik könnt ihr nur logisch beweisen. Das aber wäre – nach der Logik zu urteilen – ein circulus vitiosus.«

Der Ideenfreund: »Wer sagt, wir hielten die Logik für evident?«

Der Gigant: »Ist das nicht die traditionelle Ansicht seit Aristoteles?«

Der Ideenfreund: »Und wenn gerade die Öffnung des kulturellen Horizonts *und* der Fortschritt der westlichen Wissenschaft uns in diesem Jahrhundert zum erstenmal seit Platon wieder befähigte, über die Wahrheit der Logik zu diskutieren?«

Der Gigant: »Worüber denn zum Beispiel?«

Der Ideenfreund: »Um einen bescheidenen Anfang zu nennen, über das Tertium non datur, gemäß der intiutionistischen Kritik. Oder über Logik zeitlicher Aussagen, gemäß dem Gedanken einer Quantenlogik.«

Der Gigant: »Wird das weit genug führen, um unser Problem der Kulturbedingtheit des Denkens zu beleuchten?«

Der Ideenfreund: »Das muß die Praxis lehren. Laßt uns anfangen!«

Es wäre unaufrichtig, ließe ich in diesem erfundenen Dialog nicht dem Ideenfreund das letzte Wort. Gezeigt werden sollte: Die Kritik der Hoffnung auf Eindeutigkeit durch Formalisierung führt uns nicht auf die Relativität der Sprachen, sondern auf die in der Umgangssprache artikulierbaren Sachprobleme zurück. Denn die Frage der Wahrheit des Sprachrelativismus selbst läßt sich gar nicht erörtern, ohne auf die grundlegenden Sachfragen einzugehen. Es genügt nie, über Sprachen zu sprechen. Man muß mit der Sprache über das sprechen, wovon die Sprache spricht.

Platon nimmt im Sophistes nicht eindeutig für die Ideenfreunde Partei; beiden Gegnern in der Gigantomachie fehlt, so lehrt er uns, das Verständnis der Bewegung, also der Seele, die sich und alles andere bewegt. Der Gigant versteht nicht, was die Materie bewegt, der Ideenfreund versteht die Teilhabe (koinonia) der Ideen an der Bewegung nicht. Die Bewegung der Erkenntnis, um die es in unserer neuen Gigantomachie ging, ist eine geschichtliche Bewegung. Vermutlich verstehen bei uns beide Partner die Geschichtlichkeit der Wahrheit nicht. Vom klassischen Wahrheitsbegriff aus erscheint »Geschichtlichkeit der Wahrheit« als eine contradictio in adiecto. Unser Gigant sieht dies, und da ihm die Geschichtlichkeit der Wahrheit in der Form der Sprachbezogenheit des Denkens bewußt geworden ist, opfert er den Wahrheitsbegriff. Unser Ideenfreund sieht die Unentrinnbarkeit des Wahrheitsbegriffs, darum reduziert er die Geschichtlichkeit der Wahrheit auf die Abhängigkeit der Fähigkeit, sie zu finden, von kulturellen, insbesondere sprachlichen Bedingungen. Indem er auf die Sachfragen verweist, tritt er in den geschichtlichen Prozeß der Erkenntnis ein, auf dessen Geschichtlichkeit er aber nicht mehr reflektiert. Vermutlich kann man aber auch diese Reflexion nicht vor dem Prozeß, sondern frühestens im Prozeß leisten. Vermutlich kann erst in einer Selbstkritik der modernen Wissenschaft die Frage nach den ihrer Entstehung adäquaten Voraussetzungen sinnvoll gestellt werden. Deshalb war dieser Aufsatz nur ein Präludium.

I, 5. Allgemeinheit und Gewißheit

Erschienen 1959 in »Martin Heidegger zum Siebzigsten Geburtstag« bei Neske in Pfullingen. Am Schluß des Aufsatzes (Midgardschlange) ist auf den in der Einleitung zu diesem Band genannten Kreis der Abhängigkeit zwischen Mensch und Natur hingewiesen. Diese Bemerkung zielt schon auf die Kybernetik der Wahrheit, wie sie in III, 4 und IV, 5 thematisiert ist.

Πᾶσα ἐπιστήμη τῶν καθόλου

Aristoteles

Was ist das Allgemeine? Der einzelne Fall
Was ist das Besondere? Millionen Fälle

Goethe

Allgemeinheit und Gewißheit einer Erkenntnis gelten der Tradition als zusammengehörig. Kant definiert Erkenntnis a priori durch ihre Notwendigkeit und Allgemeinheit; Notwendigkeit aber hat Gewißheit zur Folge. Die Zusammengehörigkeit beider Begriffe könnte trivial scheinen. Was allgemein gilt, gilt ohne Ausnahme und insofern gewiß; was gewiß gilt, gilt wo immer sich eine Anwendung bietet, also allgemein. Aber die Begriffe sind so zu vage gefaßt. Sie lassen eine Deutung zu, in der ihr Zusammenhang nicht mehr selbstverständlich ist. Gilt ein Satz allgemein, so gilt er in jedem Einzelfall und in diesem Sinne ohne Ausnahme; aber ob die Behauptung, er gelte allgemein, selbst gewiß ist, ist eine andere Frage. Der Schluß von der Allgemeinheit einer Erkenntnis auf ihre Gewißheit enthält also eine petitio principii, insoferne die Gewißheit ihrer Allgemeingültigkeit schon vorausgesetzt werden muß. Ebensowenig folgt aus der Gewißheit eines Satzes seine Allgemeinheit, wenn unter Gewißheit verstanden wird, daß er unzweifelhaft wahr ist, unter Allgemeinheit aber eine logische Form wie z. B. »Alle A sind B.« Es gibt gewisse Sätze über Einzelnes und zweifelhafte Sätze von allgemeiner Form.

Verständlich wird der Zusammenhang von Allgemeinheit und

Gewißheit aus der Herkunft unseres Wissenschaftsbegriffs von der griechischen Ontologie. Wahre Erkenntnis gibt es vom Wesen. Das Wesen aber erscheint logisch als das Allgemeine. Es gibt Wissenschaft von dem Dreieck, aber nicht von diesem Dreieck, von dem Löwen, aber nicht von diesem Löwen. Was aber wahr ist, muß dem Zweifel widerstehen. Zumal seit Descartes rückt die Gewißheit als konstitutives Merkmal der Wahrheit in den Vordergrund. Sein Beispiel für Erkenntnis ist die Mathematik, der Gewißheit und Allgemeinheit exemplarisch zuzukommen scheinen. Das Einzelne ist uns demgegenüber durch die Sinne gegeben und mit all deren Ungewißheit belastet.

Die exakte Wissenschaft unseres Jahrhunderts, der niemand bestreiten kann, daß sie in ihrem Feld mehr weiß als irgendwelche früheren Formen der Wissenschaft, hat diesen Gewißheitsglauben erschüttert. Die Physik, die Mathematik und sogar die Logik haben ihre heutige breite Entfaltung durch eine Reihe von Grundlagenkrisen genommen. Einige fundamentale Sätze von großer Allgemeinheit und scheinbar selbstverständlicher Gewißheit mußten aufgegeben werden. Handelt es sich hier um spezielle Irrtümer, die behoben werden können, oder muß der Erkenntnisbegriff, der Allgemeinheit und Gewißheit koppelt, selbst revidiert werden?

Die Antwort der heutigen Physiker auf diese Frage ist wohlbekannt. Ein Naturgesetz wird stets als ein allgemeiner Satz verstanden. Allgemeinheit bedeutet dabei nicht nur Zusammenfassung aktuell gemachter einzelner Beobachtungen. Sie involviert vielmehr die Geltung auch für eine unabgrenzbare Fülle von Einzelfällen, die nicht aktuell beobachtet worden sind. Andernfalls wäre ja kein Naturgesetz zur Vorhersage der Zukunft geeignet. Andererseits erhebt die Physik für ihre Gesetze grundsätzlich keinen Gewißheitsanspruch. Sie formuliert sie als Hypothesen, die empirischer Prüfung zugänglich sind. Das apriorische Element dieser Physik liegt nur in der Voraussetzung, daß allgemeine Naturgesetze gelten, allgemeine Begriffe sinnvoll sind, »daß es auch morgen so etwas wie Erfahrung geben wird«, aber nicht im Inhalt dieser Gesetze, Begriffe, Erfahrungen.

Der vorliegende Aufsatz nimmt diese Auffassung der Physik als gegeben hin, ohne sie nochmals näher zu analysieren. Alles über Physik Gesagte könnte aber als irrelevant angesehen werden, insofern die Physik ja als empirische Wissenschaft anerkannt ist. Erfahrung gibt nach Kant ihren Urteilen »nur angenommene und komparative Allgemeinheit« (Kritik der reinen Vernunft, 2. Aufl., S. 3). Echte Allgemeinheit und mit ihr echte Gewißheit wäre nur bei echter Erkenntnis a priori zu finden. Unsere Gegenthese ist zwar, daß das, was als Erkenntnis a priori bezeichnet worden ist, besser Erkenntnis des Wesens oder gegebenenfalls Erkenntnis des Allgemeinen genannt werden sollte, und daß diese sich gerade darin als echte Erkenntnis erweist, daß sie die absolute Gewißheit nicht mit sich führt. Eine Entscheidung dieses Streits setzt aber eine durchgehende Analyse des gesamten Bereichs voraus, der traditionell als a priori gilt. In diesem kurzen Aufsatz soll nun alsbald der Sprung in die Bastion des Apriori gewagt werden, die als die sicherste gilt, in die Logik. Diese Überlegungen sind angeregt teils durch Arbeiten von G. Picht[1] und P. Lorenzen[2], teils durch ein Studium der Logik der Quantentheorie[3]. Wir können der Breite auch dieses ausgewählten Gegenstands nicht gerecht werden und wählen aus ihm nochmals isolierte Beispiele aus.

Die Logik gilt als schlechthin allgemein und als schlechthin gewiß; allenfalls neigt man dazu, sie eben darum für trivial zu halten. Wir glauben eher, daß sie nicht trivial ist, daß ihre Gewißheit der Prüfung bedarf und in gewissem Umfang ihrer auch fähig ist; kurz daß die Voraussetzungen der Logik selbst einer Untersuchung zugänglich sind.

Wir fragen zunächst nach dem praktischen Gebrauch der Logik. Wir reden dabei nicht von der allgemeinen disziplinierenden Wirkung, die das Studium der Logik seit Aristoteles ausgeübt hat, sondern von den Stellen, an denen man die positiven Vor-

[1] *Picht,* G.: »Naturwissenschaft und Bildung«. Gemeinsam mit Cl. *Münster.* Würzburg 1953. Vgl. dazu auch *Weizsäcker,* C. F. v.: »Göttingische Gelehrte Anzeigen« 208. Nr. 3/4, 1954; abgedruckt in: »Zum Weltbild der Physik«. 7. Aufl., Stuttgart 1958. Leider ist die Besprechung durch *Kempski,* J. v.: »Archiv für Philosophie« 8, 1958, S. 336, der Fragestellung nicht gewachsen und dadurch auch im Verständnis einzelner kritischer Formulierungen unsicher.

[2] *Lorenzen,* P.: »Einführung in die operative Logik und Mathematik«. Berlin, Göttingen, Heidelberg 1955.

[3] *Weizsäcker,* C. F. v.: »Zum Weltbild der Physik«. 7. Aufl., Stuttgart 1958. Vgl. dazu P. *Mittelstaedt,* Bayr. Akad. d. Wiss., München 1960.

schriften der Logik, z. B. die aristotelischen Regeln des Syllogismus, wirklich benutzt. Die zweiten Analytiken des Aristoteles geben das wichtigste (und, wenn man strenge Anforderungen stellt, auch einzige) Anwendungsfeld an: die deduktiven Wissenschaften. Erfolgreich ausgeführte deduktive Wissenschaften gibt es aber nur in dem Bereich, den wir reine Mathematik nennen; dazu ist auch die deduktiv aufgebaute Logik selbst zu rechnen, von der Aristoteles in der Theorie des Syllogismus ein erstes Beispiel gegeben hat.

Von der hochentwickelten Mathematik der Babylonier unterscheidet sich die der Griechen dadurch, daß sie mathematische Sachverhalte nicht nur kennt, sondern beweist. Nicht der tausend Jahre vor Pythagoras schon bekannte Sachverhalt bezüglich rechtwinkliger Dreiecke verdiente die Hekatombe, sondern sein Beweis. Durch ihn wird aus geahnter, vielleicht unbezweifelter »komparativer Allgemeinheit« die bewiesene und insofern gewisse echte Allgemeinheit. Das Lehrbuch des Euklid ist die endgültige Leistung dieses Denkens und hat alle spätere Wissenschaft in seinen Bann geschlagen. Dem 19. Jahrhundert blieb es vorbehalten, seine brüchigen Stellen zu finden und aus dieser Kritik ganz neue Fragen abzuleiten. Die Kritik betrifft sowohl die Axiome wie die Beweismethoden.

Die deduktive Geometrie Euklids stellt unbewiesene Axiome an die Spitze; Aristoteles hat die Unvermeidlichkeit eines solchen Ausgangspunkts ausgesprochen. Sind diese Axiome gewiß? Schon Platon sagt, daß die Mathematiker ihre eigenen Voraussetzungen nicht durchschauen, sondern ohne Begründung annehmen und bestreitet eben darum der Mathematik den höchsten wissenschaftlichen Rang. Gauss hat wohl als erster den Glauben an die Gewißheit eines der euklidischen Axiome ausdrücklich aufgegeben und untersucht, wozu die Annahme seiner Falschheit führt. Aus der Diskussion um die nichteuklidische Geometrie hat sich die »formale« oder »axiomatische« Auffassung (Hilbert) entwickelt, nach welcher eine mathematische Disziplin wie die Geometrie aus vorausgesetzten Axiomen logische Folgerungen zieht, ohne nach der Wahrheit oder auch nur nach der Bedeutung der Axiome zu fragen. Die »Deutung« der formal gegebenen mathematischen Struktur ist nach dieser Auffassung nicht mehr Sache der Mathematik, sondern z. B. der Physik oder der Psychologie, d. h. von empirischen Wissenschaften, die die Geometrie zur Darstellung dessen benutzen, was sie jeweils »Raum« nennen. Dieselbe abstrakte Struktur wird eben darum auch fundamental verschiedene inhaltliche Deutungen erlauben.

Weniger ins öffentliche Bewußtsein gedrungen ist die Kritik der Beweismethoden. Man nimmt meist an, der Übergang von den Axiomen zu den aus ihnen folgenden Lehrsätzen geschehe nach den Regeln der Logik. Tatsächlich vollzieht Euklid aber so gut wie nie kunstgerechte Syllogismen, schon gar nicht aristotelische, aber auch nicht ausdrücklich die seiner Aufgabe meist adäquateren der (z. B. megarisch-stoischen) Aussagenlogik. In den Beweisen appelliert er faktisch an inhaltliche Evidenz. D. h. die Logik der Mathematiker war de facto auf »babylonischem Niveau«; man schloß meist richtig, aber man gab die Regeln nicht an, nach denen man schloß, und rechtfertigte diese Regeln nicht. Leibniz hat dies wohl als erster deutlich bemerkt.

Die moderne mathematische Logik ist das Ergebnis des Versuchs, diese Lücken auszufüllen. Diese aber stellt uns vor ein eigentümliches Problem. Baut man sie auf die durchsichtigste Weise, nämlich selbst als deduktive Wissenschaft, auf, so heißt das, daß man aus den Axiomen der Logik nach den Regeln der Logik die Lehrsätze der Logik ableitet. Die dabei benützten »Regeln der Logik« müssen etwas zu tun haben mit den in den »Axiomen der Logik« formulierten ersten Voraussetzungen. Dies ist kein circulus vitiosus, soferne die Axiome der Logik wahr sind. Dann aber darf man diese eine, ausgezeichnete axiomatische Wissenschaft, nämlich die Logik selbst, nicht der sonst für axiomatische Wissenschaften herrschend gewordenen formalen Deutung unterwerfen. Ihre Axiome dürfen nicht ohne Hinblick auf ihre Wahrheit, ja auf ihre Bedeutung, spielerisch oder hypothetisch (im logischen Sinne des Worts) vorausgesetzt werden; denn sie sollen ja das Verfahren in allen anderen Fällen erst rechtfertigen. Dieses Problem hat in mancherlei Abwandlungen die Entwicklung der mathematischen Logik begleitet. Wir übergehen die früheren Phasen. Uns scheinen jetzt nur zwei Deutungen der formal gegebenen Logik zur Wahl zu stehen, die wir die ontologische und die operative Deutung nennen wollen. Wir deuten sie in ihrer Verschiedenheit an; die philosophisch wichtigste Frage, die nach ihrem Zusammenhang, überschreitet den Stand der

Einsicht, von dem aus dieser Aufsatz geschrieben ist. Wir gehen von einem Beispiel aus.

Bezeichnet v das nichtausschließende oder (vel), erlaubt man, für x eine beliebige Aussage einzusetzen, und schreibt man vor, daß dann für $\bar{x}$ stets die Negation eben dieser Aussage einzusetzen ist, so bezeichnet die Formel $x \vee \bar{x}$ das tertium non datur: für jede Aussage gilt, daß sie oder ihre Negation wahr ist. Für »wahr sein« haben wir hier kein besonderes Zeichen eingeführt; wenn die Klarheit es verlangt, kann man dafür Freges Behauptungszeichen $\vdash$ benutzen und schreiben: $\vdash x \vee \bar{x}$. Aristoteles gebraucht dafür die engere Aussage: Einem müsse eines entweder zu- oder abgesprochen werden (Metaphysik Γ, 1011 b24). Hier ist Bezug genommen auf die innere Form der Aussage, daß sie nämlich einem Subjekt ein Prädikat zu- oder abspricht. Die moderne aussagenlogische Fassung, die wir benutzt haben, ist umfassender, insofern sie auch beliebige anders strukturierte Aussagen für x einzusetzen erlaubt. Die aristotelische Fassung aber macht den ontologischen Hintergrund deutlich: das Subjekt, dem ein Prädikat zu- oder abgesprochen wird, ist als ein ὄν, ein Seiendes vorausgesetzt. In dieser Auffassung erscheint die Ontologie als die Wissenschaft, die den Grund der Wahrheit der Logik angibt.

Wer durch die Grundlagenkritik der modernen Physik hindurchgegangen ist, wird alsbald fragen, woher die allgemeinsten Sätze über alles Seiende, die die Ontologie ausspricht, ihre Gewißheit haben. Soweit sich die ontologischen Voraussetzungen unserer Wissenschaften in den präzisierten Sätzen der Logik aussprechen, liegt die Frage nahe, ob sie nicht denselben hypothetischen Charakter haben wie die allgemeinen Sätze der Physik. Von dieser Fragestellung geht die Untersuchung der »nichtklassischen Logik« der Quantentheorie aus, die zu verfolgen hier zu weit führen würde.

Wer diesen Weg beschreitet, wird jedenfalls der oben formulierten These über das Apriori schwerlich widersprechen wollen und können.

Die andere Deutung der Logik, die sich nicht damit begnügt, ihre Evidenz schlicht zu behaupten, ist die operative, die, auf Hilbert und Brouwer fußend, aber über beide hinausgehend, am konsequentesten von P. Lorenzen entwickelt worden ist. Sie sucht die inhaltliche Evidenz der Logik aufrechtzuerhalten, indem sie jede Beziehung zur Ontologie löst und sie lediglich als eine Wissenschaft von möglichen menschlichen Handlungen deutet. Sie geht dazu vom Kalkülbegriff aus.

Will man im Sinne des formalen Standpunktes eine axiomatische Wissenschaft wie etwa die Geometrie ohne Rücksicht auf den Sinn ihrer Axiome entwickeln, so muß man strenggenommen imstande sein, den Folgerungszusammenhang zwischen Sätzen eindeutig festzustellen, deren Sinn man nicht versteht. Als Mittel hierfür hat man die Logik zu einem *Kalkül* ausgestaltet, in dem nach rein formalen Vorschriften aus Zeichenreihen andere Zeichenreihen hergestellt werden. Der Grund für die Auswahl gewisser Zeichen und Vorschriften liegt dann in der Deutung des Kalküls, aber beim »Rechnen« im Kalkül braucht man auf diesen Grund nicht zu rekurrieren.

Als Beispiel betrachten wir einen »Spielkalkül«, der gar keine Deutung bekommen soll und eben deshalb zur Erläuterung der Struktur von Kalkülen geeignet ist. Lorenzen definiert einen Kalkül »K_1«, durch folgendes Schema:

K_1 (A_1) +
(R_1) a → ao
(R_2) a → + a +

Vollständigkeitshalber müßte er die folgenden Angaben hinzusetzen:

Atome: o, +
Variable: a

Dieses Schema ist in konventionellen Abkürzungen geschrieben. Wahrscheinlich ist es unmöglich, alles, was dabei als verständlich vorausgesetzt ist, explizit anzugeben. Um wenigstens einen Anlauf zu einer solchen Analyse zu nennen, geben wir zunächst den Inhalt des Schemas umgangssprachlich wieder:

K_1 in Worten:

1. *Atome* heißen die Gestalten o und +
2. *Ausdrücke* heißen alle waagrechten Reihen von Atomen.
3. *Formeln* heißen alle Ausdrücke, die nach folgenden Regeln gebildet sind:
   (A_1) + ist eine Formel
   (R_1) Ist a eine Formel, dann ist auch ao eine Formel
   (R_2) Ist a eine Formel, dann ist auch + a + eine Formel.

Diese Vorschrift besteht aus Sätzen, welche die drei Begriffe »Atom«, »Ausdruck«, »Formel« definieren. Die Kalkültheorie untersucht, welche Gegenstände unter diese Begriffe fallen. Genauer hätten wir sagen müssen »Atom von K_1«, »Ausdruck von K_1«, »Formel von K_1«. »Atom«, »Ausdruck«, »Formel« schlechthin sind Allgemeinbegriffe der Kalkültheorie, die hier alsbald in einem Spezialfall, eben dem des speziellen Kalküls K_1 eingeführt worden sind.

Welcher Art sind die Gegenstände, die überhaupt unter diese Begriffe fallen können? Wir greifen als einfachstes Beispiel den Begriff »Atom« heraus. o ist ein Atom von K_1. Wir zeichnen noch einen zweiten Kreis: o. Sind diese beiden Kreise zwei verschiedene Atome derselben Form, oder sind sie dasselbe Atom? Mit anderen Worten: Ist das Atom ein individueller physikalischer Gegenstand (ein gestaltetes Häuflein Druckerschwärze) oder eine Gestalt von solchen Gegenständen? In den Lehrbüchern bekommen wir nur selten klare Auskunft über diese Frage. Selbst Autoren, die sich auf eine der beiden Auffassungen audrücklich festlegen, wählen im Text gelegentlich Ausdrucksweisen, die der getroffenen Festlegung widersprechen. Sagt man z. B. »K_1 hat die beiden Atome o und +« so betrachtet man offenbar das Atom als eine Gestalt. Das individuelle physikalische Ding o auf dem Papier ist dann strenggenommen gar kein Atom, sondern nur ein Hinweis auf das Atom; es ist ja nicht die Form, sondern es hat die Form, die als »Atom« definiert ist. Sagt man aber: »Ich male hinter die Figur a noch ein Atom o«, so besagt schon der unbestimmte Artikel in »*ein* Atom o«, daß der individuelle Kreis als Atom verstanden ist. Dann müßte man strenggenommen sagen, K_1 habe beliebig viele Atome der Formen + und o.

Diese Unklarheit in der Ausdrucksweise hat einen doppelten Grund. Erstens stört sie praktisch nicht. Man versteht sich in der Kalkültheorie, ohne sich für eine der Auffassungen zu entscheiden. Zweitens aber hat diese praktische Überflüssigkeit einer so prinzipiellen Klärung einen philosophisch vermutlich sehr wichtigen Ursprung, der uns hier angeht. Schon in der unreflektierten Wahrnehmung fassen wir einen Ring *als* Ring auf; wir bezeichnen einen individuellen Ring i. a. nicht mit einem Eigennamen, sondern als »diesen Ring«, d. h. mit Demonstrativpronomen und Allgemeinbegriff. Wir sprechen das Einzelne an »als das, was es ist«, d. h., wie es dann die Reflexion ausdrücken muß, als Exemplar der Klasse, die durch einen Allgemeinbegriff definiert ist. Die

Klasse selbst aber ist uns fast niemals direkt gegeben; »alle Figuren der Form o« hat nie ein Mensch gesehen. Auch der Allgemeinbegriff selbst, also »die Form o« ist uns nie direkt gegeben; kein Mensch hat »die Form o« je gesehen; was er gesehen hat, sind Dinge, die diese Form haben. Das Einzelne ist uns »*als* etwas« gegeben, wobei für das »etwas« ein Allgemeinbegriff steht; der Allgemeinbegriff aber ist nur *im* Einzelding gegeben. Daher tritt im Reden das Einzelne mühelos für seinen Begriff ein; es »bezeichnet« ihn. Wir wollen zwei unter denselben Begriff fallende Einzeldinge »*gleich* bezüglich dieses Begriffs« nennen, während wir sagen, daß der Begriff, unter dem wir das eine von beiden Dingen verstehen, *identisch* sei mit dem Begriff, unter dem wir das andere verstehen. So sind o und o gleich bezüglich der Ringform. Davon, daß zwei Gegenstände nie genau dieselbe Form haben, muß die Kalkültheorie absehen, denn sonst wäre kein Kalkül reproduzierbar; d. h. Gleichheit ist stets Folge einer definitorischen Festsetzung.

Wendungen wie »Alle waagerechten Reihen ...« »Alle Ausdrücke, die ...« bezeichnen, wie man sich leicht überlegt, unendliche Gesamtheiten. Vorsichtiger kann man sagen: »Ist eine Figur hergestellt, die aus einer waagerechten Reihe von Atomen besteht, so nennen wir sie einen Ausdruck; nichts anderes soll Ausdruck heißen.«

Wenn man will, kann man den Begriff »Ausdruck« statt durch die verbale Umschreibung »waagerechte Reihe von Atomen« durch einen »Hilfskalkül« definieren, etwa:

(A'_1) o ist ein Ausdruck
(A'_2) + ist ein Ausdruck
(R'_1) Ist a ein Ausdruck, dann auch ao
(R'_2) Ist a ein Ausdruck, dann auch a+.

Mit den Variablen a ist eine symbolische Ausdrucksweise eingeführt. Eine Zeichenreihe, die das Zeichen a enthält, ist nach 2. kein Ausdruck, da Ausdrücke nur Atome enthalten dürfen und a nach Definition kein Atom ist. Nach 3. können nur Ausdrücke Formeln sein. Also ist a oder ao oder +a+ nie eine Formel. Daher ist die Formulierung »Ist a eine Formel, dann auch a+« keine exakte Wiedergabe des Gemeinten. Unter Vermeidung der Variablen kann man sagen: »Ist ein Ausdruck eine Formel, dann ist auch der durch Anhängen von o entstehende Ausdruck eine

Formel.« Dies ist konventionell abgekürzt durch »a→ao«, was explizit so zu erläutern wäre: »Setzt man für eine Variable überall, wo sie steht, denselben Ausdruck ein, und entsteht dadurch links vom Pfeil eine Formel, so entsteht auch rechts vom Pfeil eine Formel.« Die Variable drückt Allgemeinheit aus, und zwar auf einer höheren Stufe als der der geometrischen Form. Während o jeden Ring »bezeichnet«, »bezeichnet« a jeden Ausdruck von K_1. Das Wort »bezeichnen« steht hier in dem soeben erläuterten Sinn, daß der Allgemeinbegriff durch ein einzelnes Ding angegeben wird. Während er im Fall der Atome aber durch ein unter ihn fallendes Ding unmittelbar verständlich bezeichnet wird, wird er im Fall der Variablen durch ein konventionelles Zeichen angedeutet.

Was faktisch an einem Kalkül interessiert, ist, welche seiner Ausdrücke Formeln, d. h. nach seinen Regeln ableitbar sind. In den gedeuteten Kalkülen, welche deduktive Wissenschaften darstellen, entspricht dem die Frage, welche mit den Begriffen der betreffenden Wissenschaft formulierbaren Aussagen beweisbare Sätze sind. In einfachen Fällen wie unserem Spielkalkül K_1 kann man das entscheiden, indem man der Reihe nach alle Formeln wirklich ableitet. Die Regeln von K_1 gestatten nur, aus einer Formel eine längere (mehr Atome enthaltende) Formel abzuleiten. Für jede vorgegebene Anzahl n kann man daher ein für allemal alle Formeln herleiten, die genau n Atome haben; alle anderen Ausdrücke aus n Atomen sind keine Formeln. Z. B. sind in K_1 von den 8 möglichen Ausdrücken aus 3 Atomen die folgenden beiden Formeln: +oo und +++; alle anderen sind unableitbar. Z. B. ist ooo unableitbar, weil es kein Kreuz enthält, aber jede Formel entsteht, indem man zunächst ein Kreuz zeichnet. Argumente dieser Art *beweisen*, daß es in K_1 genau zwei Formeln aus drei Atomen gibt. Ein solcher Beweis ist aber keine Ableitung in einem Kalkül; er ist eine »inhaltliche« Betrachtung *über* Ableitungen in Kalkülen.

Durch ähnliche Betrachtungen kann man auch allgemeine Sätze über alle Kalküle beweisen. Wir wählen wieder ein Beispiel. Oft ist es bequemer, in einem Kalkül neue Regeln einzuführen, die das Verfahren abkürzen. Z. B. kann man zu K_1, wenn man will, auch die Regel

(R_a) a → + ao +

hinzufügen. +ao+ entsteht ja aus a durch Anwendung zuerst von (R_1), dann von (R_2). Nach (R_1) wird aus a zunächst ao; dann setzt man in (R_2) für a den Ausdruck ao ein und erhält +ao+. Allgemein kann man behaupten: Gelten in einem Kalkül zwei Regeln A→B und B→C, so ist in ihm auch die Regel A→C zulässig. Zulässig heißt dabei eine Regel, durch die keine anderen Formeln ableitbar werden als ohne diese Regel.

Wie ist diese allgemeine Einsicht gewonnen worden? Wir haben sie de facto an Beispielen gewonnen. In dem konkreten Kalkül mit der konkreten (R_3) erscheint sie evident. Die Schreibweise mit Variablen A, B, C, die wir dann für die allgemeine Formulierung gewählt haben, ist eben deshalb so durchsichtig, weil sie mögliche Beispiele suggeriert. A, B und C werden benutzt wie Einzelfälle; ihre Bedeutung aber ist, daß sie *jeden* möglichen Einzelfall repräsentieren. Dieses Hilfsmittel hat bekanntlich schon Aristoteles in die Logik eingeführt; er dürfte es aber aus der Mathematik übernommen haben, die es, nach dem wenig späteren Euklid zu schließen, schon länger mit Sicherheit handhabte. Die Gewißheit dieser allgemeinen Formulierung reicht aber nur so weit, als wir uns klarmachen können, daß bei der Einsetzung »kein Unglück passieren kann«. D. h. die Gewißheit der allgemeinen Aussage ist hier der Gewißheit der Einzelfälle, die sie umfaßt, nicht vor-, sondern nachgeordnet. Gleichwohl reicht sie weiter als alle schon explizit untersuchten Einzelfälle. Wir können *im* Einzelfalle die allgemeine Struktur erkennen; wir sehen ein, daß die Regel (R_3) aus (R_1) und (R_2) nicht nur deshalb folgt, weil es sich hier speziell um Kreise und Kreuze handelt, sondern auf Grund des allgemeinen Zusammenhangs, der durch »wenn A→B und B→C, dann A→C« angedeutet ist.

Der Übergang zur Logik geschieht nun in folgenden Stufen. Im Beispiel K_1 haben wir drei Sorten von »Zeichen« zu unterscheiden:

1. die Atome des Kalküls,
2. die Zeichen der »Metasprache des Kalküls«, durch die wir die Regeln des Kalküls kurz mitteilen,
3. die Buchstaben und Satzzeichen der geschriebenen deutschen Sprache, in der wir mitteilen, was der Kalkül ist.

Atome von K_1 sind nur o und +, und nur aus diesen bestehen die »Ausdrücke« von K_1. Solange der Kalkül nicht gedeutet ist,

»bezeichnen« sie nichts; die Namen »Zeichen« und »Ausdruck« sind dann nicht in vollem Ernst zu nehmen. Zeichen der »Metasprache von K_1« sind z. B. der Pfeil und die Variable a. Die Metasprache ist also der Gestalt eines Kalküls sehr nahe gebracht. Man kann sie zu einem »Metakalkül von K_1« MK_1 ausgestalten. Im Unterschied zu K_1 hat MK_1 von vornherein eine Deutung: er dient, um Regeln von K_1 mitzuteilen. In ihm kann man dann weitere zulässige Regeln wie (R_3) selbst kalkülmäßig ableiten. Er bildet also inhaltliche Beweise kalkülmäßig ab. Seine Regeln werden selbst in einer neuen Metasprache mitgeteilt, die zu einem Meta-Metakalkül M^2K_1 ausgestaltet werden kann usf.

Auf einer neuen Reflexionsstufe kann man dann bedenken, daß man hier in allen Stufen in gewissem Sinne immer wieder »dasselbe« tut. Man kann also zum Beispiel allgemeine, in allen Kalkülen, Metakalkülen usw. zulässige Regeln aufstellen. Auch diese lassen sich in einem Kalkül niederschreiben, der dann der »Logikkalkül« genannt wird. Charakteristisch für ihn ist, daß seine eigenen Regeln, mit seinen eigenen Mitteln niedergeschrieben, zugleich in ihm ableitbare Formeln sind. Das muß so sein, wenn er wahre Aussagen über alle Kalküle macht und selbst ein Kalkül ist. Die Gewißheit seiner Aussagen folgt nun aber offenbar nicht daraus, daß sie in ihm selbst ableitbar sind, sondern aus ihrem inhaltlichen Sinn; man kann eine Formel des Logikkalküls nur in dem Umfang für gewiß halten, in dem man vertrauen kann, daß sie eine inhaltlich überzeugende Einsicht über das Operieren in Kalkülen eindeutig wiedergibt. Der Weg über Einsichten, die wir, wenn wir sie überhaupt aussprechen können, zunächst nur in der »natürlichen Sprache« aussprechen können, ist also bei der Gewinnung des Logikkalküls unvermeidlich.

Daß dabei wirklich Zweifelsfragen auftauchen können, zeigt das Beispiel des tertium non datur. Im älteren Logikkalkül figuriert $x \vee \bar{x}$ unbedenklich als allgemeingültige Formel. Brouwer hat zuerst am Recht der Anwendung des tertium non datur auf unendliche Gesamtheiten gezweifelt. Aus der Kalkültheorie läßt sich nun $x \vee \bar{x}$ in der Tat nicht allgemeingültig herleiten. Eine Reflexion auf die Deutung des Kalküls macht dies plausibel. Drückt eine Formel A eines gedeuteten Kalküls eine bestimmte inhaltlich verständliche Aussage aus, so besagt die Tatsache, daß A eine Formel (im Sinne der Kalkültheorie ist), daß in diesem Kalkül die

Aussage A herleitbar ist. $x \vee \bar{x}$ als Ausdruck des Logikkalküls besagt, es sei herleitbar, daß in jedem Kalkül für jede in ihm ausdrückbare Aussage x gelte, entweder x oder ihre Negation $\bar{x}$ sei herleitbar (die Negation läßt sich selbst kalkültheoretisch definieren, was wir hier übergehen wollen). Es dürfte plausibel sein, daß man eine so weitgehende Behauptung nicht beweisen kann. Die Unableitbarkeit des tertium non datur in diesem Kalkül hängt also damit zusammen, daß er den Begriff der Wahrheit einer Aussage durch den der Ableitbarkeit ersetzt hat. Er hat dies getan, weil der Begriff der Ableitbarkeit anders als der umfassendere Begriff der Wahrheit eine operative Entscheidung zuläßt.

Wir haben das Beispiel des tertium non datur zunächst nur herangezogen, um zu illustrieren, wie sehr die Zuverlässigkeit des Kalküls an der Genauigkeit seiner inhaltlichen Deutung hängt. Diese Deutung selbst aber ermutigt uns zu folgender abschließenden Formulierung unseres Ergebnisses und des in ihm angelegten weiteren Problems:

Die Allgemeinheit *ontologisch* fundierter Aussagen der Logik hängt an der Fähigkeit des Menschen, allgemeine Einsichten über das zu gewinnen, was er nicht selbst gemacht hat; die Allgemeinheit *operativ* fundierter Aussagen der Logik hängt an seiner Fähigkeit, allgemein einzusehen, was er selbst machen kann. Das Selbstverständnis der heutigen Wissenschaft ist so, daß es für Aussagen der ersten Art nicht auf die Form der Allgemeinheit, wohl aber auf die These der absoluten Gewißheit verzichtet; dem dient der Begriff der Hypothese. Also scheint auch der Gedanke einer hypothetischen, empirischer Prüfung unterworfenen exakten Ontologie wissenschaftlich nicht illegitim. Für Aussagen der zweiten Art vermag sich unser wissenschaftliches Denken keine Grenze der Gewißheit mit Ausnahme einer möglichen Ungenauigkeit im Verständnis des Sinnes der ausgesprochenen Behauptungen vorzustellen; diese aber erscheint ihm, wo sie ihm bewußt wird, eben deshalb als eliminierbar.

Nicht berücksichtigt ist in dieser Unterscheidung die Abhängigkeit dessen, was wir machen können, von dem, was wir nicht gemacht haben, und ebensowenig die Abhängigkeit unseres Begreifens dessen, was wir nicht gemacht haben, von dem, was wir machen können. Diese Abhängigkeiten deuteten sich aber an in dem Zirkel der Erkenntnis, von dem im Vorausgehenden mehrfach die Rede war. Die Begrenztheit des »Subjekt« und »Objekt« trennenden Ansatzes der Wissenschaft erscheint von diesem Ansatz selbst aus als ein Zirkel gegenseitiger Abhängigkeiten; als die den Horizont einschließende Midgardschlange, die sich in den Schwanz beißt. Die Wissenschaft wäre unredlich, wenn sie mehr behauptete, als daß ihr dies soeben in den Blick rückt. Es ist aber offensichtlich, daß sich hier auf neue Weise die Frage stellt, was Wissenschaft eigentlich ist; und was das ist, was in ihr als »das Allgemeine« erscheint.

I, 6. Beschreibung der Physik

Dies ist ein Auszug aus den Teilen über Physik einer Vorlesung »Kritik der Wissenschaften«, die ich im Wintersemester 1968/69 in Hamburg gehalten habe. Die Disposition der ganzen Vorlesung entsprach etwa dem Aufsatz I, 1. Die frei gehaltene Vorlesung wurde nach einem Tonband nachgeschrieben. Aus dieser, nur sehr wenig redigierten Nachschrift habe ich hier einen Auszug hergestellt und stärker redigiert, ohne den Stil der mündlichen Rede aufzugeben. Gewisse Partien, deren Themen ich an anderen Stellen schon dargestellt habe, sind gestrichen und durch einen Verweis auf die betreffenden Schriften ersetzt. In anderen Partien habe ich die Wiederholung in Kauf genommen. Zur Rechtfertigung solcher Wiederholungen vgl. die Vorbemerkung zu Teil II.

1. Die Rolle der Physik

Im Gefüge der Wissenschaften hat die Physik so etwas wie eine Schlüsselrolle. Dies gilt methodisch, sachlich und sozial.

Methodisch ist die Physik in der Neuzeit eine Art Vorbild geworden für Wissenschaft überhaupt. Der Wissenschaftsbegriff anderer Wissenschaften orientiert sich am Wissenschaftsbegriff der Physik – auch dann, wenn diesen anderen Wissenschaften daran liegt, zu sagen, inwiefern sie einen anderen Wissenschaftsbegriff haben als die Physik. So hat die Formulierung des Wissenschaftsbegriffs der Geisteswissenschaften, die man um die letzte Jahrhundertwende, um 1900 herum, vor allem in Deutschland versucht hat, das Wesen der Geisteswissenschaft wesentlich in Absetzung vom Wesen der Naturwissenschaft bestimmt. Die Schwäche dieses Versuchs ist meines Erachtens gerade, daß er zu defensiv, zu sehr vom »Gegner« bestimmt ist.[1] Die Physik hat auch dort als Vorbild gedient, wo es die Rolle des Vorbildes war, daß es zu sagen gestattete, warum man es nicht nachahmen wollte.

Die Physik hat zweitens innerhalb des Gesamtbereichs der

[1] Vgl. I, 1.6, S. 34–35.

Naturwissenschaft – nun eingeschlossen die Wissenschaft vom Leben und damit die Wissenschaft vom Menschen, insofern er Lebewesen ist, also mindestens die Medizin – sachlich eine zentrale Stellung. Sie ist so etwas wie eine Zentral- oder Grundwissenschaft. Es gibt, zum mindesten als philosophische Hypothese, die Lehre des Physikalismus, welche meint, man könne alles Geschehen in der Natur auf die Gesetze der Physik zurückführen, somit als ein eigentlich physikalisches Geschehen erklären und erkennen; und es gibt keine andere Wissenschaft, die einen solchen Anspruch auch nur erheben könnte. Ob dieser Anspruch berechtigt ist, ist eine andere Frage; darüber spreche ich später.[1] Aber jedenfalls wird er vielfach erhoben, und er wird oft auch dort, wo er nicht ausdrücklich erhoben wird, doch quasi im Verhalten ein wenig vorausgesetzt.

Drittens hat die Physik eine sozial gehobene Rolle, wenn man den sozialen Status z. B. an der Menge Geld mißt, die eine Wissenschaft von den Ministerien oder Parlamenten erhält. Die Physik ist heute eine der bestbezahlten Wissenschaften. Vielleicht erlauben Sie mir hier einen nicht so ganz seriösen Ausdruck, der aus dem Hühnerhof stammt. Die Ethologen, die Verhaltensforscher sagen, daß es auf dem Hühnerhof eine »Hackordnung« gibt. D. h. von jedem Huhn steht fest, welches Huhn es hacken darf, und von welchem es gehackt wird; und dasjenige, das alle anderen hacken darf, kommt zuerst ans Futter. Man wird wohl sagen können, daß die Physik, allgemeiner die Naturwissenschaft, heute in der Hackordnung der Wissenschaften ziemlich obenan steht.

Das ist natürlich auch eine Situation, die einer solchen Wissenschaft allerhand Grund zur Selbstprüfung, zur Selbstkritik gibt, denn es ist doch sehr die Frage, ob diese Hackordnung berechtigt ist. Ich will nun über die innere Struktur der Physik sprechen, um zu prüfen, ob wir ihr ansehen können, woher sie diesen großen Erfolg hat.

[1] Vgl. Teil III.

2. Eine Anekdote als Blickfang

1935 veröffentlichte ein amerikanischer Experimentalphysiker, Angehöriger einer der besten Schulen, eine Arbeit, in der er – so war der Anspruch – durch ein sehr sorgfältig ausgeführtes schwieriges Experiment empirisch zeigte, daß der Satz von der Erhaltung der Energie bei sehr hohen Energien gewisser atomarer Prozesse nicht in Strenge, sondern nur im statistischen Mittel erfüllt ist. Diese Arbeit ging um die ganze Welt, wurde von den Physikern sehr viel diskutiert, kam auch in die Hände meines Lehrers Heisenberg, bei dem ich damals Assistent war, und Heisenberg las die Arbeit und sagte: »Der hat falsch gemessen.« Und ein Jahr später mußte der Verfasser in der Tat revozieren. Er publizierte eine neue Arbeit, in der er mitteilte, ihm sei leider in der Interpretation seiner Experimente ein Irrtum unterlaufen, und der Energiesatz sei auch hier streng gültig.

Ich habe diese Anekdote schon in der letzten Stunde erzählt, um daran zu illustrieren, mit welcher Sicherheit Physiker über Sachverhalte der Natur zu urteilen vermögen, und habe daran anschließend die Wirkungen dieser Sicherheit in der technischen Verwandlung der Welt geschildert. Heute will ich umgekehrt fragen: Was ist denn da passiert? Wie muß eine Wissenschaft gebaut sein, in der so etwas möglich ist? Was ist eigentlich der Vorgang? Um die Frage ein wenig zu verschärfen: Wir lernen doch alle, und zwar zutreffend und richtig, daß die Naturwissenschaft, insbesondere also die Physik, eine Erfahrungswissenschaft ist; daß man sich der Erfahrung beugen muß; daß Theorien durch Erfahrung vielleicht in gewissem Sinne bestätigt, sicher aber widerlegt werden können. Und hier war ein theoretischer Satz, nämlich der 1. Hauptsatz der Thermodynamik, der Satz von der Erhaltung der Energie, und dieser war durch eine Erfahrung, die nach guten wissenschaftlichen Methoden gewonnen war, widerlegt; und die Reaktion der guten Physiker – Heisenberg war nicht der einzige – war, daß sie diese Erfahrung schlicht leugneten und sagten: »Das ist keine Erfahrung.« Das drückt man so aus: »Das ist falsch gemessen.« Und sie hatten recht.

Daß Heisenberg recht hatte, wurde selbst durch Erfahrung belegt. Nicht nur hat der Verfasser der Arbeit zugegeben, daß er seine Experimente falsch, wie er sagte, interpretiert hatte; man hat entsprechende Experimente seitdem oft wiederholt, und es ist immer herausgekommen, daß der Energiesatz auch für diese hohen Energien gilt. Heisenbergs Behauptung entsprang also keiner leichtfertigen Verachtung der Erfahrung, im Gegenteil. Sie war vielmehr eine empiriebezogene Behauptung, die zu prophezeien wagte, diese Erfahrung werde sich als eine Nichterfahrung erweisen. Es ist somit nicht klar, was Erfahrung heißt, und wann eine angebliche Erfahrung eine Erfahrung ist. Und auf so etwas beruht die ganze Physik. Sie beruht auf empirischen Erkenntnissen, die im Einzelfall immer wieder der Kritik unterworfen werden können, sie seien gar keine empirischen Erkenntnisse. Wenn man diese Struktur unserer Wissenschaft nicht sieht, dann weiß man nicht, was Erfahrung und Erfahrungswissenschaft ist. Andererseits ist die Erläuterung dieser Struktur gar nicht leicht, und ich glaube, daß es fast keinen Naturwissenschaftler gibt, der diese Struktur so durchschaut, daß er imstande wäre, auf Aufforderung darüber in richtigen Sätzen das Wesentliche und Zutreffende zu sagen.

Das heißt, Wissenschaft ist leichter zu betreiben als zu verstehen. Es ist leichter, ein Physiker zu sein und richtige physikalische Erkenntnisse zu gewinnen, als auszusagen, was man eigentlich tut, wenn man Physik treibt. Und das ist natürlich in allen anderen Wissenschaften ganz genauso. Ich habe das selbst immer wieder in der Form erfahren: Als gelernter Physiker, der philosophisch interessiert war, habe ich mich naturgemäß von jeher für die Äußerungen von Philosophen über die Probleme der Physik interessiert. Hier gibt es nun eine Art philosophischer Äußerungen über Physik, die scheinbar ganz gründlich nach anerkannten Kriterien der Geisteswissenschaften gearbeitet und doch komplett nutzlos sind. Das sind nämlich Äußerungen von Philosophen, die selbst keine Physik gelernt haben und statt dessen Texte von Physikern zitieren, diese Texte abdrucken und dann daran ihre Betrachtungen knüpfen. Es zeigt sich nämlich, daß die Physiker in ihren Texten voneinander abweichen, daß diese Texte philosophisch oft sehr dünn sind, einander widersprechen und sogar sich selbst widersprechen. Wenn man dann einen Physiker darauf stellt, was er eigentlich in dem oder jenem Text gemeint habe, dann sagt er: »Na ja, so wie Sie es verstehen, habe ich das natürlich nicht gemeint, ich habe folgendes gemeint: ...« Und dann sagt man: »Aber warum haben Sie denn das nicht gesagt?« Dann sagt er: »Wir Physiker verstehen uns ja untereinander.«[1] Es ist also nutzlos, die Physiker dadurch verstehen zu wollen, daß man ihre Worte zitiert, denn man muß ihre Taten kennen. Wir haben in der Wissenschaft ein Können, das geübt wird, ohne daß die Reflexion darauf, was dieses Können ist, stets notwendig, ja auch nur möglich wäre; die Anstrengung dieser Reflexion z. B. würde ich Philosophie nennen.

Leider kann ich Ihnen das Beispiel, das ich gerade gegeben habe, nicht inhaltlich auslegen, weil ich dazu mehr Physik voraussetzen müßte, als ich bei der Mehrzahl von Ihnen an Kenntnissen voraussetzen darf. Ich wähle deshalb ein Beispiel aus dem 17. Jahrhundert, das wir leichter durchschauen können und behaupte dann einfach, daß es in unserer Zeit methodisch ganz genauso steht.

3. Ein historisches Beispiel

Ich rufe in Erinnerung, wie Galilei die Gesetze des freien Falls und der Trägheit eingeführt hat.[2] Er hat das Fallgesetz zuerst theoretisch abgeleitet und dann durch auf schiefen Ebenen rollende Kugeln in einer nicht sehr guten Näherung empirisch bestätigt. Bei dieser Ableitung mußte er auch das Trägheitsgesetz begrifflich benutzen, obwohl weder er noch irgendein anderer Mensch je eine wirkliche Trägheitsbewegung gesehen hat; denn es gibt keinen Körper, auf den gar keine Kräfte wirken. Wie ein solcher sich bewegen würde, kann man also, strenggenommen, empirisch nicht sehen. Man kann das nur als einen Grenzfall, einen idealisierten Fall betrachten. Beim Fallgesetz mußte Galilei davon sprechen, daß alle Körper gleich schnell fallen, was sie empirisch nicht tun. Sie würden es aber, so sagte er, im Vakuum tun. Ein Vakuum konnte man aber zu seiner Zeit empirisch gar nicht reali-

[1] Hier folgte in der Vorlesung die Schilderung der Vortragstechnik von Geistes- und Naturwissenschaftlern, I, 3, S. 64.

[2] Ich hatte hier eine ausführlichere Darstellung vorgetragen, die etwa den Seiten 106 bis 110 der »Tragweite der Wissenschaft«, Bd. I folgte. Hier drucke ich nur das Resümee ab, das ich in der nachfolgenden Vorlesungsstunde gegeben habe.

sieren. Und ein Vakuum im strengen Sinne, so wie das Wort bei Aristoteles gemeint war, als das schlechthin Leere, dessen Nichtexistenz Aristoteles behauptete – das gibt es in der Tat auch in der heutigen Erfahrung nicht. Aber der Begriff des Vakuums hat dazu verholfen, die Gesetze der Bewegung so einfach zu formulieren, daß man mit ihrer Hilfe die komplizierten empirischen Vorgänge analysieren, mathematisch beherrschen, vorausberechnen und schließlich auch technisch beherrschen konnte. Die durch Galilei repräsentierte moderne Wissenschaft meistert die Erfahrung gerade dadurch, daß sie sich nicht schlicht an das hält, was die Erfahrung unmittelbar präsentiert.

Galilei war sich über all dies im klaren. Er wußte, daß er, nachdem er die richtige Theorie hatte, die Phänomene mit anderen Augen sah als zuvor und sogar Phänomene hervorbringen konnte, die hervorzubringen vorher niemand eingefallen wäre, und die folglich auch nicht hervorgebracht wurden. Galilei war selbst zugleich Ingenieur. Er hat nicht nur Fernrohre gebaut, sondern allerhand mechanische Apparate, auch zu militärischer Verwendung. Dieses Interesse für die Technik ist, abstrakt gesagt, ein Interesse an der Produktion von Phänomenen, die es sonst gar nicht gäbe. Es ist ein Interesse an der Erzeugung von Erfahrung und nicht an ihrem bloßen Hinnehmen. Das ist nicht mehr die Grundhaltung der griechischen Naturwissenschaft. Gewiß gab es auch bei den Griechen Technik von hervorragender und wunderbarer Präzision. Aber die Ansicht, Naturwissenschaft sei dazu da, Technik zu ermöglichen, herrschte nicht. Die herrschende Denkweise war, daß die Wissenschaft die Herrlichkeit der Dinge anschaut, so wie sie sind, aber nicht, daß sie dazu da sei, die Dinge zu verändern. Die Meinung, die Dinge würden besser, wenn man sie verändert, ist gar nicht selbstverständlich; in der heute üblichen Schärfe ist sie eine neuzeitliche Meinung.

4. Philosophie der Physik

Aber mit all diesem ist das Problem nur gestellt und nicht gelöst, wieso mathematisierende Naturwissenschaft, wieso theoretische Vorhersage von Experimenten und technische Verwandlung der Welt überhaupt möglich ist. Was muß sein, damit so etwas glückt?

Es könnte doch auch sein, daß man durch seine Beobachtungen zu allerhand Gedanken angeregt wird, daß aber keiner dieser Gedanken uns befähigt, die Welt zu verwandeln. Es gibt viele Wahnsysteme, aber meist erweisen sie sich dadurch als Wahnsysteme, daß sie scheitern. Die gefährlichen Wahnsysteme sind diejenigen, die ein Stückchen Wahrheit enthalten und deshalb nicht sofort scheitern. Ist die Physik vielleicht ein solches Wahnsystem? Aber selbst wie solche Wahnsysteme mit einem Fetzen Wahrheit möglich sind, ist ja eine ungeklärte Frage. Oder ist die Physik vielleicht wirkliche Wahrheit? Aber was meint man dann mit Wahrheit? Ich gehe eine Reihe von Antworten auf diese Fragen durch, die man im Lauf der Zeit versucht hat.

4a. Theologischer Platonismus

Betrachten wir Galilei selbst – noch ausgeprägter ist es bei seinem großen Zeitgenossen Kepler, ähnlich bei Kopernikus und manchen anderen –, so werden wir sagen müssen, daß ihre Theorie der Naturwissenschaft eine weitgehend platonische Theorie war. Unter den beiden großen antiken philosophischen Autoritäten, die das Mittelalter kannte, beriefen sie sich nicht auf Aristoteles, sondern auf Platon, und zwar auf Platon den Mathematiker, in der Linie, in der er Pythagoras folgt.

Historisch war die Rezeption des Aristoteles im Hochmittelalter die Aufnahme einer Autorität gewesen, welche den Wunsch nach Empirie, nach diesseitiger Wirklichkeit legitimierte. Vierhundert Jahre später, im 17. Jahrhundert, war Aristoteles der dogmatisierte Lehrer der vergangenen Jahrhunderte, und man wandte sich, so sagte man nun, fort von den geschriebenen Büchern, hin zum Buch der Natur selbst. Aber noch waren die Autoritäten wichtig, und nun war Platon, von dem man sich im Hochmittelalter abgewandt hatte, auf einmal ein Kronzeuge. Der Platon nämlich, auf den sich das frühe Mittelalter und schon die späte Antike gestützt hatte, war vor allem der mystische Platon. Das war der Platon der Neuplatoniker, der Platon, der den Aufstieg der Seele zum göttlichen Einen beschreibt. Dies ist ein Teil, aber nur ein Teil des wirklichen Platon. Derselbe Platon beschreibt und fordert den Abstieg zurück in die Sinnenwelt, zurück in die Höhle, wie es in seinem Gleichnis heißt. Und diesen Abstieg vollzog Platon tatsächlich im theoretischen Teil seines Denkens mit Hilfe der Mathematik. Das ist im siebten Buch des »Staats« und breiter im »Timaios« angedeutet; es war wohl auch wesentlicher Inhalt seiner ungeschriebenen Lehre.[1] Platon hatte den Entwurf einer mathematischen Naturwissenschaft. Das war eine Wissenschaft, die vom obersten Göttlichen her, zu dem die Seele aufzusteigen hat, die Fülle des sinnlich Wahrnehmbaren Einzelnen so weit als irgend möglich zu erklären und darzustellen sucht, und dies mit Hilfe der Begriffe der Mathematik. Auf diesen Platon beriefen sich Kepler und Galilei.

Damit ist aber zunächst wieder nur eine Behauptung ausgesprochen, die Behauptung: Man versteht die Sinnenwelt mit Hilfe der Mathematik. Wie aber kann das sein? Ist das nicht vielmehr ganz unbegreiflich? Mathematik handelt doch von Gedachtem. Die Mathematik z. B. des Dreiecks handelt gerade nicht von einem sinnlichen Dreieck. In früheren Vorlesungen über Platon[2] habe ich gelegentlich freihändig einen Kreis oder ein Dreieck an die Tafel gemalt und dann gefragt: »Ist das nun wirklich ein Kreis? Hat dieses Dreieck wirklich die Winkelsumme 180°?« Die Antwort ist natürlich: »Nein.« Weder dieses freihändige Dreieck noch ein mit dem Lineal gezogenes, kein sinnlich wahrnehmbares, kein machbares Dreieck ist genau. Also: Die Mathematik handelt nicht von den Sinnendingen. Sie handelt von dem, was wir denken können, was der Geist – griechisch: der Nus – erfassen kann. Wie kann dann das, was wir denken können, die Gesetze hergeben für das, was wir mit den Sinnen wahrnehmen? Das ist das Problem.

Auf dieses Problem gibt Kepler eine durchdachte Antwort. Sie ist theologisch. Sie lautet: Gott hat die Welt geschaffen gemäß seinen Schöpfungsgedanken. Diese Gedanken sind mathematisch. Gott hat den Menschen geschaffen nach seinem Bilde. Der Mensch ist in denjenigen Zügen Bild Gottes, die man überhaupt als Prädikate Gottes denken kann. Das oberste dieser Prädikate ist die Geistigkeit, das Geistsein. Der Mensch ist als Geistwesen Bild Gottes und als solches vermag er Gottes Schöpfungsgedan-

[1] Vgl. *Gaiser*, K.: »Platons ungeschriebene Lehre«. Stuttgart 1963.

[2] Vgl. *Weizsäcker*, C. F. v.: »Die Tragweite der Wissenschaft«, Bd. I, S. 64 f. 2. Aufl., Stuttgart 1966.

ken nachzudenken und sie in der materiellen Schöpfung wiederzuerkennen. Dieses Wiedererkennen, dieser Gottesdienst ist die Naturwissenschaft.

Das ist Platonismus in christlicher Sprache. Rein platonisch würde man sagen: Die menschliche Seele ist Teil der Weltseele, und die menschliche Vernunft, insofern sie eine ewige Wahrheit erkennt, ist in der göttlichen Vernunft, die diese Wahrheit ewig erkennt. Die Weltseele aber, die sich und alles andere bewegt, bringt durch diese Bewegung alles hervor, was ein Entstehen und Vergehen hat, und sie weiß, was sie tut.

Kepler formuliert hier nicht nur eine These philosophischer Theologie, er beschreibt zugleich die Weise, wie er die Naturwissenschaft tatsächlich vollzieht. Er erlebte seine großen Entdeckungen mit einem Enthusiasmus, der ihn das Entdecken selbst als ein Hineinschauen in die göttlichen Geheimnisse erfahren ließ und somit als einen Gottesdienst. In der Geschichte der Naturwissenschaft ist dies freilich Keplers persönliche Meinung geblieben; dies war nicht lehrbar, so wie seine Beschreibung der Planetenbahnen als Ellipsen um die Sonne lehrbar war. Aber bis zum heutigen Tage empfinden Naturwissenschaftler oft ähnlich wie Kepler, gerade die großen Produktiven. Von Einstein ist der Satz überliefert: »Was versuchen wir denn anderes als Seine Linien nachzuzeichnen.«[1] Aber mit dem fortschreitenden Verfall des religiösen Glaubens in der Neuzeit ist das Zutrauen der Naturwissenschaftler zu den Worten, die Kepler noch gebrauchte, immer geringer geworden. Es fällt ihnen schwerer, ihr Erlebnis der wissenschaftlichen Entdeckung noch in solchen Worten auszusprechen.

Damit aber wird das philosophische Problem deutlicher, das bei Kepler und wohl letzten Endes auch bei Platon[2], selbst im Sinne ihrer eigenen Überzeugungen, ungelöst bleibt. Es ist die tatsächliche Vermittlung zwischen dem höchsten Punkt der Philosophie, dem Einen oder der Idee selbst, und der Vielheit der sinnlichen Erfahrungen. Daß die glückende Gesetzeserkenntnis der Naturwissenschaft von ihren eigenen Schöpfern als ein Stück dieser Vermittlung *erlebt* wird, ist eine Erfahrung von höchster

[1] Vgl. dazu jetzt *Heisenberg*, W.: »Der Teil und das Ganze«. München 1969.

[2] Vgl. IV, 6.

Wichtigkeit. Aber diese Erfahrung ist damit, daß sie erlebt ist, noch nicht verstanden.

4b. Das mechanische Weltbild

Das 17. Jahrhundert hat uns noch einen ganz anderen Ansatz zur Erklärung des Erfolgs der Physik hinterlassen, das mechanische Weltbild. Nach ihm sind die Gegenstände der Natur an sich nichts anderes als Körper. Diese Körper haben gewisse objektive Eigenschaften, die man auch ihre primären Qualitäten nennt: Ausdehnung, Undurchdringlichkeit, Festigkeit, vielleicht Masse. Sie zeigen zweitens gewisse sekundäre Qualitäten, die eigentlich nur subjektiv sind, wie Farbe und Geruch. Diese sekundären Eigenschaften zeigen sie nur für unser Wahrnehmungsvermögen. An sich ist ein Körper, den wir als rot oder wohlriechend kennen, nicht mit diesen Eigenschaften behaftet, sondern er sendet – modern ausgedrückt – Licht einer bestimmten Wellenlänge aus, und er sondert kleine Moleküle ab, die in unseren Nasen eine Duftempfindung auslösen. Die Dinge sind also an sich ausgedehnte Körper und sonst nichts. Diese ausgedehnten Körper lassen sich teilen. Meist ist diese mechanische Denkweise verbunden gewesen mit der Lehre des Atomismus. Die Dinge bestehen letzten Endes aus kleinsten Teilen, den Atomen, die ihrerseits nicht weiter teilbar sind, die, streng gesagt, keine Teile mehr haben.

Geht man so auf die Körperlichkeit der Dinge zurück, so kann man vielleicht hoffen, alle Kräfte, die in der Natur überhaupt vorkommen, zurückzuführen auf Druck und Stoß von Körpern. Druck und Stoß, das sind einfach die Wirkungen, welche undurchdringliche Körper kraft ihrer bloßen Undurchdringlichkeit aufeinander ausüben. Es wäre denkbar, daß man die mathematischen Gesetze der Mechanik so auf die notwendigen Eigenschaften undurchdringlicher kleiner Körper zurückführen könnte. Das ist das Programm einer mechanischen Erklärung der Physik. Glückte es, so hätte man das staunenswerte Wunder der mathematischen Naturwissenschaft auf etwas zurückgeführt, was dieser Denkweise als ein geringeres Wunder erscheint, nämlich darauf, daß alle Sachen Körper sind.

Ich bespreche hier nicht die ungelösten inneren Probleme des mechanischen Weltbildes[1], denn dieser Ansatz ist heute ohnehin veraltet. Zwar haben wir heute Atomphysik. Aber die chemischen Atome sind nach heutiger Kenntnis gerade nicht kleine Billardkugeln, ausgedehnte Klümpchen Materie. Sie lassen sich in Elementarteilchen zerlegen, diese ihrerseits können ineinander umgewandelt werden, und die Gesetze ihrer Veränderungen werden beschrieben durch eine unanschauliche Physik, etwa in den mathematischen Formeln der Quantentheorie. Der mathematische Ansatz der Zeit von Kepler und Galilei hat sich als dauerhafter erwiesen als der Versuch seiner Reduktion auf das, was man damals mechanisch nannte.

Historisch ist das mechanische Weltbild eng verbunden mit der Beziehung der Wissenschaft zur Technik. Gerade im 17. Jahrhundert war die Technik zu einem erheblichen Teil mechanische Technik. Seit der Antike gab es die Technik der Bewegung von Körpern mit Hebeln und Flaschenzügen. Es gab inzwischen die Ballistik: Anregung der wissenschaftlichen Technik durch die Artillerie. Es gab die Kunst des Schiffbaus. Die Denkweise des mechanischen Weltbilds beschreibt die letzten Wirklichkeiten der Natur so, wie sie wären, wenn sie technisch manipulierbar wären mit den Denkmitteln der Technik des 17. Jahrhunderts. Dies ist eine der Stellen, an denen man sehen kann, wie zeitbedingt die naive Meinung der Naturwissenschaftler ist, das, was sie vorbringen, sei doch einfach das Plausible, ja vielleicht gar das Wahre. Das mechanische Weltbild wäre in der Welt der hochentwickelten griechischen Wissenschaft keineswegs so plausibel gewesen. Es wäre in der Mehrzahl der asiatischen Kulturen etwas ganz Fremdartiges. Wie kann man eigentlich die unmittelbaren Wirklichkeiten der Seele und des Geistes zurückstellen und statt dessen etwas Niederes, nur roh Organisiertes und im Grunde Ungewisses wie die mechanischen Eigenschaften der Dinge zugrunde legen? Von den meisten asiatischen Traditionen her gesehen ist das eine Torheit. Wie weit sind also selbst die Grundthesen der Naturwissenschaft bestimmt durch historische Situationen, gesellschaftliche Interessen, technische Möglichkeiten, wirtschaftliche Bedingungen? Hier ist wiederum ein Problem gestellt, das nicht leicht einseitig aufgelöst werden kann. Man kann ja nicht einfach sagen,

[1] Vgl. dazu II, 1.

daß die Galileische Physik deshalb erfolgreich war, weil sie dem Zeitgeist entsprach, der die Welt technisch verändern wollte. Sie ist doch auch deshalb geglückt, weil sie eben wahr war oder wenigstens einen Zipfel von Wahrheit faßte. Man *konnte* auf diese Weise die Welt verändern, und mit einem bloßen Wahnsystem kann man das wohl nicht.[1]

4c. *Empirismus als Beschreibung der Physik*

Galileis Physik hat also eine Probe an der Wirklichkeit bestanden, auch wenn ihr Ansatz, ihr Entwurf zeitbedingt war und heute veraltet ist. Was heißt aber: eine Probe an der Wirklichkeit? Wie hat man sie denn gemacht? Man hat sie experimentell gemacht. Man hat sie empirisch gemacht. Und so tritt nun im Gegenzug gegen die naive Metaphysik des mechanischen Weltbilds eine methodisch sehr viel subtilere Denkweise hervor, die übrigens auch antike Vorläufer hat, und die ich kurz den Empirismus nennen will. Nach ihr liegt der Grund des Erfolgs der Physik nicht darin, daß man ins Transzendente der göttlichen Schöpfungsgedanken geht, auch nicht, daß man sich der sehr viel mehr getarnten Transzendenz der Atome oder anderer vorgefaßter Bilder der Wirklichkeit anvertraut; er liegt gerade darin, daß man im Diesseits, im Faßbaren bleibt, daß man genau das ins Auge faßt, was man wirklich erlebt. Erfahrung ist der wahre und eigentliche Grund der Physik.

Es gibt eine sehr schöne Stelle bei John Locke[2], in der er sagt, er wolle gar nicht wie die Metaphysiker das tiefe Meer ausloten; das Lot, das er habe und das wir alle haben, reiche dazu nicht tief genug. Er wolle nur die Hafeneinfahrt ausloten, damit seine Schiffe sicher ein- und ausfahren können. Der Gedanke läßt sich fortspinnen. So tief wie ein Schiff geht, reicht ein Lot allemal. Für den praktischen Zweck der Schiffahrt reicht das Lot, das man hat. Wir wollen das, was uns täglich begegnet, vielleicht auch das, was wir selber technisch machen können, genau anschauen, und auf dieses Anschauen wollen wir unsere Physik gründen.

Wie sieht nun aber in diesem empiristischen Entwurf die Rolle

[1] Vgl. dazu I, 4.

[2] *Locke,* John: »An Essay Concerning Human Understanding...«, 1690; New York 1959.

der Mathematik aus? Auch der Empirist leugnet nicht, daß wir Naturgesetze mathematisch einfach formulieren können, und er muß begründen, wie das zugeht. Ein etwas oberflächlicher Empirismus hat sich zwar mit der Erfindung von Geschichtsmythen geholfen, z. B. dem Mythos vom rein empirischen Galilei. Aber der verfeinerte neuere Empirismus hat sich der Frage nach der Rolle der Mathematik in der empirischen Wissenschaft längst gestellt. Die Antwort lautet, kurz gesagt: Wir formulieren mathematische Hypothesen und prüfen sie an der Erfahrung.

So hat Galilei die Hypothese formuliert, der freie Fall geschehe so, daß die durchfallene Strecke proportional zum Quadrat der Fallzeit sei. Er hatte sich gute Gründe dafür überlegt, und diese Hypothese hat er dann empirisch geprüft. Newton hat die Hypothese des allgemeinen Gravitationsgesetzes aufgestellt und an Hand der Planetenbewegung geprüft. Aus der Vorgeschichte der Newtonschen Hypothese möchte ich eine Einzelheit erzählen, deren methodische Relevanz nicht darunter leidet, daß ein einzelner anekdotischer Zug darin – der Apfelbaum – unverbürgt ist.

Der junge Newton floh aus Cambridge, wo er studierte, vor der Pest in seine ländliche Heimat im östlichen England und lag – so geht die Anekdote – dort eines Tages unter einem Apfelbaum. Er war Bauernsohn, er hatte wohl den Tag über so lange gearbeitet, als dieser theoretische Kopf es sich abrang, landwirtschaftlich zu arbeiten. Ein Apfel fiel herunter, und er fragte sich: »Was ist eigentlich das, was den Apfel da herunterzieht?« Und er sah den Mond, und er sagte sich: »Warum fällt der Mond nicht herunter?« Die Antwort ist: Er fällt nicht herunter wegen des Trägheitsgesetzes, weil er eine starke seitliche Bewegung hat. Hätte er die nicht, so würde er herunterfallen. Newton rechnete aus, welches die Kraft ist, die den Mond genau in eine Kreisbahn um die Erde zwingt. Diese Anziehungskraft verglich Newton in ihrer Größe mit der Anziehung der Erde auf den Apfel, und er machte die Hypothese, diese Anziehung variiere umgekehrt proportional zum Quadrat der Entfernung vom Erdmittelpunkt. Und was herauskam, war falsch. Newton stellte fest, daß die Formel nahezu, aber eben nicht genau stimmte. Er ließ die Sache auf sich beruhen. Zehn oder fünfzehn Jahre lang kümmerte er sich nicht mehr um das Problem.

Dann kamen neue Messungen des Erddurchmessers und damit

der Mondentfernung, und es zeigte sich, daß mit den neuen, verbesserten Daten Newtons Rechnung genau stimmte. Erst in diesem Augenblick wagte er, die Sache wieder aufzunehmen, und daran knüpfte seine Aufstellung des allgemeinen Gravitationsgesetzes an. Was ist geschehen? Newton hatte zuerst den richtigen Gedanken, wir dürfen sagen, den genialen Gedanken. Aber er war so fest fundiert im empirischen Denken der neuzeitlichen Wissenschaft, daß er eine kleine Abweichung der Folgerungen aus seinen Gedanken von der Erfahrung zum Anlaß nahm, den ganzen Gedanken zu verwerfen. Nachher zeigte sich, daß der Gedanke recht gehabt hatte und die Erfahrung unrecht. Die Erfahrung war keine gute Erfahrung gewesen. Sie war nicht genau gewesen. Aber doch erst als die genaue Erfahrung gefunden war, wagte Newton, seiner mathematischen Hypothese zu glauben.

So wirken Erfahrung und mathematischer Entwurf ineinander. Wenn wir später von anderen Wissenschaften reden, z. B. Biologie oder Sozialwissenschaften, die sich bemühen, auf empirischem Wege allgemeine Gesetzmäßigkeiten zu finden, so werden wir uns stets zu fragen haben, ob auch dort Hypothesenbildungen wie in der Physik wirklich stattfinden können. Der empirische Charakter einer Wissenschaft beruht nicht schon darauf, daß sie eine Fülle von Material sammelt, auch nicht schon darauf, daß sie dieses Material irgendwie mathematisch in Listen oder Statistiken verarbeitet. Um mathematisch-empirische Wissenschaft im Sinne der Physik zu werden, müßte dieses Material eine theoretisch präzise Fassung erlauben, mit deren Hilfe man vorhersagen kann, was geschehen wird, und es geschieht dann auch. Das Selbstvertrauen einer in diesem Sinne begründeten Wissenschaft zeigt sich dann auch in der Askese gegenüber ungenauen Bestätigungen, die uns im Beispiel Newtons vor Augen tritt.

4d. Schwierigkeiten des prinzipiellen Empirismus

Ich unterscheide Empirismus als Beschreibung vom prinzipiellen Empirismus. Ersterer schildert, wie es in der Wissenschaft – speziell in der Physik – zugeht und rückt dabei die Rolle der Erfahrung ins gebührende Licht. Letzterer ist der Versuch, die Möglichkeit der Physik vom Begriff der Erfahrung her völlig aufzuklären, anders gesagt die These, der Begriff der Erfahrung reiche aus, um begreiflich zu machen, wie Physik möglich ist. Der Empirismus als Beschreibung scheint mir richtig, der prinzipielle Empirismus aber gerät in Schwierigkeiten, die, so scheint mir, daher rühren, daß er etwas Dunkles durch etwas nicht weniger Dunkles zu erklären sucht. Was heißt denn: Prüfung einer Hypothese durch die Erfahrung? Unter welchen Bedingungen ist das möglich? Ich gehe mehrere Schwierigkeiten der Reihe nach durch.

So wie die Physiker meistens reden, sagen sie: Newton hat seine Hypothese empirisch bestätigt. Er hat die Planetenbahnen ausgerechnet, und sie kamen heraus wie in der Erfahrung. Das Gravitationsgesetz ist empirisch richtig. Nun gibt es aber das eigentümliche Phänomen des Fortschritts der Physik auch in den Grundlagen. Sie verbreitert sich nicht nur, sie legt auch ihre Fundamente tiefer. So hat Einstein im ersten Viertel unseres Jahrhunderts die sog. Allgemeine Relativitätstheorie aufgestellt, welche sowohl Newtons Allgemeine Mechanik wie Newtons Gravitationsgesetz überholt; beide haben nur noch als Grenzfälle Geltung. Nach Einstein sind also, strenggenommen, die sämtlichen Newtonschen Formeln falsch. Sie sind Näherungen, die zwar in den meisten Fällen sehr gut, in einigen Fällen aber meßbar ungenau sind. Was tun?

Verlangt man, daß das Wort »wahr« für eine Theorie in aller Strenge gebraucht wird, so muß man folgern: die Newtonsche Theorie war nicht wahr; sie war falsch, obwohl sie zwei Jahrhunderte unangefochten gegolten hat. Offenbar tut diese Sprechweise dem wirklichen Sachverhalt Gewalt an. Newtons Theorie war doch beinahe wahr. Aber was heißt »beinahe wahr?« In der Mathematik würde man dergleichen Sprachgebrauch schwerlich zulassen. Was ist also das Eigentümliche des Empirischen, das macht, daß man empirische Phänomene beinahe durch Mathematik beschreiben und dann die Abweichungen eventuell noch einmal durch Mathematik beschreiben kann, aber nun durch eine neue Theorie, die die alte überwindet?

Kann man denn aber durch Erfahrung auch nur ein einziges allgemeines Gesetz in Strenge bestätigen? Wenn ich sage: alle (gesunden[1]) Säugetiere haben vier Beine, so kann ich das empirisch nur

[1] Hier muß bereits Gebrauch gemacht werden von der »Norm der Gesundheit«. Vgl. III, 4.

bestätigen, indem ich alle Säugetiere vorführe und zeige, daß sie alle vier Beine haben. Aber wie soll ich alle Säugetiere vorführen? Einige sind unbekannt, einige leben heute noch nicht. In Zukunft könnten sich Säugetiere herausbilden, die keine vier Beine haben. Wie kann man empirisch einen Satz bestätigen, der sich auch auf die Zukunft bezieht? David Hume[1] hat im 18. Jahrhundert diese Frage in aller Schärfe gestellt. Wie kann ich empirisch wissen, daß morgen die Sonne wieder aufgehen wird? Das werde ich morgen wissen, aber dann ist es keine Aussage über die Zukunft mehr. Nun kann man sagen: der Satz, die Sonne werde wieder aufgehen, hat sich immer bewährt. Was so oft in der Vergangenheit eingetroffen ist, von dem kann man mit gutem Gewissen annehmen, es werde auch in der Zukunft wieder eintreffen. Das ist ein allgemeines Prinzip, das man manchmal das Induktionsprinzip genannt hat. Aber woher weiß ich das Induktionsprinzip? Nun, es hat sich so gut in der Erfahrung bewährt, daher weiß ich das. Wenn also das Induktionsprinzip richtig ist, dann darf ich folgern, daß sich das Induktionsprinzip auch in der Zukunft bewähren wird, d. h. daß das Induktionsprinzip richtig ist.

Es gibt überhaupt keine Möglichkeit, in logischer Strenge aus vergangener Erfahrung auf die Zukunft zu schließen. Und doch ist der Schluß auf die Zukunft die ganze Pointe der Physik. Die Physik prophezeit. Sie verändert die Welt. Die Technik ist im Stadium des Entwurfs immer zukünftige Technik. D. h. der Empirismus vermag einen Grundzug der empirischen Wissenschaft nicht wirklich aufzuhellen. Er sagt zwar, als Beschreibung, richtige Dinge darüber, aber er scheint nicht zu wissen, was er sagt.

Wegen der Wichtigkeit dieser Frage bespreche ich noch einige andere Wendungen dieses Gedankens.

Schon Hume verwendet den Begriff der Wahrscheinlichkeit. Man kann sagen: Es ist zwar nicht gewiß, aber doch sehr wahrscheinlich, daß morgen die Sonne aufgehen wird. Dieser Begriff der Wahrscheinlichkeit ist aber mindestens zweideutig. Man kann ihn subjektiv verstehen. Wenn ich sage: »das ist wahrscheinlich«, so heißt das dann »ich meine, es sei so«. Die subjektive Wahrscheinlichkeit beschreibt also meinen Seelenzustand oder mein Verhalten. In diesem Sinne ist es für mich freilich wahrscheinlich,

[1] Vgl. II, 4.2.

daß morgen die Sonne aufgehen wird; ich erwarte es wirklich. Für das Zustandekommen dieser subjektiven Wahrscheinlichkeit gibt Hume auch einen sehr guten Grund, nämlich daß wir uns an gewisse Regelmäßigkeiten gewöhnt haben. Gewohnheit ist nach Hume der Grund des Glaubens an das Kausalgesetz. Diese These mag richtig sein, aber was hat sie mit der Frage zu tun, ob dieser Glaube berechtigt ist? Die Frage ist ja, ob das, woran ich mich in der Vergangenheit gewöhnt habe, in Zukunft wieder stattfinden wird. Daß ich mir das heute einbilde, das beweist in einer strengen Argumentation nicht das Geringste darüber, ob es auch so sein wird. Daß subjektive Wahrscheinlichkeiten objektive Wahrscheinlichkeiten, mit deren Hilfe man Prozentsätze künftiger Ereignisse prophezeien kann, implizieren, gilt höchstens dann, wenn man schon weiß, daß objektive Wahrscheinlichkeiten existieren.[1]

Eine moderne Auseinandersetzung mit dem Problem, in etwas anderer Wendung, stammt von Karl Popper. Man kann einen Satz, der die logische Form der Allgemeinheit hat (»alle S sind P«), empirisch nur dadurch bestätigen, daß man alle Fälle vorweist. Da das in der Erfahrung so gut wie nie möglich ist, kann man behaupten: Erfahrung kann ein Naturgesetz, das die logische Form der Allgemeinheit hat, grundsätzlich nicht verifizieren. Was ist dann die Leistung der empirischen Wissenschaft? Sie stellt allgemeine Sätze auf, deren man sich bedienen kann, solange sie nicht falsifiziert sind. Denn falsifizieren kann man ein allgemeines Urteil durch ein einziges Gegenbeispiel. Der empirische Charakter einer Wissenschaft äußert sich gerade darin, daß ihre Thesen grundsätzlich falsifizierbar sind. Eine Aussage hingegen, die so formuliert ist, daß man nicht angeben kann, welcher Fall vorliegen müßte, damit gesagt werden könnte, diese Aussage sei empirisch widerlegt, das ist überhaupt keine wissenschaftliche Aussage. Hieraus folgt dann z. B. eine Kritik des Anspruchs der Psychoanalyse oder des Marxismus, Wissenschaft zu sein.

Ich glaube, daß Poppers Thesen den Empirismus als Beschreibung verdeutlichen. In der Tat arbeiten wir mit Hypothesen bis zur Falsifikation. Nimmt man die Thesen aber im Sinne einer präziseren Fassung des Anspruchs, den ich unter dem Titel des prinzi-

[1] Vgl. II, 5.3.

piellen Empirismus eingeführt habe, so habe ich zwei Einwände gegen sie.

Der erste Einwand: Das große Staunen, das ich zu formulieren versucht habe als das Staunen des Physikers gegenüber der mathematischen Beschreibbarkeit der Natur, bekommt m. E. noch nicht seine Antwort, wenn man sagt, man gebrauche Hypothesen bis zur Falsifizierung. Das große Wunder ist, daß es überhaupt allgemeine Sätze gibt, die man solange benützen kann, ohne daß sie falsifiziert werden. Die Berechenbarkeit von Sonnenfinsternissen über Jahrtausende hinweg wird so nicht begreiflich. Gegenbeispiele zeigen die Erstaunlichkeit des Phänomens: in der Meteorologie gibt es das nicht, in den Sozialwissenschaften auch nicht. Warum gibt es das dann überhaupt?

Der zweite Einwand ist, daß man einen allgemeinen Satz empirisch nicht einmal falsifizieren kann, es sei denn man setzt andere allgemeine Sätze schon als verifiziert voraus. Ich erinnere noch einmal an das Beispiel jener Widerlegung des Energiesatzes. Hier wurde ein allgemeiner Satz, der Energiesatz, durch ein Gegenbeispiel, eine Messung, scheinbar falsifiziert. Aber das Gegenbeispiel war kein Gegenbeispiel. Seine Herstellung war nur möglich durch ziemlich komplizierte Apparaturen, die man ihrerseits mittels einer Theorie des Apparats beurteilen mußte. Diese Theorie war eine Anwendung allgemeiner Naturgesetze auf den Apparat, und dabei hat der Autor einen Fehler gemacht. Der Fehler war so verborgen, daß er ihn nicht fand. Aber die guten Theoretiker merkten: da muß ein Fehler sein, denn das Ergebnis »kann nicht stimmen«. Hier trifft nun allerdings unser anekdotisches Beispiel die wissenschaftslogische Zielrichtung des zu erhebenden Einwandes nicht genau. In ihm handelt es sich nicht um die Vermeidung von Fehlern, sondern darum, daß keine Falsifikation glaubwürdiger sein kann als die allgemeinen Sätze, die sie selbst unfalsifiziert voraussetzt. Hierdurch wird der Anschein eines tiefgreifenden Gewißheitsunterschieds zwischen Verifikation und Falsifikation aufgehoben.

4e. Wissenschaftliche Wahrnehmung

Der Fehler des prinzipiellen Empirismus scheint in einer vergeblichen Suche nach Gewißheit zu liegen. Allgemeines kann empirisch nicht mit Gewißheit bestätigt werden. Es ist jedoch nicht so, daß die Erfahrung zwar Gewißheit lieferte, aber nur über den Einzelfall. Dasjenige an Poppers Feststellungen, was wir übernehmen konnten, weist eher auf die entgegengesetzte Lösung: Erfahrung liefert zwar Allgemeines, aber nicht mit Gewißheit. Im Einzelfall nehmen wir in einer Weise zugleich das Allgemeine wahr.[1]

Angenommen, diese These sei richtig, so bleibt die philosophische Frage noch ungelöst, wie das möglich sein kann. Wie muß die Natur und wie muß das menschliche Wahrnehmungsvermögen beschaffen sein, damit der Einzelfall das Allgemeine »sehen lassen« kann? Und wie verhalten wir uns nun zu Humes Problem? Aber diese großen Fragen stelle ich hier noch zurück. Es ist vordringlicher, daß wir genauer beobachten, wie es eigentlich bei diesem Auffassen des Allgemeinen im Einzelnen, bei dieser »wissenschaftlichen Wahrnehmung« zugeht. Wir hätten eine Psychologie oder Phänomenologie der wissenschaftlichen Wahrnehmung nötig. Dazu biete ich heute nur ein paar gestreute Beobachtungen an.

Eine alltägliche Wahrnehmung, die ich überhaupt sprachlich mitteilen kann – »dieser Tisch ist rund« – ist damit bereits begrifflich ausgedrückt. Der Begriff aber bezeichnet etwas Allgemeines. Das Besondere ist uns also, wo wir es aussprechen können, schon durch das Medium des Allgemeinen gegeben. Man mag hier von Gestaltwahrnehmung, von prädikativer Wahrnehmung reden. Dieses allgemein menschliche Vermögen ist das Baumaterial wissenschaftlicher Erkenntnis.

Was aber zeichnet nun die gute, produktive Wissenschaft aus? Ich möchte meinen, zunächst eine höhere Fähigkeit zur Gestaltwahrnehmung, zum Aufspüren von besonders einfachen und eben in ihrer Einfachheit verborgenen Gestalten. Ich möchte das noch einmal anekdotisch erläutern.

Als ich als junger theoretischer Physiker Schüler von Heisenberg war, stellte er mir natürlich Aufgaben; ich stellte mir auch selbst Aufgaben und besprach mit ihm, wie ich sie lösen wollte – daraus ging dann auch meine Doktorarbeit hervor – und dabei mußte ich das Handwerk der theoretischen Physik ausüben. Ich mußte also gewisse Gleichungen lösen, gewisse Rechnungen aus-

[1] Vgl. dazu I, 5; III, 4.5; IV, 5.3.

führen, und wenn ich wieder etwas gerechnet hatte, ging ich zu Heisenberg und zeigte ihm, was ich gerechnet hatte. Und Heisenberg sah die erste Seite, überhaupt den Anfang, gar nicht an, sondern er sah das Schlußresultat an, dachte ein bißchen nach und sagte: »Das ist falsch.« Und dann sagte ich: »Ja, wieso?« Und er: »Ja, nein – also so kann es nicht sein.« Dann ging er vom Schlußresultat rückwärts hinein in die Rechnung, bis er den Rechenfehler gefunden hatte. In diesem Instinkt war er fast untrüglich. Das ist Wissenschaft. So geht das zu. So geht es in der wissenschaftlichen Erziehung zu. Die wirkliche Erziehung zum Wissenschaftler bekommt man dadurch, daß man viele Jahre lang von seinem Lehrer immer widerlegt wird; daß man immer von neuem einsehen lernt, inwiefern man unrecht hatte. Gewiß, manchmal widerlegt man auch ihn, denn hier geht es ja nicht um Autorität, sondern um Ausbildung der Wahrnehmung. Ich erinnere mich, wie Heisenberg, als er längst Ordinarius in Leipzig und Nobelpreisträger war, mir über seinen hochverehrten Lehrer Bohr sagte: »Also früher hatte der Bohr, wenn ich mit ihm stritt, fast immer recht – heute habe ich doch in 30 % der Fälle recht.« So geht es auch in der Forschung selbst zu. Den wirklich produktiven, den wirklich bedeutenden Forscher zeichnet ja meistens aus, daß er noch einen Instinkt, noch ein Gefühl, eine nicht mehr ganz rationalisierbare Wahrnehmung für Zusammenhänge hat, die weiter reicht als die der meisten anderen Leute, und deshalb ist er zuerst an der betreffenden Wahrheit. Eine Wahrheit in der Wissenschaft wird fast immer zuerst geahnt, dann behauptet, dann umstritten und dann bewiesen. Das ist wesentlich, das liegt an der Natur der Wissenschaft, das kann gar nicht anders sein. Noch später wird eine solche Wahrheit vielleicht klassisch, dann scheinbar trivial, dann entdeckt einer, daß sie problematisch ist, und schließlich wird sie überholt. Der aber, der sie durch eine neue geahnte, behauptete, umstrittene, bewiesene Wahrheit überholt, der gewinnt meist den Blick dafür zurück, wie wenig selbstverständlich, wie genial die nun von ihm überwundene Erkenntnis war.

Was zeichnet aber solche Wahrheiten aus, die wesentlich neue Schritte bedeuten? Was ist das Kriterium, dessen sich diese Gestaltwahrnehmung bedient? Heisenberg hat, wenn man ihn darauf ansprach, gern gesagt und sagt es heute noch gern: »Natur ist eben mathematisch einfach.« Die Theorien werden zwar immer abstrakter, aber diese Abstraktheit erweist sich für den, der sie versteht, als eine höhere Einfachheit. Die Theorien werden im Prinzip immer einfacher. Gerade das sehr Einfache ist eben in den Formen konkreter Einzelheiten, konkreter Bilder nicht mehr zu sagen, denn das Konkrete ist immer kompliziert. Die Einfachheit unserer modernen Theorien und ihre Abstraktheit sind zwei verschiedene Aspekte genau desselben Wesenszugs.

Wenn man aber Heisenberg noch weiter preßt und fragt: »Was heißt denn mathematisch einfach?«, dann kann man ihn auch dazu bringen, zu sagen: »Das ist eben schön.« Mit welchem Recht kommen hier ästhetische Kategorien hinein?[1] Nehmen wir auch dies als Wahrnehmung ernst. Erstens gibt sich hier Heisenberg mit hoher methodischer Bewußtheit darüber Rechenschaft, daß er sich über den Grund der Einfachheit nicht mehr Rechenschaft geben kann. Zweitens erinnert er, wahrscheinlich sehr mit Recht, daran, daß diesen grundlegenden Theorien etwas gemeinsam ist mit großen künstlerischen Leistungen. So sagt er, phänomenologisch mit Recht, sie sind schön. Wenn man aber wissen wollte, was diese Schönheit ist, so müßte man vielleicht auch wissen, was die Schönheit in der Kunst ist. Die Erkenntnistheorie der Wissenschaft und die Ästhetik könnten als philosophische Disziplinen einen gemeinsamen Grund in einer Poietik, einer Lehre vom Gestalten haben. Aber hier bewege ich mich am Rande dessen, was wir wissen, eigentlich schon etwas jenseits dieses Randes. Kehren wir in die Beschreibung der Wissenschaft zurück.[2]

[1] Vgl. jetzt *Heisenberg*,W.: »Die Bedeutung des Schönen in der exakten Naturwissenschaft«. Vortrag vor der Bayerischen Akademie der Schönen Künste. München 1970.

[2] Es folgten in der Vorlesung noch Abschnitte, die hier weggelassen sind: über abgeschlossene Theorien (vgl. dazu II, 3.3; II, 4.2; II, 5.2), über Kants Theorie der Naturwissenschaft (vgl. II, 3.2; IV, 2; IV, 3), über den Weg der Physik zur Einheit (vgl. II, 1) und über Werte und praktische Kritik der Physik; letzterer Abschnitt schien mir nicht ausgereift genug, um ihn hier aufzunehmen.

Teil II

Die Einheit der Physik

Vorbemerkung

Die Aufgabe dieses Teils läßt sich in drei Teilaufgaben gliedern: 1. *historisch* zu zeigen, daß die Physik sich zur Einheit hin entwikkelt hat, 2. *philosophisch* zu begründen, daß die Einheit der Physik möglich und notwendig ist, 3. *physikalisch* (und, wie sich zeigen wird, zugleich *mathematisch* und *logisch*) vorzuführen, wie diese Einheit konkret aussehen soll. Die drei Aufgaben überlappen, denn eigentlich kann keine von ihnen gelöst werden ohne den Blick auf die Lösung der andern. Immerhin lassen sich die nachfolgenden Aufsätze den drei Aufgaben so zuordnen, daß II, 1 sich auf die historische Aufgabe beschränkt, II, 3 und II, 4 den Grundgedanken der philosophischen Aufgabe darlegen und II, 5 ein Programm der Lösung der physikalischen Aufgabe skizziert. Außerdem ist an der Stelle II, 2 ein alter, im Druck nicht mehr erhältlicher Aufsatz aufgenommen, der den Gedanken des Zusammenhangs von Zeitstruktur und Irreversibilität, auf dem alle späteren Arbeiten dieses Teils aufbauen, zum erstenmal darstellt. Da die Aufsätze unabhängig voneinander geschrieben sind, so daß jeder für sich verständlich sein sollte, ergeben sich gewisse Wiederholungen. Ich habe die Wiederholungen nicht gestrichen, teils weil dadurch der Zusammenhang des jeweiligen Gedankengangs zerstört würde, teils weil diese schwierigen, gedanklich mehrdimensionalen Probleme durch die Verfolgung verschiedener durch sie teils parallel, teils überkreuzend gelegter Argumentationsfäden vielleicht durchsichtiger werden.

Alle vier neueren Aufsätze verweisen auf unvollendete und unveröffentlichte Arbeiten zu wissenschaftlichen Einzelfragen. Diese betreffen vor allem: a. die Logik zeitlicher Aussagen als Grundlage nicht nur der »Quantenlogik«, sondern auch einer Analyse der operativen Auffassung der mathematischen Logik und der Mathematik; b. einen hierauf gegründeten Aufbau der Wahrscheinlichkeitsrechnung, Informationstheorie und statistischen Thermodynamik; c. die Theorie der Elementarteilchen und »Urobjekte« gemäß II, 5.5. Das Zögern mit der Veröffentlichung hängt wesentlich damit zusammen, daß gerade gemäß dem hier entwickelten Gedanken alle diese Themen eine sachliche Einheit bilden und strenggenommen keine der Untersuchungen beendet sein kann, solange nicht alle beendet sind. Ich beabsichtige nun doch, die Bruchstücke der Reihe nach zu veröffentlichen. Die hier abgedruckten Aufsätze bezeichnen dann in programmatischer Form den Zusammenhang der Bruchstücke.

II, 1. Die Einheit der bisherigen Physik

Veröffentlicht in der Festschrift »Werner Heisenberg und die Physik unserer Zeit«. Braunschweig 1961 unter dem Titel »Die Einheit der Physik«. Der Aufsatz kann sachlich als Fortsetzung der Beschreibung der Physik in I, 6 gelten. Er führt den Leitgedanken der Einheit der Physik zunächst zur Beschreibung des historischen Gangs der Physik ein. Dies bedeutet zugleich den Übergang von der mehr methodologischen Fragestellung der »Beschreibung der Physik« zum Inhalt der Physik; wie in der Einleitung dargestellt, suchen wir zunächst den Grund der Einheit der Physik in ihrem Gegenstand. Für die damit aufgeworfene philosophische Frage will aber dieser Aufsatz nur Material bereitstellen.

Inhaltlich wichtig sind mir dabei vor allem drei Fragenkomplexe: 1. die inneren Probleme des mechanischen Weltbilds, welche seine Überwindung durch die moderne Physik nicht als ein bloßes historisches Faktum, sondern als einen notwendigen Fortschritt der Gedanken erscheinen lassen; 2. die inneren Probleme der einheitlichen Feldtheorien von Einstein und Heisenberg, die m. E. notwendigerweise auftreten müssen, wenn man sich der Fragestellung der Einheit der Physik nähert; 3. die Probleme der Deutung der Quantentheorie, die in II, 5 und III, 3 wieder aufgenommen werden und schon mit der Frage der Einheit von Mensch und Natur zusammenhängen.

1. Fragestellung

Die Phänomene der Natur sind vielgestaltig. Die Physik stellt zwischen Gruppen von ihnen Einheit her, indem sie sie unter abstrakte Oberbegriffe und Gesetze bringt.

Wir betrachten ein Beispiel. Der Apfel, der vom Baum fällt, bietet eine ganz andere Erscheinung als der Mond, der den Tierkreis durchwandert. Altertum und Mittelalter orientierten sich mehr als die Neuzeit an den unmittelbar gegebenen Phänomenen und empfanden darum einen Wesensgegensatz zwischen diesen beiden Bewegungsformen. Der Apfel fällt einmal und beschleunigt; seine Bewegung ist vergänglich und gewaltsam, sie ist »irdisch«. Der Mond kreist in ewigem Gleichmaß; seine Bewegung ist unvergänglich und klar geordnet, sie ist »himmlisch«. Um das beiden Bewegungen Gemeinsame sehen zu lernen, bedurfte es einer Kette von Abstraktionen vom gegebenen Phänomen, deren erste das Trägheitsgesetz war. Nie hat ein Mensch einen Körper gesehen, der in Strenge eine Trägheitsbewegung ausführt. Trotzdem lag der Wert dieses Gesetzes gerade in der Forderung, daß ein kräftefreier Körper in mathematischer Strenge geradlinig-gleichförmig laufe. Erst das Trägheitsgesetz ermöglichte den Einfall, man könne auch die Bewegung des Mondes als eine beschleunigte auffassen. Nun gestatteten die Abweichungen der Wirklichkeit vom ersten mathematischen Ansatz einen zweiten mathematischen Ansatz: die Beschleunigung, als Ableitung des Geschwindigkeitsvektors nach der Zeit definiert, kann zum Maß der Kraft erklärt werden. Dieser Ansatz aber war die Voraussetzung der Erkenntnis Newtons, daß dieselbe Kraft den Apfel und den Mond beschleunigt.

In immer höheren Stufen schafft die auf Newton folgende Physik abstrakte Einheit verschiedenartiger Phänomene. Die Elektrodynamik schließt Elektrizität, Magnetismus und Licht zusammen, die Quantentheorie Mechanik und Chemie, die allgemeine Relativitätstheorie Raumstruktur und Schwerkraft. Das Prinzip der Einheit wird dabei meist in Worten ausgedrückt, die zwar der Umgangssprache entnommen, aber mit einem neuen, abstrakten Sinn erfüllt sind, den erst die fertige Theorie selbst durchschauen lehrt: »Kraft«, »Feld«, »Gesetz« u. a.

Die obigen Beispiele betreffen Phänomengruppen, deren Einheit jeweils ein *Teilgebiet* der Physik konstituiert. Der vorliegende Aufsatz beschäftigt sich demgegenüber mit der Frage, ob es eine Einheit der *ganzen* Physik gibt oder geben könnte. Diese Frage führt uns alsbald zu der Vorfrage zurück, was man denn unter Einheit der Physik verstehen soll. Bezeichnet man die Physik als Wissenschaft von der Natur, so würde die Hoffnung auf eine Einheit der Physik wohl ihren Grund in einem Glauben an die Einheit der Natur haben. Doch ist damit die Frage nur in anderer Wendung noch einmal gestellt: was verstehen wir unter Natur und ihrer Einheit? Wird die Frage so ausgesprochen, so zeigt sich ihr philosophischer Charakter. Wir wollen sie aber hier nicht philosophisch-systematisch, sondern an Hand des historischen Materials der bisherigen Versuche zu einer Einheit der Physik prüfen. Dabei wird es sich zeigen, daß gewisse Grundprobleme, die mit der Frage der Einheit zusammenhängen, die gesamte Entwicklung der neuzeitlichen Physik in nur geringen Abwandlungen begleiten, und daß gerade diese Probleme wahrscheinlich mit den aktuellen Schwierigkeiten der Physik der Elementarteilchen eng zusammenhängen. Die philosophischen Konsequenzen dieser Analyse explizit zu ziehen, ist nicht das Ziel dieses Aufsatzes.

W. Heisenberg hat darauf hingewiesen, daß sich die Entwicklung der Physik in aufeinanderfolgenden »abgeschlossenen Systemen« vollzieht, von denen jeweils die späteren die früheren, etwa als Grenzfälle, enthalten. Dabei verknüpft das umfassendere System Phänomene, die im engeren unverbunden nebeneinanderstanden; das umfassendere System ist so dem Ideal der Einheit der Physik näher. Oft ist das umfassendere System aus den Schwierigkeiten entstanden, die sich im engeren System zeigten, wenn man die Einheit der Physik in ihm konsequent ausdrücken wollte; freilich ist der Übergang vom engeren zum weiteren System dann doch fast immer erst durch neue konkrete Erfahrungen ermöglicht worden.

Das erste abgeschlossene System der neuzeitlichen Physik war die klassische Mechanik. Der Glaube an die Einheit der Natur sprach sich in dieser Stufe als das *mechanische Weltbild* aus. Der Fortschritt der Physik hat die klassische Mechanik auf einen Geltungsbereich eingeschränkt und eben dadurch das mechanische Weltbild als falsch erwiesen. Uns müssen hier aber gerade die inneren Probleme des mechanischen Weltbilds als eines Versuchs zur Einheit der Physik interessieren (Abschn. 2). Die nächste Stufe abgeschlossener Theorien sind die *klassischen Feldtheorien* (klassisch = nicht-quantentheoretisch). Die spezifischen Probleme der Einheit der Physik hat auf ihrer Basis Einstein vor allem in der allgemeinen Relativitätstheorie durchdacht (Abschn. 3). Heute versucht man, die Einheit der Physik auf die *Atomphysik* zu gründen (Abschn. 4). Wir besprechen die Probleme der Quantenmechanik und der Theorie der Elementarteilchen und werden die Einheitsprobleme in dem einzigen weit genug getriebenen Versuch zu einer einheitlichen Theorie, dem von Heisenberg, wiederfinden. Es sei erlaubt, mit der Betrachtung einiger Ansätze zu schließen, die noch in den Bereich jenseits des Heisenbergschen Ansatzes vorzustoßen suchen.

2. Das mechanische Weltbild

a) Grundsätzliches

Als Leitfaden zur Analyse des klassischen Weltbildes wählen wir seinen *Determinismus*. In ihm spricht sich der Glaube an eine Einheit der Natur, die in Begriffen der Mechanik beschrieben werden kann, am entschiedensten aus. Man sagte etwa so: »Alles, was in der Welt geschieht, ist an sich vorbestimmt. Die Vorbestimmung beruht auf Gesetzen. Die Gesetze sind die Gesetze der Mechanik.« Wir können dies als eine *ontische* Fassung des Determinismus bezeichnen; in ihr wird gesagt, wie die Dinge nach der Ansicht des Sprechenden *an sich sind*. Die neuzeitliche Wissenschaft will aber nicht nur behaupten, sondern auch ihre Behauptungen aus der Erfahrung begründen. So wird sie zu einer *epistemischen* Fassung des Determinismus gedrängt, in der ausgesagt wird, was wir *wissen können*. Eine solche Fassung wäre etwa: »Wer hinreichende Kenntnisse hat, kann alles, was geschehen wird, nach den Gesetzen der Mechanik vorausberechnen.« Der Laplacesche Dämon drückt dies in einem fiktiven Extrem aus. Das Beispiel der Himmelsmechanik, welche Sonnenfinsternisse und Planetenkonjunktionen mit »astronomischer« Genauigkeit vorherberechnet, zeigt, daß dieser Anspruch der Mechanik wenigstens in einzelnen Fällen wirklich eingelöst werden kann. Wir wollen ihn daher vorerst nicht kritisieren, sondern die begrifflichen Mittel der Vorhersage analysieren.

Wir bemerken zunächst, daß schon die Unterscheidung zwischen einer ontischen und einer epistemischen Fassung, zwischen dem, was ist, und dem, was wir wissen, einen *methodischen Dualismus* voraussetzt. Wir können nicht umhin, zu sprechen

A) vom erkannten *Objekt*

B) vom erkennenden *Subjekt*.

Hier entsteht alsbald ein Problem für den Einheitsglauben. Der

Determinismus behauptet zunächst, daß das Verhalten der *Objekte* vorbestimmt oder vorausberechenbar sei. Gehören auch die Subjekte zu der Natur, über welche die Physik spricht? Wir werden diese Frage unter c) und nochmals im 4. Abschnitt aufgreifen. Wir fragen zweitens: Was sind »hinreichende Kenntnisse?« Man braucht zu einer mechanischen Vorhersage eine *Dreiheit von Kenntnissen.* Man muß kennen

1. die allgemeinen *Gesetze* der Mechanik
2. die spezielle Gestalt der zwischen den vorliegenden Körpern wirkenden *Kräfte*
3. den *Zustand* des betrachteten Systems in einem Zeitpunkt.

Im Beispiel der Himmelsmechanik (soweit sie als Punktmechanik behandelt werden kann) ist die Kraft durch das Gravitationsgesetz gegeben und der Zustand durch die Orte und Geschwindigkeiten aller betrachteten Himmelskörper definiert.

Daß diese Dreiheit nötig ist, folgt aus der Gestalt der allgemeinen Gesetze der Mechanik selbst.

Wir schreiben erstens die Gesetze *als Differentialgleichungen nach der Zeit:* der Zustand zu einer Zeit bestimmt Art und Maß seiner eigenen Änderung. Daraus folgt, daß zur Kenntnis des allgemeinen Gesetzes die eines »Anfangszustandes« kommen muß. In der philosophischen Tradition nennt man ein Ding oder Ereignis *kontingent,* wenn es nicht notwendig ist, sondern sein oder auch nicht sein könnte. Dieser Begriff, der in der Philosophie oft dunkel bleibt, weil es schwer ist, zu sagen, was man unter »notwendig« und »sein können« verstehen will, findet in einer Physik mit Differentialgleichungen nach der Zeit ein sehr natürliches Anwendungsfeld. Bezeichnet man alles als notwendig, was durch die anerkannten allgemeinen Gesetze eindeutig bestimmt ist, so ist der Anfangszustand kontingent, aber bei gegebenem Anfangszustand jeder Zustand zu einer anderen Zeit notwendig.

Außer dem jeweiligen Zustand des jeweils betrachteten Körpers selbst enthalten die Gleichungen der Mechanik als eine weitere »kontingente« Größe die jeweils auf ihn wirkende Kraft. Auch das folgt unvermeidlich aus dem allgemeinen Ansatz der mechanischen Naturbeschreibung. Die Mechanik unterscheidet, wie das Alltagsdenken, einzelne Dinge voneinander; sie charakterisiert sie vorwiegend durch räumliche Merkmale wie Ort, Ausdehnung, Gestalt, daneben durch die Masse, und nennt sie demgemäß Körper oder etwa Massenpunkte. Die Bewegung eines Körpers ist aber nicht durch seine Masse und seine räumlichen Merkmale allein bestimmt, sondern auch durch seine *Wechselwirkung* mit anderen Körpern. Diese erscheint in der Mechanik unter dem Titel der Kraft. Die allgemeine Mechanik lehrt aber nicht, was für Kräfte es wirklich geben muß; die Kraft erscheint von ihren Gesetzen aus wie etwas Kontingentes.

Die bisherige Analyse scheint zu zeigen, daß die klassische Mechanik wenigstens mit einer *Vierheit objektiver Realitäten* arbeitet:

α) Körper
β) Kräfte
γ) Raum
δ) Zeit.

Diese sind offenbar sehr ungleicher Natur. »Objektiv« werden sie hier genannt, um sie als Merkmale der Objekte (im Sinne des oben zitierten methodischen Dualismus) zu kennzeichnen. Sie alle kommen ja in den Gleichungen der Mechanik vor, etwa:

$$m_k \frac{d^2 x_k}{dt^2} = f_k \tag{1}$$

Hier ist k der Index, der den jeweils betrachteten *Körper* kennzeichnet, m_k dessen Masse, x_k sein Ort (»im *Raum*«), t der *Zeitpunkt*, an dem er an diesem Ort ist, f_k die auf ihn wirkende *Kraft*.

Das Wort »Realität« soll in einer möglichst vagen Weise einen zunächst noch nicht analysierten gemeinsamen Oberbegriff andeuten. Man wird nicht sagen können, die Einheit der Physik oder der Natur im Sinne des mechanischen Weltbildes sei verstanden, solange die Beziehungen dieser vier »Realitäten« zueinander nicht klarer geworden sind. Das haben die schärferen Denker des Zeitalters, in dem das mechanische Weltbild herrschte, selbst gefühlt. Wir wollen im folgenden einige der dabei entwickelten Gedanken durchgehen. Die mehr gegenständlichen Begriffe Körper und Kraft können wir direkt betrachten, während wir der Erörterung von Raum und Zeit einen Blick auf den Dualismus von Subjekt und Objekt voranschicken müssen.

b) Körper und Kraft

Ein Hauptziel des mechanischen Weltbildes war es, die Kräfte als nicht kontingent, sondern notwendig zu erkennen. Man stellte *Kraftgesetze* auf. Das Gravitationsgesetz bot das klassische Beispiel. Die im Einzelfall auf einen Körper wirkende Kraft bleibt natürlich zunächst kontingent, weil sie von der kontingenten Lage der anderen Körper abhängt, die diese Kraft ausüben. Auch das Gravitationsgesetz hat eine konditionale Form: »*Wenn* zwei Körper die Massen m_1 und m_2 und den Abstand r haben, üben sie aufeinander die Kraft Gm_1m_2/r^2 aus.« Die Werte m_1, m_2, r sind von diesem Gesetz aus gesehen kontingent und nur im Sinne des Determinismus auf Grund eines gegebenen Anfangszustands notwendig. Aber das Gesetz formulierte doch eine nun als notwendig bezeichnete Folge des Gegebenseins gewisser Massen in gewissen Abständen. Analoge Gesetze suchte man für alle anderen Kraftwirkungen aufzustellen (Coulomb, Weber u. a.).

Die Einheit der Physik war aber sicher nicht erreicht, solange mehrere verschiedene Kräfte unverbunden nebeneinander bestanden. Man suchte sie zu verbinden, indem man sie erklärte. Hierzu wurden vor allem zwei verschiedene Wege eingeschlagen. Man konnte versuchen, den Begriff der Kraft auf den des Körpers zurückzuführen. Das lag schon in der Linie des antiken Atomismus und war genau das, was man im 17. Jahrhundert unter einer »mechanischen« Erklärung der Naturphänomene, insbesondere der Bewegungen verstand. Man schrieb gewissen elementaren Körpern, etwa den Atomen, nur die Eigenschaften der Raumerfüllung, der Undurchdringlichkeit, der Starrheit zu und erklärte ihre Wirkung aufeinander aus diesen Eigenschaften, wie man sagte »durch Druck und Stoß«. Das Programm war großartig und scheiterte nur an seiner praktischen Erfolglosigkeit. Die ersten Mißerfolge steckten, wie man nach und nach sehen lernte, schon in Newtons Mechanik selbst. Die Gravitation war als Fernkraft eingeführt, und Newton sprach aus dem Geist der »mechanischen Naturerklärung« heraus, als er sagte, die Ursache der Gravitation habe er nicht auffinden können. Daß der Begriff der Masse nicht auf geometrische Eigenschaften der Körper reduziert werden konnte, sah Leibniz deutlich und betonte Mach später mit Recht. Endgültig brach das Programm erst zusammen, als Einstein zeigte, daß dem im Sinne des Programms erdachten Lichtäther kein experimentell definierbarer Bewegungszustand zugeschrieben werden kann.

Ein anderer Versuch war die Reduktion aller Physik auf Massenpunkt-Mechanik, wie sie von Boscowich entworfen und von Helmholtz zur Begründung des allgemeinen Energiesatzes verwendet wurde. Hier wurden die Merkmale der elementaren Körper auf ein Minimum reduziert und die »makroskopischen« Eigenschaften der Körper umgekehrt möglichst weitgehend durch die in ihnen wirkenden Kräfte erklärt. Wenigstens ein elementares Kraftgesetz mußte unerklärt vorausgesetzt werden; und vielleicht haben sich die Physiker gerade am Gedanken einer elementaren Fernkraft zum ersten Mal klargemacht, daß die Ausgangsannahmen einer einheitlichen Physik nicht notwendigerweise diejenige »Evidenz« zu haben brauchen, die man bei der »anschaulichen« Erklärung der Kräfte durch Druck und Stoß empfand. Aber der Dualismus von Körper und Kraft war damit noch nicht aufgehoben, denn die elementare Kraft war noch immer dadurch definiert, daß sie die Beschleunigung der elementaren Massenpunkte bestimmte. Auch dieses Programm scheiterte schließlich an der Erfahrung, welche die Überlegenheit der Feldtheorie bewies.

In summa wird man sagen müssen, daß das mechanische Weltbild weder die Vielheit der Kraftgesetze noch den Dualismus von Körper und Kraft überwunden hat, daß aber seine Versuche, beide zu überwinden, den Übergang zu späteren Formen der Physik vorbereitet haben.

c) Subjekt und Objekt

Einer verbreiteten Stimmung nach erschöpft sich die methodische Bedeutung der scharfen Unterscheidung von Subjekt und Objekt in der Festlegung des Begriffs der objektiven Wissenschaft. Objektiv ist eine Erkenntnis, deren Inhalt nur durch das Objekt und nicht durch »subjektive Momente« bestimmt ist; ein Satz ist objektiv wahr, wenn er die Objekte so darstellt, wie sie sind. Auf das Subjekt muß man, nach dieser Ansicht, nur als auf eine mögliche Fehlerquelle reflektieren.

Sieht man genau zu, so trifft diese Meinung aber auf zwei zunächst sehr verschiedenartige Schwierigkeiten. Erstens steht jede

»objektive« Erkenntnis, insofern sie ein Akt eines Subjekts ist, unter gewissen »subjektiven« Bedingungen. Zweitens fragt sich, was wir über das Subjekt der Erkenntnis aussagen können, wenn wir bedenken, daß es selbst in der Welt der Objekte als einer ihrer Teile lebt.

Unter subjektiven Bedingungen der Erkenntnis wollen wir jetzt nicht jene »Subjektivitäten« verstehen, die von Mensch zu Mensch variieren, wie Vorurteile, Leidenschaften und Grade der Dummheit. Gerade das mechanische Weltbild hat gewisse allen Menschen gemeinsame Züge der Erkenntnis als bloß subjektiv bezeichnet, z. B. die Sinneserlebnisse der sog. »sekundären Qualitäten« wie Farbe, Wärme, Duft. Woher wissen wir dann aber, daß die »primären Qualitäten« wie Raumerfüllung und Bewegung den Dingen selbst zukommen? Der heutige Physiker wird sagen, dies sei eine Hypothese gewesen. Die heutigen Korrekturen dieser Hypothese wird man wohl nur verstehen, wenn man sie im Lichte der noch tiefer dringenden Frage Kants sieht, ob nicht schon der Begriff einer objektiven Natur selbst das Werk einer produktiven Leistung unseres Erkenntisvermögens sei. Wir können diese Frage hier nicht auf dem ihr zukommenden philosophischen Niveau erörtern, sondern werden uns im folgenden, soweit das Thema wichtig wird, auf Einzelbemerkungen zu ihr beschränken.

Zunächst führt der Versuch, über die subjektiven Bedingungen innerhalb des mechanischen Weltbildes selbst ins klare zu kommen, zur zweiten Schwierigkeit. Er nötigt uns nämlich zu der Entscheidung, ob wir das erkennende Subjekt »monistisch« in die mechanisch erklärte Natur aufnehmen oder »dualistisch« aus ihr ausschließen wollen. Keine der beiden Lösungen konnte befriedigend zu Ende gedacht werden.

Die Physiologie der Sinnesorgane schien eine mechanische Erklärung der sekundären Qualitäten nahezulegen. Die Dinge sind nicht an sich farbig oder tönend, sondern Ätherwellen reizen über die Netzhaut den Sehnerv, Luftwellen über das Trommelfell den Gehörnerv. Offenbar wird damit das Problem zunächst in ein schwer kontrollierbares Gebiet verschoben. Wie wird aus der Reizung des Sehnervs Farbempfindung, aus der des Hörnervs Schallempfindung? Kommt zum physikalischen Vorgang die Empfindung als etwas aus ihm Unerklärbares hinzu oder *ist* dieser Vorgang selbst irgendwie die Empfindung? Beides führt zu Unzuträglichkeiten.

Sagt der *Monist* (»Materialist«) nur, wie es Hobbes gegen Descartes tat, es sei nicht einzusehen, warum die Materie nicht solle denken können, so hat er mit dieser Formel, soweit sie geht, wohl recht. Faßt man nämlich den Materiebegriff zunächst unbestimmt genug, so wird man nicht verbieten können, ihm auch das Denkvermögen als Merkmal zuzuschreiben. Aber damit hat man im Grunde das mechanische Weltbild gesprengt; man hat der Materie neben Ausdehnung und Bewegung eine weitere, völlig andersartige Eigenschaft zugeschrieben. Gerade das Großartige und Fruchtbare des mechanischen Weltbilds ist damit geopfert, nämlich sein Anspruch, das Prinzip der Einheit der Natur *explizit* angeben zu können. Verspricht der Monist aber daraufhin, das Bewußtsein mechanisch zu »erklären«, so scheint er nicht zu wissen, was er sagt; niemand hat begreiflich machen können, wie eine solche Erklärung aussehen sollte. Im Rahmen des mechanischen Weltbildes kann man, so scheint es, den Monismus oder Materialismus zwar behaupten, aber nicht verstehen.

Der *Dualist* andererseits opfert den Totalitätsanspruch der Mechanik, um ihren Erklärungswert im Bereich des »Ausgedehnten« uneingeschränkt zu erhalten. Insofern steht er wohl auf einer höheren Stufe methodischer Bewußtheit. Descartes unterschied metaphysisch zwei »Substanzen«: Ausdehnung[1] und Denken. In praxi denkt aber auch die heutige Naturwissenschaft zwar nicht metaphysisch, aber methodisch wie er: man untersucht die physikalischen Vorgänge für sich und sucht sie von ihren »subjektiven Begleiterscheinungen« sauber zu trennen. Letztere gelten nicht als Gegenstand der Naturwissenschaft. Damit wird es aber der Naturwissenschaft verboten, etwas zu untersuchen, was Bedingung ihrer eigenen Möglichkeit ist, nämlich unser Vermögen, von den Dingen sinnlich etwas zu erfahren. Obwohl man unsere Sinnesorgane und unser Nervensystem zur »Natur« rechnen muß, gehört das, wozu sie dienen, Sinneswahrnehmung und Denken, dann nicht zur »Natur«. Man kann den Dualismus in dem Sinn verstehen, daß er das Unverständliche explizit aus der Fragestel-

[1] Daß er die Ausdehnung und das Ausgedehnte (Raum und Materie) nicht unterschied, war eine Pointe, auf die er stolz war, aber wohl doch einfach ein Denkfehler.

lung ausschließt; aber wird man eine solche Ansicht im Ernst behaupten wollen?

Wir übergehen hier alle späteren z. B. »parallelistischen« oder »idealistischen« Lösungsversuche. Die Physik unseres Jahrhunderts, die das mechanische Weltbild innerhalb der Physik aufgegeben hat, bietet auch diesen Fragen eine ganz andere Ausgangsposition.

d) Raum und Zeit

Wer Körper als ausgedehnt, Massenpunkte als lokalisierbar bezeichnet, benutzt räumliche Begriffe, deren Verständlichkeit schon vorausgesetzt wird. Newton, der sich über die Voraussetzungen seiner Wissenschaft sorgfältig Rechenschaft gab, postulierte die Existenz des »Raumes«, unabhängig von den »in« ihm befindlichen Körpern.

Dieser Dualismus von Raum und Materie hat viele Denker nicht befriedigt. Leibniz leugnete die Existenz eines selbständigen Gegenstandes »Raum« und verwies die Räumlichkeit in den Bereich der Eigenschaften von Körpern. Ein Körper hat Größe, Gestalt, Abstand von einem anderen Körper; aber es wäre sinnlos, die ganze Welt, da wo sie ist, von einer gedachten, ihr gleichartigen Welt unterscheiden zu wollen, die 10 Meilen nach rechts im »Raum« verschoben wäre. Diese Kritik, die Mach wieder aufnahm, bahnte den Weg zur Relativitätstheorie. Zunächst setzte sie sich aber nicht durch. Newton hatte das starke physikalische Argument für sich, daß wenigstens eine »absolute« Beschleunigung eines Körpers (etwa als Drehung im Eimerversuch) im Innern des Körpers selbst, ohne Vergleich mit anderen Körpern, meßbar ist. Der gesamte weitere Aufbau der Physik kann nur verstanden werden, wenn man den Dualismus von Raum und Materie zunächst hinnimmt.

Der Raum erscheint also als ein Gegenstand der Physik, aber als ein Gegenstand sui generis. Schon die Behauptung seiner Existenz hat einen fühlbar anderen Sinn als die der Existenz von Materie. »Es gibt Materie« heißt: »Irgendwo sind Körper«. »Irgendwo« heißt nun »irgendwo im Raum«. Es wäre aber sinnlos, zu sagen: »irgendwo ist Raum«. Der Raum ist vielmehr eben das, auf Grund wovon der Begriff »irgendwo« einen Sinn hat.

Ebenso unsymmetrisch ist das Verhältnis von Raum und Materie unter dem Gesichtspunkt der Kausalität. Daß eine Drehung »gegen den Raum« Zentrifugal- und Corioliskräfte hervorruft, erscheint wie eine Wirkung des Raumes auf die Materie. Hingegen gibt es in der klassischen Physik keine Wirkung der Materie auf den Raum; seine Struktur liegt a priori fest. Alle diese, sprachlich schwer korrekt formulierbaren Sachverhalte dürfen wir als Hinweise auf damals und zum Teil auch heute ungelöste Probleme der Einheit der Physik ansehen.

Neben der Frage, was der Raum ist, steht die Frage, woher wir von ihm etwas wissen. Newton nahm für sein Postulat des absoluten Raumes wohl Evidenz in Anspruch. Daraus, daß wir vor aller einzelnen Erfahrung von »äußeren« Dingen schon mit Sicherheit wissen, daß sie Erfahrung im Raum sein werde, schloß Kant, daß der Raum eine subjektive Bedingung aller sinnlichen Erkenntnis, eine Form unserer Anschauung sei. Die Geometrie, als die Wissenschaft vom Raum aufgefaßt, erschien bei Newton wie bei Kant nicht als Zweig, sondern als Voraussetzung der Physik. Gauß erkannte die logische Möglichkeit verschiedener Geometrien und hielt eine empirische Entscheidung darüber für möglich, welche von ihnen in der Natur gilt. Über Riemann führt dieser Weg zu Einstein, der die Raumstruktur als Gegenstand empirischer Forschung und physikalischer Hypothesenbildung ansieht. Damit ist aber die Grenze des mechanischen Weltbildes überschritten.

Neben den Raum stellt Newton die Zeit. Die Mechanik beschreibt die Bewegung von Körpern und versteht Bewegung als Änderung des Ortes. Änderung aber ist Änderung »in der Zeit«. Die Punkte, in denen sich hieraus eine Einführung des Zeitbegriffs ergibt, die der des Raumbegriffs parallel geht, brauchen wir hier nicht hervorzuheben. Entscheidend für alles weitere ist es, auf die Unterschiede von Raum und Zeit zu achten.

Als methodische Analogie ziehen wir noch einmal das Verhältnis der Körper zum Raum heran. Der Raum ist kein Körper, sondern so etwas wie die Bedingung der Möglichkeit von Körpern. Man kann nur sagen, was ein Körper ist, wenn man ein gewisses Verständnis räumlicher Begriffe schon besitzt. Dieses »Vorverständnis« ist zwar nicht, wie der Apriorismus meinte, präzise; es bedarf selbst fortschreitender Aufklärung, und ist, wie wir heute glauben, sogar empirischer Korrektur fähig. Man kann also aus dem Studium des Verhaltens der Körper etwas über den Raum lernen. Das hebt aber die oben geschilderte logische Asymmetrie des Verhältnisses der Begriffe »Körper« und »Raum« nicht auf. Jede Modifikation des Raumbegriffs modifiziert den Körperbegriff automatisch mit. In der klassischen Physik wird die grundlegendere Funktion des Raumbegriffs, verglichen mit dem des Körpers, z. B. darin sichtbar, daß man nach ihr keinen Körper denken kann, der nicht im Raum wäre, wohl aber Raum, in dem kein Körper ist, sei es, daß er als »leer« betrachtet wird, sei es, daß er etwas anderes als Körper, z. B. Felder enthält. Wir wollen dieses methodische Verhältnis nicht absolut setzen, aber doch als Beispiel für eine in der bisherigen Physik vorliegende Situation wählen.

Wir behaupten nun: die Zeit ist nicht nur neben dem Raum methodisch vor allen Begriffen von Gegenständen schon als »irgendwie« verstanden vorausgesetzt, sondern ihr Verständnis wird auch überall dort schon benützt, wo sogar der Raumbegriff kritisch untersucht wird. Man darf vielleicht vermuten, daß der Begriff der Zeit von allen in dieser Arbeit besprochenen Begriffen der grundlegendste ist.

Ganz deutlich ist dies in epistemischen Fragestellungen. Wir begründen die Physik auf Erfahrung. Das ist selbst kein einfacher Begriff. Sicher ist aber, daß wir unter Erfahrung ein Wissen verstehen, das aus vergangenen Vorgängen gewonnen und auf zukünftige anwendbar ist. Die »Geschichtlichkeit« unserer Existenz ist also im Erfahrungsbegriff schon vorausgesetzt.

Physiker neigen vielfach dazu, in der Geschichtlichkeit der Zeit, also in dem »Strömen« der Zeit oder »Wandern des Jetzt auf der Zeitgeraden«, der Faktizität des Vergangenen und der Offenheit oder Unbestimmtheit der Zukunft, etwas »nur Subjektives« zu sehen. Die »objektive« Zeit erscheint ihnen durch eine raumähnliche vierte Koordinate richtiger beschrieben. Ich gestehe, daß es mir schwerfällt, mit dieser Ansicht einen verständlichen Sinn zu verbinden. Zunächst sollte es in jeder Auffassung, die das Subjekt als einen Teil der Natur anerkennt, zulässig sein zu fragen, woher denn diese »geschichtlichen« Züge der Zeit im subjektiven Erleben kommen, wenn sie in der Natur an sich gar nicht existieren. Ein strenger Dualist mag diese Frage als unbeantwortbar oder falsch gestellt verwerfen. Aber dann bleibt immer noch eine Reihe rein physikalischer Sachverhalte, die die Sonderrolle der Zeit gegenüber dem Raum und die Geschichtlichkeit der physischen Abläufe selbst deutlich machen.

Die Gesetze der Mechanik sind Differentialgleichungen nach der Zeit. Unsere Analyse unter a) zeigte, daß die Kenntnis des Zustands zu einer bestimmten Zeit nötig ist, um den Zustand zu allen anderen Zeiten zu determinieren; die ganze Erörterung der Begriffe »Gesetz« und »notwendig« und »kontingent« basiert auf einem stillschweigend vorausgesetzten Verständnis von Zeit als »Ablauf«. Wenn man nicht auch die Fassung der Naturgesetze als Differentialgleichungen nach der Zeit (oder, was gleichwertig ist, als Extremalforderungen für Zeitintegrale) als Folge der bloß subjektiven Bedingungen der Erkenntnis ansehen will, ist die Sonderrolle der Zeit aus der objektiven Naturbeschreibung nicht zu eliminieren; sie ist also wenigstens in allen heute existierenden Darstellungen der Physik enthalten. In der Kontinuumsmechanik und Feldphysik treten dann zwar auch Differentiationen nach den Ortskoordinaten auf. Aber die Differentialgleichungen sind hyperbolisch und zeichnen wiederum die Zeit aus; auch ihre Lösung führt auf Anfangswertprobleme.

Daß auch der Unterschied der faktischen, historischer Kenntnis zugänglichen Vergangenheit und der möglichen, noch beeinflußbaren und ungewissen oder nur naturgesetzlich vorhersagbaren Zukunft in der ganzen Physik stillschweigend vorausgesetzt wird, zeigt schon das selbstverständliche Ausgehen von »Anfangszuständen«, der Gebrauch »retardierter« und nicht »avancierter« Potentiale etc. Schärfer faßbar wird es in der statistischen Ableitung des 2. Hauptsatzes der Thermodynamik. Der dort verwendete Begriff der Wahrscheinlichkeit hat nur in bezug auf die jeweilige Zukunft einen physikalischen Sinn[1].

[1] Vgl. II, 2 u. *Weizsäcker,* C. F. v.: »Die Geschichte der Natur«, 4. Kap. Zürich 1948.

3. Klassische Feldtheorien

a) Elektrodynamik

Der Feldbegriff ist aus einem Studium der zwischen den Körpern wirkenden Kräfte hervorgegangen, das unter dem Einfluß des Wunsches stand, den Dualismus von Körper und Kraft zu überwinden. Fernkräfte schienen starr und unveränderlich an den Körpern zu »hängen«. Faraday lehrte das Feld als eine von den Körpern unabhängige Realität mit eigener innerer Dynamik verstehen. Nun verfolgte man die Hoffnung, das Feld als einen besonderen durch den ganzen Raum ausgebreiteten Körper, den »Äther« zu erklären und so das alte Ideal des 17. Jahrhunderts doch zu verwirklichen. Dies scheiterte an der speziellen Relativitätstheorie. Im übrigen blieb die konkrete Gestalt der Elektrodynamik dualistisch in der Unterscheidung zwischen der »ponderablen Materie« und dem »elektromagnetischen Feld«. Der Unterschied Materie – Feld ist in neuer Gestalt noch der alte Unterschied Körper – Kraft.

b) Spezielle Relativitätstheorie

Dies ist eine Theorie über das Verhältnis des Raumes zur Zeit. Höchst irreführend ist dieses Verhältnis in den vielzitierten Worten von Minkowski beschrieben: »Von Stund an sollen Raum für sich und Zeit für sich völlig zu Schatten herabsinken und nur noch eine Art Union der beiden soll Selbständigkeit bewahren.«

Die spezielle Relativitätstheorie macht zwar den qualitativen Unterschied zwischen Zeit und Raum nicht ausdrücklich zum Thema, bietet aber keinerlei Anlaß, einen solchen Unterschied, wenn er anderweitig begründet wird, zu leugnen. Der Lichtkegel trennt lorentzinvariant raumartige von zeitartigen Weltvektoren, und unter den letzteren die in die Zukunft weisenden von den in die Vergangenheit weisenden. Alles unter 2d) über die Geschichtlichkeit der Zeit Gesagte kann man ohne Schwierigkeit in die spezielle Relativitätstheorie übernehmen, wenn man die Zeitfolge nicht für den ganzen Raum durch eine »absolute« Zeit, sondern lokal längs jeder Weltlinie definiert. Die in der heutigen Quantenfeldtheorie so wichtige Kausalitätsforderung besagt gerade, daß die Zeitfolge unter keinen Umständen umgekehrt werden kann, und drückt damit einen Teilaspekt der Geschichtlichkeit aus. Die Abänderung gegenüber der klassischen Raum-Zeit-Lehre besteht genau in dem, was Einstein von vornherein als den Grundgedanken seiner Theorie bezeichnet hat: der Aufhebung des absoluten Sinns des Begriffs der Gleichzeitigkeit solcher Ereignisse, die nicht am selben Ort stattfinden. Für jeden möglichen Körper oder Beobachter ist eine Zeitfolge eindeutig definierbar und, zunächst nur für nicht beschleunigte Körper, auch ein Zeitmaß. Das Thema der Relativitätstherorie ist die Beziehung dieser lokalen Zeitordnungen aufeinander durch die Konstruktion eines Raumes. Es zeigt sich, daß der Raum aller mit einem gegebenen Ereignis gleichzeitigen Ereignisse nicht universell, sondern nur bezogen auf den Bewegungszustand des jeweiligen Beobachters bzw. Meßinstruments definiert werden kann. Will man von Minkowskis »Union« überhaupt reden, so besteht sie in einer Abhängigkeit der Definition des Raumes von der der Zeit.

c) Allgemeine Relativitätstheorie

Da für jeden Körper eine eindeutige Zeitfolge existiert und jeder Körper mit einer Uhr verbunden gedacht werden kann, erscheint die Einschränkung auf nicht beschleunigte Beobachter künstlich. Einstein erkannte, daß der Übergang zu beliebigen Beobachtern den Übergang zu einer differentialgeometrischen Darstellungsweise des Raumes involviert, da solche Beobachter »ihren« Raum nicht mehr euklidisch aufbauen können. Die empirische Proportionalität der schweren mit der trägen Masse gestattete ihm, die Gravitation mit der Beschleunigung und dadurch mit der Raumstruktur zu verknüpfen. Dies erlaubte ihm für den Spezialfall der Schwerkraft eine völlig unerwartete Lösung der Frage nach dem Wesen der Kräfte: diese sind für ihn nicht, wie für das mechanische Weltbild, aus einer Eigenschaft der Körper (der Undurchdringlichkeit), sondern aus einer Eigenschaft des Raumes[1] (der Krümmung) herzuleiten.

Die allgemeine Relativitätstheorie wurde auf diese Weise das erste Modell einer Einheit der Physik mit wesentlich vom mechani-

[1] genauer: der Verknüpfung des Raumes mit der Zeit.

schen Weltbild abweichenden Eigenschaften. Sie ist bis heute auch das einzige weitgehend durchgeführte Modell dieser Art und daher für uns wichtig.

Sie reduziert die Vierheit Körper-Kräfte-Raum-Zeit zunächst auf die Zweiheit Materie–metrisches Feld. Freilich verdeckt der Terminus »metrisches Feld« den fortbestehenden Unterschied von Raum und Zeit. Die Theorie würde wohl besser als eine Beschreibung der überall in der lokalen Zeit ablaufenden Wechselwirkung von Materie und Raum aufgefaßt. Ferner müssen dabei andere Kräfte als die Schwerkraft zunächst noch außer Betracht bleiben. Der Zweiheit Materie–Raum entsprechen in der ursprünglichen Fassung der Theorie zwei dynamische Grundgesetze, welche die Wirkung der Materie auf das metrische Feld und die des metrischen Feldes auf die Materie beschreiben. Das erste ist Einsteins Grundgleichung, die den Riemannschen Krümmungstensor durch den Materietensor bestimmt. Das zweite besagt, daß sich die Materie auf den Geodätischen des Raum-Zeit-Kontinuums bewegt.

Diese Theorie erfüllt keineswegs das Programm von Leibniz und Mach, obwohl Einstein durch dieses Programm inspiriert war. Dieses Programm wollte den Newtonschen Raum, ein »Ding«, das Wirkungen ausüben, aber nicht erleiden kann, ganz in bloße Eigenschaften und Relationen von Körpern auflösen. Mach wollte den Eimerversuch durch die Wirkung der fernen Massen des Weltalls erklären. Das ist aber so direkt nur in einer Fernwirkungstheorie möglich. Die allgemeine Relativitätstheorie ist jedoch aus der Feldphysik hervorgegangen und kennt keine Fernwirkung. Indem sie das Kraftfeld mit dem Raum verschmelzen läßt, macht sie aus dem Raum einen physikalischen Gegenstand in vollem Sinne, der Wirkungen ausübt und erleidet. Insofern löst Einstein die Halbheit des Newtonschen Raumbegriffs in genau umgekehrter Richtung auf, als Leibniz und Mach es wollten.

Konsequenterweise versuchte Einstein, den verbleibenden Dualismus von Materie und Raum dadurch zu überwinden, daß er auch die Materie als eine Eigenschaft des Raumes, etwa Teilchen als Singularitäten des metrischen Feldes auffaßte. Es konnte gezeigt werden, daß eine sehr schwache Singularität des metrischen Feldes sich längs einer Geodätischen bewegt. Dies erweckt die

Aussicht, Einsteins Grundgleichung als einziges Naturgesetz übrig zu behalten. Freilich konnte nicht gezeigt werden, daß es überhaupt strenge Lösungen dieser Gleichung gibt, die Singularitäten haben, welche die Materie darstellen können. Die Schwierigkeit liegt, technisch gesprochen, an dem nichtlinearen Charakter der Gleichung. In dieser Art technischer Schwierigkeiten aber dürfte sich gerade die Eignung der Theorie als Modell der Einheit der Natur darstellen.

Wenn es überhaupt eine Differentialgleichung nach der Zeit als einziges Grundgesetz der Natur und nur noch einen einzigen fundamentalen Gegenstand der Physik (hier den »Raum«) gibt, so wird diese Differentialgleichung nichtlinear sein müssen. Denn dieser Gegenstand muß dann mit sich selbst wechselwirken. Eine lineare Differentialgleichung aber läßt z. B. zwei von verschiedenen Raumpunkten ausgehende Wellen unverändert durcheinander hindurchgehen. Alle linearen Gleichungen der klassischen Feldphysik sind erste Näherungen, zu denen dann »schwache« Wechselwirkungen gefügt werden können. Eine Theorie, die die Einheit der Physik explizit ausdrückt, muß die in den linearen Gleichungen mit schwacher Wechselwirkung schon als existent vorausgesetzten Teilchen oder Felder selbst erst ableiten. Für sie ist die Annäherung schwacher Wechselwirkung gerade im ersten Schritt sinnlos. Ist Einsteins Gleichung das richtige Grundgesetz der Natur, so muß sie als mögliche Lösung die wirkliche Welt mit Atomen, Sternen und Spiralnebeln, mit Molekülen, Gräsern, Mauleseln und menschlichen Gehirnen enthalten. Es ist nicht a priori klar, in welchen Näherungsschritten sie gestatten wird, einzelne dieser Gegenstände als unabhängig von den anderen möglichen Gegenständen zu beschreiben; eine wirklich strenge Lösung würde vielleicht überhaupt keinen isolierten Gegenstand zulassen.

Ein Anzeichen dieses Zusammenhangs von allem mit allem ist die Unausweichlichkeit, mit der die allgemeine Relativitätstheorie zur Frage nach kosmologischen Modellen geführt wird. Die Raumstruktur ist durch die Verteilung der Materie im Raum nicht vollständig bestimmt; es müssen auch Anfangs- oder Randbedingungen gegeben sein. Das »Machsche Prinzip«, die Raumstruktur solle von der Materie allein bestimmt sein, ist eine zusätzliche und keineswegs selbstverständliche Forderung an diese Bedingungen, indem es z. B. einen geschlossenen Raum vor einem offenen auszeichnet.

Es ist nicht zu verwundern, daß bedeutende Physiker wie Einstein und v. Laue, die mit dieser Art von Problemen vertraut waren, die Quantentheorie schon deshalb noch als sehr fern von einer endgültigen Naturbeschreibung ansehen mußten, weil in ihr die Wechselwirkungen in den wichtigen Fällen als schwach beschrieben wurden. Andererseits vermochte Einstein die nicht-gravitativen Kräfte nicht überzeugend einzubauen, und die jüngeren Physiker haben doch wohl mit vollem Recht eine Theorie, welche die Quanteneffekte nicht schon im ersten Ansatz berücksichtigt, ebenfalls nicht als adäquates Bild der wirklichen Welt anerkennen können.

4. Atomphysik

a) Ältere Atomphysik

Der Atomismus ist vielleicht die älteste einigermaßen präzise Fassung des mechanischen Weltbildes. Im 19. Jahrhundert leistete er die Vereinheitlichung an zwei wesentlichen Stellen: in der Physik durch die Reduktion der Wärmelehre auf statistische Mechanik, in der Chemie durch die anschauliche Deutung der chemischen Systematik. Im 20. Jahrhundert gelang ihm die Verschmelzung der Prinzipien von Physik und Chemie im Rutherford-Bohrschen Atommodell. Zwei Züge dieser Entwicklung sind für uns besonders wichtig: die stufenweise Tieferlegung des Begriffs der elementaren Einheit und das Aufkommen der Quantenvorstellung.

Die Antike sprach von vier Elementen, die freilich in der philosophischen Erörterung z. T. noch als zerlegbar gedacht wurden. Die Chemie des 18. Jahrhunderts definierte als Element das mit ihren Mitteln nicht mehr Zerlegbare. Intensive empirische Forschung setzte ein. Als die Zahl der so definierten Elemente auf über 80 anwuchs und eine innere Ordnung ihres Systems (Mendelejeff) erkannt wurde, war zu vermuten, daß die Elemente nicht letzte, absolut unzerlegbare Substanzen seien. Jedem Element entsprach in der Theorie eine bestimmte Teilchensorte; diese Teilchen hatten ebenfalls von den Chemikern den Unteilbarkeit andeutenden Namen »Atome« erhalten. Atom- und Kernphysik erkannten etwa seit 1900 die Zerlegbarkeit der Atome und reduzierten die Anzahl der »Elementarteilchen« vorübergehend auf zwei: Proton und Elektron. Ihnen standen ebenfalls zwei bekannte »elementare Felder« gegenüber, das des Elektromagnetismus und das der Gravitation. Die intensive empirische Forschung der letzten 30 Jahre hat dieses neue System von »vier Elementen« wiederum ins fast Unübersehbare anwachsen lassen. Die heutige »Physik der Elementarteilchen« sucht die Einheit hinter den bisher als Elementarteilchen bezeichneten Gebilden.

Ähnlich wurden auch die abstrakteren begrifflichen Hilfsmittel des Atomismus revidiert, als man begann, sie ernstzunehmen. Längst hatten Philosophen wie Leibniz und Kant auf die Inkonsistenz der Vorstellung prinzipiell unteilbarer, aber doch ausgedehnter Atome hingewiesen. Physiker und Chemiker bewahrten sich demgegenüber die glückliche Naivität, die streckenweise zur positiven Forschung gehört. Als sie aber begannen, in der statistischen Mechanik im Ernst die klassische Physik auf die Atome selbst anzuwenden, zeigten sich die Konsequenzen der gemachten Annahmen. Man wurde zu der Folgerung gedrängt, daß die Atome nicht zu inneren Schwingungen, ja nicht einmal zum Austausch von Rotationsenergie fähig sein sollten. Heute sehen wir, daß dabei nicht spezielle Modellvorstellungen versagten, sondern die Anwendung der Prinzipien der klassischen Physik und Statistik auf einen als Kontinuum gedachten Gegenstand. Dies wurde deutlich, sowie man als Gegenstand ein Kontinuum wählte, von dem man eine klar formulierte Theorie besaß: das Strahlungsfeld. Es ist Bohrs Verdienst, die Unentbehrlichkeit und zugleich den schlechthin nichtklassischen Charakter der Planckschen Quantenhypothese im Gesamtbereich der Atomphysik nachgewiesen zu haben.

b) Quantenmechanik

Die Quantenmechanik ist zunächst als die adäquate Mechanik der Atome die nachträgliche Rechtfertigung der einheitstiftenden Funktion der älteren Atomphysik. Das mechanische Weltbild und die ältere Atomlehre waren weitgehend bloße Hoffnungen, die Quantenmechanik hingegen ist eine empirisch geprüfte Theorie der Einheit des Weltgeschehens, soweit es durch Atomphysik erklärt werden kann.

In bezug auf die innere Einheit der »drei Grunderkenntnisse« bzw. der »vier Grundrealitäten« hingegen tut die Quantenmechanik keinen leicht erkennbaren Schritt über die klassische Mechanik hinaus; insofern steht sie noch nicht auf der Reflexionsstufe, die in der allgemeinen Relativitätstheorie für die klassischen Feldtheorien schon erreicht war. Sie kennt

1. als allgemeines Gesetz eine Differentialgleichung nach der Zeit
2. als Kraftansatz die Hamiltonfunktion
3. als kontingenten Zustand den Hilbertvektor.

Entsprechend kennt sie

α) Teilchen bzw. Felder
β) die Wechselwirkung zwischen diesen
γ) den Raum, in dem Teilchen und Felder definiert sind
δ) die Zeit.

In der Konfigurationsraumtheorie wird die Wechselwirkung nach klassischem Muster durch Kraftfunktionen beschrieben, in der Quantentheorie der Wellenfelder noch immer durch aus den kräftefreien Feldgleichungen nicht herleitbare Zusatzterme. Gleichwohl tut die Quantenmechanik einen entscheidenden Schritt auf die Einheit der Physik zu, der in einem *Faktum* und einem *Problem* sichtbar wird. Um dies zu erkennen, müssen wir die zu enge Anlehnung des obigen Schemas an die klassische Mechanik korrigieren und zunächst eine »Grundrealität« und eine »Grundkenntnis«, die wir unterschlagen hatten, hinzufügen. Die Quantenmechanik kennt außer dem, was schon die klassische Physik »den Raum« nannte, noch

ε) den Zustandsraum (Hilbertraum).

Sie kann ferner die Zukunft nur vorhersagen vermittels eines zweiten Grundgesetzes:

1a) des Gesetzes der statistischen Deutung.

Schon die klassische Physik hat die Gesamtheit der möglichen Zustände eines Gegenstands manchmal zu einem abstrakten »Raum« zusammengefaßt, z. B. dem »Phasenraum«. Der quantentheoretische Zustandsraum unterscheidet sich in zwei Punkten grundsätzlich von einem Phasenraum. Er ist erstens *über* den Größen errichtet, die als Elemente des Phasenraums auftreten. Auch die Quantentheorie kennt die Orts- und Impulskoordinaten, die den Phasenraum ausmachen; aber nicht sie selbst, sondern gewisse, in weitem Umfang beliebige Funktionen von ihnen sind die Elemente des quantentheoretischen Zustandsraums. Der Zustandsraum erscheint wie der Ausdruck einer höheren Reflexionsstufe als der Phasenraum. Zweitens sind die Zustandsräume aller überhaupt bekannten Gegenstände der Quantenmechanik isomorph. Sie alle sind Hilberträume in dem ursprünglichen engen Sinn dieses Worts: komplexe lineare Räume positiver hermitischer Metrik mit abzählbar unendlicher Dimensionszahl[1]. Dies ist das oben gemeinte *Faktum*, in dem sich eine noch nicht verstandene Einheit des methodischen Ansatzes aller Gegenstandsbeschreibung überhaupt zu verraten scheint.

Das *Problem*, das die Quantenmechanik aufzuwerfen genötigt ist, ist das alte der Beziehung zwischen *Subjekt* und *Objekt*. Es ergibt sich aus der *statistischen Deutung* des Zustandsraums. Die Quantenmechanik ist die erste Theorie der Physik, deren Grundbegriffe überhaupt keine Deutung haben, die nicht explizit auf die *Möglichkeit von Messungen* bezogen wäre. (Die Begriffe der klassischen statistischen Mechanik lassen sich wenigstens prinzipiell zerlegen in die »objektiven« Begriffe der Mechanik und die »subjektiven« Wahrscheinlichkeitsbegriffe, die nur unser Wissen vom objektiven Sachverhalt beschreiben.) Wir diskutieren dies an Hand der Grundformel der Diracschen »Übereinstimmungswahrscheinlichkeit« zweier Zustände φ und ψ:

$$w_{\varphi\psi} = |\langle \varphi | \psi \rangle|^2 \qquad (2)$$

Diese Gleichung kann in Worten so gedeutet werden: Ist eine Messung gemacht worden, deren Ergebnis durch den Zustandsvektor φ beschrieben werden kann, so ist die Wahrscheinlichkeit, bei einer unmittelbar nachfolgenden Messung ein Ergebnis zu finden, das durch den Zustandsvektor ψ beschrieben werden kann, gleich dem Absolutquadrat des inneren Produkts der normierten Vektoren φ und ψ. Eine genaue Interpretation dieses Satzes verlangt die Unterscheidung von drei Arten der Änderung des Zustandsvektors mit der Zeit. Er ändert sich

[1] Die unendliche Dimensionszahl gestattet, daß auch der Zustandsraum eines zusammengesetzten Gegenstands dem jedes seiner Teile isomorph ist.

a) solange keine Messung gemacht wird nach der Schrödingergleichung des isolierten Meßobjekts
b) während des Meßprozesses nach der Schrödingergleichung des Gesamtsystems Meßobjekt plus Meßapparat
c) »durch die Messung« unstetig nach Gleichung (2).

Ehe wir die Probleme dieser Unterscheidung diskutieren, benutzen wir sie, um einige der in obigem Satz benutzten Begriffe zu präzisieren. Daß die zweite Messung der ersten »unmittelbar« nachfolgen soll, heißt zweierlei: 1. die Änderung des Zustandes nach a) soll in der Zwischenzeit kleiner bleiben als die zugelassene Meßungenauigkeit; 2. zwischen beiden Messungen soll keine weitere Messung am selben Objekt vorgenommen werden. Die erste dieser Bedingungen ist unwesentlich, wenn man die Änderung des Zustands nach a) berechnen kann; man kann dann den Vorgang im Heisenberg-Bild beschreiben, in dem die Folge der nach a) zeitlich auseinander folgenden Zustände als derselbe Zustand *definiert* wird. Die zweite Bedingung hingegen ist wesentlich. Ferner ist zu beachten: da der Zustand sich nach b) in einer berechenbaren Weise ändert, liefert jede Messung eigentlich zwei Zustandsvektoren für das Meßobjekt: den, der nach dem Meßprozeß vorliegt, und den, der *auf Grund des Meßresultats* vor dem Meßprozeß vorgelegen hat. Unsere Formel meint in diesem Sinne mit φ den Zustand auf Grund und *nach* der ersten Messung, mit ψ den Zustand auf Grund und *vor* der zweiten Messung. Beide Zustände (als Heisenberg-Zustände interpretiert) beziehen sich also auf *dasselbe* Zeitintervall, nämlich das *zwischen* den beiden Messungen.

Dieser Sachverhalt läßt weder eine rein »objektive« (»realistische«) noch eine rein »subjektive« (»idealistische«) Deutung des Zustandsvektors zu. Nach der objektiven Deutung bestünde der »Zustand« wie in der klassischen Physik an sich, unabhängig davon, ob er beobachtet wird. Dann müßte z. B. die Frage erlaubt sein, zu welcher Zeit er sich nach c) ändert. Tatsächlich gelten aber φ *und* ψ für die Zeit zwischen den Messungen. Man kann nur sagen: Wer nur das Ergebnis der *ersten* Messung weiß, weiß alles, was in φ ausgedrückt ist. Er wird daher den Ausfall jeder künftigen Messung nach (2) prophezeien. Wer nur das Ergebnis der *zweiten* Messung weiß, weiß alles, was in ψ ausgedrückt ist. Er wird ψ nach b) auf die Zukunft umrechnen und wieder gemäß

Gleichung (2) prophezeien. Er kann aber auch vergangene Ereignisse in folgendem Sinn »prophezeien«: Die Wahrscheinlichkeit, daß bei einer *vor* der zweiten Messung gemachten Messung, falls eine solche überhaupt gemacht wurde, φ gefunden wurde, ist ebenfalls das durch (2) definierte $w_{\varphi\psi}$. Wer das Ergebnis *beider* Messungen weiß, hat für die Zeit zwischen den Messungen φ *und* ψ. Wenn er aber *weiß*, daß, wie oben vorausgesetzt, in dieser Zeit keine Messung an dem betreffenden Objekt gemacht wurde, so folgt aus diesen beiden Kenntnissen nichts über diese Zeitspanne, denn Wahrscheinlichkeiten berechnet man nicht für Messungen, von denen man *weiß*, daß sie nicht stattgefunden haben. Weiß er aber *nicht*, ob zwischen beiden Messungen noch gemessen worden ist, so kann er die Wahrscheinlichkeit des Ausfalls einer Zwischenmessung aus φ und ψ in einer hier nicht zu schildernden Weise bestimmen. Jedenfalls aber hat es für einen Physiker, der schon *weiß*, daß zuerst φ und dann ψ gefunden wurde, keinen Nutzen, die Gleichung (2) noch zur Verknüpfung zwischen beiden anzuwenden, denn was sollte er mit der Wahrscheinlichkeit für ein Ereignis anfangen, von dem er mit Sicherheit weiß, daß es stattgefunden hat.

Man vermeidet also alle scheinbaren Paradoxien, wenn man den Zustandsvektor konsequent als das deutet, was er nach (2) ist: eine Angabe eines *Wissens*. Er gibt erstens an, was gemessen worden ist, und zweitens, welche Folgerungen daraus auf den Ausfall jeder anderen möglichen Messung gezogen werden können. Menschen, die Verschiedenes wissen, benützen daher ohne Gefahr eines Widerspruchs verschiedene Zustandsvektoren. (Nebenbei sei bemerkt, daß unsere Diskussion die Geschichtlichkeit der Zeit so selbstverständlich benutzt hat, wie dies jeder Physiker tut, der ein Experiment beschreibt: »zuerst habe ich ..., dann habe ich ...; ich erwarte jetzt ...«.) Diese Erkenntnis verwandelt aber den Zustandsvektor so wenig in etwas »rein Subjektives« oder gar die Welt in »meine Vorstellung« wie das jemals der Begriff des Wissens tut. »Ich weiß, daß der Mond eine Rückseite hat« heißt nicht »die Rückseite des Mondes ist meine Vorstellung«, sondern »der Mond hat eine Rückseite, und ich weiß es«.

Was die Quantenmechanik aufgibt, ist also nur die dem klassischen Weltbild zu Grunde liegende Fiktion, man dürfe den Dingen solche Eigenschaften, die wir an ihnen beobachten können.

unter allen Umständen auch dann an sich zuschreiben, wenn wir sie nicht kennen. Diese Annahme führt zu Widersprüchen gegen (2)[1].

In diesem Sinne hebt die Quantenmechanik, wie Bohr und Heisenberg oft betont haben, die klassische Vorstellung der prinzipiellen *Trennbarkeit von Subjekt und Objekt* auf. Sie entzieht damit dem oft gebrauchten begrifflichen Gegensatz von Realismus und Idealismus seinen Sinn (sofern er einen solchen je gehabt haben sollte).

Ist damit die *Einheit des Weltbildes* über den Gegensatz von Subjekt und Objekt hinweg hergestellt? Es scheint doch zunächst nur, wie oben gezeigt, ein *Problem* gestellt zu sein. Unter 2c) fanden wir in diesem Gegensatz zwei Denkschwierigkeiten: die der subjektiven Bedingungen objektiver Erkenntnis und die der Einordnung des Subjekts in die Welt der Objekte. Wir haben soeben gesehen, wie die saubere Berücksichtigung der subjektiven Bedingungen der Erkenntnis (nämlich des *Sinnes* von Worten wie »Wissen«, »Wahrscheinlichkeit« etc.) die scheinbaren Paradoxien der Quantentheorie behebt. Damit aber haben wir noch nicht das erkennende Subjekt, so wie es in der Welt der Objekte auftritt, beschrieben. Diese Frage drängt sich aber auf, da die Apparate, ja die Sinnesorgane und das Gehirn des Physikers selber aus Atomen bestehen. Können wir mit den quantentheoretischen Begriffen vielleicht das Dilemma zwischen einem unverständlichen Monismus und einem die Naturforschung in nicht überzeugender Weise einschränkenden Dualismus überwinden?

Können wir auch den Beobachter selbst quantentheoretisch beschreiben? Die »Kopenhagener Deutung« der Quantentheorie unterläßt dies. Sie unterscheidet methodisch Meßobjekt und Meßapparat und beschreibt den Apparat mit klassischen Begriffen. Der »Schnitt« zwischen beiden ist zwar verschieblich, denn auch der Meßapparat muß der Quantenmechanik genügen. Aber wenigstens den Apparat, mit dem der Beobachter dann den quantenmechanisch beschriebenen Meßapparat beobachtet, beschreibt man wieder klassisch. Bohr faßt die Sprache der klassischen Physik als diejenige auf, in der wir unsere unmittelbaren Sinneserlebnisse be-

[1] Wir diskutieren hier nicht die Möglichkeit einer Abänderung der quantentheoretischen Annahmen durch eine Theorie verborgener Parameter.

schreiben. Unser empirisches Wissen muß demnach klassisch formuliert werden.

Wäre dies das letzte Wort, so brächte die Quantenmechanik sogar einen neuen Dualismus, den zwischen klassischer und quantentheoretischer Beschreibungsweise, in die Physik hinein. Er wird sich auflösen, wenn wir fragen, was das Auszeichnende der »klassischen« Begriffe eigentlich ist. Es ist nicht eine besondere Eignung, sinnlich Wahrgenommenes zu beschreiben; denn was man sinnlich wahrzunehmen überzeugt ist, hängt von der Theorie ab, die man mitbringt. Es ist vielmehr die *Objektivierbarkeit* des Geschehens. Von einem Experiment rede ich erst, wenn ein *Dokument* des Geschehenen vorliegt, das verschiedene Beobachter ohne einander zu stören, zugleich oder nacheinander betrachten können: eine photographische Aufnahme oder wenigstens eine sich fest einspielende Zeigerstellung, oder allenfalls ein nach Belieben reproduzierbarer optischer oder akustischer Reiz. Liegt ein *materielles* Dokument (Photoaufnahme, Loch in einer Lochkarte) vor, so ist es sogar gleichgültig, *wann* es angesehen wird; »Aufnahme« und »Ablesung« können dann voneinander getrennt werden[1]. Ein Dokument in diesem Sinne ist eine *irreversible* Änderung in der Natur.

Die »Verschieblichkeit des Schnitts« bedeutet nun, daß dieses Verhalten des Meßapparats auch aus einer quantenmechanischen Beschreibung des Apparats folgt. Liegt ein Dokument vor (man braucht noch nicht nachgesehen zu haben, welches), so bedeutet das, daß die quantenmechanischen Phasenbeziehungen zwischen den verschiedenen möglichen Endzuständen des Meßapparats im Rahmen der praktischen Beobachtungsgenauigkeit vernachlässigt werden können und somit das klassische Additionstheorem der Wahrscheinlichkeiten auf alle weiteren Aussagen über diese prinzipiell beobachtbaren, aber vielleicht noch nicht beobachteten Zustände angewendet werden kann. Im Additionstheorem steckt (vgl. d) die Annahme der Objektivierbarkeit. Ob diese Bedingungen in einem bestimmten Fall vorliegen, läßt sich aber aus der Quantenmechanik allein heraus grundsätzlich bestimmen. Die »klassischen Begriffe« bezeichnen den *Grenzfall der Objektivier-*

[1] Vgl. zu diesen Fragen *Süssmann*, G.: Bayer. Akad. d. Wiss., Math. Naturw. Klasse, Heft 88. München 1958.

barkeit. Ich sehe keinen *in der Quantenmechanik liegenden* Grund dagegen, nunmehr die quantenmechanische Beschreibung auch auf das Gehirn des Beobachters auszudehnen. Natürlich wissen wir weder positiv, ob die Quantenmechanik auf lebende Organismen ungeändert angewandt werden kann, noch, welcher Zusammenhang zwischen dem Bewußtseinsakt der Wahrnehmung und den Gehirnvorgängen des Beobachters besteht. Aber auch Gedankenexperimente haben ja stets nur den Sinn, die Konsequenzen einer bestimmten Theorie zu prüfen und implizieren nicht die reale Ausführbarkeit des Gedachten. Analog können wir zum Zweck der Analyse der Quantenmechanik einmal fingieren, sie beschreibe auch die organischen Vorgänge exakt; und wir können eine psychophysische Kopplung oder Identität fingieren, nach der mit einem bestimmten irreversiblen Vorgang im Gehirn ein bestimmter Bewußtseinsakt verbunden oder identisch ist. Was würde die Quantenmechanik dann über diejenigen Bewußtseinsakte prophezeien, die wir als Kenntnisnahme von einem experimentellen Ergebnis beschreiben?

Ist das experimentelle Ergebnis selbst nach der Quantenmechanik eindeutig vorhersagbar ($w_{\varphi\psi} = 1$), so wird auch seine Kenntnisnahme eindeutig vorhersagbar sein, sofern man weiß, daß der Beobachter die zur Ablesung nötigen Handlungen vollzieht. Ist das Ergebnis des Experiments nur mit einer Wahrscheinlichkeit $\neq 1$ vorhersagbar, so wird auch nur eine statistische Verteilung der möglichen Bewußtseinsakte vorhergesagt. Dies ist wiederum völlig im Einklang mit der oben gegebenen Deutung des Zustandsvektors als *Wissen:* der Experimentator kann nun auf Grund der ersten Messung (im Sinne der obigen Analyse) nur mit einer Wahrscheinlichkeit $\neq 1$ voraus wissen, was er nach Vollzug der zweiten Messung wissen wird. Nur wenn man den Zustandsvektor als objektiven Zustand im Sinne der klassischen Physik verstehen will, entstehen Schwierigkeiten[1].

[1] *Schrödinger,* E. (Naturw. 23 [1933], S. 807, 823, 844) hat den analogen Fall einer Katze, die durch einen mit der Wahrscheinlichkeit ½ stattfindenden radioaktiven Zerfall getötet würde, korrekt analysiert und nur die falsche objektivierende Deutung des Zustandsvektors durch seinen Satz ironisiert: »die halbe tote Katze und die halbe lebendige Katze sind durch den Kasten verschmiert«. In Wahrheit besagt der Zustandsvektor das »triviale« Faktum, daß wir je mit der Wahrscheinlichkeit ½

Eine durchgängige quantenmechanische Beschreibung der Welt, die auch uns als Subjekte enthält, wäre also in sich konsistent (natürlich deshalb nicht notwendigerweise auch richtig) in folgender Deutung: Physik ist stets Wissen von Gegenständen. Was über einen Gegenstand gewußt werden *kann*, definiert sein Zustandsraum, zusammen mit der Kenntnis seiner möglichen Wechselwirkungen mit anderen Gegenständen; erst diese Wechselwirkungen legen ja fest, wie in seinem Falle die Zustandsvektoren des immer gleichen abstrakten Hilbertraums in Beobachtungen festgestellt werden können. Alles Wissen von Gegenständen findet in der geschichtlichen Zeit statt: es tritt einmal ein, ist von dann an ein Faktum, vorher nur möglich. Man darf nicht allgemein annehmen, daß das, was nur gewußt werden kann, aber bisher nicht faktisch gewußt wird, »an sich« schon vorliegt oder vorbestimmt ist. Man darf aber von Fakten (objektiven vergangenen Ereignissen) reden, auch wenn man sie nicht kennt; ein Faktum ist stets das Eingetretensein eines irreversiblen Ereignisses. Da die Quantenmechanik auch festlegt, was für Fakten überhaupt möglich sind, kann man sinnvoll auch von möglichen zukünftigen Fakten reden (von dem, was einmal irreversibel eingetreten sein wird). Wissensakte sind selbst Fakten. Man kann also ebensolches Wissen über Wissensakte haben wie über Ereignisse, die keine Wissensakte sind oder uns nicht als solche bekannt sind.

Eine derartige Beschreibung ist noch nicht ein »Weltbild« oder eine Philosophie. Sie ist wohl noch mit recht verschiedenartigen Philosophien vereinbar. Wer am mechanischen Weltbild hängt, den wird man nicht hindern können, noch auf eine Theorie verborgener Parameter hinter der Quantenmechanik zu hoffen. Akzeptiert man die hier geschilderten Züge der Quantenmechanik, so wird man mit ihnen wahrscheinlich einen »Panpsychismus« vereinbaren können, der glaubt, daß alle faktischen Ereignisse, wenn auch in noch so rudimentärer Form, Züge dessen tragen, was wir in sehr spezialisierter Gestalt unter dem Namen eines Bewußtseinsakts kennen. Wiederum ist der Panpsychismus gewiß keine logische Folge der Quantenmechanik. Man könnte die obige Beschreibung z. B. auch als eine Illustration der These Kants

prophezeien können, die Katze lebend oder tot zu finden; und daß die Katze selbst, wenn sie Physik treiben könnte, nicht mehr als dies vorher wüßte.

lesen, daß alles menschliche Wissen seinem Wesen nach Wissen über Erscheinungen ist. Kant versteht ja unter Erscheinung nicht nur das, was faktisch erscheint, sondern das, was erscheinen *kann*; und er verbietet als »überschwänglich« theoretische Spekulationen darüber, »wie Dinge an sich selbst beschaffen sein mögen«.

Hat also die Quantenmechanik die Kluft zwischen Subjekt und Objekt nicht positiv geschlossen, so hat sie doch den Beitrag, den die Physik zu dieser Frage leisten kann, in eine völlig neue und vielleicht hoffnungverheißendere Form gebracht.

c) Elementarteilchen

Die heutigen Theorien der Elementarteilchen sind *relativistische Quantenfeldtheorien*. Wir können in ihrem Ansatz die fünf schon bekannten Elemente in folgender Gestalt unterscheiden:
α) die einzelnen »elementaren« Felder
β) ihre Wechselwirkung
γ) den Raum, mit der
δ) Zeit nach der speziellen Relativitätstheorie verknüpft
ε) den quantentheoretischen Zustandsraum.

Wir betrachten in unserer Analyse zunächst *wechselwirkungsfreie Felder*. Sie genügen *linearen* Feldgleichungen. Da es sich um eine Quantentheorie handelt, sind die Feldgrößen lineare Operatoren im Zustandsraum.

Eine Bemerkung ist nötig über das Verhältnis von *Teilchen* und *Feldern*. Wir haben diesen Dualismus im vorigen Abschnitt nicht erwähnt. Wir behandelten dort die Quantenmechanik des Teilchenbildes. In ihm sind die Wellenfunktionen identisch mit den Zustandsvektoren und wir zogen die abstrakte Bezeichnung »Zustandsvektor« vor, welche deutlicher macht, daß es sich um eine Größe einer höheren Reflexionsstufe handelt, welche nicht so etwas wie Teilchenkoordinaten, sondern Wahrscheinlichkeiten von Teilchenkoordinaten angibt. Wellenphänomene treten nach dieser Theorie nur auf, wenn viele Teilchen von etwa gleicher Wellenfunktion vorkommen; sie sind statistische Phänomene. Nun ist es aber eine bekannte Tatsache, daß man auch von einem klassischen Wellenbild ausgehen kann. Dessen Zustandsvektoren definieren dann zugleich Wahrscheinlichkeiten für Teilchenzahlen. Die Quantentheorien der beiden so verschiedenen klassischen Bilder, des Teilchenbildes und des Wellenbildes, erweisen sich als identisch; diese beiden Bilder erweisen sich als verschiedene klassische Grenzfälle derselben Quantentheorie. Das klassische Wellenbild hat sich als die bequemere Ausgangsbasis erwiesen, weil in ihm die heute empirisch so wichtige Erzeugung und Vernichtung von Teilchen bequemer ausgedrückt werden kann; es wird daher heute meist zugrunde gelegt. Doch zeigt schon die Möglichkeit einer solchen Wahl, daß ein adäquates Verständnis einer Quantentheorie wohl nicht von den Daten α–γ, sondern von ε ausgehen müßte. δ, die Zeit, dürfte dabei eine elementare Voraussetzung bleiben; auch die Wechselwirkungen sind ja einfach durch das zeitliche Änderungsgesetz des Zustandsvektors definiert. Die »klassische« wechselwirkungsfreie Feldgleichung ist vielfach formal mit der Wellengleichung identisch, der der Zustandsvektor des Einteilchenproblems genügt. Daher nennt man die Quantelung der Wellen oft auch *zweite Quantelung*. Zur Deutung dieses Namens vgl. d.

Die verschiedenen Typen wechselwirkungsfreier Felder unterscheiden sich lediglich durch ihr *Transformationsverhalten*. Zunächst betrachtete man nur Lorentz-Transformationen. Es zeigt sich aber, daß noch andere Transformationen wichtig sind. Alle diese Transformationen besagen, daß es verschiedene, im Prinzip gleichwertige Arten gibt, den Raum der zu einem Ereignis gleichzeitigen Ereignisse und die Mannigfaltigkeit der Feldfunktionen aufzubauen. Die Forderung der Invarianz aller Grundgesetze gegenüber Transformationsgruppen ist eines der kräftigsten Werkzeuge der heutigen Physik und stellt eine eindrucksvolle, aber auch sehr abstrakte Gestalt der Einheitsforderung dar. Die Auswahl der relevanten Gruppen ist bisher einfach der Erfahrung überlassen worden. Wir können insofern in der heutigen Elementarteilchentheorie drei nicht aufeinander reduzierte Elemente unterscheiden:

a) die Existenz zeitlich (nach einer Feldgleichung) veränderlicher Feldgrößen
b) die Invarianz gegen bestimmte Transformationsgruppen
c) die Existenz eines quantentheoretischen Zustandsraums.

Jedes der drei Elemente kann auch in Theorien vorkommen, die die andern beiden nicht enthalten. In a) sind α) und β), in b) ist γ) enthalten; c) ist ε). Der Begriff der Zeit spielt in allen drei Elementen eine Rolle und könnte sich vielleicht einmal als der einende Faktor erweisen.

Mit der Einführung der *Wechselwirkung* treten wir in den Bereich der ungeklärten Probleme der heutigen Forschung ein.

Die vorliegenden Wechselwirkungsansätze haben *Divergenzen* in den Lösungen der Feldgleichungen zur Folge, die man noch nicht konsistent vermeiden gelernt hat. Ich möchte die gelegentlich geäußerte Vermutung unterstreichen, daß die verwendete mathematische Beschreibung des Kontinuums die Schuld hieran trägt. Schon die Vorgeschichte der Quantentheorie (vgl. a) erweckt den Eindruck, daß physikalische Unmöglichkeiten auftreten, wenn man die Kontinuität einer physikalischen Variablen nicht bloß abstrakt behauptet, sondern aus ihr mit den gegebenen mathematischen und physikalischen Hilfsmitteln physikalische Konsequenzen zieht. Die damaligen Paradoxien wurden vermieden, indem man die betreffenden Variablen – in der heutigen Deutung der Quantenhypothese gesprochen – als Operatoren in einem quantentheoretischen Zustandsraum auffaßte. Damit war es nicht mehr nötig, anzunehmen, daß sie alle reellen Zahlen als Werte wirklich annehmen. Sie bekamen entweder überhaupt ein diskretes Spektrum, oder ein kontinuierliches mit einer Unbestimmtheitsrelation. Snyder[1] hat in einem interessanten Versuch dieses Schema auch auf die Ortsvariablen einer Feldtheorie angewandt. Der Versuch dürfte in dieser Form gescheitert sein (seine Gleichungen, welche allen Ortskoordinaten diskrete Eigenwerte geben, sind zwar invariant gegen die homogene, aber nicht gegen die inhomogene Lorentzgruppe), enthält aber vielleicht einen Wink für künftige Versuche. Jedenfalls dürfte die von Aristoteles stammende potentielle Auffassung des Kontinuums sehr viel besser der quantentheoretischen Denkweise entsprechen als die mengentheoretische Redeweise von der aktuellen Existenz einer überabzählbaren Mannigfaltigkeit von »reellen Zahlen« bzw. durch sie bezeichneten Raumpunkten. Die »reelle Zahl« ist eine freie Schöpfung des menschlichen Geistes, die vielleicht der Wirklichkeit nicht gemäß ist.

Die vorläufige Vermeidung von Divergenzen durch *Renormie-*

[1] *Snyder,* M. S.: Physical Review 71 (1947), S. 38.

rung zeigt einen wesentlichen Zug aller Wechselwirkungstheorien. Es erweist sich als sinnlos, z. B. von einem isolierten (»nackten«) Elektron, wie es ohne Wechselwirkung mit dem Strahlungsfeld wäre, überhaupt zu sprechen. Nur diejenigen Werte seiner Masse und Ladung, die sich aus seinem unlösbaren Zusammenhang mit dem Feld ergeben, sind sinnvoll. Daß dieser Zusammenhang in gewisser Näherung überhaupt durch Angabe einer »renormierten« Masse und Ladung charakterisiert werde kann, ist eine Folge der Invarianzforderungen. Wäre das nicht der Fall, so wäre man nie auf den Gedanken gekommen, den Begriff wechselwirkungsfreier Teilchen überhaupt zu bilden, von dem man bei der Renormierung ausgegangen war. Das, was wir empirisch als isoliertes Teilchen ansprechen, ist in Wahrheit selbst schon ein Ergebnis seiner Wechselwirkung mit der stets vorhandenen Umwelt.

Solche Überlegungen legen es nahe, die Eigenschaften der »isolierten« Teilchen grundsätzlich als Ergebnisse der Wechselwirkung aufzufassen. Der einzige entschieden eingeleitete Versuch hierzu ist Heisenbergs nichtlineare Spinorfeldtheorie. Ohne entscheiden zu müssen, ob dieser spezielle Ansatz schon der richtige ist, können wir an dieser Theorie – gerade auch in ihren Schwierigkeiten – die Probleme studieren, die mit dem Gedanken einer Einheit der Physik wohl notwendigerweise verbunden sind. Diese Theorie ist wohl die erste, welche die Quantentheoretiker nötigt, bezüglich der Einheit der Physik das Niveau der Fragestellung zu betreten, das sich uns zuerst in der Allgemeinen Relativitätstheorie gezeigt hat. Was ihr manche ihrer »puritanischen« Kritiker vorwerfen, daß sie nämlich ohne zwingende empirische Begründung Aussagen wagt, die weder in ihren mathematischen Konsequenzen noch in ihrer physikalischen Deutung schon durchsichtig sind, macht sie unter dem Aspekt unserer Frage interessant, denn sie bringt dadurch Probleme ans Tageslicht, die mutatis mutandis wohl mit jedem positiven Ansatz zur Einheit der Physik verbunden sind, während allzugroße Vorsicht im Voranschreiten diese Probleme überhaupt nie zu Gesicht bekommen würde.

Das begriffliche Ausgangsmaterial der Theorie läßt sich unter die obigen Überschriften α) bis ε) bzw. a) bis c) bringen; es verändert aber durch den gewählten Ansatz seinen Sinn. Zunächst ist nur *ein* elementares Feld vorgegeben, und seine Wechselwirkung ist dabei eine Wechselwirkung mit sich selbst. Der nichtlineare Charakter aller Wechselwirkungsprobleme tritt daher schon in der Grundgleichung klar hervor. Daß die Wechselwirkung überhaupt durch eine Differentialgleichung beschrieben werden kann, ist keineswegs selbstverständlich. Dies ist eine charakteristische Grundhypothese dieser Theorie, die wir hier nicht rechtfertigen, sondern nur in ihren Konsequenzen studieren wollen. Die Gestalt der Feldgleichung wird so gewählt, daß sie gegen eine sehr umfassende Transformationsgruppe invariant ist. Aus der Quantentheorie wird übernommen, daß die Feldgrößen lineare Operatoren sein sollen. Der lineare Zustandsraum, auf den sie wirken, ist aber – wie bei allen Wechselwirkungsproblemen – nicht vorweg bekannt, sondern muß erst konstruiert werden. Die Annahme, er werde sich durch Näherungsschritte eines Störungsverfahrens von dem einer wechselwirkungsfreien Theorie her gewinnen lassen, widerspricht dem Geiste der Theorie; Störungstheorie wird die Theorie erst zulassen, *nachdem* sie die Existenz der bekannten Elementarteilchen deduziert hat, nicht vorher. Ebensowenig sind die Vertauschungsrelationen der Feldoperatoren a priori bekannt, mit Ausnahme der Forderung der Antikommutativität für raumartige Abstände, in der sich die Kausalität, d. h. ein Aspekt der Geschichtlichkeit der Zeit ausdrückt. Während die Theorie also die Forderungen des Feldbegriffs, der Invarianzen und des Zeitbegriffs schon im Ansatz wenigstens formal erfüllt, ist nicht a priori klar, in welchem Sinne sie eine Quantentheorie ist.

Das Problem der *Divergenzen* scheint, soweit die mathematischen Verhältnisse bisher haben geklärt werden können, folgender Lösung zuzustreben: In der wechselwirkungsfreien Theorie haben die Vertauschungsrelationen der Feldgrößen eine Singularität auf dem Lichtkegel. Diese Singularität führt in Quantentheorien mit Wechselwirkung zu Divergenzen. Die Nichtlinearität der Differentialgleichung erzwingt aber, daß diese Singularität verschwindet (ohne daß die Funktion deshalb analytisch würde).

Damit besteht Aussicht, daß die Divergenzen vermieden werden. Die Divergenzen wären demnach die Folge davon gewesen, daß man in den Vertauschungsrelationen die Teilchen behandelt hat, als ob sie kräftefrei wären, in der Wechselwirkungstheorie dann aber damit nicht vereinbare Annahmen über die Kräfte gemacht hat. Formal nötigt die Änderung der Vertauschungsrelationen zur Einführung einer indefiniten Metrik im Zustandsraum. Diese ist mit der bisherigen statistischen Deutung des Zustandsvektors nur vereinbar, wenn die Zustände nicht-positiver Norm physikalisch nicht auftreten können. Sollte sich wirklich herausstellen, daß sie nicht auftreten, so muß man die indefinite Metrik wohl nur als Ausdruck eines andersartigen, noch nicht hinreichend verstandenen Sachverhalts auffassen. Da die Singularität auf dem Lichtkegel mit der Voraussetzung der Existenz beliebig hoher Impulse, d. h. beliebig kleiner Ortsintervalle zusammenhängt, könnte es wohl sein, daß sich in diesen mathematischen Komplikationen unsere inadäquate Behandlung des Kontinuums ausspricht. Die Struktur der Theorie legt den Verdacht nahe, daß in Wahrheit erst die Wechselwirkung selbst definiert, unter welchen Bedingungen Längen als meßbar gelten können.

Die effektive Konstruktion des Zustandsraums ist bisher nur nach dem Tamm-Dancoffschen Näherungsverfahren möglich, und auch nur, wenn man eine Forderung für den Grenzfall großer Teilchenzahlen aufstellt, die etwa so gelesen werden kann: beliebig große Teilchenzahlen sollen beliebig unwahrscheinlich sein. Die Existenz eines Zustandsraums scheint also in dieser Theorie an eine »kontingente« Bedingung (etwa: »endliche Teilchendichte in der Welt«) geknüpft zu sein. In dieser Weise werden ja häufig Grundannahmen früherer Theorien in einer neuen, umfassenderen Theorie an gewisse in der neuen Theorie kontingente Bedingungen geknüpft. Noch deutlicher tritt dies hervor in der Definition des *Vakuums*. Man kann zeigen, daß die Anwendung endlich vieler Feldoperatoren auf das absolute (»nackte«) Vakuum der Heisenbergschen Theorie niemals die – empirisch ja vorhandenen – Teilchen endlicher Ruhemasse erzeugen kann. Wiederum erscheint dies nicht unnatürlich. Das absolute Vakuum bedeutet die leere Welt. Läßt hingegen ein Experimentator ein einzelnes Teilchen in ein Vakuum eintreten, so ist dieses Vakuum in einer Röhre in einem Laboratorium oder allenfalls im Weltraum zwischen den Sternen. Das »physikalische Vakuum« setzt als Randbedingung die Existenz einer wohldefinierten, wenngleich nur roh beschriebenen Welt voraus (z. B. sieht Heisenberg sich genötigt, ihr einen endlichen, aber sehr großen Isospin zuzuschreiben). All dies erinnert in hohem Maß an die allgemeine Relativitätstheorie.

d) Quantenlogik und mehrfache Quantelung

J. v. Neumann hat zuerst die Vermutung ausgesprochen, die Quantenmechanik verwende de facto eine von der klassischen (und von der intuitionistischen) abweichende *Logik*. Daß eine solche Frage sinnvoll gestellt werden kann, hängt mit der veränderten Einstellung der Quantentheorie zum methodischen Ansatz der *Subjekt-Objekt-Trennung* zusammen. In der Tradition galt die klassische Logik als unzweifelhaft wahr entweder als Ausdruck *ontologischer* Tatsachen oder als Lehre von den Gesetzen menschlichen *Denkens* oder (neuerdings) *Operierens*. Die erste Auffassung sucht den Grund der Wahrheit der Logik in einer Beschaffenheit aller *Objekte*, die zweite in den *subjektiven* Bedingungen aller Erkenntnis. Da die Quantenmechanik die Frage nach dem Sinn dieser Einteilung selbst wieder aufgeworfen hat, sollte es vielleicht nicht überraschen, daß auch die Wahrheit der klassischen Logik ihr wieder zum Problem wird.

Der Verdacht eines Versagens der klassischen Logik stammt aus dem Versagen der klassischen Wahrscheinlichkeitsrechnung in der Quantentheorie. Die statistische Deutung nach Gleichung (2) ist mit den Kolmogoroffschen Axiomen der Wahrscheinlichkeitsrechnung nicht vereinbar. Was versagt, ist das Additionstheorem der Wahrscheinlichkeiten. Der Kolmogoroffsche axiomatische Aufbau der Wahrscheinlichkeitsrechnung – der wohl der von metaphysischen und erkenntnistheoretischen Prämissen freieste ist – betrachtet die Menge der »möglichen Ereignisse« als den Verband der Teilmengen der Menge der zugrundegelegten Elementarereignisse. Beim Aufbau dieses Verbandes werden die aussagenlogischen Grundfunktoren wie »und«, »oder«, »nicht« benutzt. Birkhoff und v. Neumann haben gezeigt, daß die statistische Deutung der Quantenmechanik tatsächlich nicht diesen Teilmengenverband benützt, sondern den (nicht-distributiven) Verband der linearen Teilräume des Hilbertraums. Sie haben eine quantentheoretische »Logik der Eigenschaften« entworfen, die wir wie folgt skizzieren können:

»Kontingente Eigenschaften« eines Gegenstands (oder, was auf dasselbe hinausläuft, »mögliche Ereignisse« an diesem Gegenstand) entsprechen den linearen Teilräumen des Hilbertraums. Die kontingente Aussage: »der Gegenstand hat zur Zeit *t* die

Eigenschaft *A*« ist äquivalent mit »der Zustandsvektor liegt zur Zeit *t* im Teilraum *A*«.

Der Eigenschaft »nicht *A*« entspricht der auf *A* total senkrechte Teilraum; denn nur für die in ihm liegenden Zustandsvektoren ist die Wahrscheinlichkeit, einen in *A* liegenden Vektor zu finden, Null. »*A* und *B*« entspricht dem Durchschnitt von *A* und *B*, »*A* oder *B*« dem von *A* und *B* aufgespannten linearen Teilraum. Physikalisch entspricht dem Übergang vom Mengenverband zum Verband linearer Teilräume die Interferenz der Wahrscheinlichkeitsamplituden. Z. B. kann man im Youngschen Interferenzexperiment die Menge aller durch einen mit genau zwei Löchern versehenen Schirm hindurchgegangenen Teilchen nicht ohne Widerspruch gegen die statistischen Vorhersagen der Quantentheorie auch nur gedanklich in die zwei Teilmengen der durchs erste und der durchs zweite Loch gegangenen Teilchen zerlegen; denn schon dies würde die Interferenz zerstören und zum klassischen Additiontheorem der Wahrscheinlichkeiten zurückführen.

Formal gesehen ist diese »Quantenlogik« *restriktiv*: alle in ihr gültigen Gesetze (d. h. immer wahren Aussageformen) sind auch in der klassischen Logik gültig, aber nicht umgekehrt. Inhaltlich bedeutet diese Restriktion nichts anderes als die Grenze der *Objektivierbarkeit*. Der Begriff der »Eigenschaft eines Gegenstandes« nimmt keinen expliziten Bezug auf die Beobachtungsmöglichkeiten. Eben deshalb muß die Anwendung der klassischen Logik auf ihn eingeschränkt werden, damit mit seiner Hilfe nicht Folgerungen gezogen werden können, die unserer physikalischen Kenntnis widersprechen[1]. Vermeidet man völlig Aussagen der Form »das Ding hat zur Zeit *t* die Eigenschaft *A*« und ersetzt sie stets durch Aussagen der Formen »die Eigenschaft *A* wurde zur Zeit *t* an dem Ding beobachtet« oder »bei einer Beobachtung zur Zeit *t* würde man die Eigenschaft *A* mit Gewißheit finden«, so kann man auf die letzteren Aussagen die klassische (bzw. intuitionistische) Logik anwenden[2].

Neben diese restriktive Theorie kann man eine *extensive* stellen, die positiv formuliert, was an die Stelle der klassischen Logik

[1] Vgl. *Mittelstaedt*, P.: »Untersuchungen zur Quantenlogik«. Bayr. Ak. d. Wiss., Math. Naturw. Klasse. München 1960.

[2] Vgl. *Scheibe*, E.: »Die kontingenten Aussagen in der Physik«. Frankfurt 1964.

der kontingenten Aussagen tritt[1]. Ob man auch diese »Logik« nennen soll, mag eine ähnliche Frage sein, wie ob die nichteuklidische Geometrie den Namen »Geometrie« verdient. Als »*n*-fache Alternative« (*n* endlich oder unendlich) sei eine Menge von *n* kontingenten Aussagen definiert, derart, daß wenn eine von ihnen zur Zeit *t* wahr ist, alle anderen zur selben Zeit falsch sind, und wenn alle bis auf eine falsch sind, diese letztere wahr ist. Dies entspricht dem konkreten Fall eines Experiments, das *n* verschiedene Ergebnisse zuläßt. Die »extensive Quantenlogik« gibt dann an, daß in der Quantentheorie in einem solchen Fall nicht nur die Wahrheit einer der *n* Aussagen einen möglichen Zustand darstellt, sondern auch alle »Zustände«, die man gewinnt, wenn man jeder der *n* Aussagen eine komplexe Zahl (evtl. durch Normierbarkeitsforderungen eingeschränkt) als »Wahrheitswert« zuordnet, und auf die so gebildeten *n*-dimensionalen komplexen »Vektoren« die statistische Deutung nach (2) anwendet. Damit ist nichts anderes formuliert als die unter b) hervorgehobene Isomorphie aller quantenmechanischen Zustandsräume, die vollständig wird, wenn man annehmen darf, daß jeder wirkliche Gegenstand eine abzählbar unendliche Mannigfaltigkeit möglicher Antworten auf feste experimentelle Fragen zuläßt. Dabei genügt es, *eine* Frage (etwa die nach den gleichzeitigen Werten einer maximalen Anzahl vertauschbarer Operatoren) zugrunde zu legen, um den Zustandsraum zu errichten, in dem dann auch alle anderen Operatoren definiert werden können. Es genügt etwa, die Impulsmessung zugrunde zu legen, um einen Zustandsraum zu errichten, in dem dann ein Operator der formalen Eigenschaften des Ortsoperators notwendig existiert.

Nennen wir diese Errichtung eines Zustandsraums über einer gegebenen Alternative eine *Quantelung*, so stellt sich die Frage, ob der Quantelungsprozeß *iteriert* werden kann, da ja auch die Frage, welcher Zustandsvektor vorliegt, eine Alternative definiert. Während das bisher Gesagte nur eine Analyse der bestehenden Quantenmechanik bedeutete, wäre diese Iteration ein Schritt über die bisher bekannte Physik hinaus. Dieser Schritt scheint sinnvoll zu sein[2].

[1] Vgl. *Weizsäcker*, C. F. v.: Die Naturwissenschaften 42 (1955), S. 521.

[2] *Weizsäcker*, C. F. v.: Zeitschrift für Naturforschung 13a (1958), S. 245, 705.

Geht man von einer abstrakt gegebenen »einfachen« Alternative ($n=2$) aus, so liefert der erste Quantelungsschritt ein komplexes Zahlenpaar u_1, u_2, das man auch durch einen reellen dreidimensionalen Vektor k oder einen vierdimensionalen Vektor k^μ mit einer Nebenbedingung darstellen kann. Der zweite Schritt liefert eine komplexwertige Funktion φ (k^μ). Geht man durch Fouriertransformation von der Funktion von k^μ zu der eines anderen »Vierervektors« ψ (x_ν) über; so genügt ψ, wegen der Nebenbedingung, der üblichen Wellengleichung $\Box \psi = 0$ im Raum der x_ν. Ein dritter Quantelungsschritt führt zum Formalismus der wechselwirkungsfreien Quantentheorie eines Wellenfeldes. Kleine Modifikationen des Verfahrens liefern Wellentheorien spinorieller Teilchen.

Das Problem einer derartigen Theorie ist die physikalische Deutung. Die »einstufige« Quantentheorie der einfachen Alternative (Beschreibung durch einen »Spinor« u_1, u_2 bzw. durch k oder k^μ) gilt (als »Quantenlogik«) für *jede* in der Physik vorkommende einfache Alternative. Ein Beispiel ist der dreidimensionale Raum des Isopins. Man kann in jedem bekannten Fall auch die zweite Stufe in der Physik nachweisen, und zwar meist gerade als ein Beispiel »zweiter Quantelung« (s. l. c. S. 709). Der »Vierervektor« x_ν ist aber in diesen Fällen *nicht* der Orts-Zeit-Vektor, sondern eine recht abstrakte andersartige Größe. Man kann aber die *Hypothese* aufstellen, es gebe auch eine »Grundalternative«, die wir nicht unmittelbar deuten können, deren dritte Quantelungsstufe gerade die bekannte Quantentheorie der Felder ist. In dieser speziellen Deutung ist k^μ ein Energie-Impuls-Vektor, und x_ν Ort und Zeit. In dieser Deutung liefert die Theorie *automatisch* a) die Feldgleichungen ohne Wechselwirkung, b) genau die in der heutigen Elementarteilchentheorie benutzten Transformationsgruppen. Die Theorie wäre so ein weiterer Schritt auf die Einheit der Physik zu, indem sie alle drei Voraussetzungen der (wechselwirkungsfreien) Theorie der Elementarteilchen vermittels des neuen Gedankens der Iteration auf eine Grundalternative und auf die abstrakteste Fassung der Quantentheorie, nämlich die extensive Quantenlogik reduziert.

Die Theorie läßt jedoch zwei Fragen offen: den Einbau der Wechselwirkung, und die physikalische Deutung der verwendeten elementaren abstrakten Operationen, insbesondere der Iteration des Quantelungsschritts. Da eine physikalische Deutung ohne Diskussion der Beobachtungsmöglichkeiten wohl nicht gelingen wird, und Beobachtung Wechselwirkung voraussetzt, hängen beide Fragen vermutlich zusammen. Zur Frage der Wechselwirkung gibt es Ansätze (etwa die Deutung der zunächst gewonnenen wechselwirkungsfreien Gleichungen als »Wechselwirkungsbild« im Sinne von Schwinger und Tomonaga), die hier als unfertig nicht diskutiert werden sollen. Beim Quantelungsschritt wird man es ungern als endgültig ansehen, daß er einer Alternative so abstrakte mathematische Gebilde wie komplexe (oder auch reelle) Zahlen zuordnet. Die Iteration gibt hier vielleicht einen Wink. Was in einer Stufe Zustandsvektor war, wird in der nächsthöheren Stufe Operator (so wird die Wellenfunktion der Schrödingertheorie eines Teilchens in der »zweiten Quantelung« ein Operator). Also ist die Darstellung der Zustandsvektoren durch komplexe Zahlen selbst etwas wie ein klassischer Grenzfall, d. h. eine Idealisierung. Dies mag mit dem Kontinuumproblem zusammenhängen. Insbesondere sind ja die Ortskoordinaten selbst jetzt durch den ersten Quantelungsschritt definiert und werden im nächsten Schritt Operatoren; dies erinnert an den Snyderschen Ansatz. Doch sind alle diese Fragen noch ungelöst.[1]

[1] Diese Überlegungen sind in II, 5.5 weitergeführt.

II, 2. Der zweite Hauptsatz und der Unterschied von Vergangenheit und Zukunft

Diese kleine Abhandlung erschien in den Annalen der Physik 36, 275 (1939). Ich habe sie hier aufgenommen, weil sie den Gedanken der Begründung der Irreversibilität auf die Struktur der Zeit, auf den vielfach in den anderen Aufsätzen angespielt wird, zum erstenmal und am systematischsten erörtert. Als ich sie schrieb, hatte ich das Gefühl, etwas einigermaßen Selbstverständliches dargelegt zu haben, was vor allem jedem Empiristen oder Positivisten sofort einleuchten müßte, da ja nur die Frage gestellt ist, in welcher Weise uns zeitliche Vorgänge phänomenomenal gegeben sind. Mit einem gewissen Erstaunen habe ich dann bemerkt, daß die meisten Physiker diese Gedanken als eher fremdartig empfanden. Für den weiteren Aufbau (vgl. II, 5.2) spielen sie aber eine entscheidende Rolle.

1. Problemstellung

Im praktischen Leben ist es der wichtigste Unterschied zwischen Vergangenheit und Zukunft, daß das Vergangene unabänderlich geschehen ist, das Zukünftige hingegen noch unbestimmt und durch unseren Willen beeinflußbar. Auch für den bloßen Betrachter bleibt der Unterschied erhalten, denn er kann die Vergangenheit grundsätzlich genau kennen, die Zukunft aber nicht. Im physikalischen Weltbild tritt dieser Unterschied scheinbar nicht auf. Denn der Determinismus der klassischen Physik fixiert, wenn die Gegenwart bekannt ist, die Zukunft ebenso wie die Vergangenheit, und die nur statistischen Aussagen der Quantenmechanik machen umgekehrt den Schluß vom Gegenwärtigen auf das Vergangene formal ebenso unbestimmt wie den auf das Zukünftige. Nur der zweite Hauptsatz der Thermodynamik zeichnet deutlich eine Zeitrichtung aus. Es ist das Ziel des vorliegenden Aufsatzes, zu zeigen, daß eben die statistische Deutung dieses Satzes die Stelle ist, an der sich die geschilderte Struktur der wirklichen Zeit im Weltbild der Physik äußert; und zwar muß diese Zeitstruktur vorausgesetzt werden, wenn die Irreversibilität des Naturablaufes mit der zeitlichen Symmetrie der mechanischen Grundgesetze vereinbart werden soll.

Gibbs hat diese Tatsache wohl als erster deutlich, wenn auch nicht leicht verständlich ausgesprochen[1]: »Während aber die Unterscheidung von früheren und späteren Ereignissen in bezug auf mathematische Fiktionen unwesentlich sein kann, ist dies ganz anders in bezug auf die Vorgänge der wirklichen Welt. Man darf nicht vergessen, daß, wenn unsere Gesamtheiten die Wahrscheinlichkeiten für Vorgänge der wirklichen Welt erläutern sollen, zwar die Wahrscheinlichkeiten späterer Ereignisse oft aus den Wahrscheinlichkeiten früherer Ereignisse bestimmt werden können, aber nur selten Wahrscheinlichkeiten von früheren Ereignissen aus denen der späteren; denn wir sind selten berechtigt, auf die Betrachtung der vorhergehenden Wahrscheinlichkeit früherer Ereignisse zu verzichten.« Die nachfolgenden Überlegungen sind ein Versuch, diese Sätze zu erläutern[2]. Physikalisch ist dabei das Ziel nur, einige in der statistischen Deutung des zweiten Hauptsatzes gelegentlich auftretende Unklarheiten auszuschalten. Die Ergebnisse über die Begriffe der Zeit und der Wahrscheinlichkeit dürften aber außerdem philosophisches Interesse haben.

2. Die zeitliche Symmetrie des H-Theorems

Wir betrachten im folgenden das Ergodenproblem als gelöst, das H-Theorem also in einer für die jeweils behandelte Frage hinreichenden Allgemeinheit bewiesen. Wir können also eine Entropie definieren und wissen, daß ein abgeschlossenes System, dessen Entropie in einem bestimmten Zeitpunkt von ihrem größten möglichen Wert abweicht, mit erdrückender Wahrscheinlichkeit in jedem benachbarten (überhaupt in jedem anderen) Zeitpunkt einen größeren Entropiewert besitzt.

[1] *Gibbs,* J. W.: »Statistische Mechanik«. Deutsch v. E. Zermelo. S. 153/154. Leipzig 1905.

[2] Sie sind angeregt durch die von N. *Bohr* in Diskussionen vertretene und in seiner Faraday-Lecture (Journ. Chem. Soc. 1932, S. 349) angedeutete Interpretation der Gibbsschen Gedanken. Parallele Überlegungen haben M. Bronstein und L. Landau (Sow. Phys. 4 [1933], S. 114) angestellt, haben aber falsche Folgerungen aus ihnen gezogen.

Das H-Theorem zeichnet in dieser Fassung keine Zeitrichtung aus und kann es auch seiner Herleitung nach gar nicht. Denn sein Beweis setzt außer dem Begriff der thermodynamischen Wahrscheinlichkeit, der sich jeweils auf einen einzelnen Zeitpunkt bezieht, nur die Gesetze der Mechanik voraus, die bei Umkehrung der Zeitrichtung ihre Gestalt nicht ändern. Man erkennt dies deutlicher, wenn man sich an den Beweisgang erinnert. Die mathematische Grundlage des H-Theorems ist nach Boltzmann das außerordentliche Anwachsen der statistischen Wahrscheinlichkeit, d. h. der Anzahl mikroskopischer Realisierungsmöglichkeiten eines makroskopisch definierten Zustandes bei der Annäherung an den Maximalwert der Entropie. Ein Zustand gegebener, nichtmaximaler Entropie hat daher eine sehr viel größere Auswahl von Nachbarzuständen größerer Entropie als von solchen kleinerer Entropie. Wenn das Ergodenproblem gelöst ist, d. h. wenn man voraussetzen darf, daß der statistisch wahrscheinlichere Zustand auch zeitlich häufiger vorkommt, so folgt, daß ein vom Maximum abweichender Entropiewert eines Systems, über das weiter nichts bekannt ist, mit erdrückender Wahrscheinlichkeit gerade ein relatives zeitliches Minimum der Entropie darstellt und nicht etwa einer monoton an- oder absteigenden Folge von Entropiewerten angehört. Man kann daher mit erdrückender Wahrscheinlichkeit folgern, daß die Entropie des Systems in einem späteren Zeitpunkt größer sein wird. Damit haben wir die übliche Formulierung des H-Theorems. Mit derselben Wahrscheinlichkeit kann man aber auch schließen, daß die Entropie des Systems in einem früheren Zeitpunkt größer war. Das widerspricht dem zweiten Hauptsatz, der auch für die Vergangenheit fordert, daß jedem Entropiewert eines abgeschlossenen Systems ein kleinerer oder höchstens gleicher voranging.

Der zweite Hauptsatz folgt also nicht unmittelbar aus dem H-Theorem. Er ist sogar nur dann mit ihm vereinbar, wenn nur die zukünftigen, aber nie die vergangenen Werte der Entropie eines momentan bekannten Systems nach dem H-Theorem ermittelt werden dürfen. Das ist die These von Gibbs, die wir nun in zwei Schritten zu begründen suchen.

3. Die Auszeichnung einer Zeitrichtung bei menschlichen Experimenten

Wir behaupten zunächst: Bei allen von Menschen vorgenommenen Experimenten kann das H-Theorem nur zur Berechnung des zukünftigen Zustandes des Versuchsobjekts verwendet werden. Auf den vergangenen Zustand schließt man nicht mit Wahrscheinlichkeitsargumenten, denn man kennt ihn schon.

In der Tat beginnt jedes Experiment, über dessen Ablauf der zweite Hauptsatz eine Voraussage macht, mit einem Zustand, in den das Versuchsobjekt als abgeschlossenes System vom Zustand maximaler Entropie aus nie von selbst gekommen wäre, z. B. Versuche über Wärmeleitung oder Wärmekraftmaschinen mit einer Temperaturdifferenz, chemische Reaktionen mit einer Abweichung vom chemischen Gleichgewicht, Diffusion mit einer räumlichen Trennung der Substanzen. Diesen Anfangszustand muß man also, direkt oder indirekt, künstlich herstellen. Man kennt somit den Weg seiner Entstehung und daher auch in hinreichender Näherung die Entropiekurve des Systems bis zum Beginn des Experiments. Nur die zukünftige Entropieänderung ist unbekannt; für ihre Voraussage ist das Wahrscheinlichkeitsargument des H-Theorems angemessen.

Dasselbe gilt übrigens nicht nur von Experimenten, sondern von allen Vorgängen des täglichen Lebens, denn allgemein kennt man das Vergangene oder kann es wenigstens in Erfahrung bringen, das Zukünftige aber nicht. Es wäre widersinnig zu fragen, wie wahrscheinlich es sei, daß die chemische Energie, die in diesem Stück Kohle steckt, schon früher in ihr versammelt war. Denn ich weiß, seit wann die Kohle in meinem Keller liegt, und auf Wunsch wird mir mein Kohlenhändler Auskunft über ihre frühere Geschichte seit dem Bergwerk verschaffen können: ich kenne die Vergangenheit dieser Energie, und es kann mir einerlei sein, wie wahrscheinlich sie ist. Werfe ich aber die Kohle in den Ofen, so bin ich hinsichtlich ihres weiteren Schicksals aufs Prophezeien angewiesen und nur die große Sicherheit der statistisch fundierten Thermodynamik erlaubt mir, die ersten Stufen der dabei auftretenden Energiezerstreuung im voraus genau zu beschreiben.

4. Die Auszeichnung einer Zeitrichtung im Kosmos

Bisher wurde nur gezeigt, daß für diejenigen vergangenen Ereignisse, die wir kennen, keine Veranlassung zu dem Schluß besteht, die Entropie sei in früheren Zeitpunkten größer gewesen als in späteren. Der zweite Hauptsatz geht in zwei Richtungen darüber hinaus. Erstens behauptet er, daß auch in der Vergangenheit sogar sicher die Entropie eines früheren Zustandes kleiner (oder höchstens gleich) war als die eines späteren. Zweitens behauptet er das auch für den Teil der Vergangenheit, der weder durch das Gedächtnis des einzelnen Physikers, noch überhaupt durch menschliche Überlieferung direkt bekannt ist.

Die erste Erweiterung ist der Ausdruck unmittelbarer Erfahrung. Die zweite ist die Art der Verallgemeinerung, die die Physik stets vollzieht. Macht man sie nicht mit, so hat man auf den nicht direkt bekannten Teil der Vergangenheit mit demselben Recht wie auf die Zukunft das H-Theorem anzuwenden und schließt auf Brei, der unter Abkühlung seiner Umgebung von selbst heiß wurde, und auf Sterne, die das Licht nicht ausstrahlten, sondern konzentrisch einsogen. Die Absurdität dieser Vorstellungen macht das Recht zu der Verallgemeinerung vielleicht noch einleuchtender als die begriffliche Bemerkung, daß es unmöglich ist, zwischen direkten und durch Theorie vermittelten Erfahrungsurteilen einen scharfen Schnitt zu ziehen.

Man muß dem zweiten Hauptsatz also nicht das subjektive menschliche Wissen von vergangenen Ereignissen, sondern eine objektive und allgemeine Eigenschaft der Vergangenheit zugrunde legen. Der zu Anfang ausgesprochene Unterschied zwischen Vergangenheit und Zukunft ist dafür hinreichend, wie im Abschnitt 7 nachgewiesen werden soll. Doch wird sich das Gefühl vieler Physiker dagegen sträuben, diesen Unterschied, der zunächst eine Grundtatsache unseres Bewußtseins und Erkenntnisvermögens ist, als objektive Eigenschaft des physischen Geschehens vorauszusetzen. Wir prüfen daher zunächst die einzige für die Begründung des zweiten Hauptsatzes hinreichende abweichende Formulierung über die Vergangenheit, die vorgeschlagen worden ist.

Sie stammt von Boltzmann und lautet in möglichst kurzen Worten: Der uns bekannte Teil der Welt hat sich vor sehr langer Zeit in einem statistisch sehr unwahrscheinlichen Zustand befunden. In der Näherung, in der man diesen Teil der Welt als ein abgeschlossenes System ansehen darf, folgt daraus unmittelbar das Anwachsen der Entropie für die ganze nachfolgende Zeit.

Der Inhalt dieser Behauptung ist sicher richtig. Problematisch ist aber ihre Begründung. Ehe wir darauf eingehen, wollen wir auf einen eigenartigen Zusammenhang hinweisen.

5. Folgerungen für die physikalische Kenntnis der Vergangenheit und Zukunft

Der Begriff des Dokumentes eines vergangenen Ereignisses zeigt, daß wir weit über die Grenzen unseres Gedächtnisses hinaus mehr von der Vergangenheit als von der Zukunft wissen. Z.B. kann der Historiker aus einer alten Urkunde schließen, daß vor 1000 Jahren Menschen mit bestimmten Eigenschaften gelebt haben; eine Versteinerung beweist, daß einmal lebende Wesen bestimmter Gestalt existierten, und der Bleigehalt eines Uranerzes läßt uns das genaue Alter jenes Fossils auf Jahrmillionen berechnen. Aus keinem derartigen Fund folgt aber, daß in 1000 oder 10^6 Jahren noch lebende Wesen auf der Erde existieren werden. Wer behauptet, vor 1000 Jahren sei die Erdoberfläche durch eine kosmische Katastrophe abrasiert worden, kennt die Tatsachen nicht; wer behauptet, dasselbe werde in 1000 Jahren geschehen, kann heute nicht widerlegt werden.

Warum gibt es also physikalische Dokumente der Vergangenheit, nicht aber Dokumente der Zukunft? Nur der zweite Hauptsatz zeichnet in der Physik eine Zeitrichtung aus, und in der Tat läßt sich diese Tatsache aus der Boltzmannschen Formulierung des zweiten Hauptsatzes ableiten. Die Fragestellung, die durch Dokumente beantwortet wird, ist dieselbe, die zum Begriff der Wahrscheinlichkeit führt. Ein Dokument ist stets etwas a priori Unwahrscheinliches, denn um Dokument sein zu können, muß es so spezielle Eigenschaften haben, daß es mit praktischer Sicherheit nicht »durch Zufall« entstanden sein kann. Ein unwahrscheinlicher Zustand ist nun nach dem zweiten Hauptsatz aus einem noch unwahrscheinlicheren hervorgegangen und wird in einen wahrscheinlicheren übergehen. Noch unwahrscheinlichere Zustände, aus denen er hervorgehen konnte, gibt es aber nur in geringer Zahl, daher folgt eine sehr spezielle Aussage über die Vergangenheit. Dagegen ist fast jeder andere Zustand, den man sich ausdenken kann, ein »wahrscheinlicherer«, und daher ist über die Zukunft fast noch nichts behauptet. Im Beispiel: um ein beschriebenes Blatt Papier herzustellen, bedarf es eines so speziellen Gebildes wie eines Menschen mit bestimmten Fähigkeiten: dagegen kann das Blatt nachher verbrennen, vermodern, in Wasser zergehen, und immer entsteht ein wahrscheinlicherer Zustand der Welt, der ebenso aussehen könnte, wenn es jenes Blatt Papier nie gegeben hätte. Das Wahrscheinliche ist das Gestaltlose, wir fragen aber nach der Gestalt.

Diese Eigenschaft der Dokumente erklärt natürlich nicht das Gedächtnis als Bewußtseinstatsache. Sie dürfte aber immerhin eine notwendige physische Voraussetzung für das Funktionieren des Gedächtnisses sein, vor allem, wenn man bedenkt, daß auch zwischen dem unmittelbaren Erinnern und dem, meist unbewußten Schließen aus Dokumenten kein scharfer Schnitt gezogen werden kann.

6. Kritik der Boltzmannschen Formulierung

Die Boltzmannsche Formulierung ohne weitere Begründung einfach hinzunehmen, wäre völlig unbefriedigend. Sie charakterisiert selbst jenen fernen Zustand der Welt als sehr unwahrscheinlich und fordert dadurch die Frage heraus: wie ist es zugegangen, daß ein so unwahrscheinlicher Zustand realisiert wurde und die Voraussetzung alles uns bekannten Geschehens bildet, da doch andererseits die ganze statistische Begründung der Thermodynamik auf der Voraussetzung beruht, daß mit praktischer Sicherheit stets nur das Wahrscheinliche geschieht. Man fühlt zwar sofort das Unangemessene dieser Frage, die von der Wahrscheinlichkeit eines unserer Kenntnis nach einmaligen Vorgangs redet; hierin äußert sich aber nur das trotz ihrer praktischen Brauchbarkeit begrifflich unangemessene der Boltzmannschen Formulierung. Will man die Frage als sinnlos abweisen, so muß man eine Charakterisierung der Vergangenheit wählen, die den Begriff der Wahrscheinlichkeit gar nicht als Grundbegriff enthält. Will man umgekehrt dem Wahrscheinlichkeitsbegriff die fundamentale Bedeutung lassen, die er in der Boltzmannschen Formulierung hat, so muß man die Frage beantworten, man muß also versuchen, zu zeigen, daß bei richtig angestellter Statistik das Auftreten jenes Anfangszustandes durchaus zu erwarten ist. Den ersten Weg, der uns der richtige zu sein scheint, schlagen wir im nachfolgenden Abschnitt ein. Boltzmann hat aber den zweiten Weg gewählt; es ist daher notwendig, seinen Gedankengang zu prüfen.

Boltzmann betrachtet im § 90 seiner Vorlesungen über Gastheorie die uns bekannte Welt als eine reale Schwankungserscheinung in einem räumlich und zeitlich sehr viel ausgedehnteren Universum. »Es müssen dann im Universum, das sonst überall im Wärmegleichgewichte, also tot ist, hier und da solche verhältnismäßig kleine Bezirke von der Ausdehnung unseres Sternenraumes (nennen wir sie Einzelwelten) vorkommen, die während der verhältnismäßig kurzen Zeit von Äonen erheblich vom Wärmegleichgewichte abweichen, und zwar ebenso häufig solche, in denen die Zustandswahrscheinlichkeit gerade zu- als abnimmt. Für das Universum sind also beide Richtungen der Zeit ununterscheidbar, wie es im Raume kein Oben und Unten gibt. Aber wie wir an einer bestimmten Stelle der Erdoberfläche die Richtung gegen den Erdmittelpunkt als die Richtung nach unten bezeichnen, so wird ein Lebewesen, das sich in einer bestimmten Zeitphase einer solchen Einzelwelt befindet, die Zeitrichtung gegen die unwahrscheinlicheren Zustände anders als die entgegengesetzte (erstere als die Vergangenheit, den Anfang, letztere als die Zukunft, das Ende) bezeichnen und vermöge dieser Benennung werden sich für dasselbe kleine, aus dem Universum isolierte Gebiet anfangs immer in einem unwahrscheinlichen Zustand befinden.« Daß wir gerade diese extrem unwahrscheinliche Fluktuation beobachten, wird offenbar dadurch erklärt, daß nur sie die Voraussetzungen für den Lebensprozeß bietet.

Die konsequente Anwendung der Wahrscheinlichkeitsrechnung auf dieses Weltbild führt aber zu unannehmbaren Folgerungen. Betrachten wir etwa einen Zustand unserer Einzelwelt, der nach unserer Zeitrechnung etwas später liegt als der Zustand tiefster Entropie. Er ist nach dem H-Theorem schon sehr viel wahrscheinlicher als jener »Anfangszustand«. Demnach muß es aber eine sehr viel größere Anzahl von Einzelwelten geben, deren »Anfang« eben dieser »spätere« Zustand (mit allen seinen Einzelheiten) ist.

Allerdings enthält er zahlreiche »Dokumente« der zwischen dem »wahren Anfang« und ihm selbst vorgefallenen Ereignisse. Daraus folgt aber keineswegs, daß diese Ereignisse in allen Einzelwelten, in deren Geschichte er vorkommt, wirklich geschehen sein müßten. Denn es ist in der Tat statistisch sehr viel wahrscheinlicher, daß alle diese Dokumente durch eine Schwankung entstanden sind, als daß die vorhergehenden Zustände geringerer Entropie, auf die wir aus ihnen schließen, tatsächlich realisiert waren. Unwahrscheinliche Zustände haben eben nur dann den Wert als Dokumente, wenn man schon voraussetzen darf, daß ihnen noch unwahrscheinlichere Zustände vorangegangen sind. Mithin ist es statistisch erdrückend wahrscheinlicher, daß nicht der zuerst postulierte Anfang, sondern irgendein späterer Zeitpunkt das Entropieminimum war. Mit der weitaus größten Wahrscheinlichkeit ist gerade die Gegenwart das Entropieminimum und die Vergangenheit, auf die wir aus den vorhandenen Dokumenten schließen, eine Illusion.[1]

Der statistische Schluß auf die Vergangenheit führt also auch im Rahmen des Boltzmannschen Bildes zu absurden Konsequenzen. Wir kehren daher zur entgegengesetzten Betrachtungsweise zurück.

7. Die tatsächliche Struktur der Vergangenheit

Zur Ableitung des zweiten Hauptsatzes reicht die folgende Voraussetzung hin: In jedem Augenblick ist alles Vergangene ein vollendetes Faktum, das grundsätzlich als bekannt zu betrachten ist; das Zukünftige hingegen ist noch unbestimmt und kann grundsätzlich mit Hilfe von statistischen Methoden mit dem diesen Methoden eigentümlichen Grad von Unsicherheit vorausgesagt werden. Daraus folgt zunächst das Anwachsen der Entropie für die Zukunft. Nun war aber jeder vergangene Augenblick einmal

[1] Von etwas anderer Seite beleuchten M. Bronstein und L. Landau (a. a. O.) den Sachverhalt durch die Bemerkung, daß ein beobachtendes Wesen ohne umgebende größere Welt sehr viel häufiger durch eine Schwankung entstehen müßte als die große Welt, die wir kennen; so daß keinesfalls erklärt wird, warum wir gerade eine so enorme Schwankung wahrnehmen.

Gegenwart; daraus folgt das Anwachsen der Entropie für alles, was damals Zukunft war, also auch für die Zeiten, die heute vergangen sind.

Eine andere hinreichende Ableitung ist die folgende: Man charakterisiert irgendeinen weit zurückliegenden Zustand der Welt durch bestimmte physikalische Bedingungen. Wenn diese nur überhaupt vom Wärmegleichgewicht abweichen, so ist damit der zweite Hauptsatz für die nachfolgende Zeit garantiert. Die Boltzmannsche Formulierung erscheint hier gleichsam als abgeleitetes Resultat; denn jede realisierte Tatsache ist eine von sehr vielen möglichen und dadurch a priori statistisch unwahrscheinlich. Für unsere heutigen Kenntnisse vom Kosmos würde z. B. wahrscheinlich die Annahme genügen: vor rund 10^{10} Jahren bestand die Materie der Welt aus dünn verteiltem, ruhendem Wasserstoff von konstanter räumlicher Dichte und der absoluten Temperatur Null.

In gewissem Sinne ist die zweite Ableitung nur die konkrete Ausdrucksweise der ersten. Denn man wird ja nur einen solchen vergangenen Zustand voraussetzen, von dem man glauben kann, daß er wirklich existiert hat. Interessiert man sich nur für eine nahe Vergangenheit, so kann man sich bei der Bestimmung seiner Eigenschaften auf die Erinnerung stützen, fragt man nach der Geschichte des Kosmos im großen, so schließt man auf ihn mit Hilfe der heute vorhandenen Dokumente (z. B. für den oben angegebenen Vorschlag auf die Konstante der Entfernungs-Geschwindigkeits-Relation der Spiralnebel und die Häufigkeitsverhältnisse der chemischen Elemente)[1].

Diese Dokumente haben aber für uns nur dokumentarischen Wert, weil wir die in der ersten Ableitung verwendete Zeitstruktur schon voraussetzen.

Man kann aber das Verhältnis auch umkehren. Vielleicht wird man einmal einen bestimmten vergangenen Zustand der Welt durch besondere Bedingungen auszeichnen können. Z. B. liegt es im Sinne der modernen kosmologischen Spekulationen, nicht nur die Naturgesetze, sondern auch die Anfangsbedingungen des Weltgeschehens durch die Forderung mathematischer Einfachheit einzuschränken. Dabei bleibt die Möglichkeit offen, daß diese Be-

[1] Vgl. *Weizsäcker,* C. F. v.: Physikalische Zeitschrift 39 (1938), S. 633.

dingungen für eine aller direkten Erfahrung entzogene Vergangenheit (und Zukunft) die Voraussetzungen für die Anwendung des uns geläufigen Zeitbegriffs aufheben. Für die uns zugängliche Zeitspanne müssen hingegen Überlegungen wie die im Abschnitt 4 angestellten formal von selbst zu dem Unterschied der Vergangenheit und Zukunft zurückführen, den wir vorher vorausgesetzt haben; so wie die Quantenmechanik durch den Übergang zu großen Quantenzahlen die klassische Mechanik wieder ergibt, welche methodisch ihre Voraussetzung ist.

Beide Auffassungen stehen nicht in einem ausschließenden, sondern in einem komplementären Verhältnis. Einerseits gehört der geschilderte Unterschied zwischen Vergangenheit und Zukunft zu den unzweifelhaften Bewußtseinstatsachen, welche Vorbedingungen jeder möglichen Erkenntnis und daher, methodisch gesehen, das einzig sichere Fundament der Wissenschaft sind. Da der Begriff der Wahrscheinlichkeit den der Erfahrung voraussetzt, und Erfahrung gar nicht definiert oder geschildert werden kann, ohne den Unterschied der Vergangenheit und Zukunft zu benutzen, ist die oben kritisierte Anwendung des Wahrscheinlichkeitsbegriffs auf die Vergangenheit im streng logischen Sinne sinnlos, was durch die absurden Konsequenzen nur besonders deutlich wird. Andererseits ist aber die äußere Wirklichkeit, deren Eigenschaften wir mit Hilfe der so methodisch fundierten Wissenschaft, wenngleich nur hypothetisch und schrittweise, erschließen, die physische Voraussetzung unserer eigenen Existenz. Es ist daher ein berechtigtes Verfahren, von ihr ausgehend die vorher methodisch vorausgesetzten Behauptungen inhaltlich zu begründen und auch in gewisse Gültigkeitsgrenzen einzuschließen. Erst im komplementären Wechselspiel beider Verfahren können die Grenzen möglicher wissenschaftlicher Erkenntnis abgesteckt werden.

II, 3. Die Einheit der Physik als konstruktive Aufgabe

Dieser Vortrag wurde an der Universität Lausanne 1965 gehalten und gedruckt unter dem Titel »La physique – une unité à construire« in Publications de l'Université de Lausanne XXXVIII 1965, sowie unter dem obigen Titel in Philosophia Naturalis IX, 247–265 (1966) und, gemeinsam mit III, 1, in der Reihe Belser-Presse, Stuttgart 1969. Abschnitt 1 resümiert die Gedanken von II, 1. Die Abschnitte 2 bis 5 skizzieren den philosophischen Entwurf, ausgehend von Kants Gedanken, daß die Einheit der Physik aus den Bedingungen der Möglichkeit der Erfahrung hervorgeht. Die Abweichungen von Kant, die dabei auftreten, beruhen z. T. auf der größeren begrifflichen Einheit, die die Physik heute erreicht hat; in dieser Hinsicht dürfte die heutige Situation der Durchführung des Kantschen Grundgedankens günstiger sein als die des 18. Jahrhunderts. Der wichtigste Unterschied gegen Kant ist aber, daß hier, jedenfalls explizit, nicht auf die Einheit der Apperzeption, sondern auf die Zeit zurückgegangen wird. Dieses Verfahren entsprang zunächst eher einer sachverhafteten philosophischen Naivität; die zentrale Rolle der Zeit in ihren Modi hatte sich mir in der statistischen Thermodynamik (II, 2) und in der Analyse der Quantenlogik als einer Logik zeitlicher Aussagen aufgedrängt, während die »subjektive« Sprechweise Kants undeutlich erscheinen ließ, wie der Anschluß an den »zweiten Halbkreis«, den der Abhängigkeit des erkennenden Menschen von der Natur, bewerkstelligt werden sollte. Der »volle Kreis« ist in der Zeit; wie er im transzendentalen Subjekt sein mag, wäre bei Kant vielleicht erst im Opus Postumum zu diskutieren. Ich habe diese Frage in keinem der Aufsätze dieses Bandes besprochen und möchte sie hier gerade deshalb hervorheben. – Die Abschnitte 6 und 7 schließlich skizzieren das Programm der physikalischen Konstruktion und weisen auf II, 5 voraus.

Meine Damen und Herren!

Nur mit Zaudern habe ich den Preis Arnold Reymond angenommen, der für eine Leistung im Bereich der Naturphilosophie bestimmt ist. Als der von mir bewunderte und verehrte Hermann Weyl vor 10 Jahren diesen Preis erhielt, durfte er in seinem Festvortrag als alter Mann mit Recht einen Rückblick auf die Entwicklung seiner philosophischen Gedanken geben. Von mir weiß ich, daß ich das, was ich in der Philosophie der Natur leisten will und glaube leisten zu können, zum weitaus größeren und wichtigeren Teil bisher nur vorbereitet, aber nicht ausgeführt habe. Ich kann Ihnen heute nur über die philosophische Aufgabe sprechen, die ich vor uns allen im Bereich der Physik stehen sehe. Ich werde versuchen zu sagen, wie man sie meiner Meinung nach angreifen müßte und aus welchen Indizien ich die Zuversicht des Erfolgs eines solchen Angriffs ziehe, der freilich nicht von einem Menschen allein, sondern nur im Zusammenwirken mehrerer vorangetragen werden kann.

1. Die Entwicklung der Physik zur Einheit

Ich beginne mit einer zunächst vagen These, deren Präzisierung den Inhalt dieses Vortrags bilden soll. Sie soll etwa so lauten: *Die Physik ist wesentlich eine Einheit.* Ich versuche zunächst eine vorläufige Erläuterung einiger der in diesem Satz benutzten Worte.

Unter der Physik verstehe ich hier mindestens die gesamte Wissenschaft von der sogenannten anorganischen Natur, also die Wissenschaft, welche Physik im engeren Sinne und Chemie umfaßt, aber auch das Gesetzesschema von Astronomie, Geologie und all den vielen, hier nicht aufzuzählenden mehr oder weniger deskriptiven Wissenschaften von Teilbereichen der unbelebten Natur. Daß diese Wissenschaft auch auf das organische Leben angewandt wird und auf eine noch nicht verstandene Weise selbst zur Analyse von Seele und Bewußtsein einen Beitrag verspricht, setze ich zwar persönlich als Ingrediens des heutigen wissenschaftlichen Bewußtseins voraus; aber diese Zusammenhänge sind nicht Thema des heutigen Vortrags. Ich möchte nur sagen, daß ich Physik gerne mit Aristoteles als die Wissenschaft von all dem auffassen würde, was in sich ein Prinzip der Bewegung hat.

Von dieser Physik behaupte ich nun, sie sei wesentlich eine Einheit. Selbstverständlich enthält sie viele Teildisziplinen, aber so wie ein Organismus viele Glieder enthält. Die Einheit der Disziplinen der Physik besteht nach dieser Auffassung nicht nur in der Gleichartigkeit der Methode, sondern in einer letzten Einheit ihres Gegenstandes. Ich nenne diese Einheit wesentlich, weil sie nach der These, die ich erläutern will, schon damit gegeben ist, daß alle diese Disziplinen Physik im soeben angedeuteten Sinne sind, also weil der Gegenstand der Physik, die Natur, eine Einheit ist.

Was ist nun mit dieser Einheit gemeint? Ich versuche sie Ihnen zunächst historisch zu beschreiben, indem ich in wenigen Stücken die Entwicklung schildere, welche die Physik von Newton bis heute genommen hat.

Newton stabilisierte die Einheit der Mechanik. Die Hoffnung, auf eine Wissenschaft dieser Art die volle Einheit der Physik, ja eine universelle Ontologie zu gründen, nannte man das mechanische Weltbild. In Newtons Mechanik nun findet unsere Analyse vier verschiedene Entitäten vor: Körper, Kräfte, Raum und Zeit.

Daß diese Vierheit auf der Newtonschen Stufe unentbehrlich war, zeigt sich uns, wenn wir den Zentralbegriff der neuzeitlichen Naturwissenschaft, den Begriff des Naturgesetzes untersuchen. Das umfassendste mathematische Schema eines Naturgesetzes ist das einer Differentialgleichung nach der Zeit. Eine derartige Gleichung gibt an, wie bei gegebenen Umweltbedingungen der Zustand eines Objekts seine eigene Änderung determiniert. Z. B. Newtons zweites Axiom: Die Ableitung der Bewegungsgröße eines Körpers nach der Zeit ist gleich der einwirkenden Kraft. Oder der allgemeine Energiesatz: In einem abgeschlossenen System ist die zeitliche Änderung der Energie gleich Null. Oder die Schrödinger-Gleichung: Die zeitliche Ableitung des Zustandsvektors eines Objekts ist gleich i mal dem Hamilton-Operator, angewandt auf den Zustandsvektor. In all diesen Beispielen steht erstens ein Objektbegriff (Körper, System, Objekt) und ein Zustandsmerkmal dieses Objekts (Bewegungsgröße, Energie, Zustandsvektor), also ein Gebilde, auf welches das kategoriale Schema Substanz – Akzidens angewandt werden kann. Zweitens steht in ihnen ein Begriff, der die Einwirkung der Umwelt charakterisiert (einwirkende Kraft; abgeschlossen, d. h. ohne Umwelteinfluß; Hamilton-Operator). Drittens sind alle diese Größen stets als zeitabhängig verstanden; auch Erhaltungssätze besagen ja, daß eine Größe, die an sich veränderlich sein kann, unter bestimmten Umständen konstant bleibt. Viertens ist jedenfalls in der Newtonschen Mechanik das Zustandsmerkmal auf räumliche Verhältnisse bezogen; Bewegung ist dort Veränderung des absoluten Orts in der absoluten Zeit.

Die Weiterentwicklung der Physik bis zum Ende des 19. Jahrhunderts erscheint einerseits als ein Siegeszug, als die Einverleibung immer neuer Bereiche ins mechanische Weltbild, andererseits aber als ein mühseliges Ringen um die Einsparung wenigstens eines der vier ontologischen Prinzipien, vorzugsweise des Begriffs der Kraft. Ich habe die Kraft soeben als äußere Kraft, als Einwirkung der Umwelt auf den betrachteten Körper beschrieben. Aber die Umwelt besteht selbst aus Körpern. Beschreibt man einen größeren Ausschnitt aus der Welt als eine Gesamtheit von Körpern, so treten die Kräfte auf als Ausdruck der Gesetze der Wechselwirkung zwischen den Körpern. Soll man diese Kräfte als besondere Entitäten neben den Körpern ansehen? Das 17. Jahrhundert vermutete in ihnen vielmehr die Folge einer Wesenseigenschaft der Körper selbst: der Undurchdringlichkeit. Als mechanische Erklärung eines Vorgangs galt seine Zurückführung auf Druck und Stoß. Aber schon Newton vermochte die Gravitation so nicht zu erklären; er führte, für sein eigenes Bewußtsein als vorläufige Beschreibung des noch nicht in seinem Wesen Verstandenen, die Fernkraft ein. Diesem Wissensstand ist die klassisch gewordene mathematische Struktur der Mechanik angemessen: Sie enthält die allgemeinen Bewegungsgleichungen, in denen eine zunächst unbekannte Funktion die Kraft repräsentiert, und damit gestattet sie die Einsetzung beliebiger spezieller Kraftgesetze. Die durch das Kraftgesetz komplettierte Bewegungsgleichung ist dann die Regel, welche bei beliebigem – wie wir sagen kontingentem – Anfangszustand der betrachteten Körper die Weiterentwicklung dieses Zustands in der Zeit festlegt.

Die Weiterentwicklung der Physik ist zu einem wichtigen Teil Theorie des Wesens der Kräfte. Am Anfang des 20. Jahrhunderts ist der Dualismus von Körper und Kraft nicht überwunden, sondern eher verfestigt als der Dualismus von Teilchen und Feld. Die Felder, von Faraday in die Physik eingeführt, sind nun physikalische Objekte eigener Art, deren innere Dynamik durch partielle

Differentialgleichungen beschrieben wird, in denen die Ableitung der Feldgrößen nach der Zeit durch ihre Ableitungen nach dem Ort bestimmt wird; diese Nahewirkungsgesetze enthalten die Rückkehr zu dem, was in den Vorstellungen des 17. Jahrhunderts von lokaler Wechselwirkung durch Druck und Stoß anscheinend richtig war. Einstein beweist definitiv, daß das Feld nicht ein Körper besonderer Art (ein Äther) ist, da kein Zustand räumlicher Translation relativ zum Feld definiert werden kann.

Einstein nähert sich der Verminderung der Anzahl der Entitäten auf neue Weise. In der speziellen Relativitätstheorie zeigt er, daß der Raum kein vorweg gegebenes Absolutum ist. Der Raum der zu einem gegebenen Ereignis gleichzeitigen Ereignisse ist vielmehr ein Constructum, eine mathematische Konstruktion, die verschieden ausfällt, je nach dem Bewegungszustand des bei der Konstruktion zugrunde gelegten Systems relativ zueinander ruhender Körper. In nicht vollständiger Analogie zum Raum ist ihm die Zeit zunächst als die Zeit eines einzelnen Körpers gegeben, meßbar durch eine mitbewegte Uhr; die universelle Zeit erweist sich dann wiederum als Constructum, das vom Bezugssystem abhängt. So hängt die Konstruktion der universellen Begriffe von Zeit und Raum an ihrer Verknüpfung im Phänomen der Bewegung der Körper.

In der allgemeinen Relativitätstheorie und seinen anschließenden Versuchen einer einheitlichen Feldtheorie versucht Einstein nun den Kraftbegriff mit dem des Raum-Zeit-Kontinuums zu verschmelzen und schließlich auch die Körper als Singularitäten der Kraftfelder zu verstehen. Dieser Versuch ist ein Torso geblieben, da er die inzwischen entdeckten Quantenphänomene nicht einschloß. Heute nähert sich die Quantentheorie dem Punkt, an dem sie das Gespräch mit dem Programm Einsteins wieder aufnehmen kann.

Die Quantentheorie hat zunächst in extensivem Sinne die Einheit der Physik in die Reichweite unseres hoffnungsvollen Blicks gebracht. Ihr allgemeines Gesetzesschema umfaßt Physik und Chemie. Mit unseren Kenntnissen in den drei unvollendeten Wissenschaften der Theorie der Elementarteilchen, der Kosmologie und der Biologie ist zum mindesten die Hypothese sehr wohl vereinbar, daß die Quantentheorie in allen drei Bereichen genau in der uns heute bekannten Gestalt gelte. Ebenso wie die klassische

Mechanik ist sie freilich zunächst ein allgemeines Gesetzesschema, in das beliebige Kraftgesetze eingesetzt werden können. Aber die Quantenfeldtheorie oder Theorie der Elementarteilchen sucht eben diese Lücke auszufüllen und zu zeigen, welche Art elementarer Körper und Kräfte es überhaupt geben kann. Dieses Programm ist heute noch nicht ausgeführt, obwohl wir, wie ich meine, sehr hoffnungsvolle Ansätze besitzen. Unter physikalischem Aspekt kann ich den Inhalt dieses Vortrags als eine Meditation über die Bedingungen der Möglichkeit eben dieser angestrebten einheitlichen Theorie der Elementarteilchen bezeichnen.

Wir müssen aber zunächst noch den strukturellen Beitrag der Quantentheorie zum Verständnis des Zusammenhangs der vier Entitäten betrachten. Sie überwindet, so möchte ich behaupten, den Gegensatz der Teilchen und Felder durch den Begriff der Wahrscheinlichkeit und damit letzten Endes durch den Begriff der Zeit. Dies ist eine doppelte Behauptung und also in zwei Schritten zu prüfen.

Der erste Schritt ist wohl dem Physiker plausibel. Die Quantentheorie versteht jedes physikalische Objekt unter dem doppelten Aspekt der Teilchen und des Feldes. Sie stellt den Zusammenhang zwischen den Aspekten her, indem sie die Felder als Wahrscheinlichkeitsfelder auffaßt, aus denen die Wahrscheinlichkeiten dafür berechnet werden können, daß bei geeigneten Experimenten Teilchen in bestimmten Zuständen vorgefunden werden. Bitte erlauben Sie mir, es mit dieser summarischen Beschreibung eines komplizierten Sachverhalts vorerst bewenden zu lassen.

Der zweite Schritt wird den hauptsächlichen Inhalt dieses Vortrags ausmachen. Daher will ich ihn vorerst nur andeuten. Die Wahrscheinlichkeit eines bestimmten Ausfalls eines Experiments bezieht sich im einfachsten Fall stets auf ein zukünftiges Ereignis. Die Physik prophezeit das Ergebnis des Experiments mit Wahrscheinlichkeit. Wenn das Ereignis eingetreten ist, wenn es vergangen ist, so prophezeit man es nicht mehr. Wahrscheinlichkeit, so meine ich also, geht primär auf Zukunft, und insofern auf ein Moment in der Struktur der Zeit.

2. Der Ansatz Kants

Wir sollten hier einen Augenblick innehalten. Wir sollten uns selbst Gelegenheit geben zu dem ersten Schritt in die Philosophie, zum Staunen.

Ich habe die Ontologie der klassischen Physik aus dem Begriff des Naturgesetzes plausibel zu machen versucht. Die Physik ist erfolgreich. Offenbar gehorcht die Natur den Gesetzen, die die Physik aufstellt, wenigstens in sehr guter Näherung. Warum tut sie das? Wer ist diese Natur, daß sie Gesetzen gehorchen müßte, die der Mensch mit seinem Verstand formulieren kann?

Nun, werden wir sagen, die Natur muß Gesetzen genügen, das folgt aus dem Kausalprinzip. Nichts geschieht ohne Grund. Oder, um eine schärfere, von Kant stammende Fassung zu verwenden: Alles, was geschieht, setzt etwas voraus, worauf es nach einer Regel folgt. Die Differentialgleichungen nach der Zeit, die wir Naturgesetze nennen, sind solche Regeln, nach denen ein Ereignis auf andere folgt. Jetzt haben wir zwei Fragen statt einer: Warum muß die Natur überhaupt dem Kausalprinzip, d. h. irgendwelchen Regeln genügen? Und wenn sie das schon muß, warum genau diesen Regeln?

Wir werden sagen, diese Regeln hätten sich in der Erfahrung bewährt. Wer wird das leugnen? Aber gibt uns diese Erfahrung eine Einsicht in den Grund dieser Regeln? Kann sie unser Staunen beheben? Spezieller: lehrt sie uns die Notwendigkeit dieser Regeln verstehen? Wenn nicht: welche Garantie gibt sie uns, daß die Natur den Regeln auch in Zukunft, auch unter veränderten Umständen folgen wird?

Wir verdanken David Hume die scharfe Formulierung der alten Erkenntnis, daß Erfahrung keine strengen Naturgesetze begründen kann. Daraus, daß die Sonne bisher jeden Tag aufgegangen ist, folgt nicht logisch, daß sie auch morgen aufgehen wird. Daraus, daß der Schluß aus vergangener Erfahrung auf die jeweilige Zukunft sich in unserer Vergangenheit so oft bewährt hat, folgt nicht logisch, daß er sich auch in der Zeit bewähren wird, die jetzt als Zukunft vor uns liegt. Nicht einmal daß es überhaupt Zukunft gibt, daß es also noch Ereignisse geben wird und die Zeit nicht zu Ende ist, folgt logisch daraus, daß bisher stets auf das Vergangene ein zuvor Zukünftiges als neue Gegenwart gefolgt ist.

Erfahrung kann keine strenge Wissenschaft begründen. Hume folgert, daß unsere Wissenschaft nicht streng ist; ihre Wahrheit ist ein für unser praktisches Leben hinreichender Glaube (belief), psychologisch begründet auf Gewohnheit (custom). Es ist kein logischer Zirkel, daß Hume in dieser Begründung des Glaubens aus der Gewohnheit als Psychologe das Kausalprinzip selbst anwendet; das Kausalprinzip ist ein Glaube, den Hume teilt, nur Gewißheit hat es nach seiner Überzeugung nicht.

Kant sieht das Phänomen der mathematisch strengen und empirisch bewährten Wissenschaft, die wir wirklich besitzen, damit nicht als erklärt an. Er zieht daher die umgekehrte Konsequenz aus Humes Erkenntnis: Unsere Wissenschaft ruht nicht nur auf Erfahrung. Sie enthält einen grundlegenden Teil, der a priori gewiß ist. Daß wir auch diesen Teil erst an Hand der Erfahrung entwickeln, ist kein Einwand. Er bedurfte spezieller Erfahrung als Anlaß, um aufgestellt zu werden; ist er aufgestellt, so bedarf er dieser Erfahrung nicht mehr zu seiner Rechtfertigung.

Eine Auseinandersetzung mit der Philosophie Kants ist in diesem Vortrag nicht mein Ziel. Ich nenne ihn, weil ich einen Grundgedanken seiner Theorie der Naturwissenschaft in etwas veränderter Gestalt übernehmen will. Ich muß diesen Gedanken und seine gegen Kant veränderten Aspekte erläutern.

Es handelt sich um Kants Ansatz, daß Erkenntnis a priori Bedingung der Möglichkeit von Erfahrung sei. M. a. W., wer fragt, ob Erfahrung die Naturwissenschaft begründen könne, muß zuerst fragen, was er damit schon zugegeben hat, daß er zugibt, daß es überhaupt Erfahrung gibt. Ich will das Wort »a priori« in meinem eigenen Entwurf meist vermeiden. Wenn ich es aber verwende, so will ich es in dem durch diese Frage definierten Sinn gebrauchen; es soll das bezeichnen, was derjenige schon weiß oder zugeben muß, der davon ausgeht, daß es Erfahrung gibt. Damit stellt sich natürlich die Aufgabe zu analysieren, was Erfahrung heißt, und was damit schon gewußt wird oder zugegeben werden muß.

Kants Analyse dieser Fragen ist grandios, aber wir können sie nicht übernehmen, wie sie dasteht. Dem heutigen Blick erweist sich Kant als eingeengt durch den Wissensstand seiner Zeit. Er fordert einerseits zu viel, andererseits zu wenig von der Erkenntnis a priori.

Er fordert zu viel. Was wir die euklidische Geometrie nennen, das ist ihm die Geometrie schlechthin. Was wir die klassische Mechanik nennen, das ist ihm die Grundlage der Naturwissenschaft überhaupt. Wenn er das Kausalprinzip begründet, so kann er das nur im Sinne einer Begründung einer deterministisch gemeinten Physik verstehen. In diesen Bemerkungen liegt nicht einfach die Forderung, anstelle zu enger oder veralteter wissenschaftlicher Ansichten weitere oder modernere a priori zu begründen. Unser Mißtrauen gegen den Apriorismus geht heute tiefer, und wie ich meine, mit vollem Recht. Wenn Kant sich geirrt hat, als er die euklidische Geometrie für *die* a priori gewisse Geometrie hielt, wer würde uns garantieren, daß wir uns nicht wieder irren, wenn wir, um ein Beispiel zu wählen, eine auf der Theorie der Punktmengen beruhende Topologie a priori gelten ließen? Die dogmatische Behauptung bestimmter Sätze als a priori gewiß ist uns nicht mehr glaubwürdig.

Bricht damit nicht schon Kants ganzer Ansatz zusammen? Ich hoffe Ihnen nachher zu zeigen, daß der Sinn der Frage nach den Bedingungen der Möglichkeit der Erfahrung von dieser Kritik nicht getroffen wird. Um Kants eigene Terminologie zu gebrauchen: nicht die metaphysische, aber die transzendentale Exposition überlebt die aus der Weiterentwicklung der Wissenschaft erwachsende Kritik.

Kant fordert aber auch zu wenig. Die Physik, die er begründen wollte, war viel ferner der Einheit als die heutige. Mit großer Behutsamkeit formuliert er seine Sätze so, daß sie einen Rahmen bilden für die Fülle spezieller Naturgesetze, die man nach seiner eigenen Überzeugung schließlich nur durch Erfahrung rechtfertigen kann. Wählen wir das Kausalprinzip als Beispiel. *Daß* alles, was geschieht, nach einer Regel auf etwas anderes folgt, gehört nach Kant zu den Bedingungen der Möglichkeit der Erfahrung. *Welche* Regel dies ist, das wird uns im Einzelfall immer nur die Erfahrung selbst lehren. Was Kant »Grundsätze des reinen Verstandes« nennt, also z. B. eben das Kausalprinzip, das sind nicht Naturgesetze in unserem Sinn, sondern Gesetze über solche Gesetze; sie sind Prinzipien, die, mit seinen eigenen Worten, vielfach nur regulative Bedeutung haben.

Dies ist eine Theorie von hoher methodischer Bewußtheit, passend für eine wachsende Physik, so wie Kant selbst sie kannte.

Unsere einleitende geschichtliche Betrachtung aber lenkt uns auf eine weitergehende Fragestellung. Nehmen wir an, die Theorie der Elementarteilchen sei, unter Einschluß der Gravitationstheorie, vollendet – und könnte das nicht leicht noch in unserem Jahrhundert der Fall sein? Dann gäbe es wenigstens in dem Bereich, den man heute Physik nennt, überhaupt kein spezielles Naturgesetz mehr im Sinne eines nicht grundsätzlich theoretisch aus dem Grundgesetz ableitbaren Satzes. Auch dann würden wir viele Regeln nur empirisch begründen, viele Materialkonstanten durch Messung bestimmen. Aber vom streng theoretischen Standpunkt aus gesehen, wäre das nur eine Frage der praktischen Einfachheit; viele Konsequenzen der fundamentalen Theorie verlangen mehr Rechenaufwand als wir leisten können oder mögen, und deshalb entscheiden wir die Fragen praktisch durch Messung. Diese Einheit der Physik begreiflich zu machen, ist die Aufgabe, welche die Physik unserer Zeit der Philosophie stellt. Wir können die Aufgabe als zu schwer abweisen, wir können sie aber, so scheint mir, nicht auf eine kleinere Aufgabe reduzieren. Das Programm, das Kant für die klassische Physik formuliert hat, ist heute entweder unausführbar oder es wird sich als ausgeführt erweisen, wenn aus einleuchtenden Behauptungen über die Bedingungen der Möglichkeit von Erfahrung genau die inhaltlich eindeutig bestimmte einheitliche Physik konstruiert sein wird, der die heutige Entwicklung so offensichtlich zustrebt. Ich will es ganz scharf sagen: Eine solche Theorie müßte die spezielle mathematische Struktur der Lorentzgruppe und der Quantenmechanik, die Existenz und Anzahl, die Massen und Wechselwirkungskonstanten der sogenannten Elementarteilchen und damit letzten Endes die Energieausbeute der Uranspaltung, jede Spektrallinie des Eisenspektrums und die Gesetze der Himmelsmechanik grundsätzlich zu deduzieren gestatten. Hier ist uns nicht erlaubt bescheiden zu sein. Dieser Weg ist ungangbar oder er führt zu dem Ziel, das ich geschildert habe. Ich möchte versuchen, Ihnen die Hoffnung zu erwecken, daß eben dieser Weg gangbar, eben dieses Programm ausführbar ist. Natürlich wird dabei jeder der bisher verwendeten Begriffe der Verschärfung bedürfen.

3. Abgeschlossene Theorien

Ich stelle mich zunächst auf den Standpunkt der dem heutigen wissenschaftlichen Allgemeinbewußtsein geläufigeren der beiden kritischen Bemerkungen zu Kant, nämlich der, er fordere zu viel. Wir mißtrauen apriorischen Behauptungen grundsätzlich, seit statt der euklidischen Geometrie die Riemannsche, statt der deterministischen Kausalität die statistische in die Physik eingeführt worden ist. Ich habe vorhin behauptet, der Sinn der Frage nach den Bedingungen der Möglichkeit von Erfahrung werde von dieser Skepsis nicht getroffen. Was heißt das?

Zunächst möchte ich an ein wissenschaftsgeschichtliches Phänomen anknüpfen, auf das Heisenberg hingewiesen hat. Der Fortschritt der Theorie der Physik geschieht selbst bei kontinuierlichem Wachstum des Erfahrungsschatzes nicht kontinuierlich. Es gibt markierte Stationen, die Heisenberg abgeschlossene Theorien nennt. Beispiele sind die klassische Mechanik, die klassische Elektrodynamik, die spezielle Relativitätstheorie, die Quantenmechanik. Der skeptische Physiker mag sich sogar fragen, ob die euklidische Geometrie, die klassische Analysis, die klassische Aussagenlogik von wesentlich anderem Rang sind. Aber vergessen Sie bitte diese mathematisch-logischen Beispiele vorerst wieder, da sie uns auf ein anderes Feld führen. Argumentieren will ich nur mit den Beispielen aus der Physik.

Was sind die Kennzeichen einer abgeschlossenen Theorie? Durchsichtigkeit und langdauernder historischer Erfolg empfehlen diese Theorien äußerlich und verschaffen ihnen vielfach das Epitheton klassisch. Wir fragen nach dem Grund dieses ihres Erfolgs. Dazu müssen wir das Wesen dieses Erfolgs genauer beschreiben. Ich schlage folgende Formulierung vor: Eine abgeschlossene Theorie ist eine Theorie, die durch kleine Änderungen nicht verbessert werden kann. Als Kriterium der Verbesserung einer Theorie darf in der Physik das Maß ihrer Übereinstimmung mit der schon vorliegenden oder vorhergesagten Erfahrung gelten. Wann eine Änderung klein ist, versuche ich nicht allgemein zu definieren; die Änderung von Materialkonstanten ist jedenfalls eine kleine Änderung, die Einführung völlig neuer Begriffe eine große.

Kant gab als Kriterium für eine Erkenntnis a priori an, daß sie schlechthin notwendig und allgemein gelte. Ich möchte vermuten, daß sich die einfachsten Voraussetzungen, aus denen eine abgeschlossene Theorie herleitbar ist, zu den vom Apriorismus vorausgesetzten schlechthin notwendigen und allgemeinen Grundsätzen ähnlich verhalten wie die abgeschlossene Theorie selbst zum Ideal einer schlechthin gewissen Physik. Die abgeschlossenen Theorien sind kein absolutes, aber ein relatives Optimum. Eine abgeschlossene Theorie wäre dann also relativ allgemeingültig und relativ notwendig. D. h. jede »kleine Änderung« würde entweder ihre Allgemeinheit einschränken oder sie würde einer relativ, d. h. unter gewissen Prämissen oder für eine bestimmte Art von Phänomenen notwendigen Forderung widersprechen.

Die philosophische Analyse einer abgeschlossenen Theorie muß die Prämissen herausarbeiten, relativ zu welchen diese Theorie allgemein und notwendig ist. Nun umfassen im Fortschritt der Physik die späteren abgeschlossenen Theorien im allgemeinen ihre Vorgänger als Spezial- oder Grenzfälle. Dies legt die Vermutung nahe, daß der Fortschritt der Physik uns immer umfassenderen und darum wohl auch elementareren Prämissen nähert. Die älteren Theorien, wie z. B. die klassische Mechanik, beruhen nach dieser Vermutung auf spezielleren Prämissen als die neueren. Man darf dann erwarten, daß es eine schwerere Aufgabe sein muß, alle Bedingungen aufzuzählen, relativ zu denen die klassische Physik notwendig und allgemein war, als dasselbe z. B. für die Quantenmechanik zu leisten. Wir wären dann heute in einer sehr viel günstigeren Situation als Kant. Wir dürfen erwarten, daß die eingangs geschilderte Konvergenz die neuzeitliche Physik zu einer einzigen, einfachen Theorie führen wird. Wir brauchen nicht anzunehmen, diese Theorie werde das letzte Wort menschlicher Erkenntnis sein; aber wir dürfen getrost erwarten, daß sie die Merkmale einer abgeschlossenen Theorie haben wird. Wir dürfen vermuten, daß die Prämissen, relativ zu welchen diese Theorie notwendig und allgemein sein wird, einfacher und freier von speziellen Zusatzannahmen sein werden als die Prämissen aller früheren abgeschlossenen Theorien. So gesehen, erscheint die Hypothese vielleicht nicht absurd, daß diese Prämissen nichts anderes mehr formulieren werden als eine Definition dessen, was man überhaupt im Sinne der Neuzeit unter Physik versteht; d. h., daß sich werde beweisen lassen, daß eine Theorie, wenn sie überhaupt im Sinne der Neuzeit Physik ist, diese Theorie oder ein Teilstück von ihr sein muß. Sollte sich diese Hypothese als zu weitgehend erweisen, so wird man zum mindesten mit Spannung erwarten, welche Prämissen über diese jeder möglichen Physik eigenen hinaus bei einer Analyse noch an den Tag kommen werden.

4. Zwei methodische Prinzipien

Dies führt uns nun auf die grundsätzliche Frage: Was fordern wir überhaupt von einer Theorie, oder was sollten wir doch von ihr fordern, damit sie als Physik gelten kann? Diese Frage bringt sehr weitreichende Untersuchungen in Gang, für welche ich in diesem Vortrag nur zwei methodische Prinzipien angeben und ein paar einfache, freilich zentrale Beispiele nennen kann. Diese methodischen Prinzipien möchte ich als die Prinzipien der Reflexion und der Homogenität bezeichnen. Das erste formuliert eine Forderung an den Theoretiker, das zweite eine Erwartung, mit der wir der Natur gegenübertreten. Das erste kann als eine spezielle Fassung des Prinzips der Notwendigkeit, das zweite als eine Fassung der Allgemeinheitsforderung gelten.

Prinzip der Reflexion: Man soll beim Aufbau der Theorie möglichst weitgehenden Gebrauch von dem vorweg verständlichen Sinn derjenigen Begriffe machen, ohne welche nicht einmal die Fragen formuliert werden könnten, die die Theorie beantworten soll.

Prinzip der Homogenität: Wir erwarten, daß ein Naturgesetz so allgemein wie möglich ist.

Offenbar bedürfen beide Prinzipien noch einer Erläuterung.

Das Reflexionsprinzip erläutere ich zunächst durch ein – und zwar das für das Folgende wichtigste – Beispiel. Suchen wir nicht stets Theorien, die sich in der Erfahrung bewähren? Wer das zugibt, scheint schon zu wissen, was er mit dem Begriff »Erfahrung« meint. Was ist denn aber Erfahrung? Aus dem Komplex möglicher Antworten auf diese Frage hebe ich einen Aspekt hervor. Wer Erfahrung gemacht hat, hat aus Vergangenem für die Zukunft gelernt. Eine Theorie bewährt sich in der Erfahrung, wenn ihre Vorhersagen sich bestätigen. Jede Theorie, die sich in der Erfahrung bewähren kann, bezieht sich somit auf Vergangenes, Gegenwärtiges, Zukünftiges, kurz auf Verhältnisse in der Zeit. Zeit ist eine

Grundgegebenheit für jede Theorie, die wir bereit sein werden, Physik zu nennen. Bitte beachten Sie dabei, daß ich soeben von Vergangenem und von der Zukunft und damit, implizit, auch schon von Gegenwart gesprochen habe, ehe ich die Vokabel »Zeit« einführte. Zeit, so wie ich sie hier als Prärequisit jeder Physik als empirischer Theorie verstehe, ist also von vornherein als die wirkliche Zeit der Geschichte verstanden, ungefähr also als das, was manche Autoren heute gern die Bergsonsche Zeit im Unterschied zur Newtonschen nennen. Diese Zeit, von der Augustin sagte, ungefragt wisse er, was sie sei, auf Befragen aber könne er es nicht sagen, diese Zeit hat eine reiche Struktur, und ich meine, daß in dieser Struktur schon die wichtigsten Prämissen aller Physik bereitliegen.

Ich habe soeben hervorgehoben, was eine Theorie als empirisch verwendbar charakterisiert. Jetzt frage ich umgekehrt, was einen Umgang mit der Erfahrung zur Theorie macht. Wenn eine Theorie gestattet, aus Vergangenem auf Zukünftiges zu schließen, so muß sie verschiedene faktische und mögliche Ereignisse unter allgemeine Begriffe bringen können. Diese allgemeinen Begriffe müssen in ihr ferner in allgemeingültigen Urteilen vorkommen, welche das aussprechen, was wir Naturgesetze nennen. Ohne allgemeine Naturgesetze gibt es keine Physik im Sinne der Neuzeit. Nun gibt es aber solche Physik. Die Reflexion hat sich also dem Faktum der allgemeinen Gesetze zuzuwenden. Das Homogenitätsprinzip formuliert die umfassendste Erwartung, mit der wir solche Gesetze aufsuchen. Ich komme darauf sofort zurück.

Einen besonderen Aspekt des Reflexionsprinzips möchte ich unter dem Titel der Forderung semantischer Konsistenz formulieren. Die Reflexion auf den vorweg verständlichen Sinn unserer Begriffe liefert uns keineswegs absolut gewisse Urteile. Sie läßt uns viel eher immer wieder erkennen, wie vage wir diese Begriffe bisher verstanden und gebraucht haben. Sie fordert damit unsere Theorien immer wieder dazu heraus, einem schon vorher benutzten Begriff eine neue, schärfere Definition zu geben. Hier entsteht nun ein eigentümliches Problem. Wir bauen die verschärften Theorien meist als mathematische Formalismen auf. War die ältere, umgangssprachlich formulierte Physik vielleicht unscharf, aber inhaltlich verständlich, so bedeutet ein solcher Formalismus, rein als Formalismus genommen, physikalisch zunächst überhaupt nichts. Die Bedeutung muß den in ihm vorkommenden mathematischen Größen erst durch explizite Definition mittels der vorher schon verständlichen Begriffe gegeben werden. Man gibt etwa an, wie man die Werte dieser Größen physikalisch messen kann. Diese Inhaltserfüllung der neuen Theorie können wir eine äußere Semantik nennen. Nun umfaßt die neue Theorie oft auch die Vorgänge (oder gewisse Züge der Vorgänge), durch welche diese Messungen stattfinden. Z. B. erwartet man beim Aufbau der Quantenmechanik, daß auch die Meßgeräte, die wir klassisch beschreiben, streng genommen ebenfalls der Quantenmechanik genügen. Dann muß aber die gedeutete neue Theorie diejenigen Züge des Meßprozesses, die bei der Einführung ihrer Deutung benutzt wurden, im Einklang mit der vorher benutzten Beschreibung beschreiben; eben die Erfüllung dieser Forderung schlage ich vor, semantische Konsistenz zu nennen. Dabei braucht nicht die volle ältere Auffassung der Messung bestätigt zu werden. So zeigte Einsteins Analyse der Zeitmessung, daß in einer lorentzinvarianten Theorie nicht die Newtonsche, sondern nur seine neue Definition der Zeitmessung semantisch konsistent ist.

Am Homogenitätsprinzip, also der Forderung möglichst großer Allgemeinheit der Naturgesetze, bedarf vor allem der Begriff »möglichst« einer Erläuterung. Alle Naturgesetze enthalten oder involvieren konditionale Aussagen: »wenn *A*, so *B*«. Z. B. »Wenn zwei Körper die Massen m_1 und m_2 und den Abstand r haben, so üben sie die Kraft $Gm_1 m_2/r^2$ aufeinander aus.« Zur vollständigen Formulierung eines naturgesetzlichen Zusammenhangs gehört daher auch die Angabe, welche Eigenschaften der betrachteten Objekte im Bedingungsteil des Konditionalsatzes überhaupt als möglich zugelassen werden. Ich möchte diese Eigenschaften die formal-möglichen Eigenschaften der betrachteten Objekte nennen. In der klassischen Mechanik sind z. B. Masse und Ort formal mögliche Eigenschaften eines Massenpunkts. Formal nenne ich diese Möglichkeit, weil einige von diesen Eigenschaften im jeweiligen Einzelfall vielleicht wegen der gerade vorliegenden speziellen Verhältnisse nicht real möglich sind, und weil ihre Möglichkeit nur aus der Natur der betrachteten Objekte, in aristotelischer Sprechweise also aus ihrer Form folgt. Welche formal möglichen Eigenschaften ein Objekt im Einzelfall annimmt, besagt also das betreffende Naturgesetz nicht. Wir sagen, es sei kontingent, welche formal mögliche Eigenschaft jeweils vorliegt. Kontingent heißt also das nicht durch das betrachtete Gesetz Festgelegte, aber nach ihm formal Mögliche. Mit diesen Begriffen läßt sich nun die Behauptung formulieren: Der Fortschritt der Physik führt zu immer allgemeineren Naturgesetzen; die größere Allgemeinheit kommt dadurch zustande, daß die Bedingungen, unter denen die vorher bekannten Naturgesetze gelten, als kontingent, d. h. als Spezialfälle umfassenderer formal möglicher Fälle erkannt werden.

Der Fortschritt der Physik führt so zu einem immer umfassenderen Objektbegriff. Die klassische Mechanik verstand ihre Objekte als Körper, von denen grundsätzlich jeder bezüglich Ausdehnung und charakteristischer Kräfte andere formal mögliche Eigenschaften haben konnte. Die Quantenmechanik unterscheidet verschiedene Objekte nur noch durch die Hamilton-Funktion in einem für alle mathematisch isomorphen Raum formal möglicher Zustände, dem Hilbert-Raum. Die Elementarteilchentheorie hofft, die Vielzahl möglicher Objekte auf wenige Arten von Elementarteilchen, vielleicht auf ein einziges »Urobjekt« zu reduzieren. Im Sinne des Programms, das ich hier vortrage, liegt es nahe, zu vermuten, daß dieses Urobjekt keine anderen formal möglichen Eigenschaften hat als solche, die daraus folgen, daß es überhaupt ein Objekt im Sinne der neuzeitlichen Physik ist. Diese Eigenschaften aufzuzählen ist das nächste Ziel unserer Reflexion.

5. Der Objektbegriff

Was ein Physiker meint, wenn er von einem Objekt oder etwa auch von einem Ding oder einem physikalischen System spricht, das weiß er für seine praktischen Zwecke meist genau genug. Ich versuche, diesen Begriff zu präzisieren, indem ich ihn zunächst von anderen, hier nicht gemeinten Begriffen abgrenze.

Gemeint sind erstens konkrete (»physische«) Objekte und nicht beliebige Denkgegenstände. Die Zahl 2 ist kein Objekt in diesem Sinn, ebensowenig eine Eigenschaft wie »rot« oder »am Ort *x*«. Der Planet Mars oder ein Eisenatom ist ein Objekt.

Zweitens meinen wir einzelne, gedanklich isolierbare Objekte und nicht die ganze Welt.

Drittens betrachten wir in der Physik nur Objekte, von denen Menschen etwas wissen können, also Objekte für Subjekte.

Viertens aber sind die Objekte, die wir untersuchen, nicht menschliche Gedanken, Empfindungen o. ä., sondern das, worüber wir denken, wovon wir Empfindung haben usw. Objekt ist z. B. nicht mein Erlebnis eines roten Lichtpunkts, sondern der Planet Mars. *Wie* es möglich ist, diesen Lichtpunkt als mein Bild des Planeten Mars nachprüfbar anzusprechen, oder, wie man kürzer und vernünftig sagt, wie es möglich ist, den Planeten Mars zu sehen, das ist nicht Gegenstand unserer physikalischen Theorie; *daß* es möglich ist, ist Voraussetzung jeder solchen Theorie.

Ich verfolge die zweite Einschränkung, die gegenüber dem Universum. Daß wir Objekte aus dem Weltganzen sinnvoll gedanklich herauslösen können, versteht sich nicht von selbst. Diese Herauslösung enthält ja immer einen Fehler, da in Wahrheit alles mit allem zusammenhängt. Wir können aber nur von Objekten nachprüfbares, begrifflich formulierbares Wissen haben. Wir können nur abgegrenzte Alternativen entscheiden, nicht aber die Frage: »In welchem Zustand ist die Welt?« Angesichts dieses Dilemmas ist eine Theorie von Objekten wohl nur deshalb faktisch möglich, weil der Objektbegriff selbst dazu benutzt werden kann, den in ihm liegenden Fehler schrittweise zu korrigieren. Betrachten wir einige dieser Schritte.

Als ein isoliertes Objekt im strengen Sinne wäre eines zu verstehen, das auf den Rest der Welt nicht einwirkt und von ihm keine Einwirkung empfängt. In diesem strengsten Sinne kann es nicht Gegenstand einer empirischen Theorie sein, da jede empirische Kenntnisnahme eine Einwirkung des Objekts auf das kenntnisnehmende Subjekt voraussetzt. Reden wir in der Physik von isolierten Objekten, so meinen wir Objekte, deren Wechselwirkung mit dem Rest der Welt mit Ausnahme der Beobachtungsakte praktisch vernachlässigt werden kann.

Eine nächste Näherung betrachtet ein Objekt in einer fest gegebenen Umwelt. Hier berücksichtigt man nur die Einwirkung des Rests der Welt auf das Objekt, aber (wieder bis auf Beobachtungsakte) nicht die Einwirkung des Objektes auf den Rest der Welt. In der Physik nennt man das auch die Näherung äußerer Kräfte.

Die dritte und entscheidende Näherung ist die der Wechselwirkung. Man löst einen Teil der Umwelt des zunächst betrachteten

Objekts selbst in Objekte auf. Nun hat man eine Mehrheit von Objekten in einer gemeinsamen verbleibenden Umwelt, deren Einwirkung aufeinander theoretisch beschrieben wird. Dabei kann man stets eine Mehrheit miteinander wechselwirkender Objekte begrifflich zu einem einzigen Objekt mit »inneren« Parametern zusammenfassen. Der Prozeß der Auflösung der Umwelt in Objekte kann iteriert werden; ein Traum der Physik ist die gedankliche Zerlegung der ganzen Welt in Objekte. Ob das begrifflich gelingen kann, untersuche ich hier nicht; ich verstehe hier unter Objekten stets Objekte in einer vorausgesetzten und nicht voll analysierten Welt.

Betrachten Sie die begrifflichen Hilfsmittel, die ich bei dieser Beschreibung des Objektbegriffs benutzt habe, so werden Sie zunächst kausale Begriffe wie Einwirkung, Wechselwirkung bzw. deren Negation, die Isoliertheit, vorfinden. Solche Kausalität können wir nur zeitlich verstehen; also ist auch der Objektbegriff nur in bezug auf schon verstandene Zeitlichkeit explizierbar. Die vorhergegangene Betrachtung hatte uns Objekte schon als etwas verstehen gelehrt, was in der Zeit mit sich identisch bleibt, aber wechselnde Eigenschaften annehmen kann; dabei ist das jeweilige Objekt durch die für es formal möglichen Eigenschaften charakterisiert. Ob diese Eigenschaften nur einstellige oder auch mehrstellige Prädikate (Relationen zwischen mehreren Objekten) sein können, ist grundsätzlich irrelevant, da wir mehrere Objekte gedanklich stets zu einem Objekt zusammenfassen können. Einen Katalog von *n* Eigenschaften, von denen das Objekt zu jeder Zeit, wenn es beobachtet wird, genau eine aufweisen wird, nenne ich eine *n*-fache Alternative. Dieser Begriff der Alternative läßt sich rein logisch definieren. Man kann dann den Begriff des Objekts formal noch reduzieren auf den der zeitüberbrückenden Alternative, d. h. einer Alternative, die zu verschiedenen Zeiten stets dieselben Eigenschaften zur Wahl stellt. Die Einzelheiten dieser Definitionen will ich hier übergehen.

6. Skizze des Konstruktionsplans: die Quantenmechanik

Ich habe die einem Vortrag zugemessenen Zeit nahezu erschöpft mit einer methodischen Charakteristik des Gedankens einer konstruktiven Einheit der Physik. Besteht aber auch nur die geringste Hoffnung, auf so arme Begriffe wie Zeit und Objekt oder gar Zeit und Alternative die noch immer verbliebene Fülle inhaltlicher Grundbegriffe der Elementarteilchentheorie zurückzuführen, Begriffe wie Raum und Lorentz-Gruppe, Teilchen und Feld, Hilbertscher Zustandsraum und Schrödinger-Gleichung, relativistische Kausalität, lokale Wechselwirkung oder die Mathematik der S-Matrix? Hätte ich nicht genau für diese Rückführung Hoffnung auf Grund detaillierter Ansätze, so hätte ich das konstruktive Programm nie zu entwerfen gewagt. Hier aber handelt es sich nun um ein Vorhaben, in dem sehr viele physikalische Einzelheiten noch ungeklärt sind. Ich kann nur andeuten, was nach meiner Meinung noch gearbeitet werden müßte.

Es handelt sich um zwei hauptsächliche Schritte, deren erster die abstrakte Quantenmechanik, deren zweiter die zusammengehörigen Begriffe Raum, Teilchen, Feld und Wechselwirkung betrifft.

Der zentrale Begriff der Quantenmechanik ist die Wahrscheinlichkeit. Ein Aufbau der Wahrscheinlichkeitsrechnung ist möglich, der den Begriff der Wahrscheinlichkeit primär auf zukünftige Ereignisse bezieht. Dieser Aufbau läßt sich, wie mir scheint, nur streng formulieren, wenn ihm eine Logik zeitlicher Aussagen zugrunde gelegt wird. Diese Logik existiert noch nicht; sie ist eines der Themen, an denen ich arbeite. So wie ich sie mir jetzt denke, würde sie Aussagen über die Zukunft grundsätzlich modal auffassen. »Morgen wird es regnen« heißt dann »es ist notwendig, daß es morgen regnen wird« oder »es ist möglich, daß es morgen regnen wird«. Erst eine solche Logik würde übrigens wohl gestatten, das Problem Humes präzise zu formulieren. Wahrscheinlichkeit erscheint in diesem Rahmen als eine Quantifizierung der Möglichkeit. Der hier verwendete Möglichkeitsbegriff meint natürlich nicht die vorhin verwendete formale Möglichkeit; er ist vielmehr selbst primär durch das Phänomen der Zukunft definiert. Wie beide Möglichkeitsbegriffe zusammenhängen, ist dann eine Sonderfrage aus der philosophischen Fundamentalfrage, wie Form und Zeit zusammenhängen. Für diese Frage liefert unsere Analyse der Physik nur Material, freilich vielleicht entscheidend wichtiges.

Ist der Rahmen der auf Zukunft bezogenen Wahrscheinlichkeitsrechnung einmal errichtet, so gibt die Quantenmechanik an, nach welchen Gesetzen sich die Wahrscheinlichkeiten einer bestimmten Entscheidung einer gegebenen zeitüberbrückenden Alternative mit der Zeit verändern. Die Aussage der Quantenmechanik hierüber – mit der die Prinzipien der abstrakten Quantenmechanik im wesentlichen schon erschöpft sind – ist präzis, aber sehr allgemein: Sie besagt: die möglichen zeitlichen Änderungen der Wahrscheinlichkeiten bilden stets eine Gruppe, welche eine Darstellung durch eine unitäre Gruppe im abstrakten Hilbert-Raum zuläßt. In dieser Aussage steckt z. B. das sogenannte quantenmechanische Superpositionsprinzip. Die Aussage läßt sich nun ihrerseits aus ziemlich einfachen, inhaltlich durchsichtigen Prämissen herleiten. Ich hatte gehofft, meine gegenwärtigen Arbeiten über diese Herleitung würden zum heutigen Tag abgeschlossen sein, so daß ich Ihnen heute feste Ergebnisse hätte vorlegen können. So weit bin ich nicht gekommen. Ich glaube aber zuversichtlich sagen zu können, daß die beiden hauptsächlichen Prämissen diejenigen sind, die einerseits den Indeterminismus, andererseits die Reversibilität fordern. In der klassischen Physik schließen diese Forderungen einander aus; die reversiblen Fundamentaltheorien sind dort deterministisch, die wesentlich statistische Thermodynamik aber irreversibel. Die Vereinigung beider Forderungen gelingt in der Quantenmechanik durch den Verzicht auf die Ontologie der klassischen Physik; quantenmechanische Zustände sind definiert durch Wahrscheinlichkeiten für die Entscheidung von Alternativen, und diese Wahrscheinlichkeiten können grundsätzlich nicht vollständig auf die Werte 1 und 0 (Notwendigkeit und Unmöglichkeit) reduziert werden.

Unterstelle ich einmal, ein derartiger Aufbau der Quantenmechanik sei vollendet, so fragt sich, was die beiden Forderungen der Reversibilität und des Indeterminismus über den Objektbegriff aussagen. Mir scheint, daß sie seine Möglichkeit und seine Grenze abstecken. In jedem irreversiblen Prozeß thermodynamischer Art gehen dem Objekt formal möglich gewesene Zustände verloren; sie waren erreichbar und werden unerrreichbar. Die Reversibilität scheint die Konstanz der Alternativen zu bedeuten, durch welche, wie vorhin gesagt, das Objekt definiert ist. Also bedeutet die Reversibilität der fundamentalen Theorie anscheinend, daß es letzte, nicht grundsätzlich verlorengehende Alternativen gibt, und daß alle anderen, empirisch gefundenen Alternativen auf diese reduzierbar sind. Der Indeterminismus aber verbietet, diese Alternativen als Alternativen an sich seiender Eigenschaften von Objekten aufzufassen. Ich sehe darin keine Reduktion auf Subjektivität. Ich glaube eher, daß subjektivistische Theorien immer dort entstehen, wo die Grenze der klassischen Ontologie sichtbar wird, die durch die Offenheit der Zukunft bedingt ist, und wo gleichzeitig nicht gesehen ist, daß der Begriff der Zeit der Unterscheidung des Subjektiven und des Objektiven als Bedingung ihrer Möglichkeit systematisch vorangeht. Determinismus ist ja Leugnung der Offenheit der Zukunft, also der Zeitlichkeit der Zeit. Doch diese Gedanken führen weiter als ich mir vorgesetzt hatte, heute zu gehen.

7. Skizze des Konstruktionsplans: Raum und Wechselwirkung

Der zweite Fundamentalbegriff, nach dem zeitlichen der Wahrscheinlichkeit, ist der des Raumes. In vager Weise ist er vorhin in meiner Beschreibung des Objektbegriffs schon vorgekommen, wenn ich z. B. von Objekten »in einer Umwelt« sprach. In der Physik aber brauchen wir einen viel inhaltreicheren Raumbegriff, charakterisiert durch Kontinuität, Dreidimensionalität, Metrik, Verknüpfung mit der Zeit durch die Lorentz-Gruppe. Ich habe den Verdacht, daß die ganze Fülle dieser Eigenschaften des Raumes durch einige, ganz naheliegende Präzisierungen des schon Gesagten wird hergeleitet werden können. Dies läßt sich in zwei Schritten beschreiben, die durch die Namen Wechselwirkung und Lorentz-Gruppe begrifflich unterschieden sind, die aber vermutlich nur gemeinsam, als in Wirklichkeit ein Schritt, getan werden können.

Zwei Objekte *A* und *B*, die in Wechselwirkung stehen, können als ein einziges Objekt *AB* mit reicherer »innerer« Struktur, also einem reicheren Schatz formal möglicher Eigenschaften aufgefaßt werden. Ich nehme einfachheitshalber an, ihre Wechselwirkung sei direkt, d. h. es seien keine weiteren Objekte *C*, *D* ... zur Beschreibung der Wechselwirkung von *A* mit *B* nötig; hiermit nehme ich wohl an, *A* und *B* seien etwas ähnliches wie was wir heute Elementarteilchen nennen. Ich nehme ferner an, es gebe formal mögliche zeitliche Zustandsfolgen, in denen *A* und *B* für eine gewisse Zeitspanne mit hinreichender Näherung als wechselwirkungsfreie Objekte beschrieben werden können, für eine gewisse andere Zeitspanne aber nicht. Käme nämlich der Zustand ohne Wechselwirkung nie vor, so würde niemand auf den Gedanken kommen, das Gesamtobjekt *AB* als aus den Teilobjekten *A* und *B* zusammengesetzt zu betrachten; käme der Zustand mit Wechselwirkung nie vor, so käme man nicht auf den Gedanken, *A* und *B* zu einem Gesamtobjekt vereinigt zu denken. Geht nun etwa der wechselwirkungsfreie Zustand in den Zustand mit Wechselwirkung zu einer Zeit *t* über, so fragt sich, wodurch bestimmt war, wann dieser Übergang stattfinden würde. Dieser Zeitpunkt kann nur durch eine Eigenschaft des Gesamtobjekts bestimmt sein, die auch als Eigenschaft der wechselwirkungsfreien Teilobjekte einen definierten Sinn hat; denn vor diesem Zeitpunkt waren die beiden Objekte als wechselwirkungsfreie Objekte beschreibbar, und eben als solche bestimmten sie durch eine ihrer zeitabhängigen Eigenschaften, wann die Wechselwirkung eintreten würde. Ich behaupte nun, wann immer es eine solche Eigenschaft gibt, werde sie von den Physikern mit einem räumlichen Namen belegt, also etwa mit dem Namen Distanz. M. a. W., ich glaube nicht, daß Raum und Wechselwirkung grundsätzlich trennbare Phänomene sind, sondern daß der Ort eines Objekts nichts anderes ist als diejenige seiner Eigenschaften, von der seine Wechselwirkung mit anderen Objekten abhängt. Daß es überhaupt eine solche Eigenschaft oder Eigenschaftsklasse gibt, folgt aber, so scheint mir, aus dem Sinn des Objektbegriffs.

Falls das wahr ist, wird man auch die mathematische Struktur von Raum und Wechselwirkung nur gemeinsam herleiten können. Die vorliegende Physik bietet freilich nicht dieses Bild. Sie liefert uns eine glatte mathematische Beschreibung des Raumes, enthalten in der Lorentz-Gruppe, hingegen noch überhaupt keine allgemein anerkannte Theorie der elementaren Wechselwirkungen; die Sauberkeit dieser Trennung scheint nur bedroht durch das herannahende Donnergrollen der noch unverstandenen Beziehung der Quantenfeldtheorie zur allgemeinen Relativitätstheorie. Der Zusammenhang beider Begriffe zeigt sich aber sofort, wenn wir nach der semantischen Konsistenz der kräftefreien Quantenfeldtheorie fragen. Diese, die einzige allgemein als logisch konsistent anerkannte Quantenfeldtheorie, die wir besitzen, ist lorentzinvariant und ist sogar aus der Forderung der Lorentz-Invarianz und einigen weiteren Forderungen formal herzuleiten; sie ist der einzige uns mathematisch durchsichtige Anwendungsbereich des in der Lorentz-Transformation benutzten Raumbegriffs in der Physik der elementaren Objekte. Andererseits ist diese Theorie, weil sie die Wechselwirkung vernachlässigt, grundsätzlich auf eine äußere Semantik angewiesen. Sie schreibt ja zwar einem Teilchen mögliche Orte im Raum zu; aber messen kann man diese Orte nur durch die Wechselwirkung mit anderen Teilchen. D. h. der Nachweis der semantischen Konsistenz der lorentzinvarianten Beschreibung des Raumes kann grundsätzlich nur in einer Theorie der Wechselwirkung gegeben werden.

Diese Zusammengehörigkeit von Raum und Wechselwirkung erklärt aber noch nicht die spezielle mathematische Gestalt der Lorentz-Gruppe, wie sie etwa durch die mathematischen Merkmale der Euklidizität und Dreidimensionalität des Raumes, des Trägheitsgesetzes und der Konstanz der Lichtgeschwindigkeit gekennzeichnet ist. Ich glaube jedoch wenigstens den richtigen Ansatz zu einer Herleitung auch dieser besonderen mathematischen Eigenschaften des Raumes zu kennen. Vor einer Reihe von Jahren habe ich in einigen Arbeiten, z. T. gemeinsam mit den Herren Scheibe und Süssmann, versucht, die Lorentz-Invarianz der Feldphysik durch ein Verfahren herzuleiten, das wir damals mehrfache Quantelung nannten. Ausgangspunkt des Verfahrens war die völlig abstrakte Annahme, daß alle Alternativen der Physik letzten Endes auf eine einzige einfache Grundalternative, eine einzige Ja-Nein-Entscheidung zurückzuführen seien. Die Quantentheorie dieser ersten Alternative ist invariant gegen die zur Lorentz-Gruppe isomorphe zweidimensionale unimodulare komplexe Gruppe. Formale Iteration des Quantelungsprozesses führt dann zur lorentzinvarianten Quantentheorie wechselwirkungsfreier Felder. In dieser Theorie ist also die Lorentz-Invarianz eine mathematische Konsequenz der Quantentheorie.

In der damals vorgelegten Form war die Theorie rein formal und darum wenig überzeugend. Die physikalische Anregung zu den Gedanken, die ich Ihnen heute vorgetragen habe, ist mir aus dem Versuch gekommen, den Sinn dieses formalen Verfahrens zu begreifen, ihm also eine Semantik und semantische Konsistenz zu geben. Der wesentliche Schritt dabei ist, daß ich jetzt versuche, die sogenannte mehrfache Quantelung als die Iteration der Einführung derjenigen statistischen Gesamtheiten zu interpretieren, welche zur Sinnerfüllung des Wahrscheinlichkeitsbegriffs in der Quantentheorie gehören. Hiernach wäre also die mathematische Struktur des Raumes eine Folge der Quantentheorie des Objektbegriffs. Über diese Fragen hoffe ich, bald einige detaillierte physikalische Arbeiten zu veröffentlichen.

Am Schluß meines Vortrags sehen Sie, meine Zuhörer, das Geständnis bestätigt, mit dem ich begonnen habe. Ich habe Ihnen nicht einen Bericht über eine fertige Leistung, sondern nur ein Programm unfertiger Arbeiten geben können. Vielleicht läßt sich dies durch die Schwierigkeit des Unternehmens einigermaßen entschuldigen.

II, 4. Ein Entwurf der Einheit der Physik

Vortrag, unter dem Titel »Die Einheit der Physik« gehalten auf der Physikertagung in München 1966, gedruckt in »Physikalische Blätter« 23, 4–14 (1967). Dieser Vortrag nimmt das Thema des voranstehenden Vortrags II, 3 noch einmal auf, mit einer stärkeren Betonung von Fragen, die einem breiten Kreis von Physikern naheliegen mögen. Die Abschnitte 1, 2, 3 entsprechen etwa den drei Teilaufgaben, die in der Vorbemerkung zu diesem Teil II aufgezählt sind. Abschnitt 1 entspricht also II, 1 Abschnitt 2 entspricht den mittleren Abschnitten von II, 3, Abschnitt 3 weist auf II, 5.

Was verstehen wir unter der Einheit der Physik?

Erlauben Sie mir, mit einer halb scherzhaften wissenschaftssoziologischen Aufgabe zu beginnen. Wer das Spezialistengewimmel einer heutigen wissenschaftlichen Tagung vor sich sieht, der wird sich fragen, ob Einheit der Wissenschaft nicht eine leere Phrase ist. Stellen wir also den Wissenssoziologen folgende Aufgabe: Sucht n gute Physiker so aus, daß keiner von ihnen das Spezialgebiet des anderen wirklich versteht; wie groß kann man die Zahl n machen? Vor hundert Jahren war n vielleicht noch gleich Eins: jeder gute Physiker verstand die ganze Physik. Als ich jung war, hätte ich $n = 5$ geschätzt. Heute dürfte n eine nicht ganz kleine zweistellige Zahl sein.

Trotzdem, so möchte ich behaupten, hat die Physik heute eine größere *reale begriffliche* Einheit als jemals in ihrer Geschichte. Ich möchte zweitens vermuten, daß es eine *endliche* Aufgabe ist, die Physik zur vollen begrifflichen Einheit zu bringen, und daß diese Aufgabe, wenn die Menschheit sich nicht vorher materiell oder geistig zugrunde richtet, eines Tages in der Geschichte gelöst sein wird. Dieser Zeitpunkt könnte sogar nahe sein. Drittens möchte ich annehmen, daß in einer möglichen Bedeutung des Wortes die Physik dann *vollendet* sein wird; in anderen möglichen Bedeutungen möchte ich sie für unvollendbar halten. Damit ist viertens schon eine notwendige *einschränkende* Aussage angedeutet; die denkbare Vollendung der Physik in ihrer begrifflichen Einheit bedeutet keineswegs die Vollendung oder auch nur die Vollendbarkeit des geistigen Wegs der Menschheit zur Erkenntnis.

Ich möchte den heutigen Vortrag einer knappen Erläuterung dieser vier Thesen widmen. Ich gliedere ihn in drei Kapitel auf:
1. Die geschichtliche Entwicklung der Physik zur Einheit,
2. Die Einheit der Physik als philosophisches Problem,
3. Arbeitsprogramm für einen Versuch, die Einheit der Physik in unserer Zeit wirklich herzustellen.

1. Die geschichtliche Entwicklung der Physik zur Einheit

Die Wissenssoziologie muß den Eindruck gewinnen, die Physik entwickle sich von der Einheit zur Vielheit. Meine erste Behauptung scheint umgekehrt zu besagen, sie habe sich von der Vielheit auf eine Einheit zu entwickelt. Noch lieber möchte ich sagen, die Physik entwickle sich von der Einheit über die Vielheit zur Einheit. Dabei ist dann der Begriff Einheit am Anfang und am Ende verschieden gemeint. Am Anfang steht die Einheit des Entwurfs. Ihr folgt die Vielheit der Erfahrungen, deren Verständnis der Entwurf erschließt, ja deren planmäßige experimentelle Erzeugung der Entwurf erst ermöglicht. Die Einsichten, die diese Erfahrungen vermitteln, wirken modifizierend auf den Entwurf zurück. Es kommt zu einer Krise des ursprünglichen Entwurfs. In dieser Phase scheint die Einheit völlig verloren. Am Ende aber stellt sich die Einheit eines neuen, nun die Vielheit der gewonnenen Erfahrungen im Detail beherrschenden Entwurfs her. Das nennen die Physiker im ernsthaften Sinn des Worts eine Theorie; Heisenberg hat dafür den Begriff der abgeschlossenen Theorie geprägt. Die Theorie ist nicht mehr die Einheit des Plans *vor* der Vielheit, sondern die Einheit des bewährten Begriffs *in* der Vielheit.

Eine derartige Entwicklung kennen wir aus der Geschichte der Physik in mehrfacher Wiederholung: denken wir an die Entstehung der klassischen Mechanik, der Elektrodynamik, der speziellen Relativitätstheorie, der Quantenmechanik; wir erhoffen denselben Hergang für die Physik der Elementarteilchen. Dabei werden die früheren Theorien durch die späteren wiederum modifiziert. Aber sie werden nicht eigentlich umgestoßen, sondern auf einen Geltungsbereich eingeschränkt. Im Begriffsschema von anfänglichem Entwurf und endgültiger Theorie kann man diese sukzessiven Selbstkorrekturen der Physik etwa so beschreiben: Eine ältere abgeschlossene Theorie, z. B. die klassische Mechanik, beschreibt einen gewissen Erfahrungsbereich angemessen. Dieser Erfahrungsbereich hat, wie man später lernt, Grenzen. Aber solange die betreffende Theorie das letzte Wort der Physik über diesen Erfahrungsbereich ist, kennt die Physik eben diese Grenzen nicht; die Theorie gibt nicht ihre eigenen Grenzen an. Eben deshalb dient die abgeschlossene Theorie zugleich als anfänglicher Entwurf für die Erschließung eines viel weiteren Erfahrungsbereichs. Irgendwo in diesem weiteren Bereich stößt sie dann an die Grenzen dessen, was ihre Begriffe erfassen können. Aus dieser Krise des Entwurfs geht schließlich eine neue abgeschlossene Theorie hervor, z. B. die spezielle Relativitätstheorie. Diese nun umfaßt die ältere Theorie als einen Grenzfall und gibt eben damit die Genauigkeitsgrenzen an, innerhalb deren man die ältere Theorie jeweils benützen kann: erst die neue Theorie kennt die Grenzen der alten. Die neue Theorie aber ist gegenüber noch weiteren Erfahrungen wiederum ein anfänglicher Entwurf, der seine eigenen Grenzen ahnen, aber nicht angeben kann.

Was ich soeben dargestellt habe, ist heute Gemeingut der methodologischen Reflexion der Physiker; wenn ich auch, gleichsam als Fußnote, die Vermutung äußern möchte, daß die sog. Wissenschaftstheorie noch nicht die Begriffe entwickelt hat, die zur Beschreibung dieser Strukturen nötig wären. Nun gehe ich aber über die communis opinio der Physiker hinaus. Meine vier Thesen lassen sich in die Behauptung zusammenziehen: die ganze Physik strebt ihrer Natur nach dahin, eine einzige abgeschlossene Theorie zu werden. Wäre dies richtig, so wären in der Tat alle vier Thesen sinnvoll: 1. Die Physik ist heute der begrifflichen Einheit näher als zuvor, weil sie ihrer abgeschlossenen Gestalt näher ist. 2. Die Erreichung dieser Gestalt ist eine endliche Aufgabe. 3. Jenseits dieser Gestalt wird es keine umfassendere abgeschlossene Theorie mehr geben, die man im bisherigen Sinne des Wortes Physik nennen wird. 4. Die abgeschlossene Physik wird gleichwohl Grenzen der Anwendung haben, die sie aber als Physik selbst nur ahnen und nicht angeben kann.

Versuchen wir, diese allgemeinen Thesen mit konkretem Inhalt zu füllen. Ein solcher Inhalt sind die Begriffe, auf die man die Einheit der Physik zu gründen hofft.

Soweit unser Jahrhundert eine begriffliche Einheit der Physik, unter Einschluß der Chemie, erreicht hat, darf als der für diese Einheit konstitutive Begriff wohl der des Atoms gelten. Ich werde diesen Begriff der weiteren Betrachtung zugrunde legen. Dabei ist es aber wesentlich, die Wandlungen zu verstehen, die der Sinn dieses Begriffs durchgemacht hat.

Als Urheber unserer Atomvorstellung nennt man die griechischen Philosophen Leukipp und Demokrit. Gemäß ihrer Philosophie gibt es zweierlei: das Volle und das Leere. Das Leere mögen wir uns in erster Näherung durch den modernen Begriff des leeren Raums auslegen. Das Volle sind dann die Atome, die gewisse Teilvolumina dieses Raums erfüllen. Die Atome sind wahrhaft Seiendes im Sinne einer – eben den Atomphilosophen eigenen – Umdeutung der eleatischen Philosophie; d. h. sie sind unentstanden und unvergänglich und eben darum auch nicht teilbar. Die Vielheit und der Wandel der Erscheinungen beruhen auf den Unterschieden der Größe, der Gestalt, der Lage und der Bewegung der Atome.

Die erste wesentliche Modifikation dieser Vorstellung, und zwar im Sinne einer Deduktion aus einfacheren Prinzipien, gibt Platon. Er denkt sich die kleinsten körperlichen Bestandteile der wahrnehmbaren Dinge als reguläre (»platonische«) Körper, und zwar so, daß das wesentliche sie aufbauende Element ihre Grenzflächen sind. Diese sind reguläre Polygone, die er aus Dreiecken aufbaut, deren Seiten, als das sie ihrerseits aufbauende Element, in gewissen festen Zahlenverhältnissen stehen. Die Zahl aber geht aus den beiden Grundprinzipien der Einheit und der Vielheit hervor. Das eigentliche Prinzip ist dabei nur die Einheit selbst; denn eine Vielheit ist nur erkennbar, insofern wir sie als Einheit denken.

Der konstruktive Entwurf Platons braucht uns in seinen Einzelheiten nicht zu beschäftigen, denn die neuzeitliche Physik ist andere Wege gegangen. Wir hören aber aus ihm die relevante Kritik an Demokrit heraus: Wenn es sogenannte Atome verschiedener Größe und Gestalt gibt, ja wenn die sogenannten Atome überhaupt Größe und Gestalt haben, warum sind sie dann eigentlich als unteilbar angenommen? Wir können verstehen, daß etwas unteilbar ist, wenn es gar keine Teile hat, wenn also seine Struktur rein begrifflich die Teilbarkeit ausschließt. Das von einem demokritischen Atom erfüllte Volumen aber hat Teilvolumina, also hat das Atom wenigstens begrifflich Teile; wer garantiert, daß diese immer zusammenhalten werden? Platon nennt darum seine kleinsten Körper nicht Atome, denn ἄτομον bedeutet sprachlich das, was keine Teile hat. Er läßt ihre begrenzenden Dreiecke z. B. bei der Umwandlung der Aggregatzustände sich voneinander trennen und neu zusammensetzen. Und ich bin überzeugt, daß seine Konstruktion nicht einfach den Aufbau von Körpern in einem vorweggedachten Raum zum Ziel hatte, sondern den begrifflichen Aufbau der mathematischen Struktur selbst anstrebte, die wir heute die Struktur des Raumes nennen.

Die neuzeitliche Naturwissenschaft übernahm in glücklicher philosophischer Naivität den zur Ordnung der Erfahrungen so fruchtbaren Atombegriff Demokrits. Schrittweise hat dann die an der Hand der Erfahrung vorangetriebene Verschärfung der Begriffe der theoretischen Physik dieses gedankliche Modell wiederum in neuer Weise in einfachere Bestandteile zerlegt.

Wollte man in der Ära der klassischen Physik die Atome genau beschreiben, so mußte man sie der klassischen Mechanik unterwerfen. Diese war die allgemeine Theorie der Bewegung von Körpern. Um dies sein zu können, brauchte sie vier Grundbegriffe: Zeit, Raum, Körper und Kraft. In der Tat: Bewegung ist stets Änderung von etwas in der *Zeit*. Was sich nach der klassischen Mechanik ändern kann, sind Orte von *Körpern* im *Raum*. Die klassische Mechanik ist Theorie, d. h. sie gibt die Gesetze an, denen diese Bewegung genügt. Das, was die Bewegung gemäß diesen Gesetzen im Einzelfall bestimmt, nennt man die jeweils vorliegende *Kraft*. Die Verschiedenheit der Körper äußert sich in der Verschiedenheit der Kräfte, die sie aufeinander ausüben und (über die Konstante, die man *Masse* nennt) in der Verschiedenheit ihrer Reaktion auf gegebene Kräfte. Was für Körper es überhaupt geben kann, was für Massen und Kräfte also es wirklich gibt oder geben könnte, darüber sagt die Mechanik nichts. Für den Entwurf des mechanischen Weltbildes, das alle physische Wirklichkeit aus Körpern im Sinne der Mechanik bestehen läßt, ist die Mechanik also zwar in gewissem Sinne, nämlich als allgemeines Gesetzesschema, schon die einheitliche, endgültige Physik. Dieses Schema fordert aber eine Ausfüllung durch eine weitere Theorie, welche angibt, was für Körper es wirklich gibt. Eine solche Theorie wäre, abstrakt gesprochen, eine deduktive Theorie der Kräfte und Massen. Als anschauliches Modell einer solchen Theorie bot sich nun eben die Atomlehre an.

Diese Theorie ist im Rahmen der klassischen Physik mißlungen, und wir können heute glauben, daß wir einsehen, warum sie mißlingen mußte. Zwei Modelle der letzten Bausteine konnten versucht werden: man konnte sie als ausgedehnte Körper und als Massenpunkte ansehen. Beide Modelle scheiterten an den unüberwindlichen Schwierigkeiten der streng durchgeführten klassischen Dynamik eines Kontinuums. Waren die Atome ausgedehnt, so konnte man hoffen, ihre Wechselwirkungskräfte aus ihrer Natur als Körper, nämlich aus ihrer Undurchdringlichkeit herzuleiten. Aber dann blieb dunkel, welche Kräfte ihren inneren Zusammenhalt beherrschen. Atome, welche Verschiebung ihrer Teile gegeneinander zulassen, können innere Energie aufnehmen; für Atome, deren Inneres ein dynamisches Kontinuum ist, gibt es kein Wärmegleichgewicht. Absolut starre Atome, wie Boltzmann sie darum annehmen mußte, erscheinen als petitio principii, und seit der speziellen Relativitätstheorie wissen wir, daß sie unmöglich sind. Waren die Atome Massenpunkte, so wurde das Problem in die zwischen ihnen postulierten Kräfte verschoben. Das 19. Jahrhundert lernte sehen, und die spezielle Relativitätstheorie erwies auch hier als notwendig, daß diese Kräfte nicht Fernkräfte, sondern Felder mit innerer Dynamik sind. Wie Planck erkannte, besitzt auch dieses Modell, jetzt wegen der Kontinuumsdynamik des Feldes, kein Wärmegleichgewicht.

Diese Krise des anfänglichen Entwurfs der demokritischen Atome hat ihre vorläufige Lösung gefunden in einer neuen abgeschlossenen Theorie, der Quantenmechanik. Diese tritt zunächst als eine neue allgemeine Mechanik, d. h. Theorie der Bewegung beliebiger physikalischer Objekte auf. Die Dualität von Feld und Teilchen faßt sie mit Hilfe des Wahrscheinlichkeitsbegriffs in eine Einheit zusammen. Die ausgedehnten Atome der Chemie beschreibt sie, indem sie sie aus quasi punktuellen Elementarteilchen zusammensetzt, als Systeme von endlich vielen Freiheitsgraden mit einer diskreten Mannigfaltigkeit möglicher innerer Bewegungszustände. So vermeidet sie zunächst die Schwierigkeiten der klassischen Kontinuumdsynamik. Ihr empirischer Erfolg ist beispiellos.

Sie ist aber wie die klassische Mechanik zunächst nur eine allgemeine Theorie beliebiger Objekte. Sie muß also, so scheint es wenigstens, ergänzt werden durch eine Theorie darüber, was für Objekte es überhaupt geben kann. Diese Theorie wird, so hoffen wir, eines Tages die Theorie der Elementarteilchen sein. Wenn die Quantenmechanik die richtige Theorie der Bewegung beliebiger Objekte ist, wenn zweitens alle Objekte aus Elementarteilchen bestehen, und wenn drittens die Elementarteilchentheorie alle Eigenschaften (Massen und Kräfte) der Elementarteilchen aus einem einheitlichen Gesetzesschema herleiten wird, so sieht es in der Tat so aus, als werde damit die Physik eine vollendete Einheit sein. Diese vor unseren Augen ablaufende Entwicklung hatte ich im Auge, als ich eingangs vermutete, die Herstellung der Einheit der Physik könne eine endliche Aufgabe und der Zeitpunkt ihrer Vollendung könne nahe sein.

2. Die Einheit der Physik als philosophisches Problem

Solange die Physik eine als endgültig erkennbare Einheit nicht wirklich erreicht hat, können nun aber Argumente aus der historischen Entwicklung weder für noch gegen die Möglichkeit dieser Einheit etwas beweisen. Uns Heutigen mag es gewiß naheliegen, von der Elementarteilchentheorie die Einheit der Physik zu erhoffen. Als aber Max Planck vor 90 Jahren die Münchener Universität bezog, um Physik zu studieren, sagte ihm sein Lehrer Joly, er müsse sich darüber klar sein, daß in der Physik keine neuen grundlegenden Erkenntnisse mehr zu erwarten seien. Haben wir bessere Argumente als Joly? Andererseits: was bedeuten wiederholte Fehlprognosen? Hatte jener schlechte Schläfer recht, der sagte: »Nun bin ich schon viermal in dieser Nacht aufgewacht, ohne daß es Morgen war; ich muß folgern, daß es nie hell werden wird«? Man kann weder Erfolge noch Mißerfolge zuverlässig extrapolieren. Wir können aber vielleicht versuchen, eine Reflexionsstufe höher zu steigen als die Physik und nicht Theorien über die Natur, sondern eine Theorie über mögliche Theorien zu entwerfen. Wir können fragen: Wie müßten die Theorien der Physik beschaffen sein, damit Physik vollendbar sein könnte, und wie, damit sie unvollendbar sein könnte? Es ist viel geleistet, wenn wir sehen, daß wir bei beiden Ansätzen in Verlegenheit geraten.

Wir kennen den begrifflichen Fortschritt der Physik als die Abfolge abgeschlossener Theorien. Wenn die Physik vollendbar ist, so kann es unter diesen Theorien eine letzte geben. Wollen wir annehmen, diese letzte Theorie habe keine Gültigkeitsgrenzen mehr? Wenn sie aber Grenzen hat, soll es keine Theorie mehr geben, die diese Grenzen bestimmt? Wenn es aber noch eine Theorie gibt, die diese Grenzen bestimmt, welcher Wissenschaft wird sie angehören, wenn nicht der Physik? Umgekehrt: Wenn die Physik unvollendbar ist, soll es dann eine unendliche Folge möglicher abgeschlossener Theorien geben? Soll der Vorrat auch nur reichen, um der Menschheit für, sagen wir eine Million Jahre drei Entdeckungen pro Jahrhundert vom Rang der Relativitätstheorie, der Quantentheorie und der Elementarteilchentheorie zu sichern? Wenn der Vorrat nicht einmal dazu reicht, so ist er wohl doch endlich.

Ich will diese Fragen nicht ausspinnen. Mein Versuch, ihnen notdürftig standzuhalten, liegt in der Annahme, daß die Physik vollendbar ist, aber als solche Gültigkeitsgrenzen hat. Der eigentliche Nutzen eines solchen Dilemmas liegt nicht in seiner uns heute unzugänglichen Auflösung, sondern darin, daß es uns lehrt, uns dort wieder zu wundern, wo wir das Wundern verlernt haben. Wenn es gleich schwer ist, sich vorzustellen, daß eine vollendbare wie daß eine unvollendbare Physik möglich sein soll, so ist es vielleicht schwerer als man denkt, sich vorzustellen, daß überhaupt Physik möglich ist.

In der Tat, wenn wir nicht wüßten, daß Physik wirklich ist, würden wir wagen zu prophezeien, sie sei möglich? Waren jene Griechen und nochmals jene Forscher des 17. Jahrhunderts nicht unglaublich kühn, wenn sie hofften, den überquellenden Fluß der Erscheinungen in mathematische Strukturen zu fassen? Wenn wir verstehen wollen, unter welchen Bedingungen Physik *vollendbar* sein könnte, sollten wir also vielleicht zunächst fragen, unter welchen Bedingungen Physik *möglich* ist. Ich will diese Frage in zwei Stufen stellen. Zunächst will ich voraussetzen, daß es überhaupt Physik geben kann, und will fragen: warum stellt sich wohl ihr begrifflicher Fortschritt als eine Folge abgeschlossener Theorien dar? Erst danach will ich fragen: Und wie ist Physik überhaupt möglich? Sie werden nicht erwarten, daß ich eine der beiden Fragen voll beantworte. Ich will die Fragerichtung und Gesichtspunkte zur Beantwortung zeigen.

Was ist eine abgeschlossene Theorie? Ich habe bisher nur Beispiele gegeben. Jetzt versuche ich eine bewußt locker gehaltene Definition: Eine abgeschlossene Theorie ist eine Theorie, die nicht durch kleine Änderungen verbessert werden kann. Was kleine Änderungen sind, definiere ich nicht; jedenfalls soll die Änderung des Werts einer Materialkonstanten eine kleine, die Einführung völlig neuer Begriffe aber eine große Änderung heißen. Wie kann eine Theorie diese Extremaleigenschaft haben? Ich möchte vermuten: dann, wenn sie aus wenigen einfachen Forderungen hergeleitet werden kann. Wann eine Forderung einfach ist, definiere ich wiederum nicht; jedenfalls wird sie nicht einfach heißen, wenn sie selbst noch kontinuierlich variable Parameter enthält.

Ein klassisches Beispiel einer abgeschlossenen Theorie ist die spezielle Relativitätstheorie. Diese folgt in der Tat, wenn einmal der Rahmen der Mechanik und der Elektrodynamik abgesteckt ist, aus den zwei Postulaten des Relativitätsprinzips und der Konstanz der Lichtgeschwindigkeit. Man wende nicht ein, die Lichtgeschwindigkeit sei ein kontinuierlich variabler Parameter; sie ist vielmehr, wenn die Theorie zutrifft, die natürliche Maßeinheit aller Geschwindigkeiten. Eine axiomatische Analyse der Physik, die freilich schwer ist und noch nie vollständig durchgeführt worden ist, würde, dessen bin ich sicher, alle abgeschlossenen Theorien in dieser Weise auf einfache Ausgangspostulate reduzieren. Mit diesen Ausgangspostulaten also haben wir es zu tun; der Rest ist Anwendung von Logik.

Damit kommen wir zur zweiten Frage: Wie ist Physik überhaupt möglich? Wieso läßt sich die Vielgestalt des Geschehenden den Konsequenzen weniger einfacher Postulate unterwerfen?

Hier ist es zunächst wichtig, zu sehen, daß das im übrigen löbliche Prinzip der Denkökonomie uns in dieser Frage gar nichts hilft. Das Hauptargument dafür ist, daß der uns jeweils interessanteste Teil des Geschehens in der Zukunft liegt. Eine fertig vorliegende Menge von vergangenen Ereignissen mag man denkökonomisch ordnen können. Wie erklären wir aber, daß wir mit der Physik prophezeien können? Wie erklären wir, daß die Physik in der Vergangenheit immer wieder Ereignisse, die damals noch zukünftig waren, auf Grund von Ereignissen, die damals schon vergangen waren, richtig vorhergesagt hat? Am schärfsten hat David Hume dieses Problem, das ich dasjenige der Bodenlosigkeit des Empirismus nennen möchte, formuliert. Daraus, daß bisher jeden Tag die Sonne aufgegangen ist, folgt nicht logisch, daß sie nochmals aufgehen wird. Es folgt nur, wenn ich auch noch das Prinzip voraussetze, daß, was in der Vergangenheit geschehen ist, unter gleichen Umständen in der Zukunft wieder geschehen wird. Aber woher wissen wir das? Daraus, daß dieses Prinzip sich in der Vergangenheit bewährt hat, folgt wiederum logisch überhaupt nicht, daß es sich auch in der Zukunft bewähren werde. So konnten die Physiker, die in der Vergangenheit auf Grund dieses Prinzips richtig prophezeit haben, dabei keinen logisch zwingenden Schluß aus ihrer vergangenen Erfahrung auf ihre damals zukünftige Erfahrung ziehen. Von der Vergangenheit zur Zukunft führt, so folgert Hume, nur die Brücke eines Glaubens (belief), den wir uns durch Gewöhnung (custom) erworben haben. In der ihm eigenen intellektuellen Redlichkeit spricht er aus, die Bewährung dieses Glaubens sei nur durch eine prästabilierte Harmonie zwischen dem Naturgeschehen und unserem Denken zu begreifen.

Ich glaube aber, wo immer wir eine prästabilierte Harmonie statuieren, statuieren wir eine von uns nicht durchschaute strukturelle Notwendigkeit. Um uns diese zu Gesicht zu bringen, behaupte ich zweitens: Humes Skepsis ist verwirrend, weil sie nicht komplett ist. Hume glaubt z. B. offensichtlich an die Logik; ein logischer Zusammenhang zwischen Vergangenheit und Zukunft, wenn es ihn nur gäbe, würde ihm genugtun. Worauf beruht aber die Logik? Jeder logische Schluß macht wenigstens davon Gebrauch, daß wir ein Ding, ein Wort, einen Begriff nach einiger Zeit als dasselbe wiedererkennen können; jede Anwendung der Logik auf die Zukunft setzt stillschweigend voraus, daß dies auch in Zukunft so sein wird. Dies aber ist nur ein Sonderfall eben jener Konstanz im Geschehen, die Hume als logisch unbeweisbar erkennt. Die Geltung der Logik in der Zeit selbst scheint also nicht logisch notwendig zu sein. Ebensowenig ist logisch notwendig, daß überhaupt Zeit ist, daß also z. B. überhaupt Zukunft sein wird, oder daß die Vergangenheit wirklich so war, wie wir sie in Erinnerung haben.

Warum verfolge ich die Skepsis so weit, zu so anscheinend absurden Konsequenzen? Ich versuche keineswegs, die Skepsis zu widerlegen. Die absolute Skepsis ist unaussprechbar, denn jedes Sprechen setzt noch ein Vertrauen voraus. Eben darum ist die absolute Skepsis unwiderlegbar. Der Sinn der Frage: »Wie ist Physik möglich?« kann also nicht sein, die Skepsis zu widerlegen. Ihr Sinn kann aber sein, sichtbar zu machen, wieviel wir damit schon anerkannt, also, wenn auch unausdrücklich, vorausgesetzt haben, daß wir anerkennen, es gebe überhaupt Erfahrung. Wir, die wir miteinander in einem gewissen Minimum des Vertrauens zur Welt und zueinander leben, wir leben nicht in der absoluten Skepsis. Ich würde den Satz wagen: wer lebt, zweifelt nicht absolut. Der absolute Zweifel ist die absolute Verzweiflung. Ich frage in einer Analyse der Physik auch nicht explizit nach dem Grund der Gnade, die uns vor der absoluten Verzweiflung gerettet hat. Ich frage aber, was wir alle damit, daß wir überhaupt leben und weiterleben, immer schon anerkannt haben. Offenbar haben wir wenigstens anerkannt, daß es Zeit gibt, in ihren drei Modi: der jeweiligen Gegenwart, der unabänderlichen Vergangenheit und der teils dem Wollen, teils dem Vermuten offenen Zukunft. Mit diesen Begriffen hat ja Hume selbst sein skeptisches Argument formuliert; wer sie nicht verstünde, könnte nicht einmal seine Skepsis verstehen. Wir haben anerkannt, daß es Erfahrung gibt, wenn das etwa heißen soll, daß man aus der Vergangenheit für die Zukunft lernen kann. Wir haben anerkannt, daß dieses Lernen in Begriffen formuliert werden kann, also, ganz tastend gesagt, daß es wiederkehrendes Geschehen gibt, das wir mit wiedererkennbaren Worten wiedererkennbar bezeichnen können.

Nennen wir einmal das Ganze dessen, was wir so anerkannt haben, das Bestehen von Erfahrung oder kurz »die Erfahrung«. Das Wort »die Erfahrung« bezeichnet, so gebraucht, also nicht die Menge der einzelnen Erfahrungen, sondern nur die Strukturen des Geschehens, die dazu nötig sind, daß es diese einzelnen Erfahrungen überhaupt geben kann. Dann kann ich die zentrale philosophische Hypothese dieses Vortrags formulieren: Wer mit hinreichendem Denkvermögen analysieren könnte, unter welchen Bedingungen die Erfahrung überhaupt möglich ist, der müßte zeigen können, daß aus diesen Bedingungen bereits alle allgemeinen Gesetze der Physik folgen. Die so herleitbare Physik wäre gerade die vermutete einheitliche Physik.

Wie jede Hypothese ist diese sine ira et studio vorgebracht, als Formulierung einer Denkmöglichkeit, um zu ihrem Beweis oder zu ihrer Widerlegung herauszufordern. Was ist mit dieser Hypothese behauptet? Was wäre wahr, wenn sie wahr wäre?

Zunächst ist in ihr das Faktum der Erfahrung ohne weitere Rückfrage anerkannt. Selbstverständlich ist auch anerkannt, daß die Physik faktisch nur auf dem Weg über das Sammeln zahlloser einzelner Erfahrungen gefunden werden konnte. Wir haben aber vorhin vermutet, daß die vorliegende Physik aus wenigen einfachen Postulaten folgt; wir dürfen zusätzlich vermuten, daß diese Postulate umso inhaltsärmer werden, je umfassender die betreffende Theorie ist, je später also sie in der Folge der abgeschlossenen Theorien zu stehen kommt. Wir haben damals noch nicht gefragt, ob auch diese Postulate noch einer inhaltlichen Begründung fähig sein werden. Ich vermute jetzt also, daß gerade die Grundpostulate der letzten abgeschlossenen Theorie der Physik nichts anderes mehr formulieren werden als nur die Bedingungen der Möglichkeit der Erfahrung überhaupt.

Sie werden bemerkt haben, daß ich hier die Sprache Kants spreche, daß ich aber über die Behauptungen Kants hinausgehe. Ich tue das, wie gesagt, hypothetisch, um vielleicht ein Problem der Lösung näherzuführen, das in Kants Philosophie meiner Meinung nach ebenso ungelöst geblieben ist wie in jeder anderen (insbesondere auch der empiristischen). Es ist das Problem der Begründung von Gesetzen auf Erfahrung. Auch wenn wir, wie ich mit Kant vorschlage, das Geltenlassen der Möglichkeit von Erfahrung überhaupt an die Spitze unserer Theorie der Physik stellen, so bleibt die Humesche Skepsis immer noch gegenüber jeder speziellen Herleitung eines einzelnen Gesetzes aus spezieller Erfahrung berechtigt: eben *diese* Erfahrung braucht sich, so scheint es, nicht notwendigerweise zu wiederholen. Allgemeine Gesetze sind, so sagt Popper, empirisch, d. h. an Einzelfällen nur falsifizierbar und niemals verifizierbar. Genau genommen kann man sie übrigens nicht einmal falsifizieren, weil die Interpretation jeder einzelnen Erfahrung schon allgemeine Gesetze voraussetzt. Ich sehe nur *einen* Weg, allgemeine Gesetze so glaubwürdig werden zu lassen wie das Faktum der Erfahrung überhaupt: wenn sie Bedingungen der Möglichkeit dieses Faktums sind. Die Vermutung, daß dies für alle Gesetze der Physik gelte, mußte zu Kants Zeiten absurd scheinen; wenn aber alle diese Gesetze aus wenigen Postulaten folgen, so ist es vielleicht nicht absurd.

Im Sinne dieser Hypothese wird die Physik vollendbar sein, wenn oder soweit die Bedingungen der Möglichkeit der Erfahrung aufzählbar sind. Damit bleibt sie jedoch, wie schon eingangs gesagt, in einem anderen Sinne vermutlich unvollendbar. Die Menge der strukturell verschiedenen möglichen Einzelerfahrungen kann unbegrenzt sein. Dem würde entsprechen, daß die allgemeinen Gesetze der Physik eine unbegrenzte Menge ihnen genügender Strukturen als möglich zuließen, deren Erforschung einen unbegrenzten Aufgabenbereich der konkreten Physik ergäbe und wohl auch eine unbegrenzte Stufenfolge immer höherer physikalisch möglicher Strukturen. Dieser Weg führt z. B. zur Biologie und Kybernetik. Zweitens aber wird sich wohl der Begriff von Erfahrung, den ich bisher benutzt habe, als zu ungenau erweisen. Es kann sein, daß Erfahrung in gewissem Sinne, z. B. was wir objektivierbare Erfahrung nennen, aufzählbare Bedingungen hat und damit eine vollendbare Physik begründet, daß aber jenseits dieses Bereichs andere Weisen der Erfahrung uns Menschen schon zugänglich sind und noch auf uns warten.

3. Arbeitsprogramm für die Herstellung der Einheit der Physik

Die Hypothese, daß die einheitliche Physik aus den Bedingungen der Möglichkeit der Erfahrung folge, kann nur fruchtbar zur Diskussion gestellt werden, wenn man sie als heuristisches Prinzip zur Auffindung der einheitlichen Physik benutzt. Das ist ein sehr großes Unternehmen. Ich kann deshalb leider keine fertigen Resultate vorlegen, sondern nur ein Arbeitsprogramm und gewisse speziellere Hypothesen, die sich mir auf diesem Wege nahegelegt haben.

An der Spitze der Bedingungen der Erfahrung steht die *Zeit,* in der Dreiheit ihrer Modi: Gegenwart, Zukunft, Vergangenheit. Jede physikalische Aussage bezieht sich direkt oder indirekt auf Geschehnisse, seien es vergangene, gegenwärtige oder zukünftige. Ich habe mich in leider noch unabgeschlossenen Untersuchungen mit der Logik solcher zeitbezogener Aussagen beschäftigt. Aus diesem Bereich nenne ich jetzt nur *ein* Problem, das der Wahrheitswerte von Aussagen über die Zukunft. Es scheint nicht sinnvoll, ihnen die Werte »wahr« oder »falsch« zuzuerkennen, sondern ich möchte ihnen statt dessen die sog. Modalitäten »möglich«, »notwendig«, »unmöglich« usw. bzw. deren Quantifizierung durch Wahrscheinlichkeiten zuschreiben. Dies führt unmittelbar in den Fragenkreis der Grundlagen der Wahrscheinlichkeitsrechnung, nämlich zur Frage des empirischen (objektiven) Sinns des Wahrscheinlichkeitsbegriffs. Ich übergehe aber heute diese Fragen, die nicht im engeren Sinne zur Physik gehören, ebenso wie den Zusammenhang der Logik zeitlicher Aussagen mit der üblichen Logik zeitloser Aussagen und mit der Mathematik. Ferner übergehe ich den Zusammenhang dieses Zeitbegriffs mit dem zweiten Hauptsatz der Thermodynamik, über den ich früher schon verschiedentlich geredet habe.

Die heute vorhandenen oder erhofften fundamentalen Theorien der Physik lassen sich roh aufgliedern in Quantenmechanik, Elementarteilchentheorie und Kosmologie.

Die Quantenmechanik bedarf, als allgemeine Theorie der Bewegung beliebiger Objekte, nur der Grundbegriffe der Zeit und des Objekts. Alle Objekte haben isomorphe Zustandsmannigfaltigkeiten; die Zustände jedes Objekts bilden einen Hilbertraum. »Bewegung« bedeutet hier ganz abstrakt »Zustandsänderung«. Der Begriff des Ortsraums gehört nicht zur allgemeinen Quantenmechanik. Spezielle Objekte sind durch spezielle Zeitabhängigkeiten des Zustands (also Hamiltonoperatoren) gekennzeichnet, und erst die faktisch vorkommenden Hamiltonoperatoren zeichnen den Ortsraum aus.

Der Elementarteilchenphysik als Theorie der wirklich vorkommenden Objekte fällt so bei dieser Einteilung auch die Existenz eines dreidimensionalen Ortsraums und die Lorentzinvarianz als ein ihr eigentümliches Grundgesetz zu. Dazu kommen in ihr die Grundpostulate der relativistischen Kausalität und gewisser weiterer Invarianzgruppen. Heisenberg versucht in seiner nichtlinearen Spinortheorie, auf Lorentz- und Isospin-Invarianz und Kausalität die ganze Elementarteilchenphysik zu begründen. Mir scheint dieses Programm sehr erfolgversprechend. Man muß hoffen, daß schließlich auch die Gravitation einer derartigen Theorie eingefügt werden wird.

Die Kosmologie schließlich wäre, gegenüber der Quantenmechanik als Theorie beliebiger Objekte und der Elementarteilchentheorie als Theorie der vorkommenden Typen von Objekten, die Theorie der Gesamtheit der wirklich existierenden Objekte. Als ihr zentrales Problem scheint sich bisher die Frage des »Weltmodells« zu stellen, d. h. derjenigen Lösung der allgemeinen Bewegungsgleichungen, die als »die Welt im ganzen« de facto realisiert ist.

Ich möchte nun glauben, daß es notwendig ist und möglich sein wird, diese drei Disziplinen: Quantenmechanik, Elementarteilchentheorie und Kosmologie, in einem einheitlichen Gedankengang zu begründen. Einen Ansatz dazu werde ich in der Sitzung über Elementarteilchenphysik mathematisch skizzieren. Hier will ich schließen, indem ich die philosophischen Gründe nenne, die uns dieses Unternehmen, wie mir scheint, nahelegen.

Der erste Schritt eines solchen Unternehmens ist die Begründung der Quantenmechanik. Dazu gibt es schon eine Reihe interessanter axiomatischer Studien. Fundamental für die Quantenmechanik ist der Begriff der experimentell entscheidbaren Alternative oder, wie man in der Physik sagt, der Observablen. Die Gesetze, die die Quantentheorie ausspricht, regeln die Wahrscheinlichkeiten für jeden möglichen Ausfall jeder möglichen Meßentscheidung einer Alternative. Philosophisch scheint mir in den Begriffen der Alternative und der Wahrscheinlichkeit nicht wesentlich mehr enthalten zu sein als in der Forderung nach einer Theorie der Erfahrung. Theorie heißt Begriff, und Alternative heißt empirische Entscheidung über das Zutreffen von Begriffen auf Ereignisse; Wahrscheinlichkeit ist, wie vorhin angedeutet, die Weise möglichen Wissens der Zukunft. Die besondere Gestalt der quantentheoretischen Wahrscheinlichkeitsgesetze setzt freilich weitere Postulate voraus. Ich nehme an, daß man dazu ungefähr folgendes braucht: Existenz letzter, nicht mehr aufgliederbarer diskreter Alternativen (d. h. im Endeffekt Separabilität des Hilbertraums), Indeterminismus und gewisse Gruppenpostulate wie Homogenität der Zeit, Isotropie des Zustandsraums, Reversibilität der Bewegung. Ich kann nicht mehr darauf eingehen, wie diese Postulate mit den Bedingungen der Erfahrung zusammenhängen. Ich möchte nur bemerken, daß die Gruppenpostulate m. E. letzten Endes an der Möglichkeit der Begriffsbildung hängen; jedenfalls würde eine jeder Symmetrie entbehrende Welt wohl keine Allgemeinbegriffe zulassen.

Zweitens sollte dann, wie mir scheint, versucht werden, die Elementarteilchenphysik und die Kosmologie aus der Quantenmechanik herzuleiten. Es erscheint mir nämlich philosophisch unbefriedigend, zuerst eine allgemeine Theorie der Bewegung beliebiger Objekte einzuführen und dann eine zweite Theorie, nach der nur bestimmte der danach möglichen Objekte »wirklich möglich« sind. Ebenso unbefriedigend scheint mir eine Kosmologie, welche das einzige, was es gibt, nämlich die ganze Welt, als eine spezielle Lösung allgemeiner Bewegungsgleichungen beschreibt. Welchen Sinn haben die Objekte der Quantentheorie, die von der Elementarteilchenphysik ausgeschlossen sind; welchen Sinn haben die Lösungen der Bewegungsgleichungen, die nicht im Weltmodell realisierbar sind? Ich vermute, daß in Wirklichkeit die Elementarteilchentheorie und die Kosmologie schon logische Konsequenzen der Quantenmechanik sind, wenn man an sie die Forderung stellt, sie solle die Kräfte selbst als Objekte, d. h. im Ergebnis als Felder beschreiben.

Die Elementarteilchentheorie müßte dann aus der Theorie der einfachsten nach der Quantenmechanik überhaupt möglichen Objekte aufgebaut werden können; diese wären zugleich die einzigen Atome im ursprünglich philosophischen Sinn schlechthinniger Unteilbarkeit. Solche Objekte wären durch eine einzige einfache Meß-Alternative, eine Ja-Nein-Entscheidung, definiert. Ihr quantenmechanischer Zustandsraum ist ein zweidimensionaler komplexer Vektorraum, der in bekannter Weise auf einen dreidimensionalen reellen Raum abgebildet werden kann. In diesem mathematischen Faktum möchte ich den physikalischen Grund der Dreidimensionalität des Weltraums vermuten. Die sogenannten Elementarteilchen müssen als Komplexe solcher »Urobjekte« und eben darum als ineinander umwandelbar erscheinen. Die Symmetriegruppen der Elementarteilchenphysik ebenso wie die Topologie des Weltraums sollten auf diese Weise aus der Struktur des quantenmechanischen Zustandsraums der Urobjekte folgen. Ich nenne diese Hypothesen nicht, um sie schon als richtig anzukündigen, sondern um zu zeigen, daß wir keinen Grund haben, eine Herleitung der Elementarteilchenphysik und der Kosmologie aus der Quantentheorie für unmöglich zu halten.

II, 5. Die Quantentheorie

Dieser Aufsatz ist die sachliche Mitte des Buches. Umso schmerzlicher ist mir hier die, eine Kontrolle sehr erschwerende, Knappheit der Darstellung. Der Aufsatz ist eine Zusammenfassung des Inhalts mehrerer Vorlesungen, insbesondere einer Vorlesung, die ich in Hamburg im Sommersemester 1965 unter dem Titel »Zeit und Wahrscheinlichkeit in der Thermodynamik und der Quantentheorie« gehalten habe, und die ich in ausgearbeiteter Form in den nächsten Jahren zu veröffentlichen hoffe. Dieser Aufsatz wurde auf englisch für eine Tagung in Cambridge, England, 1968 geschrieben und erscheint in dem Tagungsbericht »Quantum Theory and Beyond«, Cambridge 1971, dort in zwei Teile zerlegt. Er ist für einen Leserkreis von theoretischen Physikern abgefaßt.

Als physikalische These des Aufsatzes läßt sich die Behauptung bezeichnen, daß die Quantentheorie, wenn wir sie konsequent interpretieren, nicht nur ein allgemeiner Rahmen der Physik, sondern in gewissem Sinne schon die einheitliche Physik ist. Das Problem wird in den ersten beiden Kapiteln exponiert; die Deutung der Quantentheorie und ihr systematischer Ort in einer Liste von fünf fundamentalen Theorien wird nach heutigem Stand der Kenntnis erörtert. Das dritte Kapitel bringt den methodischen Ansatz, daß wir es in der Quantentheorie mit bisher nicht studierten logischen Problemen, nämlich der Logik zeitlicher Aussagen, zu tun haben. Erst diese Logik läßt m. E. eine konsistente Theorie objektiver Wahrscheinlichkeiten zu. Hieran schließt im vierten Kapitel ein axiomatischer Aufbau der Quantentheorie als einer allgemeinen Theorie der Prognose empirisch entscheidbarer Alternativen. Der Aufbau weicht in einem Punkt von der üblichen Quantentheorie ab, der durch den Ausdruck »Finitismus« bezeichnet ist. Erkenntnistheoretisch bedeutet dies, daß stets nur endliche Alternativen entschieden werden können; im mathematischen Aufbau hat es die Verwendung endlich-dimensionaler Hilberträume zur Folge. Das fünfte Kapitel entwirft einen einheitlichen Aufbau der ganzen Physik. Er beruht darauf, daß eine finitistische Quantentheorie unmittelbar eine Kosmologie, eine

Theorie elementarer Objekte und einen Zusammenhang zwischen beiden impliziert.

Unter philosophischen Gesichtspunkten nehmen mehrere nachfolgende Aufsätze diese Probleme wieder auf. III, 3 diskutiert anschließend an die Kopenhagener Deutung der Quantentheorie das Verhältnis von Materie und Bewußtsein. III, 5 bespricht die Einheit der Substanz, als Einheit von Materie, Bewegung und Form, auf der Grundlage der Zeit, und schließt in III, 5.5 direkt an die Theorie der Uralternativen im fünften Kapitel des gegenwärtigen Aufsatzes an. IV, 6 bespricht die Grenze des quantentheoretischen Objektbegriffs im Zusammenhang zwischen Bohrscher Komplementarität und Platonischer Dialektik.

I come to praise the quantum,
not to bury it.

F. Bopp

1. Die Kopenhagener Deutung

Für den Wunsch, die Grenzen der Quantentheorie zu überschreiten, kann man sich zwei Gründe denken: eine Unzufriedenheit mit ihrem gegenwärtigen Stand oder eine grundsätzliche Erwartung weiteren Fortschritts. Ich erörtere den ersten Grund in diesem, den zweiten im folgenden Kapitel und widme die verbleibenden drei Kapitel des Aufsatzes den Konsequenzen dieser Erörterung.

Wir kennen keinen Anlaß, mit dem Erfolg der Quantentheorie unzufrieden zu sein; eine Ausnahme bildet höchstens die Schwierigkeit, sie in der Quantenfeldtheorie wechselwirkender Teilchen mit den Forderungen der Relativitätstheorie zu vereinbaren. Diese Schwierigkeit gehört aber einer unvollendeten Theorie an, und die Physiker hoffen wohl mit gutem Grund, daß sie mit der Vollendung der Elementarteilchenphysik verschwinden werde; darauf komme ich im letzten Kapitel zurück. So scheint der mathematische Formalismus der Quantentheorie, mit seinen üblichen Anwendungsvorschriften auf praktische Probleme, keiner Verbesserung zu bedürfen.

Andererseits hat es in den letzten Jahrzehnten vielfache Unzufriedenheit mit der sogenannten Kopenhagener Deutung der Quantentheorie gegeben. Ich würde vorziehen, sie die Kopenhagener Deutung des Formalismus zu nennen – eine Deutung, durch welche der Formalismus überhaupt erst einen hinreichend klaren physikalischen Sinn bekommt, um Teil einer physikalischen Theorie sein zu können. Damit spreche ich die Meinung aus, daß die Kopenhagener Deutung richtig und unentbehrlich ist. Ich muß aber hinzufügen, daß diese Deutung ihrerseits, wenn ich richtig sehe, noch nie völlig klargestellt worden ist. Sie bedarf selbst einer Deutung, und erst diese Deutung wird ihre Verteidigung gegen die begreiflicherweise erhobenen Einwände sein. Diese Situation sollte uns nun aber nicht überraschen, sobald wir eingesehen haben, daß es hier um die Grundfragen der Philosophie geht. Um ein simplifizierendes Beispiel zu gebrauchen: man wird es nicht für leichter halten, die Atome als die Zahlen zu verstehen; und der Kampf zwischen dem Logizismus, dem Formalismus und dem Intuitionismus über das Wesen der Zahlen ist bis heute unentschieden.

Im vorliegenden Aufsatz kann ich diese Frage nicht innerhalb ihres vollen philosophischen Horizonts besprechen. Ich werde nur den Punkt besprechen, der mir als das Zentrum der Kopenhagener Deutung erscheint. Dieser Punkt ist anvisiert, aber nicht ganz glücklich ausgesprochen in Bohrs berühmter Behauptung, alle Experimente müßten in klassischen Begriffen beschrieben werden. Diese Behauptung scheint mir, richtig gedeutet, wahr und entscheidend zu sein; ihre Schwäche liegt in der unzureichenden Aufklärung des Sinns des Wortes »klassisch«. Diese Aufklärung ist ebenso schwierig wie notwendig, denn Bohrs Behauptung impliziert ein scheinbares Paradoxon: die klassische Physik hat der Quantentheorie weichen müssen; die Quantentheorie wird durch die Experimente bestätigt; die Experimente muß man in den Begriffen der klassischen Physik beschreiben. Wir können das Paradoxon nur auflösen, wenn wir es zunächst so scharf wie möglich aussprechen.

Es mag der Klarheit dienen, wenn wir zuerst feststellen, daß und warum Bohr kein Positivist war. Vor ein paar Jahren erinnerte mich E. Teller an zwei Bemerkungen von Bohr in der Zeit, als wir zusammen in seinem Institut arbeiteten. Die eine Bemerkung machte Bohr, nachdem er zu einem Kongreß positivistischer

Philosophen gesprochen hatte. Bohr war tief enttäuscht, weil sie alles, was er über die Quantentheorie gesagt hatte, so freundlich entgegengenommen hatten, und sagte uns: »Wem nicht schwindlig wird, wenn er zum erstenmal vom Wirkungsquantum hört, der hat überhaupt nicht verstanden, wovon die Rede ist.« Sie akzeptierten die Quantentheorie als ein Ergebnis der Erfahrung, denn es war ihre Weltanschauung, Erfahrung zu akzeptieren; Bohrs Problem war aber gerade, wie so etwas wie das Wirkungsquantum denn überhaupt eine Erfahrung sein kann.

Die Kopenhagener Auffassung wird oft, sowohl von einigen ihrer Anhänger wie von einigen ihrer Gegner, dahin mißdeutet, als behaupte sie, was nicht beobachtet werden kann, das existiere nicht. Diese Darstellung ist logisch ungenau. Die Kopenhagener Auffassung verwendet nur die schwächere Aussage: »Was beobachtet worden ist, existiert gewiß; bezüglich dessen, was nicht beobachtet worden ist, haben wir noch die Freiheit, Annahmen über seine Existenz oder Nichtexistenz einzuführen.« Von dieser Freiheit macht sie dann denjenigen Gebrauch, der nötig ist, um Paradoxien zu vermeiden. So bedeuten Heisenbergs Gedankenexperimente über das Unbestimmtheitsprinzip nur die Widerlegung eines Vorwurfs der Inkonsistenz. Akzeptieren wir den Formalismus der Quantentheorie in seiner üblichen Deutung, so müssen wir zugeben, daß er keine Zustände umfaßt, in denen ein Teilchen zugleich einen bestimmten Ort und einen bestimmten Impuls hat; es erscheint[1] notwendig, diese Zustände auszuschließen, um Widersprüche gegen die Wahrscheinlichkeitsvorhersagen der Theorie zu vermeiden. Nun wird der Einwand erhoben, daß sowohl Ort wie Impuls meßbar sind und somit existieren. Diesem Einwand begegnet die Feststellung, daß, *falls* die Quantentheorie richtig ist, Ort und Impuls nicht zugleich gemessen werden können, und daß darum der Verteidiger der Quantentheorie nicht gezwungen werden kann, zuzugeben, daß sie zugleich, d. h. im selben Zustand des Teilchens, existieren. Nach Heisenberg schließt also in der Quantentheorie nur unsere positive Kenntnis der Zustände der Teilchen die von ihr verworfenen Zustände aus, wel-

[1] Ich lasse hier die Frage beiseite, ob der Widerspruch durch Theorien wie die von Bohm vermieden werden könnte. Es geht im Augenblick um die Widerspruchsfreiheit und nicht um die Einzigkeit der Kopenhagener Deutung.

che sich dann, konsequenterweise, auch als unbeobachtbar erweisen. Heisenberg zog den einfachen, aber zutreffenden Vergleich, daß wir die Theorie, die Erdoberfläche sei eine unendliche Ebene, nicht schon deshalb verwerfen, weil wir gewisse Grenzen auf der Erde faktisch nicht überschreiten können, sondern weil wir sehr wohl imstande sind, um die Erde herumzureisen und dadurch zu beweisen, daß sie eine Kugel ist. Was dieser Vergleich freilich nicht ausdrückt, ist, daß die Quantentheorie nicht spezielle Modelle, sondern die Forderung »anschaulicher« Modelle überhaupt verwirft.

Diese letzten Bemerkungen über den Unterschied zwischen der Kopenhagener Auffassung und dem Positivismus waren logisch und negativ. Epistemologisch und positiv ist der Unterschied in Bohrs Behauptung über die klassischen Begriffe formuliert. Wenigstens die naiveren unter den positivistischen Schulen waren der Ansicht, es gebe schlicht so etwas wie Sinnesdaten, und die Wissenschaft bestehe darin, diese miteinander zu verknüpfen. Bohrs Pointe ist, daß Sinnesdaten keine elementaren Daten sind; daß vielmehr das, was er Phänomene nennt, nur im vollen Zusammenhang dessen gegeben ist, was wir gewöhnlich die Wirklichkeit nennen, und was durch Begriffe beschrieben werden kann; und schließlich, daß diese Begriffe gewissen Bedingungen genügen, welche Bohr als charakteristisch für die klassische Physik ansah. Hier mag Tellers zweite Anekdote am Platze sein. Teller versuchte einmal beim nachmittäglichen Institutstee Bohr zu erklären, warum Bohr, nach Tellers Ansicht, Unrecht hatte mit der Erwartung, das historisch gegebene Begriffsgefüge der klassischen Physik werde für immer die Form des Ausdrucks unserer Sinneserfahrungen bestimmen. Bohr hörte mit geschlossenen Augen zu und sagte zuletzt nur: »Ich verstehe. Man könnte ja auch sagen, daß wir hier nicht sitzen und Tee trinken, sondern daß wir all das nur träumen.«

Bohr sprach hier offenbar seine Ansicht aus, ohne sie zu begründen. Welche Bedingungen muß die sinnliche Erfahrung erfüllen, und warum sollten diese so unabänderlich sein?

Bohr nannte meist zwei Bedingungen: Raum-Zeit-Beschreibung und Kausalität. Sie lassen sich vereinbaren in dem objektivierten Modell des Geschehens, das die klassische Physik bietet, werden aber durch die Entdeckung des Wirkungsquantums auseinandergebrochen und auf komplementäre Beschreibungsweisen reduziert. Soll ein physisches System aber als Meßinstrument brauchbar sein, so muß es sowohl im Raum und der Zeit unserer Anschauung beschrieben werden können wie auch als ein Gebilde, das dem Kausalprinzip genügt. Die erste Bedingung besagt, daß wir es überhaupt wahrnehmen können, die zweite, daß wir zuverlässige Schlüsse aus seinen sichtbaren Eigenschaften (z. B. der Stellung eines Zeigers auf einer Skala) auf die nicht oder kaum wahrnehmbaren Eigenschaften des Meßobjekts ziehen können. Falls Bohr recht hat mit der Behauptung, Raum-Zeit-Beschreibung und Kausalität seien nur in der klassischen Physik vereinbar, dann scheint auch seine Ansicht unvermeidlich, daß ein Meßinstrument eine klassische Beschreibung zulassen muß.

Ehe ich die nächste Frage stelle, möchte ich hervorheben, wie diese Analyse der Messung Bohrs Auffassung vom Positivismus unterscheidet. Was man klassisch beschreiben kann, ist für ihn ein »Ding« im Sinne der Alltagssprache. Das Versagen der klassischen Physik im atomaren Bereich besagt, daß wir Atome nicht als »kleine Dinge« beschreiben können. Das scheint nicht zu fern von Machs Forderung zu sein, man solle keine »Dinge« hinter den Phänomenen erfinden. Aber Bohr unterscheidet sich von Mach durch die Behauptung, »Phänomene« seien stets »Phänomene an Dingen«, weil sie sonst die Objektivierung nicht zuließen, ohne die es keine Wissenschaft von ihnen gäbe. Die wahre Rolle der Dinge ist nach Bohr gerade, nicht »hinter«, sondern »in« den Phänomenen zu sein. Dies kommt der Meinung Kants sehr nahe, daß der Objektbegriff eine Bedingung der Möglichkeit von Erfahrung ist; Bohrs Dichotomie der Raum-Zeit-Beschreibung und der Kausalität entspricht der Dichotomie Kants der Anschauungsformen und der Kategorien (und Grundsätze) des Verstandes, die nur durch ihr Zusammenwirken die Erfahrung möglich machen. Die Parallelität beider Auffassungen ist umso bemerkenswerter, als Bohr nie viel Kant gelesen zu haben scheint. Im Unterschied zu Kant hat Bohr aus der modernen Atomphysik die Lehre gezogen, daß es Wissenschaft jenseits des Bereichs gibt, in dem man Vorgänge sinnvoll durch Eigenschaften von Objekten beschreiben kann, die von der Situation des Beobachters unabhängig wären; das drückt sein Gedanke der Komplementarität aus. Bohr unterscheidet sich aber radikaler von Mach, indem er leugnet, daß Sinnesdaten etwas anderes sind als was an Dingen wahrgenommen werden kann. Da seine positivistischen Zuhörer das nicht verstanden, enttäuschten sie Bohr durch leichtherzige Anerkennung des Wirkungsquantums. Für diese Haltung ist es typisch, daß sie für den Komplementaritätsbegriff keine rechte Verwendung hat.

Die nächste Frage ist nun, woher Bohr wußte, daß unsere Raum-Zeit-Anschauung unabänderlich ist, und daß diese nur in der klassischen Physik mit dem Kausalprinzip vereinbar ist. Mein Vorschlag einer Antwort ist, daß Bohr essentiell recht hatte, daß er aber den Grund dafür selbst nicht anzugeben wußte. Dies wird durch seine Ausdrucksweise nahegelegt. Er behauptete niemals ausdrücklich, unsere Anschauungsformen ließen keine Änderung zu und die Gesetze der klassischen Physik (also etwa Newtons Mechanik und Maxwells Elektrodynamik) enthielten alles, was für die Objektivierung notwendig und hinreichend ist; aber er drückte sich in einer Weise aus, die man schwerlich verteidigen könnte, wenn diese beiden Behauptungen ganz falsch wären. Ich möchte hier eine eigene Hypothese zur Lösung dieser Frage vorlegen.

Die klassische Physik ist eine sehr gute Annäherung, aber keine exakte Beschreibung der Phänomene. Vielleicht sollte ich, ehe ich die Hypothese formuliere, hervorheben, daß die klassische Physik nicht nur empirisch widerlegt ist, sondern daß sie auch a priori kaum eine Chance hat oder hatte, eine exakte Theorie der Phänomene zu sein, wenigstens wenn sie sowohl die statistische Thermodynamik wie eine Beschreibung der kontinuierlichen Bewegung kontinuierlich ausgedehnter Körper enthalten sollte. Plancks Ultraviolettkatastrophe hätte sich vermutlich in jeder hinreichend ausgearbeiteten klassischen Thermodynamik eines Kontinuums eingestellt. (Ich vermute übrigens, daß diese Schwierigkeit auch in jedem Versuch einer »Unterwanderung« der Quantentheorie durch eine klassische Theorie verborgener Parameter wieder auftauchen würde.) Akzeptieren wir nun aber, daß die klassische Physik, wenn man sie wörtlich nimmt, essentiell falsch ist, so wird es zu einem Problem, wieso sie eine so essentiell gute Annäherung darstellen kann. Dies läuft auf die Frage hinaus, welche physikalische Bedingung einem quantentheoretischen Objekt auferlegt werden muß, damit es die Züge zeigt, die wir als »klassisch« beschreiben. Meine Hypothese ist nun, daß dies gerade die

Bedingung ist, es müsse als Meßinstrument geeignet sein. Fragen wir weiter, was dazu nötig ist, so dürfte eine Mindestforderung sein, daß in ihm irreversible Vorgänge ablaufen. Denn jedes Experiment muß eine Spur dessen erzeugen, was geschehen ist; ein Vorgang, der spurlos vorübergeht, ist keine Messung. Irreversibilität bedeutet eine Beschreibung des Objekts, in der ein Teil der Information, die wir uns als in dem Objekt vorliegend denken, tatsächlich nicht benutzt wird. Also ist das Objekt nicht in einem »reinen Fall«; man wird es als »Gemenge« beschreiben[1]. Ich bin mathematisch unfähig zu beweisen, daß die Bedingung der Irreversibilität hinreichen würde, um eine klassische Annäherung zu definieren, aber ich halte sie jedenfalls für eine notwendige Bedingung.

Ist die Hypothese richtig, so hat Bohr kein Paradox, sondern eine Selbstverständlichkeit formuliert, freilich eine philosophisch wichtige: man muß ein Meßinstrument mit Begriffen beschreiben, die auf Meßinstrumente passen. Die Annahme ist dann nicht unnatürlich, daß die klassische Physik in der Form, in der sie sich historisch entwickelt hat, einfach diejenige Annäherung an die Quantentheorie darstellt, die auf Objekte paßt, soweit sie voll beobachtbar sind. Glauben wir das, so können wir folgern, daß – wenigstens insoweit die Quantentheorie selbst korrekt ist – keine weitere Anpassung unseres Anschauungsvermögens an die Quantentheorie nötig oder auch nur möglich ist. Ein Bewußtsein, das die Natur mit Hilfe von Instrumenten beobachtet, die es selbst klassisch beschreibt, kann sich überhaupt nicht anders an die wirklichen Naturgesetze anpassen als indem es die Naturphäno-

[1] *Wigner*, E.: Am. Journ. of Phys. 31 (1963), S. 6, hat gegen die Beschreibung des Meßprozesses durch Gemenge eingewandt, auch eine unitäre (also quantentheoretisch zulässige) Transformation eines Gemenges in ein anderes könne die Entropie nicht erhöhen, also die irreversiblen Züge des Meßvorgangs nicht beschreiben. Das ist richtig, aber es ist kein Einwand. Schon in der klassischen Physik ist Entropiewachstum kein »objektiv« beschreibbarer Vorgang. Rühren in einer halb weiß, halb rot gefärbten inkompressiblen Flüssigkeit (Gibbs) schafft objektiv keine »rosa« Gebiete, sondern nur verschlungene Grenzen von weiß und rot; aber wenn die Grenzen hinreichend verschlungen sind, so können *wir* sie nicht mehr verfolgen und sehen rosa. Einem irreversiblen Vorgang kann analog auch in der Quantentheorie keine unitäre Transformation der Gemenge entsprechen; unsere Beschreibung »springt« dabei vielmehr in ein Gemenge höherer Entropie.

mene klassisch wahrnimmt. Eine andere Naturwahrnehmung zu fordern hieße eine Unmöglichkeit verlangen – außer wenn die Quantentheorie gerade falsch wäre.

Bis zu diesem Punkt traue ich mir zu, die Kopenhagener Deutung zu deuten. Gewiß wüßte man nun gerne, warum die Natur ausgerechnet den Gesetzen der Quantentheorie genügt, die wir in diesem Kapitel als gegeben hingenommen haben. Dies wird eine der Leitfragen der nachfolgenden Kapitel sein. Vorher möchte ich aber noch ein methodologisches Prinzip formulieren, das ich im gegenwärtigen Kapitel implizit benützt habe. Ich schlage dafür den Namen *Prinzip der semantischen Konsistenz* vor.

Ein mathematischer Formalismus wie z. B. das Hamiltonsche Prinzip mit seinen mathematischen Konsequenzen, die Maxwellschen Gleichungen mit ihren Lösungen, oder der Hilbertraum und die Schrödingergleichung, ist nicht eo ipso ein Teil der Physik. Er wird zur Physik durch eine Deutung der in ihm benutzten mathematischen Größen; eine Deutung, die man eine physikalische Semantik nennen kann. Diese Semantik stützt sich auf eine vorgängige, aber unvollständige Kenntnis derjenigen Phänomene, die wir durch die formalisierte Theorie genauer zu beschreiben hoffen. So wußten wir vorweg, was wir unter einem Körper oder einer Länge verstehen, oder, für die späteren Theorien, unter einem Kraftfeld oder einer Observablen wie Energie, Impuls usw. Da die Theorie den Größen wie Länge, Kraft, Impuls mathematische Werte zuschreibt, ist es sogar notwendig, über die praktischen Methoden zur Messung dieser Größen vorweg Bescheid zu wissen. Dann aber werden in vielen Fällen die Meßgeräte selbst Objekte einer möglichen Beschreibung durch eben die neugeschaffene Theorie sein. Diese Möglichkeit unterwirft die ganze Theorie (d. h. den Formalismus zusammen mit seiner physikalischen Semantik) einer zusätzlichen Bedingung, nämlich eben der Bedingung der semantischen Konsistenz: Die Regeln, denen gemäß wir unsere Messungen anstellen und beschreiben, und die so die Semantik des Formalismus festlegen, müssen mit den Gesetzen der Theorie vereinbar sein, d. h. mit den mathematischen Aussagen des Formalismus, so wie sie durch seine physikalische Semantik gedeutet sind.

Es ist keineswegs selbstverständlich, daß eine neue Theorie diese Bedingung automatisch erfüllen wird. So war Einsteins berühmte Analyse der Gleichzeitigkeit eine Analyse der semantischen Konsistenz einer Theorie, welche der mathematischen Forderung der Lorentzinvarianz unterworfen war; sie zeigte, daß Raum und Zeit neu interpretiert werden mußten, um die tägliche Erfahrung mit der Theorie in Einklang zu bringen. Die Quantentheorie der Messung erstrebt den Nachweis der semantischen Konsistenz der allgemeinen Quantentheorie. Bisher ist noch keine Theorie der Physik auf die volle Probe der semantischen Konsistenz gestellt worden, denn alle Theorien nehmen gewisse Phänomene als gegeben hin, ohne sie explizit zu beschreiben. So nimmt die Quantentheorie hin, daß es Objekte gibt, die sich wie Teilchen verhalten; vielleicht wird am Ende die Elementarteilchentheorie diese Tatsache erklären.

2. Die Einheit der Physik. Erster Teil

Gibt es einen Weg, der uns weiter führt als zum bloßen Hinnehmen der Quantentheorie als eines empirisch bewährten Gesetzesschemas? Wir möchten entweder besser verstehen, inwiefern sie notwendig ist, oder, welche Änderungen sie noch zulassen wird. Für beide Zwecke kann die Frage nützlich sein, welche weiteren Fortschritte wir überhaupt plausiblerweise in der Physik erwarten können.

Heisenberg hat den bisherigen Fortschritt der theoretischen Physik unter dem Bilde einer Reihe »abgeschlossener Theorien« dargestellt. In scharfem Gegensatz gegen das gleichmäßige Anwachsen der empirischen Daten und ihrer Erklärung durch bestehende, anerkannte Theorien scheinen die grundlegenden Theorien in seltenen großen Schritten oder Sprüngen voranzuschreiten. Gewiß ist der entscheidende Schritt vorwärts jeweils historisch vorbereitet, aber oft nicht mit dem begleitenden Gefühl wachsender Klarheit, sondern eher mit einem zunehmenden Bewußtsein von ungelösten Rätseln. Man sieht dieses historische Phänomen sehr gut in den Jahren, die der Formulierung der speziellen Relativitätstheorie und dann wieder der Quantenmechanik vorangingen. Eine abgeschlossene Theorie ist im allgemeinen durch innere Einfachheit gekennzeichnet, aber keine Methodologie hat bisher klar sagen können, was wir dabei unter »Einfachheit« verstehen.

Jedenfalls zeigen abgeschlossene Theorien eine beachtliche Fähigkeit, einerseits alle die Fragen, die in ihrem begrifflichen Rahmen überhaupt klar formuliert werden können, auch wirklich zu beantworten, und andererseits ihren Anhängern den Eindruck zu verschaffen, daß Fragen, die eine solche Formulierung nicht zulassen, sinnlose Fragen sind. Im historischen Fortschritt weisen die späteren Theorien meist ihren Vorgängern eine »begrenzte« oder »relative« Richtigkeit zu, etwa als Näherungen oder Grenzfälle. So haben wir gelernt, vom Anwendungsbereich einer Theorie zu sprechen, dessen Grenzen anfangs unbekannt sind und erst durch spätere Theorien abgesteckt werden.

Eine der wichtigsten Aufgaben einer Erkenntnistheorie der Wissenschaft ist es, zu erklären, warum der theoretische Fortschritt diese eigentümliche Form hat. Ich wage die Vermutung, daß jede gute, d. h. weithin anwendbare Theorie aus einer kleinen Anzahl von Grundannahmen herleitbar sein wird. Man kann das Gefühl eines guten Physikers gegenüber einer »guten Theorie« vielleicht durch die Behauptung beschreiben, eine solche Theorie lasse keine kleinen Verbesserungen zu. Wenn eine gute Theorie aus ganz wenigen qualitativen Postulaten folgt, so muß man dergleichen erwarten; die einzige mögliche Änderung einer solchen Theorie ist eine Änderung in ihren Grundannahmen, die man dann meist als »große« Änderung empfinden wird. Diese Vermutung setzt voraus, daß eine erfolgreiche Theorie in der Physik unter sehr strengen Bedingungen steht. Logische und mathematische Konsistenz ist nur eine dieser Bedingungen; semantische Konsistenz könnte sich als die strengste von ihnen erweisen.

Wir können dieses methodologische Schema mit Inhalt erfüllen, wenn wir die heutige theoretische Physik betrachten. Vielleicht kann man unser heutiges Wissen und unsere heutigen Erwartungen in eine gewisse Ordnung bringen durch die These, daß fünf miteinander zusammenhängende Fundamentaltheorien teils vorliegen, teils gesucht werden; die Frage, wie sie denn zusammenhängen, wird unser Hauptproblem sein. Sie sind:

1. Eine Theorie der Raum-Zeit-Struktur (spezielle oder vielleicht allgemeine Relativitätstheorie).
2. Eine allgemeine Mechanik (Quantentheorie).
3. Eine Theorie der möglichen Arten von Objekten (Elementarteilchentheorie).

4. Eine Theorie der Irreversibilität (statistische Thermodynamik).
5. Eine Theorie der Gesamtheit der physischen Objekte (Kosmologie).

Die Liste enthält nicht die Theorien spezieller Objekte wie Atomkerne, Atome, Moleküle, Felder, Sterne usw., die wenigstens im Prinzip aus den Fundamentaltheorien hergeleitet werden können. Wir neigen heute dazu, die Nummern 1, 2 und 4 als mehr oder weniger endgültig anzusehen, während viel Mühe in die Suche nach Nr. 3 und vielleicht auch Nr. 5 gesteckt wird.

Im Gegensatz zu älteren Theorien hängen die heutigen nicht mehr an speziellen Erfahrungsbereichen wie Sinnesdaten (Optik, Akustik etc.), bewegten Körpern (klassische Mechanik) oder Kraftfeldern (Elektrodynamik). Sie ordnen sich eher wie Teile einer erst undeutlich sichtbaren systematischen Einheit der Physik an. Wir können versuchen, das Prinzip dieser Einheit wie folgt zu beschreiben: Es gibt Objekte in Raum und Zeit. Daher muß die Physik Rechenschaft von Raum und Zeit geben (1.). »In Raum und Zeit sein« heißt für ein Objekt, daß es sich bewegen kann. Also gibt es allgemeine Gesetze, welche die Bewegung aller möglichen Objekte beherrschen (2.). Alle Objekte können in mehr oder weniger scharf unterschiedene Arten klassifiziert werden; andernfalls könnten wir keine Allgemeinbegriffe von Objekten bilden und es gäbe keine Wissenschaft. Also muß es eine Theorie geben, die angibt, welche Arten von Objekten möglich sind (3.). Diese Theorie beschreibt Objekte als zusammengesetzt aus elementareren Objekten. Die Zusammensetzung läßt sich im Detail beschreiben und führt so zu den höheren Arten (Atome, Moleküle usw.). Sie läßt aber auch eine statistische Beschreibung zu (4.). Alle Objekte, von denen wir etwas wissen, stehen irgendwie miteinander in Wechselwirkung; andernfalls wüßten wir nichts von ihnen. Also mag eine Theorie über die Gesamtheit der vorhandenen Objekte nötig sein (5.).

Dies ist nur eine ganz vorläufige Schilderung einer denkbaren Einheit der Physik. Ihre Mängel zeigen sich, sobald wir den Zusammenhang der Theorien und die Probleme der in dieser Schilderung benutzten Begriffe näher analysieren.

(1): Die Raum-Zeit-Struktur hängt mit allen vier anderen Fragenkreisen in recht verblüffender Weise zusammen. (1 und 2): Die Quantentheorie setzt in der einzigen Form, in der sie abgeschlossen vorliegt, zwar die Zeit, aber nicht den Raum voraus; sie beschreibt lediglich die Mannigfaltigkeit der möglichen Zustände eines beliebigen Objekts durch den hochabstrakten Begriff des Hilbertraums. (1 und 3): Nach der allgemeinen Relativitätstheorie muß man die Raum-Zeit-Struktur durch das Gravitationsfeld beschreiben, das andererseits ein Feld wie andere Felder zu sein scheint, so daß man es gerne aus der Elementarteilchenphysik herleiten würde. (1 und 4): Die Thermodynamik hat nicht nur mit der Statistik, sondern auch mit der Irreversibilität, also doch wohl einer Eigenschaft der Zeit zu tun. (1 und 5): Die Topologie des Kosmos ist selbst eine Theorie über die Raum-Zeit-Struktur, die ihrerseits vielleicht vom Gravitationsfeld abhängt.

(2): Der Begriff eines physikalischen Objekts (oder »Systems«), den die Quantentheorie voraussetzt, enthält manche Probleme. Ein Objekt ist ja wohl Objekt für ein Subjekt (einen Beobachter von Phänomenen); die Tatsache, daß der Beobachter selbst ein Teil der objektiven Welt ist, ist zwar grundlegend für die Kopenhagener Deutung, wird aber durch keine unserer fünf Theorien gegenständlich beschrieben[1]. Auch wenn wir diese Frage als »zu philosophisch« beiseitelassen, stoßen wir auf begriffliche Probleme im Gebrauch der Objektvorstellung. Der Begriff eines isolierten Objekts ist nur eine Annäherung, und gemäß der Quantentheorie eine sehr schlechte Annäherung. Die Kompositionsregel besagt, daß der Hilbertraum eines zusammengesetzten Objekts das Kroneckerprodukt der Hilberträume seiner Teile ist. Das hat aber zur Folge, daß nur eine Menge vom Maß Null unter den Zuständen des zusammengesetzten Objekts so beschrieben werden kann, daß man den Teilen des Gesamtobjekts wohldefinierte Zustände zuschreibt. Trotzdem beschreiben wir in jedem konkreten Fall die jeweils größten vorkommenden Objekte so als wären sie isoliert (oder, was für die gegenwärtige Betrachtung auf dasselbe herauskommt, als wären sie in einer festen Umwelt). (2 und 5): Es scheint höchst spekulativ, das Universum als ein einzelnes quantenmechanisches Objekt aufzufassen, das einen definierten Zustandsvektor haben könnte[2]. (2 und 4): Soferne ich die Kopenhagener Deutung richtig analysiert habe, stützt sich unsere Beschreibung wirklicher Quantenzustände auf den Gebrauch von Meßge-

[1] Hierzu vgl. Teil III und IV.
[2] Vgl. IV, 6.

räten, für deren eigene Beschreibung wir, da wir ihre Funktion als irreversibel ansehen, ausdrücklich auf die Kenntnis ihrer Quantenzustände verzichten; das scheint zu bedeuten, daß wir die Thermodynamik voraussetzen, um der Quantentheorie einen physikalischen Sinn zu gewährleisten.

Weitere Schwierigkeiten enthüllt die Analyse unserer (in der obigen Darstellung knapp zusammengefaßten) Art, den Zusammenhang zwischen den Theorien 2, 3 und 5 zu verstehen: Ich sagte, die Quantentheorie gebe die allgemeinen Bewegungsgesetze für jedes mögliche Objekt an, während die Elementarteilchentheorie danach strebe, alle möglichen *Arten* von Objekten anzugeben. Was bedeutet dieser Unterschied? Entweder werden sich die Quantentheorie und die Elementarteilchentheorie am Ende als umfangsgleich und dann vermutlich als identisch erweisen; oder es wird denkbare Objekte geben, die gemäß der allgemeinen Quantentheorie möglich wären, aber durch die zusätzliche Information der Elementarteilchenphysik ausgeschlossen würden. Die zweite dieser Alternativen spricht die herrschende Ansicht aus. Aber dann wird sich die Quantentheorie der »verworfenen« Objekte als bedeutungslos erweisen; soll man sie überhaupt weiter benutzen? Die Gegenüberstellung von allgemeinen Gesetzen und speziellen Objekten ist sinnvoll, solange man das Vorkommen genau dieser und keiner anderen Objekte als kontingent, d. h. nicht selbst als Konsequenz eines allgemeinen Gesetzes ansieht; wenn aber gewisse Gesetze die möglichen Objekte auf gewisse Arten einschränken, was ist dann der empirische Sinn allgemeinerer Gesetze? Deshalb neige ich dazu, die Möglichkeit der ersten Alternative ernstzunehmen. Es könnte herauskommen, daß die Quantentheorie nur dann semantisch konsistent sein kann, wenn der Hilbertraum mit Hilfe eines Systems von Basisvektoren beschrieben wird, die »möglichen Arten von Objekten« im Sinne der Elementarteilchentheorie entsprechen. Ich nehme diese Frage im fünften Kapitel wieder auf.

(1, 2, 3 und 5): Unsere übliche Redeweise über kosmologische Modelle ist vielleicht noch offensichtlicher schief. Wir formulieren zuerst eine allgemeine Gleichung, z. B. Einsteins Gleichung des metrischen Feldes. Dann wählen wir eine ihrer Lösungen aus und behaupten, diese Lösung beschreibe (hypothetisch) die ganze Welt. Was ist dann der empirische Sinn der anderen Lösungen und folglich der ganzen Gleichung? Gewiß kann man die Gleichung sinnvoll auf verschiedene Situationen innerhalb der Welt anwenden. Ihre Anfangs- und Randbedingungen legen die spezielle kontingente Situation fest, die durch eine geeignete Lösung der Gleichung beschrieben werden soll. Aber ist es sinnvoll, die einmalige Totalität des Seienden unter einem »allgemeinen« Gesetz zu subsumieren? Wir treffen hier auf den alten Vexierbegriff der »möglichen Welten« von Leibniz und auf das neuere ungelöste Problem des Machschen Prinzips.

(1, 3 und 5): W. Thirring[1] hat gezeigt, daß eine lorentzinvariante Feldtheorie der Gravitation eine Eichtransformation zuläßt, die zu beobachtbaren Raum-Zeit-Koordinaten mit Riemannscher Metrik führt und zu einem Gravitationsfeld, das der Einsteinschen Gleichung genügt. So wird die Verknüpfung der Gravitation mit der beobachtbaren Raumstruktur erklärt oder wiederentdeckt, und Einsteins Verfahren, gleich mit einer Riemannschen Metrik zu beginnen, wird vom feldtheoretischen Standpunkt aus gerechtfertigt. Was aber die Eichtransformation nicht ändern kann, das ist die Topologie des Raum-Zeit-Kontinuums im großen, also die Kosmologie. Beginnen wir in einem Minkowski-Raum, so bleibt der Weltraum auch in der endgültigen Beschreibung offen; wollen wir einen geschlossenen Einstein-Kosmos erhalten, so müssen wir schon mit einer Feldtheorie der Gravitation in einem geschlossenen Raum anfangen. Dies deutet auf die Möglichkeit hin, daß die kosmologische Topologie vielleicht keine Folge der Gravitation ist. Sie könnte aus anderen Gründen festliegen, so daß sich dann die Materieverteilung und die Gravitation (Raumkrümmung) nach ihr als gegebener Randbedingung zu richten hätten.

(2 und 4): Ich habe schon auf eine Schwierigkeit im Verhältnis der Quantentheorie zur Thermodynamik hingewiesen. Wir stellen uns die Irreversibilität gewöhnlich als einen Sekundäreffekt vor, der wesentlich reversiblen Grundgesetzen überlagert ist und durch klassische Statistik, d. h. durch unsere unzureichende Kenntnis, erklärt wird. Andererseits habe ich im ersten Kapitel die Irreversibilität als Vorbedingung für Messungen und folglich für die Semantik der Quantentheorie (und jeder anderen auf Beobachtung beruhenden Theorie) beschrieben. (4): Wollen wir diesen scheinbaren circulus vitiosus durchschauen, so müssen wir zu-

[1] *Thirring*, W.: Fortschr. d. Phys. (1959), S. 79.

erst eine Ungenauigkeit in der üblichen Darstellung der Irreversibilität verbessern.[1] Boltzmanns H-Theorem beweist, daß sich ein abgeschlossenes System, das zur Zeit $t = t_0$ in einem Zustand nicht maximaler Entropie ist, mit großer Wahrscheinlichkeit zu einer Zeit $t > t_0$, also zu einer Zeit, die im Augenblick t_0 noch in der Zukunft liegt, in einem Zustand höherer Entropie befinden wird. Damit beweist man den zweiten Hauptsatz für die Zukunft, aber nicht für die Vergangenheit. Wenden wir nämlich dieselbe Überlegung auf eine Zeit $t < t_0$ an, so finden wir natürlich, daß mit derselben Wahrscheinlichkeit das System zur Zeit t in einem höheren Entropieniveau gefunden worden wäre als zur Zeit t_0. Wir kennen aber doch den zweiten Hauptsatz empirisch, d. h. aus der Vergangenheit. Also beweist diese naive Anwendung des H-Theorems den *bekannten* zweiten Hauptsatz überhaupt nicht, widerspricht ihm vielmehr. Das scheinbare Paradoxon verschwindet durch die Bemerkung, daß der Wahrscheinlichkeitsbegriff in dem besonderen Sinn, in dem er hier benützt wird, nur auf die Zukunft und nicht auf die Vergangenheit anwendbar ist. Die Zukunft ist »möglich«, also wesentlich unbekannt, und wir können ihren Ereignissen objektive Wahrscheinlichkeiten zuschreiben. Die Vergangenheit ist »faktisch«, man kann sie im Prinzip kennen, und in vielen Fällen ist sie bekannt; die Wahrscheinlichkeit eines vergangenen Ereignisses bedeutet nur das subjektive Nichtwissen. Ich kehre zur logischen Struktur dieses Arguments im dritten Kapitel zurück.

Akzeptieren wir diese Lösung des Paradoxons, so können wir des weiteren den zweiten Hauptsatz auch für die Vergangenheit beweisen durch die Bemerkung, daß jeder vergangene Augenblick einmal Gegenwart war. Damals konnte man den Wahrscheinlichkeitsbegriff sinnvoll auf die Zeit anwenden, die damals noch Zukunft war, und so korrekt vorhersagen, die Entropie werde wachsen.[2]

(4 und 5): Boltzmann[3] suchte diesen expliziten Gebrauch der Begriffe Gegenwart, Vergangenheit und Zukunft durch den Vor-

[1] Vgl. II, 2.

[2] Vgl. II, 2 und »Die Geschichte der Natur«, 4. Vorlesung. Zürich 1948.

[3] *Boltzmann*, L.: »Vorlesungen über Gastheorie«, Leipzig 1896 und 1898.

schlag zu vermeiden, das unendliche Universum sei im Mittel im Zustand statistischen Gleichgewichts und enthalte Raum-Zeit-Regionen mit Schwankungen. Er meint, wir lebten in einer großen Schwankung, nur in ihr seien Lebewesen möglich, und ein solches Lebewesen würde »die Zeitrichtung gegen die unwahrscheinlichen Zustände anders als die entgegengesetzte (erstere als die Vergangenheit, den Anfang, letztere als die Zukunft, das Ende) bezeichnen, und vermöge dieser Benennung werden sich für dasselbe kleine, aus dem Universum isolierte Gebiete anfangs immer in einem unwahrscheinlichen Zustand befinden.« Das Argument scheitert jedoch an einer Bemerkung von P. und T. Ehrenfest[1]. Wie sie zeigen, befindet sich jeder nicht-maximale Entropiewert eines Systems, das im Mittel im statistischen Gleichgewicht ist, mit erdrückender Wahrscheinlichkeit nicht auf einem Abhang einer größeren Schwankung, sondern ist selbst ein Minimum der Entropie, also die Spitze einer Schwankung. (Diese Sprechweise ist genau für diskrete Entropieänderungen; für kontinuierliche Änderungen läßt sich eine essentiell gleichbedeutende Formulierung finden.) Diese Bemerkung ist in der Tat eine unerläßliche Vorbedingung für die Richtigkeit des H-Theorems. Auf Boltzmanns Argument angewandt heißt das aber, daß es, falls wir überhaupt in einer Schwankung leben, erdrückend wahrscheinlicher ist, daß der gegenwärtige Zustand mit allen Spuren, Fossilien und Dokumenten der scheinbaren Vergangenheit in Wirklichkeit das Extrem einer Schwankung ist, als daß eine solche Vergangenheit mit ihren noch viel niedrigeren Entropiewerten wirklich existiert hat. Soweit ich sehe, ist das eine reductio ad absurdum des Boltzmannschen Vorschlags, und so eine indirekte Rechtfertigung der Verwendung der »Zeitmodi« in der Physik[2].

(1 und 4): Hieraus scheint zu folgen, daß der zweite Hauptsatz weder selbst ein Fundamentalgesetz ist noch aus bloß reversiblen Gesetzen deduziert werden kann, sondern daß er aus einer noch grundlegenderen Struktur der Zeit stammt, die wir aussprechen, wenn wir von Gegenwart, Vergangenheit und Zukunft reden. Diese Struktur wäre dann eine Vorbedingung für den sinnvollen

[1] *Ehrenfest,* P. und T.: Math.-Naturw. Blätter, 3 (1906); abgedruckt in: *Ehrenfest,* P.: »Collected Scientific Papers«, Amsterdam-New York 1959.

[2] Vgl. *Böhme,* G.: »Die Zeitmodi«, Göttingen 1966.

Gebrauch der Begriffe sowohl der Thermodynamik wie der Quantentheorie. Diese Zeitstruktur wird dann durch die spezielle Relativitätstheorie zwar nicht beschrieben, aber ebensowenig ausgeschlossen, denn der Unterschied zwischen den für einen bestimmten Beobachter vergangenen und zukünftigen Ereignissen ist lorentzinvariant.

Versuchen wir die Bruchstücke, die diese kritische Analyse in unseren Händen gelassen hat, wieder zusammenzusetzen, so dürfen wir vermuten, es bestehe eine ursprünglichere Einheit jenseits der heute bekannten Teile der fünf Theorien. Vielleicht vertreiben wir uns diese Einheit gerade durch die naive Art, wie wir die noch unklaren aber unentbehrlichen Begriffe Raum, Zeit, Objekt, Messung, Wahrscheinlichkeit, Universum gebrauchen. Wenn diese Einheit einmal als »abgeschlossene Theorie« dargestellt sein wird, so fragt sich, was ihre Grundpostulate sein mögen. Kehren wir also noch einmal zur Erkenntnistheorie zurück.

Die Erkenntnistheorie neigt dazu, hinter der wirklichen Entwicklung nachzuhinken. So ist es heute eines der vieldiskutierten Probleme, wie man Naturgesetze empirisch begründen kann. Das war eine sehr sinnvolle Frage in einem Zustand der Physik, in dem viele scheinbar voneinander unabhängige Gesetze als Hypothesen aufgestellt und empirisch widerlegt oder mehr oder weniger bestätigt wurden, wie z. B. die Gesetze von Boyle und Mariotte, von Coulomb und anderen. Es war also eine ganz sinnvolle Frage in den Zeiten von David Hume und Immanuel Kant. Aber in der heutigen Physik sind diese Gesetze nicht mehr unabhängig. Wir akzeptieren sie als notwendige Konsequenzen zugleich mit den Fundamentaltheorien, aus denen sie folgen. So ist es heute die einzige sinnvolle Frage, wie wir die Fundamentaltheorien begründen. Sollte sich die Einheit der heutigen Physik schließlich in einer einzigen abgeschlossenen Theorie aussprechen lassen, so bliebe lediglich die Frage übrig, wie wir die Grundpostulate dieser einen Theorie begründen (herleiten, bestätigen, oder wie immer wir dafür sagen wollen).

Nun ist das erkenntnistheoretische Problem, ob man ein strenges Gesetz durch besondere Erfahrung begründen kann, soviel ich sehe, negativ entschieden. Platon wußte das so gut wie Hume. Popper bemerkt zutreffend, daß ein allgemeines Gesetz durch eine Aufzählung empirischer Beispiele nicht verifiziert werden kann. Ich glaube, er irrt sich, wenn er meint, es könne wenigstens durch ein Gegenbeispiel falsifiziert werden. Damit nämlich ein empirisches Phänomen ein Gegenbeispiel gegen ein Gesetz sein kann, brauchen wir immer ein gewisses Maß theoretischer Deutung der beobachteten Phänomene, also einige Gesetze. Können diese nicht streng verifiziert werden, so kann man sie auch nicht benutzen, um ein anderes Gesetz streng zu falsifizieren.[1]

Ich kann mir nur eine einzige Rechtfertigung allgemeiner Gesetze angesichts der Erfahrung denken, nämlich eine Rechtfertigung, die weder dogmatisch aprioristisch noch eine petitio principii wäre. Sie liegt in Kants Gedanken, daß allgemeine Gesetze die Bedingungen formulieren, unter denen Erfahrung möglich ist. Solche Gesetze werden uns noch immer nicht als an sich notwendig bekannt sein, denn wir wissen nicht, daß es notwendig wäre, daß Erfahrung möglich ist. Aber sie werden in dem Umfang gelten, in dem Erfahrung möglich ist, und deshalb wird jedermann sie zugeben müssen, der bereit ist, das Zeugnis der Erfahrung gelten zu lassen. So entsteht die Frage, ob die Grundannahmen der einheitlichen Physik vielleicht gerade diejenigen Annahmen sind, die nötig sind, wenn es Erfahrung geben soll.

3. Logik zeitlicher Aussagen

Eine mögliche Definition der Erfahrung lautet, sie bestehe darin, aus der Vergangenheit für die Zukunft zu lernen. Jede Erfahrung, die ich heute besitze, ist gewiß vergangene Erfahrung; jeder Gebrauch, den ich noch von meiner Erfahrung zu machen hoffen kann, ist sicher ein zukünftiger Gebrauch. Verfeinerter kann man sagen, daß die Wissenschaft Gesetze aufstellt, die zur vergangenen Erfahrung passen, und die sie prüft, indem sie aus ihnen zukünftige Ereignisse vorhersagt und die Vorhersage mit dem Ereignis vergleicht, sobald es nicht mehr ein mögliches zukünftiges, sondern ein gegenwärtiges Ereignis ist. In diesem Sinne ist die Zeit eine Vorbedingung der Erfahrung; wer Erfahrung gelten läßt, der versteht den Sinn der Worte Gegenwart, Vergangenheit und Zukunft. Grammatisch gesagt, versteht er den Sinn der verbalen

[1] Vgl. I, 6.4 d.

Zeitformen (Modi). Aber es kommt nicht entscheidend auf die Sprache an. Auch wenn er eine Sprache spricht, die diese Formen nicht wie die unsere unterscheidet, so wird er doch den Unterschied von gestern und morgen verstehen und den Unterschied zwischen dem, was geschehen ist und dem was geschehen wird (oder auch nicht geschehen wird).[1]

Ich werde versuchen, herauszufinden, wieviel schon aus dem Postulat folgt, daß sich Physik, um Erfahrungswissenschaft sein zu können, auf die Zeit beziehen muß. Ich gebe dem Postulat die allgemeinstmögliche Gestalt, indem ich einige Grundgedanken einer Logik zeitlicher Aussagen aufzähle. Diese Logik wird sich als eng verknüpft erweisen mit dem, was man Quantenlogik genannt hat.

J. v. Neumann[2] hat zuerst vorgeschlagen, man solle die Projektionsoperatoren im Hilbertraum mit Aussagen und ihre Eigenwerte 1 und 0 mit den Wahrheitswerten »wahr« und »falsch« vergleichen. In einem Eigenzustand des Operators hat dann die entsprechende Aussage den entsprechenden Wahrheitswert; in anderen Zuständen hat sie keinen wohlbestimmten Wahrheitswert, sondern nur eine »Wahrscheinlichkeit, sich als wahr zu erweisen«. Diese Logik ist nicht-klassisch. Ihr Aussagenverband ist nichtboolesch; er ist vielmehr isomorph dem Verband der Teilräume des Hilbertraums, also einer speziellen projektiven Geometrie.

J. v. Neumann gebraucht diese logische Ausdrucksweise mit gutem Grund. Die Wahrscheinlichkeit ist ein Grundbegriff der Quantentheorie. Will man wissen, welchen Gesetzen die quantenmechanischen Wahrscheinlichkeiten unterliegen, so wird man zunächst fragen, ob sie Kolmogoroffs Axiomen der Wahrscheinlichkeitsrechnung genügen. Diese Axiome führen die Wahrscheinlichkeit als eine reelle Funktion über einem Booleschen Verband sogenannter möglicher Ereignisse ein. Daß die Ereignisse einen Booleschen Verband bilden, folgt aus der klassischen Logik, denn man kann zwei Ereignisse durch »und« und »oder« verknüpfen. Was nun durch die Quantentheorie verändert wird, scheinen nicht die nachfolgenden Axiome zu sein, sondern der Verband, auf den sie

[1] Vgl. I, 4.

[2] *Neumann,* J. v.: »Mathematische Grundlagen der Quantenmechanik«. Berlin 1932; *Birkhoff,* G. u. *Neumann,* J. v.: Ann. Math. 37 (1936), S. 823.

sich beziehen, und dies deutet auf eine Änderung der zugrundeliegenden Logik.

Es gibt jedoch ein dem Anschein nach starkes Argument gegen die Möglichkeit einer Quantenlogik. Es scheint doch, als sei diese Logik hergeleitet aus der Quantentheorie, also aus spezieller Erfahrung. Die Quantentheorie ihrerseits ist mit Hilfe der klassischen Mathematik aufgebaut worden; und die Erfahrung selbst dürfte ohne den Gebrauch von Logik und Mathematik nicht möglich sein. Die Mathematik wiederum stützt sich auf die klassische (oder vielleicht die intuitionistische) Logik. Wie kann dann die Quantentheorie eine Logik rechtfertigen, die sich von der Logik unterscheidet, auf der die Quantentheorie selbst beruht? Diesem Argument lassen sich zwei sukzessive Antworten entgegenstellen, von denen die erste eine Verteidigung und die zweite ein Gegenangriff ist.

Die Verteidigung sagt, daß sich die klassische Logik (unter welchem Namen ich hier, um des knappen Ausdrucks willen, auch die intuitionistische Logik subsumiert habe) auf eine Sorte von Aussagen bezieht, die Quantenlogik aber auf eine andere. Die klassische Logik gilt für »zeitlose« Aussagen wie »zweimal drei ist sechs«.

Die Quantenlogik bezieht sich auf »kontingente« Aussagen wie »am Ort x ist ein Elektron«. Zeitlose Aussagen sind, wenn sie wahr oder falsch sind, »immer« wahr oder falsch, ohne Bezug auf die Zeit. Kontingente Aussagen, in ihrer gegenwartsbezogenen Formulierung, können jetzt wahr und zu einer anderen Zeit falsch sein. Man kann es wenigstens für möglich halten, daß diese verschiedenen Aussagesorten verschiedenen logischen Gesetzen genügen.

Der Gegenangriff behauptet, daß die Logik zeitlicher Aussagen, von der die Quantenlogik nur eine spezielle Formulierung ist, nicht das Ergebnis besonderer Erfahrung, sondern eine Vorbedingung aller Erfahrung formuliert. Die Quantentheorie hat uns nur auf logische Unterschiede aufmerksam gemacht, die wir in der klassischen Wissenschaft vernachlässigen durften. Das ist analog der Behauptung, daß, obwohl Brouwer historisch später kam als Russell, Russells Paradoxon ein Hinweis darauf ist, daß man von jeher vorsichtiger über unendliche Mengen hätte reden sollen. Aber dieser Gegenangriff erlegt uns eine Beweispflicht auf: wir müssen nun wirklich zeigen, welche Logik den kontingenten Aussagen angemessen ist. Ich nenne hier nur die Hauptpunkte.[1]

Ich benütze eine »reflexive« Methode, die Bochenskis Behauptung entspricht, die wahre Logik sei die Metalogik. Nicht jedes formale System, das der üblichen Logik ähnelt, darf eine Logik genannt werden, sondern nur ein System, das Regeln formuliert, denen gemäß wir wirklich argumentieren, wenn wir versuchen, einander wirklich zu überzeugen. Im besonderen folge ich der Methode von Lorenzen, mit der er die logischen Gesetze als diejenigen Regeln entwickelt, nach denen man ein Diskussionsspiel in einem fairen Dialog gewinnen kann.

Als Beispiel gebe ich Lorenzens[2] Beweisverfahren für den implikativen Satz der Identität, d. h. für $A \rightarrow A$. Wenn einer der Dialogpartner, hier der Proponent genannt, bereit ist, eine Aussage der Form $A \rightarrow B$ (d. h. »wenn *A*, dann *B*« oder »*A* impliziert *B*«) zu verteidigen, so bietet er faktisch dem Opponenten folgendes Spiel an: Falls der Opponent imstande ist, *A* zu beweisen, so wird der Proponent *B* beweisen. Falls der Opponent *A* nicht beweisen kann oder will, so ist der Proponent nicht verpflichtet, irgendetwas zu beweisen. Das Spiel ist nur sinnvoll, wenn sich die Partner vorweg darüber einig sind, was sie bereit sind, als Beweis einer »primitiven Aussage« von der Art, für welche *A* und *B* als Symbole stehen, gelten zu lassen. Sind *A* und *B* arithmetische Sätze, so mag der Beweis eine arithmetische Konstruktion sein; sind sie wohlgeformte Ausdrücke eines formalen Systems, so mag der Beweis in ihrer Herleitung aus vorweg vereinbarten Anfangsausdrücken bestehen. Es ist Lorenzens Ansicht, daß die Geltung logischer Gesetze nicht daran hängt, auf welche Beweismethode für die primitiven Aussagen man sich geeinigt hat, sondern nur daran, daß eine solche Einigung besteht. Nun möge der Proponent sich erbieten, das allgemeine Gesetz $A \rightarrow A$ zu verteidigen. Soll das Gesetz allgemein gelten, so muß er dem Opponenten erlauben, für *A* jede Aussage einzusetzen, die ihm beliebt. Dieser möge eine spezielle Aussage *a* einsetzen (z. B. »$2 \times 3 = 6$«). Der Proponent for-

[1] Diese Logik zeitlicher Aussagen (»tense logic«) ist formal verschieden von den vorliegenden Systemen, von denen Prior eine genaue Darstellung gegeben hat (*Prior*, A. N.: »Time and Modality«, Oxford 1957; »Past, Present and Future«, Oxford 1967).

[2] *Lorenzen*, P.: »Metamathematik«. Mannheim 1962.

dert ihn auf, *a* zu beweisen. Nun gabelt sich der Weg. Entweder der Opponent legt keinen Beweis für *a* vor. Dann ist der Proponent zu keinem weiteren »Zug« verpflichtet. Oder der Opponent legt einen Beweis für *a* vor. Dann ist der Proponent verpflichtet, diejenige Aussage zu beweisen, die sich ergibt, wenn man eben dieses *a* für *A* einsetzt; kurz, er ist verpflichtet, *a* zu beweisen. Das leistet er, indem er den vom Opponenten vorgelegten Beweis übernimmt. Auf diese Weise wird er das Spiel im Falle jeder Einsetzung für *A*, die der Opponent vornehmen kann, gewinnen, und er weiß im voraus, daß er immer gewinnen wird, denn er kennt eine zum Sieg führende Strategie. Diese Strategie (das Übernehmen des gegnerischen Beweises) ist der »Sinn« des Gesetzes $A \rightarrow A$.

Nun wollen wir das Spiel für kontingente präsentische Aussagen wiederholen. Für *A* setzen wir ein *m* ein, was eine Abkürzung sei für »der Mond scheint«. Wie können wir eine Aussage über die Gegenwart beweisen? Der einfachste und grundlegende Beweis besteht im Hinsehen: »Ich zeige dir den Mond, schau ihn selber an!« Das Spiel scheint nun demselben Schema zu folgen wie zuvor. Der Proponent erbietet sich, $A \rightarrow A$ zu verteidigen. Der Opponent setzt *m* für *A* ein. Zum Beweis aufgefordert, sagt er: »Hier sieh den Mond, gerade über dem Horizont!« Der Proponent erkennt den Beweis an. Nunmehr selbst zum Beweis aufgefordert, sagt er: »Hier sieh den Mond, gerade über dem Horizont!« Der Opponent muß den Beweis und damit seine Niederlage anerkennen.

Aber der Proponent muß in diesem Beispiel darauf achten, daß er schnell genug reagiert. Sonst könnte der Opponent, der ihm gerade noch den Mond gezeigt hatte, die Anerkennung des zweiten Beweises verweigern: der Mond ist inzwischen untergegangen. Wenn dergleichen geschehen kann, ist es nicht selbstverständlich, daß sich alle Gesetze der klassischen Logik für kontingente präsentische Aussagen werden bestätigen lassen. Mittelstädt[1] hat in der Tat gezeigt, daß in der Quantenlogik aus eben solchen Gründen das Gesetz $A \rightarrow (B \rightarrow A)$ nicht gilt. In der klassischen Logik verteidigt man das Gesetz wie folgt: Der Opponent möge eine Aussage p für A einsetzen. Er möge *p* beweisen. Nun muß der Proponent $B \rightarrow p$ verteidigen. Der Opponent möge irgendeine

[1] *Mittelstädt*, P.: »Philosophische Probleme der modernen Physik«. Zweite Aufl., Mannheim 1966.

Aussage q für B einsetzen. Er möge q beweisen. Jetzt muß der Proponent p beweisen. Er übernimmt den vom Opponenten gegebenen Beweis für p und gewinnt. In der Quantentheorie möge nun p bedeuten »dieses Elektron hat den Impuls p« und q »dasselbe Elektron ist am Ort q«. Messungen der betreffenden Größen werden als Beweise zugelassen. Der Opponent mißt zuerst den Impuls des Elektrons und findet p, dann mißt er seinen Ort und findet q. Jetzt wiederholt der Proponent die Impulsmessung, aber leider findet er den Wert p nicht wieder.

Diese Argumentationsweise fordert ernste Einwände heraus. Man wird sagen, die ganze Ausdrucksweise von Aussagen, die sich auf die Gegenwart beziehen, sei ungenau, weil die Gegenwart nicht immer derselbe Zeitpunkt ist; so identifiziere diese Ausdrucksweise Aussagen, die in Wahrheit verschieden sind. Bezeichnen wir in dem Mittelstädtschen Beispiel die Zeitpunkte der drei sukzessiven Messungen durch die Indizes 1, 2 und 3, so lautet nun die Aussage über die erste Impulsmessung p_1: »zur Zeit 1 hat der Impuls den Wert p«, während die (meist mißglückende) Aussage über die zweite Impulsmessung lautet p_3: »zur Zeit 3 hat der Impuls den Wert p«. p_1 und p_3 sind nun Aussagen über »objektive Zeitpunkte«, die man als zeitlos wahr oder falsch auffassen kann. Es besteht keine Nötigung, warum p_3 wahr sein soll wenn p_1 wahr ist.

Es ist entscheidend für die Logik zeitlicher Aussagen, daß ihr Vertreter diesem Einwand gegenüber fest bleibt. Der Gegeneinwand lautet, daß wir uns auf einige Aussagen über die Gegenwart stützen müssen, wenn wir überhaupt irgendwelche Aussagen wollen beweisen können, seien diese letzteren nun zeitlos oder kontingent, über objektive Zeitpunkte oder in der Form der Zeitmodi ausgesprochen. Eine Aussage über einen objektiven Zeitpunkt t_0 kann man durch Hinsehen nur genau einmal im Lauf der Geschichte beweisen, nämlich zur Zeit t_0. Kein Beweis durch Hinsehen ist für eine solche Aussage zu irgendeiner anderen Zeit möglich. Wie kann man dann logische Gesetze über solche Aussagen rechtfertigen? Wir mögen p_1 zur Zeit t_1 durch Hinsehen beweisen. Wollen wir p_1 noch einmal beweisen (im Unterschied zu einer erneuten Prüfung von p, z. B. zur Zeit 3, d. h. zu p_3), so müssen wir uns auf Dokumente oder Spuren der Vergangenheit verlassen. Falls solche Spuren existieren, so werden wir sie zur

Zeit ihrer Beobachtung durch Hinsehen erkennen müssen, oder indem wir eine Spur einer Spur beobachten. Das heißt: Aussagen über objektive Zeitpunkte kann man nur sinnvoll machen, wenn man Aussagen über die Gegenwart sinnvoll machen kann. Die Möglichkeit, kontingente Aussagen bezüglich objektiver Zeitpunkte zu formulieren, so wie die traditionelle Logik sie gerne akzeptiert, beruht auf der Möglichkeit ihrer Formulierung bezüglich der jeweiligen Gegenwart, welche die traditionelle Logik so gerne los würde. All dies läuft auf die Selbstverständlichkeit hinaus, daß, wann immer »ich rede« wahr ist, »ich rede jetzt« ebenso wahr ist; ich kann kein Phänomen anders als »jetzt« wirklich wahrnehmen, keine Äußerung anders als »jetzt« wirklich tun. Ich wäre bereit, zuzugeben, daß wir hier dem tiefen Rätsel der Zeit gegenüberstehen, aber ich würde hinzufügen, daß wir uns diesem Rätsel stellen müssen, wenn wir auch nur verstehen wollen, was Logik heißt, ganz zu schweigen von der Physik.

Wie steht es nun mit Aussagen über die Zukunft (»morgen wird der Mond scheinen«)? Aussagen über die Vergangenheit können sich auf Spuren (Dokumente, Überreste) stützen. Es gibt aber keine Spuren der Zukunft. Von diesem Unterschied zwischen Vergangenheit und Zukunft habe ich im Kapitel 2 bei der Diskussion des zweiten Hauptsatzes der Thermodynamik Gebrauch gemacht. Ich glaube, wir müssen diesen Unterschied als eine Grundstruktur der Zeit anerkennen. Immerhin kann man einen Konsistenzbeweis geben. Man kann den zweiten Hauptsatz aussprechen, indem man sagt, daß auf unwahrscheinliche Zustände wahrscheinlichere folgen, während ihnen noch unwahrscheinlichere vorangehen. Eine Spur (ein Dokument) ist ein unwahrscheinlicher Zustand. Sie impliziert noch unwahrscheinlichere Zustände, d. h. viel Information, für die Vergangenheit; aber sie impliziert wahrscheinlichere Zustände, also sehr wenig Information, für die Zukunft. Auf diesem Blatt Papier stehen Buchstaben; das Blatt ist ein Dokument des unwahrscheinlichen Ereignisses eines speziellen menschlichen Gedankens in der Vergangenheit. Seine Zukunft aber ist ganz ungewiß: es mag in einer Bibliothek vergessen werden, durch Feuer verbrannt werden oder im Winde verwehen. Der zweite Hauptsatz setzt also zugleich voraus und erklärt, daß es Spuren von der Vergangenheit gibt, aber nicht von der Zukunft.

Ich bin bereit, eine Aussage wahr zu nennen, wenn man sie im

Prinzip beweisen kann, sei es durch direktes Hinsehen (Gegenwart), durch Hinsehen auf eine Spur (Vergangenheit) oder durch mathematische oder ähnliche Argumente (zeitlos). Aber ich möchte vorschlagen, die Werte »wahr« und »falsch« nicht für Aussagen über die Zukunft zu verwenden. Ich vermute, daß Aristoteles dies im Sinn hatte, als er das 9. Kapitel von De Interpretatione schrieb. Eine Aussage über die Zukunft läßt sich durch Hinsehen erst beweisen oder widerlegen, wenn sie keine Aussage über die Zukunft mehr ist. Man kann jedoch Aussagen über die Zukunft sinnvoll bewerten als »notwendig«, »möglich«, »unmöglich«, »wahrscheinlich mit der Wahrscheinlichkeit *p*« usw.; man kann auf sie das anwenden, was die Logiker Modalitäten nennen. »Es ist notwendig, daß der Mond morgen scheinen wird« heißt, daß meine kontingente Kenntnis der Gegenwart oder der Vergangenheit zusammen mit meiner Kenntnis der Naturgesetze impliziert, daß der Mond morgen scheinen wird. Bezeichnet *A* mein Wissen und *M* die Vorhersage über den Mond, so kann ich behaupten, »notwendigerweise wenn *A*, dann *M*«. Durch eine zulässige Abtrennungsregel gewinnt man daraus »notwendigerweise *M*«. Aber diese »Notwendigkeit« impliziert nicht die Wirklichkeit; sie ist eine schwächere Behauptung als die Behauptung der Wahrheit. Schließlich könnte ja z. B. ein unbekannter Himmelskörper in der Zwischenzeit den Mond aus seiner Bahn lenken.

Auf einer derartigen Logik zeitlicher Aussagen kann man eine Theorie der Wahrscheinlichkeit aufbauen, die den primären Gebrauch des Wahrscheinlichkeitsbegriffs auf eine quantitative Verfeinerung der für die Zukunft geltenden Modalaussagen beschränkt. Natürlich begegnet diese Theorie den wohlbekannten Schwierigkeiten jeder Theorie empirischer (beobachtbarer) Wahrscheinlichkeiten. Eine subjektivistische Theorie der Wahrscheinlichkeit beschreibt, was Menschen erwarten können, soferne sie konsistent denken. Aber das kann einem Physiker nicht genügen. Er will nicht nur wissen, ob die Annahme einer bestimmten Wahrscheinlichkeit für ein Ereignis logisch konsistent ist, sondern ob sie korrekt ist. Die Frage ist, was man meint, wenn man die Zuschreibung eines Wahrscheinlichkeitswerts zu einem Ereignis korrekt nennt. Sie müßte wenigstens im Prinzip eine empirische Prüfung zulassen. Faktisch mißt man Wahrscheinlichkeiten als relative Häufigkeiten in langen Beobachtungsreihen unter konstanten

Bedingungen. Hier ist die hauptsächliche begriffliche Schwierigkeit, daß die relative Häufigkeit selbst, in jeder endlichen Versuchsreihe, durch die Zuschreibung einer Wahrscheinlichkeit zu dem Ereignis gar nicht in Strenge vorhergesagt ist. Folglich fordert die Theorie gar nicht, ihr Meßwert solle mit der zugeschriebenen Wahrscheinlichkeit identisch sein; er ist also kein echter empirischer Ausdruck der theoretischen Wahrscheinlichkeit. Diese Schwierigkeit ist aber für die Theorie nicht fatal. Bekanntlich kann man keine theoretisch vorhergesagte Größe direkt mit dem Ergebnis einer einzigen Messung dieser Größe vergleichen. Man muß die statistische Verteilung der Meßwerte berücksichtigen. In diesem Sinn kann jede vorhergesagte Größe empirisch nur in einem Wahrscheinlichkeitsspielraum, aber nicht mit Sicherheit verifiziert werden, wobei die Wahrscheinlichkeit der Bestätigung sich dem Wert Eins nähern kann, wenn die Anzahl der geprüften Fälle unbegrenzt zunimmt. Wir müssen nun bloß zugeben, daß eben dies auch der Fall ist für die besondere Größe, die wir Wahrscheinlichkeit nennen. In diesem Sinn kann man eine Wahrscheinlichkeit definieren als eine Vorhersage einer relativen Häufigkeit – eine Definition, die dann zu der verschärften Aussage führt, daß die Wahrscheinlichkeit der Erwartungswert einer relativen Häufigkeit ist. Dieser Erwartungswert seinerseits ist definiert unter Verwendung von Wahrscheinlichkeiten in statistischen Gesamtheiten *von* statistischen Gesamtheiten. Diese Definition ist nicht zirkelhaft, sie hat aber ein »offenes Ende«, das man schließt, wenn man annimmt, daß irgendeine Wahrscheinlichkeit, die hinreichend nahe bei Eins liegt, zuletzt mit Gewißheit gleichgesetzt werden darf. Ich wäre bereit, in einer langen Diskussion die Ansicht zu verteidigen, daß diese Beschreibung des Wahrscheinlichkeitsbegriffs genau so weit geht wie man in einer Theorie der Erfahrung gehen kann.

4. Eine finitistische Axiomatik der Quantentheorie

In diesem Abschnitt benütze ich die Ergebnisse einer Dissertation von M. Drieschner[1], die bald veröffentlicht werden soll.

[1] *Drieschner,* M.: »Quantum Mechanics as a General Theory of Objective Prediction«. Diss. Hamburg 1970.

Unter dem Titel »Bedingungen jeder Erfahrung« habe ich bisher gesammelt: die Zeitstruktur, wie sie durch die Logik zeitlicher Aussagen beschrieben wird, und den Begriff der objektiven Wahrscheinlichkeit, der auf Aussagen über die Zukunft anzuwenden ist. Es wäre das letzte Ziel eines physikalisch-philosophischen Ehrgeizes, in derselben Art weitere Bedingungen jeder möglichen Erfahrung aufzufinden, bis ihre Liste ausreichen würde, um die Gesamtheit aller Grundannahmen einer einheitlichen Physik zu formulieren, wie sie am Ende des Abschnitts 2 gefordert wurden. Dies würde zwei Ergebnisse voraussetzen, deren keines ich vorlegen kann. Das eine wäre, nicht wie in Abschnitt 3 eine Skizze, sondern eine durchdringende philosophische Analyse von Begriffen wie Zeit, Logik, Zahl, Wahrscheinlichkeit. Das andere wäre eine Ausdehnung der Analyse auf einige Grundbegriffe der Physik wie Objekt, Zustand, Änderung, Beobachtung. Solch eine Analyse könnte zu einer Theorie derjenigen Wahrscheinlichkeiten führen, mit denen wir die Änderungen der beobachtbaren Zustände eines beliebigen Objekts vorhersagen können. Diejenige heute existierende Theorie, die einer solchen Beschreibung am nächsten entspricht, ist die Quantentheorie. So erscheint es nicht von vorneherein hoffnungslos, die Quantentheorie aus den Bedingungen der Erfahrung zu deduzieren.

Solange diese Analyse nicht geleistet ist, kann man ein leichteres, heuristisches Verfahren wählen, das die sogenannte axiomatische Methode als eines seiner Hauptwerkzeuge wählt. Man kann versuchen, ein Axiomensystem zu finden, das einerseits ausreicht, um die bekannte Quantentheorie zu deduzieren, und das andererseits eine einfache Deutung im Sinne von sogenannten Vorbedingungen der Erfahrung erlaubt, welche ohne den Anspruch strenger Notwendigkeit für jede mögliche Erfahrung zu erheben, doch einen gewissen Grad der Plausibilität zeigen. Dies geschieht in der Arbeit von Drieschner.

Ich möchte dem methodischen Sinn von Axiomatik noch zwei vorbereitende Abschnitte widmen.[1] Es ist eine griechische Entdekkung, daß Mathematik in deduktiven Systemen aufgebaut werden kann, d. h. in Systemen von Aussagen, die man in zwei Klassen teilen kann: die Axiome, die ohne Beweis vorgetragen werden,

[1] Vgl. I, 5.

und die Theoreme, die man aus den Axiomen logisch herleiten kann. Die Tradition (mit der bemerkenswerten Ausnahme von Platon) betrachtete die Axiome als evident und folglich als keines Beweises bedürftig. Diese primitive Einstellung wurde psychologisch erschüttert durch die Entdeckung des 19. Jahrhunderts, daß eine nichteuklidische Geometrie logisch möglich ist. Ich sage »psychologisch« erschüttert, denn die widerlegte Hoffnung auf eine *logische* Ableitung des Parallelenpostulats aus den anderen Axiomen hatte selbst ihren Ursprung in einem wohlgegründeten Verdacht, daß es nicht ausreiche, dieses besondere Axiom schlicht als evident zu behaupten. Was erschüttert wurde, war der simplistische Begriff von »evidenten Sätzen«. Unter dem Einfluß von Hilberts »Grundlagen der Geometrie« trat an dessen Stelle eine andere, verfeinertere, aber meines Erachtens noch immer simplistische Denkweise, die das 20. Jahrhundert beherrscht hat. Das ist die Ansicht, es gehe den Mathematiker nichts an, ob ein bestimmtes Axiomensystem wahr sei oder nicht, ja nicht einmal, welchen Sinn es habe, ein solches System wahr oder falsch zu nennen. Sicherlich kann man niemandem verbieten, seine Begriffe so zu definieren, daß der Begriff »Mathematik« eingeschränkt wird auf die Analyse des logischen Zusammenhangs zwischen formal vorgelegten »Sätzen«. Aber unter dem Angriff Brouwers mußte Hilbert zugeben, daß es einen Bereich gibt, den man jetzt »Metamathematik« nennt, in dem wir die Vorbedingungen der »Mathematik« studieren; diese Vorbedingungen sind nicht »Axiome«, sondern z. B. »Handlungsweisen«, die wir »intuitiv« verstehen. Es scheint, daß dieser Bereich mehr als die Logik umfaßt, z. B. die Struktur, die durch die »Urintuition« der endlichen Zahl definiert ist. Es ist verführerisch zu sagen: »die wahre Mathematik ist die Metamathematik«; dies wäre der intuitionistische Standpunkt. Jedenfalls sieht es so aus, als habe es die Mathematik mit Problemen zu tun, die zu den hier erörterten Problemen der Physik analog (und, wie ich persönlich meine, im wesentlichen mit ihnen identisch) sind.

In der Physik begegnen wir gewissen Theorien, wie etwa der Quantentheorie, in der Gestalt mathematischer Formalismen. Ein derartiger Formalismus gestattet eine axiomatische Analyse. Aber, wie am Ende des Abschnitts 1 bemerkt, ein bloßer Formalismus ist noch kein Teil der Physik; er bedarf einer physikalischen

Semantik, um Physik zu sein. Ist der Formalismus in axiomatischer Gestalt vorgelegt, so wird es genügen, eine Semantik für die Axiome anzugeben. Bezieht sich diese Semantik auf spezielle Erfahrung, so nennen wir sie empirisch. Unser gegenwärtiger Versuch ist, sie nicht auf spezielle Erfahrung zu beziehen, sondern auf Züge, die aller Erfahrung, vielleicht sogar »jeder möglichen Erfahrung« gemeinsam sind. Aber de facto beweist unser Versuch nicht die Notwendigkeit unserer Axiome, sondern sucht ihnen nur eine gewisse Plausibilität zu geben. In einer Hinsicht (Finitismus, siehe Postulat D) wagen wir es, unseren erkenntnistheoretischen Argumenten mehr als der heutigen Gestalt der Quantentheorie zu trauen.

Drieschners Arbeit beginnt mit einer umgangssprachlichen Diskussion der Bedingungen der Erfahrung, formuliert dann ein Axiomensystem in der Sprache der mathematischen Logik und deduziert schließlich die gewöhnliche Quantenmechanik (mit einer Abweichung) aus den Axiomen. Ich kondensiere die Ergebnisse des ersten Teils in einer Anzahl von »Postulaten«, gebe dann Drieschners »Axiome« umgangssprachlich wieder und erläutere ihren Sinn und ihre Konsequenzen. Ich ordne jedem Postulat bzw. Axiom ein Zeichen (Buchstabe bzw. Zahl) zu und gebe ihm zusätzlich einen Namen, der seinen wichtigsten Aspekt locker andeuten soll. Den logischen Zusammenhang zwischen den Postulaten und Axiomen studiere ich hier nicht.

A. Postulat der Alternativen: *Die Physik formuliert Wahrscheinlichkeitsvorhersagen für das Ergebnis zukünftiger Entscheidungen von empirisch entscheidbaren Alternativen.* Soweit dieses Postulat behauptet, daß die Physik Wahrscheinlichkeitsvorhersagen formuliert, stellt es das Ergebnis unserer Überlegungen über die Logik zeitlicher Aussagen fest. Hier wird nicht postuliert, daß diese Wahrscheinlichkeiten essentiell nicht auf Gewißheiten reduziert werden können; dies wird erst im Axiom 5 explizit festgestellt werden. Das Postulat fügt hinzu, daß sich die Wahrscheinlichkeiten auf Entscheidungen empirisch entscheidbarer Alternativen beziehen. Eine »Alternative« im hier benützten Sinn kann man definieren als eine vollständige Liste einander ausschließender zeitlicher Aussagen. Ich nenne diese Aussagen auch die »Antworten« der als Frage aufgefaßten Alternative. Sie sind zeitliche Aussagen im Sinne des Kapitels 3. Das heißt, daß sie in ihrer einfachsten Form etwas über die Gegenwart aussagen (»es regnet in Hamburg«). Man kann sie so formulieren, daß sie für eine vergangene, zukünftige oder »objektiv definierte« Zeit gelten (»es hat gestern in Hamburg geregnet«, »es wird morgen in Hamburg regnen«, »es regnet (»hat geregnet«, »wird regnen«) in Hamburg am 1. Juli 1968«). In unserer ganzen Untersuchung werden wir voraussetzen, daß die Zeit mit Uhren gemessen werden kann, die ihr »grundsätzlich« einen Wert zu jedem Augenblick zuschreiben, den man durch eine reelle Variable t repräsentieren kann; der notwendige Zweifel an dieser Vereinfachung überschreitet die Grenzen der gegenwärtigen Studie.[1] Unsere zeitlichen Aussagen und folglich unsere Alternativen sind »zeitüberbrückend« gemeint in der Bedeutung, daß man sinnvoll sagen kann, man entscheide dieselbe Alternative (»es regnet in Hamburg«) zu verschiedenen Zeiten. Das Wort »dieselbe« meint offenbar nicht »identisch«, denn es sind zwei verschiedene Behauptungen, daß es in Hamburg am ersten oder am zweiten Juli 1968 regne. »Dieselbe« Alternative bedeutet »unter denselben Begriff fallend« (»Regen in Hamburg«). Diese Definition von »dieselbe« wird nur ausreichen, wenn wir den Begriff immer so eng wie möglich nehmen (nicht »es regnet«, sondern »es regnet in Hamburg«; nicht »ein Objekt am Ort x«, sondern »dieses Objekt am Ort x«); der Gebrauch von Demonstrativpronomina, um einen Begriff hinreichend eng zu definieren, mag dabei unvermeidlich sein. Wir behandeln Alternativen als entscheidbar, ohne zu untersuchen, wie die Entscheidung zuwegegebracht wird. Sie ist nur als »empirisch« gekennzeichnet, d. h. als abhängig von besonderen (»kontingenten«) Phänomenen, die zu einer gegebenen Zeit stattfinden oder auch nicht stattfinden können. Was stattfinden kann, gilt als durch die jeweils betrachtete physikalische Theorie formuliert. Die Physik selbst stellt die Listen der »formal möglichen zeitlichen Aussagen« bereit, die formulieren, was überhaupt zu irgendeiner Zeit stattfinden kann. Sie heißen »formal möglich« im Unterschied zu »aktual möglich« oder kurz »möglich«, welch letzterer Begriff sich auf die Zukunft zu einer bestimmten Zeit bezieht; so ist es formal möglich, daß es in Hamburg zu irgendeiner Zeit regnet, also auch

[1] Vgl. IV, 6.4.

heute nachmittag, während ich in Kenntnis des Wetterberichts folgere, daß Regen heute nachmittag in Hamburg aktual unmöglich ist. Die Antworten einer gegebenen Alternative müssen sich gegenseitig ausschließen, d. h. wenn eine von ihnen aktual wahr ist, müssen alle anderen aktual falsch sein. Wir dürfen eine zeitliche Aussage aktual wahr oder falsch nur nennen für eine Zeit, zu der eine Alternative, für welche diese Aussage eine Antwort ist, aktual entschieden ist. Es wird eine der Hauptpointen der Quantentheorie sein, daß wir die Wahrheit oder Falschheit von Antworten hinreichend verfeinerter Alternativen in Situationen, in denen diese Alternativen nicht aktual entschieden sind, nicht annehmen dürfen. Augenblicklich dient diese Bemerkung nur als Warnung dagegen, daß wir in die Worte »wahr« und »falsch« eine Bedeutung hineinlesen, die nicht impliziert ist; ausgeschlossen wird diese Bedeutung erst durch das Axiom 5. Schließlich definiere ich, daß die Antworten einer Alternative eine vollständige Liste bilden wenn und nur wenn folgendes gilt: Wenn alle Antworten einer Alternative bis auf eine aktual falsch sind, so ist diese eine aktual wahr. Unser Postulat meint, daß solche vollständigen Listen existieren, und wir werden den Terminus »Alternative« auf solche Listen einschränken. Eine Alternative ist damit terminologisch (entgegen der Herkunft des Worts von »alter«) nicht auf zwei mögliche Antworten beschränkt. Ist die Aufgabe ihrer Antworten eine positive ganze Zahl n, so nennen wir sie n-fach; eine 2-fache Alternative soll auch als »einfache Alternative« bezeichnet werden. Für »empirisch entscheidbare Alternative« sage ich kurz »Alternative«. Unsere Alternativen entsprechen offenbar dem, was man gewöhnlich Observablen nennt, und ihre Antworten den möglichen Werten der Observablen.[1]

B. Postulat der Objekte: *Die Antworten einer Alternative schreiben einem Objekt kontingente Eigenschaften zu.* Logisch bedeutet dies, daß die Antworten einer Alternative als »kategorische Urteile« formuliert werden könnnen, welche einem Subjekt, hier Objekt genannt, ein Prädikat zuschreiben. Das Postulat soll zugleich ausdrücken, daß *eine* Alternative sich auf *ein* Objekt be-

[1] Ein großer Teil der Analyse dieser Begriffe stammt von *Scheibe,* E.: »Die kontingenten Aussagen in der Physik«. Frankfurt 1964.

zieht, daß hingegen verschiedene Alternativen sich auf dasselbe Objekt beziehen können, aber nicht müssen. In einer hinreichend entwickelten Theorie wird das Postulat B aus dem Postulat A gefolgert werden können, d. h. daß der Begriff des Objekts auf den Begriff (zeitüberbrückender) Alternativen reduzierbar sein wird.

C. Postulat der letzten Aussagen: *Für jedes Objekt gibt es letzte Aussagen und letzte Alternativen, deren Antworten letzte Aussagen sind.* Hier soll eine letzte (kontingente) Aussage über ein Objekt definiert sein als eine Aussage, die nicht von irgendeiner anderen Aussage über dasselbe Objekt impliziert wird (mit der trivialen Ausnahme der »identisch falschen Aussage«, die ex definitione jede Aussage impliziert – ex falso quodlibet). Die besonderen Eigenschaften, die letzten Aussagen entsprechen, sollen die »Zustände« des Objekts genannt werden. Für ein klassisches Objekt repräsentiert ein Punkt im Phasenraum einen Zustand, und die Menge aller Punkte im Phasenraum repräsentiert seine (einzige) letzte Alternative. Für ein quantenmechanisches Objekt repräsentiert ein eindimensionaler Unterraum des Hilbertraums einen Zustand, und jedes vollständige orthonormale System repräsentiert eine letzte Alternative. Ich übergehe hier die sehr interessante Überlegung, durch welche Drieschner zu zeigen sucht, daß dieses Postulat zu den definierenden Eigenschaften jeder physikalischen Theorie gehört.

D. Postulat des Finitismus: *Die Anzahl der Antworten einer beliebigen Alternative für ein gegebenes Objekt überschreitet nicht eine feste positive ganze Zahl* n, *die für das Objekt charakteristisch ist.* Dies ist das Postulat, in dem sich Drieschners Ansatz von der üblichen Quantentheorie unterscheidet. Natürlich kann man erwarten, durch hinreichend große Wahl von n werde man Widersprüche gegen die Vorhersagen der üblichen Quantentheorie vermeiden können. Man kann auch erwarten, das Postulat werde zu einer großen Vereinfachung der Beweise in dem nachfolgenden axiomatischen Aufbau der Theorie führen. Aber vielleicht kann man nur eins von beiden erwarten; die beiden Erwartungen könnten einander ausschließen. Falls der Finitismus zu einer wirklichen Vereinfachung der Theorie führt, so wird er vermutlich einige Züge möglicher Objekte der Theorie ausschließen, die man in einer infinitistischen Theorie zulassen müßte und die der Ausdruck »wahrer« Unendlichkeiten wären. Es ist Drieschners und meine Ansicht, daß man in einem solchen Fall widersprechender Konsequenzen beider Theorien versuchsweise die finitistische Auffassung als die richtige ansetzen sollte. Die Probe aufs Exempel wird wohl in den Wechselwirkungsproblemen der Quantenfeldtheorie gemacht werden; vgl. dazu Kapitel 5. Für den Augenblick beschränke ich mein Argument für die Richtigkeit des Postulats auf die Feststellung, daß keine Alternative mit mehr als einer endlichen Anzahl von Antworten wirklich durch ein Experiment entschieden werden kann, und auf die naive Bemerkung, daß ein Physiker überrascht sein sollte, wenn er Phänomene in der Natur vorfände, in deren Beschreibung das Wort »unendlich« nicht durch das Wort »sehr groß« ersetzt werden dürfte. Für eine schärfere Argumentation verweise ich auf die Arbeit von Drieschner und z. T. auf Kapitel 5.

E. Postulat der Zusammensetzung von Objekten: *Zwei Objekte definieren ein Gesamtobjekt, dessen Teile sie sind. Das direkte Produkt irgend zweier letzter Alternativen der beiden Teile ist eine letzte Alternative des Gesamtobjekts.* Sind a_k ($k = 1 \ldots m$) und b_l ($l = 1 \ldots n$) die Antworten der beiden Alternativen, so sind $a_k \vee b_l$ ($\vee$ bedeutet »und«) die Antworten ihres direkten Produkts. Dieses Postulat erscheint, logisch betrachtet, recht natürlich; es hat in der Quantentheorie weitreichende Folgen.

F. Postulat der Wahrscheinlichkeitsfunktion: *Zwischen irgend zwei Zuständen* a *und* b *desselben Objekts ist eine Wahrscheinlichkeitsfunktion* p (a, b) *definiert, welche die Wahrscheinlichkeit angibt,* b *zu finden, wenn* a *notwendig ist.* Sprache und Inhalt dieses Postulats beruhen auf der grundlegenden Annahme, daß alles, was überhaupt über ein Objekt in empirisch prüfbarer Weise gesagt werden kann, zur Vorhersage gewisser Wahrscheinlichkeiten äquivalent sein muß. Dies nahmen wir an, weil eine empirische Prüfung einer Aussage nichts anderes ist als die Entscheidung einer Alternative zu einer Zeit, die zur Zeit der Aufstellung der Aussage in der Zukunft liegt, so daß nichts anderes als Wahrscheinlichkeiten für sie vorhergesagt werden kann. Diese Auffassung führt zunächst zu der Ausdrucksweise »wenn *a* notwendig ist« für eine Bedingung, die man gewöhnlich so ausdrückt: »wenn das Objekt im Zustand *a* ist«. Denn die empirische Prüfung der Behauptung, das Objekt sei im Zustand *a*, ist gerade ein Experiment, für welches das Ergebnis »*a*« mit Sicherheit prophezeit werden kann, d. h. für welches p (a) = 1, was wir in Abschnitt 3 mit »*a* ist notwendig« identifiziert haben. Neben dieser grundlegenden Annahme drückt das Postulat die Erwartung aus, daß die Beziehung zwischen den Zuständen desselben Objekts eine innere Beschreibung zuläßt, d. h. eine Beschreibung, die auf keine anderen (»äußeren«) Objekte als das soeben betrachtete Bezug nimmt. Man kann das auch so ausdrücken: Die Zustände eines Objekts bleiben stets dieselben, unabhängig von seiner Umgebung.[1] Daß dies so sein muß, leuchtet vielleicht nicht unmittelbar ein; es scheint eine recht starke Aussage über den Objektbegriff. Ich nehme dies hier als Prinzip an.[2] Falls dies wahr ist, so wird das Postulat recht plausibel, denn welche andere empirisch greifbare innere Beschreibung außer der Wahrscheinlichkeitsfunktion könnte es geben?

G. Postulat der Objektivität: *Falls ein bestimmtes Objekt aktual existiert, so ist immer eine letzte Aussage über es notwendig.* Die Prämisse »falls ein bestimmtes Objekt aktual existiert« wird sich als weniger trivial erweisen als man zunächst meinen mag. »Ein bestimmtes Objekt« soll ein Objekt heißen, für das bekannt ist, wie man seine Alternativen, oder wenigstens einige von ihnen, entscheidet. Wenn das so charakterisierte Objekt überhaupt nicht existiert, so kann natürlich keiner seiner Zustände gefunden werden, und folglich kann keine letzte Aussage über es notwendig sein. Nehmen wir nun an, das Objekt existiere aktual. Dies ist eine Aussage über das Objekt. Wir nehmen an, jedes existierende Objekt lasse *k*-fache Alternativen zu mit $k > 1$. Folglich ist die Aussage, daß es existiert, keine letzte Aussage, denn sie wird von

[1] »Zustände« heißt hier natürlich »Schrödinger-Zustände«; wir sagen, daß das Objekt seinen Zustand mit der Zeit ändern kann, während die Definition der Zustände, durch welche es dabei wandert, unabhängig von der Zeit und – worauf es hier ankommt – von der Umgebung gegeben werden kann.

[2] Die in der Erläuterung zum Postulat B erwähnte Reduktion von Objekten auf Alternativen führt zu diesem Prinzip.

jeder Antwort einer seiner Alternativen impliziert. Wir nehmen ferner an, daß eine Theorie über das Objekt möglich ist, welche Voraussagen über sein Verhalten macht; sonst würde das Objekt nicht unter unseren Begriff von Erfahrung fallen. Die Voraussagen können nur darin bestehen, daß den kontingenten Aussagen über das Objekt Wahrscheinlichkeiten zugeschrieben werden. Jede mögliche kontingente theoretische Aussage über das Objekt wird folglich als eine Liste solcher Wahrscheinlichkeiten beschrieben werden können; wir nennen eine solche Liste eine statistische Charakterisierung (st. Ch.) des Objekts. Nun unterscheiden wir unvollständige und vollständige statistische Charakterisierungen. In einer unvollständigen st. Ch. fehlt einige mögliche Information; eine vollständige st. Ch. gibt so viel Information über das Objekt als gemäß seiner Theorie gegeben werden kann. So ist z. B. die Kenntnis, daß ein Zustand a notwendig ist, eine vollständige st. Ch., welche durch die Funktion $p(a,b)$ für alle b ausgedrückt sei. Per definitionem ist $p(a,a)=1$. Nun betrachten wir irgendeine vollständige st. Ch. Sie ist selbst eine kontingente Aussage über das Objekt; sie möge c genannt werden. Sie muß eine letzte Aussage sein. Andernfalls würde sie von wenigstens zwei letzten Aussagen impliziert (würde sie von genau einer impliziert, so würde sie umgekehrt auch diese implizieren und wäre also mit ihr äquivalent); dann könnte noch eine Alternative entschieden werden, die über c hinausginge, und c wäre nicht vollständig. Nun impliziert c sich selbst [$p(c,c)=1$], und folglich ist eine letzte Aussage notwendig. Zwei verschiedene letzte Aussagen können nicht zugleich notwendig sein, denn ihre statistischen Charakterisierungen würden einander implizieren; sie wären also entgegen der Voraussetzung äquivalent.

Dieses etwas delikate Argument Drieschners hängt an der Unterscheidung zwischen vollständigem und unvollständigem Wissen. Auch bei vollständigem Wissen können (und werden, gemäß Axiom 5) Wahrscheinlichkeiten vorkommen, die von 0 und 1 verschieden sind. Man kann sie *nicht*, so wie thermodynamische Wahrscheinlichkeiten, als Folge mangelnder Kenntnis beschreiben. Eben dies bedeutet, daß der Gedanke einer »objektiven Situation«, die entweder bekannt oder unbekannt sein kann, in dieser Theorie nicht aufgegeben wird. Deshalb habe ich den Namen »Postulat der Objektivität« gewählt.

Man muß sich aber klarmachen, welche Folgen die hier gewählte Sprechweise hat. Welche »Aussagen über das Objekt *X*« sind zulässig? (wobei X ein Eigenname des betrachteten Objekts sei)? Alle letzten Aussagen über X sind zugelassen. Drieschner zeigt auch, daß man nach seinen Axiomen und unter Verwendung geeigneter Definitionen von »nicht«, »und« und »oder« einen orthokomplementären Verband von Aussagen über das Objekt aufbauen kann. Er besteht aus allen letzten Aussagen und allen endlichen »logischen Summen« der Typen »*a* oder *b*«, »*a* oder *b* oder *c*« usw. Dieser Verband ist ein Modell der Neumannschen Quantenlogik. »Gemische« sind jedoch nicht als »Aussagen über das Objekt« zugelassen, sondern nur als »Aussagen über eine (reale) Gesamtheit von Objekten« – ein Punkt, für den ich wieder auf die Drieschnersche Arbeit verweisen muß.

Eine andere Aussage, die nicht als »Aussage über *X*« zugelassen werden kann, ist jede letzte Aussage über ein Gesamtobjekt, das aus X und einem anderen Objekt Y besteht, welche nicht (um es in der Sprache der fertigen Quantentheorie auszudrücken) das Vorliegen eines Produkts reiner Zustände von *X* und *Y* aussagt. Das muß so sein, denn in einem Zustand des Gesamtobjekts, der kein Produktzustand ist, ist keine der letzten Aussagen über X notwendig. Die Lösung dieses scheinbaren Paradoxons (welches im wesentlichen das Einstein-Podolsky-Rosen-Paradoxon[1] ist) ist, daß es in einem solchen Zustand einfach nicht erlaubt ist, zu sagen, das Objekt *X* existiere aktual.[2] Es hat hier nur »virtuelle Existenz«, d. h. das Gesamtobjekt kann in *X* und *Y* zerlegt werden, aber nur unter Änderung seines Zustands. Dies ist der relevante Sinn der Prämisse des Postulats G. Man kann dann nicht sagen, *X* »existiere überhaupt nicht«, aber es »existiere nicht aktual«. Ich gebe zu, daß ich von der Stringenz dieser Distinktionen nicht voll befriedigt bin, aber ich habe sie bisher nicht verbessern können.

Ich wende mich zu Drieschners Axiomen.

1. Axiom der Äquivalenz. *Sind* a *und* b *letzte Aussagen, so ist* p (a, b) = 1 *äquivalent mit* a = b. Dies ist eine zweiseitige Impli-

[1] *Einstein,* A., *Podolsky,* B., *Rosen,* N.: Physical Review 47 (1935), S. 777.

[2] Vgl. IV, 6.4.

kation. »$a = b$ impliziert $p(a, b) = 1$« bedeutet $p(a, a) = 1$, wie schon oben behauptet. Andererseits bedeutet $p(a, b) = 1$, daß b sicher gefunden wird (in einem Experiment, das geeignet ist, b zu finden) wenn a notwendig ist, und das meinen wir, wenn wir sagen, daß b von a impliziert wird. Aber wenn b eine letzte Aussage ist, so kann es nicht von einer *anderen* Aussage impliziert werden, also $a = b$. Wir sehen an diesem einfachen Beispiel, wie diese »Axiome« gewisse Konsequenzen der in den Postulaten formulierten Grundannahmen auszudrücken suchen.

2. Axiom der endlichen Alternativen. *Sind n einander ausschließende letzte Aussagen a_i ($i = 1 \dots n$) gegeben, dann gilt für jede letzte Aussage b:*

$$\sum_{i=1}^{n} p(b, a_i) = 1$$

Dies ist eine in Wahrscheinlichkeiten ausgedrückte Version dessen, was im Kommentar zum Postulat A gemeint war, wenn wir dort jeder Alternative eine *vollständige* Liste einander ausschließender Antworten zuschreiben, kombiniert mit Postulat D. Für zwei einander ausschließende letzte Aussagen a und b müssen wir offenbar $p(a, b) = p(b, a) = 0$ annehmen.

Wir führen nun »Aussagen über X« ein als *Mengen* von »letzten Aussagen über X« (um der Kürze willen lassen wir von jetzt an das »über X« weg). Eine Aussage A bedeutet dann »die notwendige letzte Aussage ist ein Element der Menge A«. Hier ist das Postulat G benützt, indem von »der notwendigen letzten Aussage« gesprochen wurde. $\bar{A}$ (d. h. »nicht A«) wird definiert als die Menge, die aus allen denjenigen letzten Aussagen besteht, welche sich mit allen Elementen von A gegenseitig ausschließen. $A \wedge B$ (»A und B«) ist die Menge aller Elemente, die sowohl in A wie in B enthalten sind. $A \vee B$ (»A oder B«) wird *definiert* als $\overline{\bar{A} \wedge \bar{B}}$.

3. Axiom der Entscheidung. *Zu jedem A gibt es eine Alternative $a_1 \dots a_n$ so, daß* $a_1 \dots a_l$ *Elemente von A sind, hingegen $a_{l+1} \dots a_n$ Elemente von $\bar{A}$.* Wir haben im Postulat A angenommen, daß alle kontingenten Aussagen entscheidbar sind. Wir nehmen jetzt an, daß es zu jeder Entscheidung zwischen einem A und $\bar{A}$ stets »angepaßte« letzte Alternativen gibt. Hier muß man zunächst

sehen, daß A und $\bar{A}$ eine einfache Alternative bilden. Dies ist nicht trivial, denn die meisten letzten Aussagen gehören weder zu A noch zu $\bar{A}$. Aber wenn A entscheidbar ist, so ist ein Experiment möglich, in welchem entweder A oder »nicht A«, was immer »nicht A« schließlich bedeuten mag, gefunden wird. Wird A gefunden, so wird für eine unmittelbar nachfolgende Wiederholung des Experiments A notwendig sein; wird »nicht A« gefunden, so wird A dann unmöglich sein. Dies meinen wir, wenn wir sagen, die Aussage »A ist entschieden« sei empirisch nachprüfbar. Nun bedeutet A, daß der notwendige Zustand zu der Menge A gehört. »Nicht A« muß dann bedeuten, daß er zu einer Menge von Zuständen gehört, die alle Zustände von A ausschließen. Die Entscheidbarkeit von A bedeutet auch, daß »nicht nicht A« mit A äquivalent ist. Also schließen auch die Zustände von A diejenigen von »nicht A« aus, und »nicht A« muß dann in der Tat aus allen denjenigen Zuständen bestehen, die sich mit denen von A paarweise ausschließen, d. h. nicht $A = \bar{A}$. Ich lasse das kompliziertere Argument beiseite, das zum Axiom 3 in seinem vollen Gehalt führt.

4a. Erstes Axiom der Vollständigkeit. *Zu jeder Menge von $k<n$ einander ausschließenden letzten Aussagen $a_1 \ldots a_k$ gibt es eine letzte Aussage a* mit $p(a, a_i) = 0$ $(i = 1 \ldots k)$. Dieses Axiom impliziert, wenn man es mit Axiom 2 kombiniert, daß jede letzte Alternative genau n Antworten hat. Man kann es auch ein Axiom der Symmetrie für letzte Alternativen nennen.

4b. Zweites Axiom der Vollständigkeit. *Zu jeder Menge von n-2 einander ausschließenden letzten Aussagen $a_3 \ldots a_n$ und jeder letzten Aussage b gibt es eine letzte Aussage a_2, die alle a_i $(i = 3 \ldots n)$ und b ausschließt, d. h. $p(a_2, a_i) = 0$* und $p(a_2, b) = 0$. Diese beiden Axiome erscheinen etwas speziell. Vielleicht sind sie keine sehr starken Behauptungen, denn sicher ist keine letzte Alternative mit mehr als n Antworten akzeptabel, und Alternativen mit weniger als n Antworten kann man immer formal vervollständigen, indem man einige letzte Aussagen hinzufügt, welche, gemäß der Annahme, die gegebene Alternative habe weniger als n Antworten, die Wahrscheinlichkeit Null für alle Messungen haben müssen. Das Axiom 5 wird jedoch in seiner allgemeinen Formulierung diese Fälle ausschließen, und es wird in diesem Sinne die eigentlich starke Behauptung sein.

5. Axiom des Indeterminismus. *Zu irgend zwei einander ausschließenden letzten Aussagen a_1 und a_2 gibt es eine letzte Aussage b, die keine von beiden ausschließt, d. h.* $p(b, a_1) \neq 0$ *und* $p(b, a_2) \neq 0$. Die schwächere Behauptung »es gibt ein Paar einander ausschließende a_1 und a_2, so daß ...« würde genügen, um den Indeterminismus einzuführen, d. h. um das triviale klassische Modell der übrigen Axiome auszuschließen, in dem alle letzten Aussagen einander ausschließen. Ich meine, daß der Indeterminismus ein genauer Ausdruck dessen ist, was ich in den Abschnitten 2 und 3 die Offenheit der Zukunft genannt habe. Ohne diese Annahme würde sich die Anwendung des Wahrscheinlichkeitsbegriffs auf die Zukunft auf einen Ausdruck des Nichtwissens reduzieren, und ich sehe nicht, wie man dann den zweiten Hauptsatz der Thermodynamik mit unseren Annahmen vereinbaren kann. Ein Leser, den dieses Argument nicht überzeugt, mag das Axiom pragmatisch annehmen, weil es zur Quantentheorie führt. Seine allgemeine Formulierung »zu irgend zwei a_1 und a_2 ...« führt die volle Symmetrie in den Zustandsraum ein. Bezüglich dieser Symmetrie vgl. Kapitel 5, Postulat M.

6. Axiom der Ausschliessung. *Für letzte Aussagen impliziert* $p(x, y) = 0$ *auch* $\underline{p}(y, x) = 0$. Dies hängt mit dem Gesetz der doppelten Negation $\bar{\bar{A}} = A$ zusammen.

Mit Hilfe dieser Axiome kann Drieschner zeigen:

a) Die Menge der Aussagen ist ein komplementärer nicht-Boolescher Verband.

b) Dieser Verband ist eine projektive Geometrie von $n-1$ Dimensionen.

c) Er ist isomorph dem Verband der Unterräume eines n-dimensionalen Vektorraums.

d) In diesem Raum definieren die Wahrscheinlichkeiten eine Metrik.

Es bleibt die Frage, über welchem algebraischen Zahlkörper dieser Vektorraum errichtet ist. Ich formuliere[1] die grundlegenden Annahmen als

[1] In den folgenden beiden Postulaten gehe ich einen anderen Weg als Drieschner. Das von ihm gewählte Postulat der Homogenität der

H. Postulat der Messbarkeit. *Jeder lineare Operator in dem Vektorraum, der die Metrik invariant läßt, ist eine Observable,* und

I. Postulat der Kontinuität. *Die möglichen Zustandsänderungen in der Zeit werden dargestellt durch eindeutige Abbildungen des Zustandsraums auf sich selbst, welche stetig und differenzierbar von der Zeit abhängen.* Die Wahrscheinlichkeitsmetrik zusammen mit dem Postulat *I* zeigt, daß der Zahlkörper die reellen Zahlen enthalten muß. Das läßt uns nur die Wahl zwischen den reellen Zahlen selbst, den komplexen Zahlen und der Quaternionen. Wollen wir Messungen in unserer Theorie beschreiben, so müssen wir aus dem Postulat *H* folgern, daß jeder zugelassene lineare Operator diagonalisiert werden kann. Also muß der Zahlkörper algebraisch abgeschlossen sein. Damit bleiben nur die komplexen Zahlen übrig. Drieschner formuliert das Ergebnis dieser Überlegungen in zwei Axiomen, die ich hier nicht wiedergebe.

Man kann sich fragen, wie gut die Postulate *H* und *I* in den Bedingungen der Möglichkeit der Erfahrung begründet sind. Ich kann hier nicht explizit für *I* argumentieren, in dem sowohl die Kontinuität wie die Voraussetzung für die Reversibilität enthalten ist. Dies würde nämlich verlangen, die Theorie der Zeit auf einer höheren Stufe als im 3. Kapitel wiederaufzunehmen; und diese Theorie habe ich noch nicht zuwegegebracht. Das Postulat *H* wiederholt Neumanns berühmte generelle Identifikation von Operatoren und Observablen. Im unendlich-dimensionalen Hilbertraum war das eine kühne Verallgemeinerung, der man begreiflicherweise mit Skepsis begegnete. In unseren endlich-dimensionalen Hilberträumen mag die Annahme plausibler wirken. Da sicher *einige* Operatoren Observable sein werden, drückt sie wieder eine hohe Symmetrie der Zustandsmannigfaltigkeit aus. Die Frage, warum wir Symmetrie annehmen, müssen wir noch einmal unter einer neuen Überschrift aufgreifen.

Zeit würde gestatten, mein Postulat I abzuschwächen. Doch lasse ich die noch nicht ausdiskutierte Beziehung zwischen beiden Wegen für den gegenwärtigen Text auf sich beruhen.

5. Die Einheit der Physik. Zweiter Teil

Die drei vorangehenden Kapitel enthielten eine Analyse der heute vorhandenen Physik. Jetzt lege ich eine Hypothese vor über den Weg, der über sie hinausführen wird. Wir suchen eine einheitliche Physik, welche die Begriffe und Gesetze der fünf im 2. Kapitel diskutierten Theorien aus ein paar allgemeinen Prinzipien herleiten würde. Die Hypothese besagt, daß das begriffliche Werkzeug für diese Aufgabe schon in unserer bisherigen Analyse bereitliegt.

Ich unterstelle, daß die Analyse hinreichend geklärt habe den Sinn der Quantentheorie (Nr. 2 in der Liste des 2. Kapitels), der Thermodynamik (4), und ihrer Beziehung zueinander, indem sie sie im wesentlichen auf Theorien über die Entscheidung von Alternativen in der Zeit reduziert hat. »Hinreichend« heißt nicht »vollständig«, denn das würde, wenn es überhaupt möglich ist, eine vollständige Philosophie der Zeit voraussetzen; es heißt hinreichend um nun auf demselben begrifflichen Niveau zu den drei verbleibenden Theorien überzugehen. Wir müssen nun noch den Raum, und zwar lokal (1) und im großen (5), und die elementaren Objekte (3) einführen. Ich erwarte, daß dies möglich ist durch konsistente Verwendung des einen Postulats, in dem sich unsere Darstellung von der üblichen Quantentheorie unterscheidet, nämlich des Postulats des Finitismus (Abschnitt 4, D).

(2 und 5) Ich beginne mit der Frage der Allheit der Objekte und des Raums im großen, also der Kosmologie, und zwar mit einem *vorläufigen* Postulat.

J. Postulat der genähert statischen Kosmologie. *Das Universum kann genähert als ein Objekt behandelt werden.* Das Universum als ein Objekt behandeln ist genau das, was die kosmologischen Modelle tun. Das Postulat wird in der gegenwärtigen Theorie einem ähnlichen Zweck dienen: es wird eine bequeme Ausdrucksweise gestatten. Aber die Identifikation des Universums mit einem allumfassenden Objekt kann nicht in Strenge richtig sein, und um Mißverständnisse zu vermeiden, will ich die Einwände gegen diese Annahme formulieren, ehe ich von der Annahme Gebrauch mache (vgl. dazu die entsprechende Bemerkung im 2. Kapitel).

Ein Objekt ist ein Objekt für Subjekte in der Welt. Dies wäre noch augenfälliger, wenn der Begriff des Objekts auf den der entscheidbaren Alternativen reduziert würde (s. die Erläuterung zum Postulat *B*). Es erscheint philosophisch absurd, die Welt auf etwas zu reduzieren, was nur in einer Welt möglich ist.[1]

Ein spezieller Einwand ist, daß unser Objektbegriff nur »zeitüberbrückende Alternativen« enthält. Folglich kann man keine kontingenten Fragen bezüglich eines gegebenen Objekts in der Zukunft stellen, die nicht ebenso in der Vergangenheit möglich gewesen wären; darüber hinaus behandelt das Postulat des Finitismus die Anzahl der zulässigen Alternativen als zeitlich konstant. Als Beispiel wollen wir kurz über den Sinn des Begriffs der Kontinuität in einer finitistischen Theorie nachdenken.[2] Es ist sicher, daß keine Alternative je entschieden worden ist oder je entschieden werden wird, die mehr als eine endliche Anzahl von Antworten hätte. Aber diese Anzahl ist nicht a priori festgelegt. Ein Kontinuum, sagen wir eine Linie, mag de facto in der Vergangenheit nicht in mehr als *n* Teile geteilt worden sein, so daß z. B. die *n*-fache Alternative beantwortet worden ist: »In welchem Teil der Linie befindet sich der materielle Punkt *P*?« (Es sei hervorgehoben, daß ich stets von einem *physischen* Kontinuum spreche, unterstellend, daß es physische Kontinua gibt.) Aber die Kontinuität hat zur Folge, daß es möglich ist, über jede festgelegte Anzahl n von Teilen hinauszugehen; wir können mit der Teilung der Linie fortfahren. Die Worte »es ist möglich ...«, »wir können fortfahren« gelten für die Zukunft. Die nächste Teilung wird wieder endlich sein, aber ihr *n'* kann größer sein als n. In diesem Sinn ist das Kontinuum kein Objekt, wenn wir Objekte wie im 4. Kapitel definieren; es ist eher eine unbestimmte Anzahl möglicher Objekte. Den Grundgedanken des Finitismus-Postulats kann man als die konverse Behauptung formulieren: ein gegebenes Objekt ist nicht kontinuierlich. Daß man gegebene Objekte als nicht kontinuierlich behandeln soll, ist m. E. die Grundwahrheit der Quantentheorie. Die Quantentheorie hat die Schwierigkeit überwunden, welche die Kontinuität in der klassischen Physik erzeugt hat

[1] Die Überlegungen am Schluß von III, 3 und in IV, 6.4 zeigen darüber hinaus, daß der quantentheoretische Objektbegriff auch *in* der Welt eine Übertreibung bedeutet.

[2] Vgl. IV, 4.

(Planck) und sie ist selbst in Schwierigkeiten geraten, wo sie versuchte, »echte« Kontinuität in ihren Rahmen einzubauen, nämlich in der Feldtheorie der Wechselwirkung. (Eine nichtrelativistische Theorie von Massenpunkten im kontinuierlichen Raum beschreibt noch keine »echte« Kontinuität, denn sie würde nicht wesentlich verändert, wenn man den Raum durch ein Punktgitter ersetzte.) Das Wort »gegeben« in dem Ausdruck »gegebene Objekte« bezeichnet, was schon gegeben ist, bezieht sich also auf die in der Gegenwart vorliegende Vergangenheit. Der Finitismus besagt, daß zu jeder Zeit nur eine endliche Anzahl von Antworten aktual gegeben worden ist. Er braucht nicht auszuschließen, daß die Anzahl der möglichen kontingenten Aussagen im potentiellen Sinne unendlich ist; zu jeder gegebenen Anzahl von Aussagen kann man eine weitere Aussage formulieren und empirisch prüfen. In diesem Sinne bedeutet die Kontinuität wesentlich die Offenheit der Zukunft. Aber dann kann in einem Kontinuum die Anzahl der »Objekte« nicht zeitlich konstant sein. Da wir die Kontinuität nicht a priori als einen Zug der wirklichen Welt ausschließen wollen, sollten wir nicht voraussetzen, daß die Welt im strengen Sinn ein Objekt sei.

(2, 3 und 5): Unter diesem Vorbehalt ziehen wir nun einige Folgerungen aus dem Postulat *J*, wobei wir für den Augenblick das Wort »genähert« vernachlässigen. Das Universum sei ein Objekt mit einem n_U-dimensionalen Hilbertraum. Unsere erste Frage ist, wie wir überhaupt einen Begriff wie Ortsraum oder Konfigurationsraum in die Theorie eines solchen Objekts einführen können. Ich behandle die Frage zunächst in einer formalen Weise.

Geschichtlich ist die Quantentheorie andersherum entstanden. Den Konfigurationsraum sah man als gegeben an, und die Vektoren im Hilbertraum waren eine abstrakte Art, von Funktionen im Konfigurationsraum zu sprechen. Wir fragen nun nacheinander, welche Bedingungen man dem Konfigurationsraum auferlegen muß, damit die Dimensionszahl des Hilbertraums seiner Funktionen a) abzählbar, b) endlich wird. Wenn ich mich nicht mathematisch irre, so bedeutet die Bedingung a), daß der Konfigurationsraum ein endliches Volumen hat. Gewöhnlich erlegt man ihm eine Periodizitätsbedingung auf. Es erscheint natürlich, einen geschlossenen Konfigurationsraum zu benützen; das wird meine Arbeitshypothese sein. Dann kann man die Bedingung b) durch eine Abschneidevorschrift erfüllen, z. B. indem man nur die ersten n_U Funktionen einer orthonormalen Basis benützt. Die Annahme a) ist eine kosmologische Annahme; die Annahme b) sieht nach Elementarteilchenphysik aus. Es ist meine Hypothese, daß dies nicht nur so aussieht. Ich glaube, daß die finitistische Quantentheorie a) eine Kosmologie, b) letzte Objekte impliziert, letztere, indem sie eine Art »kleinster Länge« und die Existenz von Elementarteilchen zur Folge hat, und daß sie c) eine notwendige Verbindung zwischen beiden Theorien impliziert.

(1 und 2): Was ist nun die physikalische Semantik des Raums? Der Konfigurationsraum ist einfach eine mathematische Beschreibung der Menge von Orten von Massenpunkten im Raum. Was bedeutet hier »Raum«? Ich glaube, daß dies der Grundbegriff der Theorie einer Mehrzahl von wechselwirkenden Objekten ist.[1] Kehren wir das Postulat E um, so können wir sagen, daß man ein Objekt ansehen kann als bestehend aus Objekten, die wir seine Teile nennen. Die innere Dynamik des gegebenen Objekts muß dann teils als die innere Dynamik seiner Teile, teils als deren Wechselwirkung beschrieben werden. Reden wir einfachheitshalber von zwei Objekten *A* und *B*, welche die zwei Teile eines Objekts *C* sein sollen. *A* habe einen m-dimensionalen Hilbertraum, *B* einen *n*-dimensionalen; dann wird der Hilbertraum von *C* die Dimensionszahl $m \cdot n$ haben (ich sehe hier ab von Problemen wie Bose- und Fermi-Statistik). Die begriffliche Zerlegung von *C* in *A* und *B* hat den praktischen Sinn, daß wir nicht immer $m \cdot n$-fache Alternativen entscheiden müssen, sondern daß es praktisch mögliche Messungen von *m*-fachen Alternativen an *C* geben kann, welche die Ausdrucksweise zulassen, sie seien »Alternativen an *A*«. Praktisch bedeutet dies, daß die Wechselwirkung zwischen *A* und *B* klein genug sein muß, solange eine Messung an *A* stattfindet. Wir können die Näherung isolierter oder »freier« Objekte benützen, während wir zugleich wissen, daß kein absolut isoliertes Objekt ein Objekt für uns (uns bekannt) sein kann. So entspricht der Begriff der Wechselwirkung der genäherten Ausdrucksweise, auf der die ganze Physik beruht: wir sprechen von getrennten Objekten oder getrennten Alternativen, während wir doch wissen, daß sie in einem strengen Sinn gar nicht existie-

[1] Vgl. II, 3.7.

ren und wir korrigieren diesen Fehler wieder in einer angenäherten Weise, indem wir sie als wechselwirkende Objekte beschreiben.

Ich behaupte nun, daß der kontinuierliche Parameter, von dem die Wechselwirkung abhängt, Ort genannt wird, und daß die Mannigfaltigkeit der möglichen Werte dieses Parameters der Sinn des Begriffs »Raum« ist. Ich bediene mich zur Illustration der Begriffe der Teilchensprache. Betrachten wir das zusammengesetzte Objekt *C* in Abwesenheit zusätzlicher, »äußerer« Objekte. Wollen wir sinnvoll von *A* und *B* als Teilen von *C* sprechen, so müssen wir ansetzen, daß es »getrennte« Zustände von *C* gibt, d. h. Zustände, in denen die Wechselwirkung zwischen *A* und *B* vernachlässigt werden kann. Um sinnvoll sagen zu können, *C* bestehe aus *A* und *B*, müssen wir ansetzen, daß es »vereinigte« Zustände von *C* gibt, in denen die Wechselwirkung zwischen *A* und *B* nicht vernachlässigt werden kann. Wir wollen annehmen, C gehe durch einen »Streuprozeß«, d. h. für $t \to -\infty$ und für $t \to +\infty$ seien die Zustände getrennt, aber in einem Zeitintervall von t_1 bis t_2 seien sie vereinigt. Wie bestimmt die Änderung des Zustands von C den Wert von t_1, d. h. den Zeitpunkt des Anfangs der nicht mehr vernachlässigbaren Wechselwirkung? Hier muß man offenbar (a) voraussetzen, daß sich die Zustände von *A* und *B* sogar ohne Wechselwirkung zeitlich ändern. Dies nenne ich das schwache Trägheitsgesetz; es scheint eine Vorbedingung für den Begriff getrennter Objekte zu sein. Ferner muß man (b) voraussetzen, daß t_1 bestimmt ist durch Werte der sich zeitlich ändernden Parameter, die auch in getrennten Zuständen definiert sind, d. h. von Parametern, die für »freie Bewegung« definiert sind. Es gebe einen solchen Parameter x für *A* und y für *B*, dann muß der Wert der Wechselwirkungsenergie von irgendeiner Beziehung zwischen x und y abhängen. Ich behaupte, daß der Ort sich als dieser Parameter erweisen wird. Das heißt: es gibt nicht zuerst einen Parameter namens Ort, und dann zweitens eine Wechselwirkung, die zufällig gerade von diesem Parameter abhängt; sondern: es gibt einen Parameter, von dem die Wechselwirkung abhängt, und diesen meinen wir, wenn wir »Ort« sagen. Natürlich muß man dies im mathematischen Detail durchführen. Hier tritt eine dritte Voraussetzung ein: (c) wenn die Theorie freier Objekte hinsichtlich einer bestimmten Gruppe invariant ist, so muß die Wechselwirkung hinsichtlich derselben Gruppe invariant sein. Das muß so sein, denn die Beziehung zwischen x und y, von der die Wechselwirkung abhängt, muß bezüglich der freien Gruppe invariant sein, da x und y für freie Objekte definiert sind.

Diese Überlegung ist nur heuristisch, denn sie hängt an der Annahme, daß es »getrennte« und »vereinigte« Zustände gibt, was für letzte Objekte nicht der Fall sein wird. Ich habe sie nicht durch eine strengere zu ersetzten vermocht. Jedenfalls zeigt sie an, daß wir Raum und Wechselwirkung zugleich werden einführen müssen.

(1, 2 und 3.) Wie weit können wir es mit der Zerlegung der Objekte treiben? Wir versuchen es mit einer möglichst radikalen Hypothese:

K. POSTULAT LETZTER OBJEKTE. *Alle Objekte bestehen aus letzten Objekten mit* $n = 2$. Ich nenne diese letzten Objekte Urobjekte und ihre Alternativen Uralternativen. Das Postulat ist trivial, solange wir das Gesetz der Wechselwirkung für letzte Objekte nicht festlegen. Einen Hilbertraum von n Dimensionen kann man immer als einen Unterraum des Kroneckerprodukts von wenigstens r zweidimensionalen Hilberträumen beschreiben, wenn $2^{r-1} < n < 2^r$; die $2^r - n$ überflüssigen Dimensionen kann man ausschließen, indem man ein Wechselwirkungsgesetz einführt, das eine Superauswahlregel zwischen den beiden Unterräumen zur Folge hat. Die letzten Objekte gewinnen aber einen Sinn, wenn wir unsere obige heuristische Überlegung zum Anlaß nehmen, um zu fordern das

L. POSTULAT DER WECHSELWIRKUNG. *Die Theorie der Wechselwirkung letzter Objekte ist invariant bei derselben Gruppe wie die Theorie freier letzter Objekte.* Dies ist eine starke, nichttriviale Forderung. Sie nötigt uns, zunächst freie Urobjekte zu studieren.

Ein einzelnes Urobjekt ist ein Objekt mit einem zweidimensionalen Hilbertraum. Es läßt die Transformationsgruppe SU_2 zu. Ich möchte den physikalischen Sinn dieser einfachen mathematischen Feststellung hervorheben. Die »Theorie des freien Urobjekts« beschreibt nicht bloß seine Zustandsmannigfaltigkeit, sondern auch sein Bewegungsgesetz. Die Bewegungsgleichung muß bei der SU_2 invariant sein. Es ist leicht, die Lösungen solch einer Gleichung zu finden. Der Zustandsvektor kann nur einen festen Zeitfaktor $e^{-i\omega t}$ mit zustandsunabhängigem ω annehmen. Folglich bleiben die Zustände selbst, die durch eindimensionale Unterräume dargestellt sind, zeitlich ungeändert. Aber die Frage ist, woher wir wissen, daß wir dem Bewegungsgesetz des freien Urobjekts gerade diese Bedingung auferlegen müssen. In dieser Form begegnet uns jetzt die mehrfach wiederholte Frage des 4. Kapitels, warum wir Symmetrie für den Zustandsraum fordern sollen. Ich formuliere das dabei benutzte Prinzip als Postulat:

M. Postulat der Symmetrie. *Keiner der Zustände eines isolierten letzten Objekts ist vor einem anderen objektiv ausgezeichnet.* Eine »objektive« Auszeichnung soll hier eine Auszeichnung »durch ein Naturgesetz« bedeuten im Unterschied zu einer »kontingenten« Auszeichnung wie z. B. derjenigen durch die Bezeichnung »der Zustand, in dem sich das Objekt jetzt gerade befindet«. Das *Gesetz* der Bewegung darf demnach keine Zustände auszeichnen. Was hier gemeint ist, kann man auch so aussprechen: Ein letztes Objekt ist durch eine letzte einfache Alternative definiert. Zwischen zwei seiner Zustände zu unterscheiden bedeutet, wenigstens eine weitere Alternative zu definieren. Falls eine Antwort dieser weiteren Alternative einen der Zustände des ursprünglich betrachteten Urobjekts impliziert, so ist die Aussage, dieser Zustand liege vor, durch eine von ihr verschiedene Aussage impliziert. Also war sie keine letzte Aussage. Also lag nicht ein einzelnes Urobjekt vor, sondern wenigstens zwei. In diesem Sinne bedeutet die Möglichkeit, von einem getrennten Objekt zu sprechen, unmittelbar, daß sein Zustandsraum symmetrisch ist; sonst ist es kein getrenntes Objekt. Um es noch anders zu sagen: die Annäherung, in der wir Objekte als symmetrisch beschreiben können, ist dieselbe Annäherung, in der wir sie als getrennt beschreiben können. Die Physik ist gerade der Versuch, die Wirklichkeit ausgehend von dieser Annäherung zu beschreiben. Vielleicht ist diese Annäherung nichts anderes als die Bedingung der Möglichkeit, Begriffe zu gebrauchen.

Der Hilbertraum eines einzelnen Urobjekts ist ein zweidimensionaler Darstellungsraum der SU_2. Das Postulat L hat zur Folge, daß der Hilbertraum vieler Urobjekte ein höherdimensionaler

Darstellungsraum derselben Gruppe sein muß. Das Bewegungsgesetz wechselwirkender Urobjekte muß invariant sein bei der gleichzeitigen Transformation eines jeden von ihnen durch dasselbe Element der SU_2. Wir suchen nun eine mathematische Beschreibung der Zustände von Urobjekten, welche diese Invarianz von vorneherein zum Ausdruck bringt. Wir erhalten sie aus der sogenannten regulären Darstellung der Gruppe. In dieser Darstellung sind die Elemente der Gruppe lineare Operatoren, die auf einen Vektorraum wirken, dessen Vektoren Linearkombinationen der Gruppenelemente selbst sind. Die reguläre Darstellung der Zustandsvektoren von Urobjekten wird diese also als Funktionen *auf* der SU_2 beschreiben. Nun ist diese Gruppe ein dreidimensionaler sphärischer Raum, auf den die Gruppenlemente, als lineare Operatoren aufgefaßt, als sog. Cliffordsche Schraubungen wirken. Nur Invarianten der relativen Lage in diesem Raum können als diejenigen Parameter dienen, von denen die Wechselwirkung der Urobjekte abhängen kann. Also muß dieser Raum mit dem Ortsraum identifiziert werden.

Unsere Postulate nötigen uns also zu der Annahme, daß der Ortsraum (also das, was wir gewöhnlich den Raum oder den Weltraum nennen) ein dreidimensionaler reeller sphärischer Raum ist. Ich halte dies für den Grund der Dreidimensionalität des Raumes; eine Quantentheorie letzter Objekte mit $n = 2$ würde keine andere invariante Beschreibung zulassen.

Wir müssen nun die Folgerungen aus unseren Postulaten für die drei Theorien 1, 3 und 5 ziehen.

(3 und 5): »Elementarteilchen« müssen aus letzten Objekten aufgebaut sein. Die Urobjekte wären etwas wie Elemente eines Heisenbergschen »Urfeldes«. Meine Versuche in dieser Richtung sind bisher nicht erfolgreich genug gewesen, um eine Beschreibung zu rechtfertigen. Ich möchte nur sagen, daß diese Elementarteilchentheorie von Anfang an kosmologisch ist. Die Raumkrümmung bedeutet eine Quantelung des Impulses. Das einzelne Urobjekt entspricht einem Teilchen mit minimalem Impuls; es ist also im Weltraum nicht lokalisiert. Nehmen wir einen Weltradius von $R = 10^{40}$ nuklearen Längeneinheiten $= 10^{40} \cdot 10^{-13}$ cm an, so müßte ein Teilchen von nuklearem Impuls oder ein Teilchen, das in einem Kern lokalisiert werden kann, aus etwa 10^{40} Urobjekten bestehen. Die Gesamtanzahl der Urobjekte im Universum könnte

man versuchsweise gleichsetzen mit der Anzahl von bits von Information, die im Universum möglich sind. Nehmen wir einfachheitshalber nur eine einzige Sorte von Elementarteilchen an, z. B. ein Nukleon mit Fermi-Statistik, so können wir schätzen, es gebe im Weltraum soviele bits wie es in ihm Zellen von nuklearer Größe gibt, deren jede besetzt oder leer sein kann. Diese Anzahl ist $N = R^3 = 10^{120}$. Die Anzahl der Dimensionen des Hilbertraums des Weltalls wäre dann $n_U = 2^N$. Wenn ein Nukleon aus R Urobjekten besteht, müßte es dann $R^2 = 10^{80}$ Nukleonen in der Welt geben. Ich wage noch nicht, die gute Übereinstimmung dieser Zahl mit der Erfahrung[1] als Bestätigung einer Hypothese zu nehmen, die nicht hinreichend ausgearbeitet ist.

Das Abschneideverfahren, das die Gesamtanzahl der Urobjekte begrenzt (oder besser: ihre Endlichkeit im Raum darstellt) darf nicht einfach als Einführung einer »kleinsten Länge« interpretiert werden. Die Genauigkeit, mit der wir eine Länge bestimmen können, hängt von dem bei der Messung aufgewandten Impuls ab, d. h. in der vorliegenden Theorie von der Anzahl der an der Messung beteiligten Urobjekte. Wünschen wir alle Nukleonen der Welt gleichzeitig zu lokalisieren, so fallen jedem 10^{40} Urobjekte zu und damit ein Volumen vom Durchmesser 10^{-13} cm. Wünschen wir eine Länge genauer zu messen, so müssen wir Impulse anwenden, denen eine Energie höher als die Ruheenergie des Nukleons entspricht. Setzen wir an, alle Urobjekte der Welt würden verwendet, um eine einzige Länge zu messen, so könnte das zu einer Genauigkeit von 10^{-93} cm (10^{-120} mal den Weltradius) führen. In keinem Fall aber wird diese Theorie den Raum als diskretes Gitter beschreiben.

(1, 3 und 5): Die Elementarteilchenphysik ist wesentlich durch ihre Symmetriegruppen bestimmt. Es müßte das Ziel der hier ins Auge gefaßten Theorie sein, diese Gruppen aus dem Postulat M herzuleiten. Das würde ein Modell des Aufbaus von Teilchen aus Urobjekten voraussetzen, das ich hier nicht vorlege. Aber es scheint eine Schwierigkeit vom ersten Anfang an zu geben. Die am allgemeinsten vorausgesetzte Gruppe in der Feldphysik ist die

[1] 10^{80} Nukleonen in 10^{120} Elementarzellen bedeutet im Mittel 10^{-40} Nukleonen pro Elementarzelle, d. h. 10^{-1} Nukleonen pro cm^3, was ganz roh der kosmischen Materiedichte entspricht.

Lorentzgruppe; und die hier bisher entworfene Theorie ist nicht lorentzinvariant entworfen. Schauen wir ihre Grundannahmen an, so hatten wir in der Tat keine Lorentzinvarianz zu erwarten. Wir haben mit einem absoluten Zeitbegriff begonnen, wie man ihn in der nichtrelativistischen Quantentheorie benützt. Wir sind zu einer Kosmologie mit einem statischen Universum gelangt, und solch ein kosmologisches Modell ist wiederum nicht lorentzinvariant. Aber es sollte nicht schwierig sein, ein Wechselwirkungsgesetz im Einklang mit Postulat L zu finden, das die Theorie lokal lorentzinvariant macht. Man kann sich auf den Standpunkt stellen, wir sollten nicht mehr verlangen. Andererseits wird unsere Theorie nicht semantisch konsistent sein, wenn sie die Zeitmessung nicht beschreibt. Diese Überlegung könnte uns zu einer Änderung unserer Ausgangsannahmen von solcher Art veranlassen, daß die resultierende Kosmologie eine Gruppe zuließe, die die homogene Lorentzgruppe enthält, z. B. die de Sitter-Gruppe. Diese Frage, die ich hier unerledigt lasse, lenkt nun zu dem Näherungscharakter des Postulats J zurück. Ich schließe mit einer letzten Hypothese:

N. Postulat der Expansion. *In zweiter Näherung läßt sich das Universum beschreiben als aus letzten Objekten bestehend, deren Anzahl mit der Zeit zunimmt.* Diese Formulierung berücksichtigt die Einwände, die ich anläßlich des Postulats *J* erhoben habe. Sie drückt die offene Zukunft aus: warten wir lange genug, so werden wir eine Linie sehr fein unterteilen können. Sie berücksichtigt auch gewisse kosmologische Einwände:

(1 und 5): Es wäre sonderbar, wenn eine auf sehr allgemeine Prinzipien gebaute Theorie eine fundamentale Konstante enthielte, deren Wert kontingent wäre, nämlich die Anzahl N der Urobjekte im Universum, $N = 10^{120}$. Nach dem neuen Postulat wäre N jetzt eine Maßzahl für das Alter der Welt. Messen wir dieses Alter t mit gewöhnlichen Uhren in nuklearen Zeiteinheiten, so folgt vermutlich $N = t^3$. Diese Formel folgt aus der Antwort auf einen zweiten Einwand: nach dem Postulat *J* sollte der Weltradius konstant sein, während die astronomischen Daten den Ansatz $R = t$ nahelegen. In der Tat ist in der hier versuchten Theorie eine Expansion des Universums notwendigerweise mit der Erzeugung von Materie nach der Gleichung $N = R^3$ verbunden. Die

Theorie gleicht hierin der Kosmologie, welche Dirac[1] und Jordan[2] vorgeschlagen haben.

Ein abschließendes Wort ist zur Gravitation zu sagen. Die Theorie faßt die Topologie des Raums im großen als eine Folge der Quantentheorie auf. Genauer gesagt versteht sie die Endlichkeit des Raums als einen natürlichen Ausdruck der Endlichkeit der Erfahrung. Andererseits liegt der empirisch gemutmaßte Zusammenhang zwischen der mittleren Raumkrümmung und der kosmischen Materiedichte nahe genug bei dem Wert, der aus Einsteins Gleichung folgt, um nicht zufällig zu erscheinen. Als mögliche Erklärung nenne ich den Gedanken, daß sich nicht die Raumkrümmung einer gegebenen Materiedichte bei gegebener Gravitationskonstante anpaßt, sondern daß sich diese sogenannte Konstante einer gegebenen mittleren Materiedichte und mittleren Raumkrümmung anpaßt; Eddingtons berühmte Relation, in Begriffen unserer Theorie ausgedrückt, besagt, daß die in nuklearen Einheiten gemessene Gravitationskonstante den Wert $g = R^{-1}$ hat. Eine Zeitabhängigkeit von g wurde von Jordan[2] diskutiert; und R. Sexl hat mich darauf hingewiesen, daß die Gravitation in manchen Theorien eine Mehrkörperkraft ist, so daß die Konstante g als dichteabhängig erscheinen wird.

Unter unseren Prämissen könnte man folgende Theorie der Gravitation erwarten. Die Elementarteilchenphysik wird zu Feldern mit vielen verschiedenen Transformationseigenschaften führen; unter diesen wird auch ein Feld sein, das sich wie das Gravitationsfeld verhält (wahrscheinlich mit skalaren ebensowohl wie mit tensoriellen Komponenten). Nach W. Thirring (vgl. Kapitel 2) wird eine semantisch konsistente Theorie dieses Feld mit dem metrischen Tensor koppeln. Diese Äquivalenz von Gravitation und Metrik bringt mit sich, daß unsere anfängliche Annahme eines gekrümmten Weltraums einfach die Anwesenheit eines universalen Gravitationsfeldes besagt. Einsteins Theorie der Gravitation enthält noch ein scheinbar kontingentes Element: den Wert der Gravitationskonstante. Das Auftreten dieser Konstante

[1] *Dirac,* P. A. M.: Nature 139 (1938), S. 323. Proc. Royal Soc. (A) 165 (1938), S. 199.

[2] *Jordan,* P.: Naturwissenschaften 25 (1937), S. 513. »Schwerkraft und Weltall«, Braunschweig 1955.

beruht auf einer Zweiteilung, die Einstein nie beizubehalten gewünscht hat, die er aber nicht überwinden konnte: der Zweiteilung zwischen der Materie und dem metrischen Feld[1]. Er mußte ihre Abhängigkeit voneinander als eine Art Wechselwirkung beschreiben. Den Einfluß des metrischen Feldes auf die Materie konnte er in einer Weise darstellen, welche kontingente Konstanten vermied, indem er forderte, daß sich die Materie auf geodätischen Linien bewegt. Das Gesetz des Einflusses der Materie auf das Feld nahm hingegen die Form einer Poissonschen Gleichung mit einem dimensionsbehafteten konstanten Faktor an. Man sollte erwarten, daß sich in einer semantisch konsistenten Theorie diese Konstante auf einen dimensionslosen Faktor reduziert, den die Theorie bestimmt. Messen wir alle materiellen Größen in nuklearen Einheiten, so erweist sich g empirisch als R^{-1}. Das ist genau, was wir in unserer Theorie erwarten sollten, wenn wir einmal die Identität von Gravitation und Metrik akzeptiert haben. Solange wir lokale Gravitationsfelder vernachlässigen und uns auf die in diesem Kapitel vorgetragene Kosmologie beschränken, folgt die Relation direkt aus der Abschätzung für N, d. h. aus dem Betrag an Information in der Welt. In der hier benützten Sprache *bedeutet* Einsteins Gleichung in ihrer Anwendung auf die Kosmologie einfach, daß es eine Kopplung zwischen der Materiemenge und der Raumkrümmung gibt ($N = R^3$), welche daraus folgt, daß das Gesamtvolumen des Weltraums, in nuklearen Einheiten gemessen, die Anzahl der bits in der Welt *ist*, und daß die letzten Objekte einfach bits sind. Lokale Gravitationsfelder sind in dieser Beschreibung noch nicht enthalten, weil sie mit der allgemeinen Theorie »elementarer« Felder verknüpft sind. Übernehmen wir Thirrings Eichtransformation, so können wir jedoch erwarten, daß die Materie sich lokal benimmt als wäre sie Teil eines homogenen Universums mit einer Metrik, die durch die lokalen Werte des metrischen Feldes bestimmt ist. In einem solchen Universum wäre die Materiedichte verschieden vom wirklichen kosmischen Mittelwert, und gerade diese Verknüpfung zwischen dem Massetensor und dem metrischen Feld müßte durch Einsteins Gleichung ausgedrückt sein.

[1] Vgl. II, 1.3c.

Teil III

Der Sinn der Kybernetik

Vorbemerkung

Als Sinn der Kybernetik wurde in der Einleitung angegeben, den Menschen in die Natur einzuordnen; eine Station dieses Wegs ist die Einordnung der Biologie in die Physik. Konnte die Rückführung der Einheit der Physik auf die Möglichkeit der Erfahrung als eine »subjektivistische« Reduktion der Natur erscheinen, so kann dieser Sinn der Kybernetik als eine »materialistische« Reduktion des Menschen verstanden werden. Nach der hier vertretenen Ansicht liegt die grundsätzliche Wahrheit des Reduktionismus in der Einheit der Natur, seine Falschheit, wenn man ihn so nimmt, wie er sich selbst meist versteht, in seinem zu engen Begriff dessen, worauf er reduziert. Der Begriff des Subjekts, der im Wort »Subjektivismus« zugrundegelegt ist, ist ebenso ungeklärt wie der Begriff Materie im »Materialismus«. Jeder der beiden Begriffe wird dabei so genommen, als ob er das im andern der beiden Begriffe Gemeinte nicht zugleich mitbezeichnete.

Alle Aufsätze dieses dritten Teils setzen das Verständnis der Physik, das im zweiten Teil entwickelt wurde, schon voraus, etwa in der Form, Physik sei die Theorie der Vorhersage für empirisch entscheidbare Alternativen. Sie stellen die nächste Frage: Wer entscheidet diese Alternativen? und: Was bedeutet es, wenn wir den Menschen, der die Alternativen der Natur entscheidet, als Teil (als »Kind«) der Natur verstehen? oder, abstrakter gesagt, wenn auch am Menschen Alternativen, die zur Einheit derselben Erfahrung gehören, empirisch entschieden werden können?

Die beiden ersten Aufsätze haben den Charakter populärer Einführungen, wie sie sich bei Vorträgen nahelegen. Der dritte Aufsatz knüpft direkt an die Quantentheorie an und formuliert die Einheitsthese als Hypothese der begrifflichen Erfaßbarkeit des Bewußtseins. Der vierte Aufsatz ist der einzige, der als inhaltlich kybernetisch gelten kann. Er ist eine Vorarbeit zu einer Kybernetik des Bewußtseins unter dem Titel einer Kybernetik der Wahrheit. Der fünfte Aufsatz kehrt, angereichert durch die Ergebnisse dieses fragmentarischen Durchgangs durch den »Halbkreis« der Bedingtheit des Menschen durch die Natur, zu den Grundbegriffen der Physik zurück. Er ist wohl der Teil dieses Buchs, der, wenngleich sehr tastend, philosophisch am weitesten vordringt.

III, 1. Das philosophische Problem der Kybernetik

Vortrag, gehalten im Januar 1968 auf der 70. Tagung der Nordwestdeutschen Gesellschaft für Innere Medizin in Hamburg. Der frei formulierte Text wurde leicht redigiert abgedruckt im »Hamburger Ärzteblatt« 22, Nr. 5 (1968) und, nochmals redigiert, gemeinsam mit II, 3 in der Reihe Belser-Presse, Stuttgart 1969.

Er skizziert das Problem, dem Teil III dieses Buchs gewidmet ist.

Mein Thema entstammt dem Fragenkreis, den man heute gern den der »Grundlagenfragen« der einzelnen Wissenschaften nennt. In diesem Sinn spreche ich über die philosophischen Grundlagen der Kybernetik. Die Formulierung des Themas drückt aber schon aus, daß ich nicht glaube, diese philosophischen Grundlagen bereits zu legen. Ich sehe das Verhältnis der Philosophie zu einzelwissenschaftlichen Problemen, von denen die Kybernetik eines der großen ist, eigentlich auch nicht so sehr darin, daß die Philosophie feste Grundlagen legt, auf denen man dann unerschüttert aufbaut, sondern eher darin, daß die Philosophie – wie es in ihrer Tradition seit Sokrates üblich war – all denen, welche meinen (was im wissenschaftlichen Bereich notwendig ist), sie wüßten etwas, wieder einmal die Frage stellt, ob sie eigentlich wissen, was sie zu wissen meinen. Und zwar darf man das, wie auch Sokrates uns vorgeführt hat, nur dann, wenn man bekennt, es selbst nicht zu wissen. Wer sich nicht selbst entsprechend gefragt hat, wird natürlich auch den anderen nicht so fragen können. Dieses Nichtwissen hat dann wiederum keineswegs den Zweck, das Wissen dort, wo es positiv und sinnvoll ist, zu zerstören. Sokrates zum Beispiel bekennt ja, daß die Dichter in der Tat schöne Gedichte schreiben und die Handwerker gute Schuhe und Tische machen können. Nur daß sie auch wissen, wovon es abhängt, daß man überhaupt schöne Gedichte schreiben oder gute Schuhe machen kann, das wäre zu viel behauptet. Dieses aber sollten sie eigentlich wissen, und sie werden erst dann ihr Handwerk wirklich vollziehen, wenn sie sich dessen bewußt sind, was sie hier nicht wissen. Das ist doch die alte philosophische Figur, hier nun angewandt auf unser Problem der Kybernetik.

Was heißt Kybernetik? Man hat im Lauf der letzten zwanzig Jahre auf die verschiedenste Weise versucht, diese Frage durch eine strenge Definition zu beantworten. Ich gehe auf diese Versuche jedoch nicht ein, denn man wird doch wohl erst dann klar sagen können, was Kybernetik ist, wenn man verstanden hat, was Kybernetik ist, davon aber kann bisher wohl nicht die Rede sein. Auch ich werde im Folgenden lediglich einen Ansatz skizzieren, in welcher Richtung eine Antwort auf diese Frage nach meiner Auffassung zu suchen ist. Dabei gehe ich davon aus, daß sich die Kybernetik (Steuermannskunst) uns in erster Näherung als der Versuch darstellt, Lebensvorgänge durch den Vergleich mit Regelkreisen durchsichtig zu machen. Was ein Regelkreis ist, lehrt uns die Regeltechnik so einigermaßen, und nun ist die Frage, wie weit man damit in der Beschreibung des Lebens kommen kann. Hier wird ein Modell gebraucht. Der Regelkreis ist ein Modell für den Lebensvorgang, und ein technischer Regelkreis wird von uns niemals mit einem Lebensvorgang verwechselt werden. Er ist ein Gleichnis, zumal der technische Regelkreis ja von Menschen gemacht ist, von Menschen, die sich selbst Zwecke setzen und die zur Verwirklichung dieser Zwecke eben diesen technischen Regelkreis aufbauen, während alles organische Leben uns als etwas begegnet, was nicht wir gemacht haben und was wir auch – soweit wir es absehen können – nicht machen können. Ich will damit völlig offen lassen, ob wir es am Ende einmal könnten; bis heute aber begegnet uns das Leben nicht so. Insofern ist also der technische Regelkreis immer nur ein Vergleich. Er ist ein Modell, und zwar ein Modell, wie man heute gerne sagt, »in hardware«, also nicht nur eine gedankliche Konstruktion. Ein technischer Regelkreis ist ja ein aus irgendwelchen Apparaten zusammengebasteltes Ding, das man anfassen kann und an das man klopfen kann. Nun geht man aber weiter. Man schafft sich nämlich darüber hinaus auch ein gedankliches Modell von den Vorgängen im lebenden Wesen, indem man nun etwa Nervenleitungen, chemische Reaktionen und was immer im Organismus ablaufen mag, mit den Begriffen der Physik und Chemie und derjenigen biologischen Wissenschaften beschreibt, die auf Physik und Chemie aufbauen und sich deren Begriffe bedienen. Nun versucht man, den funktionalen Zusammenhang dieser Vorgänge durch mathematische Hypothesen zu fassen und hat damit ein gedankliches Modell »in software«.

Damit hat man ein Programm gemacht, ohne daß man eine Realisierung dieses Programms außerhalb des Organismus selbst herzustellen brauchte (obwohl das zum Vergleich manchmal ganz nützlich sein mag), und es ist die Frage, ob dieses mathematische Modell nun Wahrheit ist, oder, wenn es nicht wahr ist, inwieweit es imstande ist, zu erläutern, was im Organismus wirklich vorgeht. Die philosophische Frage nach dem Wert der Kybernetik wäre also etwa auch als die Frage nach dem Wert, das heißt, nach dem Wahrheitsgehalt mathematischer Modelle für die funktionalen Zusammenhänge im Organismus zu formulieren. Wie weit kann man damit kommen? Ich werde meine Auffassung zu dieser Frage im Folgenden thesenartig nennen und erläutern, auf Beweise jedoch verzichten. Einerseits ist hier nicht der Raum dafür, andererseits besitze ich diese Beweise zum Teil noch gar nicht, sondern formuliere nur ein Programm.

Zunächst scheint mir, daß wir bisher gar keine Grenze für die Tragweite kybernetischer Modelle absehen können. Ich werde also die These vertreten, daß jeder Versuch, anzugeben, welche Leistung im Organismus oder welcher Vorgang im Leben nicht kybernetisch erfaßt werden kann, jedenfalls nach heutiger Kenntnis zum Scheitern verurteilt ist. Ich möchte – zweitens – sagen, daß die kybernetische Denkweise, wenn man sie in den großen biologischen Rahmen stellt, zusammen mit der Entwicklungs-, somit der Abstammungslehre, und mit der darwinistischen, also selektionstheoretischen Hypothese für die Erklärung der Entstehung der Lebewesen, einen bis heute nicht widerlegten und – wie mir scheint – mit heutigen Kenntnissen auch durchaus unwiderlegbaren Rahmen für die Beurteilung der Vorgänge auch im menschlichen Organismus gibt. Wenn ich sage, daß dieser Rahmen nicht widerlegt ist, ist er damit aber natürlich noch nicht bewiesen, sondern ist eine heuristische Hypothese. Ich glaube also, daß wir heute keine Kenntnisse haben, welche uns gestatten würden, das, was man etwa den »Physikalismus« in bezug auf das organische Leben genannt hat, zu widerlegen, und ich meine weiterhin, daß der Physikalismus die eigentlich fruchtbare Arbeitshypothese naturwissenschaftlicher Denkweise in der Biologie und damit auch in der Medizin ist und wohl auf lange Zeit bleiben wird.

Drittens aber möchte ich sagen, daß die Frage, was denn eigentlich der Physikalismus bedeutet, überhaupt erst das eigentlich philosophische Problem darstellt. Der Physiker oder derjenige Biologe oder Mediziner, der die physikalischen und chemischen Begriffe benutzt, mag wohl von Wasserstoffatomen oder von elektrischen Strömen, von chemischen Reaktionen und von hochkomplizierten Molekülen reden, aber er muß sich die sokratische Frage gefallen lassen, ob er weiß, was ein Wasserstoffatom ist. An dieser Stelle, meine ich, wird dann herauskommen, daß die – wie ich glaube – vorerst uneinschränkbare Anwendbarkeit der kybernetischen Denkweise keineswegs im Gegensatz steht zu einem Verhältnis zum Lebenden und insbesondere zum Mitmenschen, das das Lebende als Leben auffaßt und das den Mitmenschen als Person ernstnimmt, das also insbesondere in der Medizin den Patienten als einen Menschen mit einem persönlichen Schicksal nimmt und glaubt, daß in vielen Fällen die Heilung überhaupt nur im Blick auf dieses persönliche Schicksal versucht werden kann. Ich glaube also, daß die zwei Fronten, die sich vielfach in einer spannungsvollen Weise gegenüberstehen, nämlich das konsequent naturwissenschaftliche Denken in der Medizin und ein, ich will einmal sagen: humanpersonales Denken in der Medizin, wenn ihr Verhältnis richtig gesehen wird, nicht Fronten eines prinzipiellen metaphysischen Gegensatzes sind, es sei denn, jede von beiden werde zu kurz gedacht und verstehe sich selbst nicht. Das also ist meine Vermutung, beweisen kann ich sie bisher nicht.

Meine erste Behauptung ist also, daß wir keine Grenze für die Leistungsfähigkeit kybernetischer Modelle angeben können. Um diese These plausibel zu machen, könnte man eine Fülle von Beispielen angeben, wie man diese oder jene Leistung organischer Lebewesen kybernetisch simulieren kann. Die interessantesten Beispiele liefert vielleicht der Versuch des Simulierens von Denkprozessen. Da es ja seit etwa 10 Jahren Rechenmaschinen gibt, die zum Beispiel imstande sind, nicht nur überhaupt Dame zu spielen, sondern auf Grund ihrer Erfahrungen im Damespiel besser Dame spielen zu lernen, derart, daß sie einen durchschnittlichen Damespieler und sogar ihren eigenen Konstrukteur nach acht Rechenstunden Übung schlagen, ist es sehr schwer zu sehen, wie weit man damit wohl noch kommen wird. Ich möchte auf derartige Beispiele für die Leistungsfähigkeit kybernetischer Modelle hier jedoch nicht weiter eingehen, denn man soll sich dadurch auch nicht blenden lassen. Statt dessen will ich hier die prinzipielle Frage stellen: Wie könnte eine Formulierung aussehen, welche sagt, diese oder jene Leistung sei prinzipiell kybernetisch nicht simulierbar? Wenn jemand zu mir kommt und sagt: »Ich weiß eine solche Leistung, die man kybernetisch nicht simulieren kann«, so würde ich ihn fragen: »Bitte, definiere mir diese Leistung einmal genau, ich vestehe nicht recht, was du meinst. Sage mir einmal genau, worin diese Leistung besteht«, zum Beispiel also die Leistung der Begriffsbildung. Wenn er mir dann wirklich genau gesagt hat, worin die Leistung besteht, so werde ich seine Worte als Konstruktionsvorschrift für denjenigen Apparat nehmen, der diese Leistung simuliert. Wenn er sie aber so wenig genau beschrieben hat, daß ich das nicht leisten kann, so werde ich ihm antworten können: »Du hast mir gar nicht gesagt, worin die Leistung besteht, die man nicht simulieren kann.« – Es ist mir klar, daß ein Gedanke wie dieser nicht den Charakter eines strengen Beweises hat. Er ist nur ein heuristischer Gesichtspunkt, um darauf hinzuweisen, wie schwer es ist, eine Behauptung durchzuhalten wie die, man kenne Leistungen, die nicht kybernetisch simuliert werden können. Wenn man etwas in die Schwierigkeiten der Grundlagen der Mathematik eingedrungen ist, so wird man sogar sofort sehen, daß dieser Gedanke nicht voll durchschlägt, denn es ist in den Grundlagen der Mathematik zum Beispiel sehr wohl möglich, formale Systeme zu definieren, mit deren Hilfe man Sätze formulieren kann, von denen man durch inhaltliches Denken einsehen kann, daß sie wahr sind, und von denen man zugleich beweisen kann, daß sie in dem betreffenden Kalkül weder beweisbar noch widerlegbar sind. Solche komplizierten Strukturen müssen gegenüber einem so simplen Argument, wie ich es gerade gebraucht habe, mißtrauisch machen, und deshalb trage ich es auch nur als ein heuristisches Argument vor, das aber immerhin doch eine gewisse Kraft hat. Ich sehe also keine Chance und überdies auch keinen Nutzen darin, sich durch Errichtung einer bestimmten Position, die man durch kybernetische Modelle für uneinnehmbar hält, schützen zu wollen.

Nun ist die zweite Frage: Kann man nicht doch von vornherein sehen, daß das kybernetische Denken an gewisse Grenzen stoßen muß, weil es Phänomene gibt, die wir vielleicht nicht als eine Leistung in dem engen Sinn des Wortes bezeichnen können, die wir aber mit einem allgemeinen und wohlverständlichen Wort bezeichnen und die sich doch prinzipiell dieser Denkweise entziehen? Da wäre aus den alten Diskussionen über den Physikalismus in der Biologie zunächst der Gesamtkomplex der Zweckmäßigkeit der Organismen zu nennen. Wer Kybernetik kennt, sieht allerdings sofort, daß man sich hier vor kybernetischen Modellen nicht sehr sicher fühlen darf. Sodann wäre all das zu nennen, was wir mit den Worten: Seele, Bewußtsein, Subjektivität oder – um gleich das entscheidende Wort zu sagen – Geist bezeichnen. Beide Fragen sind, wenn ich richtig sehe, sehr verschieden zu behandeln. Die zweite leitet bereits zu meinem dritten Teil über. Wie also steht es mit der Zweckmäßigkeit der Organismen und insbesondere auch mit dem wunderbaren Bau des menschlichen Körpers? Kann man hoffen, durch Vergleich mit Maschinen, denn darauf läuft es ja immer wieder hinaus – auch wenn die Maschinen sehr kompliziert sind –, dergleichen darzustellen, oder, wie wir sagen, zu »erklären«? Ich weise hier nur darauf hin, daß genau dies ja das Ziel der Kybernetik in Verbindung mit der Abstammungslehre, also der selektionstheoretisch gedeuteten Theorie der Evolution der Organismen ist. Die Kybernetik benutzt gerade Zweckmäßiges, nämlich von Menschen mit Zwecken Gemachtes, um darzustellen, wie die Abläufe im Organismus sind. Fragt man nun aber, wie es zu dieser Zweckmäßigkeit kommen konnte, da wir ja niemanden kennen, der die Organismen gemacht hat, ob sie also, wie man so sagt, von selbst, durch blinden Zufall entstehen konnten, so ist darauf gerade der Gedanke von Darwin, der heute seit hundert Jahren in der Diskussion ist, eine Antwort. Ausgehend davon, daß es in der Form der Selektion im Kampf ums Dasein etwas gibt, was objektiv zweckmäßig ist, erklärt der Darwinismus ja gerade, wie es durch blinden Zufall zur Zweckmäßigkeit des organischen Lebens kommen konnte. Denn nur das Überlebensfähige überlebt, um diese tautologisch klingende Formel zu gebrauchen. Für den Naturwissenschaftler, der diese Dinge sine ira et studio untersuchen will, ist jetzt die Frage, ob er eine quantitative Abschätzung dafür angeben kann, daß die Zufälle, die wir etwa heute als Mutationen kennen, und jene Zufälle, durch die zum ersten Male Eiweißmoleküle, und was immer es sein mag, entstanden sein mögen, hinreichend wahrscheinlich sind, um nach dem darwinistischen Modell die Entstehung des Lebens zu erklären. Ich habe darüber mit Biologen und auch mit Nichtbiologen (was sehr nützlich ist, zum Beispiel mit guten Mathematikern) sehr lange diskutiert, und meine persönliche Konklusion ist: non liquet, ich weiß es nicht. Und ich glaube, niemand weiß es. Ganz bestimmt möchte ich aber sagen, daß niemand weiß, daß es nicht geht. Ich will dazu nur noch einen Gedanken nennen, der allerdings wiederum keine Beweiskraft hat, sondern nur eine gewisse Plausibilität.

Ein sehr guter Mathematiker, nämlich van der Waerden in Zürich, hat mit mir einmal lange über diese Frage diskutiert. Van der Waerden behauptet, er sei imstande, durch Berechnung der Wahrscheinlichkeiten derjenigen Schritte, die notwendig sind, um die Evolution eines Wirbeltierauges begreiflich zu machen, nachzuweisen, daß diese Schritte in ihrer Kombination so unwahrscheinlich sind, daß die 5 Milliarden (oder vielleicht auch nur 2 Milliarden) Jahre, die wir als geologische Zeitskala zur Verfügung haben, dafür bei weitem nicht ausreichen. Der Erwartungswert der Zeitdauer für die Entstehung eines solchen Gebildes nach dem darwinistischen Modell ist nach van der Waerdens Rechnung viel zu groß. Ich habe mit ihm darüber diskutiert, er hat mich aber nicht überzeugt.

Mein Argument war zuerst, solche Fragen könne man überhaupt nur mit Biologen diskutieren, denn dabei müsse man sehr genau in die Details gehen. Darauf sagte er: »Nein, es ist gerade die Pointe, daß man das nicht muß. Ich kann mit dem Laienverstand in der Kenntnis eines Auges Beweismerkmale aufzählen, die durch genauere Kenntnis nur noch komplizierter würden, also noch unwahrscheinlicher.« Ich habe dann versucht, gegen ihn so zu argumentieren, daß ich sagte: Man denke sich die sämtlichen möglichen Wege von einer Station A zu einer Station B, nämlich von der Station eines Lebewesens ohne Auge zur Station eines Lebewesens mit entwickeltem Auge, und berechne zu jedem dieser Wege den Erwartungswert der Zeitdauer, die erforderlich ist, damit auf diesem Wege das Auge entsteht. Dann frage man, auf welchem Wege es nach Darwin wirklich entstanden sein muß. Die

Antwort lautet: Auf dem kürzesten, auf dem, für den der Erwartungswert der ausgerechneten Zeitdauer der kleinste ist. Nun nehme ich an, Herrn van der Waerden und mir sei es nicht geglückt, den kürzesten Weg zu finden, der sei uns eben nicht eingefallen. Dann folgt mit Sicherheit, daß, wenn wir gut gerechnet haben, die Zeitskala, die wir ausgerechnet haben, zu lang sein wird. Und zwar, da es sich hier immer gleich um Produkte vieler Zehnerpotenzen handelt, vermutlich ganz ungeheuer viel zu lang. Derjenige also, dem der richtige Weg nicht eingefallen ist, wird die Richtigkeit seiner Rechnung gerade dadurch beweisen, daß er ausrechnet, daß die Entwicklung des Wirbeltierauges auf dem betreffenden Weg nicht stattgefunden haben kann.

Damit ist der Darwinismus umgekehrt freilich auch nicht bewiesen, denn es kann sein, daß die verfügbare Zeit auch für den kürzesten Weg bei weitem zu kurz ist. Dies versinkt nun aber in der Komplikation der Fakten, die wir nicht kennen. Deshalb sage ich nur, der Darwinismus ist eine außerordentlich fruchtbare heuristische Hypothese, und dazu gehört natürlich all das, was in den Darwinismus an Kybernetik ständig hineingebaut wird.

Nun komme ich zu meiner dritten und letzten Frage: Folgt nicht aus dem Gesagten, daß ich mit einer solchen Betrachtungsweise vollständig gegenüber einer Denkweise kapituliere, die man etwa als die Erklärung des Höheren durch das Niedere oder die Reduktion auch des lebendigen Menschen auf einen blind wirkenden Mechanismus beschreiben kann, das heißt, habe ich die Phänomene der Subjektivität, der Seele oder, was das entscheidende Wort ist, des Geistes, hier nicht wegerklärt? Meine Behauptung ist: Nein. Ich antworte nämlich, daß die Begriffe, die ich soeben naiv verwendet habe, das heißt die Begriffe der Naturwissenschaft, insbesondere also der Physik, ihrerseits vollkommen dunkel und erklärungsbedürftig sind. Es gehört zu den methodischen Grundsätzen der Wissenschaft, daß man gewisse fundamentale Fragen nicht stellt. Es ist charakteristisch für die Physik, so wie sie neuzeitlich betrieben wird, daß sie nicht wirklich fragt, was Materie ist, für die Biologie, daß sie nicht wirklich fragt, was Leben ist, und für die Psychologie, daß sie nicht wirklich fragt, was Seele ist, sondern daß mit diesen Worten jeweils nur vage ein Bereich umschrieben wird, in dem man zu forschen beabsichtigt. Dieses Faktum ist wahrscheinlich methodisch grundlegend für den Erfolg der Wissenschaft. Wollten wir nämlich diese schwersten Fragen gleichzeitig stellen, während wir Naturwissenschaft betreiben, so würden wir alle Zeit und Kraft verlieren, die lösbaren Fragen zu lösen. Infolgedessen ist die Wissenschaft, die diese grundsätzlichen Fragen zurückstellt, verglichen mit dem ganz langsamen, höchst zweifelhaften Prozeß des philosophischen Denkens, das sich diesen schweren Fragen wirklich stellt, so ungeheuer schnell vorangeschritten. Auf der anderen Seite darf man sich nicht darüber täuschen, daß das methodische Verfahren der Wissenschaft, das ich soeben charakterisiert habe, wenn es sich über seine eigene Fragwürdigkeit nicht mehr klar ist, etwas Mörderisches an sich hat. Diese Fragen sind schwer, aber nicht unwichtig. Die Formel von Heidegger ›Die Wissenschaft denkt nicht‹ ist eine Formel, die man fast keinem Wissenschaftler sagen kann, ohne seinen Zorn herauszufordern. Sie ist aber so, wie Heidegger das Wort ›denken‹ hier meint, wörtlich richtig. ›Denken‹ heißt nämlich im Sinne Heideggers ›Sich selbst noch einmal in Frage stellen‹, und eben dies wird im normalen Vollzug der Wissenschaft nicht geleistet. Es muß aber geleistet werden, wenn die Wissenschaft auch einmal zum lebendigen Menschen, der ein Partner im Leben und nicht nur Objekt ist, in ein Verhältnis gesetzt werden können soll. Die Frage ist, wie man sich möglicherweise eine Antwort auf die Probleme denken kann, die ich jetzt mit der Behauptung, die Grundbegriffe der Physik seien ungeklärt, nur angedeutet habe.

Ich komme hier nun in ein Gebiet hinein, in dem meine eigene Arbeit liegt, und in dem ich – wie es so ist, wenn man selbst an etwas arbeitet – von dem Bewußtsein der Schwierigkeit der Fragen so überwältigt bin, daß ich mich sehr scheue, hier ganz schlicht eine Behauptung aufzustellen. Meine Vermutung ist, daß die ganze Physik im wesentlichen nichts anderes ist als die Gesamtheit derjenigen Gesetze, welche schon deshalb gelten müssen, weil wir das, was die Physik untersucht, objektivieren und objektivieren können, daß also die Gesetze der Physik nichts anderes sind als die Gesetze, die die Bedingungen der Möglichkeit der Objektivierbarkeit des Geschehens formulieren. Das ist eine philosophische These, die in einem bestimmten Sinn an den Ansatz von Kant anknüpft (ohne in den Konsequenzen mit dem Kantschen Ansatz identisch zu sein) und die näher auszuführen ich jetzt nicht versuchen kann. ›Objektivieren‹ möchte ich dabei definieren als: Reduzieren auf empirisch entscheidbare Alternativen. Ich vermute also, daß, wo immer es uns gelingt, irgendein Phänomen, das uns begegnet, auf empirisch entscheidbare Alternativen zu reduzieren und die Gesetzmäßigkeiten zu ermitteln, mit denen man den Ausfall solcher Entscheidungen prognostizieren kann, sich erweisen wird, daß die Gegenstände dieser Objektivierung den Gesetzen der Physik unterliegen. Die Gesetze der Physik sind ja heute hoch abstrakt. Sie sind nicht Gesetze über Billardbälle. Was wir Atome nennen, sind selbst formal kaum mehr etwas anderes als gewisse sich durchhaltende Gesetzmäßigkeiten in der Entscheidung einfacher experimenteller Alternativen. Das ist nun eine These über die begriffliche Struktur der heutigen Elementarteilchenphysik. Wenn sie wahr ist, dann steht, von dieser Physik aus gesehen, aber nichts der Behauptung im Wege – die allerdings auch nicht aus ihr folgt – daß, wenn ich einmal klassische Begrifflichkeit benutzen darf, die Substanz, das Eigentliche des Wirklichen, das uns begegnet, Geist ist. Denn es ist dann möglich, so zu formulieren, daß die Materie, welche wir nur noch als dasjenige definieren können, was den Gesetzen der Physik genügt, vielleicht der Geist ist, insofern er sich der Objektivierung fügt, insofern er also auf empirisch entscheidbare Alternativen hin befragt werden kann und darauf antwortet. So etwa sieht der Ansatz aus, den ich hier versuchen möchte.

Ich wende mich mit diesem Gedanken noch einmal Ihrem Arbeitsgebiet, der Medizin, zu. Der Arzt begegnet dem Menschen nicht als einem unter vielen naturwissenschaftlichen Objekten. Er begegnet ihm als einem Mitmenschen, insbesondere als einem leidenden, der Hilfe bedürfenden Mitmenschen. Er versucht, ihm zu helfen, indem er die Vorgänge in seinem Körper kausal analysiert, bis er die Gründe seines Leidens gefunden hat, um sie dann, wenn er kann, zu beheben. Insofern ist der Arzt Naturwissenschaftler um des Mitmenschen willen. Aber wie tief liegen die Gründe des Leidens seines Patienten? Wir kennen die Gefahr, daß man Symptome für Gründe hält, daß man an Symptomen kuriert. Die Gründe des Leidens können im menschlichen Leben des Patienten liegen, in Schicksalsverflechtungen, in Kindheitserlebnissen, kurz in jenem Bereich, den wir vielleicht verstehen können, wenn wir uns dem Patienten als einem Mitmenschen öffnen, der aber der Naturwissenschaft ganz fern zu liegen scheint. In der Geschichte der Medizin ist die Spannung zwischen diesen beiden Denkweisen, der menschlich-verstehenden und der naturwissenschaftlich-kausalen, nie überwunden oder aufgelöst worden. Die Kybernetik ist ein Versuch, sie wenigstens in der Theorie zugunsten der naturwissenschaftlich-kausalen Denkweise aufzulösen. Dieser Versuch stellt uns vor das Dilemma, das ich besprochen habe: Werden wir, einerseits, der Naturwissenschaft gerecht, wenn wir versuchen, ihrem Erklärungsvermögen Grenzen zu setzen? Werden wir, andererseits, dem Menschen gerecht, wenn wir sein Leben so auf kausal Erklärbares reduzieren?

Nun ist mein Lösungsversuch, daß der Mensch in der Tat ein geistiges Wesen ist, einer, dem wir verstehend begegnen dürfen und sollen, daß aber der Gegenstand der Naturwissenschaft nichts dem Geist Fremdes ist, sondern nur gerade der Geist selbst, insofern er sich der Verstandesoperation des Unterscheidens und Objektivierens fügt. Wir können kausal erklären und naturwissenschaftlich heilen, genau soweit die geistige Wirklichkeit sich objektivieren läßt: in dieser objektivierten Gestalt heißt sie Körper, heißt sie Materie. Es gibt danach nur eine einzige Grenze der Objektivierung: ihre eigene Bestimmtheit als Objektivierung. Darüber hinaus ist die Frage, wie es denn kommt, daß derselbe Geist auf zwei so verschiedene Weisen mit sich umgeht, wie es in der Medizin die naturwissenschaftlich-kausale und die menschlich-verstehende sind. Das ist eine große Frage, und ich will für den jetzigen Augenblick damit zufrieden sein, sie genannt zu haben.

Nach alledem habe ich vollkommen recht, wenn ich einem Menschen als einem Partner begegne, als einem Du, als einem Wesen, mit dem es gemeinsames Leben im Geiste gibt, und erfasse damit die eigentliche Wirklichkeit, soweit sie überhaupt einem endlichen Wesen wie einem Menschen zugänglich ist; sowie ich aber frage, wie sich denn dieses Wesen in dieser oder jener Einzelheit verhält, und dieses Verhalten objektiviere, indem ich eine experimentell entscheidbare Frage stelle, etwa die Frage nach dem Blutdruck, und diese Frage dann experimentell entscheide, so werde ich eine Antwort bekommen, die mit den Begriffen der Physik formuliert werden kann und die den Gesetzen der Physik unterliegt. Diese Physik ist, wie wir aus der heutigen Atomphysik wissen, indeterministisch. Sie läßt einen Spielraum, den wir in der klassischen Physik nicht gekannt haben. Die philosophische Bedeutung dieses Spielraums will ich jetzt nicht durchzudiskutieren versuchen.

Wenn ich es richtig sehe, erweist sich also der Vorwurf gegen eine verbreitete Tendenz in der Medizin, sie sehe die Person oder den Geist nicht, letztlich nicht als identisch mit dem Vorwurf, sie sei Naturwissenschaft, sondern allenfalls als identisch mit dem Vorwurf, sie sei noch nicht naturwissenschaftlich genug, nämlich noch nicht hinreichend gute Naturwissenschaft, das heißt nicht genügend selbstkritisch.

Das also ist der Versuch einer Andeutung der Richtung, in der ich das Problem der Kybernetik gerne behandelt sehen möchte. Die Durchführung ist ein unermeßlich weites Unternehmen, das wahrscheinlich Jahrhunderte dauern wird.

III, 2. Fragen an die Tiefenpsychologie

Vortrag, gehalten im Stuttgarter Institut für Psychotherapie und Tiefenpsychologie im März 1965. Der bewußt im Ton einer Plauderei gehaltene Vortrag wurde, nach Überwindung einigen Widerstands des Redners, nach dem Tonband in kaum redigierter Form abgedruckt in »Almanach 1965. Gesellschaft und Neurose«. Stuttgart 1966. Er artikuliert dieselben Fragen wie III, 1 unter Hervorhebung ihrer Beziehung zur Tiefenpsychologie.

Meine Damen und Herren!

Darf ich meinem Vortrag eine kleine Betrachtung vorausschicken, die sich mir soeben angesichts der räumlichen Situation aufgedrängt hat, in der man sich in diesem Saal als Redner befindet. Mir kommt diese Situation ein wenig symbolisch vor für die Rolle, in die man als Redner so leicht gerät. Da schwebt man in eigentümlicher Höhe über dem Auditorium, einer Höhe, die einem zugleich deutlich macht, wie leicht man fallen kann. Vor sich hat man Geräte, die dazu bestimmt sind, die manchmal mit Absicht etwas leise Stimme gleichwohl lautschallend zu machen. Hinter sich aber spürt man beengend den Vorhang, der vor die Bühne gezogen ist, vor der man in Wirklichkeit spricht. Versuchen wir, aus dieser unausweichlichen Situation das Beste zu machen.

Ich muß beginnen mit dem Ausdruck der Verlegenheit und einer Entschuldigung dafür, daß ich als ein vollkommener Dilettant hier in diesem Kreise spreche. Meine Beziehung zur Tiefenpsychologie ist ungetrübt von der eigentlichen Erfahrung, die man haben müßte, wenn man hier sprechen wollte; ich habe diese Psychologie nie geübt, ich bin nicht analysiert, ich habe nicht analysiert, ich habe das nicht erfahren, was man nur so erfahren kann. In dieser Situation scheint es mir, sollte ich versuchen, meine eigenen Voraussetzungen anzunehmen und zu Ihnen zu sprechen darüber, was einem, der nicht Tiefenpsychologe ist, der Blick auf die Tiefenpsychologie bedeutet, gleichsam in einen kleinen Dialog einzutreten mit der Tiefenpsychologie. Die Fragen, die man da stellen kann, sind sehr vielgestaltig. Ich will sie in einer gewissen Reihenfolge, die nicht sehr streng systematisch ist, anordnen.

Zunächst will ich beginnen mit Fragen, die sich demjenigen aufdrängen, der sich nicht zuerst aus theoretischem Interesse, sondern aus praktischer Anteilnahme an der Situation unserer Welt umsieht. Wir befinden uns heute in einer Welt, die in einer raschen Verwandlung begriffen ist, in einer Verwandlung, die andererseits durch die Einsicht, daß sie gefährlich ist, nicht aufzuhalten ist. Es ist die Frage, wie wir uns in dieser Verwandlung bewähren, wie wir vieles, vielleicht sogar unsere Existenz, in dieser Verwandlung retten. Man wird sagen können, daß die Bewahrung dessen, was bewahrt werden muß, in dieser sich verwandelnden Welt nicht geschieht, wenn man sich gegen die Verwandlung sperrt, sondern umgekehrt, wenn man die Verwandlung gestaltet. Die Welt nicht nur so oder so zu beurteilen, sondern sie zu verändern, ist eine Anforderung gerade an den, der das bewahren will, was bewahrt werden muß. Will nun aber jemand darüber nachdenken, wie eigentlich die Welt bewußt, planvoll, aktiv verändert werden soll, dann mag er in einer Reihe von Bereichen gute Pläne machen können, er wird an eine Schwierigkeit stoßen, die der Kern des Problems ist: wie soll man eigentlich die Welt verwandeln, wenn man einmal gelernt hat zu sehen, wie schwer es ist, einen Menschen zu verändern? Wie ändert sich denn ein einziger Mensch? Die Erfahrung darüber, wie sich ein einzelner Mensch ändert, ist zwar nicht ein Monopol der Tiefenpsychologie; sie ist aber etwas womit sich die Tiefenpsychologen vielleicht tiefer als irgendeine andere Gruppe von Menschen in unserem Jahrhundert haben auseinandersetzen müssen. So scheint mir, daß derjenige, der die großen gesellschaftlichen, politischen Veränderungen unserer Zeit betrachtet und sich fragt, wie man sich in ihnen verhalten soll, gar nicht anders kann, als immer wieder anzustoßen an die Probleme, mit denen der Tiefenpsychologe sich schon immer beschäftigt hat. Mir ist dabei ganz bewußt, daß man mit den Fragen, die man hier aufwirft, vermutlich die Tiefenspychologie, so wie sie faktisch ist, überfordert. Vermutlich hat sie auf viele dieser Fragen nicht die Antwort und kann sie gar nicht haben. Trotzdem wird man von ihr, so scheint mir, manche Antworten bekommen können, die man nirgends anders bekommt; und vielleicht tut man ihr etwas Gutes, wenn man sie in dieser Weise in Anspruch nimmt und ihr dadurch auch den Ansporn gibt, dort weiterzufragen, wo sie von sich aus nicht gleich weiterkäme. Wir sind ja im menschlichen Leben immer, das weiß jeder gute Psychologe, als Einzelne und in unserer historischen Situation heute auch als Menschheit im Ganzen ständig in der Lage, daß mehr von uns verlangt wird, als wir leisten können; daß genau das geleistet werden müßte, damit wirklich gelebt werden kann, was andererseits zu leisten aus fast einsehbaren Gründen unmöglich ist. Und erst in diesen Spannungen entstehen dann die Leistungen, die die wirklichen sind, in denen auf eine merkwürdige und wunderbare Weise es dann doch gelingt, daß vielleicht nicht das Ganze geleistet wird, vielleicht nicht genau das, was man sich vorher vorgenommen hat, aber das, wovon aus der nächste Schritt im Leben möglich ist. Deshalb enthält das, wovon ich heute rede, wenn ich den Ansatz wähle, den ich gerade gewählt habe, ständig eine Überforderung, ich verlange zuviel, ich verlange etwas, was ich nicht selbst leiste. Und doch scheint mir, daß dieses Viele eben das ist, worauf wir achten müssen.

Ich will also zunächst nur ein paar Fragen nennen, die sich jedem aufdrängen, der sich mit der Weltlage im Großen heute beschäftigt. Etwa die: Wir können rational einsehen, ich würde sogar sagen, leicht einsehen, wenn wir uns einmal den notwendigen Ruck für diese Einsicht gegeben haben, daß wir in einer Welt leben, in der der Friede eine Lebensbedingung ist. Damit sage ich nichts Neues, andere wissen das längst, und ich habe das auch immer wieder gesagt, und man wird ja gegen sich selbst mißtrauisch, wenn man etwas zu oft sagt, aber es scheint doch einfach so zu sein. Der politische Friede, das Aufhören der außenpolitischen Institution des Krieges ist Lebensbedingung unserer Welt, das kann man leicht einsehen. Wenn man andererseits einen Blick in die Geschichte wirft, wenn man einen Blick auf das wirft, was wir als die menschliche Natur kennen, so würde ich sagen, kann man fast ebenso leicht einsehen, daß diese Bedingung unerfüllbar ist. Eben der Friede, ohne den wir in der Welt der Atomwaffen, in der Welt all der Waffen, die noch kommen werden, nicht werden existieren können, dessen Durchbrechung uns vernichten wird, ist so wie die Menschheit bisher gelebt hat, unmöglich. Er ist bisher nicht eingetreten. Wir haben gewisse Phasen des Friedens gehabt, und sie wurden immer wieder abgelöst von Phasen großer bewaffneter Auseinandersetzungen. Wir müssen also heute etwas leisten, was nach bisheriger Erfahrung unmöglich ist. Ich sage unmöglich; woher weiß ich, daß es unmöglich ist? Ich berufe mich hier auf Erfahrung. Die Geschichte der Hochkulturen kennt kein Beispiel für einen stabilisierten Frieden, also wird von uns das Beispiellose verlangt. Warum aber kennen wir dieses Beispiel nicht, warum eigentlich ist der Friede bisher niemals als feste Ordnung möglich gewesen? Wenn man das zurückfragt, dann werden wir je nach dem politischen Glaubensbekenntnis dessen, den wir fragen, verschiedene Antworten bekommen. Und doch weiß ich persönlich keine Antwort, die mich befriedigt hätte. Jede Antwort, die ich gehört habe, macht Halt vor der Feststellung, daß in jedem einzelnen Menschen unüberwindlich jenes Element vorhanden ist, das in der Sprache der Psychologen wohl die Aggression heißt, und aus dem sich all diese kriegerischen Explosionen gespeist haben. Wir werden also unsere Institutionen verändern können; wir werden es müssen; wir werden eine institutionell gesicherte Weltorganisation mit Waffenmonopol anstreben müssen, werden vielerlei Dinge anstreben müssen, die heute fast undenkbar scheinen. Und selbst wenn wir sie erreichen, selbst wenn wir die Gesellschaft so umordnen, daß alle die Leute befriedigt sind, die sagen, daß unsere gesellschaftlichen Lebensbedingungen Grund sind für die Kriege, so werden wir damit doch das, was im Menschen zentral drinstitzt, *nicht* ausgerottet haben. Wir werden damit die Aggression nicht los sein; vor einem Kreis von Psychologen braucht man darüber kein Wort zu verlieren, daß man allein durch diese äußeren Umstellungen mit diesem Problem nicht fertig wird. Also stellt sich als eine der überfordernden Fragen die, wie ist mit der Aggression umzugehen, damit gewisse Formen des Austrags der Konflikte, die lebensgefährlich sind, vermieden werden, ohne daß man der Illusion verfällt, es werde keine Konflikte mehr geben: ohne daß man der Illusion verfällt, die Aggression sei wegoperierbar; denn das ist sie ja doch wohl nicht. Das ist also eine der Fragen, in denen meinem Gefühl nach ohne sichere tiefenpsychologische Erfahrung gar nicht weitergegangen werden kann. Ich versuche hier nicht die Antwort zu geben, ich formuliere nur die Frage.

Ich will eine andere Frage stellen, bei der ich mich noch mehr aufs Glatteis meiner Unkenntnis begebe, und ich will sie am besten formulieren, indem ich eine Geschichte erzähle darüber, was mir selber passiert ist: Ich war vor nicht sehr langer Zeit einmal wieder bei einer Tagung von internationalen Rüstungsexperten und Abrüstungsexperten und habe mit ihnen darüber gesprochen, wie man heute Rüstungskontrolle betreiben kann, und dabei sprach ich mit einem der besonders guten englischen Kenner dieser Fragen über einen anderen, einen anglikanischen Bischof, den wir beide kennen und der sich in früheren Jahren diesen Problemen auch sehr gewidmet hat, und ich fragte ihn: »Was macht der eigentlich jetzt?« Da sagte er: »Ja, er hat das aufgegeben, er gibt sich jetzt mit Problemen der Jugendsexualität und der Ehemoral ab«, und er sagte das so offensichtlich in dem Ton: ›Es ist doch sehr schade, daß ein so guter Mann sich von so wichtigen Fragen zu so unwichtigen und vermutlich auch unlösbaren Fragen abgewandt hat.‹ Und da ich in seiner Antwort diesen Ton hörte, sagte ich ihm: »Ja, das finde ich eigentlich sehr klug, der scheint sich den wirklich wichtigen Problemen zuzuwenden.« Darauf sah mich mein Partner etwas erstaunt an, »wieso, was meinen Sie?« Da sagte ich: »Ja könnten Sie sich nicht auch vorstellen, daß wir vielleicht das Problem der Abrüstung und des Weltfriedens erst lösen, wenn wir unsere sexuellen Probleme etwas besser in den Griff bekommen haben?« Da sagte er: »Erklären Sie mir das mal!« Da er aber sagte: »Erklären Sie mir das mal«, hatte ich das Gefühl, daß es nicht sehr leicht sein würde, es ihm zu erklären, und so habe ich dann das Gespräch wieder auf andere Themen abgelenkt. Aber all das hängt doch offenbar zusammen, und solange die besten Experten, die über diese Dinge nachdenken, einen solchen Zusammenhang so verblüffend und fremdartig finden, fehlt uns offenbar noch ein entscheidendes Element der Einsicht in die Bedingungen unserer künftigen Existenz. Man wird da natürlich sehr viel weiter ausholen können, ich will aber nur eine Frage nennen, die auch nicht besonders überraschend oder neuartig ist, die sich in unserem Bewußtsein immer mehr durchsetzt:

Zu den Lebensbedingungen der zukünftigen Menschheit gehört ganz offensichtlich die Geburtenkontrolle. Das ständige zahlenmäßige Wachstum der Menschheit kann gar nicht weiter gehen, ohne daß es in irgendeiner immer katastrophaler werdenden, immer unerträglicher werdenden Situation endet. Wenn man mit der Aggression fertigwerden will, ist es ja wohl auch nicht das

Klügste, daß man die Menschen zwingt, dicht gepfercht aufeinander zu leben. Das Problem der Geburtenkontrolle wird uns, soviel ich sehe, auch dadurch in keiner Weise abgenommen werden, daß etwa ganz von selbst die Geburtenziffern zurückgehen werden. Das Wort »von selbst« ist ja mehrdeutig. Es heißt jedenfalls – soweit meine biologischen Kenntnisse reichen – nicht, daß die Fertilität von selbst abnehmen wird. Ich sehe überhaupt nicht den allergeringsten naturwissenschaftlichen Grund, so etwas anzunehmen. Ich sehe allenfalls, daß dies »von selbst« heißt, daß die Geburtenzahl abnimmt, weil die Geburtenbeschränkung eine sich allgemein durchsetzende Sitte sein wird. Wenn sie das nicht wird, dann wird der staatliche Eingriff an dieser Stelle unvermeidlich werden. Das sind alles keine neuen Themen. Ich stelle nur die Frage: was bedeutet diese unausweichlich auf uns zukommende neue Verhaltensweise, die sich weitgehend ja schon durchsetzt? Was bedeutet diese Sitte für unser seelisches Gleichgewicht? Kann eigentlich der Mensch sich innerlich so umbauen, daß er in dieser neuen Weise leben kann, wenn er bisher in einer Weise gelebt hat, in der all dieses eben nicht geschah, weil es gar nicht möglich war? Durchschauen wir die Wechselwirkungen zwischen Verhaltensweisen, die wir als äußere bezeichnen und die den tiefsten Schichten unserer Seele sehr viel näher sind, als man sich das gewöhnlich klarmacht? Ich würde meinen, daß sehr häufig unsere überraschenden und wunderlichen und beunruhigenden seelischen Reaktionen die Folge davon sind, daß sich etwas in unserer Umwelt, sogar durch unser eigenes Zutun verändert hat, dessen Rückwirkungen wir nie bedachten, nie vorhergesehen haben. Das heißt, mir scheint, daß auch an diesem Problem der Geburtenregelung sich uns rational einsehbar etwas aufdrängt, mit dem seelisch fertigzuwerden ganz weit jenseits dessen ist, was wir heute vermögen. Ich sage ja, ich stelle lauter Fragen hier, die uns vielleicht überfordern, aber ich glaube, es ist genau die Überforderung, die durch unsere Situation gegeben ist, und diese Situation ist nicht so einmalig, wie man meint, sondern eine neue Ausprägung dessen, was es heißt, Mensch zu sein.

Nun, wenn ich solche Fragen hier aufwerfe, dann wird sich natürlich die Frage stellen, an wen ich sie richte; und wenn ich sie an die Tiefenpsychologen richte, wie werden die Tiefenpsychologen darauf antworten können? Im Augenblick habe ich das Wort, und ich kann nicht die Antwort derer geben, zu deren Gruppe ich nicht gehöre; ich werde also darüber vielleicht ein paar Worte sagen dürfen, wie sich diese Gruppe von außen her, für mich als einen der Außenstehenden und für die vielen anderen Außenstehenden ausnimmt. Es ist ja eine eigentümliche Situation, in die schon Freud gedrängt worden ist, und die in gewisser Weise durch die politischen Umstände und durch eine Reihe von komplizierten Entwicklungen in Deutschland sich länger aufrechterhalten hat als in manchen anderen Ländern, als beispielsweise in Amerika. Freud war durch die Art, wie er anfing, gegenüber der Welt der offiziellen Wissenschaft, gegenüber der Universität, in eine Ghettosituation gedrängt. Er war dort, wo er seine eigenen Wurzeln wußte, in der Wissenschaft, nicht akzeptiert. Er war stattdessen außerordentlich rasch ein Faktor in der Entwicklung des Weltbewußtseins. Fast jeder Gebildete meiner Generation hat als junger Mensch etwas von Psychoanalyse erfahren, hat den Wortschatz der Psychoanalyse übernommen, während gleichzeitig die offizielle Welt der Wissenschaft in einer gewissen Kühle, wenn nicht Feindseligkeit blieb. Das ist sicher keine besonders glückliche Situation. Wer ins Ghetto gedrängt oder freiwillig ins Ghetto gegangen ist, entwickelt unter Umständen Ghettogewohnheiten, die nicht förderlich sind für das, was er eigentlich unter seinen Mitmenschen wirken sollte. In diesem Zusammenhang sieht man dann auch von außen – und ich gehöre ja soziologisch eben zu dieser kühlen, ablehnenden Welt der Wissenschaft – diese Gruppe an und fragt sich, ob man sie nicht eigentlich ganz mit Recht ins Ghetto gesperrt habe. Ich würde sagen, mir persönlich kommt das nicht so vor; aber man kann ja doch so manche anderen Betrachtungen anstellen, wenn man sich etwas näher einläßt auf die Tiefenpsychologie; da ist z. B. die Frage der verschiedenen Schulen, die es gibt, und des manchmal eigentümlichen, wie soll ich sagen, einer religiösen Gemeinschaft ähnelnden Verhaltens von Angehörigen dieser Schulen. Ich komme selber aus einer Wissenschaft, der Physik, in der es zwar Schulen gibt, in der aber die Schulen miteinander durch die leichte Beweisbarkeit dessen, womit man sich abgibt, immer wieder in einem Gespräch sind; was sehr viel schwieriger ist in Bereichen, in denen es schwerer ist, etwas zu beweisen. Schulen haben, glaube ich, ihren sehr großen Vorteil darin, daß es in der Wissenschaft ja etwas gibt, was in keiner

Weise dadurch gelernt werden kann, daß man das, was in den Lehrbüchern steht, nachmacht, sondern nur dadurch, daß man von einem lebendigen Menschen das lernt, was er kann. Ich habe bei Heisenberg Physik gelernt und so die Notwendigkeit dessen erfahren, was ich manchmal in Gesprächen über dieses Phänomen etwas scherzhaft die apostolische Succession in der Wissenschaft genannt habe. Andererseits ist da die Frage, wie sich die verschiedenen Successionen, die verschiedenen Traditionen zueinander zu verhalten haben. Es gibt eine Geschichte, die mir in diesem Zusammenhang manchmal einfällt; sie steht in den Chassidischen Erzählungen, die Martin Buber gesammelt, stilisiert und herausgegeben hat: Einer jener chassidischen Rabbis äußerte sich kritisch über zwei Schulen, die es in seiner Umwelt gab, in jenem Polen des 19. Jahrhunderts, und sagte, das sei eigentlich nicht recht, wie die miteinander stritten. Da antwortete ihm sein Schüler: »Aber heißt es nicht, der Streit zwischen den beiden großen Lehrern der Vorzeit, zwischen Schammai und Hillel sei ein Streit um Gottes willen, sei also ein Streit, der sein muß?« Darauf sagte er: »Ja, der Streit zwischen Schammai und Hillel ist ein Streit um Gottes willen, aber der Streit der Jünger von Schammai mit den Jüngern von Hillel, das ist kein Streit um Gottes willen.«

Nun also, die Auseinandersetzung um die Wahrheit ist eben das, was gepflegt werden muß, und das Gefährliche von Ghettosituationen ist ja gerade, daß diese Auseinandersetzung an gewissen Stellen nicht mehr gelingt, weil man sich gegen den, der anders denkt, verriegelt, oder weil der Andere sich verriegelt hat. Ich würde hier gerne eine kleine Betrachtung einflechten über die Forderung, die man heute in vielen Bereichen an sich stellt, auch in der Psychologie, die Forderung der Wissenschaftlichkeit. Diese Forderung scheint mir eine merkwürdige Ambivalenz zu haben: Einerseits heißt Wissenschaft, daß es einem um die Wahrheit geht, nicht um das Falsche, nicht um die Privatmeinung; Wissenschaftlichkeit hat ein gewisses Ethos der Öffentlichkeit, es kommt darauf an, sich nicht in einem geheimen Bereich, der geschützt ist vor Kritik, zu bewahren, sondern sich durchzusetzen unter der Kritik aller anderen, die dieselbe Sache auch betreiben. Ohne dieses Ethos der wissenschaftlichen Öffentlichkeit wird eine bestimmte Art von Wahrheit wohl nicht gefunden. Wissenschaft ist auf der anderen Seite heute eine Macht, die in immer wachsendem Maß die Welt verwandelt, und von der die Welt auch weiß, daß sie die Welt verwandelt. Wissenschaft hat also einen sozialen Status bekommen, so hoch wie niemals früher. Wenn nun Menschen – ich sehe das z. B. an dem Fach der Pädagogik, mit der ich in meiner gegenwärtigen Situation sehr viel Kontakt habe – wissen, daß sie etwas entscheidend Wichtiges zu vertreten haben (wie eben die Pädagogen, denn was könnte es Wichtigeres geben als die Erziehung) und wenn sie wollen, daß man sie anhört in einer Welt, in der der soziale Status der Wissenschaft ein fast unüberbietbarer Status ist, dann ist es eminent wichtig, daß sie Wissenschaftler sind. Und dann ist es notwendig, die Wissenschaft auch dort zu fingieren, wo sie gar nicht vorliegt, weil vielleicht gerade das Schöne, was man zu bieten hat, gerade die tiefen Einsichten, die man hat, gerade die menschliche Fülle, die man zur Verfügung hat, die Verwandlung in Wissenschaft gar nicht zulassen. Aber man muß Wissenschaftler sein, sonst wird man nicht gehört, sonst wird man nicht anerkannt. Nun, dieses Spiel soll man ruhig spielen, das ist ein ganz schönes Spiel, ich habe gar nicht so sehr viel dagegen. Nur würde ich sagen, man kommt in eine große Gefahr, wenn man nicht mehr merkt, was man für ein Spiel spielt, Wissenschaft nicht mehr erkennt als einen Vorhang, hinter dem die Wirklichkeit beginnt.

Die Frage, wann man denn nun eigentlich wissenschaftlich ist und wie nicht, wäre dann natürlich noch sehr weit zu verfolgen, da käme man in abstrakte Überlegungen über Methodologie hinein, die ich Ihnen hier im großen und ganzen ersparen möchte. Wissenschaft ist doch offenbar methodisch. Wissenschaft wird vielfach geradezu identifiziert mit Methode. Nun ist die Frage: wie ist eigentlich wissenschaftliche Methode beschaffen, wie macht man es, um wirklich nach wissenschaftlicher Methode zu arbeiten. Darüber gibt es gerade in unserer neueren Zeit eine Fülle von Betrachtungen. Und diese Reflexion ist sehr förderlich und sehr nützlich. Ich würde nur sagen, ich habe den Eindruck, daß man sich gegenüber dieser Methodologie eine gewisse Unabhängigkeit bewahren soll. Es scheint mir, daß im Grunde die gemeinsamen Züge der wissenschaftlichen Methode sich ziemlich nahe anknüpfen lassen an das, was ich vorhin schon gesagt habe, an das Ethos der Öffentlichkeit, an die Forderung der Kontrollierbarkeit, und zwar die Kontrolle durch andere Leute, die Urteil haben. Die Einzelheiten der Methode jedoch, so scheint es mir, sind immer wieder bestimmt vom Gegenstand. Und im Grunde, glaube ich, ist in der Wissenschaft führend die Sache, mit der man sich abgibt, und nicht die Methode. Es ist nicht so, soweit ich es übersehe, daß dieselbe Methode überall zum Ziel führt, sondern die großen wissenschaftlichen Schritte geschehen immer dort, wo jemand gebannt von der Wirklichkeit, der er sich nicht mehr entziehen kann, die er vor sich sieht, eine Methode entwickelt, die vorher niemandem eingefallen wäre. Vielleicht gibt es dafür kein grandioseres Beispiel in den letzten hundert oder hundertzwanzig Jahren als eben Sigmund Freud. Das, was Freud getan hat, ist ja vom Standpunkt der Wissenschaft, in der er erzogen worden ist, zunächst einmal überhaupt nicht Methode, es ist ganz unwissenschaftlich. Er hat all das nicht getan, was die Wissenschaft normalerweise tut. Er hat mit Patienten gerdet, er hat dem geglaubt, was sie erzählten, statt daß er objektive Methoden benützt hätte. Was aber hat er getan: er hat, weil er hier Phänomene gesehen hat, die Methoden entwickelt, die diesen Phänomenen angepaßt sind, und diese Methoden haben sich als lehrbar erwiesen. Das heißt, es ist hier wissenschaftliche Methode entstanden, wie sie nie entstanden wäre, wenn nicht vorher das Phänomen gesehen worden wäre von einem Menschen, der gleichzeitig begabt war mit dieser wunderbaren Gabe, Phänomene aufzunehmen, und andererseits mit einem sehr kritischen Verstand, einem sehr methodischen Kopf. So etwa, würde mir also scheinen, geht das immer weiter. Überall dort, wo etwas anzugreifen ist, was bisher noch nicht bewältigt ist, wird sich auch die Methode verwandeln, und sie wird verwandelt werden von dem, der von dieser Sache am tiefsten ergriffen ist. Das geschieht allerdings nur dann, wenn er gleichzeitig sich selbst so zu objektivieren vermag, daß er das, was er dort gesehen und neu entwickelt hat, lehren kann, daß er es durchsetzen kann in der legitimen Arena der wissenschaftlichen Öffentlichkeit. Diese kleinen Betrachtungen zum Thema wissenschaftliche Methode würde ich gerne von mir geben, ich bitte Sie zu entschuldigen, wenn es vielleicht auch allzu triviale Dinge sind.

Aber wenn ich betone, daß der Gegenstand das Entscheidende ist, dann muß ich zum dritten und letzten Teil dessen kommen, was ich hier sagen möchte; ich muß noch von den Gegenständen reden, und zwar von den Gegenständen, die mir als einem, der nicht Tiefenpsychologe ist, mit dem Gegenstand der Tiefenpsychologie innig verbunden scheinen. Ich würde gerne mit dem Blick eine kleine Wanderung am Horizont entlang vornehmen, indem ich von verschiedenen Bereichen rede, die meinem Empfinden nach die Tiefenpsychologie teils fordern, teils befruchten können. Wenn man im Hochgebirge die Gipfel sieht, gibt es sehr viele Gipfel, und man kennt gar nicht alle ihre Namen; auch wenn man lange in dem betreffenden Tal gelebt hat, kennt man oft noch nicht alle Namen, man streitet sich über die Namen – so will ich auch jetzt nicht von jedem Namen reden, sondern nur versuchen, ein paar Massive zu bezeichnen und nicht einmal alle Massive. Die Auswahl wird notgedrungen subjektiv sein.

Die Nachbarschaft der Tiefenpsychologie zur *Medizin* ist natürlich. Sie ist ja schon in ihrer Geschichte gegeben. Es scheint mir sehr nützlich, sehr gesund, daß eine Personalunion zwischen beiden Bereichen nicht eine exklusive, aber eine in der Mehrzahl der Fälle praktizierte Forderung ist. In der Medizin, das ist mir schon lange, ehe ich das Wort »psychosomatisch« kennengelernt hatte, durch meinen Onkel Victor bekannt geworden, ist der Zusammenhang zwischen dem Seelischen und dem Körperlichen ein entscheidend wichtiger Zusammenhang. In der psychologischen Denkweise der Schulen von Freud und von Jung war eine zu vordergründige Betrachtung der psychischen Phänomene unter organischer Kausalität ersetzt worden durch eine Betrachtung dieser Phänomene, in der man versteht, worauf sie deuten, worauf sie angelegt sind. Ich habe den Eindruck, daß diese Betrachtungsweise auf der Ebene, die durch das psychologische Denken erschlossen worden ist, dann doch sekundär zu ergänzen ist durch ein Verständnis der Zusammenhänge mit dem Somatischen. Das ist nicht mein Fach, es ist nur ein Thema, das sich mir immer wieder aufdrängt und mir wichtig scheint, und ich habe das Gefühl, daß rein im Sinne der Forschung hier noch sehr viel zu erwarten ist. Es ist heute verschiedentlich der Ausdruck »psychosomatische Krankheiten« gebraucht worden, und ich erinnere mich ganz gut, daß ich ursprünglich eigentlich dieses Wort »psychosomatisch« in einer anderen Weise gehört habe, nämlich nicht als ein auszeichnendes Merkmal bestimmter Krankheiten, sondern als einen übergreifenden Gesichtspunkt, als einen Gesichtspunkt, der in allen Bereichen eine Rolle spielt, sowohl in solchen Bereichen, in denen man normalerweise nur von rein seelischen Erkrankungen spricht, wie in solchen Bereichen, in denen man normalerweise von rein körperlichen spricht. Dann zeigt es sich, wie das immer ist, daß übergreifende Gesichtspunkte in gewissen Gebieten, in gewissen Einzelfällen besonders fruchtbar sind, während sie in anderen nichts Erkennbares hergeben. Und so kommt es dann zu einer Einschränkung, zu einer Spezialität, indem der »psychosomatische Zusammenhang« gebraucht wird, um ganz bestimmte Phänomene, etwa bestimmte Krankheitsgruppen, besser aufzuklären. Darüber kann ich nichts sagen, denn in dieser Praxis stehe ich nicht drin. Worüber ich etwas sagen möchte, das ist, daß man darüber den übergreifenden Gesichtspunkt, daß es eine leib-seelische Einheit gibt, nicht vernachlässigen darf, daß der leibseelische Zusammenhang als ganzes ein Thema ist, das uns gestellt ist. Ich spreche jetzt nicht so sehr von den therapeutischen Dingen, wiederum eigentlich vor allem deshalb, weil ich von ihnen nicht sachverständig genug sprechen könnte, sondern vom theoretischen Aspekt.

Dieser theoretische Aspekt bekommt durch neuere Entwicklungen der letzten Jahrzehnte eine gewisse Schärfe, etwa durch die Entwicklungen, die man durch den Titel *Kybernetik* bezeichnen kann. Und damit kommen wir zu Fragen, die aus der Medizin in engerem Sinne hinausführen in die Theorie des Biologischen überhaupt. Die Frage stellt sich ja, wenn man von leib-seelischen Zusammenhängen spricht, immer in mehrfacher Richtung, und man weiß nicht a priori, in welcher Richtung man eigentlich fragen möchte und fragen sollte. Geht man davon aus, daß es einerseits den Leib gibt und daß es andererseits die Seele gibt, dann stellt sich die Frage, beeinflußt eigentlich der Leib die Seele oder beeinflußt die Seele den Leib oder beeinflussen sie sich gegenseitig. Dann stellt sich aber auch die Frage, ob diese Unterscheidungen nicht vielleicht noch vordergründig sind und ob dahinter nicht eine Wesensidentität liegt. Diese Wesensidentität ist in der Geschichte unseres Denkens, etwa auch in der Geschichte der Philosophie, verschiedentlich in der Weise angesprochen worden, daß man positiv behauptet hat, die letzte Wirklichkeit sei geistig; das was wir das Seelische nennen, sei eine bestimmte Entfaltung, eine individuelle oder auch vielleicht überindividuelle Entfaltung dieser Geistigkeit, und das, was wir die Materie nennen, sei eine Weise, wie diese letzte Wirklichkeit von sich selbst als sich selbst entfremdete wahrgenommen wird. Das ist also ein Ansatz, der vom Geist beginnt, und ich würde sagen, es ist der tiefere und der eigentliche und der wahre Ansatz. Es ist aber ein Ansatz, dessen Fruchtbarkeit an gewisse Grenzen gekommen ist, und die Entwicklung der Naturwissenschaft ist wesentlich vorangetrieben worden in einem Gegensatz, einer Gegenwehr gegen diesen Ansatz. Auch die Entwicklung der Tiefenpsychologie ist vorwiegend in einer Gegenwehr gegen diesen Ansatz vorangetrieben worden. Versucht man nun, diese Gegenwehr bis aufs äußerste zu treiben, dann kommt man etwa in den Gedankenkreis dessen, was ich gerade mit dem Wort Kybernetik angedeutet habe. Dort nimmt man das Materielle gerade als das Gegebene. Was eine Rechenmaschine ist, das versteht sich von selbst. Und dann stellt sich die Frage, ob vielleicht die seelischen Phänomene begriffen werden können als etwas, das letzten Endes produziert wird von einer verborgenen oder vielleicht nicht einmal so verborgenen, nämlich im Gehirn lokalisierten Rechenmaschine. Ich schematisiere, ich vergröbere hier, aber ich vergröbere nur in der Sprechweise, ich wäre bereit, hinter dieser vergröbernden Sprechweise eine größere Subtilität auszubreiten, nur würde uns das für den Augenblick vielleicht zuviel Zeit kosten. Und ich glaube, daß immerhin die Richtung, in der ich mit dieser Sprechweise deute, klar ist. Die Frage ist, finden wir nicht psychische Mechanismen vor, deren Struktur den Verdacht nahelegt und vielleicht sogar letzten Endes beweisbar machen wird, daß sie Mechanismen von etwas Materiellem in ihrer letzten Essenz sind. Finden wir nicht vielleicht psychische Gesetzmäßigkeiten vor, die genau deshalb Gesetzmäßigkeiten sind, weil sie ein Aspekt der Naturgesetze sind? Und wiederum, wenn man Freud liest, so findet man, daß bei Freud neben der wunderbaren Gabe, Phänomene zu sehen und eine Begrifflichkeit zu erfinden, die gerade diesen Phänomenen angepaßt war, eine naturwissenschaftliche Spekulation einherging, an die man das, was ich gerade gesagt habe, soweit ich sehe, ganz gut anschließen kann. Es ist also die Frage, ist das nicht vielleicht der Weg, den die Forschung weiterhin zu gehen hat? Daß die Rechenmaschinen heute schon »Dame« spielen können und in einiger Zeit werden Schach spielen können, daß die Rechenmaschinen allerhand Dinge tun können, die uns auch ganz unerwartet kommen, das weiß man schon. Ich darf das vielleicht auch durch eine kleine Anekdote würzen, die an das Damespielen anknüpft. Ich erinnere mich, daß ein Rechenmaschinenkonstrukteur mir einmal erzählte, was seine Rechenmaschine könne, – das ist jetzt schon zehn Jahre her, heute können sie mehr – er erzählte, daß er sie eben zum Damespielen erzogen habe, daß sie das nun könne, daß sie natürlich noch nicht so gut spiele wie er (das ist heute vorbei, heute kann man Rechenmaschinen bauen, die besser Dame spielen, als die meisten ihrer Konstrukteure). Diese Rechenmaschine also spielte Dame, sie spielte die erste Partie gegen ihn und kam zuletzt in eine Lage, wo sie verlieren mußte. Sie hatte nur noch einen Zug übrig und – da betrog sie. Man kann, wenn man das so erzählt, einen Effekt der Heiterkeit erzeugen; man erfreut aber damit den Rechenmaschinenbauer nicht. Wenn ich diese Geschichte in der Gegenwart eines Rechenmaschinenbauers erzähle, was ich manchmal tue, wie ich gestehen muß, und der Laie sich dann freut, dann sagt der Rechenmaschinenbauer sofort beschwichtigend: aber das war natürlich nur ein Rechenfehler! Nun würde ich sagen, in dieser Beschwichtigung zeigt sich viel mehr als in der ganzen Geschichte. Was heißt Rechenfehler? Ein Rechenfehler heißt, daß die Maschine nicht das tut, was wir in sie hineingebaut haben, was wir vorgesehen haben, daß sie tun soll, sondern etwas anderes. Nun ist ja aber die Maschine ein wirkliches Ding, die kann das ja, sie kann eben Rechenfehler machen. Natürlich, wie wir so sagen, natürlich, wir wissen es ja immer so gut, ist in diesem Falle der Rechenfehler ein reiner »Zufall« gewesen, und die Maschine hatte nicht die Absicht, zu betrügen. Das will ich annehmen, ich glaube nicht, daß diese Maschine in irgendeinen seelischen Druck gekommen ist und den Partner betrügen mußte. Denn die Maschine hat ja keine Strafe dafür zu gewärtigen, daß sie verliert. Das alles kommt in ihr nicht vor, und deshalb gebe ich dem Rechenmaschinenbauer völlig recht, daß es nur ein Rechenfehler war, das heißt ein Zufall. Zufall ist ja ein eigentümliches Wort. Es ist immer sehr schwer zu wissen, wieweit es das deckt, was wir nicht wissen, oder wie weit es eine legitime Anwendung hat. Jedenfalls sagen wir, es sei hier Zufall gewesen. Aber das schließt doch das fundamentale Faktum nicht aus, daß dasjenige, was ich durchkonstruiere, entweder in concreto als eine Maschine, die ich baue, oder in abstracto, als das gedankliche

Modell, das ich mir mache vom Funktionieren von irgend etwas anderem, als wäre es eine Maschine, z. B. von meinem eigenen Gehirn, sich nachher nicht so benimmt, wie es meiner Konstruktion entspricht, sondern ganz anders. Dieses andere Verhalten kann in einem anderen Rahmen sinnvoll sein, denn selbst wenn die Rechenmaschine nur zufällig den Rechenfehler gemacht hat, so ist dieser Zufall unter den Aspekten der Physik vermutlich kausal bedingt gewesen, also notwendig. Es handelt sich also in all diesen Fällen um den Gesichtspunkt, von dem aus ich die Sache betrachte, und wenn ich ein kybernetisches Modell seelischer Vorgänge entwerfen will, so stellt sich mir auch hier die Frage, was ist der Gesichtspunkt, unter dem dieses Modell ein Modell des Wirklichen ist. Ich habe hier eine Frage formuliert, ich will nun versuchen, zu dieser Frage eine Antwort zu skizzieren, die natürlich nicht die Antwort dessen ist, der weiß, sondern die Antwort dessen, der sagt, wie er gerne die weiteren Fragen ansetzen möchte. Meine persönliche Tendenz wäre zu sagen, man soll diesen kybernetischen Betrachtungen ganz weit entgegenkommen. Man soll bereit sein zu glauben, daß das, was uns als Seelisches bekannt ist, in der Tat einen Ursprung, einen anderen Aspekt, ein Korrelat, oder wie Sie es je nach der Philosophie, die Sie vorziehen, nennen wollen, in Vorgängen hat, die im Gehirn oder irgendwo sonst im Körper stattfinden, die sich nach physikalischen Gesetzen beschreiben lassen, und deren Gesetzmäßigkeiten ein Grund sind für die Strukturen, die wir wieder auch im Seelischen vorfinden. Dieses scheint mir eine adäquate Sprache für das, was uns kausal, gerade auch in der Psychologie, immer wieder zu denken aufgegeben ist – eine adäquate Sprache natürlich immer mit der Vorsicht des Hypothetischen. Ich behaupte nicht, daß man das schon weiß, ich behaupte nur, daß es äußerst fruchtbar ist, in dieser Richtung zu forschen. Seelische Strukturen, soweit sie Gesetzmäßigkeiten spiegeln, mögen sehr wohl letzten Endes auf Gesetzmäßigkeiten begründet sein, die wir als Gesetzmäßigkeiten des Somatischen ausdrücken werden können. Damit bin ich aber nicht etwa am Ende des Problems, sondern im gewissen Sinn am Anfang, denn was ist das Somatische, was ist denn die Materie, was ist denn der Körper, was sind denn Naturgesetze?

Mit dieser Frage allerdings verlasse ich den Arbeitsbereich des praktizierenden Psychologen und gehe in den Arbeitsbereich des praktizierenden Physikers über, also in den Arbeitsbereich, den ich selbst gelernt habe, und in dem mir noch viel bewußter ist als anderswo, wie schwierig die Fragen sind. Das ist ja aber, was ich sagte, ich will die Massive am Horizont bezeichnen, ich will von der ganzen Landschaft reden und nicht nur von dem besonderen Tal, das Sie hier mit Recht anbauen, weil es ein fruchtbares Tal ist. Also was meint man denn mit dieser Reduktion auf das, was zumindest auch die somatische Beschreibungsweise zuläßt? Wenn Sie einen Physiker heute fragen, was ist Materie, so sagt er: »Nun ja, das sind die Atome, also dies da ist Materie (Redner klopft auf das Pult), und die Luft ist auch Materie, und mein Kopf, mein Gehirn ist Materie und die Sterne sind Materie, alles das ist Materie.« Nun, das ist die Art zu definieren, die schon Sokrates seinen Gesprächspartnern immer verboten hat; er sagte, eine Aufzählung von Beispielen ist keine Definition. Was ist denn das Gemeinsame hieran? Inwiefern ist denn das alles Materie, und was meint Ihr, wenn Ihr es Materie nennt? Ich will hier nicht auf den sehr interessanten und komplexen Werdegang des Terminus Materie eingehen, das würde tief in die Philosophiegeschichte hineinführen, sondern ich will sagen, wie ein heutiger Physiker, ein heutiger Atomphysiker sagen würde: Alles, was ich an Beispielen für Materie gegeben habe, das läßt sich doch zusammenziehen als etwas, was aus dem besteht, was wir Atome nennen. Sagen wir also: Die Atome sind Materie, oder die Felder, als welche die Atome auch erscheinen, sind Materie. Das heißt, es ist nicht die räumliche Ausdehnung, es sind nicht die kleinen Billardkugeln, es ist etwas nur viel abstrakter Faßbares. Und wenn man dann fragt, wie faßt Ihr's denn? Dann sagen wir: in den Naturgesetzen. Also Materie ist das, was den Naturgesetzen genügt. Während in früheren Denkweisen, in der Denkweise dessen, was sich so traditionell Materialismus nennt, die Naturgesetze die Regel sind, denen die Materie eben genügt, wo Materie das Verständliche ist und Naturgesetz das nachträglich Eingeführte, sieht es heute so aus, daß Materie gar nicht mehr anders definiert werden kann, als eben indem man sagt, sie ist das, was den Naturgesetzen genügt. Was sind aber die Naturgesetze? Nun, da möchte ich eine Vermutung aussprechen, von der ich hoffen würde, daß man sie in zwanzig Jahren vielleicht prüfen, also bestätigen oder widerlegen kann, und eine Vermutung, auf deren wirkliche Begründung ich jetzt nicht eingehen kann. Dafür muß ich einfach die Verantwortung auf mich nehmen: Ich habe den Verdacht, daß die Entwicklung der Physik dahin strebt, daß letzten Endes alle sogenannten einzelnen physikalischen Theorien reduzierbar sind auf eine einzige, daß es letzten Endes *eine* Physik gibt und nicht mehrerlei physikalische Theorien, und daß diese eine Physik auch das, was wir heute Materie nennen, so befriedigend beschreibt, so adäquat beschreibt, daß man in den Grundgesetzen vielleicht weiteres nicht mehr wird suchen müssen – so wie wir heute schon die Sonnenfinsternisse vorhersagen auf Grund der Newtonschen Mechanik, die sich seit Newton oder spätestens seit Euler nicht mehr geändert hat. Und es scheint mir weiter, daß diese fundamentale Physik, der z. B. gerade auch Heisenberg heute nachstrebt, der schon Einstein – in einer heute etwas veralteten aber damals sehr wichtigen Weise – nachstrebte, daß diese einheitliche Physik wird begründet werden können als die einzige konsistente Theorie von unterscheidbaren und mit sich selbst durch die Zeit identisch bleibenden Objekten überhaupt. Wie gesagt, dafür habe ich die Verantwortung selbst zu tragen, das kann ich jetzt nicht begründen. Ich nenne diesen Gedanken hier nur, weil dieser Gedanke, wenn er richtig sein sollte, zum Ausdruck bringen würde, daß, wenn es überhaupt etwas gibt, was ich als ein von anderem unterscheidbares und mit sich identisch bleibendes Objekt in der Zeit beschreiben kann, es den Gesetzen dieser Physik genügen wird, also auch all das in den seelischen Vorgängen, was eine solche Beschreibung zuläßt. Und sollte das wahr sein, so wäre es nicht so überraschend, daß wir schließlich auch kybernetische Modelle machen können, denn diese Modelle wären dann nichts anderes als eine Konsequenz aus den Bedingungen, denen das in der Weise der Objekte, wie ich es gerade gesagt habe, Beschreibbare notwendigerweise genügen muß, schon weil es in dieser Weise beschreibbar ist. Dann würde man also sagen können, die Physikalisierbarkeit im Seelischen ist nichts entscheidend anderes als die wissenschaftliche Beschreibbarkeit. Das sage ich also hier als eine reine Hypothese, wir reden »intra muros«, ich sage es, um zu sagen, mir scheint, daß das Problem des psychosomatischen Zusammenhanges eines ist, das sich vielleicht wirklich lösen läßt; ich bin nicht sicher, ich habe aber sogar das entschiedene Gefühl, daß es falsch ist, an dieser Stelle einfach agnostisch zu sein und zu sagen, das wird man doch nie wissen, und das muß man halt irgendwie beschreiben. Ich meine, das kann man sehr gut wissen, und es könnte sein, daß die Lösung diese wäre. Wenn das allerdings die Lösung ist, dann sehen wir auch die möglichen Grenzen einer solchen Beschreibung. Denn ob wir sicher sein dürfen, daß das, was wir Seelisches nennen, eine Beschreibung durch mit sich in der Zeit identisch bleibende und von andern unterscheidbare Objekte in seiner letzten Wirklichkeit zuläßt, das ist allerdings eine noch offene Frage. An dieser Stelle grenzen nun, um ein letztes Massiv am Horizont zu bezeichnen, die Psychologie und die Physik, die dann gemeinsam zu nehmen wären, offensichtlich an das, was wir historisch Philosophie nennen, und insbesondere auch an das, was wir Religion nennen. Denn in der Religion ist es wohl doch immer gerade um das gegangen, was nicht in unserer Hand liegt, also das, was wir nicht beschreiben können als zusammengesetzt aus Objekten, die voneinander unterscheidbar sind, durch wen unterscheidbar: durch uns; und mit sich als identisch in der Zeit erkennbar sind, für wen erkennbar: für uns; das heißt nicht als etwas, was unserer intellektuellen Beherrschung nach dem durch diese pedantische Formel geschilderten Schema unterliegt. In der Religion ist es immer gegangen um die Wirklichkeit, die man als eine andere oder als eben diese hat ansprechen mögen, jedenfalls aber diejenige Wirklichkeit, die nicht von uns beherrscht wird, sondern die uns bestimmt und die selbst die Bedingungen setzt dafür, daß wir etwas beschreiben können als mit sich identisch bleibende und voneinander unterscheidbare Objekte. Es scheint mir also wiederum gar kein Zufall, sondern es scheint mir eine Verfolgung dessen, was mit dem Ernstnehmen gerade der seelischen Phänomene notwendig verbunden war, daß in der Entwicklung der Tiefenpsychologie und hier nun insbesondere in der Schule von C. G. Jung die Nachbarschaft zu den großen traditionellen Bildern der Religion und den großen traditionellen Gedanken der klassischen Philosophie sichtbar und bewußt geworden ist. Es scheint mir, daß hier das Massiv für einen Augenblick hinter den Wolken zum Vorschein gekommen ist, das da wirklich steht. Natürlich ist auch damit eine Frage aufgeworfen, die man nicht dadurch beantworten kann, daß man nun diesem Massiv gegenüber einen traditionalistischen Standpunkt einnimmt, daß man sagt, nun ja, was Religion ist, das wissen wir schon, Religion ist die und die Konfession, der ich anghöre, Religion ist die und die Schule der Theologie, aus der ich mein Wissen bezogen habe. Das wäre überhaupt nicht der Blick auf die Phänomene, sondern das wäre selbst wiederum nur der Blick auf die Gestalt, in der diese Phänomene erschienen sind, solange man ihren Zusammenhang mit dem, was wir jetzt betreiben, nicht gesehen hat. Hier stellt sich vielmehr eine neue Aufgabe, hier stellt sich die Aufgabe, ein Bewußtsein für den Zusammenhang mit diesem großen und diesem zentralen Massiv zu entwickeln, das wir noch nicht haben. Es hat mich sehr frappiert zu sehen, daß z. B. C. G. Jung das Wort Archetypen gebraucht hat. Er hat dieses Wort ja nicht erfunden, sondern man kann genau sagen, woher er es hat. Er hat es aus der Philosophie Platons, und in der Philosophie Platons ist Archetypus eine der Bezeichnungen für das, was Platon eigentliche Wirklichkeit nennt, von der her alles andere verständlich ist. Oder um eine andere, weniger übliche Formel zu sagen (die in einem langen Streitgespräch durchzuführen ich bereit wäre): die platonische Idee ist, wenn man die platonische Philosophie in ihrer Strenge durchmeditiert, einfach ein Name für das einzige, was man verstehen kann. Was man verstehen kann, ist Idee. Ein Beispiel: wenn wir heute Naturwissenschaft treiben, dann ist das Naturgesetz das einzige, was wir verstehen können, und das heißt, das Naturgesetz ist in der Natur der Repräsentant dessen, was Platon die Idee nennt. Man hat seit der nicht ohne Tiefenpsychologie begreiflichen Polemik des Aristoteles gegen Platon dem Platon unterschoben, er habe die Ideen, wie man es nennt, hypostasiert, das heißt, er habe aus den Ideen Dinge gemacht, so als ob die Idee des Tischs, das Vorbild aller Tische ein Tisch wäre, der irgendwo im Ideenhimmel steht. Dabei hat man die ironischen Äußerungen Platons wörtlich genommen, und Platon hätte sich schmunzelnd die angesehen, die seine Ironie hier nicht gemerkt haben, und man hat insbesondere alle Winke, die Platon selbst gegeben hat, überhört, nämlich daß genau diese Verdinglichung das zentrale Mißverständnis seiner Ideenlehre ist. Was Platon wirklich mit Idee gemeint hat, auch nur in einem Versuch auszubreiten, wäre Gegenstand einer besonderen Vorlesung und ist hier nicht meine Aufgabe, aber in meinem tour d'horizon kann ich immerhin darauf hinweisen, daß Jung mit seiner Terminologie doch im Seelischen wurzelnder Archetypen zwar nicht ein besonders guten Platoniker war, aber sicher ein besserer Platoniker als diejenigen, die den Platon schlicht hypostasierend verstehen. Er hat genau das gesehen, was dem Platon so wichtig war, daß diese Ideen Mächte sind, und zwar, daß diese Ideen diejenigen Mächte sind, ohne die wir überhaupt nichts verstehen können, *durch* die allein wir etwas verstehen können; durch die wir aber nicht etwas verstehen können, indem wir uns ihrer bemächtigen, denn dazu sind wir gar nicht imstande, sondern indem wir uns ihnen in einer adäquaten Weise öffnen und stellen. Die Wissenschaft beruht ja selbst auf Archetypen. Die Archetypen, die in der modernen, der neuzeitlichen Wissenschaft ganz besonders, die herrschenden sind, sind diejenigen, die Platon die mathematischen nennt. Das Mathematische spielt in der platonischen Philosophie eine sehr wichtige Rolle, aber keineswegs die herrschende. »Niemand darf, ohne Geometrie gelernt zu haben, hier eintreten«, schrieb Platon über die Akademie, und das ist wahr, und das gilt von der Welt der Wahrheit, die die heutige Wissenschaft vertritt, noch ganz genauso. Statt Geometrie sagen wir heute abstrakte Mathematik, es ist aber in der Intention dasselbe. Aber, das was uns als das a priori der Mathematik gegeben ist, was zu den Bedingungen der Möglichkeit der Unterscheidung von Objekten, die voneinander verschieden sind, und mit sich selbst durch die Zeit identisch bleiben, gehört, das ist keineswegs das Ganze der platonischen Idee, dessen, was Platon dann eben die Idee selbst nennt. Darüber hinaus gibt es sehr viel mehr, und in diesen Bereich hinein scheint mir Jung einen Blick getan zu haben, sei es auch nur zwischen zwei fliegenden Wolkenfetzen hindurch einmal rasch eine Kontur sehend. Mehr würde ich an dieser Stelle auch gar nicht verlangen. Ich habe all dieses nur genannt, um zu sagen, dies sind Fragen, die wir werden verfolgen müssen, und Fragen, von denen ich mir nicht vorstellen kann, daß wir sie fruchtbar verfolgen werden, wenn nicht jedes Haupt – wenn ich einen Uhlandschen Satz variieren darf –, das über diese Dinge nachdenkt, gesalbt ist mit einem vollen Tropfen tiefenpsychologischen Öls. Erlauben Sie mir, mit diesem poetischen Gleichnis zu enden.

III, 3. Materie und Bewußtsein

Dies ist der Schluß des Vorlesungsmanuskripts der in der Vorbemerkung zu II, 5 genannten Hamburger Vorlesung vom Sommersemester 1965. Voran ging ein Ansatz zu einem Aufbau und einer Deutung der Quantentheorie, wie sie jetzt in den Kapiteln 1, 3 und 4 von II, 5 skizziert sind. Die Verweise hierauf sind jetzt auf II, 5 bezogen. Der Text ist bisher nicht veröffentlicht.

Systematisch zeigt dieser Aufsatz, in welchem Sinne eine Theorie der Einheit von Materie und Bewußtsein mit der Quantentheorie vereinbar ist, wenn sie auch aus ihr nicht logisch folgt. Er nimmt damit ein in II, 1.4 b angeschnittenes Problem wieder auf und legt die in den beiden nachfolgenden Aufsätzen III, 4 und III, 5 vorausgesetzte Denkweise fest.

Die bisherigen Überlegungen reichen aus, um die Quantentheorie, so wie sie vorliegt, zu interpretieren. Der Rückgang auf klassische Meßinstrumente macht es möglich, von einer expliziten Bezugnahme auf menschliches Bewußtsein abzusehen. Freilich ist eben in der Begründung dieses Rückgangs der Bezug auf die Bedingungen des Wissens, also auf das Bewußtsein, entscheidend. Es ist daher eine legitime Frage, wie denn Meßinstrumente und Bewußtsein wirklich miteinander zusammenhängen. Diese Frage überschreitet die Grenzen des Fachs, das heute Physik genannt wird; was ich im folgenden über sie sagen werde, besteht zum Teil aus Hypothesen, die nach meiner eigenen Ansicht sehr wohl falsch sein könnten, ohne daß dadurch die bis hierher entwickelte Deutung der Quantentheorie falsch werden müßte.

Wenn man sich des metaphorischen Charakters der Präposition »in« bewußt bleibt, kann man vielleicht zur ersten Orientierung zwei Fragen formulieren:

1. Wie ist die Materie im Bewußtsein?
2. Wie ist das Bewußtsein in der Materie?

Dabei ist schon vorausgesetzt, *daß* die Materie »im« Bewußtsein »ist« und vice versa; was folgt, kann auch als Auslegung dieser »in« und »ist« verstanden werden.

»Materie« soll hier der Sammelname für alle Objekte der Physik sein, nach dem jetzigen Ansatz also für alles, was der Quantentheorie genügt. »Die Materie ist im Bewußtsein« soll nur heißen: wir wissen von der Materie. Diese Formel bedeutet bereits die Absage an einen bloßen »Phänomenalismus«, an das, was die heutige marxistische Redeweise »Idealismus« nennt, kurz an eine Lehre, die die Materie mit unserem Bewußtseinsinhalt gleichsetzt (ich bemerke, daß ich diese Lehre weniger für »falsch« als für eine sinnlose Zusammenstellung von Worten halte, sie ist analog der Verwechslung von relativem und absolutem Zweifel[1].) Wissen heißt einen Sachverhalt wissen; wenn ich weiß, daß vor meinem Haus ein Apfelbaum steht, dann steht wirklich vor meinem Haus ein Apfelbaum, und ich weiß das. Die Frage ist nur: »wie« wissen wir die Materie?

In der Meßtheorie kommen zwei fundamentale Weisen des Wissens von Materie vor: durch *phänomenale Gegebenheit* und durch *Rückschluß*. Daß der Apfel einen braunen Fleck hat, sehe ich; das nenne ich phänomenal gegeben. Daß im Apfel ein Wurm steckt, schließe ich aus dem braunen Fleck und meiner allgemeinen Kenntnis über Apfel und Würmer. Die Meßtheorie zeigt, daß die Abgrenzung zwischen beiden Weisen des Wissens in gewissem Grade willkürlich ist. Sind meine Rückschlüsse sehr gut fundiert, so nenne ich auch das Erschlossene noch phänomenal gegeben: ich »sehe«, daß in diesem Apfel ein Wurm ist. Bin ich sehr skeptisch, so analysiere ich das phänomenal Gegebene noch nach »eigentlichen« Phänomenen und »unbewußten Rückschlüssen«:

[1] Bezug auf eine Diskussion des Skeptizismus. Man kann an *jeder* intendierten Erkenntnis sinnvoll zweifeln, indem man andere soeben nichtbezweifelte Erkenntnisse zur Prüfung heranzieht; man kann aber nicht an *allen* intendierten Erkenntnissen *zugleich* zweifeln und dabei weiterleben. So kann man bei jedem gewußten Sachverhalt darauf reflektieren, daß er gewußt ist. Die Reflexion hebt u. a. auch die Tatsache ins Bewußtsein, daß der gewußte Sachverhalt eben gewußt und mir nicht anders als im Wissen bekannt ist. Sie ermöglicht damit den Zweifel, ob er überhaupt besteht oder »nur im Bewußtsein«, d. h. aber in Wirklichkeit nicht gewußt, sondern nur eingebildet ist. Diesen Zweifel kann sie mit Hilfe anderer, nicht bezweifelter Sachverhalte prüfen. Diese prüfende Reflexion ist ein zeitlicher, jeweils endlicher Prozeß. Sie setzt im allgemeinen das voraus, was sie im besonderen zweifelnd prüft. Dieses »Im-allgemeinen-Voraussetzen« ist ein Teil des Weiterlebens.

»sehe« ich denn, daß dies Gewirr von Grün und Braun vor mir ein Apfelbaum oder daß der »Apfel« nicht ein Stück Seife ist? Aber die Relation zwischen Phänomenen und Rückschlüssen bleibt erhalten, einerlei, wo man sie aufsucht. Ohne irgendwelche Phänomene, die ich akzeptiere, gäbe es gar kein Wissen von Materie, und ohne Rückschlüsse geht es in der Physik auch nicht ab.

Bohrs Rückgang auf die klassischen Begriffe ist im Sinne dieser Unterscheidung der Rückgang auf eine eindeutige Sprechweise zur Beschreibung der Phänomene. In diesem Sinne wäre es keineswegs konsequent, die Meßtheorie dadurch fortzusetzen, daß an das klassische Meßinstrument, z. B. das Mikroskop mit einer photographischen Platte, als weitere »Meßapparate« das menschliche Auge, der Sehnerv und das optische Zentrum im Gehirn angeschlossen würden. Das Mikroskop und die Photoplatte sehe ich; sie sind mir phänomenal gegeben. Das Auge sehe ich normalerweise nicht (denn ich sehe ja, wenn ich die Materie studiere, nicht in den Spiegel, sondern auf die Materie); das Auge ist gerade insofern Organ des Wissens, als es nicht Objekt des Wissens ist. Daß ich einen Sehnerv und ein optisches Zentrum im Gehirn habe, nehme ich überhaupt nicht wahr, ich weiß das nur aus der Physiologie. Wie es schließlich von der Reizung im optischen Zentrum zum Seherlebnis kommt, weiß nicht einmal die Physiologie. All dies also ist gerade nicht Phänomen. Bohr hat lückenlos recht: die Materie tritt ins Bewußtsein gerade in Raum und Zeit und unter der Herrschaft der kausalen Gesetzmäßigkeit der klassischen Physik. Will ich beschreiben, wie die Materie im Bewußtsein ist, so brauche ich nicht hinter die gesetzlich verknüpften Sinneseindrücke zurückzugehen. Will man hierüber mehr wissen, so analysiere man das Gegebene in seiner Gegebenheit wie Platon und Aristoteles, wie Kant oder wie die Phänomenologie unseres Jahrhunderts.

Trotzdem hat der Rückgang in die Physiologie, der phänomenologisch nichts beiträgt, einen sehr guten Sinn unter dem Motto der zweiten Frage: wie ist das Bewußtsein in der Materie? Niemand bezweifelt, daß, wenn ein Beobachter eine Photoplatte ansieht, in seinem Körper mannigfache materielle Vorgänge ablaufen: Strahlenbrechung im Auge, photochemische Umsetzungen in der Netzhaut, Erregungsleitung in den afferenten und meist bald auch in efferenten Nerven, komplizierte, noch wenig verstandene Prozesse im Gehirn. Es ist legitim, zu fragen, wie dies mit den Bewußtseinsphänomenen zusammenhängt, die wir so viel besser kennen.

In dieser Frage ist eine wesentlich andere methodische Haltung am Platz als in der vorigen. Dort ging es um Phänomenologie, d. h. um treue Wahrnehmung und Beschreibung der Phänomene. Für Hypothesen ist dort eigentlich gar kein Platz, und physiologische Hypothesen sind dort ein Ausweichen aus dem Problem; es handelt sich nicht darum, etwas Unbekanntes zu erraten, sondern sich das genau bewußt zu machen, was man immer schon weiß. Hier aber handelt es sich um Erforschung von Zusammenhängen, die unserem normalen Bewußtsein völlig unbekannt sind. Hier ist die Hypothesenbildung so legitim wie irgendwo in der positiven Wissenschaft.

Ich möchte hier eine Hypothese aufstellen, die freilich keine wissenschaftliche Hypothese im engeren Sinn ist, weil sie nicht einzelne Zusammenhänge *in* der Wissenschaft, sondern die Wissenschaft als Ganze betrifft. Auch ist sie nicht neu, sondern läßt nur in der Quantentheorie eine neue, wie mir scheint begreifliche Interpretation zu. Sie mag so ausgesprochen werden:

A. Identitätshypothese:
Bewußtsein und Materie sind verschiedene Aspekte derselben Wirklichkeit.

Daß hier das Wort »Wirklichkeit« ein Lückenbüßer ist, ist klar, an dieser Stelle muß ein Substantiv stehen, das nicht vorweg spezielle Vorstellungen wachruft. Was »Aspekt« heißen soll, wird am besten durch die Argumentation für die Hypothese deutlich werden.

Die Hypothese wäre besonders dann naheliegend, wenn die weitere Hypothese wahr wäre:

B. Eindeutigkeit der Physik
Es gibt nur eine einzige mögliche konsistente Theorie des zeitlichen Verhaltens von Objekten; diese heiße »die Physik«.

Hier sind »zeitlich« und »Objekt« in der durch die ganze bisherige Darstellung präzisierten Bedeutung zu nehmen. Die Kommentare zu den im Aufbau der Quantentheorie geforderten Postulaten hatten durchweg den Sinn, zu zeigen, daß diese Postulate nicht viel mehr formulieren als Bedingungen einer konsistenten Theorie des gesetzmäßigen Verhaltens von Objekten überhaupt. Vielleicht ist daher auch die dritte Hypothese erlaubt:

C. Rang der Quantentheorie:
Die Quantentheorie ist schon eine gute Näherung für den Teil der Physik, der sich nicht mit der Existenz bestimmter, sondern mit dem Verhalten beliebiger Objekte befaßt.

Der hier benutzte Objektbegriff sei noch einmal erläutert durch

D. Objekt und Alternative:
Jedes Objekt ist durch eine Anzahl zeitüberbrückender Alternativen eindeutig gekennzeichnet, und alles, was so gekennzeichnet werden kann, soll Objekt heißen.

Dieser Satz ist in dem doppelten Sinn zu verstehen:

D'. Begriffliche Kennzeichnung von Objekten:
Der Begriff, unter den ein Objekt fällt, ist durch eine begriffliche Festlegung der es kennzeichnenden Alternativen festgelegt.

D''. Individuelle Kennzeichnung von Objekten:
Ein einzelnes Objekt ist durch eine individuell wiedererkennbare Festlegung einer es kennzeichnenden Alternative bestimmt.

Hierbei ist vorausgesetzt, daß Alternativen begrifflich, d. h. nach ihrer inneren Struktur (Zahl der Antworten, Zugehörigkeit zu einem mathematisch vorgelegten Zustandsraum etc.) wie nach der Bedeutung ihrer Antworten (sprachliche Formulierbarkeit etc.), und auch individuell (ich messe hier und jetzt dies) charakterisiert und wiedererkannt werden können. *Wie* das zugeht und was dazu gehört, ist eine Frage an die Phänomenologie; wir setzen hier nur voraus, *daß* es möglich ist. In diesem Sinne setzen wir schon voraus, daß es überhaupt Wissen gibt. Der Zusatz, daß alles durch zeitüberbrückende (nicht: zeitlose) Alternativen Charakterisierbare Objekt heißen soll, ist eine nach dem Aufbau der Quantentheorie vielleicht verständliche Festlegung des Sprachgebrauchs.

Nun machen wir eine weitere, späterer Revision offene Hypothese:

E. Begriffliche Erfaßbarkeit des Bewußtseins:
Die Vorgänge im Bewußtsein können durch zeitüberbrückende Alternativen beschrieben werden.

Lassen wir dies zu, so besteht das Bewußtsein aus Objekten und genügt nach B der Physik, nach C sogar in guter Näherung der Quantentheorie. Nun gibt es etwas am Menschen, was nach heutigen Annahmen weitgehend, vielleicht sogar genau der Quantentheorie genügt, nämlich seinen Körper. Demnach scheint die Hypothese naheliegend, daß mein Bewußtsein und mein Körper Aspekte derselben Wirklichkeit sind.

Wenn man diese Hypothese annimmt, so ist mit ihr offenbar zunächst nur ein Programm aufgestellt. Mein Bewußtsein und mein Körper sind keinesfalls deckungsgleich. Viele körperliche Vorgänge sind mir unbewußt. Mein Bewußtsein von den körperlichen Vorgängen, die allenfalls mit Bewußtseinsakten gleichgesetzt werden könnten, ist minimal; wäre etwa Stromleitung im Gehirn der »körperliche Aspekt« von Bewußtseinsakten, so ist sie doch nicht Inhalt dieser Bewußtseinsakte. Ferner ist rein psychologisch Bewußtsein ein sehr unscharfer Begriff. Das Bewußte geht kontinuierlich ins Unbewußt-Seelische über. Nennen wir alles, was in solcher Weise kontinuierlich mit dem Bewußtsein verbunden ist, Seele, so wäre allenfalls die Formel denkbar: Der Körper ist die Seele, soweit sie sinnlich als Objekt wahrnehmbar ist. Natürlich stellt auch eine solche Formel uns alsbald vor neue Aufgaben. Z. B. kommt in ihr der Begriff »sinnlich« vor. Sinnliche Wahrnehmung ist uns einerseits phänomenologisch bekannt; ich weiß, wie ich das Sehen, Hören, Tasten etc. erlebe. Andererseits ist sinnliche Wahrnehmung selbst auf körperliche Organe angewiesen. Eben unsere Formel bezieht beides aufeinander, aber wie? Etwa: der materielle Vorgang im Auge ist das Sehen, wie es von einem anderen Menschen gesehen wird. Diese letzte Formel bringt schon die Vielheit der Menschen ins Spiel.

Unsere Hypothesen würden der Kybernetik ihr Recht geben. Unter den zahllosen kybernetischen Aufgaben wäre es dann vielleicht die zentrale, diejenige Struktur materieller, d. h. nun seelischer Abläufe anzugeben, die diesen Abläufen die Qualität der Bewußtheit gibt[1]. Dies ist sicher eine von der Simulation isolierter Gedankenketten, wie Rechenmaschinen sie heute leisten, völlig

[1] Hierfür steht das Ende von III, 4.5.

verschiedene Struktur. Ihre Kenntnis wäre nötig, um zu begreifen, inwiefern sich das Seelische in einzelnen, getrennten »Ichen« individuiert.

Ich breche die Aufzählung der Probleme ab, die sich der so konzipierten Wissenschaft der »Psychophysik« stellen werden. Am Ende sollten wir noch auf die mutmaßlich dieser Wissenschaft gesetzten Grenzen reflektieren.

Ich sehe keine »regionalen« Grenzen. D. h. ich sehe nicht, daß es notwendig wäre, Gegenstände anzunehmen, die dieser Wissenschaft nicht unterliegen. Eher liegt es nahe, anzunehmen, daß solche Gegenstände grundsätzlich nicht mit den Mitteln begrifflichen Denkens bezeichnet werden können. Jede eindeutige Kennzeichnung eines Gegenstands, der der Physik nicht unterliegen soll, ist vermutlich wegen der Eindeutigkeit einer Kennzeichnung durch Alternativen bereits die Angabe des Grundes dafür, daß dieser Gegenstand (nach unseren Hypothesen) doch der Physik genügt. Die Grenzen der Physik müßten demnach die Grenzen des begrifflichen Denkens sein.

Daß es aber Grenzen des begrifflichen Denkens gibt, ist nach unserer Analyse der Quantentheorie entschieden anzunehmen. Alle Grundbegriffe wie Alternative, Objekt, Faktum, Dokument haben sich als abhängig von Näherungen erwiesen. Im Rahmen einer begrifflichen Theorie kann man solche Näherungen oft noch mit besseren Näherungen vergleichen. Z. B. kann man in einer Welt, in der es Dokumente, also Irreversibilität gibt, noch sagen, unter welchen Bedingungen ein Vorgang an einem als isoliert idealisierten Objekt als reversibel beschrieben werden kann. Man kann aber nicht mehr sagen, was eine Beschreibung der ganzen Welt (einschließlich des Beobachters) als reversibler Ablauf bedeuten sollte; sie würde niemandem etwas, also nichts bedeuten. So können wir überhaupt die Grenzen des begrifflichen Denkens nur im Rahmen des begrifflichen Denkens begrifflich angeben; dies ist dann stets nur eine relative Abgrenzung (»mit diesen Begriffen geht es nicht, aber mit jenen«). Darum kann man aber nicht sagen, das begrifflich nicht Denkbare gebe es nicht. Umgekehrt erweist sich jedes begriffliche Denken als abhängig von der Voraussetzung des in ihm jeweils nicht begrifflich Gedachten. Unsere Analyse führt uns also eher zu dem selbst nur noch metaphorischen Satz: das schlechthin Wirkliche ist das begrifflich Undenkbare. Eben deshalb freilich ist schon die Prädikation des Seins (selbst eines Begriffs) vom schlechthin Wirklichen unzulässig. Die Physik ist nur möglich vor dem Hintergrund der negativen Theologie[1].

[1] Diese letzten Bemerkungen werden in IV, *6* aufgenommen.

III, 4. Modelle des Gesunden und Kranken, Guten und Bösen, Wahren und Falschen

Dieser Aufsatz ist das Kernstück der Betrachtungen zur Kybernetik, indem er als einziger versucht, inhaltlich zu beschreiben, was die Kybernetik leisten kann. Er ist bisher unveröffentlicht (verfaßt Herbst 1967). Ausgelöst wurde er durch den Vortrag »Friedlosigkeit als seelische Krankheit«, den ich 1967 in Bethel gehalten habe (abgedruckt in »Der ungesicherte Friede«, Göttingen 1969). Dort stellte sich die Frage, ob die Bezeichnung der Unfähigkeit zum Frieden als Krankheit eine medizinisch vertretbare oder nur eine metaphorische Redeweise sei. Die Medizin hat m. E. heute keinen hinreichend deutlichen Begriff von Krankheit, um diese Frage zu entscheiden. Da ich keinesfalls in bloße Gleichnisse ausweichen wollte, stellte sich die Aufgabe, einen naturwissenschaftlich vertretbaren Krankheitsbegriff zu entwerfen. Das Ergebnis liegt im Abschnitt 2 dieses Aufsatzes vor; die gesellschaftliche Anwendung ist im Abschnitt 4 sehr kurz skizziert.

Die Fragestellung zielte aber von vorneherein auf den Wahrheitsbegriff (Abschnitt 5). Dieser wird in der gesamten Theorie der Erfahrung, also auch in der Theorie der Einheit der Physik, schlicht vorausgesetzt. Wenn der Mensch Teil der Natur ist, so muß es in der Natur Wahrheit geben. Wahrheit ist in unsymmetrischer Weise mit Falschheit verbunden. Eben dies deutet nun der Vergleich mit dem Verhältnis der Gesundheit zur Krankheit. Als Begleitinterpretation drängt sich der Vergleich mit der platonisch-aristotelischen Philosophie des Eidos auf. Es scheint mir charakteristisch für diese, daß sich ihr die kybernetische Denkweise leichter anpassen läßt als aller neuzeitlichen Bewußtseinsphilosophie seit Descartes. Im vorliegenden Aufsatz soll sie der Deutung der Kybernetik dienen; im Aufsatz IV, 5 wird die Beziehung umgekehrt ein Stück weit zur Platoninterpretation benützt. Ebenso wichtig wie die Verwandtschaft ist – wenn die Verwandtschaft einmal erkannt ist – der Unterschied zwischen einer Philosophie des ewigen Eidos und einer Philosophie der unumkehrbaren Zeit, wie sie dem Begriff des Fortschritts (Abschnitt 3) zugeordnet sein müßte.

Hervorgehoben sei, daß dieser Aufsatz das eigentliche Problem, inwiefern sich menschliche Wahrheit von dem In-der-Wahrheit-Sein der Tiere noch unterscheidet, nur eben anreißt. Hier müßte eine Erörterung der Kybernetik des sprachlichen Bewußtseins, der Begriffsbildung, der Reflexion, des Ich folgen. All dies scheint mir möglich, aber in den meisten Ansätzen heutiger Kybernetiker noch nicht in seiner spezifischen Natur ins Auge gefaßt.

Die nachfolgenden Überlegungen betrachten methodisch den Menschen als Lebewesen, das Lebewesen als ein Regelsystem und dieses Regelsystem als entstanden durch Mutation und Selektion. Sie treiben also eine biologische Anthropologie, eine kybernetische Biologie und eine darwinistische Kybernetik. Als Modelle werden die Überlegungen bezeichnet, weil sie nicht den Anspruch erheben, die Wahrheit über den Menschen, das Leben und die Herkunft der Regelsysteme auszusprechen. Hinter ihnen steht die Vermutung, daß in solchen Modellen soviel gesagt werden kann als sich am Menschen, am Leben und an der Geschichte objektivieren läßt. Was das Wort »objektivieren« besagen soll, wird in diesen Überlegungen nicht mehr gefragt. Sie versuchen etwas von dem vorzuführen, was das Objektivieren leisten kann, um Material bereitzustellen, an Hand dessen besser gefragt werden könnte, was Objektivieren ist; insbesondere, inwiefern es Wahrheit zeigt und inwiefern es sie verhüllt.

Die Überlegungen definieren ebensowenig die Grundbegriffe der verwendeten objektivierenden Wissenschaften, also der allgemeinen Biologie, der Kybernetik und der Selektionstheorie. Sie setzen ein durchschnittliches Verständnis dieser Begriffe voraus, um möglichst rasch in groben Umrissen zu zeichnen, was diese Begriffe allenfalls für eine Anthropologie leisten könnten, die das Gesunde, das Gute und das Wahre sowie ihre Gegenbegriffe als Phänomene ernstnimmt und an die objektivierende Wissenschaft anzuschließen sucht. Die Ausfüllung dieser Umrisse würde unermeßliche Einzelforschung verlangen, in deren Verlauf ohne Zweifel viele hier übergangene oder noch nicht gesehene weitere Grundphänomene auftauchen würden. Für diese Wissenschaften handelt es sich also nur um etwas wie den Entwurf einer Strategie.

1. Gesundheit

Solange wir gesund sind, fällt uns nicht auf, daß wir gesund sind. Gesundheit gehört zu jenen Phänomenen, die wir gerade deshalb nicht als besondere Phänomene wahrnehmen, weil wir alltäglich in ihnen leben. Wir entdecken sie durch ihr Ausbleiben. Erst die Krankheit läßt uns die Gesundheit als Gesundheit sehen. Daß und inwiefern ich gesund sein kann, erfahre ich, wenn und insofern ich nicht gesund bin oder war oder – was schwer ist – wenn ich wahrnehme, daß und inwiefern ein anderer nicht gesund ist oder war.

Gesundsein ist nicht das einzige Sein, das unserem Blick gerade dadurch entgeht, daß es ist, und dem Blick erscheint durch sein Ausbleiben. Man könnte eben dies vom Sein überhaupt sagen. In den vorliegenden Überlegungen werden uns Gutsein und Wahrsein als Seinsweisen von eben dieser Beschaffenheit begegnen. Das gesuchte Modell des Phänomens wird aber vielleicht am leichtesten am Beispiel des Gesundseins entwickelt.

Wenn uns Gesundheit zuerst in den Blick tritt als das, was uns in der Krankheit fehlt, so wissen wir »irgendwie«, was wir mit dem Wort »gesund« meinen, ohne es doch definieren zu können. Ein gesundes Auge oder Bein ist ein funktionstüchtiges Organ, ein Auge, das sehen, ein Bein, das gehen kann. Ein krankes Auge funktioniert falsch – es ist weit- oder kurzsichtig oder astigmatisch oder getrübt – oder gar nicht, ist blind. Gesundheit scheint also Funktionstüchtigkeit zu sein. Um Gesundheit zu definieren, scheint man wissen zu müssen, was Funktion ist. Jede Organfunktion dient einem größeren Ganzen: dem ganzen Menschen oder Tier oder gar der Gruppe, der Familie oder der Spezies. Was heißt aber »dienen«? Wozu dient das Organ? Das Auge scheint einen Zweck zu haben; es ist für den Menschen da. Ist der Mensch für etwas da? Endet der Regreß der Zwecke in einem Selbstzweck, der Regreß der Funktionen in einem geschlossenen Funktionsganzen? Vom Menschen selbst sagen wir auch, er sei gesund oder krank. Ist Gesundheit eines Menschen auch Funktionstüchtigkeit? Wo ist der Zweck seiner Funktion? Vielleicht in der Gesellschaft? Kann man von Gesundheit und Krankheit einer Gesellschaft sprechen? Ein morbides Zeitalter, eine gesunde Nation, die Schizophrenie des modernen Bewußtseins – sind das Metaphern oder reichen die Begriffe der Gesundheit und Krankheit so weit? Die Medizin neigt dazu, Gesundheit mit Normalität gleichzusetzen. Was aber ist die Norm? Wer setzt sie?

Wir studieren die Antworten, die das kybernetisch-darwinistische Modell des Lebensprozesses auf diese Fragen geben kann. Ich behaupte, daß das Modell auf die Fragen präzise Antworten gibt, teils in dem Sinn der Entscheidung einer Frage, teils im Sinne ihrer Abweisung als sinnlos, teils auch indem es deutlich macht, warum wir (noch) nicht die Mittel haben, sie zu beantworten.

Ein kybernetisches Modell eines Organismus wird diesen als ein Regelsystem betrachten, also als ein System ineinander greifender Regelkreise. In einem einzelnen Regelkreis eines technischen Apparats wird vom Menschen ein »Sollwert« der zu regelnden Größe eingestellt; der Regelmechanismus sorgt dann dafür, daß der »Istwert« vom Sollwert nie um mehr als eine gewisse zulässige Differenz (»Toleranz«) abweicht. Ein Regelsystem setzt dann ein System aufeinander bezogener Sollwerte voraus. Wir betrachten zunächst nicht die Komplikationen des Systembegriffs, sondern schematisieren auch das System durch einen, geeignet abstrakt zu definierenden (etwa vieldimensionalen) Sollwert, um den ein Istwert spielt.

Die Frage an das kybernetische Modell, sofern es reale Lebewesen darstellen soll, ist nun, wie bei ihnen der Sollwert festgelegt wird. Offenbar entspricht diese Frage unserer obigen Frage nach dem Zweck einer Funktion oder des ganzen Organismus. Der Darwinismus gibt die Antwort: dieser Sollwert ist der optimale Wert der betr. Größe, optimal im Sinne des Überlebens im Kampf ums Dasein. Unter konkurrierenden Individuen oder Arten überlebt die optimal Eingeregelte (diejenige, deren Sollwert optimal festgesetzt ist); dabei definiert eben die Überlebensfähigkeit, welcher Sollwert der optimale ist.

Um vorsichtig vorzugehen, gliedern wir den Erklärungsanspruch der darwinistischen Hypothese in drei Stufen auf. Alle drei Ansprüche werden faktisch erhoben, sie lassen sich aber begrifflich unterscheiden.

1. Die Konkurrenz zwischen Individuen und ebenso zwischen Arten spielt jedenfalls eine wichtige ausmerzende Rolle in den Lebensprozessen.

2. Diese Konkurrenz reicht aus, um das Bestehen eines artspezifischen Sollwerts der Regelsysteme der Organismen zu erklären und diesen festzulegen.
3. Mutation und Selektion erklären sogar die Entstehung neuer Formen von Lebewesen; sie erklären also die Kausalität der Evolution.

Die Behauptung 1. wird niemand bestreiten können, auch wenn er die kybernetische Theorie der Organismen ablehnt oder die Sollwerte anders als darwinistisch zu definieren sucht. Behauptung 2. werde ich im vorliegenden Abschnitt zugrundelegen. Ich prüfe also nicht ihre Richtigkeit, unterstelle diese vielmehr hypothetisch, und prüfe ihre Konsequenzen für unsere Ausgangsfrage nach der Gesundheit. Behauptung 3. wird erst im 3. Abschnitt erörtert werden.

Ich behaupte nun: Die Normalität, durch welche wir die Gesundheit definieren können, ist gerade das, was soeben als der Sollwert des in einem Organismus vorliegenden Regelsystems bezeichnet wurde. Was heißt das?

Normal sein heißt einer Norm entsprechen. Diese Norm wird üblicherweise verstanden nicht als Privatnorm für ein einzelnes Individuum, sondern als gemeinsame Norm einer Klasse von Individuen. Von den Differenzierungen zwischen den Menschen sehen wir vorerst noch ab. Wir sprechen also z. B. von derjenigen Norm, die eine biologische Spezies bestimmt, etwa von der Norm einer Graugans[1]. Diese Norm ist das, was der Zoologe beschreibt, wenn er von »der« Graugans spricht. Konrad Lorenz legt überzeugend dar, daß keine empirische Graugans dieser Norm genau entspricht, und daß die Norm ebensowenig den statistischen Durchschnitt empirischer Graugänse angibt. Die Graugans des Zoologen ist vielmehr die darwinistisch interpretierte platonische Idee der Graugans. Sie charakterisiert denjenigen Körperbau und dasjenige Verhalten, von welchem eine empirisch vorkommende Graugans nicht allzuweit abweichen darf, wenn sie überleben und überlebensfähige Nachkommen hervorbringen soll. Die Norm der Graugans ist der durch die Bedingung optimaler Überlebensfähigkeit definierte Sollwert ihrer möglichen Eigenschaften. Wir setzen zunächst zur Vereinfachung voraus, ein solcher Sollwert sei ein-

[1] Vgl. dazu die Fußnote zu IV, 5, S. 443.

deutig bestimmt, sehen also noch von der Möglichkeit gleich guter Varianten oder gar einer verbessernden Weiterentwicklung ab.

Wodurch ist nun diese Norm im einzelnen festgelegt? Durch die Überlebensfähigkeit in der gegebenen Umwelt, also, wie man sagt, durch die Angepaßtheit an die Umwelt. Die Norm eines Lebewesens ist nichts isoliert Bestehendes, sondern sie gehört zu einer bestimmten Umwelt und innerhalb dieser Umwelt zu einer bestimmten »ökologischen Nische«. Denkt man sich alle an sich möglichen Eigenschaften eines Lebewesens in einem vieldimensionalen Parameterraum aufgetragen und charakterisiert man die »Norm eines möglichen Lebewesens« durch einen derartigen »Parameter-Vektor«, so impliziert der Begriff der ökologischen Nische, daß es bestimmte Werte des Parameter-Vektors gibt, welche gegenüber allen (oder fast allen) ihren Nachbarwerten ein Optimum an Überlebensfähigkeit darstellen (z. B. in einer Umwelt, in der es Ameisen gibt, ein zum Ameisenfressen befähigender Parametervektor). Die ökologische Nische ist, wie schon das Ameisenbeispiel zeigt, davon abhängig, ob und wie andere ökologische Nischen besetzt sind; Ameisenfressen bietet einen Vorteil nur, wenn es Ameisen gibt. Die Normen der verschiedenen Lebewesen sind also nicht unabhängig voneinander. Halten wir alle äußeren Bedingungen, alle anderen Normen und Besetzungsfaktoren der zugehörigen Nischen fest, so erhalten wir das, was wir unter einer konstanten Umwelt verstehen. Gesundheit eines Individuums heißt dann optimale Angepaßtheit an die Norm des Lebens in der seine Art definierenden Nische in dieser Umwelt.

Der biologische Terminus Species ist die lateinische Übersetzung des griechischen Eidos und stammt aus der platonisch-aristotelischen Philosophie. In der Tat ist der oben eingeführte Begriff der Norm ein kybernetisches Modell der platonischen Idee, und zwar gerade in der Fassung von Platon und nicht in der des aristotelischen Eidos. Die Norm der Graugans ist selbst keine empirisch vorfindliche Graugans. Die Seinsweise dieser Norm ist auch nicht, daß sie in den empirischen Graugänsen als ihre »Form« vorkommt. Jedenfalls ist das nur in roher Annäherung richtig und eigentlich eine Metapher. Vielmehr erkennt man eine empirische Graugans als Graugans durch das, was sie mit der Norm der Graugans gemeinsam hat, also durch ihren Anteil (methexis) an der Norm der Graugans. Die Norm besteht also außerhalb (choris) aller empirischen Graugänse, sie ist aber eben dadurch dasjenige an den empirischen Graugänsen, was überhaupt im Sinne zoologischer Wissenschaft erkannt werden kann (die Abweichungen von der Norm können wir nur soweit wissenschaftlich beschreiben, als sie unter andere Allgemeinbegriffe, also wieder unter so etwas wie Normen fallen). Die Norm ist aber nicht etwa ein bloß subjektiver Gedanke gewisser Menschen. Sie ist erstens nicht bloß der Name, durch den wir gewisse Individuen in eine Klasse zusammenfassen. Die Klasse aller Graugänse ist empirisch nicht vorzählbar. Wir erkennen vielmehr umgekehrt die Zugehörigkeit eines Individuums zu dieser Klasse durch Vergleich mit der Norm. Die Norm ist zweitens aber auch nicht eine »ausgedachte Normvorstellung«, sie enthält vielmehr, wenn man sie als Vorstellung betrachtet, eine Erkenntnis eines objektiven Sachverhalts. Sie ist eine »wahre Vorstellung«. Eigentlich meinen wir, wenn wir von der Norm reden, nicht diese unsere Vorstellung, sondern den in ihr erfaßten Sachverhalt. Dieser Sachverhalt ist kein Einzelding (keine Gans), sondern er hat den Charakter einer Gesetzmäßigkeit (der Lebensbedingungen einer Gans).

Am Rand sei historisch bemerkt, daß dieses Modell dem, was Platon sich bei »Ideen von Einzeldingen« gedacht hat, wahrscheinlich so nahe kommt, wie es ein kybernetisches Modell überhaupt kann[1]. Als Beispiele von Ideen gibt Platon meist die höchsten Begriffe wie »das Gleiche«, »das Gerechte« oder mathematische Begriffe wie »der Kreis«. An wenigen Stellen treten Ideen von Einzeldingen auf wie in Rep.X »das Bett«, »das Zaumzeug«. Hält man diese beiden letztgenannten, zweifellos parallel strukturierten Stellen nebeneinander, so zeigt sich, daß nach Platon die Idee des Betts von Gott gemacht ist und die Idee des Zaumzeugs das ist, was der Reiter versteht, während die vielen empirischen Betten und Zaumzeuge von den Handwerkern (Tischler bzw. Sattler) nach dem Vorbild jener Ideen hergestellt werden. Die Parallelität der Stellen impliziert, daß der Reiter weiß, was Gott gemacht hat. Was in der von Gott gemachten Welt weiß aber der Reiter? Er weiß die funktionale Beziehung zwischen Pferd und Mensch beim

[1] Vgl. IV, 5.

Reiten, die macht, daß der Mensch das Pferd mittels eines Zaumzeugs lenken kann. Er weiß sozusagen die ökologische Nische für die Erfindung des Zaumzeugs, aus der die Norm des richtigen (»gesunden«) Zaumzeugs hervorgeht, nach welcher sich der Sattler zu richten hat[1]. Den Zusammenhang zwischen den höchsten Ideen und diesen Normen von Einzeldingen hat Platon im veröffentlichten Werk nur im Timaios angedeutet; vermutlich besaß er darüber eine hypothetische weiter ausgearbeitete Lehre[2]. Dieses »Derivationssystem« geht den Weg über mathematische Grundgestalten und die durch sie bestimmten physikalischen Elemente (platonische Körper als Quasi-Atome). Dem entspricht bei uns die Rückführung der Biologie auf Physik, also gerade die Kybernetik, und die Rückführung der Physik auf einfachste Gesetze (bei Heisenberg Symmetrien in bewußter Analogie zu Platon). In der platonischen Überlieferung schwer zu enträtseln und in der heutigen Physik nicht durchdacht ist freilich, was diese mathematisierte Wissenschaft mit dem zu tun hat, was in unserer Tradition Geist und Seele heißt. Innerhalb der hier versuchten Überlegungen steckt dieses Problem im Sinn des Modellbegriffs; wir kommen darauf am Ende zurück.

2. Krankheit

Unsere Definition der Gesundheit hat noch nicht klargestellt, was Krankheit ist. Das uns wohlvertraute Phänomen der Krankheit – etwa Grippe, Krebs, endogene Depression – ist etwas völlig anderes als die übliche Abweichung jedes Individuums von der Norm. Wollte man genaue Übereinstimmung mit der Norm als gesund und jede Abweichung als krank definieren, so gäbe es kein gesundes Individuum. Dies widerspräche dem darwinistischen Sinn des Normbegriffs, der einen Spielraum der empirischen Gestalten um die Norm geradezu fordert; soweit z. B. eine meßbare Größe (etwa die Körperhöhe) der Parameter ist, wird der Erhaltungsvorteil eines empirischen Werts des Parameters in der Umgebung des optimalen Werts vermutlich nur quadratisch mit der Ab-

[1] Ich verdanke diese Interpretation einer vor Jahren gemachten mündlichen Bemerkung von Georg Picht.

[2] Vgl. *Gaiser*, K.: »Platons ungeschriebene Lehre«. Stuttgart 1963.

weichung vom optimalen Wert variieren. Kurz: die übliche empirische Streuung um die gesunde Norm ist gerade nicht Krankheit.

Vielmehr scheinen die Krankheiten selbst so etwas wie eine Norm zu haben. Wäre es nicht so, so wäre ja die Wissenschaft der Medizin nicht möglich, welche Krankheiten klassifiziert und wiedererkennt, typische Verläufe beschreibt und aus Erfahrung spezifische Heilmittel anwendet. In der romantischen Medizin gab es die Lehre, eine Krankheit sei selbst ein Organismus, der gesetzmäßig entsteht, wächst und vergeht. Die Bakteriologie schien den Wahrheitskern dieser These enthüllt zu haben: Bakterien (und cum grano salis Viren) sind in der Tat selbst Organismen. Aber die nicht durch Erreger erklärten Krankheiten verlaufen nicht minder gesetzmäßig. Es scheint sogar, daß wohldefinierte Symptomenkomplexe (z. B. die des Krebses) durch sehr verschiedene Anlässe (chemische, radiologische Reizung und noch unbekannte »endogene« Ursachen) ausgelöst werden können. Hier ist gerade nicht der Anlaß das Spezifische, sondern die Reaktion des Organismus, sichtbar im »Krankheitsbild«.

Wenn es so etwas wie eine Norm der Krankheit gibt, so fragt sich, was sie mit derjenigen Norm gemeinsam hat, durch welche wir Gesundheit definiert haben, und was die beiden dann unterscheidet. Die Norm der Gesundheit definiert ein Verhalten eines Regelsystems gemäß einem durch die Forderung der Selbsterhaltung ausgezeichneten Sollwert. Die Krankheit erscheint zunächst als eine Störung dieses Regelverhaltens, als ein Betriebsfehler. Aber nicht jede solche Störung nennen wir Krankheit. Die Störung muß, quantitativ gesprochen, ein Mittelmaß einhalten. Ist sie zu klein, so fällt sie nicht als Krankheit auf; sie geht in der statistischen Streuung, im »Rauschen« unter. Ist sie zu groß, so bringt sie den Regelprozeß unmittelbar zum Stillstand; sie heißt dann nicht Krankheit, sondern Tod. Dieses Mittelmaß muß sie ferner eine gewisse Zeitdauer hindurch innehalten. Sie darf, wenn sie als Krankheit auffallen soll, weder sofort in die gesunde Norm zurückschlagen noch sofort in den Tod übergehen. Die Krankheit muß also eine gewisse Selbsterhaltung als eben diese Krankheit zeigen. Sie scheint also selbst so etwas wie ein Regelsystem vorauszusetzen, durch das sie selbst aufrechterhalten wird. Krankheit erscheint wie ein parasitäres Regelsystem innerhalb eines größeren Regelsystems, das wir Organismus nennen.

Kybernetisch haben wir nun wohl als Folge maßvoller Störung eines hochkomplizierten Regelsystems ebensolche parasitären Regelsysteme zu erwarten. Jeder hinreichend komplizierte Regelkreis zeigt bei stetig vergrößerter gewaltsamer Auslenkung des Ist-Werts gegenüber dem Sollwert variierende Reaktionsweisen. In hinreichender Nähe des Sollwerts regelt er, sofern er überhaupt funktionstüchtig ist, zurück in der Richtung auf den Sollwert; er wird (meist gedämpfte) Schwingungen oder eine asymptotische Rückkehr zum Sollwert erzeugen. Das können wir den Toleranzbereich der Gesundheit nennen; der Sollwert ist in diesem Bereich der Punkt des stabilen Gleichgewichts. Die Grenze des Bereichs wird ein Punkt labilen Gleichgewichts sein. Gibt es außerhalb dieser Grenze einen anderen Wert, der nochmals ein stabiles Gleichgewicht darstellt, so kann der Regelkreis nach hinreichender Auslenkung auch um diesen »falschen Sollwert« schwingen oder in ihm zur Ruhe kommen. War der »wahre Sollwert« nun aber durch seinen Erhaltungsvorteil für den Gesamtorganismus ausgezeichnet, so wird das Eintreten des falschen Sollwerts den Organismus schädigen oder schwächen. Der falsche Sollwert ist also eine sich vorerst stabilisierende Krankheit; er ist im einfachsten Fall die Norm einer Krankheit. Hierdurch werden nun freilich sekundär die Istwerte anderer Regelgrößen ausgelenkt werden. Es tritt also ein »Krankheitsablauf« ein, der bei der Rückkehr des ganzen Organismus zur gesunden Norm, beim Tode oder bei einer sich stabilisierenden kranken Norm, also etwa einer »Verkrüppelung«, einer »chronischen Krankheit« oder wenigstens einer »Narbe« endet.

Zusammenfassend: nicht-letale Störungen eines komplizierten Regelsystems müssen sich in der Form eines parasitären Regelsystems darstellen. Anders gesagt: ein System hoher Ordnung kann selbst auf Störungen nur geordnet reagieren, soferne es überhaupt noch zu reagieren vermag. Die schlechthinnige Unordnung ist gar keine mögliche Erfahrung. In diesem Sinne ist die Möglichkeit der Krankheit eine notwendige Konsequenz der Möglichkeit der Gesundheit. Krankheit könnte als falsche Gesundheit definiert werden. Der Begriff »falsch« bezeichnet dabei darwinistisch das verminderte Erhaltungsvermögen, also einen Verlust an Anpassung. Platonisch gesagt: In einer von der Idee bestimmten Welt kann auch das Schlechte nur gemäß einer Idee Gestalt gewinnen.

3. Fortschritt

Bisher haben wir die Regelungen nur gemäß der Aufgabe der Selbsterhaltung beurteilt. Wir kommen nun zum dritten Anspruch des Darwinismus: daß er auch die Entstehung der Regelsysteme erklärt, die wir Organismen nennen. Dieser Anspruch wird schwerlich empirisch beweisbar und schwerlich empirisch widerlegbar sein. Er dient heute in der Biologie als heuristisches Prinzip. Wir diskutieren wiederum nicht seine Berechtigung, sondern unterstellen ihn hypothetisch als wahr und prüfen seine Konsequenzen.

Nach dieser Auffassung gibt es strenggenommen keine Stabilität der Gesamtheit aller Organismen, und folglich nicht einmal die absolute Stabilität einer Art. Es besteht ein ständiger »Selektionsdruck« in der Richtung auf die Herausbildung von Arten, die den Kampf ums Dasein erfolgreicher bestehen; die Evolution gewisser Arten hat außerdem die Änderung der ökologischen Nischen für die anderen Arten zur Folge. In der Tat wird man in hochkomplizierten Regelsystemen kaum erwarten, daß es in ihnen schlechthin stabile Parameterkombinationen gibt[1]. Die für die quantitative Selektionstheorie wesentlichen Begriffe des endlichen Mutationsschritts, der Speicherung rezessiver Merkmale, der Isolation, der Umweltänderung übergehen wir hier. Sicher ist, daß durch die bloße Möglichkeit eines durch die besseren Überlebenschancen definierten Fortschritts alle an der bloßen Erhaltung orientierten Normen eine systematische Unschärfe bekommen. Durch veränderte Umweltbedingungen oder die bloße Koinzidenz mit einer anderen Abweichung von der Norm kann eine »kranke Norm« auf einmal die »fortschrittliche Norm« werden. Der Menschenfuß wäre für einen Baumaffen eine Krankheit; für den Bodengänger ist er der Weg zum aufrechten Gang mit allen seinen Vorteilen. So relativiert der Fortschritt in gewissem Maße den Unterschied zwischen Gesundheit und Krankheit.

Bei einem Wesen wie dem Menschen, das Erfahrung speichern kann, wird der Fortschritt revolutionär beschleunigt. (»Der

[1] Für eine endliche Anzahl von Parametern wird es wohl ein Optimum geben; die Anzahl der möglichen Parameter im organischen Leben ist aber mindestens »praktisch unendlich«, d. h. die bisherige Geschichte des Lebens war sicher zu kurz, ein etwaiges Optimum zu erreichen.

Mensch hat die Vererbung erworbener Eigenschaften erfunden.«) Hier wird also auch die Unterscheidung von Gesundheit und Krankheit revolutionär relativiert, ohne doch zu verschwinden. Wir wollen zunächst im biologischen Bereich bleiben und fragen, ob es so etwas wie eine Norm des Fortschritts gibt.

Hier liegt eine prinzipielle Schwierigkeit. Ein Sollwert einer Regelung im üblichen Sinne ist per definitionem »konservativ«. Die Norm ist das, wozu das Regelsystem immer wieder zurückkehren soll. Eine »neue Norm« ist die revolutionäre Einführung eines neuen Konservatismus, etwa der Übergang einer stabilen Art in eine andere stabile Art. Dies läßt sich kybernetisch noch einigermaßen nachdenken. Freilich gibt es schon hier Mehrdeutigkeiten. Z. B. kann eine Art sich in mehrere verschiedene Arten aufspalten, die sich verschieden spezialisieren, wie es einst die Darwin-Finken auf den Galapagos-Inseln getan haben. Im Gleichnis der Fläche: von einem Sattel oder Gipfel können Wege in mehrere verschiedene Talsohlen führen. Hier fällt die Eindeutigkeit der Norm also weg; sie ist auch »ethisch« (im Sinne einer Ethik des Wohlwollens für die betr. Spezies) nicht zu fordern, denn eben die spezialisierende Vielgestaltigkeit kann von Vorteil sein.

Noch schwieriger ist es, eine Norm des Fortschritts überhaupt, bei unbekannten »zukünftigen Normen« zu definieren. Trotzdem läßt sich auch hier wenigstens eine vielleicht relevante Betrachtung anstellen. Klassifizieren wir die möglichen Eigenschaften von Organismen, die einen Selektionsvorteil bieten, so werden wir sie in drei Gruppen einteilen können; sie nützen

a) der Erhaltung des Individuums
b) der Erhaltung der Art
c) der Veränderung der Art.

Wir haben bisher nur a) und b) betrachtet. Die Frage nach einer Norm des Fortschritts läßt eine Interpretation zu, in der sie die Frage nach Eigenschaften ist, welche die Veränderung der Art in der Richtung höherer Lebensfähigkeit fördern.

Es fragt sich nun freilich, ob es dergleichen im blinden Spiel der Mutationen geben kann. Eine Erhöhung der Mutationsrate kann auch schädlich sein. Die meisten existierenden Arten scheinen in ihrer ökologischen Nische stabilisiert. Aber wenigstens bei Umweltänderungen kann es förderlich sein, viele Mutationen rasch durchzuprobieren. Das würde der Art, die dies kann, einen Selektionsvorteil gegenüber »langsamer probierenden« Arten geben. Wenigstens eine einfache Eigenschaft möchte ich nennen, die diese Wirkung haben dürfte: die Kurzlebigkeit der Individuen. Schon früher habe ich einmal die Frage gestellt[1], ob dies der Grund der Phänomene des Alterns und des natürlichen Todes ist.

Daß Organismen überhaupt eines sog. natürlichen Todes sterben können, ist ja keine Selbstverständlichkeit. Biologisch scheint es zunächst nicht erforderlich. Das Wachstum einer Art kann durch Feinde, Hunger und Krankheit stets begrenzt werden. In der Mehrzahl der Fälle dürften diese Faktoren auch die maßgebenden sein: wenn alle Kaninchen erst aus Altersschwäche stürben, wäre die Welt bald voller Kaninchen. Ebensowenig ist eine physikalische Notwendigkeit, etwa im Sinne eines »Verschleißens« des Organismus einzusehen. Der materielle Bestand eines Organismus wird ohnehin während einer Lebenszeit weitgehend ausgetauscht, und die Regelungen brauchen nicht zu veralten. Gäbe es eine naturnotwendige Grenze der Regenerationsfähigkeit der Organismen, warum liegt diese bei der Eintagsfliege nach einem Tag, beim Menschen nach 80 Jahren, bei den ständig sich weiterteilenden Einzellern an keiner erkennbaren Stelle? Schließlich zeigen die Prozesse des Alterns eine strenge Gesetzmäßigkeit, eine Norm; man denke beim Menschen an das Eintreten der Altersweitsichtigkeit oder an das Klimakterium. Diese Gesetzmäßigkeiten lassen kaum eine andere Deutung zu als daß es eine Regelung gibt, die das Altern und schließlich den Tod des Individuums erzwingt. Da diese Vorgänge jedenfalls bei allen höheren Tieren ausnahmslos eintreten, sollte man sie, obwohl sie für das Individuum wie eine Krankheit wirken, als Teil der Gesundheit der jeweiligen Spezies zu verstehen suchen.

In der Tat machen nun sterbende Individuen neuen Individuen derselben Art Platz. Eine kurzlebige Art probiert also in derselben Zeit ceteris paribus mehr Mutanten durch als eine langlebige. Die kurzlebige Art hat also die Chance, sich schneller weiterzuentwikkeln als die langlebige. Auf diese Art werden die langlebigen Arten allmählich ausgerottet. Es besteht also ein Selektionsdruck zugunsten der Kurzlebigkeit, d. h. zugunsten der kürzesten Lebensdauer, die mit dem Wachstumstempo und der Brutpflegedauer der

[1] *Weizsäcker,* C. F. v.: »Die Geschichte der Natur«. 9. Vorlesung, Zürich 1948.

Spezies vereinbar ist. Wie es im Tobler-Goetheschen Hymnus über die Natur heißt: »Der Tod ist ihr Kunstgriff, viel Leben zu haben.«

Im lockeren Anschluß hieran sei noch eine Bemerkung über die Abschätzung von Zeitskalen der Entwicklung gemacht. Verschiedene Autoren haben versucht, die mögliche Dauer der Entstehung gewisser Arten oder Organe (z. B. des Wirbeltierauges) durch zufällige Mutationen und anschließende Selektion abzuschätzen. Gerade beim Versuch, die einzelnen notwendigen Schritte genau anzusetzen, kamen sie vielfach zu Zeitskalen, die die auf der Erde verfügbar gewesenen 5 Milliarden Jahre bei weitem überschreiten. Manche von ihnen haben daraus die Unmöglichkeit einer darwinistischen Erklärung der Evolution gefolgert. Hierzu wäre prinzipiell zu sagen: Man kann versuchen, alle denkbaren Evolutionswege miteinander zu vergleichen, die von einem festen Zustand A zu dem ebenfalls fest angegebenen Endzustand B führen könnten (z. B. von Organismen ohne Augen zu solchen mit Wirbeltieraugen). Hätte man die vollständige Liste dieser denkbaren Wege, so könnte man neben jeden möglichen Weg die Zeitdauer schreiben, die er nach statistischer Abschätzung benötigen würde. Diese Zeitdauern würden von Weg zu Weg sehr stark (d. h. um viele Zehnerpotenzen) differieren, da in die Schätzung oft die Produkte kleiner Wahrscheinlichkeiten eingehen. Die geschätzte Zeitdauer ist dabei als der Erwartungswert der Dauer des Gesamtprozesses auf dem betreffenden Weg zu verstehen. Der wirklich in der Geschichte der Organismen realisierte Weg wird dann derjenige mit der kürzesten Dauer sein; wenn auf ihm einmal Organismen mit Augen entstanden sind, so werden sie ihren Konkurrenten, die noch keine Augen haben, überlegen sein und sie ausrotten. Wenn uns nun nicht alle möglichen Wege eingefallen sind und uns insbesondere der wirkliche Weg der geschichtlichen Entwicklung nicht eingefallen ist, so werden *alle* Zeitskalen, die man für die Wege berechnet, auf die man verfallen ist, zu lang (und zwar vermutlich um viele Zehnerpotenzen zu lang) sein. Diese Überlegung zeigt erstens die Schwierigkeit des Versuchs, durch solche Schätzungen den Darwinismus zu widerlegen. Sie zeigt zweitens die große Bedeutung aller Regelungen, die das Tempo des Fortschritts fördern; soferne überhaupt solche Regelungen entstehen können, darf man ihren vollen Sieg im Kampf ums Dasein erwarten.

Gleichwohl ist rasche Weiterentwicklung keineswegs stets ein Vorteil, wie das Phänomen der Orthogenese (Riesenwachstum von Organen) oder das Sichverlieren in der Sackgasse von Spezialisierungen zeigt. Es ist zu vermuten, daß der Fortschritt prinzipiell nicht voll in Normen ausgedrückt werden kann. Die Ideenlehre gehört nicht zur offenen, sondern zur zyklischen Zeit.

4. Gut und Böse

Wir gebrauchen hier die Worte gut und böse im eingeschränkten Sinn von Normen des Verhaltens von Individuen in einer Gemeinschaft. Menschliche Gemeinschaften verlangen von ihren Gliedern gewisse Verhaltensweisen. Worauf gründen sich die Normen?

Mit den Verhaltensforschern sprechen wir von moralanalogem Verhalten bei Tieren, und wir betrachten dieses zuerst. Hier lassen sich nun genau die obigen Überlegungen anwenden. Nur ist das Regelsystem jetzt nicht der einzelne Organismus, sondern die tierische Gruppe. Beschränkt man sich zunächst wieder auf die Erhaltung, so läßt sich eine Gesundheit der Gemeinschaft definieren und eine Gesundheit ihrer Mitglieder, analog der Gesundheit der Organe eines Organismus. »Sozial gesund« ist ein Individuum, dessen Verhaltensnorm zur Erhaltung der Gemeinschaft beiträgt; genauer: dessen Verhaltensnorm Teilnorm der gesunden Verhaltensnorm der ganzen Gruppe ist. Genau nach diesem Prinzip ist übrigens der platonische Staat konstruiert. Die führende soziale Tugend, die Gerechtigkeit, besteht darin, daß jeder »das Seine tut«. Das Seine tun bedeutet bei Platon natürlich nicht primär, wie in seinen leise ironischen Beispielen, daß sich jeder spezialisiert und der Schuster nur Schuhe macht, sondern daß jedes Glied seiner Idee gemäß handelt, und die Idee ist eben die gesunde Norm. Eben darum spezialisiert sich z. B. der platonische Philosoph nicht, sondern ist – wenn das Gemeinwesen gesund genug ist, dies zuzulassen – zugleich Staatsmann. Der Staatsmann tut nämlich nur dann das Seine, wenn er die Wahrheit denkt. Diese Forderung freilich übersteigt die Stufe, die wir an Tiergesellschaften illustrieren können.

Die Definition des Guten durch das Wohl der Gemeinschaft charakterisiert die Moral der Selbsterhaltung der Gruppe. Wie viele subtile Regelungen hierfür sorgen können, zeigt z. B. die Analyse der Aggression durch Lorenz. Natürlich gibt es dann auch soziale Krankheit, also eingeregeltes soziales Fehlverhalten. Eine soziale Krankheit ist der ungezügelte Egoismus des einzelnen Individuums in vielfacher Hinsicht. Aber auch der ungezügelte Egoismus einer Gruppe kann soziale Krankheit bezüglich der Erhaltung der Art sein.

Beim Menschen ist nicht mehr von moral-analogem Verhalten, sondern von Moral selbst die Rede im doppelten Sinn der Normen traditioneller Sitte und der Normen für bewußte Entscheidung. Sprechen wir hier nur von letzteren, so ist die wohl höchste Stufe eines Prinzips einer solchen Erhaltungsmoral Kants kategorischer Imperativ, der mir gerade die Allgemeinheit der Maxime meines Handelns gebietet. In der hier gewählten Sprache fordert er: Wolle mögliche Normen! »Möglich« heißt dabei eben das, was vorhin »gesund« hieß. Auch hier kann der Gruppenegoismus ebenso eine krankhafte Norm sein wie der Privategoismus. Selbstverständlich fehlt bei Kant der Bezug auf die biologische Spezies Mensch, der ja auch im Darwinismus eine nur genähert brauchbare Einschränkung ist. Die Gesamtheit bei Kant ist die Gesamtheit der vernünftigen Wesen, also eben der Wesen, die eine Norm zu denken vermögen. Dies weist uns im kybernetischen Modell einerseits zurück auf das die Spezies-Grenzen übergreifende Fortschrittsprinzip, andererseits voraus auf die Frage des wahren Denkens, also von Wahr und Falsch.

Das Fortschrittsprinzip relativiert schon bei den Tieren auch im sozialen Bereich wiederum das Verhältnis von Gesundheit und Krankheit. Lorenz' Begründung der individuellen Bindung von Individuen auf ritualisierte Aggression, überhaupt der ganze Begriff der Ritualisierung erweist die Wandelbarkeit des in gewisser Hinsicht Kranken in Gesundes einer neuen Ordnung, also des »sogenannten Bösen« in Gutes. Auch hier läßt sich eine automatisch wirkende Norm des Fortschritts nicht nennen. Der geschichtliche Erfolg einer Neuerung ist nicht garantierbar. Beim Menschen heißt dies im doppelten Maß, daß wir das Einmalige in seiner Einmaligkeit zu begreifen versuchen müssen. Hier ist ein struktureller Grund dafür, daß die Wirklichkeit der Liebe dem Prinzip der Gerechtigkeit überlegen ist. Doch läßt sich von all diesem nicht sinnvoll reden, ehe gefragt ist, was Wahrheit ist.

5. Wahrheit

Traditionell definiert man Wahrheit durch eine Formel wie: veritas est adaequatio rei et intellectus. Diese Formel fordert Fragen heraus, die wir am leichtesten anhand des Versuchs der Übersetzung ins Deutsche aussprechen. Sagen wir etwa: »Wahrheit ist Übereinstimmung von Sache und Verstand«, so erscheint Wahrheit als eine Relation namens Übereinstimmung zwischen zwei Gegenständen namens Sache und Verstand. Ich sage etwa »da sitzt eine Katze« oder »Zwei ist eine Primzahl«. Wie kann die Sache, hier also die Katze oder die Zahl zwei, mit meinem Verstand übereinstimmen? Mein Verstand ist doch weder eine Katze noch eine Zahl.

Man kann Wahrheit auf die sog. Urteilswahrheit einschränken. Was übereinstimmen soll, ist die Aussage und der Sachverhalt. Wie Heinrich Scholz zu sagen pflegte: »Der Satz: ›Es gibt Marsbewohner‹ ist wahr dann und nur dann, wenn es Marsbewohner gibt.« Diese Formel macht das fortbestehende Problem deutlich. Nimmt man die Scholzsche Formel so, wie sie jetzt auf dem Papier steht, so stimmen in ihr zwei Aussagen (nahezu) miteinander überein, nämlich der in Anführungsstrichen stehende Satz »Es gibt Marsbewohner« mit dem nachgestellten Konditionalsatz »wenn es Marsbewohner gibt«. Was »übereinstimmen« dabei dann genau heißt, möge hier undiskutiert bleiben; jedenfalls wird man bereit sein, zuzugestehen, daß zwei Aussagen miteinander übereinstimmen können. Aber wo bleibt dabei die Wahrheitsdefinition? Offenbar steht hier »Es gibt Marsbewohner« als die auf ihre Wahrheit zu prüfende Aussage, »wenn es Marsbewohner gibt« als Mitteilung der Bedingung der Übereinstimmung mit dem Sachverhalt, also »... es Marsbewohner gibt« als Mitteilung des möglichen Sachverhalts. Der erste Satz »Es gibt Marsbewohner« ist also genau dann wahr, wenn der zweite Satz »es gibt Marsbewohner« den wirklichen Sachverhalt zutreffend wiedergibt. Letzteres meint man aber doch offenbar, wenn man sagt, der zweitgenannte Satz sei wahr. D. h. ein Satz ist wahr, wenn er mit einem wahren Satz übereinstimmt; ein wahrer Satz aber ist einer, der den wirklichen Sachverhalt zutreffend wiedergibt. Was wir damit gewonnen haben ist eine neue Umschreibung der lateinischen Wahrheitsdefinition: statt »intellectus« steht »Satz ›oder‹ Aussage«, statt »res« »wirklicher Sachverhalt«, statt »adaequatio« »zutreffende Wiedergabe«.

Natürlich war sich Heinrich Scholz, der hierin Tarski folgte, über diese Verhältnisse völlig klar; sein Satz sollte eben diese Verhältnisse sinnfällig machen. Tarskis Lösung des Problems für formalisierte Sprachen liegt im Begriff der Metasprache. Wahrheit läßt sich für die formalisierte »Objektsprache« definieren vermittels einer Metasprache, welche alles, was man in der Objektsprache ausdrücken kann, auch zu sagen vermag. Für Aussagen der Metasprache wird Wahrheit entweder gar nicht oder vermittels einer höheren Meta-Metasprache definiert. Dabei bleibt der letzte Rekurs auf die »natürliche Sprache« unvermeidlich. Uns geht es hier aber um den Sinn von Wahrheit für die »natürliche Sprache«[1]. Es ist manifest, daß wir diesen Sinn nicht mit der Präzision ausdrücken können, welche die mathematische Logik von sich fordert. Wir begnügen uns, eine Richtung zu suchen, in der man sinnvoll weiterfragen kann.

Haben wir durch die neue Formel »Wahrheit ist zutreffende Wiedergabe eines Sachverhalts durch eine Aussage« etwas gewonnen? Schwerlich; eher haben wir uns aus der fordernden Härte einer »adaequatio« oder »Übereinstimmung« in die sehr unbestimmte Formel einer »zutreffenden Wiedergabe« geflüchtet. Wie kann denn das sprachliche Gebilde einer Aussage einen Sachverhalt »wiedergeben«? Eben das sollte doch aufgeklärt werden. Es wäre einfach, wenn wir einen Sachverhalt auch noch anders als durch eine Aussage »aufweisen« und dann die Aussage mit ihm vergleichen könnten. Eben dies scheint aber nicht zu glücken. Weise ich mit dem Finger auf die Katze, so ist damit nicht klargelegt, ob ich den Sachverhalt »da sitzt eine Katze« meine oder z. B. den Sachverhalt »Mimi ist wieder zu Hause«, »die Katze hat ein Halsband an« oder viele andere mehr. Den Sachverhalt »2 ist eine Primzahl« kann man erst recht kaum anders als in einem sprachlichen Zusammenhang vorführen. Vielleicht sind Sachverhalte grundsätzlich nicht anders als in Aussagen vorführbar[2], und der philosophische Verdacht drängt sich auf, daß es so etwas wie Sachverhalte überhaupt nur für sprachfähige Wesen gibt. Falls

[1] Vgl. I, 2; I, 4; I, 5.
[2] Vgl. *Patzig*, G. in: »Argumentationen«, Göttingen 1964.

aber hieran die Adäquationstheorie der Wahrheit scheitern sollte, wie wollen wir dann überhaupt Wahr und Falsch unterscheiden?

Diese Theorie stammt nun aus eben der griechischen Eidos-Lehre, auf die wir uns bei der Erklärung der Gesundheit bezogen haben. Nach Aristoteles ist eine Rede (logos) wahr, wenn in ihr verbunden ist, was in den Sachen (pragmata) verbunden ist, und getrennt, was in den Sachen getrennt[1]. Die Rede zeigt die Widerfahrnisse der Seele (pathemata tes psyches) an. Die Seele erkennt eine Sache, wenn in der Seele dasselbe Eidos ist wie in der Sache. Dies ist eine Gestalt der alten Lehre, daß Gleiches nur durch Gleiches erkannt wird. In dieser Lehre haben wir genau die geforderten zwei »Gegenstände«, nämlich das Eidos in der Seele und das Eidos der Sache, und diese beiden können in der Tat übereinstimmen oder nicht übereinstimmen, denn sie sind beide von derselben Art, nämlich Eide. Damit verschiebt sich das Problem auf die Frage, wie die Sache »ein Eidos haben« kann und wie »in der Seele« dasselbe Eidos »sein« kann. D. h. es verschiebt sich auf das Verständnis des Sinnes der Eidoslehre überhaupt. Schon das ist ein wichtiger Schritt; er zeigt den Sinn der These, daß die Logik in ihrer letzten Begründung von der Ontologie abhängt. Für uns stellt sich nun die Frage, ob das kybernetische Modell der Eidoslehre uns weiterhilft.

Kehren wir zunächst wieder zum tierischen Verhalten zurück! Der junge Singvogel im Nest »erkennt« die Mutter, die ihm Nahrung bringt, und sperrt den Schnabel auf. Er »fällt herein« auf eine Attrappe und sperrt auch vor ihr den Schnabel auf. Ein Huhn, das an einem sonnigen Julitag in der Reichweite des Rasensprengers triefend unter einem Busch saß, »mißverstand« das Wasser des Rasensprengers als Regen. Ein Tier kann sich »richtig« oder »falsch« verhalten. Wir setzen diese Richtigkeit versuchsweise an die Stelle der Wahrheit in der Definition. Wir sagen also etwa: »Richtigkeit ist Angepaßtheit des Verhaltens an die Umstände.« Richtiges Verhalten ist, im früher definierten Sinne, gesundes Verhalten.

Die neue Formel bringt uns dadurch einen Schritt weiter, daß sie an die Stelle der Übereinstimmung, die nur zwischen Gleichar-

[1] Das Modell einer solchen Rede ist das kategorische Urteil, das ein Prädikat einem Subjekt zu- oder abspricht.

tigem zu denken ist, Anpassung setzt, die gerade zwischen Verschiedenem möglich ist. Das Verhalten ist in keiner Weise ein »Abbild« der Umstände. Es paßt zu den Umständen nicht wie die Photographie zum Objekt, sondern wie der Schlüssel zum Schloß. Die Monade des tierischen Individuums spiegelt das Universum der Umstände durch die prästabilierte Harmonie des angeborenen (oder allenfalls schon erlernten) Verhaltens; diese Monade freilich hat Fenster. Wir wollen versuchen, für alles Folgende an der Interpretation der adaequatio als Anpassung festzuhalten. Wir erlauben uns zugleich, auch den Terminus Wahrheit schon für die Richtigkeit tierischen Verhaltens stilisierend zu gebrauchen.

Wenn so die Wahrheit mit der Gesundheit in eine Linie tritt, dann die Falschheit mit der Krankheit. Freilich ist dabei im Bereich des Falschen zwischen dem rasch korrigierten Irrtum, dem hartnäckigen Irrtum, der Lüge usw. zu differenzieren, was wiederum hier nicht geleistet, sondern nur von Fall zu Fall als möglich vorausgesetzt wird. Wir haben ja ursprünglich schon Gesundheit und Krankheit durch richtige und falsche Regel-Sollwerte erläutert. Wir mußten also vorweg schon an ein Verständnis von Wahr und Falsch appellieren, um Gesund und Krank definieren zu können. Wir kehren nun also die Fragerichtung um, damit wir die vorausgesetzten Strukturen besser in den Blick bekommen.

Nietzsche nennt die Wahrheit die Art von Irrtum, ohne welche eine bestimmte Art von lebendigen Wesen nicht leben könnte[1]. Der schockierende scheinbare logische Zirkel dieses Satzes (»was ist Irrtum, wenn Wahrheit selbst eine Art Irrtum ist?«) gewinnt in unserem Zusammenhang einen guten Sinn. Wir drehen den Satz zunächst um und sagen: »Irrtum ist diejenige Wahrheit, ohne die ein Lebewesen nicht mehr leben könnte.« In unserer bisherigen Ausdrucksweise: Irrtum ist eine Krankheit, also eine Fehlanpassung, die nicht unmittelbar tödlich ist. Auch Fehlanpassung ist eine Anpassung, auch Irrtum ist also eine Wahrheit. In der Ideenlehre: auch das Falsche, wenn es überhaupt gesagt werden kann, hat etwas wie eine Idee. Doch ist die irrende Anpassung nicht vollständig, sie ist »inadäquat« (adaequatio!). Das irrende Lebewesen spiegelt das Universum seiner Umwelt unvollkommen.

[1] Friedrich Nietzsche: Werke in drei Bänden, hrsg. v. Karl Schlechta, München 1956. Bd. 3, S. 844.

Nun gibt es aber überhaupt keine völlig adäquate Anpassung eines Lebewesens an die Welt. Jede Verhaltensweise kann getäuscht werden. D. h. alle Verhaltenswahrheit ist, mit strengen Maßstäben gemessen, noch ein Irrtum. Also ist Nietzsches Satz genau: Wahrheit ist hinreichend angepaßter Irrtum.

Freilich setzt der Satz auch in dieser Form ein schon erschlossenes Verständnis von Welt, Lebewesen und Anpassung, er setzt die Wissenschaften der Biologie, Kybernetik und Physik voraus. Er setzt sie voraus, d. h. er benützt ihre Sprechweise als richtiges Verhaltensschema; er setzt ihre Wahrheit voraus. In welcher Weise aber Wissenschaft wahr sein kann, erklärt er noch nicht. Wir kommen hiermit auf die Frage, was für den Menschen und damit was in einem prägnanten Sinne Wahrheit sei. Hierfür soll dieser Aufsatz nur noch eine Andeutung versuchen, denn hier setzt die eigentliche Frage der Philosophie ein.

Der Mensch ist weder auf angeborene noch auf verständnislos erlernte Verhaltensweisen beschränkt. Er kann »einsichtig« oder »verständig« handeln. Erst die hier zitierte »Einsicht«, den »Verstand« meinen wir gewöhnlich, wenn wir von Wahrheit sprechen. Wir isolieren die Leistung dieses Vermögens sogar oft als »Theorie« und schreiben Wahrheit im engeren Sinne erst ihr zu. Unser Ansatz, der gemacht ist, um diese Isolierung zu hinterfragen, muß nun versuchen zu zeigen, welches kybernetische Modell den Übergang zum »theoretischen Verhalten« darstellen könnte.

Als ein wesentlicher Zug des einsichtigen Handelns erscheint das Vermögen der Vorstellung. Ich bin nicht genötigt, eine Handlungsweise zu vollziehen, sondern ich habe mehrere Handlungsweisen zur Wahl. Ich stelle mir den Sachverhalt und mein Handeln in ihm vor, spiele das mögliche Geschehen durch und wähle dann. Hier tritt also zum erstenmal so etwas wie ein »Abbild des Sachverhalts in der Seele« auf. In der Tat war nicht zu erwarten, daß wir die überlieferte Theorie der Wahrheit würden umgehen können. Wir können nun aber Sinn und Grenze des Abbildungsanspruchs näher bezeichnen. Das Abbild ist eine vom Bewußtsein geleistete Simulation desjenigen im Geschehen, was uns in Handlungsabläufen zustoßen kann. Es ist wahr, insofern es »wirklich möglichen Geschehensverläufen« so angepaßt ist wie der Schlüssel dem Schloß. Erkennend greift der Mensch nun freilich über jede schon geleistete Anpassung, über jedes fertige »Schloß« hinaus. Kein Satz menschlichen Erkennens hat eine unabänderliche »ökologische Nische«, in der er definitiv wahr ist. Allenfalls könnte gelten, das Wahre sei das Ganze. Eben dieses aber ist nicht verfügbar.

Eine Theorie der Wahrheit, die wahr sein will, muß fragen, ob ihre eigene Wahrheit unter die von ihr beschriebene Wahrheit fällt. Unsere Theorie ist ein Modell der Wahrheit. Wir haben einleitend ein Modell als eine Weise des Objektivierens bezeichnet. Objektivieren ist ein Handeln, nämlich eines, das entscheidbare Alternativen im Geschehen setzt. Die Wahrheit unserer Theorie ist, gemäß ihr selbst, die Angepaßtheit des objektivierenden Handelns an die Möglichkeit des Lebens des Menschen in der Welt. Insofern beschreibt die Theorie selbst die Bedingung ihrer Wahrheit. Wie dies möglich ist, beschreibt sie nicht mehr. Hier müssen andere Fragen beginnen.

III, 5. Materie, Energie, Information

Unveröffentlicht, 1969 geschrieben. Dieser Aufsatz greift den antiken Begriff der Form auf, um den zeitgenössischen Begriff der Information zu interpretieren und eine einheitliche Begrifflichkeit zu entwickeln, welche ermöglicht, die kybernetisch verstandene Biologie mit der als Theorie der entscheidbaren Alternativen entworfenen Physik ohne Bruch ineinanderzufügen. Dabei stellt sich das Problem der Subjektivität der Information (»für wen ist dieser Vorgang Information?«). Eine Objektivierung des Sinnes von Information, etwa analog der Meßtheorie in der Physik, führt dazu, Information auf Informationsfluß, also auf Zeitlichkeit zurückzuführen. So geschieht auch hier der Übergang von der subjektiven in die zeitliche Betrachtungsweise.

Der Gedankengang beginnt noch einmal mit der Entwicklung der Physik zur Einheit (Abschnitt 1). Die Abschnitte 2 und 3 diskutieren den Informationsbegriff vor allem in seiner objektiven Verwendung in der Biologie. Die Diskussion verläßt aber den biologischen Bereich, ohne zu den Sachfragen dieser Wissenschaft einen greifbaren Beitrag zu geben, da die weitere Klärung des Begriffs zunächst in der Physik zu suchen ist. Das ökonomische Intermezzo (Abschnitt 4) ist eine dilettantische Gymnastik, aus der ich die Fachökonomen nur die Laienfrage zu beherzigen bitte, warum es gerade im ökonomischen Bereich überhaupt einen genähert universellen Wertmaßstab geben kann. Der Weg in die Physik (Abschnitt 5) führt nur noch zu Mutmaßungen, die erst in einem expliziten Aufbau der elementaren Physik geprüft werden können. Die Zusammenfügung von Materie, d. h. Bewegung, d. h. Form mit dem Bewußtsein gemäß III, 3 führt dann (Abschnitt 6) an die Schwelle dessen, was in unserer Tradition die Philosophie des Geistes heißt.

1. Materie und Energie

Materie ist historisch zunächst der Gegenbegriff zu Form. Ein Schrank, ein Baum ist aus Holz. Holz ist seine Materie. Aus diesem Beispiel ist sogar der Name des Begriffs Materie genommen; materia = hyle heißt Holz. Der Schrank ist aber nicht einfach Holz, sondern ein hölzerner Schrank. Schrank ist das, was er eigentlich ist; Schrank ist sein Eidos, sein Wesen, seine Form. Ein Schrank aber muß aus etwas sein; ein Schrank ohne Materie ist nur ein von der Wirklichkeit abgezogener Gedanke, er ist ein Abstraktum. Dieser Schrank aus Holz hingegen ist ein wirkliches Ganzes aus Form und Materie, ein Synholon; Form und Materie sind in ihm »zusammengewachsen«, er ist ein Konkretum.

Es gibt also im Bereich des Konkreten keine Form ohne Materie. Ebensowenig gibt es Materie ohne Form. Zwar gibt es Holz, das nicht in ein Möbel verarbeitet ist, etwa als Materie des Baums. Auch gibt es Holz, das nicht (nämlich nicht mehr) die Materie eines lebenden Baumes ist, z. B. als dieser Stapel Brennholz. Aber Holz selbst ist eine Form. Form und Materie sind Relativbegriffe. Was Materie ist für Schrank und Baum, nämlich Holz, das ist Form für Erde und Wasser (antik gesprochen), für organische Moleküle (modern gesprochen). Alles Holz besteht aus »Erde und Wasser« bzw. aus Kohlenstoff, Stickstoff, Wasserstoff ... Nach Aristoteles ist eine erste Materie (prima materia, prote hyle), die nicht mehr Form bzw. Konkretum zu einer anderen Materie wäre, nur ein philosophisches Prinzip, das konkret nicht vorkommt, und das unerkennbar bleibt, denn alles, was man erkennen kann, ist Form.

Die neuzeitliche Physik nimmt aber eine andere antike philosophische Tradition auf, diejenige des Atomismus. Nach dieser Lehre gibt es eine feste, nicht mehr hinterfragbare Form der ersten und insofern eigentlichen Materie, nämlich die Raumerfüllung der nicht mehr aus Teilen bestehenden kleinsten Körper, der Atome. In dieser Denkweise erscheint Materie nicht mehr als Relativbegriff in der Relation Form – Materie, die nur an einem Konkretum aufweisbar ist, sondern als Bezeichnung des eigentlich selbständigen Seienden. Ein Atom ist Atom, einerlei in welchen größeren Körper es als Teil eingegangen sein mag. Auch Kontinuumstheorien der Materie denken sich das Raumerfüllende, eben die Materie, ähnlich selbständig. So wird für die monistische Auffassung, die dann den Namen Materialismus legitim trägt, Materie das einzige wahrhaft Seiende. Für eine dualistische Auffassung wie die von Descartes wird Materie zum Gegenbegriff von Bewußtsein.

Das Bewußtsein kommt aber in der Physik (oder, wie man später, bei verengtem Begriff von Physik, sagt, in der Naturwissenschaft) nicht als ihr Objekt war. Das Seiende der Physik ist, so scheint es, die Materie.

Mit dem 19. Jahrhundert tritt ein neuer Gegenbegriff zur Materie auf, die Energie. Diese erscheint zunächst als eine Substanzialisierung des Kraftbegriffs. Dieser Zusammenhang ist für unser gegenwärtiges Thema wichtig. Die Physik hatte sich schon im 17. Jahrhundert genötigt gesehen, neben der Materie als eine problematische weitere Entität die Kraft einzuführen. Physik ist Lehre von der Bewegung der Materie. Die Bewegung genügt Gesetzen. Diese Gesetze geben an, wie sich Materie unter gegebenen Umständen bewegt. Die Umstände aber sind charakterisiert durch die anwesenden Ursachen möglicher Bewegung (bzw., nach dem Trägheitsgesetz, möglicher Bewegungsänderung), und diese Ursachen nennt man terminologisch Kräfte. Kräfte als besondere Entitäten waren dem 17. Jahrhundert freilich als »okkulte Qualitäten« verdächtig. Man versuchte, sie auf die Wesenseigenschaft der Materie, ihre Raumerfüllung, also populär gesagt auf Druck und Stoß zurückzuführen. So gesehen liegt die bewegende Kraft in der Materie selbst; aus diesen Erwägungen hat sich schließlich der Begriff der »lebendigen Kraft«, oder wie wir heute sagen der kinetischen Energie entwickelt. Aber Druck und Stoß erwiesen sich als unzureichendes Modell der Bewegung eines Körpers durch einen anderen. Neben die kinetische trat die potentielle Energie, das nicht als Bewegung manifeste Kräfte-Potential (Vermögen, Kraft auszuüben).

Wir halten fest: Energie ist das Vermögen, Materie zu bewegen. Dieses Vermögen aber wird durch den Satz von der Erhaltung der Energie substanzialisiert. Es wird quantitativ meßbar, und es zeigt sich, daß seine Quantität, ebenso wie die Quantität der Materie, zeitlich erhalten bleibt. (Robert Mayer betrachtete den Energiesatz als quantitative Fassung der Regel »causa aequat effectum«.) Was erhalten bleibt, betrachtet man als eine Substanz, ein in allem Wandel der Erscheinungen sich gleich bleibendes Zugrundeliegendes. So schien es im 19. Jahrhundert zwei Substanzen in der Physik zu geben, Materie und Energie, popularphilosophisch Kraft und Stoff.

Die Relativitätstheorie hat uns in gewissem Sinne die Identität der beiden Substanzen gelehrt. Erhaltung der Materie heißt in heutiger Terminologie Erhaltung der Masse; und Energie und Masse sind relativistisch äquivalent. Die gruppentheoretische Betrachtungsweise (Satz von E. Noether) läßt uns den Grund dieser »Einheit der Substanz« erkennen. Jedem kontinuierlichen reellen Parameter der Symmetriegruppe der Bewegungsgleichung entspricht eine Erhaltungsgröße. Die Energie ist die Erhaltungsgröße, die der Zeittranslation, also der Homogenität der Zeit entspricht. Wenn die Zeit eine so fundamentale Rolle für die Physik spielt, wie ich annehme, so ist es einleuchtend, daß ihr eine ausgezeichnete Erhaltungsgröße entspricht; so hat auch Kant die Erhaltung der Substanz mit der Homogenität der Zeit in Zusammenhang gebracht[1].

Die eigentliche Bedeutung der Einheit der Substanz zeigt sich aber erst in der Elementarteilchenphysik. Die Gruppentheorie lehrt uns zunächst nur, daß in jeder durch eine bestimmte Bewegungsgleichung charakterisierten physikalischen Theorie die durch die Symmetriegruppe dieser Gleichung bestimmten Erhaltungsgrößen, also insbesondere für jede zeittranslationsinvariante Bewegungsgleichung eine Energie existiert. Der Sinn des allgemeinen Energiesatzes war aber von Anfang an, daß alle Energieformen miteinander quantitativ vergleichbar und wenigstens im Prinzip ineinander umwandelbar sind. Dann muß es so etwas wie eine universelle Bewegungsgleichung geben, die alle Energiesorten umfaßt. Einen Versuch dieser Art macht z. B. die Heisenbergsche einheitliche Feldtheorie. Im Sinne einer solchen Theorie gibt es in der Tat eine einheitliche Substanz, die Heisenberg konsequenterweise »Energie« nennt, von der alle Elementarteilchen nur verschiedene quasi-stationäre Zustände sind.

Welche Wesenseigenschaften hat nun diese Substanz? Ihre Quantität ist meßbar. Die Elementarteilchen und alles aus ihnen Zusammengesetzte sind ihre möglichen Erscheinungsformen, die sich als Lösungen des zugrundegelegten Bewegungsgesetzes ergeben. Dieses Gesetz selbst, das wir zunächst nicht im Detail betrachten, läßt eine grundsätzliche Betrachtung zu. Wir haben die Substanz aus der Identifizierung zweier zunächst begrifflich scharf getrennter Entitäten gewonnen, der Materie und der Energie. Materie war eingeführt als das, woraus alle Dinge bestehen, also

[1] Vgl. IV, 2.

eigentlich als die Substanz im hier benützten Sinne des Worts. Die Energie war eingeführt als das, was die Materie bewegen kann, und zwar war ihr quantitatives Maß zugleich ein Maß der erzeugbaren »Menge der Bewegung«, wobei diese (was uns heute als Konsequenz der Drehsymmetrie nicht überrascht) als Quadrat des Geschwindigkeitsvektors, multipliziert mit der Masse als dem Träger der Bewegung, definiert war. Wenn nun Materie und Energie identifiziert werden, so muß man sagen, daß Materie zugleich das Vermögen der Bewegung von Materie *ist*. Eben dies bringt das Grundgesetz der Bewegung, etwa in der hypothetischen Gestalt der Heisenbergschen nichtlinearen Operatorgleichung, zum Ausdruck.

Etwas pointierter, freilich zunächst stark symbolisch, läßt sich der Sinn der Einheit der Substanz ausdrücken, wenn man nicht von der Materie, sondern von der Energie oder eigentlich von der Zeit ausgeht. Von der Materie ausgehend sagten wir bisher: Materie ist die Substanz der Dinge. Energie ist das Vermögen, Materie zu bewegen. Wenn Materie und Energie identisch sind, so ist Materie zugleich das Vermögen, sich selbst zu bewegen. Hierin bleibt ein Dualismus von Substanz und Bewegung. Warum bewegt sich die Substanz überhaupt, und warum ist sie zugleich ihr Vermögen, sich zu bewegen? Gehen wir von der Zeit als Grundbegriff aller Physik aus, so werden wir etwa sagen: Alles, was ist, ist letzten Endes Zeit. Um Zeit sein zu können, muß es Änderung, d. h. Bewegung sein (das »d. h.« ist hier formal eine Verbaldefinition von Bewegung; erst eine Theorie, die den Raum herleitet, kann ihren Charakter als räumliche Bewegung begründen). Bewegung ist nur Bewegung, insofern sie sich selbst nicht gleich bleibt. Sie muß also zugleich das Vermögen sein, sich selbst zu verändern, d. h. zu bewegen. Insofern muß sie den doppelten Aspekt des Bewegten und des Bewegenden an sich tragen.

2. Information und Wahrscheinlichkeit

Im Sinne der bisherigen Physik ist Information weder Materie noch Energie. Der Informationsbegriff bringt vielmehr die beiden älteren Gegenpole der Materie, die Form und das Bewußtsein, wieder ins Spiel.

Man kann die Information als ein Maß der Menge von Form bezeichnen. Wir diskutieren dies an Hand einer der gängigen quantitativen Definitionen. Sei E ein formal mögliches Ereignis und w seine Wahrscheinlichkeit. Dann ist

$$I = -\log_2 w$$

die Information, die durch das Eintreten des Ereignisses E geliefert wird. Ist z. B. $w = \frac{1}{2}$, so ist $I = 1$, oder wie man sagt 1 bit; ist $w = (1/2)^n$, so ist $I = n$. Ein Ereignis bringt, roh gesagt, umso mehr Information, je unwahrscheinlicher es ist. Diese Einführung des Informationsbegriffs ist genau dann sinnvoll, wenn der Wahrscheinlichkeitsbegriff schon verstanden ist.

Es wäre ganz irrig, zu schließen, Information sei offenbar »(nicht Materie, sondern) ein Bewußtseinsinhalt«, da ja Wahrscheinlichkeit etwas Subjektives, nämlich eine Mutmaßung sei. Jeder Begriff ist als gedachter etwas »Subjektives«, auch der Begriff eines Dings oder der Materie; er ist zugleich »objektiv«, soferne er »wahr« ist. Als einen wahren Begriff kann man in roher Näherung einen Begriff bezeichnen, der geeignet ist, wahre Sätze über seinen Gegenstand auszusprechen. Wahr wird ein Satz mindestens dann genannt werden dürfen, wenn er intersubjektiv nachprüfbar ist. In diesem Sinne ist Wahrscheinlichkeit sicher ein objektiver, wahrer Begriff, soferne es möglich ist, Wahrscheinlichkeitsurteile empirisch zu prüfen. Der Sinn, in dem das möglich ist, ist in der Begründung der Wahrscheinlichkeitstheorie durch die Logik zeitlicher Aussagen besprochen[1]. Wahrscheinlichkeit erscheint hier als Vorhersage einer relativen Häufigkeit, mathematisch präzisiert als Erwartungswert einer relativen Häufigkeit.

Die Information eines Ereignisses kann auch definiert werden als die Anzahl völlig unentschiedener einfacher Alternativen, die durch das Eintreten des Ereignisses entschieden werden. Als völlig unentschieden soll eine einfache Alternative gelten, wenn keine ihrer beiden möglichen Antworten wahrscheinlicher ist als die andere. Man kann nun als ein quantitatives Maß der Menge an Form eines Gegenstandes die Anzahl von einfachen Alternativen bezeichnen, die entschieden werden müssen, um seine Form zu beschreiben. In diesem Sinne mißt dann die Information, die in dem

[1] Vgl. II, 5.3.

Gegenstand enthalten ist, genau die Menge seiner Form. Die in einem Gegenstand »enthaltene« Information ist die Information, die dem Ereignis des Auftretens dieses in seiner Identität erkannten Gegenstands im Gesichtsfeld des Beobachters zukommt.

Insofern mißt also die Information in der Tat die Form. Sie läßt sich aber gleichzeitig, wenigstens in der primitiven, hier vorerst eingeführten Auffassung, nicht ohne Bezug auf ein Bewußtsein definieren, und zwar in einem Sinn, in dem dies nicht von jedem Begriff gilt. Auch der objektive Wahrscheinlichkeitsbegriff ist nämlich subjektbezogen. Wir erläutern dies durch ein Beispiel: Mit zwei guten Würfeln wird einmal gewürfelt. Zwei Beobachter A und B sollen prophezeien, mit welcher Wahrscheinlichkeit w die Summe der Augenzahlen beider Würfel den Wert 2 haben wird. Dabei soll A vor dem ganzen Wurf prophezeien, B aber, wenn er die Augenzahl des ersten Würfels schon kennt. A prophezeit somit $w = 1/36$, B prophezeit, wenn der erste Würfel eine 1 zeigt, $w = 1/6$, sonst $w = 0$. Beide prophezeien in objektiv nachprüfbarer Weise richtig, denn das Ereignis, für das sie prophezeien, ist für beide ein Beispiel einer verschiedenen statistischen Gesamtheit. D. h. die Angabe einer objektiven Wahrscheinlichkeit hängt vom Vorwissen ab. Die Information des Ereignisses »Gesamtaugenzahl = 2« ist für B, der »Augenzahl des ersten Würfels = 1« schon weiß, geringer als für A.

Dieses Beispiel soll zunächst nur zeigen, daß es notwendig ist, die Begriffe Wahrscheinlichkeit und Information zugleich als objektiv und subjektbezogen zu verstehen; es ist ihr begrifflicher Sinn, »Wissen« zu quantifizieren, und Wissen ist stets Wissen, das jemand von etwas hat. Insbesondere mißt die Information den durch ein Ereignis gewonnenen Wissenszuwachs, und es ist selbstverständlich, daß dieser vom Vorwissen abhängt. Daß Information Wissen mißt, steht nicht im Gegensatz zu der These, die Information messe die Menge von Form, denn Form (Eidos) ist nach der antiken Philosophie genau das, was man wissen kann. Können wir aber behaupten, die Formmenge eines Gegenstandes hänge vom Vorwissen ab? Form soll doch gerade das objektiv Wissbare, also ein objektives Merkmal des Gegenstands sein. Diese Frage eröffnet eine sehr lange Untersuchungsstraße.

Unser Würfelbeispiel ist leicht zu »objektivieren«. Das Vorwissen bezog sich hier auf einen Teil der formal möglichen kontingenten Eigenschaften des Würfelpaars. Den objektiven Informationsgehalt des Würfelpaars wird man im Sinne der Fragestellung des Würfelspielers als das definieren, was an dem Würfelpaar durch Anschauen eines vollzogenen Wurfs erfahren werden kann, also bezogen auf ein Vorwissen, das die formal möglichen Fälle kennt (das weiß: hier ist ein Paar guter Würfel) und das kein kontingentes Faktum über die Würfel kennt. Die Information der Augenzahl 2 ist in diesem Sinne objektiv gleich $\log_2 36$. In diesem Sinne ist der Informationsgehalt jeder Messung einer vorweg als formal möglich beschriebenen Größe objektiv angebbar.

Hiermit ist aber offenbar die Formmenge der beiden Würfel keineswegs erschöpft. Die geschilderte Information tragen die beiden Würfel nur für den Würfelspieler. Dieser hat ein umfassendes Vorwissen. Er weiß, was Würfelspiel ist, daß diese beiden Holzkuben Würfel im Sinne des Würfelspiels sind, wie die Zahlsymbole auf ihnen gemeint sind usw. All dies muß er wissen, damit er das, was er sieht, *als* Augenzahl zweier Würfel erkennt. Die Information für den Würfelspieler ist solche Information nur kraft einer Semantik, in welche sehr viel Wissen, also sehr viel andere Information schon investiert ist. Ein erheblicher Teil dieser »semantischen Information« wird ebenfalls als »Form der Würfel« aufgefaßt werden können. Wieviel Form enthält das Würfelpaar nun wirklich?

Es liegt nahe, zur Antwort auf diese Frage die Würfel physikalisch zu untersuchen. Da scheint es nun vor der atomaren Stufe kein Halten zu geben. Ihre Information muß dann wenigstens $N \cdot i$ sein, wobei N die Anzahl der Elementarteilchen bezeichnet, aus denen die Würfel bestehen, und i die formal mögliche Information des einzelnen Elementarteilchens. Wir kommen damit in schwierige Grundlagenfragen der Physik, denen wir uns erst im 5. Abschnitt ausdrücklich zuwenden wollen. Wir bemerken jetzt nur, daß diese Information »virtuell« bleibt, denn kein Experiment wird sie in der Praxis je ausschöpfen. Wie können wir aktuale oder aktualisierbare Information aus diesem praktisch unermesslichen Reservoir virtueller Information herausheben?

Dem, was wir objektiv, als Gewußtes, die Form nennen, entspricht subjektiv, als Wissen, der Begriff. Wir dürfen erwarten, die Information eines Gegenstands messen zu können, insofern wir ihn unter einen bestimmten Begriff bringen. Das Würfelpaar, unter den Begriff »Würfelpaar im Würfelspiel« gebracht, enthält genau $\log_2 36$ bit Information. Unter dem Begriff »Spielware« enthält es mehr Information, z. B. nun auch die Information, daß es gerade ein Würfelpaar ist; das Maß dieser Information hängt offenbar an dem Vorwissen, wieviele verschiedene Spielwaren es gibt. Zu jedem Begriff gehört ein Vorwissen, als die diesem Begriff eigene semantische Information. Der Extrembegriff wäre dann vielleicht »Gebilde aus Elementarteilchen«.

Wollen wir diese Erwägungen präzisieren, so können wir eine »Objektivierung der Semantik« versuchen. Wir betrachten eine zuverlässig funktionierende Apparatur, die genau diejenige Information vom Gegenstand abliest und speichert oder verarbeitet, die unter einen bestimmten Begriff fällt. Dies wäre also eine objektivierte operationale Definition des betreffenden Begriffs. Ein Beispiel dafür ist eine Meßapparatur; die Meßtheorie in der Quantentheorie, die den Beobachter durch einen Apparat ersetzt, ist ein Modell der Objektivierung der Semantik. In dieser Meßtheorie müssen wir freilich den Meßapparat selbst wieder unter gewisse Begriffe bringen, damit die Fragestellung überhaupt definiert ist. Hiermit hängt die von Bohr betonte Notwendigkeit klassischer Begriffe zur Beschreibung des Meßapparats zusammen. Man kann zwar durch »Verschiebung des Schnitts« auch den Meßapparat noch einmal durch einen Metameßapparat beobachten; daß sich bei dieser Iterierung der Objektivierung der Semantik nichts Neues mehr ergeben wird, soll eben der »klassische« Charakter der Meßbegriffe garantieren.

Will man die ultima ratio des Beobachters ausschalten, so kann man versuchen, den Apparat die Meßergebnisse nicht nur speichern, sondern auswerten zu lassen. Man kommt so in die Theorie der Regelsysteme. Das bedeutendste Beispiel eines »vollautomatischen« Steuerungssystems bietet uns die Genetik. Die Organismen steuern ihr eigenes Wachstum durch die in den DNS-Ketten gespeicherte genetische Information, reproduzieren diese Information und dadurch ihresgleichen, und, wenn die darwinistische Hypothese richtig ist, haben sie mit diesem System sogar die heutige Gestalt des Systems selbst hervorgebracht. Wir wollen hier zunächst nur die Kybernetik der Reproduktion, nicht die der Evolution, betrachten.

Die in einer DNS-Kette enthaltene Information kann die Wissenschaft im Prinzip leicht zählen: jedes Molekül der Kette enthält bekanntlich zwei bits, also eine Kette von *n* Molekülen 2 *n* bits. Dies ist (theoretisch gesehen) die Information, die dem Begriff »Erbgut« entspricht. Dem Begriff »Kette aus Atomen« würde natürlich eine viel höhere Information entsprechen, wenn man beliebige Atome als Komponenten der Kette zuließe; der größte Teil dieser Information ist schon in der Verwendung des Begriffs »DNS-Kette« benutzt; sie steckt darin, daß wir durch Anwendung dieses Begriffs alle anderen denkbaren Atomkombinationen ausgeschlossen haben. Daß wir eine DNS-Kette vor uns haben, wissen wir ferner im Einzelfall vielleicht erst durch eine chemische Untersuchung; in der heutigen Genetik benützen wir aber die in ihre Begrifflichkeit investierte Information, um von vorneherein vorauszusetzen, daß die Träger des Erbguts DNS-Ketten sind. In diesem Sinne durften wir den Begriff »Erbgut« zur Definition der Informationsmenge benützen.

Diese Definition wurde soeben in Klammern als »theoretisch gesehen« gekennzeichnet. Uns interessiert ja jetzt die Objektivierung der Semantik. In der Wirklichkeit des organischen Lebens trägt ein DNS-Molekül nur dann 2 bit, wenn es einen Mechanismus gibt, der diese Information in Wachstum somatischer Strukturen des Organismus – im ersten Schritt in die Erzeugung gewisser Proteine – umsetzt. Es ist bekannt, daß bereits der Mechanismus der Proteinerzeugung einen gewissen Informationsverlust gegenüber den theoretischen 2n bit pro Kette zur Folge hat. Man sieht daran deutlich, wie erst die Semantik (hier die objektivierte Semantik des Eiweißproduktionsmechanismus) die Informationsmenge bestimmt.

Wir verallgemeinern und pointieren den Zusammenhang von Information und objektivierter Semantik, der uns hier in einem ersten Ansatz sichtbar geworden ist, in zwei Thesen:

1. Information ist nur, was verstanden wird.

»Verstehen« kann hier so objektiv gemeint sein, wie der Proteinerzeugungsmechanismus die DNS-Information »versteht«, indem er sie in Proteingestalten umsetzt. Diese erzeugten Gestalten sind selbst Information. Der Sinn der Objektivierung der Semantik ist überhaupt, auch die in der Semantik enthaltene Information zu zählen. Man kann dann die erste These so weiterentwickeln:

2. Information ist nur, was Information erzeugt.

Dabei wird man noch virtuelle Information, die Information erzeugen kann, von aktueller Information, die tatsächliche Information erzeugt, unterscheiden müssen.

Die zweite These stellt den Informationsfluß wie ein geschlossenes System dar: Information existiert nur, wenn und insofern Information erzeugt wird, also wenn und insofern Information fließt. Dies ist dieselbe Struktur, in der wir am Ende des 1. Abschnitts von der Energie als dem Maß der Bewegung gesprochen haben: Bewegung existiert nur, insofern sie bewegt wird (sich ändert). Ich habe diese Sprechweise dort als »stark symbolisch« bezeichnet. Zur präzisen begrifflichen Fassung fehlte ihr gerade der Zusammenhang von Bewegung und Information. Nunmehr stellt sich uns die Frage, ob auch Energie und Information zu identifizieren seien.

Wir müssen aber zuvor noch weitere Überlegungen anstellen.

3. Informationsfluss und Gesetz

Wieviel Information enthält die objektivierte Semantik einer gegebenen Informationsmenge? Wieviel bits braucht man, um ein bit zu verstehen?

Auf diese Fragen kann man zwei ganz entgegengesetzte Antworten zu geben versucht sein. Erläutern wir sie am Beispiel der genetischen Information. Für eine bestimmte Tierart sei sie $2n$ bits mit einem für diese Spezies charakteristischen n. Wieviele bits enthält die im Leben dieser Spezies bestehende objektivierte Semantik?

Erste Antwort: soviele wie die Formmenge eines ganzen Organismus, also eine sehr große Zahl. Ein einziges DNS-»Buchstaben«-Tripel des Chromosomenfadens einer neugebildeten Zelle erzeugt ja viele, sagen wir m Eiweißmoleküle der gleichen chemischen Struktur, multipliziert also seinen Informationsgehalt mit m. Diese Proteine bauen zusammen die Zelle auf, deren Stoffwechsel weitere bits erzeugen dürfte. Schließlich multipliziert ein Vielzeller die durchschnittliche Information der einzelnen Zelle mit der Anzahl der Zellen. Diese Antwort hat freilich die Schwierigkeit, daß sie den Begriff nicht artikuliert, unter dem die Information des Organismus gezählt werden soll.

Zweite Antwort: genau 2 *n*. Der Organismus entsteht nämlich gesetzmäßig aus seinem Erbgut und gibt an seine Nachkommen (von Mutationen abgesehen) wieder genau die 2 *n* bits seines Erbguts weiter. Diese bits sind notwendig und hinreichend zur Definition der Spezies, sie sind also die echte Formmenge des Organismus. Wer das naturgesetzliche Funktionieren des Organismus völlig durchschaute, der müßte aus der bloßen Kenntnis der DNS-Kette des Kerns einer beliebigen Zelle dieses Organismus die Gestalt und Funktionsweise des ganzen Organismus herleiten können. Er wüßte also, daß die in der ersten Antwort behauptete Informationsfülle redundant und auf 2 *n* bits reduzierbar ist. In diesem Sinne bringt nur die zweite Antwort den Organismus unter den ihm zukommenden Begriff eines lebenden Wesens, die erste aber brachte ihn nur unter den Begriff eines physikalischen Gegenstands. Die überschüssige Information der ersten Antwort ist eben die im Begriff des Lebewesens enthaltene.

Gegen die zweite Antwort läßt sich der Einwand erheben, daß das Individuum viele Eigenschaften hat, die nicht durch sein Erbgut, sondern durch Wachstumsbedingungen, Lebensschicksale und vielleicht reinen (quantentheoretischen) Zufall bestimmt sind. Man könnte eine zwischen der ersten und der zweiten Antwort vermittelnde Antwort geben, welche die Information im Sinne der zweiten Antwort als spezifische (der Spezies eigene) Information von der individuellen (dem Individuum eigenen) Information unterscheidet, letztere aber ebenfalls gemäß den naturgesetzlichen Zusammenhängen von ihrer Redundanz befreit. Beim Menschen, der wesentlich auf Erlerntes angewiesen ist, fällt unter die hier individuell genannte Information als weitere in Wahrheit überindividuelle Komponente die historische Information. Diese letzte Bemerkung führt uns freilich in den hier noch ausgeklammerten Fragenkreis des Fortschritts.

Beschränken wir uns zunächst auf die spezifische Information, so bleibt die Frage übrig, wie sich unter ihrem Aspekt die erste zur zweiten Antwort verhält. Jede der beiden Antworten nimmt, isoliert verstanden, die Thesen vom vorigen Abschnitt in einem zu engen Sinne, und also eigentlich gar nicht ernst. Die erste Antwort nimmt die These 2: »Information ist nur, was Information erzeugt«, in dem äußerlichen Sinne auf, daß die genetische Information in der Tat die reiche Information des Phänotypus erzeugt, sie überlegt aber nicht, inwiefern der Phänotypus eine »Semantik« der genetischen Information ist. Die zweite Antwort nimmt die These 1: »Information ist nur, was verstanden wird« in dem Sinne wörtlich, daß sie den Phänotyp ausschließlich als eine erneute Darstellung des Genotyps versteht, indem sie die Identität der in beiden enthaltenen Informationen behauptet. Der ersten Antwort geht das Verstehen, der zweiten die Informationserzeugung verloren; die Thesen aber waren so gemeint, daß gerade die Informationserzeugung das Verstehen *ist*. Offenbar vernachlässigen beide Antworten, daß es sich nicht um statische Information, sondern um Informationsfluß handelt.

Dies wird deutlicher, wenn wir den für die zweite Antwort wesentlichen Begriff des Gesetzes näher betrachten. Kraft der naturgesetzlichen Zusammenhänge, so besagt die zweite Antwort, ist die Information des Phänotypus identisch mit der des Genotyps. Diese »Identität« wollen wir als »Verstehen« deuten. Was ist nun die Struktur eines Naturgesetzes? Orientieren wir uns an den Grundgesetzen der Physik.

Nach Newtons Bewegungsgesetz ist die Änderung der Geschwindigkeit eines Körpers proportional zur auf ihn wirkenden Kraft. Wir betrachten zur Vereinfachung die Kraft als vorgegeben (»feste Umwelt = äußere Kraft«); den Körper stilisieren wir als Massenpunkt. Das Gesetz beschreibt die Änderung des Zustands des Körpers als bedingt durch den Zustand selbst. Als Zustand bezeichnen wir diejenigen Eigenschaften des Körpers, die nicht schon durch sein Wesen (also hier: dadurch, daß er unter den Begriff Massenpunkt fällt) festgelegt, sondern bei Festhaltung seines Wesens noch wählbar (»kontingent«) sind. Die Gestalt des Gesetzes selbst legt erst fest, welche diese kontingenten Eigenschaften sind. Für den Massenpunkt ist der Zustand (die »Phase«) charakterisiert durch seinen Ort und seine Geschwindigkeit. Die kontingente Information über einen Massenpunkt besteht in der Angabe seiner Phase. Die Informationsmenge, die darin liegt, läßt sich nur angeben, wenn die Meßgenauigkeit für Ort und Geschwindigkeit bekannt ist; von den damit verbundenen Problemen sehen wir hier ab. Die Information bezieht sich nun stets auf eine Zeit, etwa die Gegenwart. Zu einer anderen Zeit hat der

Massenpunkt eine andere Phase. Eine vollständige Bahn des Massenpunkts während einer Zeitspanne scheint also noch viel mehr Information zu enthalten als seine Phase zu einer Zeit (Probleme der Genauigkeit der Zeitmessung werden hier wieder unterdrückt). Der Massenpunkt produziert gleichsam ständig neue Information. Die alte Information geht dann nicht verloren, wenn außerhalb des Massenpunkts ein Apparat vorhanden ist, der sie speichert; *im* Massenpunkt geht sie nach dieser Beschreibungsweise jedoch verloren und wird durch die neue ersetzt. Wer aber das Gesetz der Bewegung und die äußere Kraft kennt, für den ist die neue Information eine eindeutig notwendige Konsequenz der alten; sie ist mit dieser äquivalent. Sie ist also gleichsam die Form, in der dieselbe Information zu anderer Zeit auftritt.

In einer ganz formalistischen Weise können wir also sagen: die kontingente Information des Massenpunkts zu einer Zeit erzeugt andere, ihr äquivalente zu jeder anderen Zeit und wird in dieser selbst verstanden. Diese Beschreibung ist deshalb formalistisch, weil der Massenpunkt ein so vereinfachtes System ist, daß die für das Phänomen des Verstehens charakteristischen Prozesse in ihm gar nicht auftauchen. Nicht nur ist in dieser Sprechweise vom Bewußtsein etwaiger Beobachter abgesehen, sondern es wird auch kein Apparat oder Vorgang beschrieben, der das Verstehen wie ein Meßapparat oder ein Organismus »objektiviert« oder »objektiv simuliert«. Dafür zeigt der Massenpunkt in größtmöglicher Einfachheit die Struktur des gesetzmäßigen Informationsflusses, die allen komplizierten »Verstehensvorgängen« zugrundeliegt.

Für das Verständnis der Grundlagen der Physik wird es freilich wichtig sein, zu bedenken, daß die elementaren Gesetze Wahrscheinlichkeiten vorhersagen. Beim Zerfall eines Radiumatoms geht alte Information verloren und neue Information entsteht, die der alten nicht äquivalent ist. Der elementare Vorgang der Physik scheint demnach nicht die Informationsbewahrung, sondern der Informationswandel zu sein. »Verstehen« setzt jedoch Informationsbewahrung voraus, also ein hinreichendes Maß der für die klassische Physik charakteristischen deterministischen Kausalität. Verstehen ist aus diesem Grunde, ebenso wie wegen der zur Speicherung notwendigen irreversiblen Vorgänge, nur in hinreichend großen zusammengesetzten Systemen möglich.

Die Kybernetik des Verstehens ist nicht unser gegenwärtiges Thema; vgl. dazu den Aufsatz »Modelle des Gesunden und Kranken ...[1]«. Das zentrale Problem ist dabei die »Kybernetik der Wahrheit«, das in dem zitierten Aufsatz nur eben noch angedeutet ist.

4. Exkurs über Ware und Geld

Als eine Art Übungsaufgabe zur Verwendung des Informationsbegriffs behandeln wir die halb scherzhafte Frage: Wieviele bits ist ein Dollar?[2]

Geld ist ein ähnlich universelles Maß für sehr verschiedenartige Dinge wie Länge, Masse, Energie, Information. Der Naturwissenschaftler wird geneigt sein, diesem Maß eine gewisse Willkürlichkeit zuzuschreiben (»ich bezahle soviel wie ich will«). Es bleibt aber ein bemerkenswertes Faktum, daß dieses scheinbar willkürliche Maß sich sehr allgemein in der menschlichen Gesellschaft durchgesetzt hat. Man kann darwinistisch nach dem Überlebenswert des Geldes fragen und wird in der Antwort auch hier auf objektive Strukturen stoßen, um welche die empirischen Schwankungen des Geldwertes der Waren nur ebenso spielen, wie die empirischen Graugänse um die Graugans des Zoologen, die einer objektiven ökologischen Nische entspricht. Diese Struktur wird im Falle des Geldes nicht so etwas wie eine spezielle Spezies bzw. Nische sein, sondern ein dem ganzen ökonomischen Bereich gemeinsamer Wesenszug. Die Frage »wieviele bits ist ein Dollar« formuliert die Hypothese, das, was mit dem Geld gemessen wird, sei letzten Endes Information. Diese Hypothese würde die Allgemeinheit des Geldes auf die Allgemeinheit der Information zurückführen.

Die Auffassung ökonomischer Güter als austauschbare Waren führt dazu, daß ein Maß dieses Tauschwerts geschaffen wird,

[1] Vgl. III, 4.

[2] Wir lassen die triviale Antwort 1 $ = 8 bits beiseite, die daraus folgt, daß es im Anfang des 19. Jahrhunderts eine Münze vom Wert eines Achteldollars gab, die ein bit genannt wurde.

eben das Geld. Worauf beruht es, daß man für so ungleichartige Güter, die auch für verschiedene Personen durchaus verschiedene Werte subjektiven Bedürfnisses oder subjektiver Vorliebe haben können, wie Brot, einen Pelz, Dachziegel oder eine Schiffsreise, einen gemeinsamen Maßstab des Tauschwerts finden kann? Was mißt dieser Wert eigentlich? Es scheint etwas allen Gütern Gemeinsames zu sein. Die Erwägung, daß das mühelos Erreichbare, auch wenn es lebenswichtig ist, wie etwa die Atemluft, oder in humiden Landschaften das Wasser, keinen oder fast keinen Tauschwert besitzt, hat den Gedanken aufkommen lassen, als den Wert einer Ware die zu ihrer Herstellung notwendige Arbeit anzusehen. Dieser Gedanke liegt der klassischen Nationalökonomie von Smith und Ricardo und in ihrem Gefolge auch der Marxschen ökonomischen Lehre zugrunde, ist freilich von der neueren ökonomischen Wissenschaft nicht übernommen worden. Ich will zunächst prüfen, was es bedeutete, wenn dieser Gedanke richtig wäre.

Was ist die in eine Ware gesteckte Arbeit? Man mag sie z. B. ihrerseits durch den Zeitaufwand messen, den die Beschaffung der Ware braucht. Dabei ist für eine Ware wohldefinierter Beschaffenheit nicht der empirische Zeitaufwand relevant, den gerade dieses spezielle Stück gebraucht hat, das vielleicht von einem ungeschickten Arbeiter langsam gefertigt ist, oder sonstwie von der Regel abweicht. Man meint vielmehr den gesellschaftlich notwendigen Zeitaufwand, denjenigen, mit dem die betreffende Ware in freiem Wettbewerb normalerweise produziert würde. Dieser kann sich bei gegebenen Produktionsbedingungen gesetzmäßig einspielen.

Was heißt aber Arbeit bzw. Produktion? Ein Gut wird produziert, z. B. ein Schrank. Seine Materie wird aber nicht produziert. Das Holz war vorher da. Die Produktion besteht darin, ihm die Form des Schranks zu geben. Die zu seiner Produktion notwendige Menge Arbeit ist eben diejenige Arbeit, die notwendig ist, ihm die Menge an Form zu geben, die ihn zum Schrank macht. Der »Verarbeitungsgrad« des Produkts ist also durch seine Formmenge, seine Information meßbar. Und diese Information ist diejenige, die ihm zukommt, insoferne er unter den Begriff Schrank gebracht wird. Nun ist ja aber »Holz« selbst auch eine Form. In der Tat hat auch das Rohmaterial Holz einen Wert, der nach der zur Rede stehenden Theorie durch die menschliche Arbeit gemessen wird, die nötig ist, das Holz als Baum wachsen zu lassen und als Nutzholz zu schlagen und herbeizuschaffen. In ihm steckt die Information, die ihm zukommt, insofern es unter den Begriff Nutzholz fällt usw.

Menschliche Arbeit ist also Erzeugung von Information. Nimmt man an, ein Mensch könne einen festen Informationsfluß, also stets gleichviel Information pro Zeiteinheit erzeugen, so erweist sich in der Tat die Arbeitszeit als Maß der geschaffenen Information, und wenn das Geld die gesellschaftlich notwendige Arbeitszeit mißt, so mißt es Information.

Diese Überlegungen stellen freilich einige der Schwächen der Arbeitswerttheorie bloß, mögen aber auch dazu beitragen, das in ihr anvisierte Phänomen deutlicher zu bezeichnen. Wählen wir einige naheliegende Gegenbeispiele gegen die These vom Arbeitswert. Der Schrank ist vom Tischler mit großem Zeitaufwand produziert, bringt aber weniger ein als eine Zeichnung, die Picasso in einer Minute auf die Rückseite einer Speisekarte geworfen hat, oder als ein Diamant, den ein südafrikanischer Farmer zufällig auf seinem Feld gefunden hat. In beiden Fällen ist die empirische Arbeitszeit für eben diese individuelle Ware überhaupt kein sinnvoller Wertmaßstab. Man könnte das eher von der gesellschaftlich notwendigen Arbeitszeit zu behaupten suchen: Picasso hat ein Leben lang arbeiten müssen, um diese Zeichnung heute in einer Minute schaffen zu können; bei dem Diamanten ist nicht der Zeitaufwand eines Zufallsfundes zu messen, sondern der Erwartungswert der notwendigen Zeit bei systematischer Suche. Aber nicht jeder Mensch, sondern nur gerade ein großer Maler erwirbt durch lebenslanges Malen die im Picasso-Beispiel illustrierte Fähigkeit; und nicht nach jedem Stein, sondern nur nach einem mit den Natureigenschaften des Diamanten (Härte, Kristallstruktur, Durchsichtigkeit ...) sucht man mit pekuniärem Gewinn so lange. Ferner gibt es Moden. Edelsteine und Pelze schwanken in der Schätzung, und ist Picassos Zeichnung so viel besser als die Zeichnungen von hundert seiner schlechter verdienenden Zeitgenossen?

Besprechen wir zunächst das Problem der Mode. Ohne Zweifel läßt die empirisch auftretende Preisbildung oft keinerlei Abbildung auf einen objektivierbaren Wertmaßstab zu, es sei denn eben den der subjektiven Schätzung der betr. Ware durch hinreichend viele Menschen. Man kann versuchen, eine rein »subjektivistische« Theorie des Warenwerts auf Grund einer objektiv nicht mehr verstehbaren Schätzung aufzubauen. Demgegenüber hält die hier anvisierte Theorie daran fest, daß Werte grundsätzlich auf objektiven Sachverhalten beruhen, so wie das Verhalten der Graugans grundsätzlich – im Ineinandergefügtsein ihres Erbguts mit ihrer ökologischen Nische – objektiv begründet ist und eben darum selbstreproduzierend sein kann. Diese Sachverhalte sind im ökonomischen Bereich Bedürfnis und Leistung, und die These ist, daß die ein Bedürfnis erfüllende Leistung denjenigen Begriff definiert, unter dem man die Information des durch die Leistung produzierten Gutes mißt. Der »theoretische« Preis dieses Gutes wäre dann ein Maß dieser Information. Das Schwanken des empirischen Preises um den theoretischen wäre normalerweise das »gesunde« Spiel des Istwerts um den Sollwert. Eine Mode wäre eine irrelevante oder eventuell »irrige« (»kranke«) Abweichung des eingeregelten Sollwerts vom »gesunden« oder »durchschnittlichen« Sollwert[1].

Die Intention der anvisierten Theorie ist, wie man sieht, eine »Wahrheit« des Warenwerts zu finden. Deshalb läßt sie sich umso einleuchtender darstellen, je primitiver und unaustauschbarer die betrachteten Bedürfnisse und Leistungen sind. Auch dort wird sie sich aber nur mit einem hinreichend subtilen Informationsbegriff durchführen lassen. Wir können ihre unausweichlichen Probleme vielleicht leichter an unseren extremen Beispielen sehen.

Beurteilen wir den Diamanten einmal nur nach dem Nutzwert, den ihm seine Härte gibt. Sein Preis wird sich nach seiner Nützlichkeit und Seltenheit richten. Die Seltenheit bestimmt das gesellschaftliche Arbeitsquantum, das in seine Auffindung gesteckt werden muß, *falls* man ihn überhaupt haben will. Die Seltenheit ist eine Unwahrscheinlichkeit des Gefundenwerdens, also ein hoher Informationsgehalt, falls gefunden. Insofern ist »Seltenheitswert« Information. *Ob* man den Diamanten haben will, oder allenfalls zu welchem Preis man ihn noch haben will, hängt an seiner Nützlichkeit. Läßt die Nützlichkeit ein Maß in der Sprache der Informationstheorie zu? Der Diamant schneidet als härtester Kristall

[1] Vgl. III, 4.3.

alle anderen Stoffe. Ein einzelner Diamant kann also, ohne sich zu verbrauchen, sehr viel andere Gegenstände (etwa Glasscheiben) zu formen helfen: insofern erzeugt er viel Information. Wenn Information nur das ist, was Information erzeugt, so enthält er als dieser harte Kristall viel Information, definiert unter einem Begriff aus dem menschlichen Arbeitsprozeß. Es wird jedem Leser klarsein, wie weit diese kurzen Sätze von einer gründlichen Analyse des technischen und wirtschaftlichen Vorgangs entfernt sind. Sie sollen nur zeigen, in welchem Sinne weitergefragt werden könnte.

Noch problematischer ist der »Liebhaberwert« eines Gemäldes. Ihn zu diskutieren, würde eine Theorie des Informationsgehalts der menschlichen Kultur erfordern. Eine »objektive« Schätzung von Kunstwerten verlangt ein Verständnis »künstlerischer Wahrheit«. Hier gehört die Diskrepanz zwischen den sich in Kaufpreisen niederschlagenden jeweiligen gesellschaftlichen Wertschätzungen und dem, manchmal der Nachwelt deutlicheren, »wahren Wert« zur Geschichtlichkeit der Kultur selbst, also zu den Konstitutiva des Phänomens. Man wird daher eine adäquate ökonomische Theorie solcher Werte grundsätzlich nicht erwarten können. Doch kann unsere Betrachtungsweise wenigstens dazu dienen, einzusehen, warum das so ist, und damit die Reichweite gewisser Begriffsbildungen aus dem Sinn der Begriffe abzuschätzen. Der Informationsbegriff selbst kommt hier an eine Grenze, denn er setzt gesetzmäßig definierbare Wahrscheinlichkeiten voraus, die im wesentlich geschichtlich Einmaligen ihren Sinn verlieren. Eben darum mag umgekehrt eine Informationswerttheorie des Geldes dort und soweit sinnvoll erscheinen, wo und insofern Geldwert als wahrer Wertmaßstab angesehen werden kann.

Dies war ein Exkurs, eine Übungsaufgabe. Wir kehren zur Physik zurück.

5. Form als Substanz

Wir beginnen mit einer Sprachnormierung. Im Sprachgebrauch der »exakten« Wissenschaften wirft man oft den Namen einer Wesenheit mit dem Namen ihres quantitativen Maßes durcheinander. Wir unterscheiden hier die drei Wesenheiten Materie, Bewegung, Form und ihre drei Maßgrößen Masse, Energie, Information. Im 1. Abschnitt haben wir – um uns nun der genauen Sprechweise zu bedienen – Materie und Bewegung als Substanz identifiziert, indem wir uns auf die Einsteinsche Identifizierung von Masse und Energie stützten und beide als Substanzmenge auffaßten. Dabei war »Bewegung« aktiv und das heißt hier zugleich potentiell als das Bewegende verstanden und nicht als der aktuelle Prozeß des Bewegtseins. Der Zusammenhang des Potentiellen mit dem Aktuellen blieb undiskutiert und die These, Bewegung sei Erzeugung von Bewegung, blieb eben darum »symbolisch«. Am Ende des 2. Abschnitts fanden wir die ähnliche Struktur, Information sei Erzeugung von Information, und kündigten an, wir wollten sie zur Erläuterung der These von der Bewegung verwenden. Wir unternehmen das nun in Gestalt der Hypothese, Substanzmenge *sei* Information.

Diese Hypothese nötigt uns also zu folgenden Thesen: Substanz ist Form. Spezieller: Materie ist Form. Bewegung ist Form. Masse ist Information. Energie ist Information.

Ein Versuch der Durchführung der Hypothese ist die Theorie der Uralternativen. Sie sei hier, unter Voraussetzung ihrer Darstellung in »Die Quantentheorie«[1], unter diesem Gesichtspunkt diskutiert.

Wir stellen einen der neuzeitlichen Denkweise naheliegenden Einwand an die Spitze. Wie kann die Substanz Form sein? Form ist doch Form einer Substanz. Soll Form die Form einer Form sein? Oder sollte gar Substanz die Substanz einer Substanz sein? Hier ist zunächst zu sagen, daß wir den Begriff der Substanz als Materie = »Energie« so eng definiert haben, daß sicher nicht jede Form Substanz in diesem engen Sinne ist. »Substanz ist Form« ist keine Äquivalenz, sondern eine Prädikation: Substanz fällt unter den Oberbegriff Form. Substanz ist also in unserer Sprechweise nicht Substanz einer Substanz, aber Form kann die Form einer Form sein. Von der antiken Philosophie her ist das nun ganz natürlich. Schrank ist Form des Holzes, aber auch Holz ist eine Form. Unsere »Substanz« entspricht einer »ersten Materie« (nicht der Usia). Auf dem aristotelischen Reflexionsniveau ist die erste Materie unaussagbar. In der weniger durchreflektierten Naturwissenschaft des 17. Jahrhunderts ist die erste Materie durch eine besondere,

[1] Vgl. II, 5.5.

erste Form charakterisiert (Ausgedehntheit). Wie haben wir dies heute zu denken?

Die erste Materie kann durch nichts anderes charakterisiert werden als durch die Form, die an ihr gefunden werden kann. Das »kann« in diesem Satz charakterisiert sie als Materie; Materie ist, aristotelisch gesprochen, Möglichkeit von Form. Das »an ihr« des eben geäußerten Satzes ist darum pleonastisch. Erste Materie ist, streng gesprochen, nicht etwas, »woran« eine Form gefunden werden kann; das wäre sie nur, wenn sie selbst noch eine von der »an ihr« zu findenden Form verschiedene Form wäre. Sie *ist* vielmehr die Möglichkeit, daß Form gefunden wird. Was gefunden werden kann, ist eo ipso Form.

Wie läßt sich nun Form so allgemein wie möglich charakterisieren? Ob eine bestimmte Form vorliegt oder nicht, ist eine Alternative. Die Unterscheidung vieler verschiedener Formen voneinander erfordert die Entscheidung einer Vielzahl einfacher Alternativen. Allgemein kann man also sagen: Wo empirisch eine bestimmte Form gefunden wird, werden jedenfalls einige einfache Alternativen empirisch entschieden. Dies wird stilisiert in der Grundannahme der »Uralternativen«: Alle Formen »bestehen aus« Kombinationen von »letzten« einfachen Alternativen.

Es ist die Tendenz des axiomatischen Aufbaus der Quantentheorie und der Theorie der Uralternativen, alle verwendeten Postulate bzw. Axiome zu begründen auf eine Analyse des Sinns der Begriffe aus dem Begriffsfeld von »Entscheidung«, »Vorhersage«, »Wahrscheinlichkeit«, und aus einer fundamentalen Symmetrieannahme. Die letztere aber soll aus der Bemerkung folgen, daß jede Entscheidung eine Entscheidung von Uralternativen ist, und daß daher für jede feste endliche Anzahl von Uralternativen eine Abweichung von der Symmetrie ihres Zustandsraums die Entscheidung einer weiteren Uralternative wäre, entgegen der Voraussetzung einer festen Anzahl. Den Wert dieses Programms kann nur seine noch nicht vollendete Durchführung lehren. Indem wir es hypothetisch als erfolgreich unterstellen (der Pleonasmus »hypothetisch unterstellen« soll nur der Emphase dienen), diskutieren wir es als Modell der These, Substanz sei Form, und ihrer Folgethesen.

Materie ist Form. Wir kennen Materie heute als Elementarteilchen. Diese sind aus Uralternativen aufzubauen. Uralternativen sind die letzten Elemente möglicher Formen; entschiedene Uralternativen sind die letzten Elemente wirklicher Formen. Das einfachste Beispiel für Form ist räumliche Gestalt. Die Theorie muß also die Möglichkeit räumlicher Gestalt deduzieren. Eben dies unternimmt sie durch Reduktion des Raumes auf den quantenmechanischen Zustandsraum der isolierten einfachen Alternative. Dieser Zustandsraum gliedert sich durch die Wahrscheinlichkeitsfunktion. Deren Sinn beruht auf der Zählbarkeit relativer Häufigkeiten, also auf der Wiederholbarkeit desselben Experiments an vielen gleichartigen einfachen Alternativen. Insofern besteht räumliche Gestalt in der Tat aus vielen Uralternativen; aktuelle räumliche Gestalt besteht aus vielen zugleich entschiedenen Uralternativen, in denen die aktuellen Häufigkeiten den berechneten Wahrscheinlichkeiten proportional sind.

Masse ist Information. In kräftefreier Näherung (und die Theorie der Wechselwirkung beherrsche ich noch nicht) ist die Information einer Situation einfach die Anzahl der in sie eingehenden Uralternativen. Nach dem einfachsten Modell eines massiven Teilchens ist dessen Ruhmasse die Anzahl der zum Aufbau des ruhenden Teilchens notwendigen Uralternativen, also exakt die im Teilchen investierte Information. Das bewegte Teilchen hat eine höhere Masse, es enthält proportional mehr Uralternativen.

Energie ist Information. Die relativistische Gleichsetzung von Masse und Energie gestattet, alles über die Masse Gesagte auf die Energie zu übertragen. Formal sind die Verhältnisse sogar für die kinetische Energie am einfachsten. Ein freies Urobjekt hat eine feste Energie, das kleinste kosmisch mögliche Energiequant E_0. Ein »nacktes Neutrino« der Energie $E = n \cdot E_0$ wäre einfach eine Überlagerung von n parallelen Urobjekten; n ist hier die Information des Neutrinos.

Bewegung ist Form. Erst in diesem Satz tritt der Flußcharakter der Form hervor (Information ist nur, was Information erzeugt; Bewegung bewegt sich selbst). Schrittweise verdeutlicht sich das in folgenden Zügen der Theorie:

Das freie Urobjekt wird als bewegt angesetzt (sein Zustandsvektor hat den Faktor e^{-iE_0t}). Warum? Dies ist zwar die Lösung der allgemeinsten SU_2-symmetrischen Bewegungsgleichung. Aber warum wird bei Fehlen äußerer Kräfte nicht $E_0 = 0$ gesetzt? (Bei unbestimmter Anzahl von Urobjekten ist dies keine bloße Konvention). Die erste Antwort gibt die Begründung des »schwachen Trägheitsgesetzes«: wenigstens für lokalisierbare Teilchen gilt, daß ihre Wechselwirkung nur verständlich ist, wenn sie sich auch ohne individuelle Wechselwirkung bewegen. Das schwache Trägheitsgesetz erscheint als Bedingung der Möglichkeit von Wechselwirkung. Objekte ohne Wechselwirkung aber wären unbeobachtbar, also Objekte für niemanden. In unserer jetzigen Sprache: Information, die keine Information erzeugt, wäre Information für niemanden.

Zweitens aber ist das Trägheitsgesetz (und zwar sogar als »starkes« Trägheitsgesetz, d. h. genau in der durch den Faktor e^{-iE_0t} gegebenen Form) eine Folge der Wirkung des Universums auf das einzelne Urobjekt. Erst diese Theorie erfüllt also in vollem Umfang das Aristoteles-Machsche Postulat: keine Bewegung ohne Ursache. Dabei ist »Ursache« traditionell ein bewirkendes Ding (nicht etwa der abstrakte Sachverhalt, daß sich das bewegte Objekt schon vorher bewegt hat). Mach akzeptiert das kausale Paradox des Trägheitsgesetzes und will nur das Bezugssystem, das Geradlinigkeit definiert, durch Dinge, d. h. im Sinne seiner Philosophie durch Empfindbares, bestimmt wissen. Unsere Theorie leistet mehr und gibt in Gestalt des Universums der Dinge eine Ursache der Bewegung selbst. Man kann sagen: Das Urobjekt ist die einfachste Form. Es ist zugleich das Quant der Bewegung. Es ist Form, weil es Form für Anderes (wechselwirkend) ist, also als Form in der Welt, in der es Anderes bewegt. Es ist selbst bewegt als Form in der Welt, von der es bewegt wird.

Die Welt selbst erscheint in dieser Theorie als der Inbegriff der Formen. Die Theorie vollzieht damit dem Ansatz nach die radikale Objektivierung der Semantik. Form wird nur durch die von ihr erzeugte Form verstanden. Das Verstehen ist insofern ein Teil des großen Prozesses der Selbstbewegung. Ob dies eine bloß metaphorische oder eine eigentliche Ausdrucksweise ist, werden wir im 6. Abschnitt fragen.

Ein zentrales Problem der Theorie ist die Endlichkeit der Welt. Ich durchschaue diese Verhältnisse noch nicht, möchte aber folgendes mutmaßen. Form kommt in dieser Theorie nur als prinzipiell wißbare Form vor. Wer ist hier der Wissende, das Subjekt? In gewissem Sinne der Mensch, denn dies ist ja eine von Menschen für Menschen gemachte Theorie; was ein Mensch prinzipiell nicht wissen kann, kann in ihr nicht vorkommen. Aber die Theorie objektiviert die Semantik, also sollte vielleicht in ihr auch ein »Wissen« durch Meßgeräte, also durch physische Objekte beschrieben werden. Bleiben wir, um den Boden nicht zu verlieren, vorerst beim Menschen.

Wieviel Information können Menschen besitzen? Zu jeder Zeit nur endlich viel. Gibt es eine obere Grenze der hinzu-erwerbbaren Information? Nicht daß wir wüßten. Wenn die Welt der Inbegriff der wißbaren Formen ist, so muß sie zu jeder Zeit endlich sein. Aber zu jedem Informationsgehalt kann sie mehr hinzugewinnen, freilich endlich viel in endlicher Zeit. Dieses Wachstum der wißbaren Formmenge interpretiere ich, nunmehr von der Objektivierung der Semantik Gebrauch machend, als Expansion des Universums. Das Wachstum des Raums *ist* in diesem Sinne die Offenheit der Zukunft.

6. Geist und Form

In unserer Sprechweise erscheint ständig die Bewegung als selbstbewegend, die Form als formend und schließlich die Form als wißbar und das Wissen als Form. Ist diese Theorie eine objektivierende Theorie des Bewußtseins, oder liegt in unserer Ausdrucksweise eine Erschleichung?

Daß Materie denken könne, bleibt im mechanischen Weltbild ein leeres Postulat. Die Erklärungskraft des mechanischen Weltbilds beruhte auf der expliziten Angabe der definierenden Eigenschaften der Materie (Raumerfüllung, Undurchdringlichkeit); alles, was hieraus einsichtig herzuleiten war, war Bewegung eben so definierter Materie. In unserer Denkweise ist Materie aber nichts als die Möglichkeit der empirischen Entscheidung von Alternativen. Hier ist ein sie entscheidendes Subjekt vorausgesetzt. Wenn dieses Subjekt sich selbst kennen kann und diese Kenntnis in empirisch entscheidbaren Alternativen aussprechen kann, so muß man annehmen, daß es selbst Teil der Welt ist, die der Inbegriff solcher Alternativen ist. Man kann sagen: Wir haben das Wissen vorausgesetzt und brauchen nun nicht mehr anzunehmen als daß das Wissen auch sich selbst wissen kann.

Die Gleichartigkeit aller Uralternativen besagt dann, daß alle

Substanz im Prinzip von der Natur des sich wissenden Wissens ist. Es wird Sache der »Kybernetik der Wahrheit«, darzustellen, in welcher Weise dieses »virtuelle Wissen« aktuelles Wissen werden kann. Diese Aufgabe ist freilich wieder unermeßlich. Menschliches Wissen ist nicht nur nach unten abzugrenzen gegen das fühlende und drängende Eingepaßtsein in die Umwelt, das wir dem organischen Leben zuschreiben. Es ist nicht nur zu zeigen, in welchem Sinne menschliches Wissen nicht bloß Objekte, sondern auch menschliches Wissen des anderen Menschen weiß, also gerade als subjektives transsubjektiv ist. Es ist wenigstens zu fragen, wie das uns bekannte endliche menschliche Wissen nach oben abgegrenzt ist. Wenn die Substanz wesentlich Subjekt ist, wenn also Materie Form und Form Geist ist, so ist die Beschränkung des Geistes auf den Menschen nicht selbstverständlich. Die neuplatonische Lehre, daß die Ideen sich selbst wissen, erscheint nun natürlich.

Aber für alle diese Fragen reicht die Begrifflichkeit unseres Ansatzes nicht mehr aus. Objektivierbare Formen sind statisch, sie sind wiederholbar; dies steckt in den Begriffen der Wahrscheinlichkeit und der Information. Denken in der Geschichte übersteigt diese Wiederholbarkeit. Die Kybernetik der Wahrheit müßte angeben, wie Objektivierung zugeht, und so, die Grenzen der Objektivierung andeutend, auf die Grenzen ihrer eigenen Methode stossen, gerade indem sie die Bedingungen der Möglichkeit dieser Methode objektivierend zu beschreiben sucht. Der Gedanke einer Objektivierbarkeit des letzten Subjekts erscheint von der Transzendentalphilosophie her als eine Verwechslung des Empirischen und des Transzendentalen. Meditation objektiviert wesentlich nicht. Gott ist nicht der Inbegriff der Formen, sondern der Grund der Form.

Teil IV

Zur klassischen Philosophie

Vorbemerkung

In den Aufsätzen der drei ersten Teile dieses Buchs haben die Sachfragen einen fortschreitenden Rückgriff auf die Gedanken der klassischen Philosophie nahegelegt. Teil I ist überwiegend eine Auseinandersetzung mit zeigenössischen Gedanken, die der Denkrichtung des Positivismus angehören oder nahestehen. Teil II verdankt entscheidende Anregung der Lehre Kants von den Bedingungen der Erfahrung. Teil III findet sich zunehmend in die Philosophie des Eidos von Platon und Aristoteles versenkt, ohne sich doch mit ihr zu identifizieren. Schon methodisch ist es notwendig, diese Abhängigkeit von der Geschichte ins volle Bewußtsein zu heben[1]; wir können nur unabhängig werden, wo wir vermögen, dankbar zu sein. Die dazu nötige Interpretation der Klassiker ist in keinem der nachfolgenden Aufsätze adäquat geleistet; doch möchte ich mich zu den Ansätzen bekennen.

Die Anordnung der Aufsätze folgt dieser fortschreitenden Bewußtmachung der Voraussetzungen. IV, 1 gibt in der lockeren Form eines Festvortrags eine Art Wegskizze; ich versuche zugleich, hier einmal wieder von Sokrates zu lernen, was Philosophieren ist. Die beiden folgenden Aufsätze IV, 2 und IV, 3 sind spezielle Zeugnisse einer fortschreitenden und nicht beendeten Beschäftigung mit Kant. Ich habe Jahr für Jahr Vorlesungen oder Übungen über Kant gehalten und habe Jahr für Jahr besser begriffen, wie relevant seine Philosophie für unsere aktuellen Probleme ist. Begreiflicher fand und finde ich freilich Aristoteles und vor allem Platon. Der Aufsatz über Möglichkeit und Bewegung bei Aristoteles (IV, 4) betrifft eine spezielle, aber fundamentale Frage auch der heutigen Physik, die meiner Überzeugung nach ungelöst ist und nicht gelöst werden kann, solange uns das Bewußtsein des Problems mangelt. Die beiden Aufsätze über den platonischen Parmenides-Dialog sind Zeugnisse des Versuchs, mir diesen Kerntext der abendländischen Philosophie zu erschließen. Ich habe damit erst beginnen können, als ich sah, daß er für die zentralen Fragen der Biologie und der einheitlichen Physik

[1] Vgl. I, 1.6.

direkt relevant ist. In der Tat kann es nicht anders sein, wenn das Thema der Einheit der Natur die Frage nach der Einheit des Einen nach sich zieht.

IV, 1. Die Rolle der Tradition in der Philosophie

Vortrag, gehalten anläßlich der Hundertjahrfeier der Gründung der »Philosophischen Bibliothek« in Hamburg im Herbst 1968. Nach einer leicht redigierten Bandaufnahme gedruckt, Hamburg 1969.

Herr Bürgermeister, meine Damen und Herren!

Der Frage von Herrn Meiner, ob ich die hundertjährige Feier der Entstehung der Philosophischen Bibliothek mit einem kleinen Vortrag verzieren möchte, bin ich sehr gern und ohne Zögern gefolgt. Ich habe als Thema gewählt: Die Rolle der Tradition in der Philosophie. Lassen Sie mich mit der rhetorischen Frage beginnen: Wer von uns hätte nicht, soweit er sich mit der Tradition der Philosophie befaßt hat, diese Tradition zu einem großen Teil aus den Ausgaben der Philosophischen Bibliothek geschöpft? Ich darf vielleicht hier ein paar kleine persönliche Erinnerungen einmischen und Ihnen die erste Ausgabe aus der Philosophischen Bibliothek, die ich mir erworben habe, vorzeigen – ich weiß nicht, warum nicht grün, vielleicht waren sie damals noch nicht grün – und eine der letzten. Die erste ist die Kirchmannsche Übersetzung der *Meditationen* von Descartes, Heidelberg, Georg Weiss Universitätsbuchhandlung 1882. Dieses Bändchen habe ich mir als Primaner auf einem Bücherwagen am Landwehrkanal in Berlin gekauft mit Geld, das ich durch Nachhilfestunden für Mathematik erworben hatte. Um eine meiner neuesten Erwerbungen vorzuführen, habe ich die schöne zweisprachige Ausgabe des Platonischen *Sophistes* gewählt, eine für den gründlichen Leser sehr wichtige Bereicherung, neu herausgegeben von Reiner Wiehl, anschließend an die klassische Übersetzung von Apelt.

Nun aber: Was heißt eigentlich Tradition in der Philosophie? Man wird sagen können, daß es zu der Tradition der Philosophie gehört, ihre eigene Tradition anzufechten und an deren Wert zu zweifeln. Ich darf dafür einen klassischen Autor zitieren, nämlich Immanuel Kant aus der Zweiten Vorrede zur *Kritik der reinen*

Vernunft – das ist wohl dasjenige Exemplar aus der Philosophischen Bibliothek, das ich in meinem Leben am meisten mit mir herumgeführt habe – wo er über die Metaphysik schreibt: »Der Metaphysik ... ist das Schicksal bisher noch so günstig nicht gewesen, daß sie den sicheren Gang einer Wissenschaft einzuschlagen vermocht hätte; ob sie gleich älter ist, als alle übrige, und bleiben würde, wenn gleich die übrigen insgesamt in dem Schlunde einer alles vertilgenden Barbarei gänzlich verschlungen werden sollten. Denn in ihr gerät die Vernunft kontinuierlich ins Stocken, selbst wenn sie diejenigen Gesetze, welche die gemeinste Erfahrung bestätigt, (wie sie sich anmaßt) a priori einsehen will. In ihr muß man unzählige Male den Weg zurück tun, weil man findet, daß er dahin nicht führt, wo man hin will, und was die Einhelligkeit ihrer Anhänger in Behauptungen betrifft, so ist sie noch so weit davon entfernt, daß sie vielmehr ein Kampfplatz ist, der ganz eigentlich dazu bestimmt zu sein scheint, seine Kräfte im Spielgefechte zu üben, auf dem noch niemals irgend ein Fechter sich auch den kleinsten Platz hat erkämpfen und auf seinen Sieg einen dauerhaften Besitz gründen können. Es ist also kein Zweifel, daß ihr Verfahren bisher ein bloßes Herumtappen, und, was das Schlimmste ist, unter bloßen Begriffen, gewesen sei.« (B XIV/XV) Jeder Philosoph, der so über die Philosophie, die bis zu seinen Tagen vorgelegt worden ist, urteilt, hat bisher versucht, diejenige Philosophie vorzulegen, die dieses Schicksal nicht erfahren würde, um dann doch von seinen Nachfolgern von neuem eines Besseren belehrt zu werden. Wozu also ist dann überhaupt eine Beschäftigung mit der Tradition in der Philosophie gut? Ist das nicht ein sinnloses Unternehmen? Formulieren wir es gemäß der Vorstellungsweise des 20. Jahrhunderts, die aber auch schon zur Zeit Kants ihre Vertreter hatte! Es ist eine heute sehr verbreitete und sehr verständliche Meinung, man möge sich doch mit diesem sinnlosen Kampf der klassischen Philosophen untereinander gar nicht weiter beschäftigen; man möge sich mit demjenigen in der Erkenntnis beschäftigen, worin es wirklich Fortschritt gibt, das ist mit der positiven Wissenschaft. Diese lehre uns etwas Handfestes, etwas Greifbares, und es sei überflüssig, sich daneben dann noch mit den Unbestimmtheiten und Fragwürdigkeiten der traditionellen Philosophie abzugeben.

Selbstverständlich möchte ich die Meinung, die ich gerade formuliert habe, angreifen. Die Frage ist aber, wie man sie anzugreifen hat. Beginnen wir mit der Rolle der Tradition im menschlichen Leben, in der menschlichen Geschichte überhaupt. Das ist also, wenn Sie so wollen, ein Stückchen Philosophie der Tradition; es ist aber noch nicht die Tradition der Philosophie, die hier zum Thema wird. Man kann wohl die Behauptung aufstellen, daß der Mensch dasjenige Lebewesen ist, das darauf angewiesen ist, Tradition zu haben, und daß er in genau diesem Sinne, wenn ich das Wort gebrauchen darf, das Tier ist, das Geschichte hat.

Der Mensch ist darauf angewiesen, Tradition zu haben. Das läßt sich an einem uns ja wohl vertrauten Beispiel leicht zeigen, an der Tatsache der Sprache. Wenn die Menschheit eine Entwicklung mit ständigem Fortschritt hat vollziehen können, dann ist diese Entwicklung undenkbar ohne das Phänomen der Sprache. Kein Tier spricht. Zwar haben Tiere lautliche Äußerungen, die von anderen Tieren derselben Art verstanden werden; sie werden angeborenermaßen verstanden. Das Eigentümliche menschlichen Sprechens ist, daß der Mensch zwar erblich darauf angelegt ist, eine Sprache zu lernen, und daß er sich, wie manche Erfahrungen zu zeigen scheinen, überhaupt nicht zu einem vollen, bewußten, seiner selbst mächtigen Menschen entwickeln kann, wenn er in diesen Jahren nicht eine Sprache lernt. Welche Sprache er aber lernt, ist nicht festgelegt. Die Sprache, die er lernt, lernt er von seinen Eltern, lernt er von seiner sozialen Umwelt, und damit übernimmt er eben die Tradition, die in dieser Sprache investiert ist. Der Mensch ist also ein Wesen, das überhaupt nicht das sein könnte, was es ist, das überhaupt nicht im eigentlichen Sinne Mensch sein könnte ohne eine Tradition, die zu übernehmen ihm eine angeborene Möglichkeit und Notwendigkeit ist. Im Zusammenhang dieser Tradition werden natürlich nicht nur Worte und Ausdrucksweisen übernommen. Es werden Verhaltensweisen übernommen, es werden Sitten übernommen, es werden Erkenntnisse übernommen. Nun hat in der Geschichte der Menschheit immer ein Gegensatz bestanden zwischen den Tendenzen zur Bewahrung, den Tendenzen des Traditionalismus, und den Tendenzen zur Veränderung, den Tendenzen, die sich selbst etwa als Tendenzen des Fortschritts verstehen. Heute ist uns dieser Gegensatz besonders bewußt. Es scheint mir aber, daß in Wirklichkeit keine der beiden Seiten ohne die andere auch nur denkbar wäre. Man wird sagen können, daß Fortschritt überhaupt nur möglich ist auf der Basis einer Tradition, die schon da ist, die aber verwandelt werden kann, und daß umgekehrt Tradition immer entstanden ist durch einen Fortschritt, der für uns nur so weit in der Vergangenheit liegt, daß wir uns seiner oft nicht mehr bewußt sind. Tradition ist bewahrter Fortschritt, Fortschritt ist weitergeführte Tradition. Daß es dabei zu heftigen Kämpfen kommt, ist selbst traditionell. Ich will die naheliegenden Ausblicke auf den Bereich der Politik hier in diesem Augenblick vermeiden. Statt dessen spreche ich lieber von dem Bereich, den ich gerade eben schon als den genannt habe, der der philosophischen Tradition gegnerisch gegenüberzustehen scheint, den der Wissenschaft.

Die positive Wissenschaft, unserer Zeit am ruhmvollsten oder doch am erfolgreichsten sichtbar als Naturwissenschaft, ist ein Feld, in dem man das Verhältnis von Tradition und Fortschritt sehr gut studieren kann. Sie bietet ein erstes Modell, ich will aber sofort sagen, nicht das adäquate Modell auch für die philosophische Tradition. Wenn jemand heute Naturwissenschaft studiert – es ist aber in den anderen Wissenschaften mit kleinen Varianten nicht anders –, so muß er zunächst einmal das lernen, was man den Stand der Wissenschaft nennt. Er muß bis an die Stelle gelangen, bis zu der vergangene Generationen, bis zu der Generation hin, die ihn lehrt, gekommen sind. Wer nicht gelernt hat, was die Wissenschaft schon weiß, ist nicht imstande, die Wissenschaft zu bereichern. Das mag in früheren Jahrhunderten, auch Jahrzehnten, manchmal noch etwas anders gewesen sein. Der geniale Dilettant, der eigentlich nicht gründlich den Stand der Wissenschaft gelernt hatte, hatte dann und wann seine Chancen. Dies nimmt ständig ab. Die Möglichkeit, heute noch die Wissenschaft zu bereichern, wenn man nicht auf ihren Stand wirklich gekommen ist, ist fast gleich Null. Insofern ist der Fortschritt der Wissenschaft bedingt durch die Tradition. Diese Tradition aber wird gerade in der Wissenschaft durchaus verstanden als die Bewahrung vergangenen Fortschritts. Die Wissenschaft ist so sehr auf Fortschritt eingestellt, daß im allgemeinen die Wissenschaftler die Tradition nur in der Form fertiger Resultate, die in Lehrbüchern präsentiert werden, aufnehmen, sich aber, das gilt vor allem für die Naturwissenschaftler, nicht allzu sehr dafür interessieren, in welchen Formen seinerzeit diese Gedanken zum ersten Mal vorgelegt wurden, als sie neu waren. Es ist charakteristisch, daß die heutigen Naturwissenschaftler zwar die Relativitätstheorie als einen festen Bestand lernen, eben die Theorie, die vor 50 Jahren als eine revolutionäre Neuheit erschien, daß aber fast keiner von ihnen die originalen Schriften von Einstein liest, ganz zu schweigen von den originalen Schriften von Maxwell oder von Newton.

Dieses also ist die Weise, in der sich das Aufbauen des Fortschritts auf der Tradition in der positiven Wissenschaft zeigt. Demgegenüber steht es in der Philosophie ganz anders. Ich möchte die größere Nähe zu den Verhältnissen in der Philosophie, die die klassischen Geisteswissenschaften haben, hier beiseite lassen. Dazu bedürfte es wiederum einer etwas genaueren Beschreibung. Ich wende mich sofort der Situation zu, die in der Philosophie besteht. Dazu will ich zunächst wiederum ein ganz persönliches Erlebnis schildern, die Weise nämlich, wie mir selbst die Unausweichlichkeit von Philosophie innerhalb der positiven Wissenschaft begegnet ist, insbesondere innerhalb derjenigen positiven Wissenschaft, die ich selbst studiert und ausgeübt habe, der Physik. Betrachtet man das Bild des Fortschreitens einer Wissenschaft, so wie ich es gerade charakterisiert habe, so sieht das zunächst so aus, als würde gewissermaßen ein immer größerer Erdhaufen aufgetürmt. Das ist auch dort wohl richtig, wo in fest vorgegebenem begrifflichem Rahmen nur einzelne Erfahrungen gesammelt und mit Hilfe der schon verfügbaren Begriffe interpretiert werden. Dort gibt es so etwas wie ein kontinuierliches Wachstum der Wissenschaft. Nenne ich aber ein solches Beispiel wie die Relativitätstheorie, wie ich es gerade getan habe, so erinnere ich mich an die großen Schritte im Fortgang der Wissenschaft, die mit Kritiken der Grundlagen verbunden sind. Und das Fortschreiten unserer Wissenschaft ist immer wieder mit Grundlagenkritik verbunden gewesen. In diesen großen Schritten nützt es wenig, daß man Erfahrung akkumuliert. Man muß über die Grundlagen nachdenken, vor allem die Grundbegriffe kritisch betrachten, und eben das haben Leute wie etwa Einstein oder Bohr oder Heisenberg in unserem Jahrhundert getan. Als ich nun selbst als junger Physiker, als Schüler Heisenbergs, mit der Physik zusammentraf und die Physik zu lernen suchte, wurde mir ziemlich schnell bewußt, daß ich diese Wissenschaft nicht verstand. Das hieß nicht, daß ich nicht Differentialgleichungen hätte integrieren oder mich mit einem Experimentator darüber unterhalten können, welche Resultate seine Experimente mutmaßlich haben würden. Aber ich verstand nicht die Begriffe, in denen man zu sagen versuchte, was der Sinn dieser Differentialgleichungen war. Ich war zunächst naiv, gläubig, wie man es als Student vielleicht sein sollte, und nahm an, meine Lehrer verstünden es und nur ich sei noch nicht so weit vorgedrungen, es zu verstehen. Als ich dann diese Lehrer immer besser kennenlernte und sie befragen konnte, zeigte sich, daß die Lehrer es eigentlich auch nicht verstanden, und zwar auch sehr bedeutende Wissenschaftler. Zwar waren sie sehr wohl imstande, die Wissenschaft anzuwenden und sie zu bereichern. Wenn sie aber darüber Rechenschaft geben sollten, was ihre Grundbegriffe, also in der Physik Begriffe wie Materie, Energie, Kausalität, Vorhersage und dergleichen, im Ernst bedeuten oder was etwa der Begriff der Erfahrung wirklich bedeutet, so mußten sie, gerade wenn sie wirklich klare Köpfe waren, sagen: nun ja, mit diesen Begriffen kann man so gut arbeiten, und deshalb tun wir es eben. Die eigentliche Rechenschaft zu geben, war zu schwer. Eben diese Rechenschaft aber wird immer wieder gefordert, wenn der wahre Fortschritt der Wissenschaft eine neue Grundlagenkritik erfordert. Die Frage war also, ob man nicht Auskunft über diese Begriffe bekommen kann. Ich war jedenfalls persönlich nicht damit zufrieden, daß meine eigenen Lehrer diese Begriffe so gut benutzen konnten: denn irgend jemand mußte sie ja erfunden haben, und der mußte doch wohl gewußt haben, warum er eben diese Begriffe und keine anderen benützte.

Es stellte sich also die Frage: woher kommen diese Begriffe? Dabei zeigte sich bald, daß sie nicht speziell aus der Wissenschaft, sondern meistens aus der Philosophie kommen. Woher aber aus der Philosophie? Welche Philosophen muß man befragen? Ich habe damals zunächst diejenigen Philosophen befragt, die sich den Naturwissenschaftlern dadurch empfahlen, daß sie den Naturwissenschaftlern sagten, sie, die Naturwissenschaftler, hätten recht. Das war in der damals revolutionären Naturwissenschaft nicht selbstverständlich. Was wir die Schulphilosophie nannten, war auch zum Teil eine etwas kritische Denkweise über die neue Wissenschaft. Die Positivisten also empfahlen sich. Sie sagten: Ihr Wissenschaftler habt recht. Mit euch gemeinsam bekämpfen wir die fruchtlose, nutzlose Tradition der Schulphilosophie. Als ich dann aber versuchte, die positivistische Philosophie genau zu verstehen, zeigte sich, daß auch sie ihrerseits nicht über ihre eigenen Grundbegriffe Rechenschaft geben konnte, daß etwa der Begriff der Erfahrung, der dort vorausgesetzt wurde, ein Begriff war, der unter immer schärferer selbstkritischer Analyse, die die Positivisten selbst, zu ihrer Ehre sei es gesagt, geübt haben, zerbröckelte, so daß es zum Schluß sehr schwer war, überhaupt noch zu sagen, was man mit Erfahrung meint. Ich kam jedenfalls persönlich zu dem Urteil, daß ich aus der positivistischen Philosophie nicht lernen würde, was moderne Wissenschaft ist. Ich wandte mich dann doch zu ihren Gegnern, und zwar sofort zu dem größten von ihnen, nämlich zu Immanuel Kant.

Ich habe versucht, Kant zu verstehen, und habe daraus in der Tat wesentliche Aufschlüsse über die Grundlagen aller Wissenschaft bekommen, die ich hier nicht auszubreiten versuchen kann, entdeckte aber, daß auch Kant mir im Grunde weitgehend unverständlich blieb, weil in seiner Philosophie Begriffe benützt wurden, die wiederum, wie mir schien, nicht ausgewiesen, sondern schon vorausgesetzt waren, zum Beispiel Begriffe wie Substanz und Kausalität oder sehr fundamentale Begriffe wie Subjekt und Objekt. Als ich nun versuchte, dem nachzugehen und zuzusehen, was denn diese Begriffe bedeuten und woher sie kommen, wurde ich von den Philosophiehistorikern auf den Anfang der neuzeitlichen Philosophie, auf Descartes verwiesen. Ich versuchte also, Descartes zu lesen. Die Lektüre von Descartes gab zwar einige Aufschlüsse, gab auch Anlaß zu viel Kritik, insbesondere aber schien mir der zwingende Charakter der Schlußweisen von Descartes gar nicht deutlich, und ich entdeckte schließlich, daß ein wesentlicher Teil seiner Argumentationen sich scholastischer Denkmethoden bediente, obwohl er selbst sich bewußt als Gegner der Scholastik auffaßte, und es schien mir unverständlich zu begreifen, wie Descartes argumentierte, ohne die Scholastik zu kennen. Der Rückgang auf die Scholastik aber nötigt sofort zum Rückgang auf die griechische Philosophie; denn die Scholastik, die Descartes vorfand, war wesentlich Aristoteles-Interpretation. So gelangt man also zu den Griechen zurück und gelangt zu Aristoteles. Und wenn man Aristoteles mit einiger Sorgfalt studiert, so entdeckt man, in welchem Umfang er ein weiterbildender Kommentator von Platon ist. Ich möchte von mir persönlich gestehen, daß ich überhaupt erst bei Aristoteles und Platon das Erlebnis hatte, daß diese Leute etwas sagen, was man verstehen kann. Das ist nicht zufällig: denn sie sind die Erfinder der Begriffe, die noch in der heutigen Physik benützt werden, die in ihr aber mit so viel komplizierter Geschichte belastet sind, daß das Verständnis dafür, warum gerade diese Begriffe und keine anderen gebildet wurden, zu schwer ist. Als ich dann Platon las, gelang es mir, ein gewisses Verständnis für den berühmten Satz des in unserem Jahrhundert lebenden Mathematikers und Philosophen Whitehead zu gewinnen, der gesagt hat, die ganze Geschichte der abendländischen Philosophie sei »a few footnotes to Plato«. Das könnte man in der Tat vertreten. Nur verlangt es leider sehr viel, die richtigen Fußnoten zu machen, denn dazu gehört nun wieder, daß man mit der Weiterbildung dieses Gedankenguts bis heute, also mit der Philosophie vertraut ist.

So war es mein Erlebnis, daß ich nicht imstande war, die Quantentheorie zu verstehen, und bis heute bin ich nicht imstande, die Quantentheorie zu verstehen, wenn ich nicht Platon verstehe. Will man Platon verstehen, so muß man aber die Bewegung verstehen, die ihn selbst erst in die Philosophie hineingebracht hat; das ist das Fragen des Sokrates. Philosophia ist ja die Liebe zur Weisheit und nicht die Behauptung des Besitzes der Weisheit, und diese Liebe zur Weisheit, die sich dessen bewußt ist, die Weisheit nicht zu haben, ist ja das, was uns allen durch die Gestalt des Sokrates vor Augen geführt ist. Erlauben Sie mir nun, ein kleines Stückchen Philosophie-Tradition in umgekehrter Richtung vorzuführen, indem ich einen berühmten Passus des Sokrates herausgreife, ihn kurz in Erinnerung rufe und sage, wie er meiner Meinung nach bis heute unser eigenes Verfahren bestimmt, wo immer wir ernsthaft denken.

Platon läßt den Sokrates in der von Platon verfaßten Verteidigungsrede, die Sokrates vor dem Gericht, das ihn wegen Gotteslästerung und Verderbnis der Jugend zum Tode verurteilte, gehalten habe, darlegen, wie es dazu gekommen ist, daß er so verhaßt geworden ist, daß eine so falsche Anklage wie die der Unfrömmigkeit gegen ihn erhoben werden konnte. Der Gott von Delphi, Apollon, hatte auf Befragen eines eigentümlichen Mannes die Antwort gegeben, der weiseste aller lebenden Menschen sei Sokrates. Sokrates, der ein frommer Mann war – und ich weiß nicht, wie man philosophieren soll, wenn man das Göttliche nicht ehrt – mußte diesen Spruch des Gottes anerkennen, weil es ein göttlicher Spruch war. Wie aber erkannte er ihn an? Indem er das tat, was er auch im Umgang mit Menschen tat, indem er ihn prüfte, ob er denn wahr sei. Denn Sokrates war sich dessen bewußt, das Entscheidende nicht zu wissen. Er war sich dessen bewußt, nicht weise zu sein, und wie konnte der Gott, dem doch nicht erlaubt ist zu irren, das Wahre gesagt haben, wenn er Sokrates als den Weisesten bezeichnete? Sokrates schildert nun in der Apologie in Platons Worten, wie er deshalb, um den Gott zu prüfen – der Philosoph prüft auch den Gott, den er ehrt –, anfing, sich mit weisen Menschen zu unterhalten, um doch einen zu finden, der ganz gewiß weiser sei als er. Und als er sich mit dem ersten unterhielt – es war übrigens ein Staatsmann, sagt er –, stellte sich heraus, daß dieser zwar in dem, was die Menschen für weise halten, auch nicht unweise war und sich insbesondere in hohem Maß selbst dafür hielt, aber eben darin irrte er. Denn in Wahrheit zeigte sich, daß er das Entscheidende nicht wußte. Er wußte nämlich nicht, wie man wirklich einen Staat leiten muß, sonst wäre der Staat unter ihm auch nicht so schrecklich heruntergekommen. Und indem er darin irrte, war er dem Sokrates, wie Sokrates selbst zugeben mußte, unterlegen. Denn Sokrates wußte zwar auch nicht, wie man einen Staat lenken muß, aber er machte sich auch nicht weis, daß er es wisse. Nun ging er zu den Dichtern. Die Dichter, das waren die großen Lehrer der Antike, sie waren die Lehrer der Weisheit. Man kannte Homer auswendig. Er ging zu einem Dichter, wohl zu einem der großen tragischen oder vielleicht lyrischen Dichter, die so wunderbare Dinge in ihren Werken gesagt haben, und befragte ihn, ob er wohl Rechenschaft geben könne von dem, was er in seinen Werken gesagt hatte. Und der Dichter konnte es nicht. Ja, es zeigte sich, daß die anderen – wir würden heute vielleicht sagen, die Kritiker – fast besser imstande waren, über das Werk des Dichters zu reden, als der Dichter selbst. Der Dichter also, so schien es, redete in einem gewissen Enthusiasmus göttliche Wahrheit, aber er verstand sie nicht. Und so war auch er nicht weise. Nun wandte sich Sokrates an die Leute, von denen er ganz gewiß wußte, daß sie etwas wissen. Das waren die Handwerker. Denn ein Schuhmacher weiß wenigstens, wie man Schuhe macht. Und in der Tat, das wußten die Handwerker auch. Sokrates selbst war handwerklicher Herkunft. Er verstand davon sehr viel. Aber diese Handwerker bildeten sich auch ein, wenn sie imstande waren, gute Schuhe zu machen, wüßten sie auch über andere Dinge Bescheid. Und darin irrten sie. So mußte Sokrates schließlich zugeben, daß er in dem Sinne wohl der Weiseste war, daß er derjenige war, der sich seines Nichtwissens bewußt war. Und damit ist er der eigentliche Vater der Philosophie.

Wenden wir das nun auf unsere Zeit an, so ist die Aufgabe, die uns gestellt ist, im Grunde ganz genau dieselbe. Fragen wir heute den Politiker, so ist das Ergebnis auch nicht anders. Es ist eine billige Kunst, das Elend in der Welt, wie es viele Leute tun, den Politikern in die Schuhe zu schieben, die so unerleuchtet sind. Die wirkliche Situation ist, daß hier eine notwendige und unauflösbare Spannung zwischen den Forderungen der Politik und den Forderungen dessen, was ich jetzt einmal Philosophie nennen will, besteht. In der Politik kann man keinen Erfolg haben, wenn man nicht den Eindruck erweckt, man wisse den Weg. In der Philosophie kann man nur Erfolg haben, wenn man sich dessen bewußt ist, daß man den Weg nicht weiß. Gleichzeitig aber ist Philosophie unentbehrlich für das Weitergehen des politischen Bewußtseins, denn diejenigen, die irrig meinen, sie wüßten den Weg, führen uns ja notwendigerweise ins Unglück. Nur diejenigen führen uns nicht ins Unglück, die den notwendigen Eindruck, sie wüßten den Weg, mit schlechtem Gewissen als eine Pflicht ihres Berufs erwecken, sich aber dessen bewußt sind, wie notwendig es ist, darüber hinaus sich selbst zu prüfen. Und diese Selbstprüfung wird dann den ganzen Schatz politischer Theorie, der uns überliefert ist, immer von neuem einbeziehen. Es gibt kaum eine Vokabel der heutigen politischen Diskussion, die nicht griechisch wäre und in der griechischen Philosophie auch schon dran gewesen wäre. Wer also nicht diese Anstrengung macht, gleichzeitig die Sicherheit im Handeln zu zeigen und die Unsicherheit im Denken als die wahre Sicherheit des bewußten Menschen zu praktizieren, der wird nicht sinnvoll Politik treiben können. Eben dieses wollten Sokrates und Platon die Menschen lehren.

Wie steht es nun um die Künstler, die Dichter? C. P. Snow hat vor etwa zehn Jahren einen Vortrag über die zwei Kulturen gehalten, in dem er davon spricht, daß wir in der schwierigen Lage sind, nicht eine Kultur zu haben, sondern zwei, nämlich eine literarische und eine naturwissenschaftliche. Die Literaten mögen heute einmal für den Gesamtbereich dessen stehen, wovon Platon oder Sokrates sprechen, wenn sie hier die Dichter anreden. Die Literaten verwalten das große Erbe unserer Literatur; manchmal verwalten sie es auch in kriegerischer, sehr fortschrittsgläubiger Weise. Wie immer sie es tun mögen, sie sind imstande zu reden und zu schreiben, so prägen sie unser Bewußtsein aus. Und wo sind sie imstande, wirklich Rechenschaft zu geben auch nur von einem der Begriffe, die sie gebrauchen? Wenn sie wissen, daß sie es nicht können, kommen sie in die Nähe des philosophischen Wissens, um das es Sokrates ging.

Aber es gibt ja jemand, der weiß, wovon er redet, das sind die Wissenschaftler!? Sie sind die Handwerker von heute. Aus den Handwerkern, den Schuhmachern, den Steinmetzen, den Architekten von damals haben sich ja die Techniker des Mittelalters und der Neuzeit weitergebildet. In ihren Bereich ist die abstrakte Meditation über die Möglichkeit der Naturbewältigung eingeflossen, die dann schließlich die Form der heutigen Naturwissenschaft angenommen hat. Die naturwissenschaftlich technische Welt, die andere der beiden Kulturen von C. P. Snow, ist die Fortführung dessen, woran Platon, woran Sokrates anknüpft, wenn er von den Handwerkern spricht, von denen er sicher war, daß sie etwas wissen, nämlich wie man das eigene Handwerk erfolgreich betreibt. Aber was er von ihnen sagte, ist vielleicht heute auch nicht ganz falsch. Weil sie wußten, wie man das eigene Handwerk betreibt, meinten sie, sie seien auch im anderen sehr klug und weise. Und das waren sie nicht und sind es heute auch nicht. Der Naturwissenschaftler ist nicht dadurch schon der, der weiß, wie die Welt in Ordnung gebracht werden müßte, daß er weiß, wie man einen Apparat baut und erfolgreich vorhersagt, was dieser Apparat leisten wird. Wie wenig die Naturwissenschaftler auch nur von den theoretischen Grundlagen ihres Tuns Rechenschaft geben können, ganz zu schweigen von den praktischen Konsequenzen, dafür habe ich Ihnen als ein kleines Beispiel meine eigenen Schicksale erzählt im Versuch, auch nur zu verstehen, was die leitende Theorie der heutigen Physik, nämlich die Quantentheorie, eigentlich aussagt. Wir werden also auch in dieser Wissenschaft zurückgeführt in die Rückfrage nach dem, was man selbst tut und sagt. Diese Rückfrage ist aber Philosophie, und sie ist nicht möglich ohne den lebendigen Kontakt mit dem, was in der Vergangenheit schon gedacht worden ist.

Warum aber ist es denn in der Philosophie nicht möglich, einmal einen festen Bestand nur zu überliefern, warum muß man auf die Quellen zurückgehen? Das ist eine sehr schwierige, philosophische Frage. Philosophie ist die Wissenschaft, über die man nicht reden kann, ohne sie selbst zu betreiben. Ich will dazu hier zum Abschluß nur etwas sehr Äußerliches sagen. Philosophie scheint der Versuch zu sein, das Äußerste noch ins Bewußtsein zu bringen, was uns überhaupt bewußt werden kann. Man könnte auch sagen: das Innerste. Dieser Versuch ist so notwendig, daß er immer von neuem unternommen wird und auch unternommen werden muß. Auch wer ihn bekämpft, unternimmt ihn, nur weiß er es nicht. Er ist aber so schwer, daß wir uns nicht wundern dürfen, wenn das Niveau, auf dem das möglich ist, in der Geschichte der Menschheit immer nur ab und zu einmal erreicht wird, um wieder verlorenzugehen. Es handelt sich also einmal um eine Frage des Niveaus. Es ist eben nicht in jedem Jahrtausend ein Platon und ein Sokrates da. Zweitens aber wird man auch sagen dürfen, daß diese Entwicklung auch dort, wo man von Fortschritt in der Philosophie, wie ich meine, sinnvoll reden kann, sehr langsam ist. Sie ist langsam, weil sie sich mit denjenigen Grundbegriffen und Grundstrukturen des Denkens und des Bewußtseins befaßt, die, indem sie sich langsam wandeln, immer von neuem den Rahmen geben für das sehr viel raschere Wachstum, aber auch wieder Verschwinden dessen, was wir im engeren Sinn den Fortschritt nennen. Zweitausend Jahre sind nicht lang, und ein Naturwissenschaftler, der gelernt hat, daß es Menschen doch seit einigen hunderttausend Jahren gibt und die Natur seit Milliarden Jahren, wird nicht ungeduldig sein, wenn der Fortschritt der Philosophie nicht in Jahrzehnten, sondern in Jahrtausenden gemessen wird. Deshalb wollen wir weiterhin in der Philosophischen Bibliothek die Philosophen der Vergangenheit lesen.

IV, 2. Kants »Erste Analogie der Erfahrung« und die Erhaltungssätze der Physik

Gedruckt in »Argumentationen. Festschrift für Josef König«. Göttingen 1964. Hier ist der Versuch gemacht, Kant als relevant für die Probleme unserer eigenen Physik wörtlich zu nehmen. Inhaltlich in vielen Punkten überholt durch die Arbeit von Plaass; vgl. IV, 3.

1. Die Erhaltungssätze der Physik

Kant formuliert den »Grundsatz von der Beharrlichkeit der Substanz« wie folgt: »Bei allem Wechsel der Erscheinungen beharrt die Substanz, und das Quantum derselben wird in der Natur weder vermehrt noch vermindert« (B 224)[1]. Unter dem Quantum der Substanz versteht er dabei in der konkreten Anwendung das, was man im 18. Jahrhundert meist die Materiemenge nannte, wofür wir heute Masse sagen. Kant war damit modern; zu seinen Lebzeiten begann die Erhaltung der Masse durch die Einführung der Wägung in die Chemie zu einer für die Praxis der Forschung relevanten Aussage zu werden.

Das Moderne pflegt zu veralten; Kants Argumentation reicht aber bewußt über die Bezugnahme auf einen jeweiligen Forschungsstand hinaus. Der Satz von der Substanzerhaltung gilt »von den Gegenständen ... nicht konstitutiv, sondern bloß regulativ« (B 222/3); sein Verhältnis zur Erfahrung ist durch den Titel »Analogie« bezeichnet. Das heißt (B 221 ff.): Es wird in der Erfahrung immer etwas geben, was sich zu den Erscheinungen verhält wie eine dauernde Substanz zu ihren wechselnden Akzidentien. Dieses Verhältnis aber legt nicht (wie wenn es sich um eine mathematische Proportion handelte, in der die vierte Proportionale aus den drei anderen Gliedern berechnet werden kann) fest, welche Größe jeweils diese Rolle der Substanz spielen wird. Übersetzt

[1] Ich zitiere, wie üblich, aus der ersten Auflage der Kritik der reinen Vernunft mit A, aus der zweiten mit B, unter Hinzusetzung der Seitenzahl.

man dies in die Sprache der heutigen Physik, so heißt es: es gibt in jeder physikalischen Theorie eine Größe, die erhalten bleibt; welche Größe dies ist, muß aber in jeder Theorie aus der speziellen Struktur dieser Theorie von neuem bestimmt werden. Dies ist nun ein Sachverhalt, der in der heutigen Physik wirklich besteht. Der moderne Physiker, der aus Kants ihm zunächst fremdartiger Sprache diesen Gedanken herausdestilliert hat, wird nicht umhin können, Kant dafür zu bewundern, daß ihm ein so abstraktes und fruchtbares Prinzip hat einfallen können, das hoch über der Bindung fast aller älteren Theorien an konkrete Modelle steht.

Als isolierten Einfall würden wir diesen Gedanken aber zwar bewundern, jedoch nicht als eine Bereicherung unserer eigenen Einsichten ansehen. Was uns interessieren muß, ist Kants Begründung. Um diese mit dem Gang der Physik vergleichen zu können, sei hier zuerst die Entwicklung der Erhaltungssätze von Lavoisier bis heute skizziert.

Während sich der Satz von der Erhaltung der Masse einerseits in den letzten beiden Jahrhunderten empirisch immer umfassender bewährte, wuchs andererseits das Bewußtsein der theoretischen Physiker dafür, wie wenig selbstverständlich er sei. Man erkannte (Mach hat auch hier ein Hauptverdienst), daß die Bezeichnung der Masse als Materiemenge nicht eine Reduktion der trägen oder schweren Masse auf etwas a priori Verständliches, sondern umgekehrt eine quantitative empirische Definition des vorher nebelhaften Begriffs »Materiemenge« sei. Versteht man die Materie als Kontinuum, so erkennt man dies schon an der Unentbehrlichkeit des Begriffs der Dichte, d. h. daran, daß im gleichen Volumen verschiedene Masse enthalten sein kann. Versteht man die Materie atomistisch, so ist die Masse ein Merkmal des einzelnen Atoms; als man Atomvolumina zu bestimmen lernte, ergab sich alsbald, daß auch die Atome verschiedener chemischer Elemente verschiedene Dichte haben. Höchstens die Hypothese, alle chemischen Atome bestünden aus einer einzigen Sorte untereinander gleicher Elementarteilchen, ließe allenfalls die Masse (modern: die Ruhemasse) als Maß der Anzahl solcher Elementarteilchen interpretieren. Diese »Ur-Teilchen« müßten dann aber sogar noch hinter den heutigen »Elementarteilchen« stehen, die wir inzwischen als ineinander umwandelbar (und insofern nicht »substanziell«) erkannt haben.

Die Loslösung von solchen Modellvorstellungen in einer höheren Abstraktionsstufe wurde schrittweise erreicht. Neben den Satz von der Erhaltung der Masse trat im Satz von der Erhaltung der Energie eine Aussage zunächst anderen Inhalts, aber verwandter Struktur. Die spezielle Relativitätstheorie erwies dann die Identität von Masse und Energie und damit die Identität beider Erhaltungssätze. Andererseits waren schon in der klassischen Mechanik neben die Energie andere Erhaltungsgrößen getreten (Impuls, Drehimpuls). Die Krise der klassischen Begriffe, die die Quantentheorie gebracht hat, haben gerade die Erhaltungssätze uneingeschränkt überstanden. Den Grund dafür enthüllt die von Felix Klein in die Physik eingeführte gruppentheoretische Denkweise. Wir beschreiben eine Bewegung jeweils in bezug auf ein vorgegebenes Koordinatensystem. Dieses System kann als Charakterisierung der Lage eines physikalischen Beobachters gelten. Nun können aber verschiedene Beobachter dasselbe Objekt beobachten. Man muß also gesetzmäßig angeben können, wie dasselbe Objekt in verschiedenen Koordinatensystemen beschrieben wird. Als dem Objekt »an sich« zukommende Merkmale wird man solche ansehen, die invariant sind gegen die Transformation von einem Koordinatensystem in ein anderes. Die Grundgleichungen der Physik erweisen sich als invariant gegenüber gewissen Gruppen solcher Transformationen. Nach einem berühmten Satz von Emmy Noether nun entsprechen der Invarianz der Naturgesetze[1] gegenüber einer Transformationsgruppe so viele Erhaltungssätze, als diese Gruppe unabhängige Parameter hat. So entsprechen der Invarianz gegenüber der Lorentzgruppe die klassischen Erhaltungssätze (Energie, Impuls, Schwerpunkt, Drehimpuls). Insbesondere entspricht der hierin enthaltenen Invarianz gegenüber einer Verschiebung des Zeitnullpunkts (Homogenität der Zeit) der Energiesatz.

Hiermit ist die Zähigkeit der Struktur der Erhaltungssätze bei wechselndem konkreten Inhalt vorerst erklärt. Alle Theorien der heutigen Physik sind lorentzinvariant, enthalten also insbesondere die Homogenität der Zeit. Also muß es in jeder von ihnen Größen geben, die bei der zeitlichen Entwicklung eines physika-

[1] Soferne sie durch Variationsprinzipien ausdrückbar sind; vgl. Abschnitt 3.

lischen Objekts (bzw. Systems von miteinander wechselwirkenden Objekten) erhalten bleiben, insbesondere eine Größe, die sich zur Zeit so verhält, wie die in den klassischen Theorien als Energie bezeichnete Größe. Wie diese von den in der jeweiligen Theorie zunächst eingeführten Grundgrößen abhängt, und wie sie demnach in den Experimenten in Erscheinung tritt, kann jeweils auf Grund des Noetherschen Satzes ausgerechnet werden und hängt von der speziellen mathematischen Gestalt der betr. Theorie ab. Solange man nun glaubt, daß jede künftige Theorie lorentzinvariant sein wird, kann man also prophezeien, daß in ihr Erhaltungssätze, insbesondere ein Energiesatz, gelten werden, ohne daß man vorweg wissen kann und zu wissen braucht, welche spezielle Größe dann die Rolle der Energie spielen wird.

Der Physiker findet also den Grund des Energiesatzes in der Homogenität der Zeit. Wie begründet Kant die Erhaltung der Substanz?

2. Kants Begründung des Grundsatzes der Beharrlichkeit der Substanz

Auf die zu Anfang des vorigen Abschnitts zitierte Formulierung dieses Satzes läßt Kant einen »Beweis« folgen, den ich hier in extenso abdrucken möchte:

»Alle Erscheinungen sind in der Zeit, in welcher, als Substrat, (als beharrliche Form der inneren Anschauung) das *Zugleichsein* sowohl als die *Folge* allein vorgestellt werden kann. Die Zeit also, in der aller Wechsel der Erscheinungen gedacht werden soll, bleibt und wechselt nicht; weil sie dasjenige ist, in welchem das Nacheinander- und Zugleichsein nur als Bestimmungen derselben vorgestellt werden können. Nun kann die Zeit für sich nicht wahrgenommen werden. Folglich muß in den Gegenständen der Wahrnehmung, d. i. den Erscheinungen, das Substrat anzutreffen sein, welches die Zeit überhaupt vorstellt, und an dem aller Wechsel oder Zugleichsein durch das Verhältnis der Erscheinungen zu demselben in der Apprehension wahrgenommen werden kann. Es ist aber das Substrat alles Realen, d. i. zur Existenz der Dinge Gehörigen, die *Substanz*, an welcher alles, was zum Dasein gehört, nur als Bestimmung kann gedacht werden. Folglich ist das Beharrliche, womit in Verhältnis alle Zeitverhältnisse der Erscheinungen allein bestimmt werden können, die Substanz in der Erscheinung, d. i. das Reale derselben, was als Substrat alles Wechsels immer dasselbe bleibt. Da diese also im Dasein nicht wechseln kann, so kann ihr Quantum in der Natur auch weder vermehrt noch vermindert werden« (B 224/5).

Der Kantkenner möge verzeihen, wenn ich zur Auslegung dieses Gedankengangs in einer sehr simplifizierten Weise auf die Grundgedanken von Kants Theorie der Naturerkenntnis zurückgreife.

Der Substanzsatz ist ein »Grundsatz des reinen Verstandes«. Solche Grundsätze formulieren Bedingungen der Möglichkeit der Erfahrung. Diese Bedingungen beruhen auf der Struktur alles menschlichen Erkennens, das des doppelten Werkzeugs von *Anschauungen* und *Begriffen* bedarf. Diese Zweiheit von Anschauung und begrifflichem Denken ist schon mitgegeben in der Formel: »jemand erkennt etwas«. In der Anschauung wird mir der Gegenstand gegeben (Rezeptivität), aber nur im Denken erkenne ich ihn als Gegenstand (Spontaneität).

Jeder Grundsatz ist einem besonderen Begriff, einer *Kategorie* zugeordnet. Diese Kategorie ist in unserem Beispiel die *Substanz.*

Substanz ist also ein *Begriff*. Was versteht Kant unter einem Begriff? Im § 1 seiner von Jäsche herausgegebenen Logik sagt er: »Alle Erkenntnisse, das heißt: alle mit Bewußtsein auf ein Objekt bezogene Vorstellungen sind entweder *Anschauungen* oder *Begriffe*. – Die Anschauung ist eine *einzelne* Vorstellung (repraesentatio singularis), der Begriff eine *allgemeine* (repraesentatio per notas communes) oder *reflektierte* Vorstellung (repraesentatio discursiva).« In einen weiteren Rahmen stellt Kant diese Bestimmungen in der »Stufenleiter der Vorstellungsarten« (B376/77), deren Anfangsstück ich hier zitiere: »Die Gattung ist *Vorstellung* überhaupt (repraesentatio). Unter ihr steht die Vorstellung mit Bewußtsein (perceptio). Eine *Perception,* die sich lediglich auf das Subjekt, als die Modifikation seines Zustandes bezieht, ist *Empfindung* (sensatio), eine objektive Perzeption ist *Erkenntnis* (cognitio). Diese ist entweder *Anschauung* oder *Begriff* (intuitus vel conceptus). Jene bezieht sich unmittelbar auf den Gegenstand und ist einzeln; dieser mittelbar, vermittelst eines Merkmals, was mehreren Dingen gemein sein kann.« Sehe ich also z. B. einen roten

Apfel, so schildere ich mit »ich sehe rot« nur eine Empfindung. Die Anschauung unterscheidet sich von der bloßen Empfindung in der Bezogenheit auf ein Objekt (daher »objektive« Perzeption); sie zeigt mir einen roten Apfel. Sie ist eine *einzelne* Erkenntnis: hier und jetzt schaue ich diesen roten Apfel an. Das *Urteil:* »dieser Apfel ist rot« aber bedient sich der Begriffe »Apfel« und »rot«, deren jeder in vielen einzelnen Anschauungen als *gemeinsame* »Teilvorstellung« enthalten sein kann. Derselbe Apfel zu anderer Zeit ist auch ein Apfel; es gibt viele Äpfel, und nicht alle sind rot; es gibt viel Rotes, und nicht nur Äpfel.

Jede äußere Anschauung ist im *Raum.* Jede Anschauung ist in der *Zeit.* Raum und Zeit sind *Formen* der Anschauung. Kant nennt sie auch selbst Anschauungen, und zwar sind sie *reine Anschauung.* Die Begriffe haben ebenfalls derart umfassende Formen: die *Kategorien.* Auch die Kategorien erscheinen selbst als Begriffe. Ein Begriff ist eine allgemeine Vorstellung, die in anderen Vorstellungen als Teilvorstellung enthalten sein kann: Dieser Apfel ist jedenfalls Apfel; ein Apfel ist jedenfalls Frucht. So ist »Apfel« in »diesem Apfel«, »Frucht« in »Apfel« enthalten. »Substanz« nun ist jedenfalls ein sehr weiter Oberbegriff, unter den auch »Apfel« fällt. Die Verwendung als Oberbegriff aber stempelt »Substanz« noch nicht als Kategorie. Die Kategorien sind »reine Verstandesbegriffe«, die die Funktion des Verstandes überhaupt darstellen. Dies hängt an ihrer Beziehung zu den Formen aller möglichen *Urteile.* Ich lasse die Frage der Vollständigkeit der Urteilstafel beiseite und beschränke mich auf die Beziehung der Substanzkategorie zum *kategorischen Urteil.*

»Dieser Apfel ist rot«, »alle Äpfel sind rot«, »einige Äpfel sind rot«, »einige Äpfel sind nicht rot« sind Beispiele kategorischer Urteile. Gemeinsam ist diesen nach Quantität und Qualität verschiedenen Urteilen die Form der »Relation«, daß nämlich einem Subjekt ein Prädikat zu- oder abgesprochen wird (κατηγορεῖται). Eine andere Relation liegt z. B. im hypothetischen Urteil vor, das zwei Urteile verknüpft: »wenn es regnet, wird die Straße naß«. Die im kategorischen Urteil bestehende Beziehung zwischen Subjekt und Prädikat ist eine allgemeine Form der möglichen Relation von Begriffen, und diese nennt Kant die Kategorie der Subsistenz und Inhärenz: der Substanz »Apfel« inhäriert die Bestimmung »rot«. Die hier benutzte Beziehung zwischen Urteil und Begriff (und daher auch zwischen ihren allgemeinsten möglichen Formen) ist explizit formuliert z. B. in dem Satz: »Ein Urteil ist die Vorstellung der Einheit des Bewußtseins verschiedener Vorstellungen, oder die Vorstellung des Verhältnisses derselben, sofern sie einen Begriff ausmachen« (Logik § 17).

Der allgemeinen Relationsform von Begriffen, genannt »Subsistenz und Inhärenz«, entspricht nun nach Kant nicht nur die allgemeine Urteilsform des kategorischen Urteils, sondern auch ein im Bereich jeder für uns möglichen Erfahrung a priori gültiges Urteil, eben der Grundsatz von der Beharrlichkeit der Substanz. Um dies einzusehen, müssen wir die Notwendigkeit begrifflichen Denkens zum Aufbau jeder möglichen Erfahrung erwägen.

Die Form aller unserer Anschauungen ist die Zeit. Jede Anschauung, als einzelne, ist in einem Zeitpunkt; sie vergeht mit ihm und wird durch eine andere ersetzt. Erfahrung ist nur möglich, wenn in diese Sukzession von Eindrücken Zusammenhang oder, wie Kant schärfer sagt, Einheit kommt: die Synthesis der Apprehension. Oberste Bedingung der Möglichkeit von Erfahrung ist die *transzendentale Einheit der Apperzeption.* Einheit der Apperzeption (oder des Bewußtseins) erläutert Kant durch den Satz: »Das: *Ich denke,* muß alle meine Vorstellungen begleiten *können;* denn sonst würde etwas in mir vorgestellt werden, was gar nicht gedacht werden könnte, welches ebensoviel heißt, als die Vorstellung würde entweder unmöglich, oder wenigstens für mich nichts sein« (B 131/32). Mit seinem terminus technicus »transzendental« bezeichnet Kant diese Einheit, weil sie weder als Gegenstand der Psychologie empirisch beschrieben noch als Begriff der Metaphysik dogmatisch gefordert werden soll, sondern sich der Reflexion auf die Bedingungen der Möglichkeit von Erfahrung in jeder wirklichen, ja jeder denkbaren Erfahrung als schon erfüllt erweist. D. h. einerlei woher diese Einheit kommt, gewiß ist: wo jemand seine Erfahrung beschreibt (seine Vorstellungen *denkt*), ist diese Erfahrung immer schon Teil eines in diesem Sinne einheitlichen Bewußtseins. Dabei ist das von Kant gesperrte »können« entscheidend. Das »Ich denke« begleitet (Gott sei Dank) nicht faktisch jede meiner Vorstellungen. Aber eine Vorstellung, die es nicht begleiten *könnte,* wäre nicht als meine Vorstellung zu bezeichnen; sie wäre »wenigstens für mich nichts.«

Wie ist nun diese Einheit möglich, wenn die Anschauungen in

der Zeitfolge voneinander getrennt sind? Sie ist möglich durch Begriffe im genauen Sinn der Kantschen Auffassung des Begriffs als einer gemeinsamen Vorstellung, die in vielen Vorstellungen als Teilvorstellung enthalten sein kann. Begriffe können etwas in vielen Anschauungen Identisches sein und so einen Zusammenhang der Anschauungen stiften. Dieser Zusammenhang manifestiert sich darin, daß die Anschauungen »objektive Vorstellungen«, Anschauungen von Objekten sind. »*Verstand* ist, allgemein zu reden, das Vermögen der *Erkenntnisse.* Diese bestehen in der bestimmten Beziehung gegebener Vorstellungen auf ein Objekt. *Objekt* aber ist das, in dessen Begriff das Mannigfaltige einer gegebenen Anschauung *vereinigt* ist« (B 137). »Jemand erkennt etwas« enthält immer schon die Einheit des Subjekts (jemand), des Objekts (etwas) und das Gegebensein des Objekts für das Subjekt (erkennt).

Wie können aber Begriffe und insbesondere Kategorien auf Anschauung, d. h. auf Zeit bezogen werden? Kant versteht die Logik mit der Tradition als einen Bereich zeitloser Wahrheit. Ein kategorisches Urteil, etwa »zwei ist eine Primzahl«, ist, wenn es wahr ist, zeitlos wahr und erscheint als ein Urteil über einen zeitlosen Gegenstand[1].

Als allgemeine Form eines Begriffs für einen zeitlosen Gegenstand kann man dann die Substanz nach der traditionellen Definition verstehen, nach der sie durch einen Begriff bezeichnet ist, der in (wahren) kategorischen Urteilen nur als Subjekt und nie als Prädikat vorkommen kann. Wie wird eine derart definierte Substanz in der Zeit auftreten? Es liegt zum wenigsten nahe, sie als

[1] Es sei bemerkt, daß gerade die neuere Entwicklung der Logik diese Auffassung auch für Urteile über kontingentes Geschehen durchzusetzen sucht. »Dieser Apfel ist rot« ist nach dieser Denkweise gar kein komplettes Urteil und an sich weder wahr noch falsch. »Der erste vom Verfasser dieses Aufsatzes am 1. 9. 62 gepflückte Apfel war zur Zeit des Pflückens rot« wäre ein komplettes, zeitlos wahres oder falsches Urteil über das logische Subjekt »der erste vom Verfasser dieses Aufsatzes am 1. 9. 62 gepflückte Apfel zur Zeit seines Pflückens«, welches z. B. von dem anderen möglichen logischen Subjekt »der erste vom Verfasser dieses Aufsatzes am 1. 9. 62 gepflückte Apfel eine Woche vor dem Pflükken« scharf zu unterscheiden ist. In dieser Auffassung der Urteile über kontingentes Geschehen kommt, als Preis dafür, daß sie als an sich wahr oder falsch bezeichnet werden können, die zeitüberbrückende Funktion des Subjekts »dieser Apfel« nicht mehr vor. Vgl. dazu Abschnitt 3.

etwas aufzufassen, was sich in der Zeit nicht ändert, sondern als identisch bleibendes Subjekt wechselnder möglicher kategorischer Urteile, also wechselnder Bestimmungen ständig zur Verfügung steht.

Den Übergang zur Zeitlichkeit, den wir soeben mit der Wendung »es liegt zum wenigsten nahe« vollzogen haben, erörtert Kant systematisch im Kapitel »Von dem Schematismus der reinen Verstandesbegriffe«. Die »Vorstellung ... von einem allgemeinen Verfahren der Einbildungskraft, einem Begriff sein Bild zu verschaffen, nenne ich das Schema zu diesem Begriffe« (B 179/80). Ein Bild eines Begriffs ist eine unter diesen Begriff fallende Anschauung. So ist ein spezielles, in der empirischen Anschauung gezeichnetes oder auch in der reinen Anschauung vorgestelltes Dreieck, ein Bild des Begriffs »Dreieck«. Kein solches Bild erreicht die Allgemeinheit des Begriffs (z. B. gibt es rechtwinklige und schiefwinklige Dreiecke). Daher kann »das Schema des Triangels ... niemals anderswo als in Gedanken existieren« (B 180); wir würden es etwa als die allgemeinste Konstruktionsvorschrift für ein beliebiges Dreieck interpretieren. Analog gibt es zu jeder Kategorie ihr Schema. »Das Schema der Substanz ist die Beharrlichkeit des Realen in der Zeit, d. i. die Vorstellung desselben, als eines Substratum der empirischen Zeitbestimmung überhaupt, welches also bleibt, indem alles andere wechselt« (B 183).

Damit sind wir unmittelbar an den oben zitierten »Beweis« des Substanzansatzes herangekommen. Das Schema der Substanz ist, wie wir sehen, *definiert* als das in der Zeit beharrende Subjekt möglicher Bestimmungen, die in kategorischen Urteilen ausgesprochen werden können. Drückt der Satz damit nicht eine durch Definition erzeugte Trivialität aus? Er enthält jedoch wenigstens drei nichttriviale Züge: die Existenz einer Substanz überhaupt, die Einheit der Substanz und ihren quantitativen Charakter.

Die Existenz einer Substanz überhaupt: Wenn wir dem in der Zeit Beharrenden den Namen Substanz beilegen, so ist es zwar logisch notwendig und insofern trivial, daß die Substanz in der Zeit beharrt. Es fragt sich aber, ob es etwas in der Zeit Beharrendes überhaupt gibt. Kants Argument besagt hier: Wenn es überhaupt Erfahrung gibt, so gibt es in ihr etwas in der Zeit Beharrendes. Daß es überhaupt Erfahrung gibt, kann man nicht a priori deduzieren. Man kann sich ein Chaos von Empfindungen unklar vorstellen, in dem keine begriffliche Verknüpfung zur Erfahrung möglich wäre. Wenn es aber faktisch Erfahrung gibt, so gibt es sinnvollen Gebrauch von Begriffen in der Zeit, und dies reicht, so will Kant sagen, aus, um auch schon behaupten zu können, daß es beharrende Subjekte kategorischer Urteile in der Erfahrung gibt.

Die Einheit der Substanz: Kant spricht nicht von Substanzen, sondern von *der* Substanz. Substanz kann auch das konkrete Einzelding heißen: dieser Apfel, der einmalige Mensch Sokrates. Diese Einzeldinge aber beharren nur eine Weile, dann vergehen sie. Kant fragt nach einem schlechthin Beharrenden. Nun findet er in aller Anschauung Eines, das ohne jeden Zweifel beharrt: die Zeit selbst. Alle Anschauung ist ja »in der Zeit«. »Die Zeit verläuft sich nicht, sondern in ihr verläuft sich das Dasein des Wandelbaren« (B 183). Die wechselnden Erscheinungen können nach dem oben zitierten »Beweis« nur »als Bestimmungen derselben« (d. h. der Zeit) vorgestellt werden. D. h. es ist logisch möglich, jedes Urteil, das besagt, zu einem bestimmten Zeitpunkt sei eine bestimmte Erscheinung vorhanden, in die kategorische Form zu bringen, so daß die Zeit selbst als das Subjekt und die Erscheinung als das Prädikat auftritt. Also sind wir *eines* in der Zeit beharrenden Subjekts möglicher empirischer Bestimmungen gewiß, der Zeit selbst.

Daß Kant die Zeit selbst nicht als die Substanz bezeichnet, begründet er damit, daß die Zeit für sich nicht wahrgenommen werden kann. Eine Substanz, die für die Erfahrung eine Bedeutung haben soll, muß aber »in den Erscheinungen anzutreffen sein«. Also muß in den Gegenständen der Erfahrung ein »Substrat« anzutreffen sein, »welches die Zeit überhaupt vorstellt«. Welches dieses Substrat ist, kann die transzendentale Erwägung, d. h. die Erwägung der Bedingungen jeder möglichen Erfahrung, nicht mehr lehren. Bei wechselndem Erkenntnisstand der Naturwissenschaft wird man Verschiedenes als solches Substrat ansprechen, z. B. zur Zeit Lavoisiers die wägbare Materie und heute die »Energie«. Dabei schränkt der Fortschritt der Wissenschaft in legitimer Weise jeweils den bisher besten Repräsentanten der Substanz aus zunächst empirischen, schließlich aber theoretisch durchschaubaren Gründen auf einen Geltungsbereich ein. Die Theorie, die uns diese Gründe durchschauen lehrt, besitzt jeweils selbst einen in ihrem Rahmen hinreichenden Repräsentanten der Substanz.

Schließlich der quantitative Charakter der Substanz: Kant erläutert oder erweitert die Behauptung der Beharrlichkeit der Substanz durch den Satz: »... und das Quantum derselben wird in der Natur weder vermehrt noch vermindert.« Dieser Zusatz wird im oben zitierten »Beweis« mit einem einzigen Satz mehr wiederholt als begründet. Man wird zugeben, daß, *wenn* die Substanz überhaupt ein Quantum hat, der Sinn der Behauptung ihrer Beharrlichkeit auch die Beharrlichkeit dieses Quantums einschließt. Einen Versuch, explizit zu beweisen, daß die Substanz überhaupt durch ein Quantum charakterisiert werden kann, macht Kant aber in der Kritik der reinen Vernunft nicht. Doch faßt er den Substanzbegriff offensichtlich und wie eine Selbstverständlichkeit alsbald in diesem Sinne auf, z. B. in der bekannten Stelle, die schon dem Text der ersten Auflage zur ersten Analogie angehört: »Ein Philosoph wurde gefragt: wieviel wiegt der Rauch? Er antwortete: ziehe von dem Gewichte des verbrannten Holzes das Gewicht der übrigbleibenden Asche ab, so hast du das Gewicht des Rauchs ... Er setzte also als unwidersprechlich voraus: daß, selbst im Feuer, die Materie (Substanz) nicht vergehe, sondern nur die Form derselben eine Abänderung erleide« (A 185–B 228).

Man wird den fehlenden expliziten Beweis aus dem Zusammenhang der »Grundsätze des reinen Verstandes« wie folgt ergänzen dürfen. Den Urteilsformen der *Quantität* (universale, partikuläre, singuläre Urteile) läßt Kant die Kategorien der Quantität (Einheit, Vielheit, Allheit) entsprechen. Als das Schema der Quantität bezeichnet er die *Zahl*. Der diesem Schema entsprechende Grundsatz des reinen Verstandes ist das Prinzip der Axiome der Anschauung: »Alle Anschauungen sind extensive Größen« (B 202). Soferne nun die Substanz selbst in der Anschauung anzutreffen sein soll, muß sie selbst extensiv, also durch Zahlen meßbar sein.

Eine adäquate Erörterung der Problematik der Quantität würde diesen Aufsatz sprengen. Ich möchte aber zwei Bemerkungen dazu machen.

Mit den »Axiomen der Anschauung« schneidet Kant das Problem der Mathematisierbarkeit der Natur an. Nach Platon kann die Vernunft zwar mathematische Sachverhalte so erkennen, wie sie sind, aber die sinnlich gegebene Welt fügt sich den mathematischen Gesetzen nur ungenau, und so kann man von ihr nur eine

»wahrscheinliche Geschichte« (Timaios) erzählen. Z. B. beziehen sich die mathematischen, streng beweisbaren Sätze über den Kreis in Strenge auf keinen empirischen Kreis. Die mathematische Naturwissenschaft der Neuzeit setzt, bei Galilei und Kepler, mit dem Glauben an die strenge Gültigkeit mathematischer Naturgesetze ein, der begründet wird durch Berufung auf Gottes Schöpfungsgedanken, die der Mensch, der nach Gottes Bilde geschaffen ist, in gewissen Grenzen nachdenken kann. Kant jedoch muß die vielfach bewährte Hypothese der strengen Geltung mathematischer Naturgesetze ohne expliziten Rekurs auf Gottes Gedanken aus den Bedingungen der Möglichkeit der Erfahrung begründen. Die Begründung muß a priori gegeben werden, da der zu begründende Satz selbst kein empirischer Satz ist; er bewährt sich zwar in der Erfahrung, ist aber aus ihr, wie Platon gesehen hat, nicht beweisbar. Kants Argument basiert auf seiner Theorie der Mathematik, die dem heutigen Intuitionismus nahesteht.

Die mathematische Erkenntnis beruht nach Kant auf der *Konstruktion* ihrer Begriffe. »Einen Begriff aber *konstruieren* heißt: die ihm korrespondierende Anschauung a priori darstellen. Zur Konstruktion eines Begriffs wird also eine *nicht empirische* Anschauung erfordert« (B 741). Z. B. werden allgemeine Sätze über das Dreieck nicht aus seinem bloßen Begriff, sondern aus der Vorschrift zur Konstruktion des Dreiecks im Raum (Schema des Dreiecks) gewonnen, analog Sätze über die Zahl aus der Einsicht in die Konstruktion der Zahlen (das Zählen). Für diese Theorie ist die Lehre, daß Raum und Zeit reine (nicht empirische) Anschauungen seien, eine Vorbedingung. Akzeptiert man diese Lehre, so ist der Weg zur Mathematisierbarkeit der Natur gebahnt. Natur ist das Ganze der uns in Raum und Zeit anschaulich erscheinenden Gegenstände. Bedingung dafür, daß es Begriffe von Gegenständen der Natur geben kann, ist also, daß diese Begriffe in Raum und Zeit konstruiert werden, d. h. mathematisch erfaßt werden können.

Die zweite Bemerkung greift aus den zahlreichen in den obigen Formulierungen angedeuteten, aber übergangenen Problemen eines heraus. Die beiden für die Vorstellung einer quantifizierbaren Substanz im Sinne Kants wichtigsten Begriffe sind doch wohl Zeit und Zahl. Zwischen diesen beiden Begriffen besteht nach Kant ein inniger Zusammenhang. Er zeigt sich schon darin, daß

Kant die Sätze der Arithmetik, so wie später z. B. Brouwer und Lorenzen, aber anders als Frege und Russell, auf die konstruktive Operation des Zählens zurückführt. Hierbei werden gewisse elementare Züge der Zeitlichkeit vorausgesetzt; es ist aber keineswegs notwendig, dazu schon anzunehmen, daß die Zeit ein isomorph auf eine räumliche Gerade abbildbares Kontinuum sei, in dem lauter meßbare Zeitspannen vorkommen. Kant nimmt letzteres aber an. Er behauptet also schon so etwas wie eine Mathematisierbarkeit der Zeit. Diesen Zusammenhang berührt die Einführung der Zahl im Schematismuskapitel: »Das reine *Schema* der *Größe* aber (quantitatis), als eines Begriffs des Verstandes, ist die *Zahl,* welche eine Vorstellung ist, die die sukzessive Addition von Einem zu Einem (gleichartigen) zusammenbefaßt. Also ist die Zahl nichts anderes, als die Einheit der Synthesis des Mannigfaltigen einer gleichartigen Anschauung überhaupt, dadurch, daß ich die Zeit selbst in der Apprehension der Anschauung erzeuge« (B 182). Diejenige Zeit, von der im letzten Satz gesagt ist, sie werde in der »Einheit der Synthesis« des Zählens *erzeugt,* ist gewiß nicht die »vor« aller Mathematik gewisse »Form aller Anschauung«, die Zeitlichkeit, die durch die einfachen Bestimmungen Vergangenheit, Zukunft, Gegenwart, durch Folge, Beharrung, Zugleichsein charakterisiert ist, ohne welche der Akt des Zählens unverständlich bliebe. Sie ist vielmehr (vgl. Anm. B 160/61) die Zeit als »formale Anschauung«, die wir als ein Ganzes unter dem Bilde einer geometrischen Geraden denken können[1]. Sie ist die mathematisierte, meßbare Zeit. In der Tat ist die einfachste Art der Zeitmessung das Zählen. Alle noch so verfeinerten physikalischen Uhren beruhen auf einer auf Grund gewisser Naturgesetze besonders allgemein anwendbaren Konvention darüber, welche Zeitspannen als gleichartig gelten und als solche gezählt werden sollen.

Wir werden uns also zusammenfassend die Erhaltung der Substanz als Quantität über das von Kant explizit Gesagte hinaus, aber in seinem Sinne, wohl so zurechtlegen dürfen: Zeitlichkeit als Form aller Anschauung ermöglicht das Zählen. Das Schema

[1] In dieser Frage verdanke ich entscheidende Belehrung den Teilnehmern meines Kant-Seminars vom Winter 1961/62, insbesondere den Herren Böhme, Plaass, Dr. Richter und Schindler. Ich hoffe das Gelernte hier nicht zu entstellt wiedergegeben zu haben.

des Zählens ist die Zahl (die einzelne Zahl als Schema eines speziellen Zählakts, die Zahl als Allgemeinbegriff als Schema des Zählens überhaupt). Die Zahl ermöglicht den Begriff der formalen Anschauung Zeit, der »Zeitgeraden«. Diese Zeit dauert im Wechsel der zeitlichen Anschauungen. Sie kann daher als das beharrende Substrat (logisch: Subjekt) aller Erscheinungen gelten, die dann als ihre Bestimmungen (logisch: Prädikate) auftreten. Damit ist garantiert, daß die Begriffe von Gegenständen, welche die Folge der Empfindungen erst zur Erfahrung gestalten, stets ein unveränderliches Subjekt finden, von dem sie prädiziert werden können. Da die Zeit selbst nicht wahrgenommen wird, tritt für sie eine in den Anschauungen anzutreffende Größe ein, deren spezielle Charakteristik vom Kenntnisstand der jeweiligen Physik abhängt. Da aber alle Anschauungen extensive Größen (mathematisierbar) sind, wird der jeweilige Repräsentant der Substanz jedenfalls stets eine grundsätzlich meßbare Quantität sein. Die Beharrung der Substanz ist für diese Quantität gleichbedeutend mit ihrer numerischen Erhaltung im Laufe der Zeit.

3. Vergleich mit der Physik

Können wir nun, nicht nur wie im 1. Abschnitt Kants Ergebnis, sondern seine Begründung dieses Ergebnisses in der Physik wiederfinden? Die Antwort auf diese Frage ist nicht einfach. Es ist ratsam, zunächst ein Beispiel zu betrachten. Ich wähle den einfachsten Fall, die Bewegung eines Massenpunkts unter dem Einfluß einer Kraft, die aus einem Potential hergeleitet werden kann. Es sei erlaubt, die kleine Rechnung, die hier zum Energiesatz führt, explizit vorzuführen[1].

Die Newtonsche Bewegungsgleichung lautet in unserem Fall

$$m \frac{d^2 x_i}{dt^2} = - \frac{\partial U}{\partial x_i} \, (i = 1, 2, 3). \tag{1}$$

[1] Die Verfolgung des Rechnungsgangs ist zum Verständnis der nachfolgenden Argumentation nicht unbedingt erforderlich. Erforderlich ist aber das Verständnis der Grundgleichung (1), die ich daher ausführlich erläutere.

In Worten: Für jede der drei Raumkoordinaten x_1, x_2, x_3 des betrachteten Massenpunkts (kurz »für jedes x_i«) gilt: Die zweite Ableitung von x_i nach der Zeit t, multipliziert mit der Masse m des Massenpunkts, ist gleich der Komponente der Kraft in der i-ten Koordinatenrichtung; und diese Kraftkomponente ist gleich der negativen Ableitung des Potentials U nach x_i an der Stelle, an der sich der Massenpunkt jeweils befindet (die ja durch die Werte von x_1, x_2, x_3 angegeben wird). Man multipliziere nun beide Seiten der drei Gleichungen, die durch die drei Werte $i = 1, 2, 3$ bezeichnet sind, mit $\frac{dx_i}{dt}$ und addiere die so gewonnenen neuen Gleichungen. Man erhält

$$m \sum_{i=1}^{3} \frac{dx_i}{dt} \frac{d^2 x_i}{dt^2} = - \sum_{i=1}^{3} \frac{\partial U}{\partial x_i} \frac{dx_i}{dt}. \tag{2}$$

Nun zeigt eine Ausrechnung nach der Kettenregel der Differentialrechnung, daß die linke Seite von (2) gleich dT ist, wenn

$$T = \frac{m}{2} \sum_{i=1}^{3} \left(\frac{dx_i}{dt} \right)^2, \tag{3}$$

und die rechte Seite gleich $-\frac{dU}{dt}$. Letzteres bedeutet die neg. Ableitung des Werts von U an der Stelle, an der sich der Massenpunkt befindet, nach der Zeit; U an einer festen Stelle ändert sich nicht mit der Zeit, aber U an der Stelle des Massenpunkts ändert sich, da diese Stelle sich ändert. Also ist

$$\frac{dT}{dt} = - \frac{dU}{dt} \tag{4}$$

oder

$$\frac{dE}{dt} = \frac{d}{dt} (T + U) = O \tag{5}$$

Die durch

$$E = T + U \tag{6}$$

definierte Größe nennt man die Energie des Massenpunkts, T heißt seine kinetische, U seine potentielle Energie. Wir haben aus der Newtonschen Bewegungsgleichung für den betrachteten Spezialfall die Erhaltung der Energie bewiesen.

Hat dies nun etwas mit Kants Gedanken zu tun?

Wir finden in unserem Beispiel zunächst einen Gegenstand, nämlich den betrachteten Massenpunkt. Er beharrt in der Zeit: zu verschiedenen Zeiten t sprechen wir von demselben Massenpunkt und von seinem Ort zu dieser Zeit, der durch den Wert der drei Koordinaten x_i zur betreffenden Zeit beschrieben wird. Diese Erhaltung des Gegenstandes selbst durch die Folge der Zeitpunkte hindurch wird in der obigen Betrachtung vorausgesetzt und nicht etwa bewiesen. Wir finden ferner eine zeitliche konstante Eigenschaft des Massenpunkts, seine Masse m. Auch ihre zeitliche Konstanz wird vorausgesetzt und nicht bewiesen. Bewiesen wird die zeitliche Konstanz einer anderen Größe, der Energie E. Die Beziehung ihrer Konstanz zur Homogenität der Zeit wird aus dem obigen Beweisgang nicht direkt ersichtlich. Immerhin sieht man, daß die Gleichung (1) mit der Behauptung, die Zeit sei homogen (kein Zeitpunkt sei ausgezeichnet) vereinbar ist. Diese Gleichung selbst zeichnet jedenfalls keinen Zeitpunkt aus. Formal sieht man das daran, daß t selbst, also der numerische Wert der jeweiligen Zeit, in der Gleichung nicht auftritt, sondern nur der Differentialquotient d^2x_i/dt^2, also der Grenzwert eines Ausdrucks, der eine Zeit*differenz* enthält. Würde man die Zeit von einem anderen Nullpunkt aus messen, also t durch $t + \tau$ mit irgendeinem festen Wert τ ersetzen, so würde die Gestalt der Gleichung durch diese Transformation der unabhängigen Variablen nicht geändert. Der Noethersche Satz, dessen Beweis uns hier zu weit führen würde, besagt nun, daß die Existenz einer zeitlich konstanten Größe in der Tat immer folgt, wenn die Bewegungsgleichung erstens gegen die genannte Transformation invariant und zweitens aus einem Variationsprinzip ableitbar ist. Letzteres ist in unserem Fall dadurch erfüllt, daß die Herleitbarkeit der Kraft aus einem Potential U gefordert war.

Was in unserem Beispiel soll nun Kants »Substanz« sein? Es scheinen sich drei Kandidaten anzubieten: der Massenpunkt selbst, der Wert seiner Masse und der Wert seiner Energie. Dieser embarras de richesse erinnert uns zunächst daran, daß Kant selbst jedenfalls von zweierlei spricht: der Substanz und ihrem Quantum. Die ausdrückliche Nennung des Quantums im Wortlaut des

Grundsatzes selbst hat Kant erst in der zweiten Auflage hinzugefügt, und auch in der Erläuterung seines Beweises mußten wir für den quantitativen Charakter der Substanz einen neuen Anlauf und den Umweg über die Axiome der Anschauung nehmen. Es ist charakteristisch für diese Sachlage, daß Heidegger in seiner unlängst erschienen Auslegung dieses Grundsatzes[1] den Begriff des Quantums der Substanz, von seiner Argumentation her gewiß mit Recht, überhaupt beiseite läßt[2]. Lassen wir ihn also zunächst auch beiseite, so bleibt der Massenpunkt selbst als die Substanz übrig. Daß Kant nur an ausgedehnte Körper und nicht an Massenpunkte gedacht hat, kann uns hier gleichgültig sein. Erstens kann der Massenpunkt als vereinfachte Darstellung eines gegen die zurückgelegten Wege kleinen Körpers gelten (so schon in Newtons Himmelsmechanik), und zweitens interessiert uns ja gerade die Tragweite von Kants Gedanken über die Physik seiner Zeit hinaus.

Gilt uns der Massenpunkt als Substanz, so finden wir, daß die Physik zwar mit Kants These im Einklang ist, aber von seinem Beweis nichts weiß. Daß es Massenpunkte gibt, ist ihr eine empirisch bewährte Hypothese. Eben dies ist nun freilich nach Kants Philosophie zu erwarten. Die empirisch vorgehende Physik handelt von den Gegenständen der Natur. *Welche* Gegenstände sie hier findet, lehrt nur die Erfahrung. *Daß* sie aber Gegenstände finden wird, dessen ist sie a priori gewiß. Die Rechenschaft über den Grund dieser Gewißheit ist nicht mehr Physik in diesem Sinne des Worts; in Kants Sprache fällt sie unter den Begriff der Transzendentalphilosophie. Wir können also nur fragen, ob wir Züge der philosophischen Argumentation Kants in der Struktur der Physik wiederfinden können, die von solchen Gegenständen

[1] *Heidegger,* M.: »Die Frage nach dem Ding. Zu Kants Lehre von d. transzendent. Grundsätzen«. S. 180 f. Tübingen 1962.

[2] Notiz nach Abschluß des Aufsatzes: P. *Mittelstaedt* hat in seinem soeben erschienenen Buch »Philosophische Probleme der modernen Physik«, dessen Druckbogen er mich freundlicherweise einsehen ließ, die zeitliche Erhaltung einer Quantität ausdrücklich von der Interpretation der 1. Analogie ferngehalten. Er bespricht statt dessen die hier von mir fortgelassenen Probleme, denen der Substanzbegriff in der Quantentheorie begegnet. Ich glaube freilich, daß Kant selbst den Zusammenhang zwischen dem Substanzbegriff und der Materieerhaltung stets für wesentlich gehalten hat und hoffe zu zeigen, daß er damit Recht hatte.

wie z. B. dem Massenpunkt handelt. Unter den vielen Fragen, die hier gestellt werden könnten, möchte ich nur eine, freilich zentrale herausgreifen: den Zusammenhang von Substanzbegriff, kategorischer Urteilsform und Zeit.

Die Aussage »Zur Zeit *t* ist der Massenpunkt am Ort x_i« hat, grob gesprochen, gewiß die Form eines kategorischen Urteils. Subjekt ist »der Massenpunkt«, Prädikat »zur Zeit *t* am Ort x_i«[1]. »Am Ort x_i« ist ein Beispiel einer »kontingenten Eigenschaft«[2], d. h. einer Eigenschaft, die dem betr. Objekt nicht unwandelbar zukommt, sondern ihm nur zukommen *kann* und im allgemeinen mit der Zeit wechselt. Die grundlegenden Naturgesetze der neuzeitlichen Physik geben an, wie die kontingenten Eigenschaften der Naturobjekte ihre eigene Änderung mit der Zeit kausal (deterministisch oder statistisch) bestimmen. D. h., formallogisch beschrieben, sie geben gesetzmäßige Zusammenhänge zwischen »kontingenten Aussagen« an, die ihrerseits stets kategorische Urteile der Form sind: »das Objekt *X* hat zur Zeit *t* die Eigenschaft *A*«. Diesen Urteilen eignet also eine auffallende, für ihre Struktur unentbehrliche Dreigliedrigkeit. Faßt man »das Objekt *X*« als Subjekt auf, so enthält das Prädikat außer der jeweiligen Eigenschaft *A* stets noch die Zeitangabe *t*. Dies erinnert uns nun daran, daß Kant den Substanzcharakter des Subjekts solcher Urteile damit in Zusammenhang bringt, daß die wechselnden Erscheinungen nur als Bestimmungen der Zeit vorgestellt werden können und daß die Substanz als Substrat der Erscheinungen die Zeit überhaupt vorstellt. Dies würde nahelegen, den Satz »zur Zeit *t* hat das Objekt *X* die Eigenschaft *A*« so zu lesen, daß die »Zeit *t*« das logische Subjekt und »hat das Objekt *X* die Eigenschaft *A*« das Prädikat

[1] Um der Genauigkeit des Ausdrucks willen sei noch auf den folgenden, für die jetzige Argumentation nicht wesentlichen Punkt hingewiesen. Man unterscheidet *Größen*, z. B. die *i*-te Ortskoordinate, und ihre *Werte*, z. B. 3,5 cm. x_i ist eine »Variable«, d. h. ein Platzhalter, für den der jeweilige Wert der Koordinate einzusetzen ist. Die obige Aussage prädiziert also in gewissem Sinne von dem Subjekt »*i*-te Ortskoordinate des Massenpunkts« das Prädikat, das – da uns der jeweilige Wert nicht interessiert – durch Hinschreiben der Variablen *xi* angedeutet wird. Mittelbar (durch den Genetiv in »Ortskoordinate des Massenpunkts« ausgedrückt) ist dann x_i ein Prädikat des Subjekts »der Massenpunkt«.

[2] Vgl. *Scheibe,* E.: »Die kontingenten Aussagen in der Physik«. Frankfurt 1964.

ist. Eben diese Wendung führt, wie im Abschnitt 2 erörtert, zur Frage nach der Einheit der Substanz, auf die wir nachher zurückkommen werden. Im Augenblick soll uns noch das Verhältnis der Substanzkategorie (unter welche alle Einzelgegenstände fallen) zur Zeit beschäftigen.

Die Notwendigkeit des »Substrats« folgert Kant daraus, daß die Zeit für sich nicht wahrgenommen werden kann. Für den Physiker folgt die Unmöglichkeit, »die Zeit für sich wahrzunehmen«, aus der Homogenität der Zeit. Wenn alle Gleichungen der Physik invariant sind gegen eine Änderung des Zeitnullpunkts, so kann man durch kein physikalisches Phänomen feststellen, welchen Wert die »absolute Zeitkoordinate« jetzt hat; der Begriff einer solchen absoluten Zeitkoordinate ist dann physikalisch sinnlos. Hingegen kann man Eigenschaften von Gegenständen feststellen, die sich gesetzmäßig ändern und an diesen Änderungen die Zeitdifferenzen ablesen. So scheint mir Einsteins Analyse des Zeitbegriffs durch Studium des möglichen Gangs von Uhren genau im Sinne Kants gedacht. Insofern jeder Gegenstand, dessen Eigenschaften sich gesetzmäßig ändern, eine Uhr ist, und jeder Gegenstand unter die Substanzkategorie fällt, kann man sehr wohl sagen, daß sogar alles, was unter die Substanzkategorie fällt, »die Zeit vorstellt«.

Dieser Gedanke verführt mich, einen Schritt über Kant hinauszugehen. Wie im 2. Abschnitt gesagt, übernimmt Kant aus der Tradition die Auffassung von der Zeitlosigkeit der logischen Wahrheit. Eben deshalb braucht er das Schematismuskapitel, um den Übergang von den auf zeitlose Urteilsformen bezogenen Kategorien zu ihrer Anwendung im Bereich der stets zeitlichen Erfahrung zu gewinnen. So erscheint die Auffassung von Substanz als das, was nur als Subjekt in kategorischen Urteilen auftreten kann, als die ursprüngliche, und die vom Beharrenden in der Zeit als das von ihr abgeleitete »Schema«. Faktisch braucht Kant aber nur die schematisierte Kategorie. Nun kann man fragen, ob die Tatsache, daß es gerade die in der Urteilstafel vorkommenden und keine anderen Urteilsformen gibt, noch einer Erklärung fähig ist. Ich lasse wiederum das Problem der Vollständigkeit der Urteilstafel und das der Aussagenlogik beiseite. Ich frage nur: wieso gibt es überhaupt kategorische Urteile? Welche Struktur des Erscheinens der Wirklichkeit spricht sich darin aus, daß wir uns verständigen können, indem wir Sätze der Form sagen: »dieser Apfel ist rot« oder »Zwei ist eine Primzahl«?

Die beiden soeben genannten Beispiele sind von wesentlich verschiedenem Charakter. »Dieser Apfel ist (nämlich jetzt) rot« ist eine kontingente Aussage; »Zwei ist eine Primzahl« will ich eine zeitlose Aussage nennen[1]. Letztere kann paraphrasiert werden als »die Zahl Zwei ist eine derjenigen Zahlen, die zu der speziellen Klasse der Primzahlen gehören«. D. h., wer von den zeitlosen Aussagen, zumal denen der Mathematik ausgeht, wird leicht dazu geführt, das kategorische Urteil mit dem Klassen- oder Mengenbegriff zu verknüpfen, vielleicht es aus ihm herleiten zu wollen. »Dieser Apfel ist rot« aber wird natürlicherweise so paraphrasiert: »dieser Gegenstand, der an meinem Apfelbaum gewachsen ist, hat unter seinen wechselnden Eigenschaften jetzt die, rot zu sein«. Geht man einen Schritt weiter, so kann man ihn als »Zeitbestimmung« lesen: »Jetzt ist die Zeit, da mein Apfel rot ist.« Ist eine der beiden Auffassungen »ursprünglicher«? Die Philosophen, denen Logik und Mathematik so tiefen Eindruck machen, mögen dem Physiker verzeihen, dem sein Bereich, die Wirklichkeit des Zeitlichen, noch tiefer imponiert. Mir scheint zum Urteilen in der kategorischen Form ein Vorverständnis von Möglichkeit zu gehören: der Apfel kann grün sein, er kann auch rot sein; jetzt ist er rot. Beim zeitlosen Urteil reduziert sich dies auf die Möglichkeit unseres Nichtwissens: »Ist Zwei eigentlich eine Primzahl? Ja, Zwei ist eine Primzahl.« Sprachgeschichtlich ist die kontingente Aussage wohl älter als die zeitlose, und ich frage mich, ob unsere Weise, zeitlose Strukturen aufzufassen, nicht auch sachlich der Auffassungsform der kontingenten Sachverhalte nachgebildet ist. Die Reihenfolge der »Ursprünglichkeit« wäre dann: Zeit und Möglichkeit → Ding und Eigenschaft → Subjekt und Prädikat. Doch können solche Gedanken hier nicht weiter ausgesponnen werden.

Die Auffassung des Massenpunkts als Substanz läßt zwei Wesenszüge des Kantschen Substanzbegriffs noch unerfüllt: die Einheit der Substanz und ihren quantitativen Charakter. Unser Beispiel legt nahe, mit letzterem zu beginnen. Kant hätte ohne Zweifel die Masse des Massenpunkts als das in ihm gegenwärtige Quantum der Substanz aufgefaßt. Die zeitliche Konstanz von m

[1] Vgl. dazu die Fußnoten zu S. 390 und 400.

wird in unserem Beispiel wieder ohne Begründung vorausgesetzt. Kant würde hier die Erhaltung der Masse als Erhaltung des Quantums der Materie verstehen. So würde er einerseits diese Konstanz aus der im Substanzbegriff mitgedachten Beharrlichkeit zu begründen suchen, andererseits eben damit die Auffassung des Massenpunkts als Substanz an die Vorstellung einer einheitlichen Substanz anschließen: der als Massenpunkt idealisierte Körper *ist* ein bestimmtes Quantum Materie.

Auf diesem Wege kann ihm der heutige Physiker nicht ohne weiteres folgen, weil ihm, wie im 1. Abschnitt auseinandergesetzt, die Deutung des Parameters »Masse« als »Materiemenge« keinen unmittelbar klaren Sinn mehr ergibt. Aber der ebendort geschilderte Weg über Einsteins Gleichsetzung von Masse und Energie und über den Noetherschen Satz liefert ihm sogar eine physikalische Theorie über den Grund der Erhaltung der Masse. In unserem der klassischen Mechanik entnommenen Beispiel wird dies nicht sichtbar, denn in ihm bleiben Masse und Energie getrennte Größen. Da wir uns hier nicht explizit auf moderne Feldtheorien einlassen können, können wir nur sagen: analog zu der Art, wie in unserem Beispiel die Konstanz der Energie bewiesen wird, läßt sich in diesen Theorien auch die Konstanz der Masse beweisen. Dabei sind allerdings die Beweisvoraussetzungen etwas spezieller als bei Kant. Sie bestehen, wie oben anläßlich des Beispiels bemerkt, einerseits aus der Homogenität der Zeit, andererseits aus der Herleitbarkeit auch dieser Feldgleichungen aus einem Variationsprinzip. Dabei wird ferner die Existenz eines umfassenden »Gegenstandes«, des jeweiligen Feldes selbst, vorausgesetzt, zu dessen kontingenten »Eigenschaften« es gehört, sich als eine gewisse selbst kontingente Anzahl von Teilchen experimentell zu zeigen[1]. Alle diese Voraussetzungen werden direkt in mathematischer Formulierung ausgesprochen, und über ihren begrifflichen

[1] Das Feld hat außer der Energie noch andere Erhaltungsgrößen, da die Verschiebung des Zeitnullpunkts nicht die einzige Transformation ist, der gegenüber seine Gesetze invariant sind. Je nach der Gestalt der betr. Theorie gilt in ihr auch eine Erhaltung der Teilchenzahl oder der Anzahl einer bestimmten Sorte von Teilchen (z. B. Baryonen); diese Erhaltungssätze entsprechen also nicht der Homogenität der Zeit und scheinen auch nach heutiger Kenntnis weniger fundamental und allgemein als der Energiesatz.

Sinn ist noch verhältnismäßig wenig bekannt. Die Homogenität der Zeit wird man als ein Grundfaktum ansetzen müssen, wie dies auch Kant tut. Die Herleitbarkeit aus einem Variationsprinzip garantiert jedenfalls zweierlei: die Beschreibbarkeit der Kausalität durch eine Differentialgleichung nach der Zeit und die Umkehrbarkeit jeder einzelnen Kausalkette. Dies zu diskutieren, würde uns also in den Fragenkreis der zweiten Analogie der Erfahrung, des Kausalprinzips, führen. Den Grundgegenstand »Feld« setzt der Physiker als empirisch zu bewährende Hypothese an; dabei strebt die heutige Entwicklung der Annahme eines einheitlichen »Urfeldes« zu.

Diese heute noch wenig durchschaubare Entwicklung zeigt aber jedenfalls eines: Solange wir im Bereich der bisherigen Physik bleiben, finden wir einerseits Kants Resultate bestätigt, können andererseits seine transzendentalphilosophische Argumentation nicht als physikalische Argumentation nachvollziehen. Physik und Transzendentalphilosophie bleiben zwei getrennte »Gebiete«, und der Physiker kann höchstens Beispielmaterial, aber nicht eigene Argumente zur Prüfung der philosophischen »Beweise« beisteuern. In der Entwicklung einer einheitlichen Physik, die sich jetzt anbahnt, werden aber Argumentationen der Kantschen Art direkt relevant. Dies hängt damit zusammen, daß sich in dieser Physik die scharfe Trennung zwischen Prinzipien und Einzelgesetzen auflöst: die Einzelgesetze werden in immer wachsendem Umfang aus Prinzipien deduziert. Eben damit wird es schwierig, eine saubere Abgrenzung zwischen Physik und Transzendentalphilosophie festzuhalten. Kants Gedanken werden unmittelbar physikalisch relevant, aber eben damit einer detaillierten Kritik von der Physik her zugänglich. In dieser Verflechtung reicht das alte Argument, empirische Ergebnisse könnten Erkenntnisse a priori nicht modifizieren, nicht mehr aus, denn diese einheitliche Physik ist selbst nicht im alten Sinne »empirisch«.

Weiter als dies vermag ich zur Zeit die Analyse nicht zu treiben. Dazu wäre einerseits eine tiefer ansetzende Interpretation der Kantschen Philosophie nötig, die vom Zeitbegriff ausgehen müßte. Andererseits würde sie eine gedankliche Durchdringung der heute aktuellen Physik erfordern, die noch von niemandem geleistet ist. So muß ich mich auf diese fragmentarische »Argumentation« beschränken.

IV, 3. Kants Theorie der Naturwissenschaft nach P. Plaass

Vortrag, gehalten auf der Tagung der Kant-Gesellschaft in Köln 1965. Gedruckt in Kant-Studien 56, 528–544 (1966). Diese Deutung Kants ist zu konfrontieren mit dem Ansatz des Aufsatzes II, 3. Die Konfrontation ist, wie dort in der Vorbemerkung gesagt, noch nicht eigentlich vollzogen.

Diesen Vortag halte ich, weil der, der ihn hätte halten müssen, es nicht mehr tun kann. Erlauben Sie mir darum, mit ein paar persönlichen Worten über meinen Schüler Peter Plaass zu beginnen.

Peter Plaass wurde im Februar 1934 in Leipzig geboren, als Sohn eines Schriftsetzers, der aus der Hamburger Gegend stammte. Ehe der Sohn ein halbes Jahr alt war, wurde sein Vater von der Gestapo ermordet. Die Mutter hat ihre Kinder durch die Notjahre vor dem Krieg, im Krieg und nach dem Krieg ernährt und erzogen. Peter Plaass studierte dann in Hamburg Physik und schloß mit dem Staatsexamen ab. Seit ich in Hamburg war, nahm er an meinem Seminar teil, erst über formale Logik, dann vier Semester lang über Kant. Als ich ihn im Philosophikum über den in diesem Examen so oft mißhandelten Descartes befragte, hatte ich plötzlich das Gefühl: dieser junge Mann im dunklen Anzug mir gegenüber, mit dem dunklen Haar und den hellen Augen, der kann ja denken, der weiß ja, was Philosophie ist. Im ersten Semester des Kant-Seminars fragte er mich nach einem möglichen Doktorthema. Wir begannen damals, die erste Hälfte der *Kritik der reinen Vernunft* zu behandeln; ich sagte, er könne sich ja einmal die *Metaphysischen Anfangsgründe der Naturwissenschaft* ansehen, ob da nicht doch auch für einen heutigen Physiker noch etwas zu holen sei. Zu meiner Schande gestehe ich, daß ich die Schrift damals zwar etwas rasch gelesen, aber nicht in ihrer systematischen Bedeutung erkannt hatte. Plaass nahm mit belebendem Feuer weiterhin an meinen Seminaren teil, aber von den Metaphysischen Anfangsgründen hörte ich fast drei Jahre lang nicht mehr viel, bis er mir eines Tages einen Zwischenentwurf und ein halbes

Jahr später die fertige Dissertation auf den Tisch legte. Die Fakultät nahm sie auf Grund der Gutachten von Herrn Patzig und mir als opus eximium an. In meinem Gutachten sagte ich, der Verfasser verdanke seiner naturwissenschaftlichen Vorbildung die Naivität, zu meinen, ein Problem müsse auch eine Lösung haben, und seiner geisteswissenschaftlichen Schulung die Kunst, einen Text zu lesen – zwei Gaben, die sehr selten zusammenkommen[1].

Zwei Monate nach dem Rigorosum legte Peter Plaass, der immer ein Bild gesunder Kraft gewesen war, sich zu Bett. Von dem Tage an, an dem ihm nach Wochen qualvoller Unsicherheit seine Frau seine Diagnose gesagt hatte, die ein Todesurteil war, ging es ihm seelisch und über Wochen selbst körperlich besser. Für ihn galt die Platonische Definition der Tapferkeit, daß sie das Bewahren der richtigen Meinung – hier darf ich sagen: des Wissens – darüber ist, was wir zu fürchten haben und was nicht. Wenige Tage vor seinem 31. Geburtstag, im Februar 1965, ist er gestorben.

In den mittleren vier von den sechs nun folgenden Abschnitten meines Vortrags will ich Ihnen die Hauptpunkte der Plaassschen Auslegung der *Metaphysischen Anfangsgründe der Naturwissenschaft* darstellen. Im ersten und letzten Abschnitt will ich versuchen, diese Auslegung auf meine eigene Verantwortung in den Rahmen der heutigen Probleme der Naturphilosophie einzufügen.

1. Ein Weg zu Kant

Bitte, erlauben Sie mir, in diesem ersten Abschnitt noch weiterhin recht persönlich zu reden. Meiner Meinung nach ist es für die Menschen, welche die Physik unserer Tage wirklich verstehen wollen, das heißt die sie nicht nur praktisch anwenden, sondern durchsichtig machen wollen, nützlich, ja in einer gewissen Phase der Arbeit unerläßlich, Kants Theorie der Naturwissenschaft durchzumeditieren. Diese Arbeit ist nicht abgeschlossen und wird nicht rasch abgeschlossen sein. Deshalb kann ich Ihnen die Nützlichkeit oder Notwendigkeit der Kant-Meditation nicht aus den

[1] *Plaass*, P.: »Kants Theorie der Naturwissenschaft«. Göttingen 1965.

Ergebnissen beweisen. Eben darum mag es erlaubt sein, daß ich Ihnen statt dessen die Erlebnisse andeutend schildere, die mich zu dieser Meinung gebracht haben.

Wer heute theoretische Physik studiert, der lernt hochgezüchtete mathematische Techniken, mit deren Hilfe die Ergebnisse ebenso hochgezüchteter experimenteller Techniken vorausgesagt werden können. Inhaltlich lernt er als praktisch allumfassendes Gesetzesschema die Quantentheorie kennen in der Form, die wir der von J. v. Neumann gegebenen mathematischen Präsentation der Gedanken von Heisenberg, Born, Jordan, Dirac, Schrödinger und anderen verdanken. Dies ist eine Theorie der möglichen Zustände und Zustandsänderungen beliebiger Objekte. Vor uns steht, so lernt er weiter, das noch ungelöste Problem der Theorie der Elementarteilchen, d. h. der Theorie darüber, welche physikalischen Objekte es überhaupt gibt und geben kann. Fragt er, was der mathematische Apparat der Quantentheorie eigentlich über die Wirklichkeit aussage, so wird er auf die von Bohr und Heisenberg geschaffene sogenannte Kopenhagener Deutung der Quantentheorie verwiesen. Diese gilt einerseits bei vielen Leuten als positivistisch oder subjektivistisch (oder, wie Marxisten sagen, idealistisch), andererseits als teilweise dunkel. Diese Urteile gehen, wie ich meine, von falschen Alternativen aus; aber eben diese Alternativen werden selten klar angegeben. Im allgemeinen lernt der junge Physiker, diese Probleme auf sich beruhen zu lassen, d. h. vielleicht auch, sie den Fachleuten für Unklarheit, den Philosophen, zu überlassen.

Ich möchte die soeben geschilderte Situation kurz methodologisch analysieren. Sie ist meines Erachtens typisch für einen der Grundzüge im Verfahren der neuzeitlichen Wissenschaft. Dieses Verfahren beruht darauf, daß im Alltag – und fast jeder Tag von drei Jahrhunderten ist Alltag – gewisse Fragen nicht gestellt werden. In der Tat: wollten wir alle Fragen zugleich stellen, so würden wir keine einzige Frage beantworten, denn in Wahrheit hängen alle Fragen miteinander zusammen. Descartes aber war im Irrtum, als er meinte, er könne die grundsätzlichen Fragen, eben die nach den metaphysischen Anfangsgründen der Naturwissenschaft, ein für allemal lösen und damit das Signal des wissenschaftlichen Fortschritts auf Freie Fahrt stellen. Das Signal steht seit drei Jahrhunderten auf Freie Fahrt, aber nicht weil die Grundfragen gelöst wären, sondern weil wir gelernt haben, sie im Alltag unserer Arbeit auf sich beruhen zu lassen. Philosophie jedoch könnte man vielleicht definieren als den nicht ruhenden Willen, die Grundfragen zu stellen. Deshalb versteht die neuzeitliche Wissenschaft richtig, daß sie im Alltag durch die Philosophie nicht gefördert, sondern gestört wird.

Anders ist es freilich in den wenigen großen Schritten der Wissenschaft, wie in der Physik bei der Entstehung der klassischen Mechanik, der Relativitätstheorie, der Quantentheorie. Gleicht der Alltag der Wissenschaft der Besiedlung eines Kontinents, so entsprechen diese Schritte der Entdeckung von Kontinenten. Dazu müssen Grundfragen gestellt werden. Kolumbus verdankte den Mut, den Atlantik zu queren, nicht nur dem Abenteuergeist, sondern dem Wissen, daß die Erde rund ist. Wie die Reflexion auf die Kugelgestalt der Erde zur Umwandlung der Navigation aus einer handwerklichen Praxis in eine verstandene Technik, so verhält sich die Reflexion auf die Grundfragen, die Galilei, Einstein und Bohr leitete, zur Entstehung der mathematischen Techniken, die der heutige Student lernt. Für die Theorie der Elementarteilchen wird eine nicht minder tiefe philosophische Reflexion erforderlich sein.

Wer, wie ich, vor rund 35 Jahren Physik zu studieren begann, der hatte es leichter, diese Zusammenhänge zu sehen, als der heutige Student. Einsteins Relativitätstheorien und die Vollendung der Quantentheorie, zu der die Schule Bohrs das meiste getan hatte, waren noch neu. Was die Reflexion auf die Grundfragen erreicht hatte, lag frisch vor aller Augen, und wenn man nicht nur Physiker war, konnte man das Empfinden haben, zugleich Augenzeuge des philosophisch wichtigsten Ereignisses unseres Jahrhunderts geworden zu sein. Mein Lehrer Heisenberg brachte mich zu seinem Lehrer Bohr, damit ich dort lerne, was philosophisch in dieser neuen Physik geschehen sei. Bohr aber gehörte zu keiner philosophischen Schule. Ließ sich das, was wir alle von ihm lernten, in philosophischer Schulsprache ausdrücken?

Die nächstliegende Schulphilosophie für den jungen Physiker war damals der Positivismus des Wiener Kreises. Die ältere Philosophie schien diskreditiert dadurch, daß ihre Vertreter all das für a priori gewiß gehalten hatten, was aufzugeben die große Leistung der neueren Physik war: die euklidische Geometrie des physikalischen Raums, das deterministisch verstandene Kausalgesetz. Bei den Wienern stieß der Physiker wenigstens nicht auf Widerspruch. Sie beriefen sich selbst auf die heutige Wissenschaft. Wer bei Bohr lernte, sah aber bald, wie wenig diese Zustimmung zur Klärung der eigentlichen Probleme beitrug. Neulich erinnerte mich ein alter Freund an eine Äußerung Bohrs, nachdem er einer Gruppe positivistischer Philosophen über die neue Quantentheorie vorgetragen hatte. Er war über deren freundlich zustimmende Reaktion ganz unglücklich und sagte: »Wem nicht schwindlig wird, wenn er vom Planckschen Wirkungsquantum hört, der hat ja gar nicht verstanden, wovon die Rede ist.« Jene Philosophen gaben die Quantentheorie zu, weil sie als Erfahrung auftrat, und weil es ihre Weltanschauung ist, Erfahrung zuzugeben; Bohrs Problem aber war, wie denn so etwas eine Erfahrung sein könne.

Bohrs zentrales Problem war dieses: Wir machen alle Erfahrung in Raum und Zeit, und kein Experiment läßt einen Rückschluß aufs Meßobjekt zu, wenn der Meßapparat nicht kausal funktioniert. In der klassischen Physik sind Raum-Zeit-Beschreibung und Kausalforderung widerspruchsfrei zusammengefügt. Das Wirkungsquantum symbolisiert den Bruch dieser Einheit, ihr Zerfallen in komplementäre Bilder. Wenn der Philosoph etwas verstehen muß, so muß er also die Komplementarität verstehen.

Komplementarität, dieser Grundbegriff der Bohrschen Philosophie, ist nicht mein heutiges Thema[1]. Aber die Prämissen Bohrs genügen, um zu zeigen, was mich als jungen Physiker genötigt hat, über Kant nachzudenken. Raum-Zeit-Beschreibung, das sind Kants Formen der Anschauung. Kausalitätsforderung, das ist ein Kernsatz aus den Grundsätzen des reinen Verstandes. Die Kopenhagener Deutung der Quantentheorie geht von diesen Prämissen aus und kann ohne sie nicht verstanden werden; und sie ist die einzige heute konsequent durchgeführte, ich möchte glauben auch die einzige konsequent durchführbare Deutung. Also kann, so scheint es, niemand die Quantentheorie, das heißt die heutige Physik, wirklich, mit philosophischer Strenge, verstehen, der nicht zuvor Kants Theorie der Naturwissenschaft verstanden hat.

[1] Vgl. dazu jetzt Meyer-Abich, K. M.: »Korrespondenz, Individualität und Komplementarität«. Wiesbaden 1965.

Selbst wenn er dann Kant kritisieren wird, muß er zuvor das begriffen haben, wovon Kant redet.

Aus diesem Grunde habe ich, sobald der Unterricht in Philosophiegeschichte zu meinen bürgerlichen Pflichten gehörte, begonnen, Kant zu traktieren. Mein Respekt vor Kant ist dabei von Semester zu Semester gewachsen. Zugleich mußte ich freilich lernen, daß die Struktur seiner Theorie der Naturwissenschaft bis heute nicht genau verstanden ist, zum mindesten bis zur Arbeit von Plaass nicht genau verstanden war. Dieser Arbeit wende ich mich daher jetzt zu.

2. Was sind metaphysische Anfangsgründe der Naturwissenschaft?

Im vorigen Abschnitt habe ich vom Standpunkt eines Physikers aus für das Kantstudium argumentiert. In den jetzt folgenden vier Abschnitten will ich mit Plaass als Kantinterpret zu Kantkennern sprechen. Ich muß dabei nicht nur die Philosophie Kants in ihren wesentlichen Zügen als bekannt voraussetzen; ich werde sie auch, um des knappen Ausdrucks willen, in meiner Diktion bis auf eine Unterbrechung stets als wahr unterstellen. Ich werde sozusagen versuchen, von Plaass angeleitet, im Namen Kants zu sprechen. Die Verantwortung für die Formulierung bleibt dabei bei mir. Den sehr gedrängten Gedankengang von Plaass kann ich nicht eigentlich abkürzend referieren, und nicht an jeder Stelle bin ich sicher, ob ich ihm gerecht werde; ich deute in einem kurzen einmaligen Durchgang an, was ich selbst, von Plaass belehrt, meine, von Kants Gedanken über die Grundlagen der Physik verstanden zu haben. Der äußere Leitfaden ist die Vorrede der *Metaphysischen Anfangsgründe der Naturwissenschaft;* die Arbeit von Plaass ist eine Auslegung dieser Vorrede.

Was sind metaphysische Anfangsgründe der Naturwissenschaft? Warum braucht Naturwissenschaft solche Anfangsgründe, und wie können wir sie ihr verschaffen?

In einem berühmten Passus der zweiten Vorrede zur *Kritik der reinen Vernunft* beruft Kant sich auf den sicheren Gang der Wissenschaft. In der Logik ist die Vernunft diesen Weg mit Aristoteles schon zu Ende gegangen. Dort wo die Vernunft »nicht bloß mit sich selbst, sondern auch mit Objekten zu schaffen hat« (B IX), ist es für sie »weit schwerer, den sicheren Weg der Wissenschaft einzuschlagen« (ebenda). Sofern in den »eigentlich und objektiv so genannten Wissenschaften« »Vernunft sein soll ... muß darin etwas a priori erkannt werden« (ebenda). In der »Naturwissenschaft, so fern sie auf *empirische*[1] Prinzipien gegründet ist«, ist das klassische Beispiel der Schritt Galileis, der »seine Kugeln die schiefe Fläche mit einer von ihm selbst gewählten Schwere herabrollen ... ließ«, (B XII). In diesen wenigen Zitaten ist schon unser Problem angedeutet. Kant nennt eine Lehre nicht Wissenschaft, wenn nicht Vernunft in ihr ist; der sichere Weg der Wissenschaft hat sicher zu sein nach den strengsten möglichen Maßstäben, sonst verdient er diesen Namen nicht. Wenn Vernunft in den Wissenschaften sein soll, muß in ihnen etwas a priori erkannt werden. Inwiefern (»so fern«) kann eben solche Wissenschaft auf empirische Prinzipien gegründet sein?

Eine erste Antwort auf diese Frage gibt der Vergleich der Vernunft mit einem Richter, der den Zeugen Natur befragt. »Die Vernunft muß mit ihren Prinzipien, nach denen allein übereinkommende Erscheinungen für Gesetze gelten können, in einer Hand, und mit dem Experiment, das sie nach jenen ausdachte, in der anderen, an die Natur gehen« (B XIII). Also wird der sichere Gang der empirischen Physik ermöglicht durch Prinzipien, nach denen allein übereinkommende Erscheinungen für Gesetze gelten können. Unser Problem reduziert sich auf die Frage, welche Prinzipien das sind, und wie sie empirische Wissenschaft ermöglichen.

Die heute herrschende Methodologie der empirisch-rationalen Wissenschaft gibt eine Antwort auf diese Frage. Galilei entwarf die Naturgesetze als mathematische Hypothesen und unterwarf diese der Prüfung durchs Experiment. Die Prinzipien der Vernunft in der Wissenschaft sind mathematisch. Diesen Standpunkt scheint Kant in einem anderen oft zitierten seiner Sätze zu übernehmen, ja dogmatisch zu übertreiben: »Ich behaupte aber, daß in jeder besonderen Naturlehre nur so viel *eigentliche* Wissenschaft angetroffen werden könne, als darin *Mathematik* anzutreffen ist.« *(M. A.* VIII – IX)[2]. Dieser Satz ist für uns besonders relevant,

[1] Hervorhebungen in Zitaten stammen durchweg von Kant.

[2] Ich zitiere die »Metaphysischen Anfangsgründe« mit M. A. und der Seitenzahl der Akademie-Ausgabe.

denn er stammt aus der Vorrede der *Metaphysischen Anfangsgründe.* Dieser Satz aber ist, isoliert genommen, völlig mißverständlich. Er bedarf einer doppelten Erläuterung.

Die erste Erläuterung kann in die Gestalt der Abwehr eines Einwands gekleidet werden. Ich sagte, der Satz klinge wie die dogmatische Übertreibung eines Standpunkts, den wir uns in bescheidenerer Fassung gern zu eigen machen würden. Gewiß arbeitet die Wissenschaft mit Hypothese und Experiment; aber müssen die Hypothesen immer mathematisch sein? Ist Biologie mathematisch? Und soweit sie es nicht ist, ist sie darum keine Wissenschaft? Wir brauchen nicht zu fürchten, mit Kant in Konflikt zu kommen, wenn wir die im »fruchtbaren Bathos der Erfahrung« (*Prol.*, Anhang) angesiedelten Kenntnisse lieben und fördern; hätte er sonst so viel Mühe auf Physische Geographie, Astronomie, Biologie, Anthropologie gewendet? Aber hier geht es um den methodischen Anspruch der »eigentlichen« Wissenschaft; nicht umsonst hat Kant dieses entscheidende Wort gesperrt gedruckt. Weder Naturbeschreibung und Naturgeschichte, noch auch bloße rationale Wissenschaft, die »systematisch ist« und bei der »die Verknüpfung der Erkenntnis in diesem System ein Zusammenhang von Gründen und Folgen ist« (*M. A.* V), ist »eigentlich so zu nennende« (*M. A.* VI) Wissenschaft, solange »diese Gründe und Prinzipien in ihr, wie z. B. in der Chemie, doch zuletzt bloß empirisch sind« (*M. A.*). Streiten wir nicht mit Kant um den Namen Wissenschaft, sondern versuchen wir, zu begreifen, was er denn unter eigentlicher Wissenschaft versteht; denn nur auf diese bezog sich sein Satz über die Unentbehrlichkeit der Mathematik.

Damit treten wir in die zweite Erläuterung ein. Offenbar haben wir Kant völlig mißverstanden, wenn wir seinen Satz von der Notwendigkeit der Mathematik in der Wissenschaft auf die mathematische Gestalt der physikalischen Hypothesen bezogen. Daß gerade mathematisch formulierte Vermutungen in der Physik erfolgreich sind, kann höchstens ein sekundäres Faktum sein, das wir am Ende unserer Betrachtung verstehen werden; es gehört nicht zu den Anfangsgründen. Denn von mathematisch formulierten Hypothesen, auch wenn sie sich in der Erfahrung bewähren, gilt, daß sie »bloß Erfahrungsgesetze sind«, die »kein Bewußtsein ihrer Notwendigkeit bei sich« führen (*M. A.* VI). Der Titel *Metaphysische Anfangsgründe der Naturwissenschaft* steht, wie Heidegger hervorhebt, in bewußter Spannung zu dem Titel des genau hundert Jahre früher erschienenen Werks von Newton: *Philosophiae naturalis principia mathematica.* Die Rolle der Mathematik in der Naturwissenschaft wird erst begreiflich, wenn wir die Anfangsgründe der Naturwissenschaft verstanden haben, die nicht mathematisch sein können, sondern metaphysisch sein müssen.

An dieser Stelle – und das ist die angekündigte Unterbrechung des Kant-Referats – wird der Wissenschaftler unserer Tage in Versuchung sein, Kant nicht weiter zuzuhören. Ist dies nicht eben die Rückkehr in den dogmatischen Apriorismus, dessen Überwindung Vorbedingung aller fruchtbaren Naturforschung ist? Ich komme am Ende des Vortrags darauf zurück und mache hier nur eine knappe methodische Anmerkung. Jeder Physiker unserer Tage wird verstehen, daß selbst ein – im heutigen Sinn des Worts – axiomatischer Aufbau einer mathematischen Disziplin, der wir den Namen Mechanik oder Thermodynamik oder Quantentheorie geben, diese mathematische Disziplin noch nicht zur Physik macht. Den in den Axiomen benutzten Begriffen muß außerdem eine experimentelle Bedeutung gegeben werden, wir müssen wissen, wie man es macht, einen Ort, eine Geschwindigkeit, eine Temperatur, einen Eigenwert des Energieoperators zu messen. Von den Bedingungen, unter denen eine solche physikalische Sinngebung der mathematischen Begriffe möglich ist, handeln – modern ausgedrückt – die *Metaphysischen Anfangsgründe.* Wer aber die moderne Methodologie der empirischen Wissenschaften kennt, der weiß, daß diese Methodologie das Problem bisher nicht hat lösen können. Kant mag irren, aber seine Problemstellung ist gerade erst im Begriff, aktuell zu werden, denn bisher war sie dem Methodenbewußtsein der Physiker voraus. Kehren wir darum zu seiner eigenen Darstellung zurück.

»Alle Naturphilosophen, welche in ihrem Geschäfte mathematisch verfahren wollten, haben sich daher jederzeit (obschon sich selbst unbewußt) metaphysischer Prinzipien bedient und bedienen müssen, wenn sie sich gleich sonst wider allen Anspruch der Metaphysik auf ihre Wissenschaft feierlich verwahrten. Ohne Zweifel verstanden sie unter der letzteren den Wahn, sich Möglichkeiten nach Belieben auszudenken und mit Begriffen zu spielen, die sich in der Anschauung vielleicht gar nicht darstellen lassen ... Alle wahre Metaphysik ist aus dem Wesen des Denkungsvermögens selbst genommen, und keineswegs darum erdichtet, weil sie nicht von der Erfahrung entlehnt ist, sondern enthält die reinen Handlungen des Denkens, mithin Begriffe und Grundsätze a priori, welche das Mannigfaltige *empirischer Vorstellungen* allererst in die gesetzmäßige Verbindung bringt, dadurch es *empirische Erkenntnis,* d.i. Erfahrung werden kann«. (*M. A.* XII–XIII.)

Hiermit haben wir den Standort der *Kritik der reinen Vernunft* erreicht. Aber damit stellt sich uns eine andere Frage: Liegt die Theorie der Naturwissenschaft, soweit sie a priori zustandegebracht werden kann, nicht in der Kritik schon vor? Was unterscheidet die metaphysischen Anfangsgründe der Naturwissenschaft noch von den Grundsätzen des reinen Verstandes?

Wir können zunächst aus dem Architektonikkapitel der *Kr. d. r. V.* und der Vorrede der *M. A.* eine Reihe von Titeln zu Wissenschaften gewinnen, die den systematischen Ort der metaphysischen Anfangsgründe der Naturwissenschaft bezeichnet. Die Kritik selbst ist eine Propädeutik zur Metaphysik, die wesentliche Stücke der Metaphysik im Grundriß enthält. Metaphysik zerfällt in Metaphysik der Natur und Metaphysik der Sitten, erstere in Transzendentalphilosophie (Ontologie) und Physiologie der reinen Vernunft. Diese letztere umfaßt als hyperphysischen Teil die Kosmologie und Theologie, als physischen die rationale Psychologie und die rationale Physik. Die physica rationalis ist Metaphysik der äußeren Natur. Sie bedeutet zugleich die metaphysischen Anfangsgründe der Naturwissenschaft. Physik kann eigentliche Wissenschaft sein, weil sie einen reinen Teil besitzt, der außer der wesentlich endlichen, also auch vollendbaren Metaphysik der äußeren Natur noch den unvollendbaren Teil der reinen mathematischen Physik enthält. Um das vollendbare Stück geht es hier. Inwiefern dieses Stück über den Teil hinausgeht, der in der Analytik der Grundsätze ausgeführt ist, erläutern wir am besten an seinem zentralen Begriff, dem Begriff der Materie.

3. Der Begriff der Materie

Wir haben hier an die erste Analogie der Erfahrung anzuknüpfen. Dort sagt Kant: »Bei allem Wechsel der Erscheinungen beharrt die

Substanz, und das Quantum derselben wird in der Natur weder vermehrt noch vermindert« (B 224). Diese Formulierung stammt aus der zweiten Auflage der *Kr. d. r. V.* Plaass hat darauf aufmerksam gemacht, an wie vielen Stellen die Änderungen, die von der ersten zur zweiten Auflage führen, auf die inzwischen in den *Metaphysischen Anfangsgründen* erreichte größere Klarheit der Theorie der Physik zurückgehen, insbesondere die weit stärkere Betonung des Raumes neben der in der ersten Auflage völlig dominierenden Zeit. Hier geht es um einen anderen, aber damit zusammenhängenden Punkt: erst die zweite Auflage nennt schon in der Formulierung der ersten Analogie nicht nur die Substanz als das Beharrliche, sondern auch das Quantum derselben. In meinem Beitrag zur Festschrift für Josef König[1] habe ich versucht, zu zeigen, wie nahe die Erste Analogie der Denkweise der neueren Physik kommt, für welche die Erhaltungssätze, besonders der Satz von der Erhaltung der Energie aus allgemeinen Invarianzprinzipien folgen. Mir lag vor allem daran, zu zeigen, daß Kants Grundsätze des reinen Verstandes, ähnlich wie die Invarianzprinzipien der heutigen Physik, nicht spezielle Gesetze einer bestimmten regionalen Disziplin, sondern Gesetze über alle überhaupt möglichen speziellen Naturgesetze sind. Während aber unsere Invarianzprinzipien selbst bisher, sei es nun zu Recht oder zu Unrecht, nur als empirisch bewährte mathematische Hypothesen auftreten, sind die Grundsätze des reinen Verstandes von Kant als Naturgesetze im Sinne eigentlicher Wissenschaft, d. h. als notwendig und apodiktisch gewiß gemeint. Sie können das sein, weil sie, wie Plaass darlegt, primär nicht Gesetze der Natur in materialer Bedeutung (des Inbegriffs aller Gegenstände unserer Sinne) sind, sondern Gesetze der Natur in formaler Bedeutung, d. h. des ersten inneren Prinzips alles dessen ..., was zum Dasein eines Dinges gehört« (*M. A.* III). Ein Ding also kann gar nicht da sein (d. h. in der Zeit erscheinen), ohne diesen Gesetzen zu genügen.

Als ich jenen Beitrag schrieb, lag die Arbeit von Plaass noch nicht vor und ich hatte daher die Bedeutung der *M. A.* noch nicht erfaßt. (Plaass hat mir gegenüber damals im Gespräch meinen Aufsatz als einen Fortschritt über die bisherige Literatur hinaus gelobt, aber mit einer leisen Reserve, die ich nicht überhörte, und

[1] Vgl. IV, 3.

die mich auf seinen eigenen Beitrag neugierig machte.) Ich muß heute meine damalige Auffassung in einem Punkt modifizieren und kann sie eben dadurch präzisieren. Ich habe damals Kant gerade für die sehr große Allgemeinheit seines Arguments gelobt, welche die Erhaltung eines Quantums der Substanz begründet, ohne sie an ein bestimmtes, zeit- oder gegenstandsgebundenes Modell dieses Quantums, z. B. ihre Interpretation als Materiemenge, zu binden. Meine Bewunderung für diese Argumentationsweise halte ich voll aufrecht. Aber ich hatte damals noch nicht das Gewicht der weitergehenden Argumente verstanden, die Kant veranlassen, unbeschadet der methodischen Präzision des Beweises der Ersten Analogie, dann doch in den *Metaphysischen Anfangsgründen* eben das Quantum der Materie als die legitime Darstellung der Substanz in der reinen Physik einzuführen. So hatte ich insbesondere übersehen, daß nach Kants Auffassung die Substanz nur so, d. h. insofern sie Materie ist, als Quantum verstanden werden kann. Am Verständnis der Substanz als Quantum aber hängt die Anwendbarkeit der Mathematik in der Naturwissenschaft und das heißt überhaupt die Möglichkeit eigentlicher Wissenschaft von der äußeren Natur. Eben am Fehlen eines Analogons hierzu im Bereich der inneren Anschauung scheitert der Gedanke einer rationalen Psychologie (Plaass weist in diesem Zusammenhang auf den Einfluß der *M. A.* auf die Neufassung des Paralogismenkapitels in der zweiten Auflage der *Kr. d. r. V.* hin).

Demnach ist der Begriff der Materie der Fundamentalbegriff der eigentlichen Naturwissenschaft. Also muß es möglich sein, eine Wissenschaft von der Materie in gewissen Grundzügen a priori zu entwerfen. Dies kann, wie Plaass hervorhebt, jedenfalls dann nicht möglich sein, wenn man, wie die meisten bisherigen Interpreten der *M. A.*, von einem vorweg akzeptierten Begriff des Körpers ausgeht. »Ein Körper, in physischer Bedeutung, ist eine Materie zwischen bestimmten Grenzen (die also eine Figur hat)« (*M. A.* 86). Dies ist viel mehr als der bloß geometrische Begriff des Körpers. Der Körper in physischer Bedeutung muß Dasein, also Sein, und zwar Dauer, in der Zeit haben. Daß es dergleichen gibt, wissen wir empirisch. Aber Kant ist sich dessen voll bewußt, daß er für dieses empirische Faktum keinen a priori gewissen Grund angeben kann. In der »Allgemeinen Anmerkung zur Dynamik«

sucht er wenigstens die Gesichtspunkte zu ordnen, unter denen Untersuchungen über die Gründe der Möglichkeit von dauernden Körpern anzustellen wären: »wie also starre Körper möglich seien, das ist immer noch ein unaufgelöstes Problem, so leicht auch die gemeine Naturlehre damit fertig zu werden glaubt«. (*M. A.* 94) Dies und das zugeordnete Problem der Möglichkeit flüssiger Körper verfolgt Kant bis ins *Opus Postumum*. Der heutige Physiker wird auch hier den Scharfsinn bewundern müssen, mit dem Kant einen damals naheliegenden Irrweg der Naturforschung, eben das Fundamentalsetzen des Körperbegriffs, vermied.

Kant definiert Materie vielmehr als »das Bewegliche im Raume« (*M. A.* 1). »Beweglich« heißt hier übrigens, wie Plaass bemerkt, strenggenommen das, was wir heute »beschleunigbar« nennen würden. Denn geradlinig-gleichförmige Bewegung gegen den absoluten Raum ist für Kant, der hierin Machs und Einsteins Fragestellung vorwegnimmt, keine wirkliche, sondern nur eine mathematisch-mögliche Bestimmung von Materie. »Der absolute Raum ist also *an sich* nichts und gar kein Objekt« (*M. A.* 3). Kant beschreibt in den *M. A.* den absoluten Raum durchgehend mit den Merkmalen, die er selbst in der transzendentalen Dialektik den Ideen zuschreibt; eine Bemerkung, die für jede Interpretation der transzendentalen Ästhetik wichtig ist.

Kann es nun vom Beweglichen im Raume Erkenntnis a priori geben? Hier stoßen wir auf ein Kernproblem der Plaassschen Arbeit. Kant bezeichnet Bewegung und Materie wiederholt als empirische Begriffe. Z.B. Metaphysik der Natur »legt den empirischen Begriff einer Materie, oder eines denkenden Wesens, zum Grunde, und sucht den Umfang der Erkenntnis, deren die Vernunft über diese Gegenstände a priori fähig ist« (*M. A.* VIII). Oder: »So ist der Satz: ›eine jede Veränderung hat ihre Ursache‹, ein Satz a priori, allein nicht rein, weil Veränderung ein Begriff ist, der nur aus der Erfahrung gezogen werden kann« (B 3). Wie kann es Erkenntnis a priori von empirischen Begriffen geben?

4. Möglichkeit und objektive Realität

Das Herzstück der Plaassschen Arbeit, in dem diese Frage beantwortet wird, kann ich in der Kürze eines Vortrags schlechterdings nicht darstellen. Ich kann nur die Ergebnisse in knapper Zusammenfassung dogmatisch referieren.

Der Begriff »empirischer Begriff« ist mehrdeutig. »Katze« mag ein Beispiel eines empirischen Begriffs im gängigen Sinne sein, der durch Reflexion, Komparation und Abstraktion aus empirischen Vorstellungen gewonnen ist (vgl. Jäsches *Logik*). In diesem Sinne ist »Materie« kein empirischer Begriff. »Materie«, d. h. »das Bewegliche im Raume«, ist ein Begriff a priori, insofern wir ihn a priori konstruieren können. Es bedarf dazu nur des Begriffs des Gegenstands und der Anschauungen von Raum und Zeit; auf die näheren Probleme dieser Konstruktion gehe ich nicht ein[1]. »Materie« ist aber insofern ein empirischer Begriff, als seine objektive Realität nur empirisch gezeigt werden kann. Wir wissen nur aus Erfahrung, daß es wirklich etwas gibt, das unter diesen Begriff fällt.

Um diese Unterscheidung im Sinne Kants zu verstehen, müssen wir analysieren, was objektive Realität heißt. Sie ist ein Prädikat eines Begriffs, und zwar dasselbe Prädikat, das auch seine reale Möglichkeit heißt. Also setzt ihr Verständnis das Verständnis des Kantschen Begriffs der Möglichkeit voraus. Plaass hat hier die Anregung der Untersuchung von Schneeberger[2] aufgenommen.

[1] Vielleicht ist wenigstens die folgende Erläuterung am Platze. Kant gebraucht bei der Einführung des Gedankens dieser Konstruktion in der Vorrede der *M. A.* den sonst nirgends in seinem Werk vorkommenden Begriff »Metaphysische Konstruktion«. Dem ἅπαξ λεγόμενον entspricht nach Plaass der singuläre Charakter dieser Konstruktion, die außer für die zusammengehörigen Begriffe der Bewegung und der Materie für keinen Begriff möglich ist. Die *M. A.* stellen a priori dar, wie Materie ein Gegenstand vor dem äußeren Sinn sein kann. Damit wird vermittels des Begriffs der Bewegung die Sachheit (Realität) des Materiebegriffes a priori konstruiert. Soll Materie als das Bewegliche im Raum ein Gegenstand der Erfahrung heißen können, so ist sie notwendig den Bedingungen gemäß bestimmt, unter denen etwas überhaupt ein Gegenstand der Erfahrung sein kann. Dazu gehören die Bestimmungen, die in der allgemeinen Metaphysik als zum Begriff eines Gegenstandes überhaupt notwendig erwiesen sind. Dies sind die Kategorien; nach ihnen muß das Bewegliche, d. h. das, was als Gegenstand in Raum *und* Zeit erscheint, als Gegenstand der Erfahrung bestimmt sein.

[2] *Schneeberger,* G.: »Kants Konzeption der Modalbegriffe«. Basel 1952.

Möglichkeit kann nicht eigentlich von einem Ding, sondern nur von einem Begriff prädiziert werden. Möglichkeit bedeutet das Zusammenstimmen mit Bedingungen, und je nach der Art der Bedingungen gibt es verschiedene Arten der Möglichkeit.

Logische Möglichkeit eines Begriffs besagt, »daß er sich nicht selbst widerspricht« (*Refl.* 5688). Die Bedingung, mit welcher der logisch mögliche Begriff zusammenstimmen muß, ist also der Satz vom Widerspruch.

Reale Möglichkeit eines Begriffs bedeutet, daß ein diesem Begriff entsprechender Gegenstand in der Anschauung gegeben werden kann. Die Eigenschaft eines Begriffs von einem Dinge, daß die zu ihm gehörige reale Möglichkeit besteht, heißt die *objektive Realität des Begriffs*. Dem entspricht das erste »Postulat des empirischen Denkens überhaupt«: »Was mit den formalen Bedingungen der Erfahrung (der Anschauung und den Begriffen nach) übereinkommt, ist möglich« (A 218, B 265).

Daß Möglichkeit überhaupt und daß sie gerade und nur als Prädikat von Begriffen auftreten kann, hängt wesentlich mit der *Allgemeinheit* des Begriffs zusammen, d. h. damit, daß sich der Begriff nicht wie die Anschauung unmittelbar, sondern mittelbar auf den Gegenstand bezieht, »vermittelst eines Merkmals, was mehreren Dingen gemein sein kann« (A 320, B 377). Deshalb kann unserem Denken ein Begriff ohne korrespondierenden Gegenstand gegeben sein, und dann fragt sich eben, ob ihm auch objektive Realität, also die Möglichkeit eines unter ihn fallenden daseienden Gegenstandes zukommt.

Wie können wir uns nun der objektiven Realität eines Begriffs vergewissern? Kant unterscheidet die zwei Fragen, *ob* und *wie* etwas möglich sei. Die Frage, *ob* ein einem gegebenen Begriff entsprechender Gegenstand möglich sei, kann empirisch durch die Wirklichkeit eines solchen Gegenstands beantwortet werden. Die so gesicherte objektive Realität überträgt sich automatisch auf alle umfassenderen Begriffe. Sehe ich eine Katze, so ist eine Katze wirklich; also sind Katzen möglich, also Tiere, also organische Körper, also Körper, also Bewegliches im Raum, d. h. Materie. Ganz anders steht es mit der für alle transzendentalen Untersuchungen entscheidenden Frage, *wie* etwas möglich ist. Sie beantworten, hieße die Bedingungen einsehen, und zwar vollständig einsehen, durch welche der betreffende Gegenstand möglich ist.

Das kann nur a priori geschehen. Wollten wir einsehen, *wie* Katzen möglich sind, so müßten wir zuerst einsehen, wie Bewegliches im Raume möglich ist, dann, wie Körper möglich sind, dann wir organische Körper, wie Tiere, wie Katzen. Hier kommen immer mehr Bedingungen hinzu, und die Vollständigkeit aller Bedingungen einsehen, hieße die Wirklichkeit einsehen, d. h. einsehen, wie eben diese Katze draußen auf dem Dach möglich ist. Das aber ist dem Menschen unmöglich. Die metaphysischen Anfangsgründe begnügen sich, einsichtig zu machen, wie Bewegliches im Raume möglich ist.

Wollten wir die systematischen Probleme, die in den hier angedeuteten Gedanken stecken, weiterverfolgen, so würden wir in den Kern der Kantschen Lehre, in den Zusammenhang der Kategorien, der Einheit der Apperzeption und der transzendentalen Zeitbestimmung geführt. Heute müssen wir das auf sich beruhen lassen, um einen Ausblick auf die Durchführung der Kantschen reinen Physik zu werfen.

5. Die reine Physik

Die *Metaphysischen Anfangsgründe* sind gemäß den vier Kategorientiteln in vier Hauptstücke geteilt. Das vierte Hauptstück, die Phänomenologie, behandelt den Bezug der drei vorangehenden Hauptstücke auf das Erkenntnisvermögen gemäß den drei Kategorien der Modalität und beginnend mit der Erklärung: »Materie ist das Bewegliche, so fern es, als ein solches, ein Gegenstand der Erfahrung sein kann« (*M. A.* 138).

Folgen wir dieser Einteilung, so steht das erste, der Quantität zugeordnete Hauptstück, die Phoronomie, zugleich unter der Modalität der Möglichkeit. Die Phoronomie definiert die geradlinig-gleichförmige Bewegung als bloße Relativbewegung. Je nach dem gewählten relativen Raum – der heutige Physiker würde sagen: nach dem Bezugssystem – kann man dem Beweglichen im Raum eine beliebige geradlinig-gleichförmige Bewegung zuschreiben. Hier ist also noch nicht von Dasein, sondern nur von Möglichkeit, nämlich von bloßer Mathematik die Rede. Mit der Konstruktion des Begriffs der Geschwindigkeit wird das mathematische Werkzeug aller Physik auf der Basis der reinen Anschauungen von Raum und Zeit gewonnen. Weil alle weiteren Begriffe der reinen Physik unter Benutzung dieses Grundbegriffs[1] konstruiert werden müssen, *genau deshalb* kann in jeder besonderen Naturlehre nur soviel eigentliche Wissenschaft angetroffen werden, als darin Mathematik anzutreffen ist. Wir können unseren Begriffen von Gegenständen nur soweit Anschauung verschaffen, als sie Begriffe von Gegenständen im Raume *und* in der Zeit, also nähere Bestimmungen des Begriffs des Beweglichen im Raume sind.

Das zweite Hauptstück, die Dynamik, die der Qualität entspricht, steht unter der Modalität der Wirklichkeit. Ihr ist eine Erklärung vorausgesetzt, welche beginnt: »Materie ist das Bewegliche, sofern es einen Raum erfüllt«. Raumerfüllung ist als Qualität Realität, und sie ist Dasein in der äußeren Anschauung, insofern als Modalität Wirklichkeit. Kant legt dar, wie Raumerfüllung zweierlei Kräfte notwendig voraussetzt: Repulsion und Attraktion. Diese Argumentation ist transzendental, d. h. sie gibt an, was sein muß, damit Materie sein kann. Das steht in scharfem Gegensatz zu der Meinung, man müsse zunächst die Notwendigkeit dieser Grundkräfte aus ihrem Wesen einsehen und daraus die Existenz der Materie deduzieren. Kant sagt: »Daß man die Möglichkeit der Grundkräfte begreiflich machen sollte, ist eine ganz unmögliche Forderung; denn sie heißen eben darum Grundkräfte, weil sie von keiner anderen abgeleitet, d. i. gar nicht begriffen werden können« (*M. A.* 61) M. a. W.: *daß* die Grundkräfte möglich sind, darüber belehrt uns die empirische Existenz der Materie, sofern wir nur eingesehen haben, daß Materie, als das, was einen Raum erfüllt, nur durch diese Grundkräfte möglich ist; *wie* die Grundkräfte möglich sind, dieser Frage vermögen wir nicht einmal so einen Sinn zu geben, daß wir uns noch eine mögliche Antwort auf sie denken können. Die »Allgemeine Anmerkung zur Dynamik« erörtert dann »die Momente, worauf ihre spezifische Verschiedenheit sich insgesamt a priori bringen (obgleich nicht ebenso ihrer Möglichkeit nach begreifen) lassen muß.«

Das dritte Hauptstück, die Mechanik, entspricht der Relation und steht unter der Modalität der Notwendigkeit. Die einleitende

[1] Der zu konstruierende Begriff ist zunächst der der Bewegung. Seine mathematische Konstruktion gelingt, indem als erstes der Begriff der Geschwindigkeit konstruiert wird. Insofern ist dieser, wie im Text behauptet, Grundbegriff aller eigentlichen Wissenschaft.

Erklärung lautet: »Materie ist das Bewegliche, so fern es, als ein solches, bewegende Kraft hat« (*M. A.* 106). Hier entsprechen den drei Kategorien der Relation drei Grundgesetze der Mechanik. Das erste verschärft die Substanzanalogie: »Bei allen Veränderungen der körperlichen Natur bleibt die Quantität der Materie im Ganzen dieselbe, unvermehrt und unvermindert« (*M. A.* 116). Diesem Satz ist die Erklärung der Quantität der Materie und der Satz vorangegangen, daß diese Quantität »nur durch die Quantität der Bewegung bei gegebener Geschwindigkeit geschätzt werden« kann (*M. A.* 108), also ein Ansatz einer echt mechanischen Meßbarkeitsdefinition derjenigen Größe, die wir heute Masse nennen. Das zweite Gesetz ist das Trägheitsgesetz, mit dem Prinzip der Kausalität dadurch verbunden, daß demnach jede »Veränderung der Materie« eine »äußere Ursache« hat. Hierin steckt, daß geradlinig-gleichförmige Bewegung keine »Veränderung der Materie« ist. Kant leitet also das Trägheitsgesetz, so wie wir es kennen, aus der vorausgesetzten Relativität der Bewegung her. Dieses Gesetz enthält offenbar im wesentlichen auch schon Newtons zweites Axiom, welches die Kraft durch die »Veränderung der Materie«, die wir Beschleunigung nennen, zu messen lehrt. Das dritte Gesetz ist das Gesetz der Gleichheit von Wirkung und Gegenwirkung, der Kategorie der Gemeinschaft (Wechselwirkung) zugehörig.

Plaass wirft am Ende seiner Arbeit die Frage auf, wie Kant sich nun wohl die Ermöglichung der empirischen Physik durch diesen ihren reinen Teil gedacht habe. Kant selbst gibt dafür nur wenige Winke. Plaass entwirft ein Modell dessen, was Kant konsequenterweise darüber hätte denken müssen, anhand des Gravitationsgesetzes. Daß eine allgemeine Attraktion aller Körper bestehen müsse, darf als Ergebnis der Dynamik gelten. Die dortigen Erwägungen Kants führen auch dazu, daß er mutmaßlich die Proportionalität der Kraft zu den Qualitäten der Materie in beiden Körpern und zum inversen Quadrat der Entfernung als a priori gewiß angesehen hätte. Damit bleibt noch der Proportionalitätsfaktor, die sog. Gravitationskonstante, als empirisch zu bestimmende Größe. Man sieht hieran, wie der Richter Vernunft dem Zeugen Natur die Frage vorlegt: nur wer die allgemeine mathematische Gestalt des gesuchten Gesetzes schon kennt, weiß überhaupt, was die Gravitationskonstante sein soll und wie daher das Ergebnis einer Schweremessung ausgesprochen werden muß. Jedoch wird man nicht erwarten dürfen, durch eine einzige Messung von zwei beliebigen Körpern die Gravitationskonstante zu bestimmen. Das Gravitationsgesetz teilt seine mathematische Form mit anderen Gesetzen, z. B. den Coulombschen Kraftgesetzen der Elektro- und Magnetostatik. Wären also die Probekörper zufällig elektrisch geladen, so würde das Meßresultat in Wahrheit eine Kombination von Gravitationskonstante und Elementarladung mit unbekannten Koeffizienten geben. Also ist eine a priori gemachte Übersicht über die möglichen Arten von Kräften, wie in der Allgemeinen Anmerkung zur Dynamik erwogen, nötig, um übersehen zu können, welche Art von Experimenten die Gravitationskonstante rein ergeben würde. Ob eine derartige Überlegung konsequent ausgeführt werden könnte, ist freilich kaum mehr zu übersehen.

6. Verhältnis zur heutigen Physik

Für die Zeit seiner Arbeit an der Interpretation der *Metaphysischen Anfangsgründe* hatte sich Plaass mit der ihm eigenen Entschlußkraft jede direkte Anwendung des Gefundenen auf aktuelle Probleme der Physik verboten, soweit sie über gelegentliche Erwägungen von Beispielen hinausging. Hätte er länger gelebt, so wäre er gewiß nicht bei der Kantinterpretation stehen geblieben. Ich will am Ende des Vortrags, nun ganz auf meine eigene Verantwortung, andeuten, wie groß oder gering mir die Aktualität der Kantschen Theorie erscheint.

Zunächst ist klar, daß wir bereit sein müssen, uns in jeder Einzelheit von der Kantschen Theorie zu distanzieren, ja, daß vorweg fraglich ist, ob wir ihr auch nur in einer einzigen Einzelheit wirklich folgen werden. Bei näherer Analyse erweist sich die Argumentation in den *Metaphysischen Anfangsgründen* an sehr vielen Stellen als brüchig. Einzelne geniale Gedanken, deren ich oben einige genannt habe, mögen wir bewundern, aber sie verpflichten uns nicht zur Gefolgschaft. Es ist kein Zufall, daß dieses Buch in der Geschichte der Physik völlig wirkungslos geblieben ist. Aber, so scheint mir, die Wirkungslosigkeit beruht nicht nur auf seinen Mängeln, sondern auch darauf, daß sein Grundgedanke der historischen Entwicklung der Physik um rund 200 Jahre voraus war. Es ist eine verzweifelte Lage für einen Autor, etwas zu wissen oder zu ahnen, was an den wissenschaftlichen Kenntnissen seiner Zeit nicht exemplifiziert werden kann; viele Irrtümer großer Denker sind Darstellungen richtiger Grundeinsichten am falschen Detail.

Der einzige Physiker unserer Tage, der, und zwar, soviel ich sehe, ohne Kantschen Einfluß, von ähnlichen Grundeinsichten ausgegangen ist wie Kant, war Niels Bohr. Bohr sprach immer wieder die uns junge Physiker verblüffende These aus, auch nach der Quantentheorie müsse man jedes unmittelbare Phänomen, also jedes Meßergebnis, mit den Begriffen der klassischen Physik beschreiben. Derselbe Freund, den ich eingangs zitierte, hat mich neulich auch daran erinnert, daß er einmal beim nachmittäglichen Institutstee Bohr klarzumachen suchte, auf die Dauer würden wir doch gewiß unsere Begriffe und Anschauungen dem quantentheoretischen Formalismus anpassen, womit der Rekurs auf die klassische Beschreibung entbehrlich werden würde; Bohr hörte schweigend, mit geschlossenen Augen zu und antwortete am Ende nur: »Nun ja, man kann ja auch sagen, daß wir nicht hier sitzen und Tee trinken, sondern daß wir das alles nur träumen.«

Bohr wies mit solchen Bemerkungen auf das Grundfaktum hin, das Kant Anschauung nennt. Es ist verständlich, daß er uns trotzdem nicht genug tat. Warum muß denn Anschauung gerade mit den Begriffen der historisch entstandenen und überwundenen klassischen Physik beschrieben werden? Bohr war konsistent, das sahen wir sofort: Wenn die klassischen Begriffe unentbehrlich sind, dann ist die Entdeckung des Wirkungsquantums schwindelerregend und Komplementarität ein unentbehrlicher Begriff. Aber kann man nicht auch umgekehrt konsistent sein: wenn unser Anschauungsvermögen sich der historischen Entwicklung anpassen kann, so werden die klassischen Begriffe entbehrlich und es geht schließlich wieder ohne Komplementarität. Diesen Weg der Anpassung haben selbst einige Kantianer eingeschlagen, so auf sehr hohem Niveau Ernst Cassirer, der in seinen schönen Büchern über Relativitäts- und Quantentheorie nachzuweisen suchte, daß nicht der euklidische Raum Form jeder äußeren Anschauung, nicht die deterministische Kausalität die einzige denkbare Art von Gesetzmäßigkeit sei. Mich hat Cassirers Position aber schon damals nicht ganz befriedigt. Mir schien, der weise Kompromiß beraube uns der wertvolleren Früchte des durchgefochtenen Streits. Die ganz empirische Physik wird sich, so schien mir, mit dem streng durchgehaltenen Apriorismus gerade dann am Ende von selbst treffen, wenn beide ihrem Prinzip treu bleiben, oder, mit Schiller zu sprechen: »Feindschaft sei zwischen euch! Noch kommt das Bündnis zu frühe. Wenn ihr im Suchen euch trennt, wird erst die Wahrheit erkannt.« Das Bündnis war zu Kants Zeit zu früh, und es ist zu früh zwischen Kantianern und Physikern; in Bohr kündigt sich seine Möglichkeit an. Ich kann hier, am Ende meiner Ausführungen, nur in fast dogmatischem Vortrag ein Programm seiner Verwirklichung skizzieren.

Die Physik, der die historische Entwicklung jetzt offensichtlich zustrebt, unterscheidet sich von der Physik des 18. und 19. Jahrhunderts durch echte systematische Einheit. Die Quantenmechanik bewährt sich empirisch als die allgemeine, d. h. für beliebige Objekte gültige Mechanik, also als das, was die klassische Mechanik zu sein hoffte, aber im atomaren Bereich, wie man im Grunde schon aus Kants zweiter Antinomie hätte schließen können, nicht sein konnte. Die Theorie der Elementarteilchen wird, wenn sie vollendet sein wird, grundsätzlich zu deduzieren gestatten, was für physikalische Objekte es überhaupt geben kann. Wenn eine philosophische Theorie der Naturwissenschaft überhaupt möglich sein soll, so muß sie über die Gründe der Möglichkeit dieser systematischen Einheit der ganzen Physik Auskunft geben können. Ein geringeres Ziel des Ehrgeizes ist sinnlos. Denn nur das Einfache können wir zu verstehen hoffen, und in der Naturforschung liegt die Einfachheit, wenn es sie überhaupt gibt, im Gegenstand und nicht in der Methode. Wenn überhaupt etwas in der Physik philosophisch verstanden werden kann, dann das, was ihr Einheit gibt. Dabei brauchen wir unsere Physik nicht für das letzte Wort menschlicher Erkenntnis zu halten; es genügt, daß sie im Heisenbergschen Sinne eine abgeschlossene Theorie ist.

Ich erwarte, daß ein Aufbau der ganzen Physik aus *einem* Prinzip in der Tat gelingen wird, und meine eigenen noch unfertigen Arbeiten dienen diesem Ziel. Inhaltlich glaube ich, daß der zentrale Begriff eines solchen Aufbaus der Begriff der Zeit in der vollen Struktur ihrer Modi: Gegenwart, Vergangenheit, Zukunft sein muß. An sie lassen sich, so glaube ich, Logik, Zahl, Wahrscheinlichkeit und Kontinuum anknüpfen, und dann läßt sich die Physik aufbauen als die Theorie von Objekten in der Zeit oder, noch schärfer gesagt, von zeitüberbrückenden Alternativen. Dies mag nun glücken oder nicht, gewiß wird in der Quantentheorie der Elementarteilchen die eine Grenze wegfallen, die Kant so viel zu schaffen gemacht hat: die zwischen Grundgesetzen, welche er für a priori erkennbar hielt, und speziellen Gesetzen, die man nur durch Erfahrung lernen kann. Die Quantentheorie der Elementarteilchen wird nur sein, was ihr Name sagt, wenn sie grundsätzlich (obgleich angesichts der mathematischen Komplikationen nicht praktisch) jede empirische Gesetzmäßigkeit zu deduzieren gestattet. Aus ihr muß jede Linie des Eisenspektrums folgen, nur nicht das Kontingente, d. h. ob es in der uns zugänglichen Erfahrung gerade atomares Eisen gibt. Ich wiederhole: einer Theorie dieser Art strebt die Physik wirklich zu. Manche Physiker mögen an ihrer faktischen Vollendbarkeit zweifeln, aber keiner wird im Ernst leugnen, daß die Quantentheorie der Elementarteilchen dann und nur dann vollendet wäre, wenn sie genau diese Eigenschaft hätte. Diese Theorie wäre dann historisch durchaus auf empirischem Weg erwachsen, und andererseits wäre sie als vollendete offenbar aus wenigen Grundsätzen deduzierbar. Was ich mit Kant vermute, ist, daß diese Grundsätze, um Kants Sprachgebrauch zu wählen, nicht transzendent, aber auch nicht empirisch, sondern transzendental sein werden. D. h. sie werden weder metaphysische Hypothesen noch spezielle Erfahrungen formulieren, sondern nur die Bedingungen der Möglichkeit von Erfahrung überhaupt.

Erst in diesem Rahmen werden die Physiker dann wohl auch der Bohrschen Lehre von der Unentbehrlichkeit der klassischen Begriffe voll gerecht werden können. Raum-Zeit-Beschreibung heißt Anschauung, Kausalforderung ist das wichtigste Beispiel begrifflichen Urteilens, und beide finden zusammen, wie Kant sah und Bohr wußte, in der eindeutigen Beschreibung der Erfahrung als Erfahrung von Objekten; wie ich sagen möchte in entscheidbaren zeitüberbrückenden Alternativen. Diese Erfahrung hängt physikalisch an der Irreversibilität des Meßaktes, ohne welche es keine Dokumente der Vergangenheit, also keine Fakten in der Anschauung gäbe. Von der Quantentheorie aus beurteilt, ist die Beschreibung eines Vorgangs als irreversibel aber nur eine Näherung, welche die Interferenz der Wahrscheinlichkeiten aufhebt; eben in dieser Näherung gilt die klassische Physik. Bohr hat also in vollem Umfang recht. Es wäre eine sehr interessante Aufgabe, zu prüfen, wie weit Kants Argumente in den »Grundsätzen des reinen Verstandes« und den *Metaphysischen Anfangsgründen der Naturwissenschaft,* die ja eben die von uns klassisch genannte Physik begründen wollen, benützt werden könnten, um die von Bohr behauptete Notwendigkeit der klassischen Begriffe für die Objektivierung der Meßresultate direkt, ohne den Umweg über die Quantentheorie, zu begründen. Plaass hielt dies für möglich.

Bohr hat aber auch damit recht, daß komplementäre Bilder des Geschehens nötig sind, denn die klassische Physik ist eben nur eine Näherung. Eine fiktive, konsequent unklassische Quantentheorie könnte keine empirische Wissenschaft sein, denn ihr fehlt die Grundlage aller Erfahrung, die erfahrbaren Fakten. Komplementarität aber möchte ich als einen Reflexionsbegriff aus der Theorie der Struktur der Zeit behandeln. Sie ist ja mit dem quantentheoretischen Indeterminismus verbunden. D. h. die durchgängige Objektivierung des Geschehens scheitert an der Offenheit der Zukunft.

Vielleicht verzeihen Sie mir um des einordnenden Ausblicks willen den Ausflug aus dem von Kant und Plaass Geleisteten ins noch nicht Geleistete.

IV, 4. Möglichkeit und Bewegung. Eine Notiz zur aristotelischen Physik

Gedruckt in »Festschrift für Josef Klein zum 70. Geburtstag«, Göttingen 1967. Hier ist das Problem der potentiellen Auffassung des Kontinuums aufgegriffen, das ich in »Kontinuität und Möglichkeit« 1951 (abgedruckt in »Zum Weltbild der Physik« ⁷1958 u. f.) als Problem der Physik (d. h. nicht der reinen Mathematik) zu skizzieren versucht habe. Seine konsequente Behandlung verlangt eine Theorie der Zeit, die auch in II, 5 noch nicht in Angriff genommen ist.

Aristoteles hat mit seiner potentiellen Auffassung des Unendlichen, wie er sie im 3. und 6. Buch der »Physik« entwickelt hat, zwei Jahrtausenden, bis zu Kant und Gauß hin, genug getan. In der Tat kann der heutige Leser die Äußerungen Kants über Unendliches und Kontinua nicht mehr verstehen, wenn er sich nicht klarmacht, daß Kant hier die aristotelische Auffassung voraussetzt als die einzige begrifflich saubere Weise, vom Unendlichen zu sprechen; so wenn er oft betont, daß die Teile des Raumes »Räume« sind, oder wenn er (MA 3) im Gegensatz zu den empirisch realen relativen Räumen, die durch bewegte Körper bestimmt und stets als endlich vorgestellt sind, dem unendlichen absoluten Raum den Charakter als »Objekt« abspricht. Und von Gauß, dem Lehrmeister mathematischer Strenge, kennen wir die ausdrückliche Forderung, den Begriff des Unendlichen nur potentiell aufzufassen. Weder Kant noch Gauß haben dabei historisch auf diese Auffassung als auf eine aristotelische reflektiert; sie taten Aristoteles die größte Ehre an, die man einem Denker zollen kann, nämlich seine Auffassung, als die evidentermaßen wahre, nicht mehr mit seinem Namen zu verbinden. In der Tat vermeidet die potentielle Auffassung die Paradoxien, welche kritische Geister immer wieder in der Vorstellung eines aktual existierenden Unendlichen gefunden haben. Warum sie das konnte, wird besonders deutlich aus der glänzenden Darstellung, die W. Wieland[1]

[1] *Wieland,* W.: »Die aristotelische Physik«, § 17. Göttingen 1962.

unlängst von der aristotelischen Theorie des Kontinuums gegeben hat. Diese Theorie ist der Intention und weitgehend auch dem Erfolg nach schlichte Phänomenologie; sie ist eine, Konstruktionen womöglich vermeidende, Deskription der Art, wie uns Unendliches und Kontinuum im Widerspiel von Anschauung und Denken (αἴσθησις und νοῦς) wirklich gegeben sind[1].

Wer das verstanden hat, mag sich wundern, warum die Mathematik der zweiten Hälfte des 19. Jahrhunderts gleichwohl zu der so viel schwerer zu rechtfertigenden aktualen Auffassung des Unendlichen übergegangen ist – mit solchem Erfolg, daß man heutigen Mathematikstudenten den Aberglauben kaum austreiben kann, diese aktuale Auffassung sei die einzig mögliche, sie sei »die« Theorie »des« Unendlichen und »des« Kontinuums. Der Grund liegt in innermathematischen Problemen. Die strenge Grundlegung der Infinitesimalrechnung im Sinne von Weierstraß und Dedekind schien eine Theorie der Irrationalzahlen zu erfordern, die ohne den Cantorschen Begriff der aktual unendlichen Mengen anscheinend nicht möglich war. Aber die Entdeckung der Paradoxien der Mengenlehre zerstörte sowohl Cantors Vorstellung vom schlichten gedanklichen Gegebensein der mengentheoretischen Grundbegriffe wie auch Freges Versuch, diesen Begriffen, deren Fragwürdigkeit er durchschaute, eine rein logische Herleitung zu verschaffen. Der Übergang zur axiomatischen Mengenlehre bedeutet den Verzicht auf Evidenz der Grundbegriffe und die Rechtfertigung der Theorie bloß durch ihre Schönheit oder ihren Nutzen. Dabei ist der Widerspruchsfreiheitsbeweis doch nicht ohne Benutzung als evident anerkannter Schlußweisen zu führen. Die Mathematiker, die von der hier benutzten Evidenz aus direkt eine Theorie des Kontinuums aufzubauen suchen, wie Brouwer, Weyl und Lorenzen, kehren, in der durch Begriffe wie »konstruktiv« oder »operativ« angedeuteten Präzisierung, zur potentiellen Auffassung zurück.

Diese intuitionistische Denkweise ist wohl die einzige, welche dem Mathematiker von heute das Verständnis für Kant oder

[1] Die Frage, was *Aristoteles* älteren philosophischen (pythagoreischen, eleatischen, platonischen) oder mathematischen (pythagoreischen, eudoxischen) Auffassungen verdankt oder in welchen Punkten er vielleicht sogar hinter ihnen zurückbleibt, muß ich in dieser Notiz beiseitelassen.

Aristoteles wieder öffnen kann. Diese Philosophen fragen eben nicht, was man sich alles (»axiomatisch« im heutigen Sinne) ausdenken kann, sondern was man »immer schon« verstanden hat, wenn man Worte wie »grenzenlos« (ἄπειρος) oder »zusammenhängend« (συνεχής) nur verständig gebraucht. Wie man aber gerade aus der Darstellung Wielands lernen kann, reicht die intuitionistische Mathematik zur Interpretation der aristotelischen Kontinuumsauffassung noch nicht aus, und zwar, weil das Kontinuum für Aristoteles nicht ein mathematisches, sondern ein physikalisches Phänomen ist[1]. Unendlichkeit und Kontinuität sind wesentlich Phänomene der Bewegung; deshalb ist der systematische Ort ihrer Besprechung das Buch, das mit der Definition der κίνησις beginnt (Phys. Γ). Der dem heutigen Denken naheliegende Einwand, beide Begriffe seien doch »schon« in der reinen Mathematik, die Kontinuität insbesondere in der Geometrie zu Hause, verfehlt die aristotelische Denkweise. Denn nach Aristoteles sind die mathematischen Gegenstände nur deshalb ἀκίνητα, weil sie keine eigene Existenz haben (nicht χωριστά sind), sondern nur durch Abstraktion von wirklichen, nämlich bewegten Dingen gedanklich erfaßt werden. Unendlichkeit und Kontinuum aber sind wesentlich auf κίνησις bezogen und sind insofern keine eigentlich mathematischen Begriffe, treten auch meines Wissens bei Aristoteles nie als solche auf. Denn der Sinn des Begriffs Unendlichkeit ist ja nur die Möglichkeit des Weiterzählens, Weiterteilens, Streckenverlängerns. Und das Kontinuierliche, etwa eine Strecke, ist ja nur »der Möglichkeit nach unendlich«; die Strecke »besteht« nicht aus unendlich vielen Teilen, sondern läßt zu jeder vollzogenen Teilung eine weitere zu. Alle diese Möglichkeiten sind nicht »logische«, sondern »reale« Möglichkeiten; wer wirklich zählt, teilt, Strecken verlängert, vollzieht eine wirkliche Be-

[1] Die Schwierigkeiten, die *Schramm,* M.: »Die Bedeutung der Bewegungslehre des Aristoteles für seine beiden Lösungen der zenonischen Paradoxie«. Frankfurt 1962; in der in Physik Θ8 entwickelten Vorstellung vom Kontinuum findet, rühren nur zum kleinen Teil von den manifesten Unvollkommenheiten des dortigen Beweisgangs her, überwiegend aber von der Verkennung der zwei Tatsachen, daß a) die für *Aristoteles* zuständige Mathematik die intuitionistische ist, und b) *Aristoteles* hier durchweg nicht Mathematik treibt. Vgl. die zwar etwas knappe, aber den hier wesentlichen Punkt treffende Besprechung dieses Kapitels bei *Wieland*, S. 302.

wegung. δύναμις und κίνησις gehören zusammen. Die vorliegende Notiz wird nur einige vorläufige Beobachtungen über diese Zusammengehörigkeit aufzählen.

Wir knüpfen an die πολυθρύλητα der Zenonischen Paradoxien an und beschränken uns auf die erste und die dritte[1]. Die erste besagt, daß man in endlicher Zeit keine Strecke durchlaufen kann. Denn vor dem Endpunkt muß man den Halbierungspunkt, vor diesem den Halbierungspunkt der ersten Hälfte der Strecke erreichen und so fort in infinitum; also müßte man in endlicher Zeit unendlich viele Punkte und unendlich viele Teilstrecken durchlaufen, was unmöglich ist. Aristoteles antwortet in Phys. Z 2, völlig korrekt auch im Sinne moderner Mathematik, daß die endliche Zeit dieselben unendlich vielen Teilungen zuläßt wie die endliche Strecke; also sind Strecke und Zeitspanne im selben Sinn endlich, im selben Sinn unendlich, jedenfalls also eindeutig aufeinander abbildbar, und die Durchlaufung der Strecke in der Zeitspanne stellt eben eine solche Abbildung dar. Die dritte Paradoxie besagt, daß der fliegende Pfeil in jedem Augenblick an einem Ort ist, also in keinem Augenblick den Ort wechselt, somit überhaupt ruht. Aristoteles antwortet in Phys. Z 9, daß die Bewegung überhaupt nicht in einem Jetzt (νῦν), sondern in einer Zeit (χρόνος) stattfindet; die Zeit aber besteht nicht aus Jetzten, sondern aus Zeiten. Hier ist die Definition des Kontinuums wesentlich, daß es unbegrenzt in Teilbares geteilt werden kann (λέγω δὲ συνεχὲς τὸ διαιρετὸν εἰς αἰεὶ διαιρετά. Phys. Z 2, 232 b 24–25). Die Zeit besteht nicht aus Zeitpunkten, sondern diese sind nur die Grenzen der »Zeiten« (χρόνοι), oder, wie wir sagen, der Zeitspannen; und die Bewegung ist nicht im Jetzt, sondern jeweils in einer Zeit. Auch hier wird der moderne Mathematiker und vor allem der Physiker nichts einwenden. Zwar kann er bei einer differenzierbaren Bewegung dem einzelnen Zeitpunkt eine Geschwindigkeit zuschreiben. Aber die Geschwindigkeit als Differentialquotient ist ja per definitionem ein Grenzwert. Um sie zu definieren, muß man also eine Folge von Zeitspannen abnehmender Länge betrachten. »Eigentliche«, nämlich meßbare Geschwindigkeiten sind die Differenzenquotienten in der Folge; der Grenzwert

[1] Wiederum müssen wir Zenons eigene Auffassung außerhalb der Erörterung lassen. Nur die Auffassung des *Aristoteles* und ihr etwaiges Verständnis oder Mißverständnis durch uns steht zur Debatte.

gehört nicht zur Folge und wird erst durch Nominaldefinition zur »Geschwindigkeit im Zeitpunkt t« ernannt.

Aristoteles selbst aber ist, Gott sei Dank, mit seiner Auflösung der Paradoxien noch nicht zufrieden. In Phys. Θ 8 kommt er auf die erste Paradoxie zurück und bemerkt zutreffend, er habe in der soeben zitierten Betrachtung zwar die gestellte Frage beantwortet, aber nicht das Problem gelöst (263 a 15–18). Das Problem nämlich lasse sich unter Absehung von der Strecke, rein im Blick auf die Zeit formulieren: wie kann man in endlicher Zeit unendlich viele Zeitspannen wirklich durchlaufen? Wer das tut, zählt doch, gewissermaßen, die Endpunkte der Teilspannen; also zählt er in endlicher Zeit »bis unendlich«. Wer heute von der mengentheoretischen Denkweise bestimmt ist, versteht meist das Problem gar nicht (so z. B. M. Schramm, l. c.), weil er gar nicht auf den Gedanken kommt, »zählen« bedeute hier wirklich zählen. Daß man nicht wirklich bis unendlich zählen kann, ist ja klar, aber die Mathematik abstrahiert doch davon. Bewegung aber ist für Aristoteles keine mathematische Abstraktion, sondern etwas Wirkliches. Der durch die Quantentheorie geschulte Physiker hat es leichter, zu verstehen, wovon Aristoteles spricht. Der Physiker hat gelernt, wie problematisch es ist, die Existenz einer physikalischen Größe zu behaupten, wenn naturgesetzlich gewiß ist, daß sie nicht gemessen werden kann. In endlicher Zeit unendlich viele Zeitpunkte zu »messen«, also etwa auf einer Uhr abzulesen, ist sicher unmöglich. Welchen Sinn hat also die Behauptung ihrer Existenz? Aristoteles beantwortet diese Frage präzis. Sie existieren nur der Möglichkeit nach (δυνάμει). Jeden von ihnen kann man messen, alle zu messen ist unmöglich. Was in Wirklichkeit (ἐντελεχείᾳ) existiert, ist das ganze Kontinuum (die ungeteilte Strecke, die volle Zeitspanne eines realen, abgeschlossenen Vorgangs). Die Punkte auf der Strecke, die Jetzte im Zeitablauf einer überschaubaren Bewegung existieren nicht wirklich, wenn sie nicht aktualisiert werden. So »zählt« eine reale Bewegung z. B. diejenigen Punkte, die durch ein objektives Merkmal eben der Bewegung, wie einen vorübergehenden Stillstand oder eine Richtungsumkehr, ausgezeichnet sind; das aber sind nur endlich viele. Als Schüler Bohrs und Heisenbergs kann ich nicht umhin, meine Begeisterung über eine physikalisch so gesunde Denkweise auszusprechen.

Natürlich weiß der heutige Physiker auch, daß eine »gesunde

Denkweise« noch keine konsistente Theorie ist. Die Verwendung, die Aristoteles in Phys. Θ von seiner Denkweise zum Zweck der Auszeichnung der Kreisbewegung macht, ist für uns in der Konsequenz seit Kepler unannehmbar, und damit sehen wir deutlicher ihre vielen logischen Lücken. Eine konsistente Theorie des physikalischen Kontinuums, die den aristotelischen Einsichten Rechnung trägt, existiert bis heute nicht; sie müßte gewiß eine Quantentheorie sein. Es mag aber auch der Vorbereitung einer solchen Theorie dienen, wenn wir diejenigen Probleme der aristotelischen Auffassung noch um einige Schritte weiter verfolgen, die schon innerhalb der aristotelischen Prämissen deutlich werden.

Es handelt sich um den Zusammenhang von Zeit, Bewegung und Möglichkeit, d. h. von χρόνος, κίνησις und δύναμις, im aristotelischen Kontext.

χρόνος und κίνησις sind aufeinander bezogen. Jede Bewegung ist in einer Zeit (ἐν χρόνῳ). Zeit andererseits ist explizit definiert als die Maßzahl der Bewegung gemäß dem Früher oder Später (τοῦτο γάρ ἐστιν ὁ χρόνος, ἀριθμὸς κινήσεως κατὰ τὸ πρότερον καὶ ὕστερον. Phys. Δ 11, 219 b 1–2). Für die umschreibende Wiedergabe von ἀριθμός durch »Maßzahl« möchte ich auf Wieland l. c. § 18 verweisen. Fragt man, welcher der beiden Begriffe beim Versuch einer systematischen Darstellung als der grundlegendere oder ursprünglichere erscheinen müßte, so wäre es zweifellos der der Bewegung. Die Definition des χρόνος benutzt den Begriff κίνησις, die alsbald zu zitierende Definition von κίνησις bedarf hingegen keinerlei Rekurses auf χρόνος. χρόνος ist nicht die volle »Zeitlichkeit«, sondern eben nur ein ihr zugeordnetes Maß; in der Tat setzt ja die Definition des χρόνος als etwas, woraufhin Bewegung beurteilt wird, das »Frühere und Spätere« voraus. Dabei wird »früher und später«, oder besser »vorangehend und folgend« (πρότερον καὶ ὕστερον) nach Phys. Δ 11, 219 a 16 ursprünglich in der von der Bewegung durchmessenen Erstreckung (μέγεθος) gefunden, also als primär räumliche Bestimmung interpretiert. Soviel von dem, was wir Zeitlichkeit nennen, überhaupt bei Aristoteles sichtbar wird, müssen wir also durchaus im Begriff der κίνησις selbst finden.

Hier laufen wir aber auf eine Schwierigkeit auf. Wie ist die Wirklichkeit der Bewegung zu denken? κίνησις ist ja der Grundbegriff der ganzen Physik. Das natürliche Ding, das φύσει ὄν, ist definiert als das, was einen Ursprung der κίνησις in sich hat (vgl. dazu Wieland § 15). Mit der Abwendung von der platonischen Interpretation des εἶδος sind aber diese Dinge zu eigentlich Wirklichem, zu οὐσία, geworden. κίνησις also ist das auszeichnende Merkmal der für den Physiker vordringlich wichtigen, auch für den Metaphysiker im Vordergrund vieler Einzeluntersuchungen stehenden Klasse der ὄντα, eben der κινητά, geworden. Wie *ist* die Bewegung?

Sie ist in einer Zeitspanne, aber nicht im Jetzt. Andererseits beginnt Aristoteles die Zeitabhandlung in Phys. Δ mit der Aporie, daß die Zeit eigentlich gar nicht ist, da ein Teil von ihr vorbei und also nicht mehr ist, ein Teil zukünftig und also noch nicht ist (τὸ μὲν γὰρ αὐτοῦ γέγονε καὶ οὐκ ἔστιν, τὸ δὲ μέλλει καὶ οὔπω ἔστιν. 217 b 33–34); das Jetzt aber ist gar keine Zeit, sondern scheidet nur Vergangenes und Zukünftiges (218 a 6–8). Dies ist nun gewiß eine der für Aristoteles typischen aporetischen Einleitungen einer Untersuchung. Man kann aber fragen, ob er die Aporie wirklich auflöst. In der Zeitabhandlung gelangt er bis zur Definition der Zeit als Maßzahl der Bewegung. Insofern also die Bewegung ist, kann dann auch die Zeit als etwas von der Bewegung Prädizierbares sein. Wir aber werden damit auf unsere Frage zurückgeworfen, wie denn Bewegung sei. Jedenfalls ist sie nicht im νῦν. Ja, das νῦν selbst ist nur δυνάμει. Ein νῦν wird aktual nur, insofern es durch eine Bewegung aktualisiert wird. Andererseits aber ist nirgends gesagt, inwiefern es nicht wahr sei, daß das Vergangene nicht mehr, das Zukünftige noch nicht ist, beide also nicht sind. Dann also wäre überhaupt nichts Zeitliches: Vergangenheit und Zukunft nicht, weil sie nicht »da sind« (vgl. Heideggers überzeugende Deutung von ὄν als »anwesend«), Zeitspannen nicht, weil sie aus Vergangenem und/oder Zukünftigem bestehen, Bewegung nicht, weil sie nur in einer Zeitspanne ist, das Jetzt nicht, weil es nur in der Bewegung wirklich ist. Die gesamte Philosophie des Aristoteles wäre dann gescheitert; wenn jemand recht behielte, so wäre es der »Ideenfreund« des Sophistes, um nicht gleich zu sagen Parmenides, so wie Aristoteles ihn interpretierte.

Es ist der Mühe wert, in dieser Schwierigkeit lange auszuhalten, länger als die Lektüre dieser Notiz dauert. Zur Verlängerung lohnt es, einige Lösungsmöglichkeiten zu mustern.

Man kann versuchen, der Gegenwart eine zeitliche Erstreckung zu geben[1]. Das ist zwar gegen den klaren Wortlaut bei Aristoteles, aber man könnte sich ja entschließen, von ihm abzuweichen. Die Erstreckung könnte eine unteilbare, eine bestimmte teilbare oder eine unbestimmte teilbare Zeitspanne sein. Daß unteilbare Zeitspannen nichts nützen, legt Aristoteles ausführlich dar, von Z 2, 232 b 24 immer wieder bis Θ 8, 263 b 27–32. Das für unseren Zweck stärkste Argument steht an der letzten der soeben genannten Stellen, daß nämlich in einer unteilbaren Zeitspanne so wenig Bewegung ist wie in einem Zeitpunkt; eine Veränderung während dieser Zeitspanne würde sie eben mit wechselndem Inhalt erfüllen, also teilen. Eine bestimmte teilbare Zeitspanne wäre durch Zeitpunkte begrenzt, die nacheinander und doch beide gegenwärtig sein müßten. Dem aristotelischen Zeitbegriff widerspräche das durchaus; eben die Bestimmtheit der Zeitspanne gestattet, ihre Teile als getrennt und damit der Gleichzeitigkeit unfähig zu erkennen. In einer unbestimmten Zeitspanne könnte vielleicht eben diese Trennung nur δυνάμει bestehen. Dies hat Aristoteles nicht diskutiert; es mag eine für die heutige Physik fruchtbare Annahme sein. Jedenfalls führt auch diese zu Problemen, die den alsbald zu besprechenden analog sind.

Augustin[2] nimmt im 11. Buch der Konfessionen das Problem auf und löst es, indem er das Sein von Vergangenheit und Zukunft in die Seele verlegt: das Gedächtnis ist die Gegenwart der Vergangenheit, die Antizipation die Gegenwart der Zukunft. Nun werden wir gewiß der Aporie nicht entgehen können, wenn wir nicht Begriffe wie Gegenwart der Vergangenheit und der Zukunft einführen[3]. Aber ihre Einführung durch Augustin ist gerade in demjenigen ihrer Züge sowohl unaristotelisch wie für den Physiker unbrauchbar, den die neuzeitliche Geistesgeschichte oft als »Entdeckung der Subjektivität« gepriesen hat, nämlich in der Verlegung dieser Gegenwart ins Ich. Aristoteles teilt mit der naiven

[1] Vgl. zu den systematischen Problemen *Böhme*, G.: »Über die Zeitmodi«. Göttingen 1966.

[2] Hierzu verdanke ich wesentliche Belehrung einem mündlichen Referat von U. *Duchrow* und den Diskussionsbemerkungen dazu von G. *Picht*.

[3] Vgl. *Picht*, G.: »Die Erfahrung der Geschichte«, Abschn. VI. Frankfurt 1958.

Praxis der Physiker[1] die Voraussetzung, daß die Bewegungen der Dinge selbst gegenwärtig, vergangen, zukünftig sein können; er braucht also eine Gegenwart von Zukunft und Vergangenheit in den πράγματα, nicht nur in der Seele des einzelnen Menschen. Dem widerspricht nicht, daß er die Zeit als Maßzahl der Bewegung sehr vorsichtig auf die Seele (ψυχὴ καὶ ψυχῆς νοῦς) bezieht, für den Fall nämlich, daß nichts anderes als die Seele zählen kann. Man kann dies mit Wieland so deuten, daß die Bewegung außerhalb der Seele und nur ihr Gezähltwerden in der einzelnen Seele ist oder man kann gegen Wieland (S. 328[14]) die Stelle auf die Weltseele beziehen, keinesfalls sind das Früher und Später und die Bewegung nur im Bewußtsein des einzelnen Menschen.

Wir haben uns jetzt das Problem hinreichend vergegenwärtigt, um die aristotelische Definition der Bewegung studieren zu können: ἡ τοῦ δυνάμει ὄντος ἐντελέχεια ᾗ τοιοῦτον κίνησίς ἐστιν (Phys. Γ 1, 201 a 10–11). Diesen Satz in einer anderen Sprache wiederzugeben ist nicht möglich ohne eine Interpretation. Erlauben wir uns, ἐντελέχεια und δύναμις mit Wirklichkeit und Möglichkeit zu übersetzen, so sagt Aristoteles offenbar: die Wirklichkeit des der Möglichkeit nach Seienden als eines solchen ist Bewegung. Dies mag dunkel scheinen. Ross[2] versucht Licht in das Dunkel zu bringen durch die Paraphrase: »Change may now be defined as the actualization of the potential as such« und erläutert im Kommentar (S. 537): »ἐντελέχεια must here mean ›actualization‹, not ›actuality‹: it is the *passage* from potentiality to actuality that is κίνησις«. Dies erscheint mir philologisch unhaltbar: ἐντελέχεια bedeutet, soviel ich sehe, überall einen Zustand und nicht den Übergang in diesen Zustand; zudem wäre diese Definition zirkelhaft[3], denn ›passage‹ ist doch sicher eine Form von

[1] Ich kann hier nicht darlegen, inwiefern die Relativitätstheorie, entgegen einer verbreiteten Meinung, diese Tatsache unberührt gelassen hat. Vgl. dazu II, 1.

[2] *Ross*, W. D. (ed): »Aristotele's Physics«, S. 359. Oxford 1936.

[3] Die entsprechende Kritik übt schon *Thomas* (*Maggiolo*, Ph. M. (ed.): »S. Thomae Aquinatis in octo libros physicorum Aristotelis expositio«, S. 144. Turin 1954) an analogen Definitionsversuchen, die sich freilich nicht als Übersetzung des *Aristoteles* verstehen (»motus est exitus de potentia in actum non subito«; dazu *Thomas:* »qui in definiendo errasse inveniuntur, eo quod in definitione motus posuerunt

›change‹. Ebensowenig kann die Definition eine Koexistenz von δύναμις und ἐντελέχεια während der κίνησις meinen[1]. Das ᾗ τοιοῦτον bliebe unerklärt und es käme eine Symmetrie zwischen Möglichsein und Verwirklichtsein in die Definition, von der der Wortlaut nichts zeigt; die ἐντελέχεια ist offensichtlich die des δυνάμει ὄν, oder, wie Wieland (l. c. S. 298[25]) zutreffend sagt: »hier werden die Modalkategorien aufeinander und stufenförmig angewendet«[2]. Als hätte Aristoteles alle diese Mißverständnisse vorhergesehen, scheidet er zwei Bedeutungen von Wirklichkeit (hier, im lockeren Wechsel mit ἐντελέχεια, durch ἐνέργεια bezeichnet): »Entweder ist nämlich der Hausbau (ἡ οἰκοδόμησις) die Wirklichkeit des Erbaubaren (τοῦ οἰκοδομητοῦ) oder das Haus (ἡ οἰκία). Aber wenn es ein Haus ist, ist es nicht mehr erbaubar. Erbaut jedoch wird das Erbaubare; notwendig also muß der Hausbau seine Wirklichkeit sein.« (201 b 10–13) Offensichtlich ist hier die Wirklichkeit des der Möglichkeit nach Seienden nicht das Resultat der Bewegung, sondern eben genau die Bewegung selbst[3].

Bewegung, der Grundbegriff der Physik, wird also auf das Begriffspaar δύναμις-ἐντελέχεια zurückgeführt. Dieses Begriffspaar scheint demnach ursprünglicher als der Begriff der Bewegung, oder mindestens gleichursprünglich zu sein. Was bedeuten nun diese beiden Begriffe selbst, und was bedeutet ihre eigentümlich iterierte Anwendung in der Bewegungsdefinition? Eine Interpretation des Buches Θ der Metaphysik, die hier nötig würde, würde diese Notiz sprengen. Uns muß ein einzelner Gesichtspunkt genügen.

Die Möglichkeit, δύναμις, hat, wie man sie auch näher bestim-

quaedam quae sunt posteriora motu: exitus enim est quaedam species motus ...«).

[1] So M. *Schramm*, l. c. S. 106: »... wäre dann mit δυνάμει ὄν das bezeichnet, was noch nicht verwirklicht ist, mit ἐντελεχείᾳ ὄν das Verwirklichte ... δυνάμει ὄν und ἐντελέχεια fielen also genau während der Bewegung zeitlich zusammen, und es ergäbe sich eine nicht ungeschickte Definition ...«

[2] Vgl. auch 201 b 31–33: ἥ τε κίνησις ἐνέργεια μὲν εἶναί τις δοκεῖ, ἀτελὴς δέ · αἴτιον δ'ὅτι ἀτελὲς τὸ δύνατον, οὗ ἐστιν ἐνέργεια.

[3] Die älteren Ausleger sind hierüber im klaren. Vgl. vor allem die sehr genaue Interpretation bei *Brentano*, F.: »Von der mannigfachen Bedeutung des Seienden nach Aristoteles«, IV. Kap., 2. Aufl., Darmstadt 1960.

men mag, mit der Zukunft zu tun. Der Same ist δυνάμει ein Mensch[1], d. h. vielleicht wird er einmal ein Mensch sein. Wenn er überhaupt Mensch ist, dann in Zukunft. Die Zukunft aber ist ungewiß, deshalb nur vielleicht. Die δύναμις aber ist nicht schlechthin die Zukunft, sondern gleichsam das, was von der Zukunft jetzt schon da ist, also in gewissem Sinne gerade die Gegenwart der Zukunft. In Zukunft wird – vielleicht – ein wirklicher Mensch da sein. Falls er aber da sein wird, so ist jetzt schon etwas da, was eben das Ding ist, das in Zukunft der Mensch sein wird, nämlich der Same. Aber der Same ist noch nicht Mensch, er ist eben nur die Möglichkeit zu einem Menschen. Er ist die Weise, in der das Noch-nicht Jetzt sein kann: er ist die Gegenwart der Zukunft. Dies aber ist er nicht als das, was er aktuell, ἐνεργείᾳ, jetzt ist, als Samentröpfchen, sondern nur insofern er δυνάμει etwas anderes ist, eben Mensch.

Ein kurzer Exkurs sei gestattet. Es ist offenbar überflüssig, zur Interpretation dieses δύναμις-Begriffs ein »teleologisches Weltbild« zu verwenden[2]. Notwendig ist nur, daß es überhaupt so etwas wie Gegenwart der Zukunft gibt, logisch gewendet, daß Schlüsse von der Gegenwart auf die Zukunft möglich sind. Aristoteles gebraucht hierfür die teleologische Sprechweise erstens, wo sie sich auch uns Heutigen noch aus den Phänomenen heraus aufdrängt, wie in der Biologie, und zweitens oft als Ausdruck der großen Zusammenhänge, die wir heute gerne durch die Geltung universeller Naturgesetze beschreiben. Das entscheidende Phänomen ist aber nicht die Sprechweise oder das Weltbild, sondern die Einheit der Zeit (vgl. Picht l. c.), also, in unserem jetzigen Problem, eben das Gegenwärtigsein von Zukunft.

Die δύναμις nun kann dem, was sie zu werden vermag, näher oder ferner stehen. So gibt es die δύναμις zu einem bestimmten Wissen bei dem, der es nicht hat, aber lernen kann, und bei dem,

[1] Ich erlaube mir dieses Beispiel, obwohl nach Met Θ 1049a 4 der Same »noch nicht« δυνάμει ist; hier ist schon der Unterschied im Spiel, von dem im übernächsten Absatz die Rede sein wird.

[2] Vgl. *Wieland* l. c. § 16. Ich darf jedoch vielleicht bemerken, daß der Gewinn, den der Leser aus Wielands Buch ziehen kann, nicht geschmälert wird, wenn er den Gegensatz von Sprachanalyse und metaphysischem Tiefsinn nicht so nachzuempfinden vermag, wie ihn der Verfasser statuiert (z. B. S. 139, 179). M. E. bleibt diese Gegenüberstellung hinter den sonstigen Einsichten Wielands zurück.

der es gelernt hat, aber nicht daran denkt (Phys. Θ 4, 255 a 33–34, und De an. 417 a 22 ff.). Es kann auch ein δυνάμει ὄν geben, das etwas Bestimmtes zwar werden könnte, aber, bisher wenigstens, sich nicht anschickt, es zu werden; etwa ein Stein, der fallen könnte, aber so fest liegt, daß er nicht fällt; der Same vor der Begattung; der begabte Faule, der nicht lernt. Hier ist die Zukunft in gewissem Sinne doch nicht gegenwärtig, sie ist »unberührte« Zukunft. Ein anderes δυνάμει ὄν aber stellt die Verbindung zur Zukunft schon her: der Stein fällt, der Same reift zum Embryo, der Schüler lernt. Dies ist die ἐνέργεια des δυνάμει ὄν ᾗ τοιοῦτον. Jetzt ist die δύναμις wirkliche, vollendete δύναμις; sie tut ihr Werk (ἐνέργεια), sie hat ihr τέλος *als* δύναμις erreicht (ἐντελέχεια). Dies ist eigentliche Gegenwart der Zukunft. Und eben dies ist κίνησις.

Die Bewegung ist also von Aristoteles gerade so definiert, daß in ihr die Einheit der Zeit zum Ausdruck kommt. Die Bewegung kann in der Tat nur ἐν χρόνῳ und gleichwohl jetzt sein, insofern im Jetzt ein zukünftiger χρόνος gegenwärtig ist; die Weise dieser Gegenwart ist die δύναμις, und das Wirklichsein dieser δύναμις ist die Bewegung.

In dieser Formel scheint noch die Zukunft vor der Vergangenheit bevorzugt. Wo ist die Gegenwart der Vergangenheit? Nun ist ja in der Tat das Verhältnis von Zukunft und Vergangenheit nicht symmetrisch; die Sprache drückt dies unübertrefflich und unumschreibbar aus, indem sie sagt, das eine wird sein, das andere aber ist gewesen. Diese Unsymmetrie ist im Begriffspaar δύναμις – ἐνέργεια, im Begriff des τέλος und ἀγαθόν, auch im ὅθεν ἡ κίνησις ausgedrückt und soll nicht eliminiert werden. Aber des Aristoteles Lehre vom sachlichen und zeitlichen Primat der ἐνέργεια vor der δύναμις (ἄνθρωπος γὰρ ἄνθρωπον γεννᾷ) stellt ein Gleichgewicht her. Vorhandene ἐνέργεια setzt entweder ewiges Sein, wie bei Gott, oder vorangeganges Werden voraus. Gewordene ἐνέργεια ist notwendig für neue δύναμις; der Same ist Same für einen zukünftigen Menschen, aber er muß Same eines erwachsenen Menschen sein. Der Erwachsene ist die Gegenwart des vergangenen Wachstums als Resultat, also die Gegenwart vergangener δύναμις, insofern sie als κίνησις wirklich wurde, in der Gestalt der Vollendung, der ἐντελέχεια μὴ τοῦ δυνάμει ὄντος ἀνθρώπου, ἀλλὰ τοῦ ἀνθρώπου ἁπλῶς. Insofern setzt die Gegenwart der Zukunft die Gegenwart der Vergangenheit voraus.

Zum Abschluß muß sich der Verfasser fragen, ob Aristoteles all dieses so, und zwar explizit so, gedacht habe. Der Interpret, der selbst philosophiert, ist ja der Gefahr der gewaltsamen Interpretation stets ausgesetzt. Das Erlebnis, daß Aristoteles mir sehr oft verständlicher ist als es die Schwierigkeiten sind, die seine modernen Ausleger in ihm finden, ist eine Ermutigung, mag aber auch eine Fehlerquelle sein. Immerhin möchte ich mich zu einem in dieser Notiz angewandten Auslegungsprinzip ausdrücklich bekennen. Ich hätte mich nicht dem Studium der antiken Philosophie zugewandt, wenn ich nicht in den begrifflichen Traditionen der neuzeitlichen Physik und Geisteswissenschaft und der neuzeitlichen Philosophie auf Unbegreiflichkeiten gestoßen wäre, die ich nur im Rückgang auf ihre historischen Quellen zu verstehen hoffen konnte. In der Tat scheinen mir die großen Fortschritte der Neuzeit wie die Entstehung der exakten Naturwissenschaft, die Ausprägung der Subjektivität und das Wachstum eines historischen Bewußtseins mit bestimmten Verengungen der Fragestellung und der Begrifflichkeit – schärfer gesagt, mit fortschreitender Seinsvergessenheit – bezahlt. Wer an einer Stelle der neuzeitlichen Probleme, z. B. in der Physik, nach den Grundlagen fragt, der entdeckt dieselben Strukturen wieder, die die griechischen Philosophen schon einmal, wenngleich unter anderem Blickwinkel, entdeckt haben. Deshalb mag eigene Arbeit an den heutigen Problemen das Verständnis für Platon und Aristoteles erleichtern, und vice versa.

IV, 5. Parmenides und die Graugans

Geschrieben 1970, bisher unveröffentlicht. Die in III, 4 unternommene Konfrontation des Speziesbegriffs der heutigen Biologie mit der platonischen Philosophie, die dort der Erläuterung der Biologie dienen sollte, wird hier mehr der Platoninterpretation dienstbar gemacht. Es soll gezeigt werden, daß Platon in seiner kritischen Analyse der Ideenhypothese im Parmenides-Dialog von genau den Problemen spricht, die sich auch uns stellen.

Moderne Leser Platons, die zu verstehen suchen, was er sich unter einer Idee vorstellt, haben in einer frühen Phase der Lektüre gelegentlich die unvollständige Erleuchtung: »Ach so, er meint damit einen Begriff.« Dann folgt der übliche Vorwurf, er habe aus Begriffen Pseudo-Dinge gemacht. Mir liegt entscheidend daran, daß der heutige Wissenschaftler einsieht, daß er nicht weiß, was er selbst sich unter einem Begriff vorstellt. Dies kann am Begriff der biologischen Spezies ziemlich gut illustriert werden (III, 4 und Abschnitt 1 des vorliegenden Aufsatzes; vgl. die Fußnote S. 443), nötigt uns aber natürlich zu einem Ausflug in die Logik (Abschnitt 3). Man kann dann verstehen lernen, daß Platons Ideenlehre ein Versuch ist, zu zeigen, was man sich unter einem Begriff vorstellen soll. Wenn die Kybernetik der Wahrheit sinnvoll sein soll, so muß dies auch in der Ebene der Kybernetik dargestellt werden können. Mit dieser Anknüpfung endet Abschnitt 4, ohne jedoch die hier auftauchenden Probleme, die in III, 5 hineinführen würden, noch zu durchlaufen.

1. Wovon die Rede sein soll

Im letzten Buch der Politeia führt Platon das ein, was wir »Ideen von Dingen« nennen können. Als Beispiele wählt er die Lagerstatt (klinē, auf der man bei Tisch liegt) und das Zaumzeug (Zügel und Zaum). Jedes dieser Geräte (skeuē) tritt in drei Stufen auf, von denen jeweils die untere eine Darstellung (mimesis) der nächsthöheren ist. Es gibt die Idee des Geräts, es gibt die Geräte, die wir sehen und anfassen können, und es gibt bildliche Darstellungen solcher

Geräte. Am Beispiel der Lagerstatt erläutert er, daß es drei Meister gibt, die je eins der drei machen. Der Gott hat die Idee der Lagerstatt gemacht, der Tischler macht die Lagerstätten unseres Gebrauchs, und der Maler malt Bilder von ihnen. Am Beispiel des Zaumzeugs erläutert er, daß es drei Kunstfertigkeiten gibt, die mit ihm zu tun haben: den Gebrauch durch den Reiter, die Herstellung durch den Sattler, die Abbildung durch den Maler.

Wie kann man die Parallelität begreifen, in welche hier offensichtlich der Gott und der Reiter gerückt sind? Ich verdanke Georg Picht die von ihm im Gespräch geäußerte Deutung: Der Reiter weiß im Lebensvollzug diejenige Struktur der Welt, die gestattet, daß Pferd und Mensch in der Beziehung zueinander sind, die wir Reiten nennen, und er weiß, wie diese Beziehung ermöglicht wird durch das Gerät des Zaumzeugs; kurz er weiß die Funktion des Zaumzeugs. Daß es eine solche Funktion geben kann, beruht auf Körperbau und seelischer Anlage der in ihre Umwelt passenden Lebewesen Pferd und Mensch. Dieses Strukturgefüge hat – so drückt sich der hier vorweg zitierte Mythos des Timaios aus – der Schöpfergott gemacht. Er hat damit die Möglichkeit der Funktion des Zaumzeugs gemacht, und eben diese Möglichkeit ist es, die Platon terminologisch als die Idee des Zaumzeugs bezeichnet.

Konrad Lorenz hat ein analoges Beispiel aus der modernen Wissenschaft gegeben. Die Graugans, die der Zoologe und Verhaltensforscher beschreibt, kommt so, wie er sie beschreibt (als »Idealtypus« in Körperbau und Verhalten), in der Erfahrung nie genau vor. Auf eben diesen Idealtypus aber bezieht sich die Wissenschaft, nur von ihm ist Wissenschaft möglich. Der Grund liegt nach Lorenz in den darwinistisch beurteilten Lebensbedingungen des Tieres. Die Graugans paßt nach Körperbau und Verhalten in eine bestimmte »ökologische Nische«. Der Idealtypus beschreibt die optimal dieser Nische angepaßte Gans, um deren Eigenschaften die empirisch vorfindlichen Gänse in einer von anderen Parametern abhängigen Verteilung spielen. Anschließend an die Pichtsche Deutung können wir behaupten, das Wort »Idealtypus« beziehe sich gerade in seinem funktionalen Sinn auf die platonische Idee des Dings, hier der Gans.

Die Lorenzsche Darstellung läßt sich noch in einer wichtigen Richtung ergänzen (ich verdanke hierfür Wesentliches einer brieflichen Diskussion mit Otto v. Helversen). Die ökologische Nische determiniert den Typus der Graugans nicht vollständig[1]. Weitgehend analoge ökologische Nischen können von ziemlich verschiedenen Lebewesen ausgefüllt werden; man vergleiche etwa die Spezialisierungen der Darwin-Finken auf den Galapagos-Inseln und der Beuteltiere in Australien mit den entsprechenden Tieren auf den großen Kontinenten. Der Genetiker würde sagen: Der Chromosomensatz definiert den Phänotypus des Individuums bis auf individuelle Schwankungen und ist insofern eine materielle Realisierung des Genotypus, der als »platonische Idee des Phänotypus« gelten kann. In nächster Näherung sondert dann außerdem die Selektion in der ökologischen Nische unter den vielen möglichen Genotypen einen als den »besten«, als die platonische Idee von genetisch nah verwandten Genotypen in dieser Nische aus. Diese noch zu kurz gefaßten Bemerkungen zeigen die Komplikation, in die man notwendigerweise gerät, wenn man solche Gedanken im einzelnen durchführen will. Diese Komplikation ist gerade dann unvermeidlich, wenn der Grundgedanke richtig ist, daß die platonischen Ideen von Dingen die diese Dinge ermöglichenden Strukturen der Welt sind; denn diese Strukturen sind kompliziert. Was ist aber von diesem Grundgedanken zu halten, in der doppelten Hinsicht: trägt er zur Platoninterpretation bei, und trägt er bei zur Philosophie der modernen Naturwissenschaft?

Für ein Studium der platonischen Philosophie um ihrer selbst

[1] Ich bin verschiedentlich von Biologen auf die zu simplifizierende Darstellung des Speziesproblems hier und in III, 4 angeredet worden. Ich habe offensichtlich versäumt zu sagen, Antwort auf welche Frage diese Darstellung ist. Der Speziesbegriff, der in der Praxis ständig benützt wird, also offenbar pragmatisch zweckmäßig ist, ist andererseits theoretisch ganz unausgewiesen. Die Definition, alle kreuzbaren Organismen gehörten zu einer Spezies, wird teils (z. B. bei Pflanzen, wo feinere Einteilungen noch als Spezies zählen) nicht eingehalten; außerdem ist sie prinzipiell unzureichend, da, wenn A, B, C drei geographische Varietäten sind, A mit B sowie B mit C kreuzbar sein kann, A mit C aber nicht. Der Begriff ist also im logischen Sinne nicht transitiv und schafft so gar keine Klasseneinteilung. Es fragt sich nun, warum der Speziesbegriff trotzdem so nützlich ist. Hier bietet der Hinweis auf die Selektionstheorie mit dem Begriff der ökologischen Nische wenigstens eine rohe Erklärung. Davon, daß dies überhaupt möglich ist, gehe ich in III, 4 und hier aus, und mehr soll nicht behauptet werden. Die platonischen »Ideen von Dingen« müssen nach Platons eigener Lehre eine ähnliche Unschärfe zeigen wie der Speziesbegriff.

willen erscheinen die Ideen von Dingen zunächst nicht als geeigneter Ausgangspunkt; eine Betrachtung, wie wir sie soeben angestellt haben, würde für ein solches Studium, wie man es meist auffaßt, zu Anfang höchstens das psychologische Hemmnis wegräumen, das in der uninformierten Meinung liegt, die Ideenlehre Platons sei überholt und habe uns nichts mehr zu sagen. Im Aufbau fast aller seiner Schriften ebenso wie in der Zeitfolge seiner gesamten Schriftstellerei wählt Platon selbst als Ausgangspunkt die ethischen und politischen Fragen und schreitet rasch fort zu den zentralen Fragen nach dem Sein, dem Wissen, dem Guten selbst. Als Teilschritt dieses Fortschreitens werden die Ideen eingeführt, und zwar alsbald – und natürlicherweise – die höchsten Ideen. Mathematische Beispiele dienen als Diskussionsmodelle, das Hauptlicht aber fällt auf Ideen wie das Gleiche, das Gerechte, das Schöne. Ein weiterer Denkschritt ist die Rückfrage danach, was man denn eigentlich mit diesem Teilschritt getan habe. Dieser Rückfrage stellt sich der vorige Schritt, den sie kritisch betrachtet, als »Ideenhypothese« dar, während sie selbst erst die »Ideenlehre«, d. h. die Lehre davon, was Ideen sind, einleitet (mit dieser methodischen Unterscheidung folge ich der Sprechweise von Klaus Meyer-Abich). Ein Teil der Ideenlehre muß die Frage sein, wovon es denn Ideen gibt und wovon nicht, und der Gedanke der Ideen von Dingen tritt hier notwendig auf. Was dieser Gedanke bedeutet, läßt sich offenbar erst im Rahmen einer voll entfalteten Ideenlehre sagen.

Trotzdem sollte es möglich sein, der Frage nach den Ideen von Dingen einen methodisch deutlichen Ort als Ausgangspunkt eines Durchgangs durch die platonische Philosophie zu geben, wenn man diesen Durchgang als Projektion des Höhlengleichnisses auf die Naturwissenschaft stilisiert. Hierin liegt, philologisch gesagt, ein Ansatz zur Interpretation des Verhältnisses zwischen den drei Dialogen Politeia, Parmenides und Timaios. Die Gefangenen in der Höhle halten die Schatten an der Wand für das Wirkliche (ich folge hier in freier, verengender Auslegung, für die ich selbst verantwortlich bin, einer Erklärung des Gleichnisses durch Picht). Die Schatten an der Wand sind in naturwissenschaftlicher Projektion die Weise, wie sich die Dinge der Welt unseren Sinnen darstellen. Die Umwendung der ganzen Seele, mit der die Philosophie beginnt, ist in dieser Projektion die Erkenntnis, daß auch das physisch Wirkliche etwas anderes ist als seine sinnliche Darstellung. So ist sie der Beginn der Suche nach der Wahrheit, also nach dem, was denn eigentlich das Wirkliche sein mag. Die sukzessiven Stadien, in denen sich dem Blick die Dinge in der Höhle, die Spiegelbilder außerhalb der Höhle, die Dinge außerhalb der Höhle und das Licht der Sonne selbst erschließen, können als Stadien der Antworten auf die jeweilige Rückfrage gelten, was denn eigentlich dasjenige sei, das sich im jeweils vorigen Stadium als das Wirkliche dargestellt hat. Im Verfolg dieser Rückfrage muß sich die Verengung, mit der wir angesetzt haben, selbst auflösen, denn die Möglichkeit, sich auf Naturwissenschaft zu beschränken, ist selbst ein Schein. Auf diesen Aufstieg folgt im Höhlengleichnis als Notwendigkeit, als ethische Forderung, der Abstieg zurück in die Höhle. Ihm entspricht in unserer Projektion die deduktive Naturwissenschaft, die im Timaios halb verhüllt dargestellt ist. Erst im vollzogenen Abstieg kann sich enthüllen, was physische Dinge eigentlich sind; und »was ein Ding eigentlich ist«, das heißt ja terminologisch seine Idee. So ist die Antwort auf die Frage, mit der der Aufstieg begann, aus dem Wesen der Sache heraus der systematisch letzte Schritt des Abstiegs. In knapper Schematisierung mag sich der Aufstieg in folgender Kette erläuternder Prädikationen darstellen: »Womit spielt dieses Kind?« Mit einem Ball. »Was ist ein Ball?« Eine sinnlich gegebene Kugel. »Was ist eine Kugel?« Eine mathematische Idee. »Was ist eine Idee?« Ein wahres, gutes Eines. »Was ist Eines?« Lies den Parmenides!

Folgen wir der Aufforderung des letzten Satzes! Anaxagoras hatte, wie Sokrates im Phaidon erläutert, zwar unternommen, alles, was ist, aus dem Geist (Nus) zu begreifen. Aber er war mit diesem Unternehmen sich selbst nicht treu geblieben. In seinen Einzelerklärungen führte er die Erscheinungen in materieller Kausalität auf Prinzipien zurück, die selbst von der Art der Erscheinungen sind. Aus Klazomenai, der Heimat des Anaxagoras, kommt nun eine philosophische Delegation nach Athen, um das Gespräch kennenzulernen, das einst Parmenides mit Sokrates über das Eine, also über das höchste Prinzip aller möglichen Erklärungen geführt hat. Sie treffen Platons Brüder Adeimantos und Glaukon, die Unterredner des Sokrates in der Politeia; ebenso wie in der Rahmenerzählung des Timaios, nur noch leiser, weist hier der Verfasser darauf hin, daß nun die Problematik der

Politeia wieder aufgenommen werden soll. Sie führen die Klazomenier zu ihrem Halbbruder Antiphon, der einst jenes Gespräch memoriert hat, sich jetzt aber in standesgemäßer Weise nur noch für Pferde interessiert. Soeben gibt er dem Sattler ein Zaumzeug in Reparatur und wendet sich dann den Gästen zu. Dies ist, wie Picht bemerkt, ein Wink, daß in diesem Dialog dasjenige repariert wird, was durch das Zaumzeug repräsentiert ist. In der Tat besteht das Gespräch, von dem Antiphon dann berichtet, aus zwei Teilen, die man als Präludium und Fuge bezeichnen kann; das Präludium kritisiert die Ideenhypothese, ist also eine Einleitung zur Ideenlehre, und die Fuge behandelt den Grundbegriff der Ideenlehre, das Eine.

Das Präludium wirft nur Fragen auf. Die Antworten werden weder im Präludium noch in der Fuge gegeben. Wären die Fragen nach Platons Meinung unbeantwortbar gewesen, so müßte man folgern, Platon habe spätestens mit diesem Text die Ideenhypothese aufgegeben. Nichts in seinem Werk und in der Überlieferung spricht für diese Deutung. (Selbst wenn die »Ideenfreunde« im Sophistes eine ältere Ansicht Platons aussprächen, was ich bezweifle, so enthielte dieser Dialog doch nur eine Neufassung der Ideenhypothese und nicht den Verzicht auf sie.) Dann müssen wir folgern, daß Platon dem Leser zumutete, die Antworten selbst zu finden, oder allenfalls, sie in anderen Dialogen zu finden. Die Behauptung des Parmenides, vor der Antwort müsse die Gymnastik durchgemacht werden, von der die Fuge ein hervorgehobenes Beispiel gibt, ist unmittelbar einleuchtend. Wenn jede Idee wahr, seiend, gut und eine ist, wenn Wahrheit und Sein vom Guten ausstrahlen wie Licht und Wachstum von der Sonne und wenn das Gute mit dem Einen gleichzusetzen ist, so führt die Frage: »Was ist eine Idee?« letzten Endes zurück auf die Frage: »Was ist das Eine?« Diese Frage ist darum von besonderer Art, weil es einen weiteren Rekurs auf ein X, von der Form der Prädikation »Das Eine ist X«, nicht mehr geben kann. Es wäre absurd, anzunehmen, man könne einem Menschen, der dieses Problem des Einen nicht durchdacht hat, sagen, was eine Idee ist; was immer man ihm sagen würde, er könnte es nicht verstehen.

Vorher ist es nur möglich, den Blick und Schritt des Denkens in einer bestimmten Richtung einzustellen, in der sich beim Weitergehen mehr und mehr zeigen wird. Dies ist die philosophische

Funktion aller platonischen Dialoge. Der Gesprächspartner des Sokrates (bzw. des »Eleaten« oder hier des Parmenides), d. h. der Leser, für den er steht, beginnt mit einem Wissen, wie Menschen es zu haben pflegen. Dieses Wissen wird ihm erschüttert und, soweit der Dialog didaktisch ist, auch erläutert durch den Rückgriff auf ein systematisch höheres Wissen, das ihm ebenfalls, wenn auch vielleicht unklar, verfügbar oder erweckbar ist. Dieses höhere Wissen wird oft in den Schlußaporien nochmals erschüttert, um auf die Notwendigkeit noch weiterer Rückfrage hinzuweisen; gleichwohl dient es seiner Aufgabe in dem vorangehenden Gedankengang in positiver Verwendung. Dergleichen ist möglich wegen der Gliederung des »Ideenreichs«, das einen sukzessiven Aufstieg gestattet.

Im folgenden versuche ich, unter Verzicht auf die Dialogform, einen platonischen Dialog für moderne Naturforscher zu schreiben. Das Vorwissen, das kritisiert und erläutert werden soll, wird repräsentiert durch einen einfachen, scheinbar unproblematischen Begriff; ich wähle dafür, an Lorenz anschließend, die Graugans. Das systematisch höhere Vorwissen, auf das Kritik und Erläuterung zurückgreifen, ist die allgemeine Begrifflichkeit der heutigen Naturwissenschaft. Es soll gezeigt werden, daß der betrachtete Begriff einen Ort in dieser Begrifflichkeit hat, der genau durch Platons Beschreibung der Idee gekennzeichnet werden kann. Dies geschieht, indem die Fragen des Präludiums des Parmenides auf die Idee »Graugans« angewandt und durch die Begrifflichkeit der Naturwissenschaft beantwortet werden. Natürlich ist damit nicht gezeigt, daß Platon genau dies mit Ideen – seien es auch die speziellen Ideen von Dingen – gemeint habe. Dazu müßte man vielmehr die Begrifflichkeit der Naturwissenschaft nun selbst einer Kritik unterwerfen, die erst dazu führen könnte, sie an die Kritik aller Begrifflichkeit in der Fuge des Parmenides anzuschließen.

2. Die Idee der Graugans

Der Leser wird nunmehr aufgefordert, einen Text des platonischen Dialogs »Parmenides« vor sich zu legen und seinen ersten Teil, eben das Präludium (S. 126a bis 135c), mit den nachfolgenden Überlegungen als einem Kommentar zusammen zu lesen.

Die knappe Rahmenerzählung (bis 127a) haben wir schon besprochen. Nun ist die Rede von der Schrift Zenons, aus der die berühmten Paradoxien der Bewegung stammen, die wir hier nicht erörtern wollen. Sokrates, als begabter junger Mann vorgestellt, weist darauf hin, daß diese Paradoxien vermieden werden können, wenn man die Sinnendinge von ihren Ideen unterscheidet; auch darauf gehen wir hier nicht ein. Parmenides lobt den Sokrates für den guten Anfang, den er in der Philosophie gemacht hat. Es wird ihm unterstellt, daß er die Ideenhypothese selbst gefunden habe (130b) und zugleich wird klar, daß Parmenides und Zenon diese Hypothese längst kennen, aber auch die ihr anhaftenden Schwierigkeiten. Mit diesem Passus soll unsere Betrachtung beginnen.

Zunächst eine Frage zum historischen Sachverhalt. Man lernt in der Philosophiegeschichte, die Ideenhypothese sei eine Erfindung Platons, die weder dem historischen Sokrates noch gar dem historischen Parmenides in den Sinn gekommen sei. Wenn Platon sie hier diesen beiden in den Mund lege, so sei dies nur ein schriftstellerischer Kunstgriff. Akzeptieren wir diese in einem buchstäblichen Sinne gewiß richtige Ansicht, so fragt es sich, warum Platon diese Verhüllung wählt.

Hierauf versuchen wir mit einem Auslegungsprinzip zu antworten, das wir im folgenden noch oft anwenden werden, und das sich nur durch den Erfolg rechtfertigen kann. Es möge das Prinzip der Wahrheit des Behaupteten heißen. Man kann es etwa so aussprechen: Zu jeder Behauptung, die Platon einer seiner Figuren in den Mund legt, gibt es eine Deutung, in der verstanden die betreffende Behauptung nach Platons eigener Ansicht wahr ist. Die zunächst auftretenden Unrichtigkeiten, die von Platon oft genug im Verlauf des Dialogs selbst nachgewiesen oder wenigstens in durchsichtiger Weise bloßgestellt werden, sollen vom Leser selbst durchschaut werden, um alle zu kurzschlüssigen Auffassungen des behandelten Themas gleichsam abzuschälen. Diejenige Deutung der jeweiligen Behauptung, die zuletzt als inhaltlich wahr übrigbleibt, ist zugleich ihre Deutung im Sinne der platonischen Philosophie. Die Arbeit des Abschälens falscher oder unvollständiger Deutungen ist zugleich die Arbeit des Aufstiegs zu den Prinzipien der Philosophie. Diese Arbeit entspricht genau der Struktur der Ideenlehre selbst. Jede in einem platonischen

Dialog überhaupt zur Diskussion zugelassene Behauptung ist eine Darstellung (mimesis) der Wahrheit; diese Wahrheit selbst wird in der Deutungsarbeit herausgeschält. Dieses Auslegungsprinzip ist in der Deutungspraxis uralt. Ich verdanke seine scharfe Fassung dem leider unveröffentlichten Laches-Kommentar von Picht, in dem gezeigt wird, daß die in jenem Dialog vorgebrachten Definitionen der Tapferkeit von Laches und Nikias wörtlich auf die endgültige Definition der Tapferkeit im vierten Buch der Politeia bezogen sind und erst von dort her ihren eigentlichen Sinn erhalten. Für die jetzige Untersuchung schlage ich nicht mehr vor, als dieses Prinzip als eine Arbeitshypothese zu benutzen.

Wenden wir das Prinzip auf unsere historische Frage an, so müßte es eine Deutung der Ideenlehre geben, nach der es richtig wäre, zu sagen, Sokrates und Parmenides hätten diese Lehre schon besessen. In einem mehr formalen Sinn ist dies nun fast selbstverständlich. Wenn die Ideenlehre die eigentliche Philosophie ist, und wenn Sokrates und Parmenides, die beiden von Platon höchstverehrten Lehrer, wahre Philosophen waren, so haben sie das, wovon die Ideenlehre handelt, im Kern schon gewußt. Nur: wie haben wir diesen Kern auszusprechen? Eben dies werden wir nach Platons Überzeugung gewiß nicht vermögen, ehe wir den ganzen Dialog »Parmenides« gedanklich durchvollzogen haben. Im jetzigen Stadium können wir dafür nur Winke finden.

Aristoteles berichtet, Sokrates habe die Frage gestellt, was dies oder jenes (etwa die Gerechtigkeit) eigentlich ist (ti esti), Platon aber habe die Antwort auf diese Frage zu einem eigenen Seienden, eben der Idee, gemacht. In einer banalen Fassung der Philosophiegeschichte wird daraus, Sokrates habe den Begriff gefunden, Platon aber habe den Begriff zur Idee hypostasiert. Besser würde man sagen, Platon habe die Frage: »Was ist ein Begriff?« thematisiert. Gerade das ist ja keineswegs klar, was Worte wie »Begriff«, wie »Name«, wie »die« Gerechtigkeit, wie »das Wesen der Sache« eigentlich bezeichnen. Will man aber dem Sokrates keine allzutiefe Unklarheit über sein eigenes Verfahren unterstellen, so muß man ihm selbst schon die Frage danach zuschreiben, was er mit seinem Verfahren eigentlich tue. Damit schreiben wir ihm aber genau dann eine Kenntnis der Ideenlehre in gewissem Sinne zu, wenn wir mit dem, was ihn Platon im Menon sagen läßt, glauben, daß man nur fragen kann, was man in gewissem Sinne schon weiß. Die Antwort auf diese sokratische Frage aber kann, wenn wir im Abschnitt 1. auf der richtigen Spur waren, nur durch einen Rückgang auf das Eine gegeben werden. Glauben wir, daß Parmenides gewußt hat, wovon er sprach, wenn er vom Einen sprach, so besaß eben Parmenides den Schlüssel zu der Tür, deren Klinke Sokrates ergriff. Für die Frage, was Parmenides wirklich gelehrt hat, verweise ich auf Pichts Aufsatz über ihn (s. S. 477).

Wir wenden uns nun zur Sache und unterwerfen uns der Bedingung, diese Sache streng nach Gesichtspunkten der heutigen Naturwissenschaft zu erörtern.

Parmenides statuiert die Frage in dem Satz: »Und sage mir, hast du selbst so unterschieden wie du sagst, daß getrennt seien auf der einen Seite gewisse Gestalten selbst, getrennt auf der anderen Seite das, was an ihnen teilhat? Und etwas scheint dir die Ähnlichkeit selbst zu sein getrennt von dem was wir an Ähnlichkeit haben ...« (130b 1–4). Ich muß hier zunächst meine Übersetzung erläutern. Für »eidos« will ich im folgenden so wie hier stets »Gestalt« sagen; das deutsche Wort fließt in einen Text ebenso mühelos und ohne den Beiklang vorweg fixierter Terminologie ein wie das griechische. Eben dies ist wichtig, denn Platon schöpft ja seine Sprechweise bewußt aus der Umgangssprache. Für »idea« will ich im folgenden stets »Gestaltung« sagen, ein etwas plumpes Wort, das nur den Vorteil hat, ebenso ohne klare Abgrenzung an »Gestalt« anzuschließen wie im Griechischen »idea« an »eidos«. Jeder Versuch, an irgendeiner Stelle des Textes den dort gemeinten Sinn der vieldeutigen Wörter durch paraphrasierende Übersetzung noch besser zu treffen, würde vielleicht eine vom Verfasser gemeinte Nuance verwischen, die gerade im durchgehaltenen Gebrauch derselben Worte an verschiedenen Stellen liegen könnte. Mit »auf der einen Seite – auf der anderen Seite« überbetone ich das »men – de« Platons. »Ähnlichkeit« ist die gängige Übersetzung von »homoiotes«. »Getrennt« steht für »choris«.

Die rhetorische Emphase dieser Frage liegt im dreimaligen »choris«. Die Gestalten sind etwas, getrennt von den Dingen, die die Gestalt haben, ja die Gestalt selbst ist etwas, getrennt von dem, was das Ding von dieser Gestalt an sich hat. Genau so meint Lorenz den Idealtypus der Graugans. Weder ist er eine der vielen Graugänse, noch ist er das an »Graugänsigkeit«, was irgend eine empirische Graugans faktisch an sich hat; er ist nicht einmal ein statistisches Mittel der empirischen Graugänse. Was aber ist er dann? Das sollen wir artikulieren. Wir wissen die Antwort schon im Prinzip. Er ist die Gesetzmäßigkeit, welche Graugänse möglich macht. Gehen wir also weiter im Text, um so, sei es Platon, sei es den Begriff der Gesetzmäßigkeit, besser zu verstehen.

Zuerst fragt Parmenides, wovon Sokrates Gestalten zu statuieren bereit ist. Locker hebt er drei Gruppen durch Beispiele hervor:

1. das Gerechte, das Schöne, das Gute,
2. der Mensch, das Feuer, das Wasser,
3. Haar, Lehm, Schmutz.

Die Liste ist unvollständig, z. B. fehlen die mathematischen Begriffe, von denen aber vorher schon die Rede war. Die Liste ist eine Reihe absteigender Evidenz für den jungen Sokrates. Die hohen Werte sind fraglos eigene Gestalten. Der Mensch, als physisches Wesen mit den Elementen zusammengestellt, gibt das Beispiel des problematischen Gedankens einer auf den Gestalten beruhenden Naturwissenschaft. Ratlos ist Sokrates gegenüber der dritten Gruppe, welche im Verfolg der Werthaftigkeit ebenso zu verwerfen, wie im Verfolg der Naturwissenschaft aufzunehmen wäre. Parmenides vertröstet ihn auf die ihm noch bevorstehende Vorurteilsfreiheit philosophischer Reife. Die Vorurteile der heutigen Naturwissenschaft liegen in der umgekehrten Richtung. Das Gerechte, Schöne, Gute erscheint ihr subjektiv, während sie ohne Mühe zur Gestalt der Graugans die der Feder, zur Gestalt des Menschen die des Haars, zur Gestalt der Elemente die des Lehms fügen wird. (Schmutz definiert man manchmal als Materie am unrechten Ort; dann gibt es nur in bezug auf ein Wertsystem Schmutz). An die Stelle der Werte tritt im Darwinismus das objektive Kriterium des Überlebens. Unsere gegenwärtige Selbstbeschränkung schließt die Kritik dieses Ansatzes aus. Wir folgen hier also den Gruppen 2. und 3.

Was ist nun eine Gestalt? Drei Vorschläge werden gemacht: sie könnte in den Dingen (en hekastō), ein Gedanke (noema) oder ein Vorbild (paradeigma) sein. Alle drei Vorschläge werden widerlegt und die Erörterung endet in der Aporie. Wir müssen nun an jeden der Vorschläge drei Fragen richten: 1. was er in naiver Auffassung bedeutet, 2. warum er, so aufgefaßt, falsch ist, 3. wie er im Sinne des Prinzips der Wahrheit des Behaupteten aufrechtzuerhalten ist.

3. Die Gestalt in den Dingen und als Gedanke

»Scheint dir, wie du sagst, daß es gewisse Gestalten gibt, von denen die Dinge, die an ihnen Anteil nehmen, deren Bezeichnungen haben, so wie die an der Ähnlichkeit teilnehmenden Dinge sich als ähnlich zeigen, die an der Größe als groß, die an der Schönheit und Gerechtigkeit als schön und gerecht?« (130e4 – 131a2). Zur Übersetzung: »Dinge« steht nicht da, sondern das vage pluralische Neutrum »ta alla«, vielleicht als »all das Andere« wiederzugeben; über »Dinglichkeit« in einem engeren Sinne ist hier nichts präjudiziert. »Anteil nehmen«, »teilnehmen« ist »metalambano«, und das zugehörige Substantiv »metalepsis« will ich dann kurz mit »Anteil« übersetzen. Terminologisch ist für Platon hier die Präposition »meta« wichtig, die auch im parallel gebrauchten, meist mit »Teilhabe«, »teilhaben« übersetzten »methexis«, »metecho« vorkommt, und etwa als »mit« zu übersetzen ist. Das an der Gestalt Teilhabende »hat die Gestalt mit«. Dieses »meta« hat Aristoteles als bloßes Gleichnis, als Metapher kritisiert, der die begriffliche Schärfe abgehe. Er verwendet statt dessen, mit dem Anspruch begrifflicher Schärfe, die Präposition »en«, zu deutsch »in«, auf die Platon in unserem Text alsbald kommen wird. »Sich als ähnlich zeigen« soll »homoia gignesthai« wiedergeben. »Gignesthai« ist, wie Picht in Gesprächen oft hervorgehoben hat, nicht einfach »werden«, sondern »in Erscheinung treten«.

Die Gans Martina zeigt sich als Graugans, insofern sie an der Gestalt »Graugans« teilnimmt. Diese Ausdrucksweise wird dem heutigen Leser, vermutlich genauso wie dem Leser zu Platons Zeiten, geschraubt erscheinen. Sagt sie überhaupt etwas aus? Parmenides führt den jungen Sokrates auf das Glatteis einer ersten Deutung mit der Frage: »Meinst du nun, daß die Gestalt als ganze in jedem der vielen Dinge ist, indem sie *eine* ist, oder wie sonst?« Die spezielle Frage der Ganzheit und Einheit der Gestalt, die hier thematisiert ist, stellen wir noch zurück. Gleichsam wie eine Selbstverständlichkeit wird eingeführt, daß die Gestalt »im« teilhabenden Ding sei. Die Schwierigkeiten, die Parmenides hieraus herleitet (bis 131e7), verfolge ich hier nicht im einzelnen. Sie scheinen eine Art »Substanzmodell« der Gestalt vorauszusetzen, als würde etwa ein Ding dadurch »groß gemacht«, daß »die Größe« wie eine Materie (ein Wärmestoff, ein Krankheitsvirus) in es einträte. Sokrates bringt den guten Vergleich, daß ein und derselbe Tag überall zugleich ist; daß der Vergleich begrifflich nicht aufgeklärt ist, zeigt Parmenides, indem er den Tag mit einem über die Dinge gebreiteten Segeltuch vergleicht, von dem über jedem der bedeckten Dinge ein anderer Teil ist. Wäre das In-den-Dingen-sein der Gestalt so gemeint, so müßte es so viele Gestalten der Graugans geben wie es Graugänse gibt, und die Redeweise von »der Graugans« der Zoologen wäre sinnlos. In welchem Sinne aber können wir hier von der Wahrheit der erörterten Behauptung sprechen? Wir werden dies erst sehen können, wenn wir den Versuch gemacht haben, ihr zu entgehen.

Wir Heutigen haben hier eine etwas andere Schwierigkeit als vermutlich Platons Zeitgenossen. Die griechischen Philosophen mußten aus einer lebendig fließenden Umgangssprache die terminologischen Mittel zum Ausdruck hochabstrakter Strukturen herausheben und mußten dazu auf das Wesen der Sache reflektieren. Das Ergebnis ihrer Arbeit liegt uns in fixierten wissenschaftlichen Terminologien vor. Wir hingegen müssen uns erst wieder klarmachen, wie wenig selbstverständlich der Sinn dieser Terminologien ist. So würden wir den »geschraubten« Satz über die Gans Martina gern durch den einfacheren ersetzen: »Die Gans Martina hat die Gestalt einer Graugans« oder noch kürzer: »Martina ist eine Graugans«. Also handelt es sich hier »einfach« um den Aussagesatz mit Subjekt und Prädikat. Platons Ideen besagen nach dieser Ansicht nichts anderes als die grammatische Tatsache, daß ein Prädikat zum Subjekt eines weiteren Aussagesatzes gemacht werden kann: »Die Graugans ist monogam«. Platons Schwierigkeiten kommen dann nur daher, daß er hinter diesen schlichten logischen Formen ontologischen Tiefsinn sucht, und dies ist entschuldbar, weil er ja um die Formulierung der Logik noch rang. Der »Parmenides« ist dann eine Studie aus der Frühgeschichte der Logik. Seine Probleme aber sind für uns gelöst, denn wir wissen ja, daß Urteile die Subjekt-Prädikat-Form haben können.

Bringt man Probleme so zum Verschwinden, so tauchen sie nach einiger Zeit bösartiger wieder auf, wie ein gegen Penicillin resistent gewordener Bakterienstamm. Der Sprachrelativismus, eine scharfsinnige Lehre unseres Jahrhunderts, entdeckt, daß die fundamentale Form der aristotelischen Logik, eben die Subjekt-Prädikat-Relation, einer in den indogermanischen Sprachen ausgeprägten grammatischen Struktur entnommen ist. Andere Sprachen bedienen sich ganz anderer Strukturen. Also entstammt die uns so naheliegende Meinung, wir wüßten, was der Satz »Martina ist eine Graugans« besagt, einer sprachlichen Gewöhnung. Dreht sich nicht jede Rede in einer indogermanischen Sprache, die diesen Schein der Selbstverständlichkeit überwinden will, im Rundlauf des Gefängnishofes des Sprachgefängnisses herum, in das unsere Tradition uns gesperrt hat?

Ich habe mich mit dieser Frage in einem anderen Aufsatz auseinandergesetzt[1]. Wer auch nur begreift und sagen kann, was der Sprachrelativist meint, der spricht in einer empirischen Sprache über die Sprache und damit zugleich über andere Sprachen als die seine. Er hat das Gefängnis verlassen, indem er es beschrieb. Diese Möglichkeit hängt damit zusammen, daß man, wenn man sinnvoll über Sprache spricht, immer schon mit der Sprache über die Sachen spricht, von denen die Sprache handelt. Die Sachen, von denen die Sprache handelt, sind aber genau das, was Platon die Ideen nennt. Zu verstehen, was Sprache als Leistung ist, und die Ideenlehre verstehen ist also im Grunde dasselbe. Genau so haben Platon und Aristoteles gearbeitet: sie studierten die Sprache als Hinweis auf Gestalten und scheuten sich nicht, die Sprache gemäß den gesehenen Gestalten umzuformen.

Die Funktion des Sprachrelativismus im jetzigen Zusammenhang ist nur, uns daran zu erinnern, daß die Bedeutung der logischen Grundfiguren in gar keiner Weise selbstverständlich ist. Verstehen wir »Graugans« als Prädikat, so müssen wir versuchen zu sagen, was wir unter einem Prädikat verstehen.

Prädikate an sich, so pflegt man zu sagen, gibt es nicht. Es gibt nicht »die Graugans«, es gibt nur Graugänse. »Graugans sein«, ebenso wie »grau sein«, ist nur eine mögliche Eigenschaft von Dingen. »Grau«, »Graugans« usw. kommt als Eigenschaft an gewissen Dingen vor. Unser sprachlicher Ausdruck schiebt hier den Ausdruck der gemeinten Struktur wieder einer neuen Präposition zu, dem Wörtchen »an«. Man wird aber sagen dürfen, daß zwischen »an« und »in« nun kein wesentlicher Unterschied ist. Die Behauptung, daß es »Dinge mit Eigenschaften« gibt, ist gerade die Struktur, die mit der Ideenhypothese in den Blick gebracht wer-

[1] Vgl. I, 4.

den soll, und zwar so, daß die Möglichkeit hervorgehoben wird, sinnvoll über Eigenschaften etwas auszusagen, ohne direkt über das Ding zu sprechen, das die Eigenschaft hat. Man braucht Martina nicht zu kennen, um Zoologie der Graugans zu treiben.

Die »logische« Kritik der Ideenlehre besagt nun aber, mehr als diese Möglichkeit, ein Prädikat zum Subjekt eines neuen Satzes zu machen, sei in der Ideenhypothese gar nicht enthalten, und diese Möglichkeit sei ein logischer und kein ontologischer Sachverhalt. Diesen Einwand haben wir zu prüfen, und dazu müssen wir ihren Vertreter fragen, was er unter Logik versteht.

Eine klassische Definition bezeichnet die Logik als Lehre vom Denken, genauer von den allgemeinen Formen des Denkens. Wenn dies für unser Problem relevant sein soll, so muß der Kritiker fortfahren, wir brauchten nicht zu wissen, in welchem physikalischen oder ontologischen Sinn eine Eigenschaft »in« oder »an« einem Ding sei. Es genüge zu wissen, daß wir über Dinge und ihre Eigenschaften in den Formen des klassischen kategorischen Urteils denken und reden können. Das Problem, das die Ideenlehre zu Unrecht ontologisiere, sei ein Problem der Struktur des logischen Denkens, und in diesem Rahmen ließen sich alle scheinbaren Paradoxien der Ideen auflösen. Genau diesen Ausweg versucht Sokrates in unserem Text (132b3 – 6): »Aber, ob nicht vielleicht jede der Gestalten der Gedanke jener (nämlich der Dinge) wäre, und es der Gestalt nirgends anders zukäme innezuwohnen als in Seelen; dann wäre jede von ihnen eine und nichts vom zuvor Gesagten würde ihr zustoßen«. Ein moderner Autor würde statt »in Seelen« sagen »im Bewußtsein«. In der Tat, wenn ich »Graugans« denke, so denke ich nur *einen* Gedanken, der sich gleichwohl auf die vielen Graugänse bezieht. Die Einheit der Idee wäre also die Einheit des Gedankens.

Parmenides wird mit diesem Einwand bemerkenswert schnell fertig. »Wie also: jeder Gedanke ist einer, aber er ist Gedanke von nichts? – Unmöglich – Also von etwas? – Ja – Von Seiendem oder Nichtseiendem? – Von Seiendem. – Und nicht wahr, von Einem, was bei allen Dingen der Gedanke als eine bestimmte Gestaltung aufspürt und denkt. – Ja. – Und wird es dann nicht eine Gestalt sein, dieses als Eins Gedachte, das bei allen Dingen dasselbe ist? – So scheint es wieder notwendig zu sein. – Wie dann also, sagte Parmenides, ist das nicht notwendigerweise so, wie du sagst, daß die Dinge an den Gestalten teilhaben? Oder meinst du, Jegliches bestehe aus Gedanken und alles denke, oder meinst du, die Dinge seien zwar Gedanken und dächten doch nicht?« (132b7 – c11). (Meine Übersetzung ist an einigen Stellen schon durch meine Interpretation bestimmt, z.B. in der Teilung des letzten Satzes.) Lassen wir die im letzten Satz mit »oder« anschließende, selbst unterteilte Alternative noch weg. Was ist der Gegeneinwand des Parmenides? Er besagt, in neuerer Sprechweise: Eine Logik, die von Wirklichem zu handeln fähig sein soll, muß in ihrer Struktur die ontologische Struktur spiegeln. Gerade wenn es möglich ist, mit dem einen Gedanken »Graugans« etwas für alle Graugänse Relevantes zu denken, muß es etwas für alle Graugänse Relevantes geben, das dieser Gedanke denkt. Genau nach diesem relevanten Wirklichen aber fragt die Ideenlehre.

Dieser Gedanke ist zwingend; nur geht er gegen Denkgewohnheiten, die gerade in unserer Zeit sehr verbreitet sind. Er leugnet, daß es überhaupt einen Sinn hat, Logik begründen zu wollen ohne zugleich Ontologie zu treiben. Wenn aber Logik als Lehre vom Denken und Denken als Denken von etwas verstanden wird, bleibt kein anderer Weg. Man kann Auswege suchen, indem man entweder die Logik oder das Denken anders versteht.

Platon deutet im letzten Satz einen Ausweg an, der die Trennung des Denkens vom Gedachten aufhebt. Den von der Logik bestimmten Interpreten muß dieser Ausweg zu anstößig sein, um ernst genommen zu werden, und da Platon ihn selbst nicht weiterführt, kann es erlaubt scheinen, ihn fallen zu lassen. Aber in solcher Weise pflegt Platon auch die entscheidenden Winke einzuflechten. Doch liegt der dadurch eröffnete Horizont jenseits der Schranke der gegenwärtigen Naturwissenschaft, an die wir uns jetzt halten wollen.

Wie steht es aber mit einer anderen Auffassung der Logik? Ich möchte zwei Varianten erörtern: die Extensionalität und die operative Deutung der Logik.

Eine streng extensionale Logik versteht Eigenschaften als Klassen. Die Eigenschaft »Graugans« ist dann nichts anderes als die Klasse aller Graugänse. Diese Sprechweise vermeidet die Schwierigkeit des »in«. Die Klasse aller Graugänse ist nicht »in« jeder Graugans; noch eher könnte man sagen, jede Graugans sei »in« der Klasse aller Graugänse. Jede Aussage über »die Graugans« ist in Wahrheit eine Aussage über alle Graugänse. Damit fallen, so scheint es, alle Schwierigkeiten der Ideenlehre weg. Die einzige »Ontologie«, die man noch braucht, ist dann die These der Anwendbarkeit der Klassenlogik auf die Wirklichkeit, also der (wenigstens genäherten) Einteilbarkeit des Wirklichen in unterscheidbare Individuen. »Die Graugans« ist dann in der Tat ein Gedanke, dem genau ein Gegenstand entspricht, nämlich eben die Gesamtheit aller Graugänse. Wenn wir auf die dritte Interpretation der Gestalt, als Vorbild oder Beispiel, vorgreifen, so können wir nach dem dictu de omni alles für alle Graugänse Geltende auch von einer einzelnen Graugans aussagen; diese steht dann, wie man in der Mathematik gelegentlich sagt, als Repräsentant ihrer Klasse.

Diese Reduktion der Ideenlehre auf die Logik verschiebt aber die Probleme nur an zwei andere Stellen: in die Struktur der Logik und in das Problem der Anwendung von Logik in der zeitlichen Wirklichkeit. Ich habe soeben zu einfach geredet, als ich Aussagen über »die Graugans« als Aussagen über alle Graugänse deutete. In der Logik muß man Aussagen über eine Klasse von Aussagen über alle ihre Individuen unterscheiden; man unterscheidet auch eine nur ein Individuum enthaltende Klasse von diesem Individuum. Dies aber ist Platonismus; es ist die Trennung der Idee von den Dingen, die an ihr teilhaben. Wenn die Logik diese Unterscheidung nicht entbehren kann, so ist sie ein Beleg und nicht eine reduktive Erklärung für die Ideenhypothese. Ich vermag im Augenblick in der Analyse dieses Sachverhalts nicht tiefer zu dringen. Hier bleibt eine Aufgabe für die Weiterarbeit.

Beginnend mit Frege hat sich die Meinung durchgesetzt, daß die Logik ihren Grund nicht in der Psychologie des Denkens hat. Sie ist, etwas stilisiert gesagt, nicht Lehre davon wie wir faktisch denken, sondern wie wir denken sollen, um wahr denken zu können. Sie hat es mit Strukturen der Wahrheit zu tun. Während die extensionale Auffassung der Eigenschaften eine Erklärung der Ideenlehre durch die Logik anzubieten schien, erscheint diese antipsychologistische Wendung der Logik fast wie eine Erklärung der Logik durch die Ideenlehre. »Struktur« ist eine moderne Übersetzung für eidos oder idea, und Wahrheit ist das Wesen der Idee; Struktur der Wahrheit ist also ein Aspekt der Idee der Idee, d. h. des Einen. Da all dies modernen Ohren rätselhaft klingt, versucht man davon frei zu werden. Freges Logik ist freilich im Grunde eine abstrakte Ontologie. Sie ist gescheitert, und als ein Ausweg erscheint die an den Intuitionismus Brouwers anschließende, vor allem von Lorenzen vertretene operative Deutung der Logik.

Logik ist danach ein System einsichtiger Regeln über den Erfolg gewisser Handlungen, sei es als das System der in jedem Kalkül zulässigen Regeln, sei es als die Lehre von den Gewinnstrategien in einem Diskussionsspiel. Die allgemeinen Strukturen, deren Einsichtigkeit hier postuliert wird, sind nicht mehr Strukturen aller Gegenstände des Denkens; daher kann hier die These aufkommen, man habe nunmehr die Logik von der Ontologie befreit. Sie sind vielmehr Strukturen möglichen Handelns, also wohl letzten Endes Strukturen der Zeit. Hier entsteht ein neuer Anlaß, zu vermuten, die moderne Ideenlehre werde uns auf die Zeit zurückführen, wie es schon in der funktionalen Deutung des Zaumzeugs angedeutet ist. Ich würde mich freilich nicht scheuen, die Lehre von der Struktur der Zeit als Ontologie der Zeit zu bezeichnen. Lorenzen hört nur vor dieser Fragestellung auf, da er die der Logik zugrundeliegenden Evidenzen aufweisen, aber nicht mehr hinsichtlich des Grundes ihrer Möglichkeit studieren will; er erscheint hier wie ein Platoniker, der die Ideenhypothese als evident vorträgt und auf die Ideenlehre verzichtet.

Die Anwendung der Logik auf die zeitliche Wirklichkeit, z. B. auf die Graugans, zeigt nun außerdem die Fragwürdigkeit der extensionalen Auffassung der Eigenschaften. Naturwissenschaft ist empirisch, insofern sie auf Grund vergangener Erfahrung zukünftige Erfahrung prognostiziert. Sie tut dies, indem sie allgemeine Gesetze statuiert, unter welche auch die zukünftigen Ereignisse fallen. Eine Aussage über »die Graugans« soll auch von den zukünftigen Graugänsen gelten. Diese kennt man aber noch gar nicht. Eine Aussage über die Klasse aller Graugänse betrifft also eine Klasse, deren Individuen grundsätzlich nicht vorzählbar sind, und dies, obwohl niemand zweifelt, daß sie nur von endlicher Anzahl ist.

Erst an dieser Stelle, nach dem für das moderne Bewußtsein wohl unvermeidlichen Umweg durch die Logik, erreichen wir den Sinn des platonischen Begriffs des eidos – der Gestalt – für die Naturwissenschaft. Wie stellt man denn überhaupt fest, ob ein bestimmtes Tier eine Graugans ist? Es ist unmöglich, erst unter allen

Tieren eine feste Menge als die Graugänse auszusondern und für Martina dann festzustellen, ob sie zu den ausgesonderten gehört. Man muß vielmehr umgekehrt Merkmale angeben, die bei jedem neu uns begegnenden Tier gestatten, festzustellen, ob es eine Graugans ist. Der Begriff der Eigenschaft ist in der Naturwissenschaft dem der Klasse grundsätzlich vorgeordnet. Er ist es um so mehr, wenn man bedenkt, daß in der Erfahrung eine scharfe Abgrenzung von Klassen nicht möglich ist. Ist diese Mutante, diese geographische Variante noch eine Graugans? Das Merkmal der Fähigkeit, miteinander lebensfähige Nachkommen hervorzubringen, durch das Zugehörigkeit zur selben Art definiert werden soll, ist bekanntlich nicht transitiv.

Wir werfen hier zum Vergleich einen Blick auf die aristotelische Auffassung, die Gestalt sei in den Dingen, in unserem Beispiel also in der Graugans, und ihre ewige Dauer werde dadurch garantiert, daß Graugänse stets Graugänse hervorbringen. In der Näherung, in der man die Konstanz der Arten behaupten kann, läßt sich diese Sprechweise verteidigen. Angesichts der Evolutionslehre brauchen wir einen Begriff von der Gestalt, der gerade das aristotelische »in« als bloße Metapher erscheinen läßt, während das platonische »Anteil haben« die Distanz zwischen dem »Idealtypus« und den empirischen Individuen richtig darstellt.

Trotzdem ist hiermit das philosophische Problem, was Gestalt und Anteilhaben sei, nicht gelöst, sondern nur neu gestellt. Wir sehen die Notwendigkeit einer Art Ideenhypothese, ohne damit die Ideenlehre geleistet zu haben. Man sieht dies aus dem Einwand, die Gestalt »Graugans« sei ja offenbar nichts in den Dingen, sondern bloß ein zur Ordnung der Dinge bequemer Gedanke, der überflüssig würde, wenn wir die Dinge ganz genau kennten, also z. B. das Zusammenspiel der Atome in Leib und Umwelt der Graugänse im Detail verfolgen könnten. Hiergegen muß man zwei Gegeneinwände erheben.

Erstens ist der Begriff des Atoms vermutlich von eben derselben Beschaffenheit wie der der Graugans. Auch das Atom ist eine durch die Gesetzmäßigkeit des Geschehens angenähert definierte Gestalt. Aber um dies klarzumachen, ist es nötig, die Physik unter unserer Fragestellung zu durchdenken. Generell kann man sagen, daß die Ideenlehre gerade die Möglichkeit, irgendwelche Begriffe zu bilden, begreiflich machen soll. Deshalb führt uns der Rekurs von einer Begriffsschicht wie z. B. der der biologischen Spezies auf eine andere wie z. B. die der Atome oder Elementarteilchen überhaupt nicht aus ihr hinaus.

Zweitens scheint, wenigstens für unseren menschlichen Blick, der Rückgang auf individuelle Atombewegungen das biologische Geschehen eher aus dem Blick verschwinden zu lassen als zu verdeutlichen. Dies hängt zusammen mit den Problemen der Definition des Informationsbegriffs. Wählen wir ein innerphysikalisches Beispiel. Temperatur ist ein statistischer Begriff. Eine individuelle Beschreibung aller Atombewegungen würde ihn völlig zum Verschwinden bringen und mit ihm das Phänomen der Irreversibilität. Aber unsere Erfahrung läßt sich ohne eine begriffliche Fassung dieses Phänomens gar nicht aussprechen. Analog steht es mit den Begriffen der Genetik, die ja selbst irreversibles Geschehen voraussetzen. Es gibt Gesetzmäßigkeiten, die sich uns in »Gestalten« wie Wärmeleitung, Artenbildung, Vererbung zeigen, die man erkennen kann, ohne ihre Reduktion auf atomare Vorgänge schon zu verstehen. Auch in diesen Bereich gehört, so scheint es, eine spezifische Fassung der Ideenlehre.

Der vorliegende Aufsatz soll nicht die materialen Probleme der Naturwissenschaft, sondern nur ihren Anschluß an die platonische Philosophie behandeln. Die Frage ist: wie verstehen wir in unseren Begriffen, was das ist, was wir mit dem platonischen Namen der Gestalt – der Idee – bezeichnen? Es ist nur metaphorisch »in« den Dingen, es sei denn, wir könnten einen neuen, klareren Begriff des »In-Seins« entwickeln. Es ist ein Gedanke, insofern alles Erkennbare im Erkennen gedacht wird. Aber *was* hier gedacht wird, diese Frage bleibt bestehen.

4. Gestalt als Beispiel

»Aber mir scheint es am ehesten sich so zu verhalten, daß einerseits die Gestalten gleich wie Beispiele in der Natur dastehen, andererseits die übrigen Dinge ihnen gleichen und ihre Nachbilder sind, und daß den übrigen Dingen die Teilhabe an den Gestalten nicht anders zuwächst als indem sie ihnen nachgebildet werden«. (132d 1–4) Dieser Text enthält zwei für die Übersetzung problematische Worte: paradeigmata, was ich mit Beispiele, und physis, was ich mit Natur wiedergegeben habe. Etymologisch ist paradeigma etwas, was neben einem anderen gezeigt wird, im Sprachgebrauch ist es normalerweise ein Beispiel, oft ein vorbildliches. Physis wird man dem Wortstamm nach am ehesten mit Wachstum wiedergeben; in der lateinischen philosophischen Tradition wird es mit Natur übersetzt. Wer die klassische Darstellung der Ideenlehre in unserem Satz wiedererkennt, wird paradeigma mit archetypos paraphrasieren und als Urbild übersetzen. So wird das Wort paradeigma z. B. in der Einleitung der großen Rede des Timaios gebraucht (Tim. 28a7). Physis wird er dann als die »wahre Natur«, »die Natur der Dinge« (so Cornford, Plato and Parmenides S. 93), »das wahrhaft Seiende« übersetzen.

Auf diese Deutung bezieht sich offenbar die alsbald einsetzende Kritik des Parmenides. So wie das Nachbild der Gestalt, muß auch die Gestalt dem Nachbild ähnlich sein; die Ähnlichkeitsrelation ist symmetrisch. Zwei ähnliche Dinge müssen aber an derselben Gestalt teilhaben, und diese ist dann die eigentliche Gestalt. Das Argument läßt sich iterieren, d. h. die klassische Ideenhypothese im Sinne des Urbild-Abbild-Verhältnisses scheitert an dem unendlichen Regreß des dritten Menschen (das, worin der sinnenfällige Mensch und die Gestalt des Menschen einander gleichen, ist die eigentliche Gestalt des Menschen usf.). Cornford hält das Argument für fehlerhaft, da nach Sokrates' eigener Behauptung (129a) zwei Menschen einander ähnlich sind nicht durch Teilhabe an der Gestalt Mensch, sondern an der Gestalt Ähnlichkeit. Dieser Einwand erscheint mir formalistisch, denn aus der Frage, worin einander zwei Dinge derselben Art ähnlich sind, ist die Ideenhypothese entwickelt. Cornfords Bemerkung, daß Platon das Urbild-Abbild-Verhältnis weiterhin zur Formulierung der Ideenhypothese benützt hat (z. B. eben im Timaios), also es offenbar nicht als widerlegt ansah, trifft zu; es fragt sich aber, wie er es interpretiert sehen wollte, wenn er es weiter benutzte. Die relevante Folgerung des Parmenides liegt in den Sätzen: »Es ist also unmöglich, daß etwas der Gestalt ähnlich ist, oder die Gestalt etwas anderem« (132e 6–7) und: »Also nehmen die anderen Dinge nicht durch Ähnlichkeit an den Gestalten teil, sondern man muß etwas anderes suchen, wodurch sie teilnehmen« (133a 5–6).

Wie eine groteske Überspitzung wirkt zunächst die abschließende »größte Aporie« des Parmenides (133b4 – 135b2), die hier nur skizziert sei. Wie kann es eine Relation, sei es auch die des Wissens und Gewußtwerdens, zwischen den beiden Welten der Urbilder und der Abbilder geben? Der menschliche (also abbildliche) Herr ist Herr des menschlichen Knechts, der Herr selbst, d. h. das Urbild des Herrn ist Herr des Knechts selbst, also des Urbilds des Knechts. Alle Relationen, die wir urbildlich aussprechen können, sind Relationen zwischen Urbildern; die Relationen zwischen Abbildern sind Abbilder dieser Relationen; es gibt keine begreifliche Relation zwischen Urbild und Abbild. Eben dies haben wir uns ja soeben an der Relation der Ähnlichkeit genau klargemacht. Wir wissen (kennen) die Abbilder, die Götter wissen die Urbilder. Dann können wir kein wahres Wissen, nämlich Wissen der Urbilder haben, und die Götter kein Wissen der abbildlichen Welt. Cornford hält auch dieses Argument für »almost grossly fallacious«. Die Gestalt des Herrn ist nicht ein Herr an sich, der einen Knecht an sich beherrscht, sondern die Herrschaft, die sich zur Knechtschaft so verhält, daß der menschliche Herr eben an der Herrschaft, der menschliche Knecht an der Knechtschaft teilhat. Dieser Einwand Cornfords ist mir schwer verständlich. Es geht ja in der ganzen Ideenlehre darum, begreiflich zu machen, was man mit diesen uns so leicht von Lippen und Feder fließenden abstrakten Bezeichnungen wie »Herrschaft«, »Knechtschaft« usw. eigentlich meint. Der Vorschlag der Urbild-Abbildthese, ja der ganzen Hypothese getrennter »Ideen« ist gerade, daß »Herrschaft« als »der Herr selbst« aufgefaßt werden soll, und gegen diese Lösung des Problems des Sinnes der Abstrakta ist der Einwand des Parmenides stark.

Gleichsam als Fußnote möchte ich bemerken, daß der Versuch, ein göttliches Wissen zu beschreiben, sehr leicht zu der Konsequenz führen kann, daß dieses Wissen das nicht wissen kann, was wir wissen. Z.B. ist die Logik die Wissenschaft von richtigen und falschen Urteilen und Schlüssen. Was kann für ein allwissendes Wesen ein falsches Urteil oder ein Fehlschluß bedeuten? Ein solches Wesen bedürfte überhaupt keiner Urteile und Schlüsse; ihm wäre die Logik gegenstandslos.

Wie hat Platon sich die Lösung seines Problems gedacht? Gehen wir den Weg einer im engen Sinn naturwissenschaftlichen Interpretation. Übersetzen wir physis mit Natur im heutigen Sinn (unterstellend, wir wüßten, was wir mit diesem Wort meinen), und paradeigma mit Beispiel. Platon selbst erläutert paradeigma so an einer stilistisch hervorgehobenen Stelle des Politikos (Pol. 277 d):

Der Gast aus Elea: »Schwer ist es, du von einem Gott Besessener (o daimonie), eines der größeren Probleme klarzumachen ohne ein Beispiel zu gebrauchen«. (Ernst Kapp sagte gelegentlich in seinen Vorlesungen, wenn die Anrede »o daimonie« auftauchte: »Jetzt wird's unheimlich«). »Jeder von uns läuft Gefahr, alles nur wie im Traum zu wissen, wachend aber wieder nicht zu wissen«. Sokrates der Jüngere: »Wie meinst du das?«

Der Gast: »Sonderbar scheine ich gegenwärtig das Erlebnis des Erkennens in uns zu bewegen«.

»Wie denn?«

»Ein Beispiel, du Glückseliger, brauche ich nun wieder dafür, was ein Beispiel ist«.

Er gebraucht dann als Beispiel für das Wesen des Beispiels, daß sich ein Kind Buchstaben, die es in komplizierten Worten noch nicht sicher erkennt, in einfachen, schon bekannten Worten vergegenwärtigt. Der Buchstabe im schon bekannten Wort ist also ein Beispiel der Gestalt, die es im komplizierteren Wort wiederzuerkennen gilt. Das Wort für Buchstaben (stoicheia) ist zugleich der philosophische Terminus für Elemente (LMNte) oder Atome. Das gewählte Beispiel ist also in der Tat zugleich das Beispiel für Erkenntnis durch Reduktion auf die einfachsten Gestalten.

Sokrates hat nun die Gestalt als ein Beispiel in der Natur bezeichnet. Erkennen wir vielleicht grundsätzlich durch Beispiele? Wie auch die Auflösung der zuletzt von Parmenides erhobenen Schwierigkeiten sein mag, jedenfalls hängen sie damit zusammen, daß Gestalt und Ding wie zwei Dinge voneinander getrennt werden. Wenn das »In den Dingen« die Getrenntheit von Gestalt und Ding unterschätzt, so die Reduktion der Teilhabe auf Ähnlichkeit ihre Zusammengehörigkeit. Man kann nicht einerseits Dinge, andererseits Gestalten erkennen und sie dann noch vergleichen. Was man überhaupt erkennt, ist immer eidos, wie wir soeben sagen: Gestalt; das ist der Sinn des Wortes eidos. Andererseits erkennen wir die Gestalt immer in Beispielen. Ist also die erkannte Gestalt nicht wirklich genau ein Beispiel? »Was ist das Allgemeine? Der einzelne Fall. Was ist das Besondere? Millionen Fälle« (Goethe).

Dies sind zunächst phänomenologische Behauptungen, ohne

die man freilich die griechische Philosophie schwerlich deuten kann. Sie scheinen zunächst besser zur aristotelischen als zur platonischen Eidos-Theorie zu passen. Besagen sie nicht gerade, daß wir die Gestalt *»im«* Einzelfall erkennen? Vielleicht werden sie deutlicher, wenn wir sie modern naturwissenschaftlich, nämlich kybernetisch lesen.

Schon Tiere können Gestalten »erkennen«, d. h. richtig auf sie reagieren, ja man kann sagen, daß sie auf nichts anderes reagieren. Dieses richtige Verhalten kann angeboren, uneinsichtig erlernt oder einsichtig sein. Vom einsichtigen Verhalten wird man das menschliche Reflektieren auf die Einsicht, das Ansprechen der Gestalt als Gestalt, noch unterscheiden. Bleiben wir beim einfachsten Beispiel, dem angeborenen Verhalten. Das nesthockende Vogeljunge sperrt den Schnabel auf angesichts der fütternden Mutter, aber auch angesichts einer geeigneten Attrappe. Es »erkennt« die Reizgestalt »Fütterung« nur in Beispielen, aber auch in jedem Beispiel, und in bezug auf die Reaktion »Schnabelaufsperren« unterscheidet es die Beispiele nicht. Konrad Lorenz erzählte mündlich einmal von einem Gänserich, der gegen die Regel, infolge bestimmter biographischer Verwicklungen, zwei Frauen hatte, von denen aber immer nur eine bei ihm war. Auf die Frage, ob dies den Gänserich nicht gestört habe, sagte Lorenz: »Ich glaube, er wußte nicht, daß er zwei Frauen hatte. Er hatte ja immer nur eine«. Das heißt nicht, daß der Jungvogel die Mutter an sich nicht von einem Pappkarton, der Gänserich die eine Gans an sich nicht von der anderen Gans unterscheiden könnte. Aber »als« die Gestalten »Fütterung« bzw. »Ehefrau« werden sie nicht unterschieden; beide »sind« die Gestalt.

Genau dieses Verhalten muß man kybernetisch erwarten, wenn der »angeborenen Gestaltauffassung« ein eindeutiges Schaltschema im Zentralnervensystem entspricht. Das Schaltschema reagiert auf einen Reiz, der begrifflich, also als Gestalt, bestimmt werden kann. Wenn die Fähigkeit, auf einen definierten Reiz definiert zu reagieren, als der »praktische Begriff« des Tieres bezeichnet werden darf, so ist der praktische Begriff selbst eine Gestalt des Verhaltens, die gesetzmäßig einer begegnenden Gestalt zugeordnet ist. Das Allgemeine am Begriff ist hier die Gesetzmäßigkeit, die Möglichkeit des Wiederkehrens der Beispiele. Der praktische Begriff aber »begreift« nicht die Allgemeinheit, er begreift das Allgemeine nur in jedem wiederkehrenden Beispiel. Insofern ist für ihn die Gestalt ununterscheidbar vom Beispiel; sie »ist« das Beispiel. Von hier ist natürlich ein sehr weiter Weg zum theoretischen Begriff, zur Kybernetik der Reflexion, die auch das Reflektieren als eine Handlungsgestalt versteht. Diesen Weg kann ich in einem Aufsatz wie diesem nicht zu durchmessen hoffen. Erst auf einem späten Stadium dieses Weges kann die Trennung der Gestalt an sich vom Beispiel erfolgen, und vielleicht geschieht alle Reflexion selbst an Beispielen, wenigstens soweit sie aussprechbar ist.

Auf der gegenwärtigen Stufe der Betrachtung läßt sich auch der Schlußschwierigkeit des Parmenides ein Sinn geben, also der Schwierigkeit, die Gestalt des Wissens beziehe sich nur auf die Gestalt des Gewußten, das abbildhafte Wissen nur auf das gewußte Abbild. Wie beim Zaumzeug der Reiter an die Stelle Gottes tritt, so hier z.B. der Zoologe. Wenn man sagt, der Zoologe beschreibe die Graugans, so tritt hier der die Gestalt bezeichnende bestimmte Artikel im Singular zweimal auf. So wie der Zoologe »die Graugans« beschreibt, so der Philosoph der Ideenlehre »den Zoologen«. Abstrakt gesprochen beschreibt »der Zoologe« »die Graugans«, das Beispiel eines Zoologen aber, z. B. Prof. Heinroth, die Beispiele von Graugänsen, die er kennt. Nur ist der einzelne Zoologe soweit immer schon Philosoph, daß er darauf reflektieren kann, daß er eigentlich ein Beispiel »des Zoologen« ist; das nennt er sein wissenschaftliches Gewissen. So ist das Beispiel des Beispiels schon ein Beispiel für sich selbst. Die simplen Theorien von Begriff und Gestalt bieten nur den Stoff der Philosophie und nicht ihre volle Struktur.

In den letzten Sätzen haben wir in kybernetischer Sprache von dem zu sprechen begonnen, was bei Platon und Aristoteles der Geist (nus) und bei Kant das transzendentale Subjekt heißt. Wir nähern uns einem detaillierteren Verständnis der Frage, warum auf das Präludium der Ideenkritik die Fuge der Philosophie des Einen folgen muß. Das ist aber eine neue Schiffahrt.

IV, 6. Parmenides und die Quantentheorie

Geschrieben 1970, bisher unveröffentlicht. Die »Ideen von Dingen«, von denen im vorangehenden Aufsatz die Rede war, müssen nach platonischer Lehre auf die höheren Ideen und letztlich auf das Eine zurückgehen. Deshalb folgt dem Präludium der Ideenkritik die Fuge der Kritik der Meinungen über das Eine. In der modernen Naturwissenschaft gehen die organischen Gestalten auf die allgemeinen Naturgesetze, also letztlich auf die Einheit der Natur zurück. Diese stellt sich uns in der Quantentheorie dar. Deshalb ist die Konfrontation der ersten Hypothesen des Parmenides-Dialogs mit der Quantentheorie der natürliche nächste Schritt. Nach drei vorbereitenden Abschnitten geschieht sie in den Abschnitten 4 und 5. Es zeigt sich ein Zusammenhang zwischen Bohrs Komplementarität und Platons Dialektik.

1. Was heisst Einheit der Natur?

Wir rekapitulieren zunächst die Fakten und Vermutungen, in denen sich uns der Gedanke der Einheit der Natur dargestellt hat[1].

An der Spitze steht die *Einheit des Gesetzes.* Dies ist ein anderer Ausdruck für das, was die Physiker auch die *allgemeine Geltung einer fundamentalen Theorie* nennen. Eine derartige »Theorie« besteht aus einer Anzahl von Begriffen und von grundlegenden Sätzen, durch welche diese Begriffe verbunden sind und aus welchen weitere Sätze logisch gefolgert werden können. Es muß ferner praktisch hinreichend klar sein, wie die Begriffe der Theorie in der Erfahrung angewandt werden müssen und wie man somit ihre Sätze an der Erfahrung prüft. »Geltung« hat die Theorie nur, wenn dieses Verfahren bekannt ist und wenn die so geprüften Sätze mit der Erfahrung übereinstimmen. Die methodischen Probleme dieser Forderungen seien hier nicht rekapituliert; wir berufen uns zunächst auf das Faktum, daß die Physiker sich hierüber im allgemeinen praktisch einigen können. Die Geltung ist »allge-

[1] Vgl. hierzu II, 1. 4 b u. II, 5.2.

mein«, wenn sie sich auf alle möglichen Objekte der betr. Theorie erstreckt, d. h. auf alle Objekte, die überhaupt unter die Begriffe der Theorie fallen. Auch hier genügt uns vorerst die praktische Allgemeinheit, etwa vorbehaltlich der Entdeckung von Ausnahmen oder noch allgemeineren Gesetzen. Die Theorie soll »fundamental« heißen, wenn sie sich auf alle überhaupt möglichen Objekte der Natur erstreckt. Die Allgemeingültigkeit einer fundamentalen Theorie bedeutet, daß für alle Objekte der Natur ein und dasselbe Gesetzesschema gilt; in diesem Sinne bezeichnen wir sie als »Einheit des Gesetzes«. Es sei hervorgehoben, daß alle diese Begriffe noch deskriptiv sind. Sie beschreiben das ungefähre Selbstverständnis der Physik unseres Zeitalters und werden durch die des weiteren zu rekapitulierenden Überlegungen erläutert oder revidiert.

Wir sind im Besitz einer solchen fundamentalen Theorie. Es ist die Quantentheorie. Wir erläutern etwas näher, was von einer fundamentalen Theorie verlangt wird und inwiefern die Quantentheorie dies erfüllt.

Die Theorie soll sich auf beliebige Objekte in der Natur beziehen. Sie muß dazu ein beliebiges Objekt charakterisieren können. Sie tut es, indem sie die Gesamtheit seiner möglichen (»formalmöglichen«) *Zustände* angibt. Sie muß ferner angeben, wie sich diese Zustände im Lauf der Zeit *ändern* können. Diese beiden Forderungen würde man von der Denkweise der klassischen Physik her aufstellen; die Quantentheorie ergänzt die Forderungen in einer für sie charakteristischen Weise, indem sie sie erfüllt.

Nach der Quantentheorie hat jedes Objekt, in mathematischer Allgemeinheit gesprochen, *dieselbe* Mannigfaltigkeit möglicher Zustände[1]; sie lassen sich charakterisieren als die eindimensionalen Teilräume eines Hilbertraumes. Die Quantentheorie hat auch eine allgemeine Regel für die *Zusammensetzung* zweier Objekte zu einem einzigen Objekt: der Hilbertraum des Gesamtobjekts ist das Kroneckerprodukt der Hilberträume der Teilobjekte. Die Frage nach der zeitlichen Änderung der Zustände spaltet sie in zwei Fragen auf. Ändert sich der Zustand, ohne beobachtet zu

[1] Von der Finitismusforderung (II, 5.4 D) sehen wir in dieser Beschreibung der bestehenden Quantentheorie ab. Auch die gesamte im Kapitel 5 von II, 5 entworfene Theorie wird hier nicht berücksichtigt.

werden, so geschieht dies gemäß einer *unitären Transformation* des Hilbertraums. Eine *Spezies von Objekten* (z. B.: die Heliumatome) ist charakterisiert durch die für sie als formalmöglich zugelassenen unitären Transformationen, mathematisch beschrieben durch ihr infinitesimales Element, den *Hamiltonoperator H*. Der Hamiltonoperator eines isolierten Objekts charakterisiert dessen innere Dynamik und zeichnet damit z. B. unter seinen Zuständen gewisse als Eigenzustände von H mit bestimmten Energieeigenwerten aus. Die Wechselwirkung des Objekts mit anderen Objekten wird durch den Hamiltonoperator des aus diesen Objekten zusammengesetzten Gesamtobjekts beschrieben; dieser läßt sich in gewissen Näherungen zu einem Hamiltonoperator des betrachteten Objekts allein in einer vorgegebenen Umwelt verkürzen. Wird hingegen der Zustand *beobachtet*, so tritt eine Zustandsänderung anderer Art ein. Eine bestimmte Beobachtung läßt nur eine Auswahl aus den formalmöglichen Zuständen des Objekts als mögliche Beobachtungsergebnisse zu; sie sind gerade die Eigenzustände des Hamiltonoperators des Objekts unter dem Einfluß des als Teil der Umwelt beschriebenen Meßapparats. Lag nun vor der Beobachtung ein bestimmter Zustand ψ vor, so ist die Wahrscheinlichkeit, bei der Beobachtung einen bestimmten Zustand φ_n aus der Mannigfaltigkeit der als Beobachtungsergebnisse möglichen Zustände zu finden, gleich dem Absolutquadrat des inneren Produkts der Einheitsvektoren in den Richtungen der Zustände ψ und φ_n.

Wegen des notwendigen mathematischen Apparats mag diese Schilderung der Quantentheorie schwerfällig wirken. Begrifflich erreicht die Theorie in gewisser Weise schon ein Maximum möglicher Einfachheit. Sie charakterisiert beliebige Objekte, deren Zusammensetzung, die Änderung ihrer Zustände ohne Beobachtung und die Prognose von Beobachtungen durch jeweils allgemeingültige und eindeutige Vorschriften. Trotzdem drückt sie, auch wenn wir sie als allgemeingültig annehmen, noch nicht die volle Einheit der Natur aus.

Zweitens gibt es nämlich die Einheit der Natur im Sinne der *Einheitlichkeit der Spezies von Objekten*. In der Quantentheorie spricht sich dies als das Vorkommen von Objekten mit speziellen Hamiltonoperatoren aus. Wir glauben heute, daß alle Spezies von Objekten prinzipiell durch ihre Zusammensetzung aus einer kleinen Zahl von Spezies von Elementarteilchen erklärt werden können. Dies gilt nach allgemeiner Überzeugung für die unbelebte Natur; für die lebenden Organismen ist es die Hypothese, die wir in diesem Buch zugrundegelegt haben. Die Spezies der Elementarteilchen schließlich hoffen wir auf eine einzige Grundgesetzlichkeit zu reduzieren, die vielleicht besser nicht als die Existenz einer Urspezies, sondern als ein Gesetz der Spezifikation beschrieben werden wird.

Drittens erscheint es der heutigen Kosmologie sinnvoll, von der Einheit der Natur im Sinne der *Allheit der Objekte* zu reden. Man spricht von *der Welt*, so als sei sie ein einziges Objekt. In der Tat läßt die Quantentheorie die Zusammensetzung beliebiger Objekte zu Gesamtobjekten zu. Ja sie fordert diese Zusammensetzung in dem Sinne, daß sie als den eigentlichen Zustandsraum einer Anzahl koexistierender Objekte gerade den Zustandsraum des aus ihnen zusammengesetzten Objekts ansieht; die Isolierung einzelner Objekte ist für sie stets nur eine Näherung. Wenn die Gesamtheit der Objekte in der Welt wenigstens grundsätzlich aufgezählt werden kann, so nötigt uns die Quantentheorie, grundsätzlich das aus ihnen zusammengesetzte Gesamtobjekt »Welt« einzuführen. Hier entstehen freilich manifeste begriffliche Probleme, welche ein Hauptthema des vorliegenden Aufsatzes sein werden. Sie seien zunächst bloß genannt: Wenn es das Objekt »Welt« gibt, für wen ist es Objekt? Wie ist eine Beobachtung dieses Objekts vorzustellen? Wenn wir das Objekt »Welt« aber nicht einführen dürfen, wie haben wir dann das Zusammensein der Objekte »in der Welt« quantentheoretisch zu beschreiben? Oder reicht hier die Quantentheorie prinzipiell nicht aus?

Viertens haben wir versucht, die Einheit der Natur unter den drei aufgezählten Aspekten zu begründen auf die *Einheit der Erfahrung*. Zunächst war die Rede von den Bedingungen der Möglichkeit der Erfahrung. Dabei ist »die Erfahrung« immer schon als eine Einheit verstanden, in dem Sinne, daß »jede« Erfahrung mit jeder anderen Erfahrung widerspruchslos und in einem Gewebe von Wechselwirkungen verknüpft gedacht werden darf. Diese Einheit erscheint bei Kant unter dem Titel der Einheit der Apperzeption. In unserem Ansatz, der nicht die Subjektivität, sondern die Zeitlichkeit der Erfahrung an die Spitze stellt, erscheint sie eher als die *Einheit der Zeit*. Die Einheit der Zeit (welche in unserer Darstellung natürlich den Raum umfaßt) ist vermutlich der einzige angemessene Rahmen für das Problem der Allheit der Objekte. Mit diesen letzten Überlegungen sind wir wie mit einem Sprung in die Grundprobleme der klassischen Philosophie eingetaucht. Ehe wir uns in ihnen weiterbewegen, müssen wir als letzten den kybernetischen Ansatz einführen:

Fünftens gehört zur Einheit der Natur nach unserem Ansatz die *Einheit von Mensch und Natur*. Der Mensch, in dessen Erfahrung wir die Einheit der Natur auffinden, ist zugleich Teil der Natur. Wir versuchen, menschliche Erfahrung in einer Kybernetik der Wahrheit als einen Naturvorgang zu beschreiben. Das philosophische Problem, das hier entsteht, ist manifest. Wenn dieses Programm wenigstens prinzipiell durchführbar ist, so stellt sich die Einheit der Natur irgendwie innerhalb der Natur als Einheit der Erfahrung des Menschen dar. Was heißt dieses »irgendwie«? Anders gewendet: Zur Allheit der Objekte gehören nun auch die Subjekte, für welche die Objekte Objekte sind. Ferner: Menschliches Bewußtsein hebt sich in einer Kybernetik der Wahrheit aus tierischer Subjektivität zwar als spezifische höhere Gestalt, aber doch in genetischer Kontinuität heraus. Die Subjektivität aller Substanz wird im Versuch der Reduktion von Materie und Energie auf Information, wenn auch implizit und undeutlich, vorausgesetzt[1]. Die klassische Formel, die Natur sei Geist, der sich nicht selbst als Geist kennt, drängt sich als Stenographie dieser Probleme auf, ohne darum im geringsten verstanden zu sein.

Ein nächster Schritt ist es also, daß wir diesen Problemkomplex nunmehr mit den Gedanken der klassischen Philosophie, in denen wir hier faktisch schon schwimmen, ausdrücklich konfrontieren. Befinden wir uns nicht mitten in den Problemen des Eleaten Parmenides? Hen to pan : Eins ist das Ganze. Das Ganze ist zunächst die Welt, »vergleichbar einer wohlgerundeten Kugel«. Diese Welt aber umfaßt ebenso sehr das Erfahren wie das Erfahrene, Bewußtsein und Sein: To gar auto noein estin te kai einai, dasselbe nämlich ist Schauen und Sein. Hier habe ich noein mit »Schauen« übersetzt, um die abstrakte Introvertiertheit des »Denkens« davon fernzuhalten. Was kann Parmenides uns lehren?

[1] Vgl. III, 3 u. III, 5.6.

2. Exkurs: Wie kann man Philosophen lesen?

Wer sich nunmehr zur Auskunft an die heutige Sekundärliteratur über den Eleaten Parmenides oder über Platons Parmenides-Dialog wendet, der kann nur verzweifeln.

Wie primitiv war Parmenides? War er ein astronomischer Materialist, der an ein kugelförmiges Universum glaubte? Meinte er, wie konsequente Materialisten nach ihm, daß die Materie auch denken kann? War er ein Pantheist, dem die denkende Materie Gott war? War er ein Spiritualist, dem das Räumliche als Sinnliches nur Schein war? Beruht seine Philosophie darauf, daß er den Unterschied zwischen Bewußtsein und Materie oder zwischen Form und Materie noch nicht begriffen hatte? Oder bedeutet das »esti« mit Infinitiv »man kann« und lehrt er so nur die Erkennbarkeit der Wirklichkeit: »dasselbe kann man denken, was sein kann«? Lehrt er, daß alle Bewegung nur Schein ist? Wenn ja, merkt er nicht, daß dies sein Lehren selbst eine Bewegung ist? Ist er das Opfer einer noch unreifen Logik? Verwechselt er Logik und Ontologie? Ist sein Verdienst gerade die Eröffnung des Fragens nach einer strengen Logik? Oder hat er eigentlich das Dauernde im Wechsel, die Substanz, entdeckt? Ein Vorläufer scheint er jedenfalls zu sein; wessen Vorläufer aber?

Und Platons Parmenides-Dialog: Ist das »Präludium« eine Kapitulation der Ideenlehre, eine Selbstkritik auf dem Weg zu einer besseren Ideenlehre, eine Propädeutik zur Ideenlehre? Und, wenn wir unter den Hypothesen der »Fuge« die erste herausgreifen: Ist sie »nur negativ« oder auch oder nur »positiv« gemeint? Ist sie einfach die Widerlegung des Eleaten Parmenides, geschmackvollerweise ihm selbst in den Mund gelegt? Spricht sie von jeder Idee, insoferne diese eine ist? Spricht sie vom Einen Platons, vom Einen der Neuplatoniker? Ist beides dasselbe oder etwas völlig Verschiedenes? Ist sie ein logisches Schulstück, ein Scherz, oder ist sie die höchste Stufe der abendländischen Theologie?

Alle diese Meinungen werden dem Leser angeboten. Können wir hoffen, von so dunklen Texten etwas für unsere Probleme zu lernen? Sollten wir uns nicht lieber den Problemen selbst zuwenden? Kann der philosophierende Physiker auch nur die philologische Gelehrsamkeit erwerben, um textlich glaubwürdige von unglaubwürdigen Deutungen zu unterscheiden?

Aber was uns zu diesen Texten drängt, sind die Probleme selbst. Die Frage, was Physik ist, hat uns in die Philosophie geführt, als Rückfrage nach dem Sinn der verwendeten Begriffe. Bei Aristoteles, Platon, Parmenides studieren wir diese Begriffe an der Quelle; wer soll besser Auskunft geben können, was mit diesen Begriffen gemeint sein könnte als ihre Erfinder? Platons Philosophie aber steigt selbst rückfragend vom Eisenring zum Kreis, vom Kreis zur Idee, von der Idee zum Einen auf. Es ist systematisch klar, daß wir Platons Philosophie noch nicht verstanden haben, solange wir seinen Parmenides-Dialog nicht nachvollziehen können. Solange wir das nicht können, können wir hoffen, unsere eigene Philosophie besser zu verstehen als die seine?

Lesen wir mit dieser Selbstbelehrung nun die angebotenen Deutungen der beiden Philosophen noch einmal durch, so finden wir jedesmal ungefähr dasjenige als Erklärungsprinzip angeboten, worüber hinaus der betreffende Sekundärautor in seinem eigenen Philosophieren nicht mehr zu fragen vermocht hat. Nur, da der Text sich diesen Deutungen nie ganz fügt, wird dann die Abweichung von dem, was der Philosoph nach der Meinung des Interpreten hätte sagen sollen, durch die frühe Entwicklungsstufe jener Philosophie begreiflich gemacht. Selbstverständlich werden auch wir, wenn wir uns nun zu diesen Texten wenden, an ihnen ebenso Schiffbruch erleiden; unsere Deutungen werden ebenso erbarmungslos unsere eigenen philosophischen Grenzen enthüllen. Indem wir darauf vorbereitet sind, können wir uns ein paar methodische Prinzipien für die Lektüre zurechtlegen.

Zunächst sollten wir uns generell an eine verallgemeinerte und vereinfachte Fassung des Prinzips der Wahrheit des Behaupteten halten. Dieses Prinzip wurde im vorangehenden Aufsatz[1] als philologisches Prinzip der Platoninterpretation in dem sehr viel spezielleren Sinne eingeführt, daß es zu jeder Behauptung, die Platon einer seiner Figuren in den Mund legt, eine Deutung gibt, in der verstanden die betreffende Behauptung nach Platons eigener Ansicht wahr ist. Das mag ein fruchtbares Prinzip sein, das man nicht überziehen sollte; jedenfalls kennzeichnet es nur die Schriftstellerei des einen Philosophen Platon. Jetzt suchen wir nicht die Äußerungen platonischer Dialogpersonen, sondern die Meinun-

[1] Vgl. IV, 5.2, S. 448.

gen der Philosophen selbst zu verstehen. Wo wir sie nicht verstehen und für falsch halten, besagt nun das heuristische Prinzip: Der Philosoph hat recht. Ich habe ihn noch nicht verstanden, wenn ich ihm widersprechen muß, und ich habe die Wahrheit noch nicht gesehen, wenn ich ihn nicht verstehe. Ehe ich die Wahrheit gesehen habe, die er gesehen hat, habe ich nicht die geringste Hoffnung, eine Wahrheit zu sehen, welche seine Wahrheit über schreitet oder relativiert.

Gegen ein bloßes Nachreden der Lehren, das dann wiederum kein Verständnis wäre, mag uns eine dreifache Überlegung schützen.

Erstens ist nicht zu erwarten, daß das, was auf dem Grund der Möglichkeit diskursiven Denkens liegt, selbst in diskursivem Denken adäquat dargestellt werden kann. Wir kommen im nächsten Abschnitt von der Sache her hierauf zurück. Methodisch heißt dies, daß wir nicht annehmen dürfen, Parmenides oder Platon hätten es uns leichter machen können, wenn sie das, was sie meinten, anders, also z. B. »direkt«, gesagt hätten, oder wir könnten das von ihnen Unterlassene durch unsere eigene Interpretation nachholen.

Zweitens haben diese Philosophen ohne Zweifel auch mit den lösbaren Schwierigkeiten des diskursiven Denkens und des sprachlichen Ausdrucks gerungen. Haben wir einmal erfaßt, wovon sie reden, so dürfen, ja müssen wir mit ihnen diskutieren. Nur liegt es im Wesen der Sache, daß philosophische Texte systematisch vieldeutig sind. Um es in der Sprache der platonischen Ideenlehre zu sagen: Wer von einer Idee spricht, spricht damit automatisch auch von allem, was an dieser Idee teilhat; wer von irgend etwas spricht, spricht damit automatisch auch von allen Ideen, an denen dieses Irgendetwas teilhat. Dies ist unvermeidlich, es liegt im Wesen des sinnvollen Sprechens. Also kann es uns zustoßen, daß wir den Philosophen in einer der Ebenen, in denen er zugleich spricht, schon verstanden haben (soweit das isoliert möglich ist), in einer anderen aber noch nicht.

Drittens leben diese Philosophen in einer anderen Zeit als wir, und das impliziert eine dreifache Relation zu uns: sie sind unsere Lehrer, sie sind unsere Vorläufer, und sie sind Fremde für uns. Wir philosophieren jetzt. Jetzt, z. T. vermittelt durch einen uns nicht mehr durchschaubaren historischen Prozeß, sind sie unsere

Lehrer. Der Lehrer kann uns aufschließen, was wir selbst vielleicht nie gefunden hätten. Indem wir seine Worte nachreden, so gut wir sie eben verstehen, erschließt sich uns mehr als wir ausdrücklich wissen. Jetzt sind sie unsere Vorläufer. Sie haben manches geahnt, was heute explizit verfügbar ist, manches nicht einmal geahnt, was sich doch aus ihren Ansätzen entwickelt hat. Reden wir ihre Worte nach, so dürfen wir mit Recht in ihnen Potentialitäten erkennen, die ihnen selbst nicht explizit sichtbar sein konnten. Jetzt sind sie uns fremd. Ihre kulturelle Umwelt ist versunken, und wir wissen, daß jeder Mensch jedem anderen Menschen, selbst dem Zeitgenossen und Freund, ein Fremder bleibt, wo er es weiß und wo er es nicht weiß. So ist jede gute Deutung zugleich ein produktives Mißverständnis. Auch das gehört zum Sein in der Geschichte, zur condition humaine.

All dies vor Augen machen wir uns in der Naivität der Frage nach der Wahrheit an das Gespräch mit den Philosophen.

3. Wovon haben Parmenides und Platon gesprochen?

Es ist jetzt nicht die Rede von der Vielfalt der platonischen Politik und Ethik, Physik und Logik, von der Vielgestalt des Ideenkosmos. Die Frage steht nach dem Thema, das Platon mit Parmenides gemeinsam hat und das er selbst im Parmenides-Dialog unter den Titel des Einen bringt. Es geht um die Einheit des Seienden, das Sein des Einen, die Einheit des Einen.

Beginnen wir mit Platon, der uns wenigstens, als frühester unter den Philosophen, in seinen Schriften vollständig überliefert zu sein scheint. Aber der explizite Text dieser Schriften läßt uns nahezu im Stich. Der systematische Ort des Einen wird nirgends außerhalb des Parmenides-Dialogs erörtert, und in diesem Dialog wird das Bild einer totalen Aporie geboten. Die Anknüpfung an die Idee des Guten in der Politeia beruht textlich auf einer Äußerung des Aristoteles[1]; die richtige Anknüpfung an die obersten Gattungen des Sophistes ist weitgehend unbekannt. Wir wissen nicht mehr davon als Plotin wußte, wahrscheinlich weniger. Denn sicher war zu Plotins Zeit noch eine reichere schriftliche,

[1] Met. 1091 b 13, E. E. 1218 a 19 f.

vielleicht auch eine glaubwürdige mündliche Tradition vorhanden.

Wir sind so alsbald auf die Frage nach der ungeschriebenen Lehre Platons verwiesen. In der Tat grenzen alle seine Dialoge manifest ans Ungeschriebene. Sie fordern auf, weiter zu denken. Oft endet ein Dialog mit einer Aporie und ein späterer Dialog löst eben diese Aporie, nur um mit einer neuen Aporie auf höherer Stufe zu enden. Notieren wir am Rand jedes Platontextes die Parallelstellen in anderen Dialogen, so erhalten wir ein System ineinanderpassender Haken und Ösen, ein Geflecht, das mehr zeigt als jede kursorische Lektüre der Texte hergibt. Schon die Behauptung, es gebe in der platonischen Philosophie einen Aufstieg vom Eisenring oder Ball zum Einen, ist ein noch ziemlich naiver Versuch eines solchen Weiterdenkens. Nun überliefert uns Aristoteles, daß Platon ungeschriebene Lehren (agrapha dogmata) besaß[1]. Können diese uns weiterhelfen?

Zunächst die Frage, warum Platon gewisse Lehren nicht aufgeschrieben haben sollte. Entweder hielt er es für unmöglich, sie aufzuschreiben, oder er hielt es für möglich, aber nicht wünschenswert oder auch für wünschenswert, aber er ist nicht mehr dazu gekommen. Der Kern der Lehre vom Einen war wohl von der ersten Art; was Aristoteles überliefert, mag mehr von der zweiten, in Randgebieten auch von der dritten Art sein. Warum aber war Platon der Meinung, man könne gewisse Lehren zwar niederschreiben, solle es aber nicht tun? Die Äußerungen im Phaidros und im 7. Brief lassen vermuten, daß solche Lehren mit dem, was nicht geschrieben werden kann, so innig zusammenhängen, daß der, der dieses nicht verstanden hat, auch mit jenen Lehren nur Unheil stiften kann. Nun scheint die ungeschriebene Lehre der zweiten Art nach dem Zeugnis des Aristoteles eine Zwei-Prinzipien-Metaphysik und eine aus ihr entfaltete mathematische Naturwissenschaft gewesen zu sein. Sie scheint eine absteigende Konstruktion dessen gewesen zu sein, was im Aufstieg der schrittweise erkennenden Seele als die verschiedenen Stufen von Ideen erscheint, wie sie im Präludium des »Parmenides« kritisiert werden. Die beiden Prinzipien heißen das Eine (hen) und die unbe-

[1] Vgl. *Krämer*, H. J. »Arete bei Platon und Aristoteles«. Heidelberg 1959; *Gaiser*, K.: »Platons ungeschriebene Lehre«. Stuttgart 1963.

grenzte Zweiheit (aoristos dyas). Ihr Zusammenspiel entfaltet die Zahlen, die Raumdimensionen und -figuren und die Elemente der sinnlichen Welt. Was können wir daraus lernen, wenn wir nicht die Spielereien einer hypothetisch-spekulativen antiken Naturwissenschaft philologisch eruieren wollen, sondern die auch für uns geltenden Fragen verfolgen?

Ein fundamentales Paradox liegt in der Zwei-Prinzipien-Lehre. Prinzip heißt Anfang (archē). Man kann eine Vielheit auf allerhand relative Prinzipien hin analysieren. Das tut Aristoteles mit phänomenologischer Methode in immer neuen Anläufen[1]. Aber aus dem eigentlich spekulativen Problem der Prinzipien-Vielheit weicht Aristoteles, wenn ich richtig sehe, durch die pros-hen-Struktur der Kategorienlehre und durch die Lehre von Gott als oberster Usia in genau die Verdeckung der ontologischen Differenz aus, die Heidegger als Metaphysik bezeichnet. Bleiben wir hier vorerst bei einer etwas naiven Fassung des spekulativen Problems der Prinzipien. Dann werden wir sagen müssen: Mehrere, selbst nur zwei »Anfänge« sind eigentlich überhaupt keine Anfänge, denn sie haben vor sich noch die Fragen: Warum gerade diese zwei? Was ist ihnen gemeinsam (z.B. »Anfang« zu sein)? Was unterscheidet sie? Wenn es überhaupt so etwas wie einen Anfang geben kann, so muß er einer sein. Wie aber kann ein Anfang Einer sein, wenn er Vielheit aus sich entläßt (zur Folge hat, erklärt)? Soll der Anfang Einer sein, so muß nichts außer ihm sein. Er muß alles sein: Eins ist das Ganze. Wir sind bei Parmenides von Elea angekommen. Aber sind wir schon wirklich bei ihm?

Wir haben postuliert, es möchte wohl so etwas wie einen Anfang geben. Wir haben diskursiv weitergeschlossen. Wir haben mit Wenn und Aber argumentiert. (Heidegger nennt solches Verfahren im Gespräch »Herumargumentieren«.) Wir sind zu einem Schluß gekommen, der, wenn er wahr ist, alles leugnet, womit wir begonnen haben. Die diskursiv richtige Folgerung wäre, daß wir eine deductio ad absurdum vollzogen haben: Das parmenidische Eine kann es nicht geben, also auch nicht ein einziges Prinzip, also gar kein Prinzip im strengen Sinne. Wir sind nicht bei Parmenides angekommen.

[1] *Wieland*, W.: »Die aristotelische Physik«. Göttingen 1962, stellt diesen Prinzipien-Pluralismus vortrefflich, wenngleich in überzogen sprachanalytischer Deutung dar.

Parmenides selbst hat sich ganz anders verhalten, wenn wir der Wahrheit des Behaupteten glauben dürfen[1]. Er beginnt sein abstrakt wirkendes Gedicht mit der bildlichen Darstellung seiner Entrückung zum Tor des Wissens, das sich öffnet, damit ihm die Göttin Wahrheit gebieten kann: Schaue! und er sieht. Sein Gedicht ist, in der überlieferten Sprache der Mysterien eingeleitet, die Epiphanie, die offenbare Erscheinung dessen, was ist. Das, was ist, to eon, ist das eine, was er sieht. Und daneben muß er lernen, daß alles andere nicht ist, bloße Meinung der Menschen. Das, was ist, verstehen wir – in Pichts Worten – als die ewige Gegenwart, wie sie geschichtlich vorbereitet war in der Lehre von der Gegenwart des göttlichen Nus – des göttlichen Sehens – bei allen Dingen, denen die sind, die waren, die sein werden.

Ich versuche hier nicht, den Inhalt der parmenideischen Lehre zu entfalten und verweise dafür auf Pichts Deutung. Es soll uns jetzt nur darauf ankommen, zu fragen, wie wir selbst uns zur Möglichkeit einer solchen Erkenntnis verhalten. Sie hat untrennbar an sich die assertorische Form der Aussprache des direkt Gesehenen – Picht sagt zugespitzt: das Gedicht selbst ist die Epiphanie – und die äußerste abstrakte Rationalität der Argumente und Behauptungen. Geht dies zusammen, oder ist es nicht ein innerer Widerspruch, der die Verwirrung der Interpreten rechtfertigt? Wie verträgt sich göttliche Erscheinung mit wissenschaftlicher Rationalität?

Kehren wir zum Zwecke des Vergleichs zum Alltag der Wissenschaft zurück! In der Beschreibung der Physik[2] haben wir gesehen, daß die Physik auf allgemeinen Aussagen beruht, die durch Erfahrung weder in ihrer Allgemeinheit verifiziert noch auch nur in logischer Strenge falsifiziert werden können. Wir sprachen von wissenschaftlicher Wahrnehmung als einer Art Gestaltswahrnehmung. Eben diese identifizierten wir hypothetisch mit der Wahrnehmung der platonischen Gestalt (Idee) im Einzelding[3], die ge-

[1] Ich folge in seiner Auslegung im wesentlichen *Picht*, G.: »Die Epiphanie der ewigen Gegenwart« in: »Beiträge zur Philosophie und Wissenschaft. Festschrift für Wilhelm Szilasi«. München 1960. Abgedruckt in: *Picht*, G.: »Wahrheit, Vernunft, Verantwortung«. Stuttgart 1969.

[2] Vgl. I, 6.4 d–e. S. auch I, 5.

[3] Vgl. IV, 5.4.

rade als kybernetisch möglich erscheinen kann[1]. Das Grundmaterial der wissenschaftlichen Erkenntnis ist uns in einer Gestaltwahrnehmung verfügbar, die eben wegen ihrer alltäglichen Verfügbarkeit keinerlei Erleuchtungserlebnisse mit sich bringt. Aber auch die großen neuen Schritte der Wissenschaft beruhen auf solchen Wahrnehmungen, nunmehr Wahrnehmungen von bisher verborgenen Gestalten, denen wir als Merkmale Einfachheit, Allgemeinheit und Abstraktheit zuschrieben[2].

Wir haben uns hier der methodischen Rolle der wissenschaftlichen Wahrnehmung zu vergewissern. Sie läßt sich vielleicht zunächst leichter am außerordentlichen Fall eines großen theoretischen Fortschritts erläutern. Der Forscher, der den neuen Gedanken gefaßt hat, hat zwar etwas wie eine Erleuchtung erlebt; er hat gesehen, was andere und er selbst vorher nicht gesehen haben. Aber er darf sich nicht auf Erleuchtung berufen, nicht den andern gegenüber und auch nicht sich selbst gegenüber. Er muß sich vergewissern, ob er wirklich gesehen hat, indem er die Konsequenzen seines neuen Gedankens zieht und an der anerkannten oder neu hervorgebrachten Erfahrung prüft. Ihm obliegt die Pflicht des Versuchs, seine Entdeckung zu falsifizieren. War sie wahr, so wird sie der Falsifikation trotzen und wird bisher Unverstandenes verständlich machen. Sie rechtfertigt sich wie ein im Dunkeln entzündetes Licht durch das, was sie sehen lehrt. Er wird dann die Andern überzeugen, wenn er sie zu bewegen vermag, ebenso wie er zu sehen. Die Erfahrungen aber, die zur Falsifikation benötigt werden oder durch die neue Erkenntnisse möglich oder verständlich werden, haben selbst eben diese selbe Natur der Gestaltwahrnehmung, nur meist von der undramatischen, längst anerkannten Art. Aber jede einzelne sogenannte Erfahrung hat sich grundsätzlich derselben Kritik zu stellen. Sie muß, so sagen wir, nachprüfbar sein, und die Nachprüfung bedeutet stets, daß wir dasselbe wieder sehen und das daraus zu Folgernde auch sehen können.

Genau von dieser methodischen Struktur aber ist auch das Gedicht des Parmenides. Der Verfasser schildert, in dichterischer, d. h. für den Menschen seines Kulturkreises vertrauter Sprache, daß er zum Sehen geführt wurde, er legt dar, was er sieht, er gibt

[1] Vgl. III, 4.5.
[2] Vgl. I, 6.4e.

die Argumente an, denen ein geschultes Denken sich nicht entziehen kann, und so lehrt er den Leser selber sehen. Wenn wir es nicht sehen, so liegt das vielleicht nur an unserem Unvermögen. Aber wenn Platon offensichtlich von eben demselben spricht wie Parmenides und doch ihn kritisiert[1], so muß es um diese Wahrnehmung möglichen Streit geben, der nicht einfach das Wahrgenommensein selbst betrifft, sondern die Frage, wie das zu verstehen ist, was hier wahrgenommen wurde, eine Frage, die freilich zur Antwort neue Wahrnehmung verlangt.

Eine alltägliche Sinneswahrnehmung wird nicht als Akt argumentativen Denkens, nicht als Teil eines Argumentationszusammenhangs empfunden, obwohl auch sie prädikativen Charakter hat und Gestalten wahrnimmt, die in Argumentationen eingehen können. Die Tradition der Menschheit kennt nun eine Erfahrung, die sich zu dem hier argumentativ Vorgetragenen ähnlich verhält wie die Sinneswahrnehmung zu ihrem virtuellen begrifflichen Gehalt, nämlich das, was wir in der westlichen Welt die Mystik nennen. Die mystische Erfahrung ist in der Weise, in der sie sich ausspricht, kulturgebunden und doch in erstaunlichem Maße in allen Kulturen identisch. Ihr oberster Begriff ist das Einswerden, die unio mystica. Einswerden kann zunächst heißen, daß zwei in einem aufgehen. Man kann es auch lesen als zu dem Einen werden (so wie Erwachsenwerden, Schönwerden). Die neuplatonische Schule hat das Eine der mystischen Erfahrung mit dem Einen Platons gleichgesetzt. In der alten asiatischen Tradition gehört meditative Schulung zu den selbstverständlichen Voraussetzungen des philosophischen Denkens, dessen hohe Stufen eben die hohen Stufen der meditativen Erfahrung interpretieren.

In diesen Stufen dreht die Frage, ob das Eine als Gott vorgestellt werde, ihre Bedeutung um. Von der Volksreligion kommend, kennt man die Vorstellung von Göttern oder von einem Gott. Diese Vorstellung ist selbst dem Ungläubigen *als* Vorstellung vertraut. So ist sie eine der erläuternden Vorstellungen, ähnlich wie Materie, Bewußtsein, Weltall, Liebe, mit denen man an den abstrakten und nicht aus Erfahrung bekannten Begriff des Einen herantritt. Ist das Eine vielleicht eine abstrakte Bezeichnung für eine dieser vertrauten Realitäten oder Vorstellungen? Das philosophi-

[1] Explizit z. B. Sophistes 241 d 5.

sche Denken ebenso wie die meditative Erfahrung muß diese Fragerichtung umkehren. Was alle diese Vorstellungen denn eigentlich bedeuten, das wird jetzt die Frage, und der Rückgang zum Einen ist der Weg der Antwort. Nennen wir nun das Eine Gott, so ist Gott ein Name für das Eine. Das erscheinende Weltall mit all seiner Materie, seinem Bewußtsein, seinem Lieben und Begehren aber ist dann ein Götterbild (agalma bei Platon, Timaios 37c8) oder ein Werk Gottes (bei Platon im Timaios; so haben dann christliche Theologen Genesis 1 gedeutet); die Götter der Welt sind Erscheinungen oder Derivate dieses Gottes. Im Gedicht des Parmenides sind im Selben Schauen und Sein, also wie wir sagen würden, Bewußtsein und Sein vereinigt, oder eigentlich (so Picht) die Identität (das Selbe: tauton) ist, d. h. läßt sein sowohl das Schauen wie das Sein. In der indischen Vedanta-Lehre ist das Eine Sat-Chit-Ananda, was man uns mit Sein – Bewußtsein – Seligkeit übersetzt. T. M. P. Mahadevan erläuterte mündlich die Advaita (Nicht-Zweiheit)-Lehre so, daß im Einen die drei nicht Aspekte, sondern identisch sind, im Erscheinungsbereich der Zeitlichkeit aber auseinandertreten; Sat ist in allem, was ist, Chit in jedem Bewußtsein, Ananda, Seligkeit, nur in einem reinen Bewußtsein.

Die Anerkennung einer meditativen oder mystischen Erfahrung der Einheit ist nicht ein Ausweichen aus der Rationalität, sondern, wenn wir richtig argumentiert haben, eine Konsequenz des Verständnisses des Wesens der Rationalität. Argumentierende Philosophie kann dann eine Vorbereitung oder eine Auslegung dieser Erfahrung sein; sie kann auch eine Auslegung der Anerkennung der Möglichkeit dieser Erfahrung sein. Die Mystiker haben in der Tat in der Philosophie des Einen eine Auslegung ihrer Erfahrung gefunden. Andererseits liegt es nahe, daß derjenige, der selbst die Möglichkeit dieser Erfahrung verwirft oder als irrelevant betrachtet, in der Philosophie des Einen leicht Unbegreiflichkeit oder Verwirrung finden und aus dieser in kurzschlüssige Deutungen ausweichen kann. Andererseits ist die mystische Erfahrung selbst so wenig Philosophie wie die Sinneswahrnehmung Naturwissenschaft ist. Ein Aufsatz wie der gegenwärtige, der die Diskussion im Medium des heutigen wissenschaftlichen Bewußtseins sucht, kann höchstens Philosophie als Auslegung der Anerkennung der Möglichkeit der mystischen Erfahrung anbieten. Er muß versuchen, über das Eine theoretisch zu argumentieren. Eben diese Anstrengung macht Platon in seiner geschriebenen Lehre, also besonders im Parmenides-Dialog.

4. Die erste Hypothese des platonischen Parmenides und die Quantentheorie

Wir kehren zur Einheit der Natur zurück, so wie sie sich uns in unseren fünf einleitend rekapitulierten Stationen dargestellt hat. Wir fragen, ob Parmenides und Platon uns über sie belehren können. Wenn der Parmenides des platonischen Dialogs mit der Meinung recht hat, was er vorführe, sei eine notwendige Übung (gymnasia) für das Verständnis der Gestalten (Ideen), so wird ihr Vollzug auch uns guttun. Wir unternehmen damit noch etwas in doppelter Hinsicht ganz Eingeschränktes. Einmal nützen wir Platons Gymnastik nur im Blick auf den gegenwärtigen Stand der Naturwissenschaft aus; wir sind weit davon entfernt, Platons Philosophie angemessen zu interpretieren. Andererseits konfrontieren wir unser physikalisches Problem nur mit Parmenides und Platon; wir lassen die christliche Theologie, die neuzeitliche Philosophie der Subjektivität und die Einheit der modern verstandenen geschichtlichen Zeit dabei aus dem Spiel. Wir üben unser Denken, nicht mehr. Deshalb auch der sonderbar konfrontierende Titel dieses ganzen Aufsatzes; erstaunlicherweise scheint die Konfrontation etwas herzugeben.

Wir können die Vorbereitung der ersten Hypothese 137a4 beginnen lassen, wo Parmenides fragt: »Wovon sollen wir nun also anfangen und was wollen wir als erstes unterstellen (hypothesometha)? Wollt ihr etwa, da es scheint, daß wir ein mühsames Spiel spielen, daß ich mit mir selbst anfange und mit meiner eigenen Hypothese, und in bezug auf das Eine die Hypothesen machend zusehen, was herauskommen muß, entweder wenn (es) Eines ist oder wenn nicht Eines?« Hier ist schon die erste Crux des Übersetzers in dem eingeklammerten »es«. Sprachlich kann man in dem Satzteil »peri tu henos autu hypothemenos, eite hen estin eite mē hen« das »eite hen estin« ebensowohl als selbständige Aussage (»wenn Eines ist«) auffassen. Ebenso kann im eigentlichen Beginn der Hypothese 137c4 der erste Satzteil, das »Thema der Fuge«: »ei hen estin« selbständig heißen »Wenn Eines ist« oder ans vorige anknüpfend »wenn es Eines ist«. Die einen Ausleger verstehen daher die erste Hypothese als besagend, daß Eines ist, die anderen als besagend, daß das Eine eines ist[1]. Vielleicht freilich ist dies ein ähnliches Dilemma wie das des Spaziergängers an einer Wegegabel ohne Wegzeiger; vielleicht führen beide Wege zum selben Ziel und sind eben darum nicht bezeichnet. Denn alle Ausleger sind einig, daß das »ei hen estin« der ersten Hypothese den Ton auf das hen legt, im Unterschied zum »hen ei éstin« der zweiten Hypothese, und zwar in dem Sinne, daß es hier um die Einheit des Einen, in der zweiten Hypothese aber um das Sein des Einen geht. Ist die erste Hypothese wahr, ist also das Eine in strengem Sinne Eines, so besagen beide grammatischen Konstruktionen wohl dasselbe.

Was aber ist das Eine, von dem hier die Rede ist? Alle unsere bisherigen Überlegungen nötigen uns zu der Erwartung, wir würden das nicht besser verstehen, wenn wir auf irgendetwas, das uns schon vertraut scheint, deuten und sagen: das ist gemeint. Es ist gleichsam sicher, daß so etwas nicht gemeint sein kann. Aber doch muß uns das Eine, von dem hier die Rede ist, irgendwie schon (vielleicht immer schon) vertraut sein, denn wie könnte Platon sonst seinen Parmenides mit seinem Aristoteles darüber ein offenbar beiden in Rede und Gegenrede verständliches, glatt fließendes Gespräch führen lassen? Die Argumentation stellt sich literarisch so dar, als müsse sie aus sich verständlich sein. Welches gemeinsame Wissen legt sie zugrunde? Mir scheint, dreierlei: Erstens verweist Parmenides ausdrücklich auf sich selbst und seine Hypothese; also sollen wir sein Lehrgedicht kennen und benutzen. Zweitens argumentiert er aus bekannten Begriffsbedeutungen; wir sollen versuchen, diese Begriffe so zu begreifen, daß wir die Argumente einsehen oder wenigstens nachvollziehen können. Drittens steht unausgesprochen hinter der Argumentation die dem von Platon vorausgesetzten Leser natürlich vertraute gesamte platonische Philosophie; Berufung auf sie darf zwar nach der Regel des Spiels nicht als Argument eingeführt werden, Erinnerung an sie aber ist eine erlaubte Deutungshilfe. Erstens ist hier also die Rede

[1] So insbesondere *Suhr*, M.: »Platons Kritik an den Eleaten«. Hamburg 1970.

von dem, was Parmenides selbst als Eines bezeichnet hat, von seinem eon. Zweitens aber zeigen die Argumente der ersten Hypothese, daß es sich mit diesem eon nicht so verhalten kann, wie Parmenides darüber geredet hat; in diesem Sinne ist die erste Hypothese sicher »Eleatenkritik«. Drittens rückt dadurch das Eine in seiner strengen Einheit an eine bestimmte Stelle der platonischen Philosophie, die es eigentlich zu eruieren gilt.

Die Argumente nun arbeiten durchaus nur mit dem, was explizit vorausgesetzt ist, der Einheit des Einen, und im übrigen mit Begriffsbedeutungen, die dem damaligen philosophisch gebildeten Leser geläufig sein mußten. Die verwendeten Begriffe folgen zwar der Reihe der parmenideischen »Merkmale« (sēmata)[1], wir finden sie aber auch in den aristotelischen Kategorien wieder; wir dürfen sie als seit den Eleaten gängige Grundbegriffe annehmen. Dann muß die Argumentation aber so gemeint sein, daß sie aus diesen Voraussetzungen allein schon stringent ist. Wenn sie zugleich die Lehre des alten Parmenides korrigiert, dann deshalb, weil in dieser von eben denselben Prämissen aus argumentiert wurde. Man darf dann also mit Lynch[2] sagen, daß die erste Hypothese sich auf alles bezieht, was Eines ist. Sie ist (gegen Suhr) also gerade deshalb fähig, zugleich Eleatenkritik zu sein, weil sie gültige Philosophie ist und sich auch auf alles erstreckt, was bei Platon selbst Eines ist. Freilich stellt sich dann sofort die Frage, was denn in diesem Sinne als Eines bezeichnet werden darf. Hier verlieren wir völlig den Faden, wenn wir nun auf eine Doxographie der platonischen Lehrmeinungen springen und entdecken: jede Idee ist gemeint, denn sie ist eine, oder: das bekannte Eine Platons ist gemeint. Jetzt handelt es sich ja darum, überhaupt erst zu verstehen, was man meint, wenn man sagt: »eine Idee« oder »das Eine«.

Wir unternehmen nun also eine Probe auf die Stringenz der platonischen Argumentation, indem wir sie auf die Quantentheorie anwenden.

Wenn es Eines ist, nicht wahr, dann ist das Eine doch wohl nicht Vieles? – Wie sollte es? – Also darf es weder Teile haben noch selbst ein Ganzes sein. – Wie meinst du? – Der Teil ist doch

[1] *Suhr,* M. l. c., S. 25–31.
[2] *Lynch,* W. F.: »An approach to the metaphysics of Plato through the Parmenides«. Georgetown 1959.

irgendwie Teil eines Ganzen. – Ja. – Was aber ist das Ganze? Wäre nicht das, dem kein Teil fehlt, ein Ganzes? – Allerdings. – Auf beide Weisen also bestünde das Eine aus Teilen, sowohl wenn es ein Ganzes wäre wie wenn es Teile hätte. – Notwendigerweise. – Auf beide Weisen wäre also so das Eine Vieles und nicht Eines. – Offenbar. – Es muß aber nicht Vieles, sondern das Eine selbst sein. – Das muß es. – Also wird das Eine weder ein Ganzes sein noch Teile haben, wenn es Eines sein wird. – Nein, das nicht. (137c4 – d3).

Denken wir an die klassische Physik, so gibt es in ihr kein solches Eines außer vielleicht einem Massenpunkt; in der Quantenfeldtheorie sind auch Elementarteilchen keine Massenpunkte, sondern enthalten virtuell andere Elementarteilchen und zeigen im Experiment räumliche Ausdehnung. Wir haben die Gedanken also nicht auf Elementarteilchen zu richten, sondern entweder auf jedes Objekt (es ist ja »*ein* Objekt«) oder speziell auf das Weltall. Dieses nun ist nach der klassischen Physik aus vielen Objekten aufgebaut, also vielleicht ein Ganzes, gewiß kein strenges Eines. Wie aber steht es in der Quantentheorie?

Wir kennen die Regel der Zusammensetzung von Teilobjekten zu einem Gesamtobjekt. Soll man demnach alle Objekte in der Quantentheorie als zusammengesetzt ansehen oder sind einige zusammengesetzt, andere nicht? In Wirklichkeit aber haben wir zunächst den Begriff »zusammengesetzt« zu kritisieren und zu unterscheiden von »teilbar«. Es ist eine bekannte und zutreffende Ausdrucksweise, daß nach der Quantentheorie z. B. das Wasserstoffatom eine Einheit ist, die zerstört wird, wenn man in ihm Teile, also den Kern und das Elektron, lokalisiert. Man spricht dann auch von dem Atom als einem Ganzen, aber im Sinne einer anderen Definition als Platon sie hier benutzt; hier sagt man nicht, daß kein Teil fehlt, sondern man würde eher sagen, daß die Teile im Ganzen »untergegangen« sind. Wir können jedenfalls die Sprechweise der Quantentheorie der platonischen so anpassen, daß wir gerade ein quantentheoretisches Objekt ein Eines nennen.

Diese Sprechweise erweist sich als völlig streng, wenn wir sie als Ausdruck der mathematischen Gestalt der Zusammensetzungsregel auffassen. Unter den Zuständen eines Gesamtobjekts kommt nur eine Menge vom Maß Null vor, in der seine Teilobjekte in bestimmten Zuständen sind; nur in diesen »Produktzuständen«

kann man in Strenge sagen, daß die Teilobjekte existieren[1]. In allen anderen Zuständen gilt nur: Wenn man das Gesamtobjekt einer Messung unterwirft, welche die Teilobjekte zu erscheinen zwingt, so werden sie sich mit der und der Wahrscheinlichkeit in den und den Zuständen zeigen. Das Gesamtobjekt ist also Eines, das in Viele zerlegbar ist, aber dann aufhört, zu sein, was es bis dahin ist. Die Anwendung aufs Weltall stellen wir noch zurück.

Platon geht nun zu den räumlichen Bestimmungen über. Das Eine hat weder Anfang, Mitte noch Ende, es hat keine Gestalt, weder eine gerade noch runde. Es ist in keinem Ort, weder in einem Anderen noch in sich. Es ruht weder noch bewegt es sich. Denn all dies wäre nur möglich, wenn es Teile hätte (137d4 – 139b3). Wir wollen hier Platons Argumenten nicht im einzelnen folgen, sondern fragen, wie dies sich in der Quantentheorie verhält.

Damit wir sagen dürfen, ein Objekt habe eine bestimmte (kontingente) Eigenschaft, eine gewisse Observable X habe z. B. einen bestimmten Wert ξ, ist es nötig, daß entweder X gemessen und ξ gefunden ist, oder doch daß ein Zustand vorliegt, in dem die Wahrscheinlichkeit, bei einer Messung von X den Wert ξ zu finden, den Wert Eins hat. Die Menge der Zustände eines Objekts, in denen eine vorgegebene Observable *X* überhaupt bestimmte Werte hat, besitzt wiederum das Maß Null. Ferner gibt es, wie bekannt, überhaupt keine Zustände, in denen ein Objekt nach Lage und Bewegung vollständig bestimmt wäre; dies drückt die Unbestimmtheitsrelation aus. Für sich betrachtet ist also ein quantenmechanisches Objekt Eines und hat nicht zugleich eine bestimmte Lage und eine bestimmte Bewegung. Wir müssen aber darüber hinaus danach fragen, wie es zu räumlichen Bestimmungen für Objekte kommt. Dies geschieht nur durch Wechselwirkung mit anderen Objekten. Beschreibt man nun die Wechselwirkung rein quantenmechanisch, so ist sie die innere Dynamik eines aus den wechselwirkenden Objekten bestehenden Gesamtobjekts; das ursprünglich betrachtete Objekt ist in diesem Gesamtobjekt »untergegangen«. Eine Messung am ursprünglichen Objekt tritt nur ein, wenn an

[1] In Drieschners Axiomatik erweist sich dieser Sachverhalt als fundamental. Vgl. II, 5.4 G.

den mit ihm wechselwirkenden Objekten, die wir den Meßapparat nennen, ein irreversibler Vorgang geschieht. Irreversibilität ist aber kein Merkmal der quantentheoretischen Zustandsbeschreibung; sie bezeichnet vielmehr den Übergang zur klassischen Beschreibung, der Beschreibung des Wissens endlicher Wesen von endlichen Dingen. Damit wird notwendigerweise ein Stück quantentheoretisch möglicher Information über das Gesamtsystem (die Phasenbeziehungen zwischen Objekt und Meßgerät) und damit die Einheit des Gesamtsystems geopfert. Man kann also sagen: räumliche Bestimmungen werden nur möglich, wenn ein Stück quantentheoretischer Einheit verloren ist.

Dies können wir nun aufs Weltall anwenden. Eigentlich ist die Beschreibung irgendeines Objektes in der Welt als isoliert Eines ja immer illegitim. Das Objekt wäre nicht Objekt in der Welt, wenn es nicht durch Wechselwirkung mit ihr verbunden wäre. Dann aber ist es strenggenommen gar kein Objekt mehr. Wenn es etwas geben könnte, was in Strenge ein quantentheoretisches Objekt sein könnte, dann allenfalls die ganze Welt. Übertragen wir nun auf sie das, was wir soeben über Objekte überhaupt gesagt haben, so folgt: Die Beschreibung des Weltalls als räumlich strukturiertes Ganzes, in dem Teile räumlich nebeneinander liegen, steht in einem ausschließenden Verhältnis zu seiner Beschreibung als quantentheoretische Einheit. Dabei ist die quantentheoretische Beschreibung, mathematisch betrachtet, nicht ärmer, sondern reicher an Bestimmungen als die räumliche; in letzterer sind ja Phasenbeziehungen weggefallen. Aber aufs ganze Weltall bezogen, ist bei voller quantentheoretischer Beschreibung niemand mehr da, der diese Information wissen könnte. Vom schlechthin Einen gibt es nicht einmal ein mögliches Wissen. Dies aber ist auch Platons Konklusion: »Also wird es von ihm weder einen Namen geben noch eine Beschreibung (logos) noch ein Wissen noch eine Wahrnehmung noch eine Meinung.« (142a3–4) Quantentheoretisch können wir sagen: Je größer wir das Objekt unseres Wissens wählen, desto mehr Wissen, das nicht mehr räumlich beschrieben werden kann, läßt sich über dieses Objekt gewinnen. Beziehen wir aber alles, also auch unser eigenes Wissen, ins Objekt ein, so entsteht nur noch ein fiktives, formalmögliches Wissen, das nicht mehr die Bedingungen der Wißbarkeit erfüllt. Diese Fiktion mag der Schatten sein, den ein nicht-endliches, göttliches All-Wissen auf die Wand wirft, auf der wir unser endliches Wissen aufzeichnen; jedenfalls aber ist dieser Anspruch mit endlichem Wissen nicht mehr erfüllbar.

Freilich ist hervorzuheben, daß diese ganze Betrachtungsweise die Zeitlichkeit unseres Wissens undiskutiert läßt. Die Grundbegriffe der Quantentheorie aber sind zeitlich. Die Einheit wird durch Phasenbeziehungen vermittelt, diese bedeuten Wahrscheinlichkeiten, also zukünftige Möglichkeiten. Zwischen die Einheit des Vielen in der Natur und die Einheit des Einen tritt die Einheit der Zeit. Dies überschreitet den platonischen Ansatz und wird hier nicht in Angriff genommen.

Wir sind zuletzt zur platonischen Konklusion über die Mittelglieder hinweg gesprungen. Platon zeigt (139b4–140d8), daß auf das Eine auch die Begriffspaare Identität-Verschiedenheit, Ähnlichkeit-Unähnlichkeit, Gleichheit-Ungleichheit nicht angewandt werden können. Das Eine kann weder mit einem Andern noch mit sich identisch oder verschieden sein usw. Das wesentliche Argument ist dabei, daß die Bestimmung der Einheit mit keiner dieser anderen Bestimmungen zusammenfällt. Hier entsteht die hochinteressante Frage, welche Logik Platon dabei benutzt hat, und ob seine Schlußweise stringent ist oder – wie es von gewissen Interpretationen aus scheinen muß – logische Fehler enthält. Wir entziehen uns hier diesem Problem der Platondeutung und wenden die Überlegungen auf die Quantentheorie wie folgt an: Genau wie die räumlichen Bestimmungen müssen wir auch die soeben angeführten kategorialen Bestimmungen operationalisieren, wenn wir sie auf Objekte anwenden wollen. Dies bedeutet Wechselwirkung und damit den Verlust der Einheit des Objekts. Um z. B. festzustellen, ob ein Objekt X mit einem Objekt Y tauton im Sinne des eidos ist, d. h. ob es von derselben Spezies ist, muß man beider Verhalten beobachten. Dasselbe gilt auch, wenn die Aussage, das Objekt sei mit sich selbst speziesgleich, nicht eine bloße Formel, sondern empirisch nachweisbar werden soll. Selbst seine numerische Identität mit sich erfordert Beobachtung; die nichtklassischen Symmetrien, die zu Bose- und Fermistatistik führen, beruhen gerade darauf, daß die numerische Identität eines Objektes mit sich nicht festgehalten werden kann. Soll ein Objekt als Eines in Strenge festgehalten werden, so muß es völlig isoliert sein; dann wird aber auch seine Identität mit sich unbeobachtbar.

Als letzte Begriffsgruppe vor der Konklusion behandelt Platon die Begriffe der Zeitlichkeit (140e1–141e7). Früher und später (»älter« und »jünger«) können auf Eines nicht angewandt werden. Das Eine war nicht und wird nicht sein und ist nicht jetzt. Wenden wir dies noch einmal auf die Quantentheorie an, so werden wir auf eine Inkonsequenz mindestens der üblichen Präsentation dieser Theorie gestoßen. Die für ein Objekt charakteristischen Größen (der Zustandsvektor im Schrödingerbild, die Operatoren im Heisenbergbild) werden als Funktionen eines mit der Zeit identifizierten Parameters t geschrieben. Die Zeit gilt als grundsätzlich meßbar, aber ihr, als einziger unter den meßbaren Größen, entspricht kein Operator. In Wirklichkeit tritt als Meßgröße für die Zeit immer eine andere Observable ein, deren zeitlicher Verlauf als theoretisch hinreichend bekannt gilt, vorzugsweise eine periodische Zeitfunktion. Die Isolierung eines in seiner Einheit festgehaltenen Objekts hebt natürlich auch die zur zeitlichen Einordnung seiner Zustände erforderliche Meßwechselwirkung auf. Ein streng isoliertes Objekt ist auch nicht in der Zeit. Natürlich hebt dies den Sinn der Grundbegriffe der Quantentheorie, insbesondere des Wahrscheinlichkeitsbegriffs auf, also eben der Begriffe, mit denen wir isolierte Objekte formal beschreiben.

Den Übergang in die Schlußaporie vollzieht Platon nun in einer für das durchschnittliche Platonverständnis sehr verblüffenden Weise. Wir lernen sonst, das wahrhaft Seiende seien ihm die Ideen, und deren Sein sei zeitlos. Hören wir nun die anderslautende Emphase (141e3–142a1): »Wenn also das Eine auf gar keine Weise an irgendeiner Zeit teilhat, so war es weder jemals entstanden noch entstand es noch war es jemals, weder ist es jetzt entstanden noch entsteht es noch ist es, noch auch wird es später entstehen oder entstanden sein oder wird sein. – Das ist so offenbar wie nur möglich (alethestata). – Kann nun etwas irgendwie anders am Sein (usia) teilhaben als in einer dieser Weisen? – Es kann nicht. – Auf keine Weise also hat das Eine Anteil am Sein. – Es scheint nicht. – Auf keine Weise also ist das Eine. – Es sieht nicht so aus. – Es kann also nicht einmal so sein, daß es eines wäre, denn dann wäre es doch schon ein Seiendes und des Seins teilhaftig. Aber wie es scheint, ist das Eine weder Eines noch ist es, wenn wir dieser Art der Argumentation vertrauen.« Und dann folgt der Passus, daß es keine Erkenntnis oder auch nur Meinung von ihm gibt, aus dem oben schon zitiert wurde. »Ist es wohl möglich, daß es sich mit dem Einen so verhält? – Mir scheint: nein.« (142a6–7).

Zentral ist hier der Gedanke, daß es Sein nur in der Zeit gibt. Ist dies eine bewußte Irreführung des Gesprächspartners? Ich glaube nicht. Man wird wohl die im Einen verharrende Zeit (aion im Timaios 37d5) von ihrem nach der Zahl fortschreitenden, von den Himmelsbewegungen gezählten Abbild (chronos daselbst) unterscheiden müssen[1]. Doch folgen wir hier und für heute dem platonischen Aufstieg nicht weiter.

Ist die Schlußaporie eine Widerlegung der Hypothese? Wem sollte angesichts dieses Textes nicht einfallen, daß die Idee des Guten (Staat 509b9) jenseits des Seins (epekeina tēs usias) ist? Freilich wird die Hypothese bis zum expliziten Widerspruch geführt: Wenn das Eine eines ist (137c4), so ist das Eine nicht einmal so, daß es eines wäre (141e10–11). Nun gehört das Verbot des Widerspruchs zum Sein; was sich widerspricht, hat keinen Bestand, kann nicht einmal sinnvoll behauptet werden. Das, was jenseits des Seins »ist«, behaupten zu wollen, wäre in der Tat ein Widersinn. Die Theologen, die sagen, daß das Eine, selbst den Bereich alles Seienden weit an Würde und Kraft überragend (Staat 509b9), dessen nicht bedarf, daß wir es behaupten, können sich auf diese Stelle ebenso berufen wie die Logiker, die versichern, hier sei nichts, und folglich nichts zu behaupten. Beide nehmen Platon beim Wort.

Die Entscheidung kann nur fallen, wenn wir sehen, ob es einen anderen Weg gibt, der die Logiker mehr befriedigt, oder ob eben dieser Widerspruch nötig ist, damit es so etwas wie einen Bereich ohne Widerspruch geben kann. Die Entscheidung fällt nach Durchlaufung der weiteren Hypothesen.

5. Der Ansatz der zweiten Hypothese

In die Breite seiner Philosophie, wie sie in den weiteren Hypothesen skizziert ist, können wir dem Platon heute nicht folgen. Nur den Ansatz und seine wichtigste Konsequenz müssen wir noch betrachten.

[1] Vgl. hierzu und zu unserem ganzen Text Wyller, E. A.: »Platons Parmenides«. Oslo 1960.

Wenn Eines *ist*, so ist seine Einheit von seinem Sein zu unterscheiden. Dann aber ist an ihm schon wesentlich zweierlei; eben Eines und Ist. Jedes dieser beiden aber hat zweierlei an sich: das Eine hat an sich, daß es ist; das Ist, daß es eines ist. Der Prozeß ist somit unendlich zu iterieren. Das Eine, wenn es ist, enthält unendliche Vielheit (142 b 1–143 a 3). In dieser Vielheit werden dann andere der obersten Gattungen (das Verschiedene z. B. an Hand der Verschiedenheit von Einheit und Sein) und die Zahlen nachgewiesen. Das seiende Eine entfaltet sich zur Welt. In dieser Welt freilich finden sich ständig unausweichliche Widersprüche, die schon mit dem Anfang gesetzt sind. »So ist also nicht nur das seiende Eine vieles, sondern auch das Eine selbst ist durch das Seiende verteilt und ist mit Notwendigkeit Vieles.« (144 e 5–7). Der Logiker wird dem Widerspruch auch in der seienden Welt nicht entgehen. Er kann, so mag man noch oberflächlich umschreiben, ein jeweils vorgefundenes seiendes Eines zum Stehen bringen und widerspruchslos beschreiben, solange er seiner Herkunft und seiner weiteren Aufteilung nicht nachforscht, also der Weise nicht nachforscht, wie seine Einheit sein, sein Sein einheitlich sein kann.

Wenden wir uns noch einmal zur Quantentheorie. Die Weise, wie ein zunächst als völlig isoliert gedachtes Objekt doch Objekt sein, also eigentlich sein kann, ist seine Wechselwirkung mit anderen Objekten. Eben hierdurch aber hört es auf, genau dieses Objekt, ja überhaupt *ein* Objekt zu sein. Man kann paradox sagen: beobachtbar wird eine beliebige Eigenschaft eines Objekts nur dadurch, daß das Objekt eben diese Eigenschaft verliert. Die Näherung, in der von diesem Verlust abgesehen werden kann, ist die klassische Physik bzw. die klassische Ontologie, auf der die klassische Physik beruht. Nur in klassischer Näherung aber können wir Beobachtungen machen und aussprechen. In diesem Sinne beruht alle Physik wesentlich auf einer Näherung. Diese Näherung läßt sich im Einzelfall jeweils selbst physikalisch beschreiben und damit zugleich verbessern, aber nur, indem wir von ihr an anderer Stelle wiederum Gebrauch machen.

Bohr hat diese Verhältnisse durch den Begriff der Komplementarität beschrieben. Man hat darin vielfach eine Resignation gegenüber unverständlichen empirischen Schwierigkeiten der Messung gesehen und folglich in Bohrs Anwendung dieses Begriffs auf weitere Bereiche die illegitime hypothetische Verallgemeinerung eines physikalischen Problems. Wir finden nun jedoch den Grund der Komplementarität schon im platonischen Parmenides angedeutet. In Wahrheit steht gerade die klassische Ontologie nicht auf dem Reflexionsniveau des Parmenides (weder dem des alten Eleaten noch dem des platonischen Parmenides); sie erkennt nicht, daß ihre Anwendung ihre eigene Falschheit voraussetzt. Das Weltall selbst kann nur *sein*, insoferne es nicht eines, sondern vieles ist. All dies viele aber besteht nicht für sich, so wie es die Logik und die klassische Ontologie beschreibt. Es besteht nur im undenkbaren Einen.

Wir werfen schließlich einen letzten Blick auf die Zwei-Prinzipien-Lehre. Wir sagten, zwei Prinzipien seien gar keine Prinzipien; ihr Gemeinsames und ihr Unterscheidendes wären ihre Prinzipien, und auch diese wären wieder zwei. *Ein* Prinzip aber führt nicht zur Vielheit. Die beiden ersten Hypothesen erläutern dieses Problem. Sie zeigen, daß es nicht anders sein kann. Platons, durch Aristoteles überlieferte zwei Prinzipien bezeichnen, in technisch ausgedrückter Form, Einheit und Vielheit. Die Einheit allein ist kein Prinzip; indem sie ist, ist sie Vielheit, aber um den Preis des Widerspruchs.

Soviel von Platon und der Quantentheorie.